版权所有　翻印必究

图书在版编目（CIP）数据

公开他人私人事务的隐私侵权：公开他人的医疗信息、基因信息、雇员信息、航空乘客信息及网络的隐私侵权/张民安主编；林泰松副主编.—广州：中山大学出版社，2012.8

（民商法学家·第8卷/张民安主编）

ISBN 978-7-306-04257-6

Ⅰ.①公… Ⅱ.①张… ②林… Ⅲ.①隐私权-侵权行为-民法-研究-中国　Ⅳ.①D923.04

中国版本图书馆CIP数据核字（2012）第187564号

出 版 人：	祁　军
策划编辑：	蔡浩然
责任编辑：	蔡浩然
封面设计：	方楚涓
责任校对：	杨文泉
责任技编：	何雅涛
出版发行：	中山大学出版社
电　　话：	编辑部 020-84111996，,84111997，84110779，84113349
	发行部 020-84111998，84111981，84111160
地　　址：	广州市新港西路135号
邮　　编：	510275　　　　传　真：020-84036565
网　　址：	http://www.zsup.com.cn　E-mail:zdcbs@mail.sysu.edu.cn
印 刷 者：	广东佛山市南海印刷厂有限公司
规　　格：	787mm×1092mm　1/16　35.125印张　540千字
版次印次：	2012年8月第1版　2012年8月第1次印刷
定　　价：	59.90元

如发现本书因印装质量影响阅读，请与出版社发行部联系调换

主编特别声明

提出新观点,倡导新观念,援引新资料,解决新问题,推动中国民商法理论的创新和民商法学术的进步,是《民商法学家》一贯的宗旨,也是《民商法学家》主编一直以来追求的目标。

《民商法学家》主编张民安博士和林泰松律师凭借良好的专业素质、外语水平和与国内外民商法理论界和民商法实务界的良好关系,从理论和实务、国内和国外两个角度诠释当代民商法的最新理念,揭示当代民商法案例中所蕴涵的内涵,提升我国民商法的理论水准,为我国立法机关科学地制定民商法提供理论支撑,为我国司法判例科学妥当地解决纷繁复杂的民商事案件提供理论指导。

尊敬的读者,如果您在《民商法学家》中读到所援引的案例、法官的判词、外国学者的精辟论语和提出的学术观点,并在撰写文章或出版著作时引用,请您遵守最基本的学术规范和尊重作者最基本的权利,加上"转引自张民安主编的《民商法学家》"等字样,以体现对作者艰辛劳动的尊重。因为,学术虽然是开放的,但是,作者的劳动是应当得到保护的。只有这样,学术才能繁荣,民商法学才能进步,在学术上倡导新理论、提出新观点的学者才能真正体现其价值。

序

一、公开他人私人事务隐私侵权的法律依据

在我国及两大法系国家，民法或者侵权法均认可他人对其私人信息、私人事务或者私人生活所享有的不被公开的隐私利益，认为行为人在没有任何正当理由的情况下不得公开他人的私人信息、私人事务、私人生活，否则，行为人应当就其非法公开他人私人信息、私人事务或者私人生活的行为对他人承担隐私侵权责任。这就是所谓的公开他人私人事务的隐私侵权责任制度。

（一）公开他人私人事务的隐私侵权在美国侵权法上的根据

在美国，无论是联邦宪法还是各州的宪法，无论是普通法上的隐私侵权还是美国联邦政府或者州政府所制定的制定法均保护他人对其隐私所享有的利益，认为包括政府机构在内的行为人都应当就其侵害他人隐私权的行为对他人承担侵权责任。《美国侵权法复述（第二版）》对美国普通法上的隐私侵权做出了明确规定，其第652A条对隐私侵权的一般原则做出了明确规定，该条规定：一旦行为人侵害他人享有的隐私权，他们应当就其实施的隐私侵权行为引起的损害对他人承担赔偿责任。该条还规定，行为人对他人隐私权的侵害是通过下列方式实施的：①行为人不合理侵扰他人的安宁，就像《美国侵权法复述（第二版）》第652B条所规定的那样；②擅自使用他人的姓名或者肖像，就像《美国侵权法复述（第二版）》第652C条所规定的那样；③不合理公开他人的私人生活，就像《美国侵权法复述（第二版）》第652D条所规定的那样；④公开丑化他人的形象，就像《美国侵权法复述（第二版）》第652E条所规定的那样。

根据《美国侵权法复述（第二版）》第652A条的规定，美国的隐私侵权可以分为四种：侵扰他人安宁的隐私侵权，擅自使用他人姓名或者肖像的隐私侵权，公开他人私人事务的隐私侵权以及公开丑化他人形象的隐私侵权。其中，公开他人私人事务的隐私侵权由《美国侵权法复述（第二版）》第652D条所规定，该条规定：一旦行为人公开有关他人私人生活方面的事项，他们应当就其公开行为对他人隐私承担侵权责任。根据《美国侵权法复述（第二版）》第652D条的规定，所谓公开他人私人事务的隐私侵权，是指行为人不合理地公开了有关他人私人事务的侵权行为。Prosser教授对这样的规则做出了明确说明，他指出："在美国，另外一组案例认为，当被告以令人高度反感的方式公开原告的私人信息时，被告应当就其非法公开原告私人信息的行为对原告承担侵权责任，即便原告在此时无法要求被告对其承担名誉侵权责任。关于此种隐私侵权问题，有两个主要问题：一是被告根据普通法的规定对他人承担隐私侵权责任应当具备哪些构成要件；二是为了保护被告享有的言论自由权和《美国联邦宪法第一修正案》所规定的出版自由权，原告在要求被告对其承担隐私侵权责任的时候应当受到的限制范围。"[①]

（二）公开他人私人事务的隐私侵权在英国侵权法上的根据

在英国，无论是制定法还是普通法均不认可隐私权和隐私侵权的独立性，当行为人非法公开他人私人信息、私人事务或者私人生活时，他们无需对他人承担独立的隐私侵权责任。不过，英国侵权法仍然会通过一定的方式保护他人对其私人信息、私人事务或者私人生活享有的利益；认为当行为人擅自公开他人的私人信息、私人事务或者私人生活时，他们应当对他人承担侵权责任，此种侵权责任或者是名誉侵权责任（defamation），或者是滋扰侵权责任（nuisance），或者是侵入侵权责任（trespass），或者是英国衡平法上的违反信任责任（confidence）。

所谓名誉侵权责任，是指当行为人所公开的有关他人的私人信息、私人事务或者私人生活是虚假的信息、虚假的事务或者虚假的生活时，他们所公开的信息、事务或者生活就成为对他人名誉具有毁损性质的信息、事务或者生活，在符合英国有关名誉侵权责任的其他构

[①] W. Page Keeton, Prosser and Keeton on Torts, fifth edition, West Publishing, p856.

成要件的情况下，行为人要对他人承担侵权责任。

所谓滋扰侵权，是指当行为人为了获得有关他人的私人信息、私人事务或者私人生活而对他人采取的持续不断的跟踪、盯梢或者打电话等侵权行为。所谓侵入侵权，是指行为人为了获得有关他人的私人信息、私人事务或者私人生活而非法进入他人的居所或者其他私人场所的侵权行为。所谓衡平法上的违反信任责任，是指当行为人被认为应当对他人承担某种保密义务时违反了所承担的保密义务而公开他人秘密信息的侵权行为。

在上述几种隐私保护方式当中，英国衡平法上的违反信任责任是保护他人的私人信息、私人事务或者私人生活的最重要、最主要的方式。Rogers 对这样的规则做出了明确说明，他指出："在英国的实践当中，保护他人的私人信息不被非法公开的最重要法律并且是与隐私权保护最接近的法律是信任法。"Dugdale 和 Jones 也对这样的规则做出了明确说明，并指出："对行为人违反信任的行为予以救济的司法判例在英国法当中得到良好的建立。作为一个一般性原则，当行为人知道他人的秘密信息或者当行为人被认为已经认可他人的信息是秘密信息时，他们就应当对他人承担保密的义务，不应当将所掌握的秘密对别人公开。在英国上议院做出 Campbell v. MGN Ltd 一案①的裁判之后，英国衡平法上的违反信任责任得到改造并因此成为责令行为人就其滥用他人私人信息的行为对他人承担侵权责任的主要方式，如果法官审理的案件所面临的主要问题是他人的私人信息被泄露的问题的话。"②

（三）公开他人私人事务的隐私侵权在法国侵权法上的根据

在法国，在 1970 年 7 月 17 日关于对他人的隐私权提供明确保护的法律颁布之前，法国侵权法对他人隐私权的保护主要是通过《法国民法典》第 1382 条来进行的，根据该条的规定：一旦行为人基于

---

① [2004] UKHL22.
② Anthony M. Dugdale Michael A. Jones (ed), Clerk & Lindsell on Torts, nineteenth edition, Sweet & Maxwell, 2006, pp1771－1772.

过错公开他人的私人信息、私人事务或者私人生活，他们就应当对他人遭受的损害承担侵权责任。在 1970 年，法国立法机关根据法国最高法院的建议，对他人的隐私权提供明确保护。此种建议被编入《法国民法典》中，这就是《法国民法典》第 9 条。该条第 1 款规定：任何自然人均享有其私人生活受尊重的权利。该条第 2 款规定：在不影响对受害人给予损害赔偿的情况下，法官有权采取各种措施，避免或者结束行为人对他人亲密生活的侵犯，诸如扣押有关侵犯他人隐私的材料，没收有关侵犯他人隐私的材料或者其他措施；如情况紧急，可以由法院的独任法官颁布采取这些措施。根据《法国民法典》第 9 条第 1 款的规定，隐私权为任何法国人所享有，无论他们的年龄多大、姓别是什么、是何职业、身体状况如何。根据《法国民法典》第 9 条的规定，任何人均享有其私人生活受尊重的权利，法律没有对享受隐私权的主体范围做出限制。Carbonnier 指出："隐私被尊重成为主观性权利的客体，使隐私被尊重的权利在性质上等同于人格权。此种权利为所有人所享有，即便是那些不能行使自己权利的无行为能力的人，诸如未成年人等。此种权利不仅可以对任何第三人予以主张，而且还可以对亲权享有者予以主张，因为未成年人有权要求其父母尊重其隐私生活。"[1]

在法国，《法国民法典》第 1382 条和《法国民法典》第 9 条对他人私人信息、私人事务或者私人生活所提供的保护是否存在差异？如果存在差异，它们之间的差异是什么？对此问题，法国学者的主流意见认为，虽然《法国民法典》第 1382 条和第 9 条均对他人的私人信息、私人事务或者私人生活提供保护，但是它们所提供的保护主要存在两个方面的差异：其一，行为人根据《法国民法典》第 1382 条对他人承担隐私侵权责任应当具备过错的构成要件，如果不具备过错的构成要件，则行为人无需对他人承担隐私侵权责任。而行为人根据《法国民法典》第 9 条的规定对他人承担隐私侵权责任则无需强调《法国民法典》第 1382 条所规定的过错，一旦行为人侵犯了他人根据《法国民法典》第 9 条第 1 款的规定所享有的隐私权，他们就应当根据《法国民法典》第 9 条第 2 款的规定对他人承担侵权责任。

---

[1] Jean Carbonnier, Droit civil, Les personnes, p318.

其二，行为人根据《法国民法典》第 1382 条的规定对他人承担隐私侵权责任应当具备损害的构成要件，如果行为人实施的隐私侵权行为还没有给他人造成可以赔偿的损害，则行为人无需根据《法国民法典》第 1382 条的规定对他人承担侵权责任。而根据《法国民法典》第 9 条的规定，一旦行为人实施了隐私侵权行为，即便其实施的隐私侵权行为还没有对他人造成损害，他人也有权要求法官根据《法国民法典》第 9 条第 2 款的规定对行为人采取预防措施，防止行为人将所获得的有关他人私人信息、私人事务或者私人生活予以公开。Bakouche 教授对此做出了明确说明，他指出："因为《法国民法典》第 9 条第 1 款条将他人享有的隐私权宣告为一种主观性的权利，因此，一旦行为人侵害他人所享有的隐私权，法官就会根据《法国民法典》第 9 条第 2 款所规定的制裁措施对行为人予以制裁。"① Buffelan - Lanore 教授和 Larribau - Terneyre 教授也对这样的规则做出了清楚的说明，他们指出："《法国民法典》第 9 条第 1 款对尊重他人私生活的原则做出了明确规定，因为根据该条的规定，'任何人均享有私生活受尊重的权利'，一旦行为人侵犯他人依据该条所享有的私生活受尊重的权利，按《法国民法典》第 9 第 2 款规定，法官能够采取强制性或者预防性的措施来保护他人的私生活不被公开。在最初，法官将他人隐私权的保护建立在《法国民法典》第 1382 条所规定的过错侵权责任的基础上；而《法国民法典》第 9 条则将他人私生活受尊重的权利看做是一种独立的主观性权利，根据此种主观性权利，一旦他人的隐私权被侵犯的事实得到证实，即便他人还没有因此遭受损害，法官就会自动适用《法国民法典》第 9 条第 2 款所规定的各种制裁措施来保护他人的隐私权。"②

（四）公开他人私人事务的隐私侵权在我国侵权法上的根据

在我国侵权责任法通过之前，行为人是否应该就其非法公开他人

---

① David Bakouche, Droit civil, les personnes la famille, HACHETTE, 2005, pp33 - 34.
② Yvaine Buffelan - Lanore Virginie Larribau - Terneyre, Droit civil, Introduction，Biens, Personnes，Famille, 17 e édition，Dalloz, p287.

私人信息、私人事务或者私人生活的行为对他人承担隐私侵权责任，法律没有做出明确规定。为了保护他人的隐私利益，最高人民法院分别在众多的司法解释当中认定，一旦行为人非法公开私人信息、私人事务或者私人生活，应当根据《中华人民共和国民法通则》（以下简称《民法通则》），第101条和第120条所规定的名誉权和名誉侵权对他人承担名誉侵权责任。例如，最高人民法院在《关于贯彻执行〈中华人民共和国民法通则〉若干问题的意见（试行）》中，最高人民法院认为，以书面、口头等形式宣扬他人的隐私，或者捏造事实公然丑化他人人格，以及用侮辱、诽谤等方式损害他人名誉，造成一定影响的，应当认定为侵害公民名誉权的行为。同样，在《关于审理名誉权案件若干问题的解答》当中，最高人民法院认为，对未经他人同意，擅自公布他人的隐私材料或者以书面、口头形式宣扬他人隐私，致他人名誉受到损害的，按照侵害他人名誉权处理。在这两个司法解释当中，最高人民法院均认为，一旦行为人非法公开私人信息、私人事务或者私人生活，即便他们所公开的这些信息、事务或者生活是真实的，他们也应当对他人承担名誉侵权责任。但是，这两个司法解释混淆了名誉权、隐私权和名誉侵权和隐私侵权之间的关系，无法有效保护他人享有的隐私利益。为了区分名誉侵权和隐私侵权，最高人民法院在2001年的《关于确定民事侵权精神损害赔偿责任若干问题的解释》当中明确认可隐私权的独立性，认为当行为人侵害他人隐私权时应当对他人遭受的精神损害承担赔偿责任。

2009年通过的《中华人民共和国侵权责任法》（以下简称《侵权责任法》）明确认可了隐私权和隐私侵权的独立性。一方面，《侵权责任法》第2条明确规定，当行为人侵害他人隐私权时应当根据《侵权责任法》的有关规定对他人承担侵权责任；另一方面，《侵权责任法》第22条明确规定，一旦行为人侵害了包括他人隐私权在内的人身权益并因此导致他人遭受严重的精神损害时，他们应当对他人遭受的精神损害承担赔偿责任。

二、公开他人私人事务隐私侵权的构成要件

在任何国家，行为人对他人承担侵权责任均要具备某些构成要件，如果行为人不具备所要求的构成要件，当然不会对他人承担侵权

责任。在侵权法上，行为人就其公开他人私人事务的行为对他人承担隐私侵权责任也应当具备某些构成要件，如果不具备所要求具备的构成要件，行为人同样不会对他人承担隐私侵权责任。问题在于，在侵权法上，行为人就其公开他人私人事务的隐私侵权行为对他人承担隐私侵权责任应当具备哪些具体的构成要件。

(一) 美国侵权法关于公开他人私人事务的隐私侵权的构成要件

在美国，行为人就其公开他人私人事务的行为对他人承担隐私侵权责任应当具备哪些构成要件？无论是美国学说还是司法判例都存在不同的意见。

Prosser 教授认为，行为人就其公开他人私人事务的行为对他人承担隐私侵权责任应当具备三个构成要件：①行为人对他人私人事务的披露应当是公开披露而非私下披露；②对社会公众披露的事务应当是有关原告的私人事务而非公共事务；③被行为人公开披露的事务应当是让一个有理性的人高度反感的事务。[①] 在美国，《侵权法复述（第二版）》第652D条对行为人公开他人私人事务所承担的隐私侵权责任的构成要件做出了明确规定，根据该条的规定，行为人对他人承担隐私侵权责任应当具备四个构成要件：其一，行为人所公开的事务是有关他人私人生活方面的事务。只有行为人所公开的事务是有关他人私人生活方面的事务，行为人才有可能会对他人承担隐私侵权责任，如果行为人所公开的事务是有关他人公共生活方面的事务，则他们无需对他人承担隐私侵权责任。其二，行为人对他人私人生活事务予以公开披露。只有行为人对他人私人生活的披露是公开披露的时候，行为人才有可能对他人承担隐私侵权责任，如果行为人对他人私人生活的披露是非公开披露或私下披露，则他们无需对他人承担隐私侵权责任。其三，行为人所公开的事务是让一个有理性的人高度反感的事务。只有行为人对他人私人生活事务的披露达到了让一个有理性的人高度反感的程度，行为人才有可能对他人承担隐私侵权责任，如果行为人对他人私人生活事务的披露没有达到让一个有理性的人高度

---

① W. Page Keeton, ibid, p856.

反感的程度,则他们无需对他人承担隐私侵权责任。其四,行为人所公开的事务是社会公众不具有合法利益的事务。只有行为人所公开的事务是社会公众不享有合法利益的事务,他们才有可能对他人承担隐私侵权责任。如果行为人所公开的事务是社会公众享有合法利益的事务,则行为人无需对他人承担隐私侵权责任。在今天,美国司法判例大都采取《侵权法复述(第二版)》第652D条所规定的四个构成要件理论,认为行为人在符合这四个构成要件的情况下应当对他人承担隐私侵权责任,除非他们具备某种正当的抗辩事由。

(二) 英国侵权法关于公开他人私人事务的隐私侵权的构成要件

在英国,侵权法并没有认可独立的隐私权和隐私侵权责任,当行为人非法公开他人私人信息、私人事务或者私人生活并因此导致他人的隐私利益遭受侵害时,英国侵权法虽然会通过多种方式对他人予以法律救济,但是英国侵权法主要是通过英国衡平法上的违反信任责任来对他人予以法律救济,已如前述。问题在于,当行为人非法公开他人私人信息、私人事务或者私人生活时,他们根据英国衡平法上的违反信任责任对他人承担侵权责任应当具备哪些构成要件。对此问题,英国学者的说明大同小异。

Markesinis 和 Deakin 等人认为,行为人就其公开他人信息的行为对他人承担侵权责任应当具备三个构成要件。他们指出:"行为人就其公开他人信息的行为对他人承担衡平法上的责任应当具备三个构成要件:其一,被行为人所泄露的信息必须是具有秘密性质的信息。其二,被行为人所泄露的秘密必须是在行为人对他人承担保守秘密义务的场合所获得的。其三,行为人为了自己的利益以一种没有获得他人授权的形式使用他人的信息。"[①]

Dugdale 和 Jones 也认为,行为人就其公开他人信息的行为对他人承担衡平法上的侵权责任应当具备三个构成要件,他们指出:"传统上讲,行为人就其违反信任的行为对他人承担侵权责任应当具备三

[①] S. F. Deakin, Angus Johnston and B. S. Markesinis, Markesinis and Deakin's Tort Law, fifth edition, Clarendon Press Oxford, p705.

个构成要件：其一，被行为人所泄露的信息必须是具有秘密性质的信息。其二，被行为人所泄露的秘密必须是在行为人对他人承担保守秘密义务的场合所获得的。其三，行为人在没有获得他人允许的情况下使用或者公开他人所授予的秘密。值得注意的是，他人因为行为人的信息泄露行为而遭受某种损害是不是行为人对他人承担侵权责任的构成要件。无论如何，他人在要求行为人对其承担侵权责任时至少要证明，如果法官不颁发禁止令禁止行为人对他人信息的泄露，则他人会遭受某种损害。"①

根据上述理论，当行为人泄露他人的信息时，行为人对他人承担隐私侵权责任应当具备的第一个构成要件是，被行为人所公开的信息是具有秘密性质的信息。如果行为人所公开的信息不是具有秘密性质的信息，则行为人无需对他人承担隐私侵权责任。即便行为人所公开的信息在公开之前是秘密信息，如果在行为人公开的时候已经不再具有秘密性，则行为人对他人信息的公开不构成隐私侵权行为，无需对他人承担侵权责任。Dugdale 和 Jones 对此做出了明确说明，他们指出："有关秘密性的原则仅适用于在公开时仍然具有秘密性的信息。作为一般原则，一旦他人的信息已经进入公共领域（指引起争议的信息是能够被社会公众普遍获得，无法再被看做秘密信息），则有关秘密性的原则将不对行为人所公开的信息予以适用。"②

根据上述理论，行为人对他人承担隐私侵权责任应当具备的第二个构成要件是，被行为人所公开的他人信息是在行为人对他人承担保密义务的情况下所获得的。即便行为人所公开的信息是秘密信息，如果行为人不是在对他人承担保密义务的情况下获得的，他们也无需对他人承担侵权责任。问题在于，行为人在哪些情况下应当对他人承担保密义务？

按照英国的司法判例，契约、当事人之间的某种关系、制定法的规定等均是行为人对他人承担保密义务的理论根据。根据上述理论，

---

① Anthony M. Dugdale Michael A. Jones (ed), Clerk & Lindsell on Torts, nineteenth edition, Sweet & Maxwell, 2006, p1774.

② Anthony M. Dugdale Michael A. Jones (ed), Clerk & Lindsell on Torts, nineteenth edition, Sweet & Maxwell, 2006, p1775.

行为人对他人承担隐私侵权责任的第三个构成要件是，行为人未经他人同意就擅自使用或者泄露他人的秘密信息。"如果被告在没有获得他们对其承担保密义务的原告同意的情况下使用或者泄露原告的信息，他们的使用或者泄露行为就构成违反信任的行为，应当对原告承担侵权责任。即便被告仅泄露原告信息的主旨，他们也必须对原告承担侵权责任。"①

（三）法国侵权法关于公开他人私人事务的隐私侵权的构成要件

在法国，行为人就其公开披露他人私人信息、私人事务或者私人生活的行为对他人承担隐私侵权责任应当具备哪些构成要件？在1970年7月17日的法律颁布之前，法国学者普遍认为，行为人对他人承担隐私侵权责任应当具备《法国民法典》第1382条所规定的一般过错侵权责任的三个构成要件，这就是：行为人在公开他人私人信息、私人事务或者私人生活的时候存在过错，行为人的过错公开行为给他人造成了某种损害，行为人的过错公开行为同他人遭受的损害之间存在因果关系。如果不具备这三个构成要件，行为人即便公开了他人私人信息，他们也不对他人承担隐私侵权责任。法国学者之所以认为行为人应当具备这三个构成要件，是因为当行为人侵害他人隐私权时，他们仅根据《法国民法典》第1382条所规定的一般过错侵权责任对他人承担侵权责任。在1970年7月17日的法律颁布之后，行为人不再根据《法国民法典》第1382条所规定的一般过错侵权责任对他人承担侵权责任，无需再具备该条所规定的上述三个构成要件。他们此后仅根据《法国民法典》第9条的规定对他人承担侵权责任。问题在于，行为人根据《法国民法典》第9条的规定对他人承担隐私侵权责任应当具备哪些构成要件？对此问题，法国学者很少做出清楚的说明。一方面，在法国，学者虽然认为他人依据《法国民法典》第9条所享有的隐私权十分重要，但是，他们很少对行为人侵害他人依据《法国民法典》第9条所享有的隐私权时对他人承担的隐私侵

---

① Anthony M. Dugdale Michael A. Jones（ed），Clerk & Lindsell on Torts, nineteenth edition, Sweet & Maxwell, 2006, p1787.

权责任应当具备哪些构成要件做出明确的说明；另一方面，法国学者在讨论侵权责任的构成要件时往往热衷于讨论《法国民法典》第1382条至第1386条所规定的损害赔偿责任的构成要件，很少对其他条款所规定的侵权责任的构成要件做出明确的说明。仅有少数学者对行为人根据《法国民法典》第9条的规定对他人承担隐私侵权责任的构成要件做出了明确的说明，例如Bakouche教授。Bakouche教授认为，行为人要根据《法国民法典》第9条的规定对他人承担隐私侵权责任，至少应当具备两个构成要件，这就是行为人在没有预先获得他人授权的情况下泄露了有关他人私生活方面的信息以及行为人侵害了他人私生活受尊重的权利。Bakouche教授指出："一旦他人向法院起诉，要求法官责令行为人对其承担隐私或者肖像侵权责任，他们至少应当具备两个条件：其一，行为人在没有预先获得他人授权的情况下泄露了有关他们私生活的信息或者再现他人的肖像；其二，对于第一个构成要件，还应当附加第二个构成要件，这就是，行为人对他人私生活受尊重的权利或者肖像权的侵害意味着他人作为受害人是存在的，也就是说，他人是其隐私权或者肖像权这两种主观性权利的所有权人。"[①]

（四）我国侵权法关于公开他人私人事务的隐私侵权的构成要件

在我国，《侵权责任法》第2条和第22条虽然对他人的隐私权和隐私侵权责任做出了明确规定，认为行为人应当就其公开他人私人信息、私人事务或者私人生活的行为对他人承担侵权责任，但是，《侵权责任法》并没有规定行为人对他人承担隐私侵权责任的构成要件。因此，行为人就其公开他人私人信息、私人事务或者私人生活的行为对他人承担侵权责任应当具备哪些构成要件就应当由学说做出明确说明。在我国，民法学者很少对公开他人私人事务的隐私侵权的构成要件做出明确说明。而侵权法学者则往往对这样的问题做出了明确说明。例如，张新宝教授在其《侵权责任法原理》当中对公开他人私人事务的隐私侵权的构成要件做出了明确说明，他指出，公开他人

---

① David Bakouche, Droit civil, les personnes la famille, HACHETTE, 2005, p36.

私人事务的隐私侵权的构成要件有四：其一，行为人实施了侵害他人的私人信息的侵权行为；其二，损害后果；其三，因果关系；其四，过错。① 同样，杨立新教授也在《侵权法论》当中对隐私侵权责任的构成要件做出了明确说明，他认为，行为人就其公开他人私人信息的行为对他人承担隐私侵权责任应当具备违法行为、损害事实、因果关系和主观过错这四个构成要件。② 实际上，无论是张新宝教授还是杨立新教授的理论都存在问题，因为他们仅是将他们认可的所谓一般过错侵权责任的构成要件简单地移植到隐私侵权责任当中，认为行为人就其公开他人私人信息的行为对他人承担隐私侵权责任的构成要件同一般过错侵权责任的构成要件是一样的。

在侵权法上，行为人就其公开他人私人信息的行为对他人承担的隐私侵权责任在性质上属于过错侵权责任，当然应当具备《民法通则》第106（2）条和《侵权责任法》第6条所规定的一般过错侵权责任的构成要件，如果不具备这两个条款所规定的一般过错侵权责任的构成要件，行为人当然不会对他人承担隐私侵权责任。但是，仅仅具备这两个条款所规定的一般过错侵权责任的构成要件还不足以让行为人就其公开他人私人信息的行为对他人承担隐私侵权责任，行为人要就其公开他人私人信息的行为对他人承担隐私侵权责任，还应当具备某些特殊的构成要件，如果不具备这些特殊的构成要件，行为人仍然无法对他人承担隐私侵权责任。问题在于，行为人就其公开他人私人信息的行为对他人承担隐私侵权责任应当具备哪些特殊的构成要件？

笔者认为，行为人就其公开他人私人信息的行为对他人承担隐私侵权责任应当具备四个特殊的构成要件，这就是：①行为人披露的事务或者事实是他人的私人事务或者私人事实；②行为人对他人私人事务或者私人事实的披露是公开披露；③行为人公开披露的事务是令人高度反感的事务；④行为人公开的事务、事实不是社会公众对其享有合法利益的事务和事实。③ 问题在于，他人的哪些事务或者事实是私

---

① 张新宝：《侵权责任法原理》，中国人民大学出版社2005年版，第193-194页。
② 杨立新：《侵权法论》（第三版），人民法院出版社2005年版，第353页。
③ 张民安、杨彪：《侵权责任法》，高等教育出版社2011年版，第267-269页。

人事务、私人事实？他人的哪些事务、事实是公共事务、公共事实？行为人所实施的哪些披露构成公开披露？哪些披露构成非公开披露？行为人的公开在什么情况下构成让人高度反感的公开？在什么情况下的公开不构成让人高度反感的公开？他人的哪些事务或者事实是社会公众享有合法利益的事务或者事实？哪些事务或者事务不属于社会公众享有合法利益的事务或者事实？关于这些问题，除了笔者在《公开他人私人事务的隐私侵权责任的构成要件》一文当中做出了详细说明之外，其他学者也都对这样的问题做出了或详细或简略的说明。

三、公开他人私人事务隐私侵权的死亡或者复兴

（一）学者关于公开他人私人事务隐私侵权的死亡或者复兴的争论

在当今社会，公开他人私人事务隐私侵权是否已经死亡或者是否正面临着死亡的危险？对此问题，无论是大陆法系国家的学者还是我国的学者均没有做出丝毫的说明，而英美法系国家的学者尤其是美国的侵权法学者则往往做出了清楚的说明。在20世纪70年代之前，美国侵权法学者普遍认为，公开他人私人事务的隐私侵权并不会存在死亡的威胁，因为当行为人尤其是作为新闻媒体的行为人公开他人私人信息的时候，美国联邦最高法院一般都会借口言论自由权尤其是新闻媒体的出版自由权的保护而牺牲他人的隐私权，认为行为人无需对他人承担隐私侵权责任。但是，美国联邦最高法院仍然会在某些情况下保护他人享有的隐私权，会责令行为人尤其是作为新闻媒体的行为人就其非法公开他人某些敏感信息的行为对他人承担隐私侵权责任。例如，美国联邦最高法院认为，新闻媒体不得借口社会公众的知情权和《美国联邦宪法第一修正案》所规定的出版自由权的行使而擅自公开犯罪行为受害人的姓名，否则，它们应当对犯罪行为的受害人所遭受的损害承担隐私侵权责任。不过，20世纪70年代以来尤其是20世纪90年代末期以来，美国联邦最高法院逐渐缩小公开他人私人事务的隐私侵权的保护范围，认为行为人能够借口《美国联邦宪法第一修正案》所规定的新闻自由权或者"具有新闻价值性"的理由公开他人的某些敏感信息，它们无需就其公开行为对他人承担隐私侵权责

任。因为这样的原因,尤其是因为美国联邦最高法院在 Florida Star v. B. J. F. 一案①当中做出的裁判,美国众多的侵权法学者开始认为,在美国,《侵权法复述(第二版)》第652D条所规定的公开他人私人事务的隐私侵权已经死亡,或者开始走向死亡。近些年来,美国某些学者认为,即便公开他人私人事务的隐私侵权开始面临死亡的危险,该种隐私侵权责任制度仍然存在活下去的可能,甚至存在复兴的可能。因为美国联邦最高法院虽然借口美国联邦宪法所规定的出版自由权或者"具有新闻价值性"的抗辩事由,拒绝责令新闻媒体就其公开犯罪行为对他人承担隐私侵权责任。但是,20世纪90年代之后,法官将公开他人私人事务的隐私侵权从传统的隐私侵权领域拓展到众多的新型领域,为这些新型领域的受害人提供隐私保护。

(二)公开他人私人事务隐私侵权的死亡或者面临死亡的标志

1. Cox Broadcasting Corp. v. Cohn 一案

在美国,导致美国侵权法学者认为公开他人私人事务的隐私侵权已经死亡或者开始走向死亡的第一个重要案例,是美国联邦最高法院在1975年审判的 Cox Broadcasting Corp. v. Cohn 一案②。在该案中,美国联邦最高法院第一次借口《美国联邦宪法第一修正案》所规定的出版自由权的行使而限制他人对其私人信息享有的隐私权。在该案中,被告的一名记者公开了一位强奸犯罪受害人的姓名,该受害人向法院起诉,要求法官责令被告对其承担隐私侵权责任。美国联邦最高法院认为,被告不必就其公开受害人姓名的行为对原告承担隐私侵权责任。因为它认为,一方面,被告所公开的信息是记载在法庭记录当中的公开信息,另一方面,鉴于刑事犯罪及其相关信息是具有新闻报道价值的,"所以作为新闻媒体的被告是有权报道这些信息"。

2. Smith v. Daily Mail Publishing Co. 一案

在美国,导致美国侵权法学者认为公开他人私人事务的隐私侵权已经死亡或者开始走向死亡的第二个重要案例,是美国联邦最高法院

---

① 491 U. S. 524 (1989).
② 420 U. S. 469 (1975).

在1979年审判的Smith v. Daily Mail Publishing Co. 一案①。在该案中，被告的两名记者在没有获得青少年法庭的书面批准的情况下对外公开了一名青少年犯的姓名，姓名被公开的青少年犯向法院起诉，要求法官责令被告对其承担隐私侵权责任。美国联邦最高法院认为，被告公开原告姓名的行为不构成公开他人私人信息的隐私侵权行为，不必对原告承担隐私侵权责任。

3. Florida Star v. B. J. F. 一案

在美国，导致美国侵权法学者认为公开他人私人事务的隐私侵权已经死亡或者开始走向死亡的第三个也是最为重要的案例，是美国联邦最高法院在1989年审判的Florida Star v. B. J. F. 一案②。在该案中，被告在其新闻报道当中公开了性犯罪受害人的姓名，导致原告向法院起诉，要求法官责令被告对其承担隐私侵权责任。美国联邦最高法院认为，责令被告对原告承担隐私侵权责任是违反美国宪法的，因此，拒绝责令被告对原告承担侵权责任。

（三）公开他人私人事务隐私侵权复兴的标志

在美国，某些学者认为，即便公开他人私人事务的隐私侵权的确面临着死亡的危险，该种隐私侵权责任制度在20世纪90年代以来也面临着复兴的可能，因为自20世纪90年代以来，公开他人私人事务的隐私侵权的适用范围得到极大的拓展，已经从传统的隐私侵权领域延伸到众多新型的隐私侵权领域。法官在这些新型的隐私侵权领域往往会牺牲行为人的言论自由权或者出版自由权而保护他人的隐私权，认为行为人在这些领域应当就其公开他人私人信息的行为对他人承担隐私侵权责任。这些新型的隐私侵权领域包括：公开他人医疗信息的隐私侵权，公开他人基因信息的隐私侵权，公开雇员、旅客私人信息的隐私侵权，以及网络运营商在网络上公开他人私人隐私的隐私侵权，等等。这些新型的隐私侵权类型使公开他人私人事务的隐私侵权面临再次复兴的可能。

1. 公开他人私人事务的隐私侵权在医疗信息领域的适用

---

① 443 U. S. 97 (1979).
② 491 U. S. 524 (1989).

在当今侵权法上，公开他人私人事务的隐私侵权复兴的重要标志之一是：公开他人私人事务的隐私侵权在医疗信息的非法公开案件当中得到广泛的应用。这就是，当医疗机构、医师或者其他合法或者非法掌握病患者医疗信息的行为人在未获得病患者同意的情况擅自公开病患者的医疗信息时，病患者有权向法院起诉，要求法官责令行为人就其实施的信息公开行为对其承担隐私侵权责任。此时，法官往往会责令医疗机构、医师或者其他行为人就其公开病患者医疗信息的行为对他人承担隐私侵权责任。

2. 公开他人私人事务的隐私侵权在基因信息领域的适用

在当今侵权法上，公开他人私人事务的隐私侵权复兴的重要标志之二是：公开他人私人事务的隐私侵权在基因信息的非法公开案件当中得到广泛的应用。这就是，当掌握他人基因信息的检测机构、检测人员或者其他合法或者非法持有他人基因信息的行为人未经他人同意就擅自公开有关他人的基因信息时，他人有权向法院起诉，要求法官责令他们就其公开基因信息的行为对自己承担隐私侵权责任。此时，法官往往会责令行为人就其公开他人基因信息的行为对他人承担隐私侵权责任。当然，在侵权法上，公开他人基因信息的隐私侵权同公开他人医疗信息的隐私侵权可能会存在一定的重合现象，因为进行基因检测的机构或者人员有时也可能会是医疗机构或者医师。但是，基因信息的隐私侵权仍然独立于医疗信息的隐私侵权，它们是两种不同的隐私侵权。

3. 公开他人私人事务的隐私侵权在雇佣关系或者航空公司领域的适用

在当今侵权法上，公开他人私人事务的隐私侵权复兴的重要标志之三是：公开他人私人事务的隐私侵权在雇员、航空乘客的私人信息被非法公开的案件当中得到广泛的应用。这就是，当掌握雇员或者航空乘客私人信息的雇主、航空公司或者其他合法或者非法持有这些私人信息的行为人在没有获得他人同意的情况下就擅自公开他们所掌握的这些私人信息时，雇员、航空乘客有权向法院起诉，要求法官责令行为人就其公开他们私人信息的行为对他们承担隐私侵权责任。此时，法官往往会责令行为人对他人承担隐私侵权责任。

4. 公开他人私人事务的隐私侵权在网络环境当中的适用

在当今侵权法上,公开他人私人事务的隐私侵权复兴的重要标志之四是:公开他人私人事务的隐私侵权在网络隐私侵权当中得到最广泛的适用。这就是,当网络运营商或者其他行为人在没有获得他人同意的情况下在互联网上公开他人私人信息时,他人有权向法院起诉,要求法官责令行为人就其实施的信息公开行为对他们承担隐私侵权责任。此时,法官往往会责令网络运营商或者其他行为人就其在互联网上所实施的信息公开行为对他人承担隐私侵权责任。

5. 公开他人私人事务的隐私侵权在其他领域的适用

在当今侵权法上,公开他人私人事务的隐私侵权复兴的重要标志之五是:公开他人私人事务的隐私侵权在其他领域也得到广泛的适用,包括在同性恋领域、人工流产、堕胎领域及性骚扰等领域。在这些领域,如果行为人公开他人是同性恋的信息,公开他人进行过人工流产或者堕胎的信息,或者他人准备进行人工流产或者准备堕胎的信息,或者行为人公开他人受到过性骚扰的信息,他人也有权向法院起诉,要求法官责令行为人对他们承担隐私侵权责任。此时,法官往往也会责令行为人对他人承担隐私侵权责任。

四、《民商法学家》(第8卷)的主要内容

在我国,2009年通过的《侵权责任法》虽然对隐私权和隐私侵权责任制度做出了明确规定,但是,它对隐私权和隐私侵权责任做出的规定仅是原则性的和一般性的,既没有明确规定公开他人私人事务的隐私侵权责任制度,也没有对各种具体的公开他人私人事务的隐私侵权责任制度做出丝毫的说明。因此,我国《侵权责任法》关于公开他人私人事务的隐私侵权仍然存在极大的法律漏洞,无法满足我国日益快速发展和变化的社会需要。为了提升我国隐私侵权责任的理论水平,全面掌握当今两大法系国家尤其是美国侵权法有关公开他人私人事务的隐私侵权责任制度的主要内容,《民商法学家》(第8卷)对两大法系国家尤其是美国侵权法上的公开他人私人事务的隐私侵权做出详细的介绍。其主要内容包括:公开他人私人事务的隐私侵权的一般理论,公开他人私人事务的隐私侵权所面临的挑战,行为人就其公开病患者医疗信息的行为对他人承担的隐私侵权责任,行为人就其

公开他人基因信息的行为对他人承担的隐私侵权责任，雇主就其公开雇员私人信息的行为对其雇员承担的隐私侵权责任，航空公司就其公开航空乘客的私人信息的行为对其乘客承担的隐私侵权责任，网络运营商在网络公开他人私人信息的行为对他人承担的隐私侵权责任，等等。

《民商法学家》（第 8 卷）之所以能够顺利出版，除了主编和各著译者的共同努力之外，还得益于中山大学出版社的鼎力支持，在《民商法学家》（第 8 卷）即将出版之际，本书主编真诚地对他们表示衷心的感谢！

张民安博士
2012 年 3 月 31 日于
广州中山大学法学院

目　录

第一编　公开他人私人事务的隐私侵权总论

公开他人私人事务的隐私侵权责任的构成要件 …………… 张民安
 一、公开他人私人事务的隐私侵权责任的四要件 ………… (1)
 二、行为人公开披露的事务应当是具有私人性质的事务 … (5)
 三、行为人对他人私人事务的公开披露 ………………… (24)
 四、行为人公开的事务是令人高度反感的事务 ………… (27)
 五、行为人公开的事务是社会公众不享有合法利益的事务
  …………………………………………………………… (30)

论数字时代的隐私权保护
  ………………… 威尔·托马斯·德弗里斯 著　廖嘉娴 译
 一、导论 …………………………………………………… (35)
 二、隐私权的发展 ………………………………………… (37)
 三、数字时代给隐私权带来的影响和变化 ……………… (43)
 四、旧隐私权法律框架的失效 …………………………… (52)
 五、结语 …………………………………………………… (55)

论新闻媒体介入政府执法活动的隐私侵权行为
 ……… 亨利·H. 罗斯伯克　崔西·W. 杨　南希·E. 西村 著　廖嘉娴 译
 一、导论 …………………………………………………… (58)
 二、关于 Ayeni 案件的判例 ……………………………… (60)
 三、Berger v. Hanlon 一案 ……………………………… (65)
 四、Wilson v. Layne 一案和美国联邦第四巡回上诉法院
  …………………………………………………………… (70)
 五、美国联邦最高法院的审查 …………………………… (73)
 六、结语 …………………………………………………… (74)

论隐私侵权法的局限性 ……………… 尼尔·M. 理查德 著　廖嘉娴 译
 一、导论 …………………………………………………… (76)

二、隐私侵权法理论及其起源 ………………………………（80）
三、公开披露他人私人事务的隐私侵权和《美国联邦宪法
　　第一修正案》……………………………………………（85）
四、公开披露他人私人事务的隐私侵权的局限性 ……………（96）
五、对隐私侵权的重新思考 …………………………………（105）

第二编　公开他人私人事务的隐私侵权所面临的挑战

公开他人私人事务的隐私侵权制度的死亡
………………………… 萨曼莎·巴巴斯 著　廖嘉娴 译
一、导论 ………………………………………………………（109）
二、隐私权的起源 ……………………………………………（114）
三、个性的理想模式 …………………………………………（126）
四、隐私权法的改变 …………………………………………（131）
五、隐私和新闻 ………………………………………………（136）
六、新闻报道价值 ……………………………………………（144）
七、结语 ………………………………………………………（150）

公开他人私人事务的隐私侵权制度灭亡的开端
——The Florida Star v. B. J. F. 一案评析
………………… 杰奎琳·R. 罗尔夫斯 著　林泰松 廖嘉娴 译
一、导论 ………………………………………………………（153）
二、公开他人私人事务的隐私侵权制度概述 ………………（154）
三、The Florida Star v. B. J. F. 一案的事实与程序
　　………………………………………………………………（156）
四、The Florida Star v. B. J. F. 一案对公开他人私人
　　事务的隐私侵权制度的影响 ……………………………（157）
五、结语 ………………………………………………………（172）

公开披露他人私人事务的隐私侵权之残余
——从私人领域的角度进行研究　……乔纳森·B. 明茨 著　廖嘉娴 译
一、导论 ………………………………………………………（174）
二、普通法和制定法中的隐私侵权制度 ……………………（175）
三、公开披露他人私人事务的隐私侵权继续存活下去的

可能性 …………………………………………………………（188）
四、私人领域的内涵和外延 ……………………………………（195）
五、结语 …………………………………………………………（204）

公开他人私人事务隐私侵权的复兴
……………………………… 约翰·A. 杰瑞特 著　韩亚圻 译
一、导论 …………………………………………………………（205）
二、公开他人私人事务隐私侵权制度的沿革 …………………（206）
三、公开他人私人事务隐私侵权与言论自由的冲突 …………（210）
四、公开他人私人事务隐私侵权的复兴：限制新闻价值抗
　　辩的范围 ……………………………………………………（217）
五、对于公开他人私人事务隐私侵权制度与新闻价值抗辩
　　的建议 ………………………………………………………（227）
六、结语 …………………………………………………………（234）

Florida Star 一案后公开他人私人事务隐私侵权的新发展
……………………………… 帕特里克·J. 马克诺提 著　韩亚圻 译
一、导论 …………………………………………………………（236）
二、公开他人私人事务的隐私侵权的构成要件 ………………（239）
三、Florida Star 一案的判决 ……………………………………（245）
四、关于 Florida Star 一案的分析 ………………………………（249）
五、公开他人私人事务隐私侵权的发展前景 …………………（257）
六、结语 …………………………………………………………（270）

第三编　公开他人医疗信息的隐私侵权

美国加利福尼亚州对公开配偶医疗信息的例外规定探究
……………………………… 马克·C. 菲利普斯 著　韩林平 译
一、导论 …………………………………………………………（272）
二、美国加利福尼亚州有关隐私权的法律规定 ………………（274）
三、美国《加利福尼亚州民法典》第56章第10条的
　　法律分析 ……………………………………………………（287）
四、结语 …………………………………………………………（292）

血液捐献者隐私权保护问题研究

························ 凯文·霍普金 著 谭舒文 译

一、导论 ·································· (294)

二、人体免疫缺陷病毒（HIV病毒）与血液输送 ········ (296)

三、血库与民事诉讼中的证据开示规则 ············ (299)

四、《美国联邦民事诉讼法》第26（c）条在血液感染纠
纷中的法律适用问题 ····················· (300)

五、血液捐献者隐私亟待立法给予保密特权 ·········· (305)

六、限定血液捐献者保密特权的范围：保护血液捐献者
隐私的两个方案 ······················· (315)

七、结语 ·································· (318)

电子健康档案中的信息隐私权的保护

——基于美国和欧盟的比较 ········ 珍妮·希勒　马修·S.麦克米伦
韦德·M.查姆尼　塞西尔·B.戴　戴维·L.鲍默 著　蔡雅智 译

一、导论 ·································· (319)

二、电子健康档案的背景：利弊与罪恶 ············ (320)

三、美国保护他人医疗隐私的法律框架 ············ (324)

四、欧盟保护他人医疗隐私的法律框架 ············ (332)

五、比较和经验 ····························· (341)

六、结语 ·································· (346)

第四编　公开他人基因信息的隐私侵权

工作场所基因隐私权和免受歧视权的比较法研究

······ 南希·J.金　苏康亚·彼雷　盖尔·A.拉斯博罗盖特 著　黄淑芳 译

一、导论 ·································· (350)

二、生物技术和信息技术的进步带来的立法难题 ········ (352)

三、国际法关于工作场所基因隐私权和免受歧视权的
具体规定 ···························· (356)

四、美国法关于工作场所基因隐私权和免受歧视权的
具体规定 ···························· (359)

五、欧盟法关于工作场所基因隐私权和免受歧视权的具体

规定 …………………………………………………… (368)
　六、欧盟法关于工作场所基因隐私权和免受歧视权的具体
　　　规定对美国法的借鉴意义 ………………………… (374)
　七、结语 …………………………………………………… (377)

基因隐私权新论 …………………… 特雷弗·伍兹 著　黄淑芳 译
　一、导论 …………………………………………………… (379)
　二、基因信息、隐私权和基因隐私权 …………………… (380)
　三、保护基因隐私权的法律 ……………………………… (388)
　四、基因隐私权受到限制的情形 ………………………… (390)
　五、披露与亲属共享的基因信息 ………………………… (394)
　六、立法建议 ……………………………………………… (397)
　七、结语 …………………………………………………… (401)

公民基因信息隐私权的扩大保护
——从基因测试的角度说起 ………… 艾米·福斯特 著　黄淑芳 译
　一、导论 …………………………………………………… (402)
　二、基因测试 ……………………………………………… (404)
　三、美国联邦和各州基因信息保护法 …………………… (405)
　四、基因测试的技术和法律考量 ………………………… (417)
　五、扩大保护基因信息隐私权的观点 …………………… (422)
　六、结语 …………………………………………………… (426)

第五编　公开雇员和航空乘客私人信息的隐私侵权

从默示合同理论谈雇员隐私期待的保护
　……………………………………… 林赛·诺伊斯 著　王梓棋 译
　一、导论 …………………………………………………… (427)
　二、任意雇佣关系中的隐私权 …………………………… (429)
　三、事实上的默示合同 …………………………………… (431)
　四、公务人员的隐私权保护 ……………………………… (438)
　五、默示合同权利的价值分析 …………………………… (443)
　六、结语 …………………………………………………… (447)

因泄露航空乘客信息所承担的隐私侵权责任
　　　　　　　　　　　　　　　　德鲁·谢尔曼 著　王梓棋 译
　一、导论 ………………………………………………………… (449)
　二、有关航空乘客信息泄露的案件 …………………………… (452)
　三、航空乘客信息泄露的法律救济及其面临的困难 ………… (454)
　四、航空乘客信息保护的立法趋势 …………………………… (467)
　五、结语 ………………………………………………………… (469)

第六编　网络隐私侵权

网络隐私权和国家 ……………保罗·M. 施瓦茨 著　廖嘉娴 译
　一、导论 ………………………………………………………… (472)
　二、隐私控制说的缺陷 ………………………………………… (474)
　三、宪政法上的隐私权 ………………………………………… (488)
　四、国家的角色 ………………………………………………… (497)
　五、结语 ………………………………………………………… (510)
网络隐私权的原则 ……………弗雷德·H. 凯特 著　廖嘉娴 译
　一、导论 ………………………………………………………… (513)
　二、政府制定政策应当遵循的基本原则 ……………………… (516)
　三、基本原则在实践中的适用 ………………………………… (528)
　四、结语 ………………………………………………………… (532)

第一编 公开他人私人事务的隐私侵权总论

公开他人私人事务的隐私侵权责任的构成要件

张民安[①]

目　次

一、公开他人私人事务的隐私侵权责任的四要件
二、行为人公开披露的事务应当是具有私人性质的事务
三、行为人对他人私人事务的公开披露
四、行为人公开的事务是令人高度反感的事务
五、行为人公开的事务是社会公众不享有合法利益的事务

一、公开他人私人事务的隐私侵权责任的四要件

（一）公开他人私人事务的隐私侵权的界定

所谓公开他人私人事务的隐私侵权（public disclosure of private affaire），也称公开披露他人令人尴尬的私人事实的隐私侵权（public disclosure of embarrassing private facts），是指行为人在没有获得他人许可或者在没有公开他人事务的正当理由的情况下，以让人高度反感的方式或者以让人无法容忍的方式公开披露他人的私人事务、私人事实，并因此使他人遭受精神痛苦或者财产损害的隐私侵权行为。根据此种隐私侵权责任制度，如果行为人没有正当理由而擅自公开他人私人信息、私人事务，他们应当就其实施的隐私侵权行为引起的精神损

[①] 张民安，法学博士，中山大学法学院教授，博士生导师。

害或者财产损害对他人承担侵权责任。

(二) 两大法系国家的侵权法对待公开他人私人事务隐私侵权的态度

在大陆法系国家,无论是德国侵权法还是法国侵权法都没有规定此种类型的隐私侵权责任。因为,大陆法系国家虽然建立了隐私侵权责任制度,但是,它们并没有对隐私侵权责任制度进行分类,它们在讨论隐私侵权责任的时候并不明确区分公开他人私人事务的隐私侵权责任制度和侵扰他人安宁的隐私侵权责任制度。不过,不能因此认为,大陆法系国家的侵权法不承认此种意义上的隐私侵权责任制度。在大陆法系国家,虽然学说并不区分公开他人私人事务的隐私侵权责任制度和侵扰他人安宁的隐私侵权责任制度;但是,大陆法系国家的侵权法实际上完全认可公开他人私人事务的隐私侵权行为,并因此责令行为人就其擅自公开他人隐私的行为对他人承担侵权责任。在法国,学说一方面认为,侵权法保护他人享有的各种隐私利益,一方面要求行为人承担不作为义务,不实施侵害他人安宁的行为。其中,侵权法保护的隐私利益如果被行为人擅自公开,则行为人的擅自公开行为就构成隐私侵权行为,他们应当就其侵权行为对他人承担侵权责任。在德国,侵权法学说和司法判例虽然不明确区分公开他人私人事务的隐私侵权和侵扰他人安宁的隐私侵权,但都认为行为人擅自公开他人隐私的行为当然构成隐私侵权行为,他们应当对他人承担侵权责任;行为人采取非法手段侵扰他人的居住、生活安宁,他们的行为也构成隐私侵权行为,也应当对他人承担隐私侵权责任。

在美国,侵权法明确区分公开他人私人事务的隐私侵权和侵扰他人安宁的隐私侵权,认为两种侵权责任制度虽然都是隐私侵权责任制度,但是,两种侵权责任制度存在明显的区别:一方面,公开他人私人事务的隐私侵权强调行为人在没有正当理由的情况下公开他人私人事务,而侵扰他人安宁的隐私侵权则强调行为人采取不合理的措施或者手段来扰乱他人的生活,使他人无法安静、安宁地生活。另一方面,公开他人私人事务的隐私侵权责任的构成要件不同于侵扰他人安宁的隐私侵权责任的构成要件。《美国侵权法复述(第二版)》第652D条对公开他人私人生活的隐私侵权责任制度做出了明确说明,它规定：任何人，只要他们公开有关他人私人事务，就应当就其侵犯他人隐私的行为对他人承担侵权责任，如果他们公开的事项是：①让一个有理性的人高度反感的事项；②社会公众对其不享有合法利益的事项。

（三）我国侵权法对待公开他人私人事务隐私侵权的态度

在我国，侵权责任法虽然规定了隐私侵权责任制度，但并没有对隐私侵权责任加以区分。同样，由于受大陆法系国家侵权法学说的影响，我国侵权法学说并不区分各种类型的隐私侵权责任制度，不承认公开他人私人事务的隐私侵权责任制度的独立性。因为，在讨论隐私侵权责任构成的时候，我国学说都将公开他人私人事务的行为和侵扰他人安宁的行为看做侵害他人隐私的具体侵权行为。实际上，公开他人隐私的侵权行为和侵扰他人安宁的隐私侵权行为虽然都是隐私侵权行为，但是，这两种隐私侵权行为仍然存在重要差异：其一，公开他人私人事务的隐私侵权责任制度的目的不同于侵扰他人安宁的隐私侵权责任制度的目的。在侵权法上，公开他人私人事务的隐私侵权责任制度的目的不同于侵扰他人安宁的隐私侵权责任制度的目的，因为，侵权法创设公开他人私人事务的隐私侵权责任制度的目的完全是为了保护他人的隐私利益，防止行为人在没有获得他人同意或者没有其他正当理由的情况下擅自公开他人隐私，使他人遭受精神痛苦或者财产损害；而侵扰他人安宁的隐私侵权责任制度的目的是保护他人的住所或者其他隐私场所不被非法窥探、滋扰或者侵害，防止行为人采取非法手段获得他人隐私。其二，公开他人私人事务的隐私侵权责任制度的构成要件不同于侵扰他人安宁的隐私侵权责任制度的构成要件。根据公开他人私人事务的隐私侵权责任制度，无论行为人是通过合法还是非法手段获得他人隐私，只要他们在没有权利公开他人隐私的情况下公开他人隐私，他们的行为就构成隐私侵权行为，他们就应当对他人承担隐私侵权责任；而根据侵扰他人安宁的隐私侵权责任制度，只要行为人试图通过非法方式获得他人隐私，即便他们没有获得所意图获得的隐私，或者只要行为人通过非法方式获得他人隐私，即便他们没有公开通过非法方式获得的隐私，他们的行为也构成隐私侵权行为，也应当对他人承担隐私侵权责任。因此，我国侵权法应当像美国侵权法那样明确区分公开他人私人事务的隐私侵权和侵扰他人安宁的隐私侵权。其三，公开他人私人事务的隐私侵权责任制度的抗辩事由不完全等同于侵扰他人安宁的隐私侵权责任制度的抗辩事由。在侵权法上，大凡名誉侵权责任制度的抗辩事由都可以在公开他人私人事务的隐私侵权责任制度当中得到适用，但是，这些抗辩事由未必都能够在侵扰他人安宁的隐私侵权责任制度当中适用。

（四）公开他人私人事务的隐私侵权责任的构成要件

公开他人私人事务的隐私侵权责任应当具备哪些构成要件？学说存在争议。Prosser 教授认为，如果行为人要就其公开他人私人事务的行为对他人承担隐私侵权责任，他们应当具备三个构成要件：一是行为人对他人私人事实的披露应当是公开披露而非私下披露；二是对社会公众披露的事实应当是有关原告的私人事实而非公共事实；三是被行为人公开披露的事实应当是让具有普通情感的一个有理性的人高度反感的事实。① Hill 先生指出，在决定行为人是否就其公开他人私人事务的行为对他人承担隐私侵权责任的时候，法律仅仅考虑单一原则，这就是，如果行为人公开披露他人私人事务的行为是令人震惊的，则行为人的公开披露行为应当构成隐私侵权行为，否则，行为人的公开披露行为将不构成隐私侵权行为。例如，行为人在强奸犯罪行为过去很久之后还公开披露强奸犯罪行为的受害人姓名，其披露行为是令人震惊的，应当构成隐私侵权行为。在决定行为人的行为是否构成隐私侵权行为的时候，法官应当考虑各种要素，诸如行为人公开的性质，社会公众对被公开披露的事实享有的利益范围，或者案件的其他具体要素。②

《美国侵权法复述（第二版）》第 652D 除了要求行为人具备 Prosser 教授所主张的三个构成要件之外，还应当具备第四个构成要件，这就是，社会公众对行为人公开披露的私人事务不享有合法利益。笔者认为，行为人就其公开他人私人事务的行为对他人承担隐私

---

① W. Page Keeton, Prosser and Keeton on Torts, 5th edition, West Publishing Company , p856.
② Alfrd Hill, Defamation and Privacy Under the First Amendment , （1976）76Colum. L. Rev. 1205, 1258 – 1262.

侵权责任，应当具备四个构成要件，这就是：①被行为人披露的事务是私人事务；②行为人对他私人事务的披露是公开披露；③行为人公开披露的事务是令人高度反感的事务；④被行为人公开的事务不是社会公众对其享有合法利益的事务。

二、行为人公开披露的事务应当是具有私人性质的事务

（一）私人事务和公共事务的区分原则

行为人就其公开披露他人私人事务的行为承担隐私侵权责任的第一个必要构成要件是，行为人公开披露的事实应当是有关他人私人事务方面的事实；如果他们公开披露的事实是有关他人公共事务方面的事实，则行为人将不对他人承担隐私侵权责任。在两大法系国家和我国，他人的隐私实际上就是他人的私人生活、私人事务或者私人事实，是指在他人有关私人场合发生的事件或者产生的相关信息。因此，隐私是与公共生活相对立的一个概念：凡是他人的私人生活、私人事务或者私人事实，两大法系国家的侵权法均对它们加以保护，行为人不得对这些私人生活、私人事务或者私人事实加以公开披露；否则，他们应当对他人承担隐私侵权责任，情节严重的，还可能要承担刑事责任。凡是他人的公共生活、公共事务或者公共事实，两大法系国家的侵权法均不对它们提供保护，行为人完全可以公开这些公共生活、公共事务或者公共事实而无需承担侵权责任或者刑事责任。《美国侵权法复述（第二版）》第652D条之官方评论b对此种规则做出了明确的说明：《美国侵权法复述（第二版）》第652D条仅仅适用于行为人对他人私人事务的公开，而不适用于行为人对他人公共事务的公开。如果行为人仅仅进一步公开他人公共的事务，则行为人不用对他人承担隐私侵权责任。因此，如果行为人公开的事务是有关公共记录上已经记载的事务，诸如他人的出生日期、婚姻事实、服兵役记录、就医记录或者获得驾照或者提出了诉讼请求等，则行为人的公开将不用承担隐私侵权责任。但是，如果行为人公开的记录不是被公众公开查阅的记录，诸如，个人收入所得税的凭证，则行为人公开的记录不是公共的记录，行为人应当承担隐私侵权责任。

问题在于：他人的哪些生活是私人生活并受侵权法的保护？哪些

生活是公共生活而不受侵权法的保护？对于这样的问题，两大法系国家和我国的侵权法很少做出明确规定，因此，这样的问题也只能由学说和司法判例做出回答。在两大法系国家，学说和司法判例普遍认为，在公开场所发生的事实被认为是他人的公共生活，不构成隐私，行为人公开这样的事实不构成隐私侵权行为，无需对他人承担隐私侵权责任。在非公开场所发生的事实被认为是他人的私人事实，构成隐私，行为人公开这样的事实构成隐私侵权行为，应当对他人承担隐私侵权责任。Prosser教授指出，行为人对社会公众公开披露的事实必须是私人事实而非公共事实。因此，当行为人将他人从事的职业活动对社会公众公开的时候，他人不得向法院起诉而要求行为人承担隐私侵权责任；当行为人公开诸如他人的出生日期、结婚日期或者服兵役的记录时，他人也不得向法院起诉而要求行为人承担隐私侵权责任。因为，这些事务都是公共记录记载的事务，是能够为社会公众查阅的事务。人们似乎普遍同意，在公共场所通过肉眼能够看得见的东西都是能够被行为人通过照相机拍照下来的，也是可以被行为人通过书面文字记录下来的。因为，拍照也罢，书面文字记载也罢，行为人所做的工作无非是将要件对社会公众公开的东西、任何人都能够看见的东西再对它们公开。因此，当一个人被行为人从公开场所单独挑出来并对其过多的注意时，他人认为行为人的行为侵害了其隐私权的主张并没有获得法院的支持。十分清楚的是，如果行为人在没有获得他人同意的情况下在私人场所拍摄他人的照片，或者如果行为人拍摄的照片是偷拍的，或者引诱他人违反秘密协议而拍摄的，行为人的行为侵害了他人的隐私权，他人能够向法院起诉，要求行为人承担隐私侵权责任。[①] Raymond也指出，原则上讲，他人的私人生活是指那些不是发生在公开场所的生活。例如，他人的职业场所、医务室或者医院是公开场所，他人的办公室是私人场所。但是，如果行为人公开他人参加公开示威的行为，则行为人的行为侵犯了他人的隐私，应当承担隐私侵权责任。[②]

[①] W. Page Keeton, Prosser and Keeton on Torts, 5th edition, West Publishing Company, pp858－859.

[②] Guy Raymond, Droit civil, 2e édition, litec, p88.

（二）属于隐私范围的私人事务

在两大法系国家，究竟什么样的事务属于私人事务，往往由学说和司法判例做出规定。在德国，一般人格权保护的隐私或隐私权范围包括：未经他人许可而擅自使用他人肖像的行为；未经他人许可擅自泄露他人病历记载内容的行为；未经他人许可而对于贵族成员正在离婚的问题作公开披露的行为；在未经允许的情况下从尸体上摘取器官，披露他人的器官情况；公开他人在其出生证上变更性别的内容；非法公开他人之间的电话谈话记录；未经他人允许开启他人密封的信件；[1] 雇主在雇员招聘失败后，保留含有雇员隐私内容的问卷；未经他人同意，对他人进行艾滋病的测试；公开足球运动员的金钱收入；等等。[2]

在法国，司法判例和学说普遍认为，他人的隐私利益多种多样，法律无法对隐私的范围做出明确的列举。Raymond 指出，在法国，司法判例认为，他人的私人生活主要包括他人家庭生活、感情生活、肉体生活、夫妻财产或者家庭财产、宗教生活等，它们共同构成隐私的范畴，在没有经过他人允许的情况下擅自公开披露他人这些方面的内容，将构成隐私侵权行为，应当对他人承担侵权责任。[3] Hauch 指出，在法国，隐私的基本范围包括他人家庭生活、性活动和性取向、疾病和死亡以及私人修养或者娱乐等。[4] 具体而言，在法国，他人的隐私包括：身体，疾病，身体上的残疾，健康状态，怀孕，分娩，妊娠，节育，避孕，夫妻之间的争吵，夫妻之间的离婚计划，夫妻之间的分居，第二次婚姻，性活动和性取向，同性恋，精神痛苦，烦恼，私人休闲，娱乐活动。法国司法判例认为，如果行为人在没有获得他人同意的情况下公开他人裸露的身体或者半裸的身体，行为人的行为侵犯

---

[1] See Basil S. Markesinis & Hannes Unberah, The German Law of Torts, 4th edtion, Hart Publishing, p75.
[2] 参见迪特尔，梅迪库斯：《德国民法总论》，邵建东译，法律出版社 2001 年版，第 809~810 页。
[3] Guy Raymond, pp88~90.
[4] Jeanne M. Hauch, Protecting Privpe Facts In France: The Warren & Brandeis Tort Is Alive And Well And Flourishing In aris, (1994) 68 Tul. L. Rev. 1219, 1231.

了他人的隐私权,应当对他人承担侵权责任。① 法国司法判例认为,行为人公开披露一个非婚生子的母亲姓名的行为构成隐私侵权行为,应当对他人遭受的损害承担隐私侵权责任。② 在法国,他人某些方面的社会生活或者生活方式也受到隐私侵权法的保护,行为人侵犯他人这些方面的社会生活或者生活方式仍然构成隐私侵权行为,应当对他人承担隐私侵权责任,即便这些社会生活或者生活方式在以前已经公开披露过。例如,法国巴黎上诉法院在一个案件中认为,即便原告参加了支持同性恋的游行活动,即便该种活动是在公开场所进行的,如果被告在没有经过原告同意的情况下擅自刊登其参加同性恋游行活动时的照片,原告也有权要求被告就其公开行为引起的损害对自己承担隐私侵权责任。因为,被告刊登原告支持同性恋游行活动时的相片实际上泄露了原告是同性恋的秘密,使原告的家人和同事在了解了原告的同性恋身份之后遗弃或者规避他。③ 法国的司法判例还认为,他人的职业生活和公共生活不属于他人隐私的范畴,行为人公开他人有关职业生活或者公共生活方面的事情,不构成隐私侵权行为,不必对他人承担隐私侵权责任。④

在美国,他人的哪些生活、事务属于隐私的范畴并因此受隐私侵权责任制度的保护?侵权法并没有做出明确的规定。因此,应当由司法判例加以具体的说明。在 Trammell v. Citizens News Co. 一案⑤中,法官认为,被告在报刊上公布原告欠债的行为是公开披露其隐私的侵权行为,应当对原告遭受的损害承担侵权责任。法官在审理 Fernandez v. United Acceptance Corp 一案⑥中认为,如果被告公开原告对其欠债的私事,则被告的行为构成对原告隐私的侵犯,应当对原告承担隐私侵权责任。在该案中,原告欠了被告一笔到期债务,由于原告没有按期归还,被告将原告的邻居和雇主叫到一起,当着他们的面要求

---

① Cour d' appel de Paris, 54 J. C. P. II, No. 19. 343 (1980) (Fr.).
② Trib. gr. inst. de Paris, 43 J. C. P. II, No. 15931 (1969) (Fr.).
③ Judgment of June 14, 1985, Cour d' appel de Paris, 1986 D. S. inf. rap. 50 somm. Raymond Lindon (Fr.).
④ Judgment of Mar. 17, 1966, Cour d' appel de Paris, 1966 D. S. Jur. 749 (Fr.).
⑤ 148 SW. 2d 708, 709 - 710 (Ky. 1941).
⑥ 610 P. 2d 461, 464 (Ariz. Ct. App. 1980).

原告偿还其债务。法官认为，被告为了逼迫原告偿还债务而将其邻居和雇主叫过来的行为侵犯了原告的隐私，应当对原告承担侵权责任。在 Biederman' of Springfield Inc. v. Wright 一案①中，法官认为，当债权人当着原告雇主的面大声要求原告偿还其债务时，被告的行为侵犯了原告的隐私权，应当对原告承担隐私侵权责任。在 Penwell v. Taft Broadcasting Co. 一案②中，法官认为，当新闻记者用摄像机拍摄警察抓捕吸毒者的过程时，如果他们偶然录下了原告并将其公开，新闻记者的公开行为不构成隐私侵权行为，不用对原告承担隐私侵权责任。在 Haynik v. Ziich. 一案③中，法官认为，当新闻记者在警察办公楼的公共走廊拍摄犯罪嫌疑人时，他们公开犯罪嫌疑人的行为不构成隐私侵权行为，无需对犯罪嫌疑人承担隐私侵权责任。在 Strutner v. Dispatch Printing Co. 一案④. 中，法官认为，行为人将犯罪嫌疑人父母的姓名和地址印在信件上的行为不构成隐私侵权行为，无需对他人承担隐私侵权责任。到了 20 世纪 80 年代，美国司法判例表现出抑制他人隐私权和保护行为人的言论自由权和新闻自由权的趋向。例如，美国司法判例认为，当行为人将他人的同性恋性取向对同性恋群体之外的人公开时，行为人的行为并不构成隐私侵权行为，无需对他人遭受的损害承担隐私侵权责任。⑤

在我国，隐私包括哪些范围？我国学说对这方面的说明并不完全相同。某些学说认为，他人的隐私包括身体隐私、病患者的隐私、通信隐私、个人身份资料、个人历史资料或者家庭信息。某些学说认为，他人的隐私包括其姓名、住址、住宅电话、储蓄、财产状况等。

笔者认为，受到隐私侵权责任制度保护的属于隐私范围的私人事务主要包括以下方面：

（1）他人的家庭生活。在我国，正如在英美法系其他国家一样，侵权法保护他人对其家庭生活享有的隐私利益，认为行为人在没有取得他人同意的情况下或者在没有其他正当理由的情况下不得公开披露

---

① 322 SW. 2d 892, 893, 898（Mo. 1959）.
② 13 Ohio App. 3d 382, 384, 469 N. E. 2d 1025, 1028（1984）.
③ 30 Ohio Misc. 2d 16, 498 N. E. 2d 1095（1986）.
④ 2 Ohio App. 3d 377, 442 N. E. 2d 129（1982）.
⑤ Sipple v. Chronicle Publishing Co., 201 Cal. Rptr. 665, 669–671（Ct. App. 1984）.

他人的家庭生活。如果行为人擅自公开披露他人的家庭生活,则行为人的公开披露行为将构成隐私侵权行为,在符合隐私侵权责任的其他构成要件的情况下,行为人应当对他人承担隐私侵权责任。例如,如果行为人擅自公开披露他人在厨房做饭或者在饭厅吃饭的情景时,行为人的公开披露行为构成隐私侵权行为,在符合隐私侵权责任的其他构成要件的情况下,行为人应当对他人承担隐私侵权责任。因为行为人的行为侵犯了他人对其家庭生活享有的隐私利益。同样,如果行为人公开了他人在家中与朋友聊天或者打电话的内容,行为人的公开披露行为也构成隐私侵权行为,在符合隐私侵权责任的其他构成要件的情况下,行为人也应当对他人承担隐私侵权责任。因为行为人的行为也侵犯了他人对其家庭生活享有的隐私利益。

在我国,正如在英美法系其他国家一样,他人的家庭生活是他人享有的最重要的、核心的隐私利益,除了我国侵权法对他人享有的此种隐私利益进行保护之外,《中华人民共和国宪法》(以下简称《宪法》)也明确保护他人对其家庭生活享有的隐私利益,认为包括国家公权力机关在内的任何行为人均不得侵犯他人对其家庭生活享有的隐私利益,否则,行为人除了应当对他人承担隐私侵权责任之外,还可能要承担刑事责任。《宪法》第39条明确规定:"中华人民共和国公民的住宅不受侵犯。禁止非法搜查或者非法侵入公民的住宅。"我国《宪法》第39条之所以禁止国家公权力机关非法搜查或者侵入公民的住宅,除了基于公民私有财产神圣不可侵犯的考虑之外,当然也基于公民家庭生活隐私利益保护的考虑,防止国家公权力机关侵犯公民对其住宅或者家庭生活享有的隐私权。

在我国,作为隐私重要表现形式的家庭生活当中的"家庭"应当做广义的理解,受侵权法保护的"家庭生活"当中的"家庭"除了包括我国婚姻法所规定的传统家庭之外,还包括我国婚姻法所没有规定的各种非传统意义上的家庭,尤其是包括社会学意义上的家庭,诸如非婚同居家庭、同性恋家庭等。侵权法之所以对"家庭生活"当中的"家庭"做广义的界定,是因为在侵权法上,除了传统意义上的家庭成员对其家庭生活享有隐私利益之外,非传统意义上的家庭成员也同样对其家庭生活享有隐私利益。除了传统意义上的家庭成员不希望行为人将其家庭生活泄露出去之外,非传统意义上的家庭成员也不希望行为人将其家庭生活泄露出去。在一定意义上来讲,非传统意义上的家庭成员更不愿意行为人把其非正常的家庭生活泄露出去,例如,通过非婚同居方式或者通过同性恋方式建立起来的家庭成员更不愿意行为人把他们的家庭生活泄露出去,因为这样的家庭生活往往属于隐蔽的家庭生活,一旦行为人把他人处于隐蔽状态的家庭生活泄露出去,其家庭成员所遭受的损害要比传统家庭成员所遭受的损害严重得多。

在侵权法上,作为隐私重要表现形式的家庭生活包含的范围十分广泛,所涉及的内容多种多样。例如:家庭成员之间的生活(如夫妻之间的生活、父母子女之间的生活或者兄弟姐妹之间的生活等),家庭成员与非家庭成员之间在他人家庭当中所进行的活动(如父母同其大学同学在家中叙旧的活动、家庭成员在家中给别人打电话的行为等),法律活动(如夫妻双方在家中签订夫妻协议的活动),夫妻在家中进行亲密的性活动,等等。无论是什么性质的家庭生活,行为人在没有获得他人同意或者没有其他正当理由的情况下均不得公开披露,否则,应当对他人承担隐私侵权责任。

应当说明的是,在我国,即便是政府官员、影视明星或者体育明星等公众人物,他们也应当对其家庭生活享有隐私利益,行为人在没有获得他们同意或者在没有其他正当理由的情况下也不得擅自公开披露他们的家庭生活,否则,也应当对他们承担隐私侵权责任。但是,如果政府官员、影视明星或者体育明星等公众人物在家中进行非法行为,则行为人把他们在其家庭当中所进行的非法活动予以公开披露的行为不构成隐私侵权责任,无需对他人承担隐私侵权责任。例如,如果政府官员在其家中收受贿赂,则行为人有权将政府官员在家中收受贿赂的活动予以公开披露。无论行为人公开政府官员此类生活的目的究竟是为了监督政府官员还是为了打击报复政府官员,行为人均不对他们承担隐私侵权责任。

(2)他人的感情生活。在我国,正如在英美法系其他国家一样,侵权法保护他人对其感情生活享有的隐私利益,认为行为人在没有获得他人同意或者在没有其他正当理由的情况下不得公开披露他人的感情生活。如果行为人擅自公开披露他人的感情生活,行为人的公开披露行为将构成隐私侵权行为,在符合隐私侵权责任的其他构成要件的情况下，行为人应当对他人承担隐私侵权责任。例如，如果一个作家将自己同他人的性生活创作成小说，当那些阅读小说的读者能够从其小说当中判断出与小说作家发生性关系的"他人"的身份时，该作家的小说创作行为将构成隐私侵权行为。在符合隐私侵权责任的其他构成要件的情况下，小说作家应当对他人承担隐私侵权责任，因为小说作家的创作行为侵犯了他人对其感情生活享有的隐私利益。同样，如果行为人将他人的感情生活拍摄成电影，则行为人拍摄电影的行为将构成隐私侵权行为。在符合隐私侵权责任的其他构成要件的情况下，行为人应当对他人承担隐私侵权责任，因为行为人的行为侵犯了他人对其感情生活享有的隐私利益。

在侵权法上，他人的感情生活独立于他人的家庭生活，构成他人隐私的重要组成部分，虽然他人的家庭生活当中也包含了他人的感情生活，但是他人的感情生活并不必然建立在他人的家庭生活当中。因为根据生活经验来判断，他人的感情生活虽然有时会导致他人的家庭生活的建立，但是他人的感情生活并不必然会导致他人家庭生活的建立。在侵权法上，他人的感情生活应当做狭义理解，仅是指他人同别人之间的恋爱生活尤其是性生活。此种生活被认为是他人最隐秘的生活，受到侵权法的强有力的保护。一旦行为人未经他人允许就将他人的感情生活公之于众，则他人将会遭受严重的精神痛苦，因此侵权法会责令行为人对他人承担隐私侵权责任。

应当说明的是，即便是政府官员、影视明星、体育明星等公众人物也对其婚姻感情生活享有隐私利益，行为人也不得擅自公开披露他们的感情生活。但如果披露政府官员、影视明星或者体育明星等公众人物婚姻外的感情生活，则行为人有权公开披露他们的感情生活而无需对他们承担隐私侵权责任。例如，当政府官员包养"二奶"，将其与政府官员的畸形感情生活公之于众时，行为人无需就其公开披露政府官员的感情生活的行为对政府官员承担隐私侵权责任，因为政府官员属于公众人物，他们包养"二奶"严重违法，应当让社会公众对其加以监督。

（3）他人的财产状况。在我国，正如在英美法系其他国家一样，侵权法保护他人对其财产状况享有的隐私利益，认为行为人在没有获得他人同意的情况下或者在没有其他正当理由的情况下不得公开披露他人的财产总额、财产种类、财产形式或者债权债务状况等财产状况。如果行为人擅自公开披露他人的财产状况，行为人的公开披露行为将构成隐私侵权行为，在符合隐私侵权责任的其他构成要件的情况下，行为人应当对他人承担隐私侵权责任。例如，如果行为人公开披露他人的年收入总额，则行为人的公开披露行为将构成隐私侵权行为，在符合隐私侵权责任的其他构成要件的情况下，行为人应当对他人承担隐私侵权责任，因为行为人的公开披露行为侵犯了他人对其财产状况享有的隐私利益。同样，如果行为人公开披露他人对外欠债的情况，他们的公开披露行为也构成隐私侵权行为，在符合隐私侵权责任的其他构成要件的情况下，行为人也应当对他人承担隐私侵权责任，因为行为人的公开披露行为也侵犯了他人对其财产状况享有的隐私利益。

应当说明的是，如果行为人公开披露政府官员的财产状况，行为人的公开披露行为不构成隐私侵权行为，无需对他人承担隐私侵权责任。因为，政府官员究竟有多少财产，他们的财产总额是不是大于他们的收入，如果他们的财产总额大于他们的收入，那么，他们的财产是不是通过贪污受贿或者通过其他不正当途径获得的。这些均是社会公众享有知情权的东西，政府官员应当定期公开他们的财产状况，接受社会公众的监督。

（4）他人的回忆录。在我国，正如在英美法系其他国家一样，侵权法保护他人对其回忆录享有的隐私利益，认为行为人在没有获得他人同意的情况下或者在没有其他正当理由的情况下不得公开披露他人的回忆录。如果行为人擅自公开披露他人的回忆录，则行为人的公开披露行为将构成隐私侵权行为，在符合隐私侵权责任的其他构成要件的情况下，行为人应当对他人承担隐私侵权责任。例如，如果行为人擅自公开披露他人在 20 年之前所从事的卖淫活动，行为人的公开披露行为将构成隐私侵权行为，在符合隐私侵权责任的其他构成要件的情况下，行为人应当对他人承担隐私侵权责任，因为行为人的公开披露行为侵犯了他人对其回忆录享有的隐私利益。同样，如果报纸杂志在他人的回忆录还未正式出版的情况下率先在其报纸杂志刊登他人回忆录当中的内容，报纸杂志的刊登行为将构成隐私侵权行为，在符合隐私侵权责任的其他构成要件的情况下，行为人也应当对他人承担隐私侵权责任，因为报纸杂志的刊登行为侵犯了他人对其回忆录享有的隐私利益。侵权法之所以保护他人对其回忆录享有的隐私利益，是因为在侵权法上，他人的回记录是他内心深处的重要秘密，是否公开自己的回记录完全由他人自由决定。未经他人明示或默示同意，任何人不得公开他人的回忆录。①

（5）他人的宗教生活。在我国，正如在英美法系其他国家一样，侵权法保护他人对其宗教生活享有的隐私利益，认为行为人在没有获得他人同意的情况下或者在没有其他正当理由的情况下不得公开披露他人的宗教生活。如果行为人擅自公开披露他人的宗教生活，则行为人的公开披露行为将构成隐私侵权行为，在符合隐私侵权责任的其他构成要件的情况下，行为人应当对他人承担隐私侵权责任。例如，如果报纸杂志公开披露了一个共产党员私下参与佛教活动的场景，则该报纸杂志的公开披露行为构成隐私侵权行为，在符合隐私侵权责任的其他构成要件的情况下，该报纸杂志应当对他人承担隐私侵权责任，因为报纸杂志的公开披露行为侵犯了他人对其宗教生活享有的隐私利益。同样，如果行为人将他人在其家中举行的教友活动公布在自己的博客或者微博当中，行为人的公开行为也构成隐私侵权行为，在符合隐私侵权责任的其他构成要件的情况下，行为人也应当对他人承担隐私侵权责任，因为行为人在博客或者微博当中的公开行为侵犯了他人对其宗教生活享有的隐私利益。在我国，侵权法对他人宗教生活享有的隐私利益提供保护，也是我国《国宪》所规定的宗教自由原则的具体体现。

（6）他人的身体。在我国，正如在英美法系其他国家一样，侵权法保护他人对其身体享有的隐私利益，认为行为人在没有获得他人同意或者在没有其他正当理由的情况下不得公开他人的身体或者身体的任何组成部分。如果行为人擅自公开他人身体或者身体的任何组成部分，则行为人的公开行为将构成隐私侵权行为，在符合隐私侵权责任的其他构成要件的情况下，行为人应当对他人承担隐私侵权责任。例如，如果行为人公开了他人打赤膊的上半部身体，则行为人的公开行为将构成隐私侵权行为，在符合隐私侵权责任的其他构成要件的情

---

① Guy Raymond, p90.

况下，行为人应当对他人承担隐私侵权责任，因为行为人的公开披露行为侵犯了他人对其身体享有的隐私利益。同样，如果报纸杂志刊登了他人赤身裸体游泳的照片，该报纸杂志的刊登行为也构成隐私侵权行为，在符合隐私侵权责任的其他构成要件的情况下，行为人也应当对他人承担隐私侵权责任，因为行为人公开他人赤身裸体的行为侵犯了他人对其身体享有的隐私利益。

应当说明的是，他人对其身体享有的隐私利益不同于他人对其身体享有的肖像利益，因为在侵权法上，他人对其身体享有的隐私利益，是指他人对其是否公开自己裸露的身体或者裸露的身体组成部分享有的利益，而在侵权法上，他人对其身体享有的肖像利益，则是指他人对其是否公开自己的肖像享有的利益。因此，如果行为人偷偷公开他人在其家中的半裸甚至全裸的身体，则行为人的公开行为所侵犯的利益是他人对其身体享有的隐私利益，而不是他人对其身体享有的肖像利益。

（7）他人的敏感信息。在我国，正如在英美法系其他国家一样，侵权法保护他人对其敏感信息享有的隐私利益，认为行为人在没有获得他人同意或者在没有其他正当理由的情况下不到公开披露他人的敏感信息。如果行为人擅自公开披露他人的敏感信息，行为人的公开披露行为将构成隐私侵权行为，在符合隐私侵权责任的其他构成要件的情况下，行为人应当对他人承担隐私侵权责任。例如，如果行为人公开披露他人是同性恋的敏感信息，行为人的公开披露行为构成隐私侵权行为，在符合隐私侵权责任的其他构成要件的情况，行为人应当对他人承担隐私侵权责任，因为行为人的公开披露行为侵犯了他人对其敏感信息享有的隐私利益。同样，如果行为人公开披露他人做了变性手术的敏感信息，行为人的公开披露行为也构成隐私侵权行为，在符合隐私侵权责任的其他构成要件的情况，行为人也应当对他人承担隐私侵权责任，因为行为人的公开披露行为侵犯了他人对其敏感信息享有的隐私利益。在侵权法上，他人的哪些信息属于敏感信息？哪些信息不属于敏感信息？笔者认为：在侵权法上，凡是一旦被公开就会使他人处于极端尴尬地位的信息都是所谓的敏感信息，凡是一旦被公开就会使他人被其亲朋好友或者社会公众所规避、所孤立或者抛弃的信息都是所谓的敏感信息，凡是一旦被公开就会使他人面临无法找到工作或者面临被解雇的信息都是所谓的敏感信息。例如，他人患上了艾滋病、性病的信息是他人的敏感信息，他人怀孕、做了变性手术的信息也是他人的敏感信息，等等。

(三) 已经公开的事务、公开的记录

如果行为人公开的事务是那些已经被公开的事务或者通过公开记录能够合法查阅到的信息，行为人的公开行为是否构成隐私侵权行为？行为人是否要就其公开已经被公开的事务行为对他人承担隐私侵权责任？对于这样的问题，两大法系国家的司法判例和学说做出的回答并不完全相同。

在法国，司法判例普遍认为，即便他人的私人事务已经被公开，行为人在没有获得他人同意的情况下仍然不得公开他人的私人事务，否则，行为人的公开行为仍然构成隐私侵权行为，仍然应当对他人承担隐私侵权责任。这在法国众多的司法判例中都得到说明。在1966年的 Sachs 一案①中，法官认为，被告公开他人已经公开的事实的行为仍然构成隐私侵权行为，仍然要对他人承担隐私侵权责任。在该案中，被告在刊物中发表文章，对原告的有关隐私生活进行披露。原告向法院起诉，要求法官颁发禁止令，禁止被告发行其载有自己隐私文章的刊物。一审法院认为，被告不应当公开原告的私人生活，其行为构成隐私侵权行为，应当承担隐私侵权责任。为此，一审法院颁发禁止令，禁止被告的刊物公开发行。被告不服，上诉到二审法院，认为一审法院颁发禁止令的行为存在问题。二审法院一方面认为，一审法院颁发禁止令的行为存在问题，为此撤销了一审法院做出的诉前禁止令，允许被告公开发行其载有原告私人生活的刊物公开发行。二审法院认为，被告公开他人私人生活的行为仍然构成隐私侵权行为，应当对原告遭受的损害承担隐私侵权责任。二审法院的法官认为，在本案中，被告在其刊物中公开的有关原告的事务都是这些年来在不同场合已经公开的事务，被告的文章所刊登的事务都是在引起争议的文章发表之前就已经公开了的事务，被告也仅仅是将已经公开的事务进行再整理，在不同的地方发表而言。既然原告已经授权其他人公开自己的

---

① Nov. 15, 1966, Cour d'appel de Paris, 1967 D. S. Jur. 181, 182 (Fr.).

私人生活，原告就应当忍受被告在其刊物中再次公开这些事务。因此，原告不得要求法官禁止被告公开发行其刊物，二审法院认为，虽然原告无权要求法院颁发禁止令禁止被告的再次公开行为，但是被告在没有获得原告同意的情况下擅自公开原告私人事务的行为仍然构成隐私侵权行为，被告应当对原告遭受的损害承担侵权责任，即便被公开的事务是过去在其他地方、其他报纸杂志上公开过的事务。被告不服二审法院的判决并上诉到法国最高法院。法官最高法院认为，虽然原告能够容忍甚至能够与报纸杂志合作，公开其私人生活，但是，原告对报纸杂志公开行为的容忍或者合作不能够被认为产生了这样一种的推定：原告既然已经对其他报纸杂志公开其私人生活，允许其他报纸杂志刊登有关自己私人生活的文章，他们实际上已经完全地、毫无限制地允许任何报纸杂志来重新对已经公开的私人事务进行整理和再发表、再公开。法国最高法院认为，即便原告的私人生活是已经公开的，在没有获得原告同意的情况下，行为人也不得对已经被公开的原告私人事务进行再整理、再公开，否则，行为人的行为将构成隐私侵权行为，应当对原告承担侵权责任。在 1975 年的 Chaplin affair 一案[1]中，法官仍然坚持了这样的规则，认为行为人在没有获得他人同意的情况下公开他人已经公开的事务的行为仍然构成隐私侵权行为，应当对他人承担隐私侵权责任。在该案中，原告 Chaplin 同意与 Villalonga 合作出版了其法文版的自传。几年之后，原告授权 Villalonga 在其家中对自己进行独家采访。采访之后不久，Villalonga 根据此种采访获得的资料撰写了一篇小文章，对原告的有关私人生活进行说明。Villalonga 将其文章出卖给了 Asa‑Presse，由 Asa‑Presse 发表 Villalonga 的文章。该文章不久在德国以德文方式发表。原告 Chaplin 对 Asa‑Presse 以德文方式发表 Villalonga 的文章没有异议。到了 1971 年，Asa‑Presse 又将其再出版 Villalonga 文章的权利授予给了被告 Lui 杂志社，Lui 杂志社对文章的方式进行了重大修改，将原本为故事的文章改为 Chaplin 和 Lui 杂志社之间的问答形式，使读者误以为原告授权 Lui 对其进行了独家采访。原告 Chaplin 向法院起诉，认为被告 Lui 的行为侵犯了自己享有的隐私权，应当对自己承担隐私侵权责任。原

---

[1] Nov. 14, 1975, Cass. civ. 2e, 1976 D. S. Jur. 421 (Fr.).

告认为，一方面，被告对 Villalonga 的文章进行篡改的行为违反了《法国民法典》第 1382 条的规定，应当对自己承担过错侵权责任；另一方面，被告在没有获得自己同意的情况下再次公开自己的私人事务，其行为违反了《法国民法典》第 9 条的规定。一审法院认可原告的两个理论根据，认为被告的行为已经侵犯了原告的隐私权，应当对原告承担隐私侵权责任，为此，判决被告赔偿原告损害 45000 法郎。二审法院和法国最高法院都认定被告的行为构成隐私侵权行为，应当对原告承担隐私侵权责任。

除了法国司法判例认可行为人的再公开行为构成隐私侵权行为之外，法国某些学说也认为，行为人未经他人同意就公开他人已经公开的事务也构成隐私侵权行为，仍然要对他人承担隐私侵权责任。Kayser 教授指出，行为人公开他人已经公开的事务的行为之所以构成隐私侵权行为，是因为隐私权的性质属于人格权。他指出，任何人都能够同意别人公开其私人生活，但是，他们也仅仅能够同意别人将其私人生活用于已经指定的活动或者将要用于的活动。一个人不得授权行为人将其私人生活用于未来的、非特定的活动，因为这样就表明他人完全放弃了自己的隐私权。①

在美国，司法判例认为，只要行为人公开的信息是属于已经公开的信息，只要行为人公开的信息是通过合法手段在公共记录中查阅到的信息，行为人公开这些信息的行为就不构成隐私侵权行为，行为人不对他人需承担隐私侵权责任，即便行为人公开这些信息的行为给他人造成损害。一方面，美国司法判例认为，只要行为人公开的事务、信息是已经公开的事务或者信息，该种事务、信息就不再构成隐私，行为人公开这些事务、信息的行为不构成隐私侵权行为，不承担隐私侵权责任。这在 Sipple v. Chronicles Publishing Co 一案②中得到说明。在该案中，当犯罪嫌疑人试图射杀美国 Gerald Ford 总统的时候，原告抓住了该犯罪嫌疑人的胳臂并且有可能救了总统一命。原告为此名声大噪，被告也在报刊上刊登文章，介绍包括原告是同性恋者的情况。原告向法院起诉，认为被告的公开报道侵犯了自己的隐私权。原

---

① Pierre Kayser, La protection de La vie privee, 1984, p147.
② 154 Cal. App. 3d 1040, 201 Cal. Rpt. 665 (1984).

告指出，由于被告报道其同性恋取向，原告的父母、兄弟姐妹才第一次知道其同性恋的事务，并且在知道之后都抛弃了他；被告的报道使原告受到嘲笑，精神遭受了痛苦。一审法院驳回了原告的诉讼请求，认为被告的行为不构成隐私侵权行为。原告不服，提起上诉。二审法院做出了维持原判的决定。二审法院的法官指出，被告在其报刊中公开的事实虽然是有关原告的事务，但是这些事务已经不再是隐私，因为，在被告的文章报道原告是同性恋的事务之前，美国众多城市的同性恋者都知道原告的同性恋身份；在被告的报道之前，已经有一家新闻媒体在其报刊上公开了原告同另外一名同性恋之间的同性恋关系。

美国司法判例认为，如果行为人公开的事实是通过公开记录合法查阅到的事实，那么，即便该种事实的公开使他人遭受损害，行为人的公开行为也不构成隐私侵权责任，行为人无需对他人承担隐私侵权责任。这在众多案件中得到说明。在 Meetze v. Associated Press 一案①中，法官认为，被告的公开行为不构成隐私侵权行为，无需承担隐私侵权责任。在该案中，一名仅仅是12周岁的未成年女孩生下了一个健康的婴儿。被告在其报纸上公开刊登这一个信息。原告向法院起诉，要求法院责令被告就其公开自己隐私的行为对自己承担侵权责任。法官认为，由于原告生下一名婴儿的信息是公共记录中已经记录下来的信息，因此，该信息已经不再属于原告的隐私，被告有权公开公共记录中的事务，其行为不构成隐私侵权责任。

在著名的 Cox Broadcasting Corp v. Cohn 一案②中，法官也采取同样的立场，认为被告公开记录中的信息的行为不构成隐私侵权行为，无需对原告承担隐私侵权责任。在该案中，原告17岁的女儿因为被犯罪分子实施强奸犯罪和谋杀犯罪而死亡。检察官为此而对涉案的6名年轻人提起了公诉，要求法院责令这些犯罪分子承担刑事责任。虽然新闻媒体在这一起刑事犯罪案件的发生和提起公诉时进行了报道，但是，在案件审理期间，新闻媒体都没有公开这起刑事案件受害人的姓名，因为美国《佐治亚州的制定法》第26-9901条明确规定，报道或者广播强奸犯罪受害人姓名或者身份的行为是犯罪行为，应当追

---

① 95 SE. 2d 606, 610 (S. C. 1956).
② 420 U. S. 469 (1975).

究刑事责任。在1972年4月份的时候，法官对6名涉案的刑事犯罪分子进行开庭审判。在此审判过程中，被告新闻媒体的一名记者在对检察机关的公诉书进行翻阅时了解到了受害人的姓名，因为公诉机关的公诉书当时就放在法庭的办公室以供查阅。此后不久，被告公司在其主办的电台中公开了这起刑事案件的受害人的姓名；并且在后来的电台广播中再次重复这起刑事案件受害人的姓名。在1972年5月，原告根据《佐治亚州的制定法》第26-9901条的规定向法院起诉，认为被告的行为侵犯了其隐私权，应当对其遭受的损害承担赔偿责任。被告承认其广播公开了原告女儿的姓名，但是认为自己无需对原告承担隐私侵权责任，因为被告作为新闻媒体，享有《美国联邦宪法第一修正案》和《美国联邦宪法第四修正案》规定的特权。一审法院认为，被告不得主张《美国联邦宪法第一修正案》和《美国联邦宪法第四修正案》规定的特权，其公开原告女儿姓名的行为违反了《佐治亚州的制定法》第26-9901条的规定，其公开行为构成隐私侵权行为，应当对原告承担侵权损害赔偿责任。被告不服，上诉到美国佐治亚州最高法院。在重审该案时，佐治亚州最高法院援引《美国侵权法复述（第二版）》第652D条的官方评论b认为，被告虽然公开了原告女儿的姓名，但是，被告的公开行为不构成隐私侵权行为，无需对原告承担隐私侵权责任。法官指出，《美国侵权法复述（第二版）》第652D条的官方评论b规定，如果行为人公开的引起诉讼争议的信息是公开记录中规定的信息，行为人公开这样的信息时不应当承担隐私侵权责任。最流行的隐私侵权责任理论也认为，一旦被公开的信息是已经出现在公开记录中的信息，他人将不对这样的信息享有隐私权。法官还指出，将公共领域的信息记载在公开记录中，实际上已认可了这些信息是为了公共利益。公共记录关乎政府的管理问题。当新闻媒体对公共记录中的内容进行报道时，社会公共利益就得到实现。公开公共记录中的信息是言论自由权的体现，此种言论自由权对民主社会而言意义重大。为了保护此种形式的政府制度，《美国联邦宪法第一修正案》和《美国联邦宪法第四修正案》也仅仅要求，当新闻媒体公开报道能够供社会公众查阅的法庭记录中包含的信息时，法律不会制裁它们的公开报道行为。

　　在我国，行为人公开他人已经公开的事务的行为是否构成隐私侵权行为？我国学说很少做出讨论。笔者认为，在法国侵权法和美国侵权法采取的上述两种理论中，我国侵权法应当采取法国侵权法采取的原则，认为行为人的再公开行为也构成隐私侵权行为，行为人应当就其再公开行为对他人承担侵权责任。因为责令行为人就其重复公开已经公开的事实对原告承担隐私侵权责任，能够体现原告本人的意愿，防止原告的私人生活在超出原告能够合理预见的范围内得以公开，保护原告的隐私利益不受侵犯。从理论上讲，即便原告同意A公开其私人生活，也未必意味着原告同意B公开其私人生活。因此，如果不责令被告B就其重复A的公开行为对自己承担隐私侵权责任，则原告的意愿将无法实现。如果责令B就其重复A的公开行为对原告承担隐私侵权责任，则原告的意愿将得到有效的实现。如果原告仅仅同意A公开其私人生活，则当A公开其私人生活时，A的公开行为不会侵害原告的隐私权。因为原告知道A的公开行为不会使自己的私人生活为某些特定的人知道，不会因此给自己的生活带来不利影响；当B重复公开原告的私人生活时，B的再公开行为完全有可能使原告的隐私为原告不希望的某些特定人知道并因此给原告的生活带来不利影响。例如，原告仅仅将自己的隐私泄露给A报社，仅仅同意A报社在其报刊上公开，因为，原告知道A报社的报纸发行量很小，仅仅限于特定的省份，不会在特定省份之外发行。原告将自己的隐私泄露给A报社，其他省份的读者很难看到，对自己的私人生活不会带来不利影响。如果B报社的报纸在没有经过原告同意的情况下就开始转载A报纸上的内容，则原告的隐私将不仅在A报社影响所及的范围内公开，而且还在B报社影响所及的范围内公开，使原告的私人生活公开的范围远远超出原告能够合理预见的范围。不过，对此原则应当加以限制，否则，社会公众的知情权和新闻媒体的新闻自由权将会受到不当影响。

此种限制表现在：其一，如果首次公开原告私人生活的人享有公开其私人生活的免责特权，则行为人对首次公开者公开的内容进行再公开，其行为将不构成隐私侵权行为，行为人无需就其再公开行为对他人承担隐私侵权责任。例如，新闻媒体依法公开有关原告的案情，法官对原告案件的审判和裁判程序等，新闻媒体的公开行为则具有免责特权的行为，其公开行为不构成隐私侵权行为，其他新闻媒体转载该新闻媒体报道内容的行为也不构成隐私侵权行为。其二，即便首次公开原告私人生活的人在公开的时候不享有免责特权，如果原告在将其私人生活首次告诉公开者的时候明确告诉授权该公开者，其公开的内容允许其他人再公开，则行为人的再公开行为将不构成隐私侵权行为，行为人无需对原告承担隐私侵权责任。

如果行为人公开的信息是能够在公开记录中查阅到的信息，行为人的公开行为是否构成隐私侵权行为？笔者认为，对于这样的问题，应当考虑行为人是否是通过合法途径获得的信息。如果行为人是通过合法手段在有关公共记录中获得他人信息并将所合法获得的信息公开，则行为人的信息公开不构成隐私侵权行为，无需对他人承担隐私侵权责任。如果行为人是通过违法手段获得公共记录中记载的信息并将所获得的信息公开，则行为人的公开行为将构成隐私侵权行为，应当对他人遭受的损害承担隐私侵权责任。因为，一方面，公共记录是对社会公众开放的记录，社会公众能够查阅这些记录；另一方面，社会公众在行使公共记录的查阅权时，也应当本着合法的目的和采取合法的手段。

（四）过去的事务

如果行为人公开的事务是他人过去发生的事务，行为人的公开行为是否构成隐私侵权行为？对于这样的问题，两大法系国家的司法判例都做出了说明。在法国，司法判例在 Monanges Affair 一案中认为，他人的隐私包括他人在过去经历过的事件，即便该事件在过去被公开披露过，已经成为公共领域的信息，《法国民法典》第 9 条仍然对其进行保护，行为人不得对他人过去的事件予以公开披露，否则，行为人的公开行为仍然构成隐私侵权行为，仍然要承担隐私侵权责任。如果著作者是为了研究历史的需要而使用他人过去已经发生的事务，是为了保留历史而公开他人过去发生的事务，在符合其他构成要件的情况下，行为人的公开行为将不构成隐私侵权行为。这就是所谓的公平使用他人事实的抗辩事由规则。

在美国，司法判例认为，即便行为人公开的事实是他人过去发生的事务，如果被告公开的事务同他人现在的情况没有什么关系，行为人的公开行为仍然构成隐私侵权行为，仍然要对他人承担侵权责任。

在 Mclvin v. Read 一案①中，法官对这样的规则做出了说明。在该案中，原告曾经是一名妓女，被控犯有谋杀罪之后被无罪释放。原告决定改过自新和重新做人之后，嫁入豪门为妻，原告为此获得了那些不知道其过去经历的许多人的友谊。原告结婚之后，过了几年幸福的生活，直到几年之后被告拍摄的电影将原告过去的真实生活展现在人们的面前，人们才知道原告过去的历史。当原告的朋友知道原告的过去不体面的生活时，他们大都远离了原告，不再同原告保持原先的友谊。原告向法院起诉，认为被告的电影侵犯其享有的隐私权，导致其遭受了损害，应当对自己承担隐私侵权责任。法官认为，被告在其电影中使用原告真实姓名的行为侵害了原告的隐私权，因为，当原告已经改过自新之后，被告再在其电影当中使用原告的姓名，其行为违反了我们所知道的任何道德规范，被告的行为直接侵害了原告的无法剥夺的追求和获得幸福的权利，直接侵害了美国宪法保障的权利。

在我国，侵权法是否也应当承认这样的规则，我国学说少有说明。笔者认为，除非行为人享有公开他人私人生活的某种特权，否则，行为人不得公开他人令人尴尬的过去的事件，如果他人的过去的事件同现在要说明的问题没有关系的话。因为，行为人公开的往事即便是发生在过去，当此种往事被公开的时候，会直接对他人现在的生活带来不利的影响，诸如亲人的离去、朋友的疏远、同事的讥笑等，并且最终损害他人的身心健康。但是，对此规则应当设定一个例外，这就是，如果行为人是为了说明他人现在的问题，并且所说明的问题是社会公众对其享有合法利益的问题，则行为人公开他人过去私人生活的行为将不构成隐私侵权行为，行为人无需对他人承担隐私侵权责任。例如，行为人为了批评某一个已婚女人行为不检点而公开其在未婚之前的不检点的性生活，行为人的行为不构成隐私侵权行为，因为，他人现在性生活的不检点同他人过去性生活的不检点之间也许存在某种联系，行为人公开他人过去性生活的不检点就是为了说明他人现在性生活不检点的原因。再如，如果他人过去是一个公众人物，而现在则是一个小人物，则行为人能够对公众人物过去的事件进行公开，因为，既然行为人过去是一个公众人物，则社会公众有权期待该

---

① 112 Cal. App. 285, 297 P. 91 (1931).

公众人物取得伟大的成就，而实际上他人并没有获得这样的成就，社会公众有权了解该公众人物的现状、其失败的原因何在等。

三、行为人对他人私人事务的公开披露

（一）公开披露的两种界定方式

行为人就其公开他人私人事务的行为对他人承担隐私侵权责任的第二个构成必要要件是，行为人公开披露他人隐私。如何界定公开披露这一构成要件？对此，有两种不同的方式：其一，所谓公开披露他人隐私，是指行为人将他人的隐私对他人之外的第三人加以公开，使第三人知道他人的隐私。其二，所谓公开他人隐私，是指行为人将他人的隐私对一般的、普通的社会公众加以公开，或者对非常多的人进行公开。两种界定存在的主要区别在于，根据前一种界定，只要行为人将他人的隐私告诉他人之外任何第三人，行为人的行为都构成公开行为，在符合其他构成要件的情况下，行为人就应当对他人承担隐私侵权责任。而根据后一种界定，只有行为人将他人的隐私告诉数量众多的社会公众时，他们的行为才构成公开披露行为，在符合其他构成要件的情况下，行为人应当对他人承担隐私侵权责任。

（二）美国侵权法采取的界定方式

在美国，无论是学说、司法判例还是制定法都认为，虽然判定行为人承担名誉侵权责任时要求他们将其做出的具有名誉毁损性质的陈述公开，但是隐私侵权责任意义上的公开不同于名誉侵权责任意义上的公开。因为，根据名誉侵权责任意义上的公开，如果行为人将其做出的具有名誉毁损性质的陈述告诉原告之外的任何人，哪怕只有一个人，行为人的行为就构成名誉侵权，行为人应当对他人承担名誉侵权责任。而根据隐私侵权责任意义上的公开，如果行为人仅仅将他人的隐私告诉他人之外的少数人，则行为人的行为将不构成隐私侵权行为，无需对他人承担隐私侵权责任。只有当行为人将他人的隐私告诉众多的社会公众的时候，行为人的行为才构成隐私侵权行为，应当对他人承担隐私侵权责任。

《美国侵权法复述（第二版）》第652D条之评论a对此规则做出

了说明。该评论指出,《美国侵权法复述(第二版)》第652D条规定的隐私侵权责任要求行为人公开他人的私人生活。本条规定的公开不同于《美国侵权法复述(第二版)》第577条规定的公开,因为,《美国侵权法复述(第二版)》第577条规定使用的公开一词也仅仅是一个艺术性的词语,包括行为人将其做出的具有名誉毁损性质的陈述对他人之外的一个人公开。《美国侵权法复述(第二版)》第652D条规定的公开则是指行为人将他人的隐私对公众公开,将他人的隐私对普通社会公众公开,或者对非常多的人公开。《美国侵权法复述(第二版)》第652D条规定的公开同《美国侵权法复述(第二版)》第577条规定的公开的区分不在于公开的方式,因为,无论是第652D条规定的公开还是第577条规定的公开都可以采取口头方式、书面方式或者任何其他方式。它们之间的区别在于,公开的范围不同,《美国侵权法复述(第二版)》第652D条规定的公开要求所公开的内容传达给普通社会公众,而《美国侵权法复述(第二版)》第577条规定的公开仅仅要求所公开的内容达到任何一个第三人,哪怕仅仅只有一个人。

除了制定法对此种要求作出规定之外,美国司法判例也对这样的要件做出了说明。在Vogel v. W. T. Grant Co. 一案①中,原告欠被告的钱,被告将原告欠他钱的详细情况告诉了原告的雇主和亲戚。原告向法院起诉,认为被告的行为侵害了其享有的隐私权,应当对自己承担隐私侵权责任。法官认为,被告无需对原告承担隐私侵权责任,因为,被告的披露行为不符合隐私侵权责任要求的公开披露的要件。在Beaumont v. Brown 一案②中,法官认为,如果被告将原告的私人信息对那些知道这些信息之后会使原告陷入尴尬境地,则被告的行为符合隐私侵权责任的公开披露的要件,应当对原告遭受的损害承担隐私侵权责任。在Dancy v. Fina Oil & Chem Co. 一案③中,原告在为被告工作时经常心不在焉,责任心不强,被告将原告的工作表现告诉了原告的监督者、工会头目或者其他雇员。原告认为被告的行为侵害了其

---

① 327 A. 2d 133, 134, 137 (Pa. 1974).
② 257 N. W. 2d 522, 531–532 (Mich. 1977).
③ 3 F. Supp. 2d 737, 738, 740 (E. D. Tex. 1997).

享有的隐私权，要求被告承担隐私侵权责任。法官认为，被告所作的披露不符合隐私侵权责任的公开披露的要件，无需对原告承担隐私侵权责任。

在 Ozer v. Borquez 一案①中，法官认为，被告的行为不构成隐私侵权意义上的公开行为，无需对原告承担隐私侵权责任。在该案中，原告是一家律师事务所的律师，也是一个同性恋者。当他发现同其保持性关系的人感染了 HIV 病毒，感觉恐惧和不安，原告将其面临的情况告诉了该律师事务所的主任，并且要求该主任保守秘密。然而，该主任没有保守原告的秘密，将原告的秘密告诉了律师事务所的几个人。不久之后，该律师事务所的所有人都知道原告是一个同性恋者，导致原告被律师事务所开除。原告向法院起诉，认为被告开除自己的行为存在错误，应当对自己承担责任；被告擅自公开自己的隐私，构成隐私侵权行为，也应当对自己承担隐私侵权责任。一审法院认为，被告擅自公开原告的隐私，其行为构成隐私侵权责任，应当对原告承担隐私侵权责任。被告不服，上诉到二审法院。二审法院认为，一审法院的判决存在问题，应当撤销。法官在分析被告的披露行为是否构成隐私侵权意义上的公开披露行为时指出，公开披露意味着行为人的披露应当是公开的，它要求行为人将他人的隐私对一般的、普通的社会公众公开，或者将他人的隐私对非常多的人公开，而不是将他人的隐私对一个或者几个人公开。当然，即便侵权法要求行为人将他人的隐私对一般的、普通的社会公众或者非常多的人披露，究竟一般的、普通的社会公众或者非常多的人是指多少数目的人，侵权法也没有最低数额方面的明确要求，究竟对多少范围内的人披露他人隐私才构成公开披露是一个事实问题，取决于案件的具体情况，由法官根据某一个案件的具体情况做出判断。

（三）我国侵权法应当采取的界定方式

在我国，侵权法也应当要求行为人具有公开披露他人隐私的责任构成要件，因为，如果行为人知道他人隐私而没有进行公开披露，则行为人当然不对他人承担隐私侵权责任。问题不在于行为人是否需要

---

① 940 P. 2d 371 (Colo. 1997).

具备公开披露他人隐私的构成要件，以及行为人什么样的披露行为构成隐私侵权意义上的公开披露行为。在我国，无论是学说还是司法判例都很少对这样的问题做出说明。笔者认为，我国侵权法不应当采取美国侵权法采取的理论，将行为人的公开披露理解为对一般的社会公众的公开，排除行为人对特定人的公开。我国侵权法应当采取名誉侵权意义上的公开理论，认为行为人只要将其隐私告诉可能对原告产生不利影响的第三人，行为人的披露行为就构成公开披露行为。之所以这么理解，其原因有二：其一，隐私侵权责任制度的目的是为了保护他人的隐私在没有经过他人同意的情况下被公开。因为侵权法认为，一旦他人的某种隐私被公开，他人将会陷入被人嘲笑、讥讽甚至众叛亲离的境地，使他人生活遭受严重的不利影响，使他人精神会遭受严重的痛苦。此时，对他人进行嘲笑、讥讽甚至众叛亲离的人既包括社会公众，也包括同他人共同生活、交往的亲朋好友、同事。他人当然会重视自己的隐私被公开披露之后社会公众对他人进行的嘲笑、讥讽，但是，他人更加害怕自己的隐私被公开披露之后其亲朋好友、同事对其的嘲笑、讥讽甚至众叛亲离。其二，虽然隐私侵权责任制度独立于名誉侵权责任制度，虽然两种侵权责任制度保护的利益范围未必相同，但是，隐私侵权责任制度和名誉侵权责任制度仍然具有共同点。具体地说，只有行为人做出的公开行为给他人造成精神上的甚至财产上的损害时，侵权法才会责令行为人对他人承担隐私侵权责任或者名誉侵权责任，无论行为人做出的公开行为是涉及他人名誉的公开行为还是涉及他人隐私的公开行为。既然两种侵权责任制度都是为了防止他人遭受的精神损害甚至财产损害，隐私侵权责任制度没有必要在公开问题上采取完全不同于名誉侵权责任制度的要求。在侵权法上，行为人对他人隐私的公开披露方式可以是多种多样的，包括书面方式、口头方式或者其他方式，其中最常见的方式是在报纸杂志刊登文章，公开他人的私人生活、私人事实，或电台、电视台报道他人的私人生活、私人事实等。

四、行为人公开的事务是令人高度反感的事务

英美法系国家的侵权法认为，即便行为人所公开的事务是他人反对公开的事务，行为人也未必就其公开行为引起的损害对他人承担隐

私侵权责任。因为，如果行为人公开的事务不是令人高度反感的事务及令人无法容忍的事务，则行为人将不就其公开行为对他人承担隐私侵权责任，只有行为人公开的事务是令人高度反感的事务及令人无法容忍的事务，行为人才会就其公开行为对他人承担隐私侵权责任。因此，在英美法系国家，行为人就其公开披露他人隐私的行为对他人承担隐私侵权责任的第三个构成要件是，行为人公开的事项是令人高度反感的、令人无法忍受的事务。在英美法系国家，侵权法学说、司法判例和制定法都认可这一要件。根据英美法系国家的侵权法，行为人公开的事项是不是让人高度反感的事务，其判断标准是一般理性人的标准，这就是：如果一般理性人认为行为人公开的事务是令人无法容忍的、非常不合理事务的，则行为人公开的事务就构成令人高度反感的事务，在符合其他构成要件的情况下，行为人应当就其公开行为对他人承担隐私侵权责任。如果一般理性人认为行为人公开的事务是能够容忍的、不是非常不合理的，则行为人公开的事务将不构成令人高度反感的事务，即便符合其他构成要件，行为人也不用就其公开行为对他人承担隐私侵权责任。

《美国侵权法复述（第二版）》第652D条明确规定，只有行为人公开的事务是令一般理性人高度反感的事务，行为人才就其公开行为对他人承担隐私侵权责任。《美国侵权法复述（第二版）》第652D条之官方评论也指出，行为人对他人活动进行偶然的注意是可以理解的，是一般人所能够预见的；只有一般理性人对行为人的公开行为严重抱不平的时候，行为人才要就其公开行为对他人承担隐私侵权责任。在Talley v. Farrell一案[①]中，法官认为，只有当行为人的公开行为是具有足够的令人反感性的行为时，侵权法才会让行为人就其不合理的公开行为对他人承担隐私侵权责任，因为，只有公开行为达到了令人高度反感的程度，原告才会遭受精神上的痛苦。在Progressive Animal Welfare Soc'y v. Uni. Of Wash一案[②]中，被告公开披露原告的社会保障金的数目。原告向法院起诉，要求法官责令被告就其公开行为对自己承担隐私侵权责任。法官认为，被告公开披露他人社会保

---

① 156 F. Supp. 2d 534, 544（D. Md. 2001）.
② 884 P. 2d 592, 598（Wash. 1994）.

障金数目的行为是令人高度反感的行为,被告应当对原告承担隐私侵权责任。在 Housh v. Peth 一案①中,法官指出,行为人对他人隐私的公开行为应当是令人无法容忍的,或者是能够引起他人精神痛苦的,或者是令人高度反感的,否则,行为人不得被责令就其公开行为对他人承担隐私侵权责任。

在我国,侵权法是否应当规定这样的必要构成要件?笔者认为,我国侵权法也应当规定这样的构成要件。因为,一方面,当今社会是一个信息开放的社会,社会公众有权知道、了解他人的某些重要信息,即便他人不意愿公开这些信息,侵权法也不能动不动就责令行为人就其公开行为对他人承担隐私侵权责任。另一方面,当今社会也是一个人口密集的社会,人们生活的空间越来越小,生活的距离越来越短,人们必须时刻忍受别人对其生活的偶然或者随意的观察,必须容忍别人对其行为的议论,必须容忍别人对他们的行为交流意见。如果认为行为人违反他人意愿做出的一切公开行为都要承担隐私侵权责任,则社会生活根本无法进行。例如,不能仅因为行为人公开他人的职业、姓名、住址、出生日期或者电话号码而责令他们对他人承担隐私侵权责任,也不能仅仅因为一个邻居公开他人的婚姻状况而责令该邻居对他人承担隐私侵权责任。因为,当该邻居同他人生活在同一栋楼层的时候,即便他不去主动打探,他也可能会知道他人已经离婚的事实,他也许会自觉或者不自觉地将他人离婚的事实告诉别人。可见,并非行为人的一切公开披露都构成隐私侵权行为,只有他们的公开行为是一般的理性人认为无法容忍的、一般理性人高度反感的,侵权法才会责令行为人承担隐私侵权责任。正如 Prosser 教授指出的那样,在当今社会,所有人都同意,行为人对社会公众公开的事实应当是让一个理性人高度反感的事实。侵权法不会保护一个动不动就喜欢发脾气的人;任何人,只要他们生活在社会,都应当忍受社会公众对他们的审视,只要此种审视保持在合理的限度内,人们就应当加以容忍。任何人,只要他们不是生活在封闭状态,都要遭受其邻居或者路过的公众对他们进行的观察,因为,他们的邻居或者路过的公众可能想知道他们是干什么工作的,想知道他们是些什么人,想报告他们从

---

① 165 OhioSt. 35, 133 N. E. 2d 340, 341.

事的日常活动。一般理性人并不反感报纸报道他们访问归来、去森林野营、在家中同朋友举行舞会等事务。但是，一般理性人十分反感报纸公开报道他们的性关系细节，高度反感报纸报道他们具有非常亲密性质的活动。①

五、行为人公开的事务是社会公众不享有合法利益的事务

（一）美国侵权法对此种构成要件的认可

即便行为人公开的事务是他人的私人事务，即便行为人公开的事务是令人高度反感的事务，如果行为人公开的事务是社会公众对其享有合法利益的事务，则当行为人公开这样的事务并因此使他人遭受损害时，行为人的公开行为也不构成隐私侵权责任，无需对他人遭受的损害承担隐私侵权责任。只有行为人公开的事项是社会公众不享有合法利益的事务时，行为人的公开行为才构成隐私侵权行为，他们才就其公开行为对他人承担隐私侵权责任。从隐私侵权责任的构成要件来看，行为人公开的事务是社会公众不享有合法利益的事务才是行为人就其公开行为对他人承担隐私侵权责任的第四个必要构成要件。从隐私侵权责任的抗辩事由来看，行为人公开的事务是社会公众对其享有合法利益的事务，则是行为人拒绝对他人承担隐私侵权责任的正当抗辩事由。这是一个问题的两个方面：如果行为人公开的事务是社会公众不享有合法利益的事务，则行为人应当就其公开行为对他人承担隐私侵权责任，因为行为人的公开行为符合隐私侵权责任的构成要件；如果行为人公开的事项是社会公众享有合法利益的事务，则行为人不就其公开行为对他人承担隐私侵权责任，因为他们的公开行为不符合隐私侵权责任的第四个必要构成要件。《美国侵权法复述（第二版）》第652D条明确认可了这一构成要件。它认为，如果行为人所公开的事务不是社会公众所合法关心的事务，在符合其他构成要件的情况下，行为人应当就其公开行为对他人承担隐私侵权责任。在英美法系

---

① W. Page Keeton, ibid, p857.

国家，司法判例也认可此种构成要件。在 Virgil v. Time Inc., 一案[①]中，法官认为，被告公开的事务是社会公众对其享有合理利益的事务，无需对原告承担隐私侵权责任。在该案中，原告是一名著名的冲浪运动员。被告在报道中说，原告喜欢吃蜘蛛和其他昆虫且不爱读书，被其他冲浪运动员看做怪物。原告向法院起诉，认为被告侵犯了自己的隐私，应当对自己承担隐私侵权责任。法官认为，被告无需就其公开原告隐私的行为承担隐私侵权责任。因为，一方面，虽然被告公开的事实是令人陷入尴尬的事实，但是，被告公开的事实还没有达到令人高度反感的程度。另一方面，即便被告公开的事务已经达到令人高度反感的程度，被告报道的事务也是社会公众对其享有合法利益的事务。法官指出，既然原告和被告都同意在 Wedge 进行的团体冲浪活动是社会公众能够合法关注的活动，那么，毫无疑问的是，在 Wedge 进行团体冲浪运动的原告所具有的独特技巧当然也是社会公众关注的问题。任何一个人有理性的人都同意，被告对原告参与的活动和对原告的个人事实进行报道显然是为了满足社会公众的要求，被告对原告个人事实的报道显然不是为了满足社会公众的病态性质的猎奇心态。

（二）我国侵权法对此种要件的认可

在我国，侵权法是否应当认可"行为人公开的事务是社会公众不享有合理利益的事务"这样的要件？我国学说和司法判例没有做出说明。笔者认为，我国侵权法应当认可这样的要件。一方面，如果行为人尤其是作为新闻媒体的行为人所公开的事务是公共官员、公众人物的个人情况，他们原则上无需就其公开行为对公共官员、公众人物承担隐私侵权责任。在我国，正如在两大法系国家一样，公共官员、公众人物从事的活动往往都是具有公共性质的活动，社会公众有权知道他们从事的活动。如果认为行为人尤其是作为新闻媒体的行为人公开公共官员、公众人物的个人情况的行为构成隐私侵权行为，则社会公众的合理利益将受到影响。在侵权法上，公共官员、公众人物

[①] 527 F. 2 d 1122 (9th Cir. 1975), cert. denied, 425 U. S. 998 (1976).

往往被看做自愿性质的公共人物，因为他们往往愿意行为人讨论他们的活动，甚至关注他们的个人情况。当行为人尤其是作为新闻媒体的行为人公开披露他们从事的活动甚至个人情况时，他们无权向法院起诉，要求行为人对他们承担隐私侵权责任。Schwartz 等人指出，如果一个人故意寻求行为人对其事务的公开或者故意将自己置于社会公众面前，则他们将被看做公共人物，当行为人公开其从事的公共活动时，他们无权向法院起诉，要求行为人承担隐私侵权责任，诸如演员、职业棒球手、探险家和发明家等。[1] 即便不是公共官员、公众人物，一般的普通社会成员的个人情况也未必完全同社会公众的利益没有关系，因为，社会公众完全可能因为他们从事的某种特殊活动或者遭遇的某种特别事故而对他们的个人情况表示关注，行为人为了满足社会公众的要求完全可以公开他们的有关个人情况。此时，行为人的公开行为也是为了社会公众的利益，因为社会公众对他们的情况享有合法的利益。如果认为行为人尤其是作为新闻媒体的行为人公开这些人的个人情况的行为构成隐私侵权行为，则社会公共利益同样受到影响。在侵权法上，人们将一般的普通社会公众因为从事的某种特殊活动或者遭遇的某种特别事故而引起社会公众关注的人称为非自愿性质的公共人物，因为，虽然他们本身不愿意行为人尤其是作为新闻媒体的行为人对他们进行的特殊活动或者遭遇的特别事故表示关注，但是，他们仍然有义务容忍行为人公开他们的有关信息，不得要求公开其信息的行为人对其承担隐私侵权责任。Schwartz 等人指出，除了公共官员和公众人物之外，其他人可能偶然卷入到某种公共事件当中，并因此成为一个公共人物。[2]

(三) 行为人公开公共人物某些私人生活的权利

应当注意的是，一旦侵权法认定某一个人是公共人物，无论他们是自愿性质的公共人物还是非自愿性质的公共人物，侵权法都允许行

---

[1] Victor E. Schwartz and et, Prosser, Wade and Schwartz's Torts, tenth edition, Foundation Press, p953.

[2] Victor E. Schwartz and et, Prosser, Wade and Schwartz's Torts, tenth edition, Foundation Press, p953.

为人在公开他们从事的特定公共活动之时也公开同他们有关的其他信息，包括某些个人信息。因为，社会公众除了对公共人物的公共活动享有合法利益之外，也对公共人物的其他信息享有合法利益，当行为人公开公共人物的活动或信息的行为是为了满足社会公众对他们享有的合法利益，他们的公开行为不构成隐私侵权行为，无需对他人承担隐私侵权责任。例如，公共官员的健康状态是社会公众享有合法利益的事务，行为人将其公开的行为不构成隐私侵权行为。因为，如果公共官员的身体存在问题，社会公众有权知道他们的疾病是如何形成的，其疾病是否影响他们职责的履行，他们疾病的治疗费用是如何分担等。《美国侵权法复述（第二版）》第652D条之官方评论h对此种规则做出了说明。该评论指出，行为人对自愿性质的公共人物或者非自愿性质的公共人物所进行的信息公开不限于引起社会公众兴趣的特定事件。一旦社会公众对公共人物的特定事件感兴趣，行为人除了能够公开披露此种特定事件之外，还可以公开披露公共人物的其他信息或者事实，即便这些信息或者事实在公共人物没有成为公共人物之前仅仅是私人性质的信息或者事实。在公共人物没有成为公共人物之前公开披露时就会产生隐私侵权责任的承担。基于同样的理由，当社会公众在荧屏上看到一个动漫片的女演员时，社会公众享有合法和合理的利益来了解该女演员的家庭生活和日常习惯等。

当然，行为人对公共人物私人生活进行公开披露的权利也不是没有限制的。在公共人物的生活中，他们的某些非常亲密的生活细节将不得被公开披露。例如，公共人物的性关系，即便是一个女演员也享有要求行为人加以保密的权利。行为人不得在没有经过公共人物同意的情况公开这些非常亲密的关系，否则，应当对公共人物承担隐私侵权责任。但是，如果公共人物的性关系是不道德的，行为人就能够对其行为公开披露。因为社会公众对公共人物不道德的性关系享有合法的利益。在决定社会公众对公共人物什么样的事务享有合法利益时，应当考虑社会的道德规范及社会公众遵守的风俗习惯。凡是社会公众对其享有合法利益的事务，行为人都能够公开，行为人公开行为将不构成隐私侵权行为，行为人也无需对他人承担隐私侵权责任。凡是社会公众不享有合法利益的事务，行为人都不得公开，否则，行为人公开行为将构成隐私侵权行为,行为人应当对他人承担隐私侵权责任。在决定社会公众是否对被公开的事务享有合法利益时,侵权法应当采取一般理性人的判断标准:如果一般理性人对行为人公开的事务不感兴趣,则行为人公开的事务是社会公众不影响合法利益的事务;否则,就是社会公众享有合法利益的事务。

论数字时代的隐私权保护

威尔·托马斯·德弗里斯[①] 著　廖嘉娴[②] 译

目　次

一、导论
二、隐私权的发展
三、数字时代给隐私权带来的影响和变化
四、旧隐私权法律框架的失效
五、结论

目　次

一、导论

太阳公司（Sun Microsystems）的创始人 Scott McNealy 曾经说过："在数字时代，你不可能享有隐私……对此，我们无能为力，只得适应。"[③] 这一宣言成为美国社会关于数字时代隐私权的大辩论中最极端的观点。McNealy 认为，任何"秘密"，只要是以数字形式存在的，就必然会被迅速地散播出去，这是信息时代无法避免的后果。然而，即便数码技术确实给个人隐私带来了巨大的冲击，这种宣称个人隐私不复存在的观点也未免言过其实了。

McNealy 的观点也有其正确之处，虚拟世界中"隐私权"的概念确实还未发展完善。例如，《美国联邦宪法第四修正案》保护的是

[①] 威尔·托马斯·德弗里斯（Will Thomas DeVries），美国乔治·华盛顿大学法学院讲师，美国 WilmerHale 律师事务所律师。
[②] 廖嘉娴，中山大学法学院助教。
[③] Polly Sprenger, Sun on Privacy: "Get Over It", Wired News, Jan. 26, 1999, at http://www.wired.com/news/politics/0, 1283, 17538, 00. html.

"公民的人身、住宅、文件和财产不受无理搜查和扣押的权利",① 这一规定体现了公民在现实世界中享有的个人隐私权；但是在数字世界中，诸如医疗记录这样的私密信息往往被储存在数据库中，远离了公民的"人身"或者"住宅"。那么，我们又怎么知道搜查这些数据库的行为是否合理呢？

保护隐私权的现行法律框架正在渐渐地失去作用，这一点也不幸被 McNealy 一语言中。随着数码技术的发展，那些为现行法律奠定基础的理论学说被相继淘汰，保护隐私权的法律规定本身也变得不完善、甚至不正确了。一直以来，隐私权法的发展都紧跟着科技发展的脚步，每当新技术的出现给公民的个人隐私权带来威胁，隐私权法便会作出相应的调整以应对这些威胁。② 然而，信息革命来势迅猛，对隐私权法的方方面面都造成了巨大的影响，旧有的调整法律的方式已经无法解决数码技术带来的隐私权问题了。③

幸运的是，仍有许多人认为隐私权十分重要，大多数人都不会眼睁睁地任由数字时代夺去他们的隐私权。针对新时代带来的冲击，虽然理论和实践上的调整适应都还在艰难的起步当中，但情况已经有所改进了。在过去几年中，隐私权保护发生了巨大的变化：联邦和各州都颁布了许多新的法律，商业活动发展出新的模式，各类机构的法定注意义务发生了变化，国际组织做出新的授权，法院的判决也进一步加强了对个人隐私权的保护。

本文旨在研究数字时代的隐私权。首先，本文将对隐私权法中的自治权（包括身体自治和自主决定）以及信息隐私权这两大分支的现状及其理论依据进行总结，并对数字时代的新兴技术和发展变化进行概述。其次，本文将探讨数码技术给隐私权法两大分支带来的影响和变化。再次，本文说明旧的隐私权概念在数字时代为何不再适用，笔者将讨论自治权（privacy‐as‐autonomy）与信息自主权（privacy‐as‐information‐control）这种分类为什么不足以在新的技术手段

---

① U. S. Const. amend. IV.
② See Dennis F. Hernandez, Litigating the Right to Privacy: A Survey of Current Issues, 446 PLI/Pat 425, 429 (1996).
③ See Jerry Berman & Deirdre Mulligan, The Internet and the Law: Privacy in the Digital Age: A Work in Progress, 23 Nova L. Rev. 549, 554 (1999).

下保护公民的隐私权。

二、隐私权的发展

虽然现代隐私权概念是不久前才建立起来的,[①] 但是,从人类进入文明社会时起,隐私利益就一直存在了。传统上,公民的隐私利益并不受到专门保护,而是通过对个人财产和空间、私人领域或者个人动产的法律保护或者社会保护才得以体现的。到了 20 世纪,学者们才将隐私权从这些法益中剥离出来,赋予了隐私权独立的定义。在现代法律思潮中,隐私权几乎是受到最广泛讨论的一个领域,然而人们至今仍未能充分地理解这项权利。

现代隐私权的发展与工业革命的技术发展紧密相连,从电话的发明[②]到飞机的出现,[③] 都或多或少地影响着公民的隐私权。随着技术的不断更新,人们得以不断深入地侵犯他人的私密空间;法律为保护公民的隐私权,也不得不进行调整,虽然这种调整十分缓慢。数码技术的出现,如计算机、数据库、互联网、移动通讯等,要求隐私权的概念和法律规定得到进一步的发展。然而,与以往的技术更新不同,数码技术的发展无论在范围还是数量上都更为巨大,而隐私权法的发展却无法跟上这么快的步伐,从而为公民的隐私权提供切实和健全的保护。

(一) 美国隐私权法的分支

也许因为隐私权的发展总是与一定的技术革新联系在一起,美国保护隐私权的法律框架显得十分散乱、零碎。有关隐私权的法律规定散布在美国普通法、美国联邦宪法、各州宪法以及制定法当中。而关于隐私权保护的各种学说也十分杂乱,相互之间并不存在紧密的联系,[④] 不同学说所保护的隐私利益各不相同,因此,虽然同以保护隐私权为出发点,但法律却演变出好几个"分支"。下面,本文将研究

[①] See Samuel D. Warren & Louis D. Brandeis, The Right to Privacy, 4 Harv. L. Rev. 193 (1890).
[②] See Katz v. United States, 389 U. S. 347 (1967).
[③] See Florida v. Riley, 488 U. S. 445, 448 (1989).
[④] See Daniel J. Solove, Conceptualizing Privacy, 90 Cal. L. Rev. 1087, 1088 – 1089 (2002).

美国隐私权法中最重要的两个分支：一是传统上公民享有的身体上的以及做决定时的"独处权"（right to be let alone），二是近年才发展起来的公民对其个人信息的自主控制权。笔者将就这两类隐私权在数字时代之前的状况以及它们所保护的隐私利益展开讨论。

1. 自治权——独处的权利

最先将隐私权作为一项法定权利进行系统阐述的是 Samuel Warren 和 Louis Brandeis，他们认为隐私权是公民的一项必不可少的权利，其目的在于保证公民享有"不受侵犯的私人生活"（inviolate personality），并避免这种私人生活受到侵犯或者不正当地公开。① 实际上，Warren 和 Brandeis 正是在呼吁法律保护公民的独处的权利。根据《权利法案》中明确禁止政府侵犯个人住宅和财产的条款②以及其中包含的保护公民自治权和选择自由权的思想，Warren 和 Brandeis③ 关于隐私权的观点（至少是针对政府侵犯个人隐私这个问题的观点）最终被美国联邦宪法接受了。而保护公民的个人隐私权不受私主体（private parties）的不正当侵犯的法律规定则体现在美国普通法的侵权法当中。④ 一般而言，判断隐私侵权是否成立需要考虑两个方面的问题：一是他人是否享有"合理的隐私期待"（reasonable expectation of privacy），二是行为人或者政府机构侵犯隐私的行为是否具有正当依据。⑤

自治权又分为两种类型——个人身体或者私人空间的隐私权以及私人决定的隐私权。法律十分注重保护个人空间或者私人事务的隐私权。美国联邦最高法院严格限制政府侵犯公民享有"合理隐私期待"的领域（包括公民的人身和财产）。而普通法中的侵权法也设置了强有力的保护机制，避免公民的私人空间隐私权受到私主体的侵犯。虽

---

① See Samuel D. Warren & Louis D. Brandeis, The Right to Privacy, 4 Harv. L. Rev. 193 (1890), at 205.
② See U. S. Const. amends. III, IV, XIV; Mapp v. Ohio, 367 U. S. 643, 656 (1961).
③ See U. S. Const. amends. I, V, IX; Griswold v. Connecticut, 381 U. S. 479, 484 (1965).
④ Restatement (Second) of Torts 652A – 652E (1977).
⑤ See California v. Ciraolo, 476 U. S. 207, 211 (1986) (Harlan, J., concurring) (citing Katz v. United States, 389 U. S. 347, 360 (1967)).

然普通法中的侵权法常常是公众人物用来保护其私生活不受侵犯的武器，但是，侵权法确实也有起到保护普通社会公众隐私权的作用。① 此外，许多州还通过制定法对一些特殊的空间隐私利益进行保护。例如，加利福尼亚州禁止使用双向镜，② 纽约则禁止在浴室或者酒店房间中安装隐蔽的摄像头。③

20世纪70年代，美国联邦最高法院对Warren和Brandeis提出的隐私权概念进行扩展，把涉及婚姻、生育和家庭的特定私人决定也纳入了个人隐私的范围，并禁止国家不正当地侵犯公民的这种隐私权。④ 据此，国家不得过度干涉公民关于避孕⑤、堕胎⑥以及跨种族婚姻⑦等决定。然而，与人身独处权不同的是，这种关于私人决定的隐私权并未得到普通法或者制定法的支持。美国联邦最高法院也一直在小心翼翼地避免过度扩展隐私权的范围。⑧

2. 信息隐私权

信息隐私权是后来才发展起来的一个隐私权"分支"。私人事务中包含的隐私利益是Warren和Brandeis提出的隐私权概念中的一部分，《美国联邦宪法第四修正案》中关于保护个人"文件"的规定也是私人事务隐私利益的体现。但是，从个人信息中分离出来的"信息隐私权"这个概念则是后来才发展起来的。不过，早在数码技术出现之前，信息隐私利益就已经浮出水面了。⑨ 随着现代工业社会的发展，越来越多的第三方，如政府、银行、学校等，都开始拥有公民、顾客或者学生的个人信息。这些信息往往具有私密性质，然而，如何避免这些私密信息受到不正当侵犯这个问题却依然悬而未决。

---

① See, e. g., Miller v. Brooks, 472 S. E. 2d 350, 354 (N. C. Ct. App. 1996).
② Cal. Penal Code 653n (West 1969); see also Cramer v. Consol. Freightways Inc., 255 F. 3d 683, 688 (9th Cir. 2001).
③ N. Y. Gen. Bus. 395 – b (McKinney 1996).
④ See, e. g., Griswold v. Connecticut, 381 U. S. 479, 485 (1965).
⑤ Griswold, 381 U. S. at 485.
⑥ Roe v. Wade, 410 U. S. 113, 153 (1973).
⑦ Loving v. Virginia, 388 U. S. 1, 12 (1967).
⑧ See Bowers v. Hardwick, 478 U. S. 186 (1986).
⑨ See Whalen v. Roe, 429 U. S. 589, 598 – 600 (1977).

无论是普通法还是宪法，对信息隐私权的保护都不甚完善。一方面，隐私侵权法目前仍然不能适用于行为人滥用他人个人信息的情形，除非行为人是从他人处直接获得该个人信息，或者行为人是通过其他私人渠道（如受害人的银行账户）获得该个人信息。所以，在他人的个人信息掌握在第三方（如销售者）手中的情况下，普通法的这一规则就无法很好地保护公民的个人信息。另一方面，美国联邦宪法规定政府不得随意侵犯公民的个人信息，这个规定体现了"（公民）避免其个人信息受到公开"的隐私利益，然而其适用范围却十分有限。① 与隐私侵权法相似，只有在行为人侵犯的个人信息在内容上属于私人信息、且行为人是通过私人渠道获取该信息的情况下，他人才能援引这一宪法规定来保护自己的隐私权益。② 一些地方法院曾经依据美国联邦宪法的规定做出判决，认定行为人侵犯了他人的信息隐私权。③ 然而，美国联邦最高法院却似乎更倾向于相信政府收集个人信息的行为具备正当理由。④ 此外，虽然各州的宪法往往都会为信息隐私权提供更有力的保护，但当事人却很少在这个问题上援引各州宪法的规定。⑤

　　制定法在很大程度上弥补了普通法和宪法在保护信息隐私权方面的不足。然而，信息隐私权的法律保护问题涉及面十分广泛，目前联邦和各州涉及信息隐私权的制定法虽然很多，但也只是解决了其中一小部分问题。⑥ 学者们指出，制定法的规定"不够明确，而且有许多例外规定"，这往往会使法律失去其应有的作用。就联邦制定法而言，1974年的《隐私权法》是第一部针对滥用个人信息这个问题而颁布的法律，同时也是这方面迄今为止最完善的一部制定法。这部《隐私权法》针对政府机构的信息管理活动，规定了一系列为人称道

---

① See Whalen, 429 U. S. at 599.
② See Smith v. Maryland, 442 U. S. 735, 740 (1979).
③ See, e. g., Doe v. Borough of Barrington, 729 F. Supp. 376, 382 (D. N. J. 1990).
④ See Nixon v. Adm'r of Gen. Servs., 433 U. S. 425, 458 (1977); Whalen, 429 U. S. at 602.
⑤ See Elbert Lin, Article, Prioritizing Privacy: A Constitutional Response to the Internet, 17 Berkeley Tech. L. J. 1085, 1130 & n. 276 (2002).
⑥ See generally Marc Rotenberg, The Privacy Law Sourcebook: United States Law, International Law, and Recent Developments (2002).

且相对公平的强制性规则。然而，这部法律所保护的个人信息却仅仅包括国家发布或者收集的与社会福利有关的信息数据以及公民的社会保险号码。此外，《隐私权法》还规定：政府机构为"日常工作需要而使用"个人信息，以及依据信息自由法而使用个人信息，均属于《隐私权法》的例外情况，无需承担法律责任。

其他联邦制定法也各有用处，但这些法律对公民信息隐私权的保护都十分有限。除了1974年的《隐私权法》之外，在保护信息隐私领域最重要的几部法律分别是：《公平信用报告法》（Fair Credit Reporting Act，简称FCRA）、《计算机欺诈和滥用法》（Computer Fraud and Abuse Act，简称CFAA）以及《电子通讯隐私法》（Electronic Communications Privacy Act，简称ECPA）。这些法律都只能适用于特定情形，无法作为保护信息隐私权的一般性、基础性法律。《儿童网络隐私保护法》（Children's Online Privacy Protection Act，简称COPPA）是近年来体现制定法内容之零碎的最典型例子。这是唯一一部保护互联网信息隐私的法律，然而其规定却仅适用于那些收集儿童信息的网站。

就目前的情况而言，最有可能针对信息隐私权规定新的法律保护措施的是各州的制定法。然而，即便各州制定法确实规定了一般性的广泛的隐私保护，但由于受到司法裁判以及各州强制执行力的限制，制定法的实施效果也无法尽如人意。比起普遍适用的联邦法律，各州制定的特别法往往会规定更加强有力的隐私权保护条款；但是，当隐私侵权行为发生在某个州的范围内，而行为人却不是本州人的时候，州制定法就难以发挥作用了。而即使各州制定一系列综合性的隐私权保护措施，全国性的隐私权保护问题也依然无法得到解决。

（二）数码技术对隐私权的影响

在经历过工业革命的老一辈人来看，数码技术的影响范围已经赶上甚至超越工业革命了。[1] 这场"数码革命"对公民的隐私权也产生

---

[1] See Eugene R. Quinn, Jr., Tax Implications for Electronic Commerce over the Internet, 4. 3 J. Tech. L. & Pol'y 1, 50 (1999).

了巨大的影响。① Jerry Berman 和 Deirdre Mulligan 指出,给隐私权带来深刻影响的主要是数字时代的三大发展:一是数据生成技术快速发展,由此造成人们的个人数据被大量收集——几乎所有的现代社会交往记录都会被收集起来;二是数据市场全球化,且每个人都能够收集并检验这些数据;三是缺乏数码数据的控制机制,这些虚拟数据难以受到保护。②

这三大发展都离不开数码技术对信息的运用处理能力。首先,数字信息的生成数量十分惊人。无论是网络交往活动、信用卡交易,还是提取现金、订阅杂志,所有信息都被一一地以数字形式记录下来,并指向具体从事这些活动的个人。而以往这些交易要么是完全不被记录的,要么只在某个地点被书面记载。其次,网络数据库一旦收集到这些信息,就可以迅速而廉价地在全球范围内进行传递。在这个新兴的便利的信息市场中,任何地方的买家都可以收集、操纵数据,并用于市场营销③、评估统计④、甚至是某些恶意的目的⑤。再次,人们对这种信息的收集或操纵往往无能为力。大部分信息收集或操纵活动都发生在管理监控者难以到达的地方;而更严重的是,绝大多数人根本就无从得知他们的哪些信息被收集,更不知道他们的信息被作何用处。⑥ 所有的这些发展变化都影响着个人信息,但绝非只有信息隐私权受到了冲击。公民的自治权同样面临数码技术的威胁。当下,几乎每一项社会活动都以数字形式记录在案,政府监控和私人监控已经不再是以前那种单纯的监督、监视了,而更像是在不断地"挖掘(公民的)数据"。⑦

---

① See Daniel J. Solove, Privacy and Power: Computer Databases and Metaphors for Information Privacy, 53 Stan. L. Rev. 1393, 1394 (2001).
② See Jerry Berman & Deirdre Mulligan, The Internet and the Law: Privacy in the Digital Age: A Work in Progress, 23 Nova L. Rev. 549, 554 – 556 (1999).
③ See Trans Union v. FTC, 81 F. 3d 228 (D. C. Cir. 1996).
④ See Privacy and Consumer Profiling, Electronic Information Privacy Center, at http://www.epic.org/privacy/profiling/ (last updated Oct. 3, 2002).
⑤ See Remsburg v. Docusearch, Inc., 2003 N. H. LEXIS 17 at 4 – 7 (N. H. 2002).
⑥ See Daniel J. Solove, Digital Dossiers and the Dissipation of Fourth Amendment Privacy, 75 S. Cal. L. Rev. 1083, 1095 (2002).
⑦ See generally Joseph S. Fulda, Data Mining and Privacy, 11 Alb. L. J. Sci. & Tech. 105 (2000).

从表面上看,数码技术对隐私权的影响似乎与以往出现的新技术并无两样,法律只须像过去对待电话或者录像机那样,循序渐进地做出调整和回应,即可化解数字革命给隐私权带来的威胁。① 然而,事实远非如此——数字时代带来的影响是如此地深远而普遍,仅仅扩展隐私权法某个部分的内容根本就不足以解决问题。一言以蔽之,数字时代的到来冲击着隐私权的方方面面,《隐私权法》必须进行一场彻底的改革,亟须调整的不仅包括现行的隐私权法律框架,而且包括隐私权的概念及其法律地位。当下公民隐私权发生的变化正说明了隐私权法改革的必要性。

三、数字时代给隐私权带来的影响和变化

在数字时代,将《隐私权法》区分为在概念上毫不相关的几个分支已经无法充分地保护公民的隐私权了。本部分将研究数码技术的发展给传统《隐私权法》的各个分支带来的影响变化。

(一)"老大哥"(Big Brother)的复兴

数码技术的发展使得 Orwell 笔下那个在过去 50 年里广为人知、臭名昭著的"老大哥"② 又一次出现了。正如 Orwell 在《1984》这部小说里所描述的一样,全方位、全天候的政府监控无处不在,这也成为当下关于隐私权的讨论中最受热议的问题。"老大哥"的隐喻借着数字时代得到了复兴——有了现代技术手段和立法的辅助,再也无人能躲开"老大哥"的监控。事实上,政府对数码技术的利用已经引起了许多人的悲叹——我们越来越背离《美国联邦宪法第四修正案》和"独处权"了。③

1. "食肉动物"(Carnivore)监控软件与数字监控

随着犯罪的高科技化,反犯罪技术也在不断发展。如同法律和社

---

① See Julie E. Cohen, Examined Lives: Informational Privacy and the Subject as Object, 52 Stan. L. Rev. 1373, 1374 (2000).
② George Orwell, Nineteen Eighty - Four (New American Library 1983) (originally published 1949).
③ See generally Steven A. Osher, Privacy, Computers and the Patriot Act: The Fourth Amendment Isn't Dead, But No One Will Insure It, 54 Fla. L. Rev. 521 (2002).

会的其他方面,犯罪以及犯罪调查也受到了数字时代的极大影响。新的数字监控工具使警察的监控工作比以往任何时候都更加高效而全面。无论是国家调查人员还是私人侦探,都可以轻易而廉价地通过数码手段追踪到任何人。除了人身监控之外,警察还可以足不出户地利用数码技术搜查嫌疑人的 ISP(互联网服务提供商),从而获得指控嫌疑人所需要的信息;① 或者利用面部识别软件在超级杯橄榄球比赛中发现可能的犯罪分子。②

为了适应信息技术的发展,美国联邦调查局(FBI)开发出一款名为"食肉动物"的数字监控软件,③ 使 FBI 的工作人员得以监视嫌疑人的网络通讯。④ 那些安装了"食肉动物"软件的互联网服务提供商与美国联邦调查局相连接。于是,这款软件得以扫描各种各样的通讯内容,并对其中符合搜索条件的进行标记和储存。利用"食肉动物"软件,美国联邦调查局就可以对网上大量的个人信息进行监视,同时又无需为此支出巨额费用。

根据美国联邦调查局的说法,"食肉动物"这款软件对个人隐私的侵犯并不像其他"数据扫描"软件那么严重,因为其他类似的软件会搜索到所有符合条件的数据,而"食肉动物"则能够将不相关或者享有免责特权的通讯内容排除在搜索之外。"食肉动物"软件会对符合搜索条件的数据内容(如电子邮件)进行分析,并只保留那些与调查有关的、在法院指令范围内的数据。⑤ 然而,鉴于我们难以得知"食肉动物"实际上使用了何种数据,美国联邦调查局以上声明的真实性仍然有待考究。值得注意的是,在少数几个对外公开的事

---

① See United States v. Bach, 310 F. 3d 1063 (8th Cir. 2002), reh'g denied, 2003 U. S. App. LEXIS 141 (8th Cir. 2003).

② Alexander T. Nguyen, Here's Looking at You, Kid: Has Face - Recognition Technology Completely Outflanked the Fourth Amendment?, 7 Va. J. L. & Tech. 2, P 8 (2002).

③ See Aaron Y. Strauss, Note, A Constitutional Crisis in the Digital Age: Why the FBI's "Carnivore" Does Not Defy the Fourth Amendment, 20 Cardozo Arts & Ent. L. J. 231, 232 n. 6 (2002).

④ E. Judson Jennings, Carnivore: US Government Surveillance of Internet Transmissions, 6 Va. J. L. & Tech. 10, P 3 (2001).

⑤ See Mark Lemley et. al., Software and Internet Law 911 (2d ed., 2003).

件中，美国联邦调查局的一份文件显示"食肉动物"软件曾经错误地标记了一些非目标人物的电子邮件。① 而美国联邦调查局的技术人员得知这些电子邮件并不在法院指令范围内之后，便删去了所有的搜索结果，其中也包括目标人物（一位与本·拉登有关的嫌疑恐怖分子）收到以及发出的邮件。

2.《美国爱国者法》

自从"9·11"事件之后，有关数字数据监控的管制性立法就几乎停滞不前了。多年来，检察官与自由主义者一直就"监视数字通讯的恰当标准"这个问题争论不休；而与此同时，原有的关于电话监控和其他类型监控的规则则被默认地适用于互联网监控行为。随后，情况突然发生了变化。"9·11"事件发生后的几周之内，美国国会就通过了《美国爱国者法》。《美国爱国者法》的颁布异常顺利，美国国会并没有进行冗长的辩论就迅速地通过了这部法律。事实上，美国国会做出这种匆忙的反应，是因为"9·11"事件令其意识到美国在追踪和发现恐怖活动阴谋方面缺乏强有力的法律依据。然而，就法律实施的整体效果而言，《美国爱国者法》在反恐方面并没有突出表现，但却大大地放宽了对政府监控数字通讯行为的限制。② 因此，"9·11"事件在某种程度上先行一步地解决了检察官与自由主义者一直争论不休的问题，而且解决的结果是坚定地站在了检察官这一方。

《美国爱国者法》糅合了在此之前的好几项法案的内容，它在程序方面和实体方面都放宽了对政府调查权和监控权的限制，无论这种调查或监控针对的是涉外事件还是美国国内的事件。这部法律放宽了执法部门和情报部门之间的信息共享范围。而且，这部法律还对《外国情报监控法》进行修改，增强了联邦政府调查和搜查外国团体

---

① See Press Release, Electronic Privacy Information Center, FBI's Carnivore System Disrupted Anti - Terror Investigation (May 28, 2002), at http：//www. epic. org/privacy/carnivore/5&lt；_>02<_> release. html.

② See John Podesta, USA Patriot Act: The Good, the Bad, and the Sunset, ABA Network, Winter 2002, at http：//www. abanet. org/irr/hr/winter02/podesta. html.

或组织的权力,允许执法部门窃听嫌疑人的各种通讯工具①,并放宽了执法部门进行电话(电脑)监控的程序性要求。② 此外,这部法律还通过其数字监控条款将"食肉动物"软件合法化了。最重要的是,《美国爱国者法》还规定,法官在签署搜查指令的时候不得对政府的搜查请求的有效性和合法性进行复审。

隐私权的拥护者们当然不会喜欢《美国爱国者法》。他们指出,这部法律很可能导致检察官滥用权力,而司法监督则受到过多的限制。不过,这部新法究竟会给公民的隐私权带来何种影响?这个问题的答案远不如新闻报道的那么清晰。③ 首先,《美国爱国者法》针对其政府监控条款规定了明确的有效期限,也就是所谓的落日条款(sunset provision)。④ 其次,虽然这部法律允许政府机构进行秘密搜查,并扩大了政府机构之间的信息共享范围,但是这些政府机构都必须将其调查监控的结果盖上公章并提交给法官进行复审。再次,这部法律在对《外国情报监控法》的修改中明令禁止政府机构利用其新增的监控权力干涉公民的言论自由权。Orin Kerr 是《美国爱国者法》当中某个重要部分的起草者,⑤ 他认为,这部法律总体而言并不会对公民的隐私权造成威胁,事实上它还能对隐私权起到保护作用。除了以上列举的原因之外,Orin Kerr 还指出,《美国爱国者法》中规定的数字监控类型都是对付现代犯罪所必不可少的,为了保护公民的隐私权,这些数字监控手段一定会受到严格的控制。不过,Kerr 教授的观点似乎是少数派,《美国爱国者法》对个人隐私权的总体影响仍有待确定。

(二) 从 Orwell 到 Kafka:无处不在的个人信息

Orwell 笔下的"老大哥"是如此地深入人心,以至于作家们总

---

① See USA PATRIOT Act 206.
② USA PATRIOT Act 214 – 218.
③ See, e. g., Stefanie Olsen, Patriot Act draws privacy concerns, Cnet, Oct. 26, 2001, at http://news.com.com/2100 – 1023 – 275026.html.
④ USA PATRIOT Act 224.
⑤ Orin. S. Kerr, Internet Surveillance Law After the USA PATRIOT Act: The Big Brother that Isn't, 97 Nw. U. L. Rev. (forthcoming 2003).

希望在关于隐私权的其他领域内也使用这个隐喻。不过，Daniel Solove 则认为，在提到收集、校对和传播个人信息的数码技术时，Franz Kafka 笔下的《审判》不失为更贴切的隐喻。① 在这个方面，"老大哥"的全面监控已经不是问题的焦点了；关键在于人性的缺失——人们最私密的信息被某个不知名的无情的政府机构肆意传播，且这种信息传播既不受程序限制，也不区分信息的内容。在《审判》一书中，主角面对的是强大的官僚政治体系，他既不明白、也无力控制这个体系的规则，而反过来，这个体系却知道主角所有私密的事情，并有权对主角进行审判。《审判》暗含的寓意似乎能更好地说明当下公民信息隐私权面临的问题。

1. 财务信息

当下的银行和金融机构渐渐开始意识到，他们手中掌握的客户个人信息是一大笔数字财富。诸如客户的姓名、地址、社会保障号码、收入范围、信用情况等信息正在变得越来越值钱，无论是销售者还是其他市场主体都很看重这些信息。然而，根据目前的宪法学说，这些在严格意义上不属于个人控制范围内的信息仍然不享有"合理隐私期待"。② 所以在财务信息市场中，保护个人隐私的法律依据只有制定法。

由于个人信息的转让和再利用越来越容易，同时也面临被滥用的危险，因此，法律正在逐渐加强对财务信息市场的监督管理。1999年，美国国会通过了《金融服务业现代化法》，根据提出制定该法的参议院议员的姓名，这部法律又被命名为《格雷姆-里奇-比利雷法》。《格雷姆-里奇-比利雷法》本来的目的是"消除联邦或者各州的法律障碍，从而促进金融机构的合并"。③ 与此同时，这部法律也为保护"非公众人物的个人信息"而做出了一些有关隐私权的新规定。④ 而根据《格雷姆-里奇-比利雷法》关于隐私权的新规定，美国联邦贸易委员会（Federal Trade Commission，简称 FTC）颁布了

---

① Franz Kafka, The Trial (Willa & Edwin Muir trans. 1937).
② See Smith v. Maryland, 442 U. S. 735, 740 (1979).
③ H. R. Conf. Rep. No. 106-434, at 1 (1999).
④ See 15 U. S. C. 6801-6809 (2002).

一系列强有力的保护隐私权的新措施。

Trans Union 是美国的一家征信公司，由于业务需要而长期使用公民的个人财务信息，其使用个人信息的行为受到过很多质疑。① 在美国联邦贸易委员会颁布保护隐私权的新措施之后，Trans Union 将美国联邦贸易委员会告上了法庭。Trans Union 提出，美国联邦贸易委员会关于个人信息的定义过于宽泛，而且，美国联邦贸易委员会限制 Trans Union 传播和使用个人信息（如姓名、地址和社会保障号码等）的行为侵犯了他们的言论自由权。② 地区法院驳回了 Trans Union 的所有诉讼请求，并做出了有利于美国联邦贸易委员会的即决判决。华盛顿特区巡回法院在该案的上诉审中维持了原审判决，并指出，美国联邦贸易委员会对个人信息做出宽泛定义的行为并没有超出其职权范围。而针对 Trans Union 关于言论自由的诉求，该院则一笔带过地指出，这些言论是纯粹商业性质的言论，因此对其进行限制是符合国家利益的。

这个案件充分体现了财务隐私权对传统隐私权概念的冲击。首先，法院的判决暗示着其承认美国联邦贸易委员会在保护信息隐私权方面扮演了重要角色，但是法院却无法明确地指出美国联邦贸易委员会扮演这个角色的法律依据。如果美国联邦宪法不承认公民享有财务信息方面的隐私权，③ 而制定法也没有明确授权美国联邦贸易委员会，使其得以采取措施限制行为人传播个人信息（如社会保障号码）的行为，那么，美国联邦贸易委员会的权力到底从何而来？其次，法院虽然驳回了 Trans Union 关于言论自由的诉求，但却无法做出清晰的论证：为什么信息隐私利益（目前仍然不是十分强有力的国家利益）比传播"公共"信息的权利更为重要？基于信息隐私权模糊的法律现状，法院在认可隐私利益之余，还必须找出保护信息隐私利益

---

① See In re Trans Union Corp. Privacy Litig., 2002 U. S. Dist. LEXIS 17209 (N. D. Ill.); Trans Union Corp. v. FTC, 245 F. 3d 809 (D. C. Cir. 2001) [hereinafter Trans Union I], cert. denied 122 S. Ct. 2386 (2002).

② Individual References Serv. Group, Inc. v. FTC, 145 F. Supp. 2d 6 (D. D. C.) [hereinafter ISRG], aff'd, Trans Union II, 295 F. 3d 42 (D. C. Cir. 2001).

③ See Smith v. Maryland, 442 U. S. 735, 740 (1979).

的合理依据和方式。①

2. 公共记录和匿名者的消失

美国政府最可贵的特点之一就在于其所有程序的运作都是公开透明的。而维持这种透明度的必然结果便是——从联邦到地方,所有政府事务都会产生大量的公共记录。这些记录通常都涉及十分私密的个人信息,例如,美国公民一生中可能形成的公共记录就包括出生证明、免疫记录、助学贷款、驾驶记录、结婚证明、离婚记录、破产文件以及社会保障金的缴纳情况等。对于那些被卷入诉讼或者刑事程序的人来说,他们的相关记录就能透露许多信息。

然而,数码技术的发展却使政府事务公开成了公民隐私权的噩梦。以往的公共记录虽然也是对外公开的,但它们往往被储存在县府大楼的地下室或者偏僻的档案馆等隐蔽地点。② 人们很难找到这些记录,更不用说将这些记录收集起来汇编成简短而有用的档案了,除非能请一群调查员去搜索全国各地的政府办公场所。但是,数字时代的到来彻底改变了这种局面。政府的记录都以数字形式储存下来,而且通常还会与网络相连接。一些专业公司会定期收集、整理这些公共记录,并允许它们的付费客户搜索和下载这些记录。更糟糕的是,各州还有很多政府机构(如金融机构)试图通过出售它们拥有的个人信息(如驾驶记录等)来获取利益。

各州制定的《梅根法》就是由于公开公共记录而带来隐私权问题的一个令人困扰的例子。根据《梅根法》的规定,性犯罪者必须登记其姓名和住址,以便提醒当地居民对性犯罪者提高警惕。近年来,各州逐渐开始在互联网上公布性犯罪名单,这样一来,知道性犯罪者身份的就不仅仅是他们所住社区的居民了,而有可能是世界上的任何人。③ 以前就曾经有人基于隐私权的保护而对《梅根法》提出反对,但是未能成功。④ 最近,美国联邦最高法院又审理了一起反对在

---

① See Trans Union II, 295 F. 3d at 52 – 53; see generally Dun & Bradstreet, Inc. v. Greenmoss Builders, Inc. , 472 U. S. 749 (1985).
② See DOJ v. Reporters Comm. for Freedom of the Press, 489 U. S. 749, 762 (1989).
③ See, e. g., Doe v. Otte, 259 F. 3d 979, 984 (9th Cir. 2001), rev'd, Smith v. Doe, 123 S. Ct. 1140, 2003 U. S. LEXIS 1949 (Mar. 5, 2003).
④ See Paul P. v. Verniero, 170 F. 3d 396, 404 (3d Cir. 1999).

互联网上公布性犯罪者身份的案件。当事人认为，如此大范围地传播性犯罪者的身份无异于对他们施加事后的重复惩罚，这是违反宪法的。然而，这次反对仍以失败告终。①

3. 医疗隐私

医疗信息一直都是十分敏感的。如果某人的抗抑郁药物处方被公开，这可能会使他感到尴尬；而如果某人的 HIV 阳性检测结果被公开，则很可能彻底毁了他的生活。② 虽然数码技术能够节省成本，方便医院和医生之间为拯救生命而迅速传递医疗信息，但它也会大大提高医疗信息被滥用或者错误使用的可能性。

关于医疗隐私权的法律框架并不独立完整。美国联邦最高法院虽然承认医疗隐私权的存在，但其对医疗隐私权的重视程度并不如空间隐私权或者个人决定自治权。③ 随着数字时代的到来，公民的个人健康信息面临不当公开的威胁；美国国会意识到了立法保护公民个人健康信息的必要性，于是在 1996 年通过了《健康保险携带和责任法》。尽管美国国会制定《健康保险携带和责任法》的主要目的是让雇员在"跳槽"之后仍得以不间断地享受其原有的健康保险；但这部法律同时也要求各州实施特定的隐私权保护措施，如在公开他人的个人信息之前必须先得到他人的同意等。在有关医疗隐私的诉讼中，针对被告滥用医疗数据的行为，原告们也曾经援引其他的隐私权法律，但是这些诉讼请求很少能得到法院的支持。

以下这两个有关医疗隐私的问题就能够很好地说明数字时代带来的冲击：第一，越来越多的个人遗传信息被储存在公民的医疗档案中。一旦这些信息遭到滥用，往往会导致公民受到就业歧视或者其他方面的歧视。第二，连锁零售店、HMO 以及药品公司所掌握的个人的药物处方信息往往会被不经意地透露出去或者遭到滥用。美国联邦贸易委员会最近才对药品巨人 Eli Lilly 公司做出处理，因为该公司旗下的 Prozac. com 是一个有关抗抑郁药物的网站，而该公司却在无意间公布了数百名网站用户的电子邮箱。虽然美国联邦贸易委员会的这

---

① See Smith v. Doe, 2003 U. S. LEXIS 1949 at 40.
② See Doe v. Borough of Barrington, 729 F. Supp. 376, 379 (D. N. J. 1990).
③ See Whalen v. Roe, 429 U. S. 589, 598 - 600 (1977).

次行动得到了普遍的赞许，但是，那些被公布电子邮箱的受害者们却无法获得任何民事救济，这恰恰说明当前的信息隐私权制度无法适应数字时代的变化。

4. 数字档案和"完全信息公开"

在第二次世界大战期间，德国人的口号是："尽管苏联军队人数众多，但德国士兵将以素质取胜。"当有人问及 Josef Stalin 对这个口号的看法时，他回答道："数量本身就是一种素质。"当下，个人信息面临的问题也是如此。尽管在某些时候，不正当地披露一个私人事实就足以造成极大的损害。但在目前，信息隐私权受到的损害更可能是由"量"造成的——从最私密的信息到平淡无奇的事实，大量的个人信息在数字时代的日常生活中被收集和传播，如此日积月累给他人造成的损害不容小觑。

正如 Daniel Solove 所说，公共机构和私人组织都在为了各自的目的而收集他人的"数字档案"。私人组织收集这些个人信息通常都是为了统计和市场营销的需要。针对私人组织滥用个人信息的行为，受害者却很少能获得法律救济。2001 年曾经发生过一场诉讼，原告将 DoubleClick 网络公司告上法庭，指责该公司收集网民的网络浏览信息并加以滥用；然而初审法院当庭驳回了原告的诉讼请求。[①] 稍为鼓舞人心的是美国联邦贸易委员会在 2002 年夏天针对软件行业巨头 Microsoft 做出的处理，该公司通过其提供的护照服务收集客户的个人数据并且滥用了这些个人数据。美国联邦贸易委员会发现，Microsoft 公司以保护客户隐私为借口，欺骗客户提交他们的个人信息；于是，美国联邦贸易委员会要求该公司在随后的 20 年里都必须进行年度隐私审计。如果美国联邦贸易委员会不对这件事进行处理，Microsoft 公司的客户似乎不太可能获得任何救济。

政府建立个人数字档案的目的是为了监控以及犯罪调查。自从"9·11"恐怖袭击发生之后，政府对这方面就更加重视了。作为美国国防部高等研究计划局的重要部门，五角大楼这个部门目前正在开发一个名为"完全信息公开"的项目，目的在于将监控数字数据纳入反恐工作中。毫无疑问，"完全信息公开"项目所建立的数据库绝

[①] In re DoubleClick, Inc. Privacy Litig., 154 F. Supp. 2d 497, 500 (S. D. N. Y. 2001).

不仅仅是帮助军方找到恐怖分子这么简单；它将使政府得以事无巨细地收集每位公民的数字档案，其细致具体的程度往往令人难以忍受，而这些数字档案很可能被用于与恐怖活动无关的监控或者调查目的。正如上文提到的 DoubleClick 和 Microsoft 一样，"完全信息公开"项目也是数字时代信息隐私问题的典型——它们都是以看似无害的方式有目的收集个人信息，却以侵犯隐私权的方式使用这些信息。

四、旧隐私权法律框架的失效

在隐私权法律保护中将《隐私权法》划分为两个相互独立的分支，这种做法一直以来都存在一些问题。不过，由于"隐私权"的概念是在特定社会和技术的推动下分别发展起来的，所以将《隐私权法》划分为两个分支也是不得已的做法。在这样的分类下，隐私权理论的发展虽然无法达到最理想的状态，但随着时间的推移，《隐私权法》两大分支也都能逐渐适应时代的发展。然而，数字时代的影响是如此地深远而广泛，旧的隐私权法律和理论已经无法跟上时代快速发展的脚步了。更可怕的是，新的隐私权侵犯手段很可能结合起来形成新的社会规范，下一代人对此将习以为常，不知反抗。本部分将根据上文中提到的新的法律、诉讼以及事件，论证自治权和信息隐私权的分类正在瓦解。

数字时代产生了许多新的隐私权问题，一些问题同时涉及多个《隐私权法》分支，而另外一些问题则根本就无法归入旧的《隐私权法》分支。首先，政府的数字监控和监督行为使空间隐私权和信息隐私权之间的界限变得模糊了。许多侵犯个人隐私权的行为都处在《隐私权法》两大分支之间的法律空白地带，依靠现行法律无法获得救济。其次，数字时代无处不在的个人信息以及私人组织对这些个人信息的利用引发了很多问题，但是现行隐私权法律制度无法对这种现象加以有效控制。仅凭美国联邦贸易委员会的努力和个别法院的判决根本就无法让受害者获得充分的救济。

（一）政府数字监控带来的问题

《美国联邦宪法第四修正案》的目的在于避免国家机构对公民实施"无理的搜查和扣押"。从表面上看，这一规定同样可以用于避免政府滥用数字监控以及数据收集技术，如"食肉动物"软件以及"完全信息公开"项目。虽然数字监控以及数据收集针对的是他人的数字化信息而不是他人的实际人身和财产，但是政府搜索这些数字化信息的原因与搜查他人人身和财产的原因在本质上并无二致。

不幸的是，《美国联邦宪法第四修正案》所规定的公民权利被严格地限制在空间隐私权的范围内。在政府机构获取个人信息的过程中，公民理应享有"合理的隐私期待"；但法院却没有将"搜查和扣押"的严格标准适用于政府机构收集个人信息的行为。[①] 因此，在政府机构滥用数码技术搜索个人信息这一方面，宪政保护仍然十分薄弱。

制定法虽然在某种程度上弥补了宪政保护的不足，但却无法为公民提供一般性的法律保护。而且由于目前人们对恐怖活动十分恐惧，国家安全问题被一再地强调，在这种氛围下，立法机关不太可能对政府滥用个人信息的行为施加很多新的限制。事实上，当下的主流趋势恰恰是与保护隐私权背道而驰的——人们并不赞同进行新的立法；而法院在有可能危及国家安全的情况下通常都会驳回保护隐私权的诉讼请求。如此看来，限制政府"搜查和扣押"个人信息的行为只能依靠政府善意的自觉性了。

（二）私人组织收集个人信息带来的问题

私人组织收集个人信息带来的信息隐私权问题同样未能得到妥善解决。在传统的《隐私侵权法》上，原告要获得隐私侵权损害赔偿，就必须证明他们受到的损害是由于被告公开其私人信息的行为所造成的。然而，法院并不倾向于认为数字信息属于"私人信息"。由于技术的飞速发展以及隐私侵权损害类型的日新月异，目前大量关于利用个人信息的制定法都已经过时。数字时代信息隐私权面临的根本问题是：许多个人信息在以往并不会给他人造成损害，然而数码技术将大量的个人信息汇集到一起，便有可能损害他人的自主决定权以及自治权。旧的《隐私权法》将个人信息严格地划分为私人信息以及"公

---

① See Whalen v. Roe, 429 U. S. 589, 599 (1977).

共信息",这种做法在当下已经陷入严重的困境;如果不对该法律框架进行修改,那么,即便颁布新的法律,也无法解决现有的问题。

信息隐私权与言论自由权之间的冲突同样是导致现行法律框架无法充分保护隐私权的原因之一。司法界对这一"冲突"的理解是以一个简单的三段论为基础的:①基于《美国联邦宪法第一修正案》的规定,传播公共信息的行为是不受限制的,除非这种传播行为侵犯了另外一种强有力的国家利益;②个人信息一旦合法脱离公民的直接控制,就会成为公共信息;③储存在异地数据库的个人数字数据不属于公民的直接控制范围,因此,这些信息便是公共信息。上述分析的前提推论是:人们在提交其个人信息的时候能够理解他们即将失去的权利。然而这个推论本身就是错误的。更荒谬的是,法学家们竟然认为这个推论具有很强的说服力。美国联邦最高法院就曾经转弯抹角地对上述分析表示赞同,该院写道:"保护个人隐私权的利益必须让位于公开重要公共事务的国家利益。"① 正是在这种观点之下,隐私利益常常得不到实现。

上文提到的 Trans Union 的案件就说明了法院在处理权利冲突时面对的问题。② 审理该案的上诉法院虽然认可《格雷姆-里奇-比利雷法》和美国联邦贸易委员会的规定中所体现的隐私利益,但该院却无法处理好这种隐私利益与《美国联邦宪法第一修正案》之间的矛盾。《格雷姆-里奇-比利雷法》的规定保护的是那些表面上看来属于"公共信息"的财务记录,这似乎与"涉及公共事务的言论自由不受限制"的原则有所冲突。但事实上,这一冲突完全是因为个人信用情况等信息被错误地定义为"公共信息"才造成的。

此外,美国联邦贸易委员会在一系列事件中扮演隐私权保护委员会的角色,③ 对个人信息的商业利用行为进行监督,这虽然值得赞赏,但却不是令人满意的根本解决之道。首先,美国国会比美国联邦贸易委员会更有资格重新定义言论自由与隐私权这对宪法权利矛盾的

---

① Bartnicki v. Vopper, 532 U. S. 514, 534 (2001).
② Trans Union II, 295 F. 3d 42, 52 (D. C. Cir. 2002).
③ See generally Steven Hetcher, The De Facto Federal Privacy Commission, 19 J. Marshall J. Computer & Info. L. 109 (2000).

平衡点。① 其次，美国联邦贸易委员会本身的职责是保护消费者，而非保护个人隐私权。所以，只有在侵犯个人隐私的行为构成不正当经营的情况下，美国联邦贸易委员会才有权涉足隐私权领域。再次，美国联邦贸易委员会解决问题的机制也有其局限性。美国联邦贸易委员会只能介入 Microsoft 和 Eli Lily 等商业企业侵犯隐私的事件，对其他侵犯他人隐私的行为人则无能为力；而且美国联邦贸易委员会做出的惩罚决定往往比较温和。因此，建立隐私权保护委员会也许是一个良策，但是依靠美国联邦贸易委员会来保护个人隐私权却是行不通的。

综上所述，将《隐私权法》划分为几个分支这种做法，无论是整体法律框架还是各个分支的保护范围，都无法应对数字时代带来的挑战。由于数字数据的利用频率越来越高，侵犯公民的隐私权的情况时有发生，而那些记载着人们最私密信息的数字档案也得不到很好的保护。在数字时代，如果想为现在和将来的个人隐私权提供充分的法律保护，我们还有很长的路要走。

五、结语

当前，学者们都一致认为，有关隐私权的法律和理论学说必须做出调整以适应数字时代的需求。学者们也纷纷提出解决之道，从颁布新的宪法修正案②到摈弃现有的隐私权概念。③

一些学者针对数字时代的隐私权问题提出了实践上的建议。例如，Robert Gellman 认为，应当建立一个保护隐私权的联邦机构。④他提出，该机构可以享有独立的权力以及调查职能，但不享有制定规章的权力。而且，这个机构在调查私人组织的过程中必须遵守 1974 年《隐私权法》规定的公平信息原则（Fair Information Principles，简

---

① See Trans Union Corp. v. FTC, 122 S. Ct. 2386, 2387 (2002) (Kennedy, J., dissenting from denial of cert.).
② See Raphael Winick, Searches and Seizures of Computers and Computer Data, 8 Harv. J. L. & Tech. 75, 77 (1994).
③ See generally David Brin, The Transparent Society: Will Technology Force Us Choose Between Privacy and Freedom (1998).
④ Robert Gellman, A Better Way to Approach Privacy Policy in the United States: Establish a Federal Privacy Protection Board, 54 Hastings L. J. (forthcoming 2003) (manuscript at 1).

称 FIPs）。还有学者建议学习欧洲的做法，颁布一部普遍适用的数据保护法。[1] 在这些学者看来，数字时代的隐私权问题主要是由于法定管理权的缺位而引起的。

另一些学者则对隐私权领域出现的新概念进行界定，试图使《隐私权法》更加适应信息时代的发展。例如，Julie Cohen 提出公民在其"个人自治权的范围内"可以享有"数据隐私权"，而不再采用"合理隐私期待"的判断标准。[2] 这个概念使"保护个人数据"的法律价值实现具体化，同时又能避免与言论自由权发生冲突。Robert Post 则指出，社会交往基本界限的神圣性是所有隐私权法分支的核心所在。[3] 他认为，在社会交往中，每一个共同体都会建立起"自我"的基本概念并为其划定范围界限；如果这种基本界限受到威胁而使公民的私人领域遭到侵犯，那么，公民的个人身份也同样会受到威胁。所以 Robert Post 认为，保护个人隐私权的关键在于确定和保护社会交往的基本界限，并要求人们互相尊重各自的基本界限。而 Daniel Solove 则建议采取更加务实的措施。[4] 他分析了现有的隐私权概念，认为其不够全面而且过于死板。所以，他提出应当全盘摈弃包括"独处权"和"个人信息控制权"在内的现有隐私权概念；并建议法官根据具体案件来分析隐私利益的本质，采用符合具体情况的隐私权概念。

学者们提出的建议既有实践方面的也有理论方面的，他们都希望《隐私权法》能够适应数字时代的发展变化，建立起切实有效的隐私权保护机制。这些建议都是针对现有法律框架的功能失调而提出来的。然而，无论是建立新的灵活的法律框架还是为立法者和法官提供指引性的学说，解决问题的关键在于提出一套完善的标准，以便衡量隐私侵权造成的损害及其赔偿救济。这一衡量标准的缺失，很可能导致侵犯隐私权的行为人逃脱法律的惩罚，而受害人则得不到补偿救

---

[1] See European Commission Council Directive 95/46/EC, 1995 O. J. (L 281).
[2] See Julie E. Cohen, Examined Lives: Informational Privacy and the Subject as Object, 52 Stan. L. Rev. 1373 (2000), at 1377.
[3] Robert Post, Remarks at the Enforcing Privacy Rights Symposium (Nov. 15, 2002).
[4] See Daniel J. Solove, Conceptualizing Privacy, 90 Cal. L. Rev. 1087, 1091 (2002).

济。更糟糕的是,损害赔偿机制的不健全还有可能导致法律的威慑作用大打折扣,行为人将无法清楚地认识到何为恰当合法的行为。

当下美国面临的隐私权保护问题既有亟待解决的,又有需要从长计议的。美国国会已经开始对《美国爱国者法》进行第二轮讨论。而行为人能够获取的数字信息的数量正在不断增多。即使提出新的隐私权概念,许多困难的问题也无法得到解决:如何让社会公众更好地理解他们在申请贷款和浏览网页时提供个人信息的行为将使他们丧失何种权利?如何区分公共信息与私人信息?如何在反恐工作与个人隐私权之间找到平衡点?只有提出一个新的解决之道,在实践和理论上都充分重视隐私利益,才能解决这一连串的问题。

自"9·11"事件发生之后,我们便陷入了隐私权保护的危机。恐怖活动造成的威胁导致很多人宁愿用个人隐私去换取政府提供的安全保障。然而,这种交易带来的问题关键并不在于我们自愿牺牲了多少个人隐私;而是在这种交易之下,对私人生活的监控将变得越来越普遍,人们最终会变得麻木不仁,不再关心自己的隐私权是否受到侵犯。经济和政治生活的规律告诉我们,如果人们不要求享有隐私权,那么,便不会有人提供或者保护隐私权。如果无人打破"9·11"事件造成的恐惧,那么,人们的这种恐惧心理很可能形成一种反对保护个人隐私权的常态。

论新闻媒体介入政府执法活动的隐私侵权行为

亨利·H. 罗斯伯克[①]　崔西·W. 杨[②]

南希·E. 西村[③] 著　廖嘉娴[④] 译

目　次

一、导论
二、关于 Ayeni 案件的判例
三、Berger v. Hanlon 一案
四、Wilson v. Layne 一案和美国联邦第四巡回上诉法院
五、美国联邦最高法院的审查
六、结语

一、导论

　　Thoreau 曾经写道："我真心地认可那句格言——'管得最少的政府就是最好的政府。'"[⑤] 美国人的祖先们正是怀着这种信念，在王权对其宗教信仰和私人生活进行严重干预和限制的情况下，终于忍无可忍，勇敢地渡过危险的大洋，来到了陌生的大陆。所以，美国联邦宪法除了规定其他很多自由权利之外，还在《美国联邦宪法第四修正案》中规定了公民的隐私权，以保护个人免受国家的任意侵扰。

[①] 亨利·H. 罗斯伯克（Henry H. Rossbacher），美国洛杉矶 Rossbacher & Associates 律师事务所负责人，曾任 UCLA 法学院兼职教授。
[②] 崔西·W. 杨（Tracy W. Young），美国洛杉矶 Rossbacher & Associates 律师事务所高级律师。
[③] 南希·E. 西村（Nanci E. Nishimura），美国洛杉矶 Rossbacher & Associates 律师事务所高级律师。
[④] 廖嘉娴，中山大学法学院助教。
[⑤] Henry David Thoreau, Walden and Civil Disobedience 224 (Owen Thomas ed., W. W. Norton & Co. Inc. 1966) (1849).

这项权利对于在自由和正义的原则下建立一个更加宽容的社会是十分重要的。正如美国联邦最高法院所反复强调的,《美国联邦宪法第四修正案》的主要目标在于阻止政府侵犯公民的私人生活。① 而根据其授权条款,中立的司法机关有权衡量调查执法人员提供的信息的重要性和可信度,从而限制调查执法人员不受拘束的权力,这又为公民隐私权提供了进一步的保护。②

然而,《美国联邦宪法第四修正案》及其相关判例对隐私权的保护目前正受到威胁,因为新闻媒体承诺要为政府官员进行大量宣传,而且社会公众对"以真实案件为基础"的警察节目怀有强烈的爱好。③ 最近,美国联邦第二巡回上诉法院以及美国联邦第九巡回上诉法院为了削减执法官员在调查过程中带着摄像机进入个人私有财产的隐蔽执法行动,已经踏出了肯定的一步。在 Ayeni v. Mottola④ 和 Berger v. Hanlon⑤ 这两个判例中,法院都认为,商业电视节目对搜查私有财产的行动进行录像是违宪的,且牵涉其中的联邦政府官员不能基于其相对免责特权(qualified immunity)而免除诉讼或法律责任。在 Berger 一案中,法院还进一步指出,新闻媒体的行为虽然"披着联邦法的外衣"(under color of federal law),但实际上却侵犯了公民的宪政权利。本文作者是 Ayeni 和 Berger 这两个案件的联合经办律师。《美国联邦宪法第四修正案》所蕴含的法理的核心在于执法行为的合理性以及该行为能否促进合法的执法目的。⑥ 然而,在 Ayeni 和 Ber-

---

① See Soldal v. Cook County, 506 U. S. 56, 64 (1992); Winston v. Lee, 470 U. S. 753, 758 (1985); INS v. Delgado, 466 U. S. 210, 215 (1984); Delaware v. Prouse, 440 U. S. 648, 653 – 654 (1979); Warden v. Hayden, 387 U. S. 294, 301 (1967); Jones v. United States, 357 U. S. 493, 498 (1958).
② See Wong Sun v. United States, 371 U. S. 471, 479 (1963).
③ See Elsa Y. Ransom, Home: No Place for " Law Enforcement Theatricals" – The Outlawing of Police/Media Home Invasions in Ayeni v. Mottola, 16 Loy. L. A. Ent. L. J. 325 (1996) (citing David Tobenkin, Stations Face New Reality: Syndicators Have Host of Offerings, Including Magazine, Health, Law Enforcement Entries, Broadcasting & Cable, Jan. 23, 1995 at 58).
④ 35 F. 3d 680 (2d Cir. 1994), cert. denied, 514 U. S. 1062 (1995).
⑤ 129 F. 3d 505 (9th Cir. 1997).
⑥ See Graham v. Conner, 490 U. S. 386, 395 (1989); Tennessee v. Garner, 471 U. S. 1, 7 – 8; Ayeni, 35 F. 3d at 686.

ger 这两个案件中，联邦政府官员的行为并不是出于执法目的，而是为了制作电视娱乐节目，因此，这种行为很明显不具有合理性。正如美国联邦第二巡回上诉法院所指出的："私人住宅并不是戏剧性执法的表演舞台。"

本文共分为四个部分，其中第一部分和第二部分主要讨论上述几个重要的判例及其强大的历史后盾，以及新闻媒体与警察之间的合作给个人隐私权带来的现实问题。第三部分讨论美国联邦第四巡回上诉法院全体法官在 Wilson v. Layne 一案[①]中做出的判决；在本案当中，联邦政府官员在一次逮捕行动过程中将《华盛顿邮报》的记者带进了一处私人住宅，然而法官却拒绝采纳 Ayeni 和 Berger 这两个判例在类似问题上关于《美国联邦宪法第四修正案》的意见，仍然对联邦政府官员给予庇护。第四部分讨论美国联邦最高法院正在进行的对 Berger 和 Wilson 两个判例的审查。

二、关于 Ayeni 案件的判例

Ayeni 案件起源于 1992 年 3 月份武装的秘密特工（Secret Service Agents）对纽约布鲁克林一名信用卡诈骗嫌疑犯的住宅的搜查。[②] CBS 电视台的一个摄像组为了制作《街道故事》节目而对这次搜查行动进行了录像和录音。电视台拍摄搜查行动的行为得到了秘密特工部门的允许，但却违背了这次调查的主要负责人——美国助理检察官（Assistant United States Attorney）明确下达的命令。[③] 在这次搜查中，秘密特工部门的其中一名探员戴着无线麦克风，对搜查行动进行现场解说。嫌疑犯 Babatunde Ayeni 并不在家，但他的妻子（只穿着一件长袍）和五岁大的儿子在家；面对秘密特工部门的破门而入和专业的大型摄像机，他们很明显受到了惊吓。在搜查过程中，CBS 电视台的摄像组不顾 Ayeni 太太的拒绝，反复对 Ayeni 太太及其儿子进行录像，并对这个家庭的个人物品和文件进行了特写拍摄。而且，尽管没

---

① 141 F. 3d 111 (4th Cir. 1998) (en banc) (Wilson II), cert. granted, 67 U. S. L. W. 3321 (U. S. Nov. 9, 1998) (No. 98 – 83).

② Ayeni v. CBS, Inc., 848 F. Supp. at 364 – 365.

③ United States v. Sanusi, 813 F. Supp. 149, 161 (E. D. N. Y. 1992).

有证据证明 Babatunde Ayeni 的诈骗行为，但秘密特工部门的探员还是在一次面对摄像机的采访中指出，他相信 Babatunde 是有罪的。

（一）United States v. Sanusi 一案

关于 Ayeni 案件的任何讨论，都必须提到与该案背景息息相关的刑事案件 Uinted States v. Sanusi 一案，① 只有这样，我们的讨论才能算是全面完整的。在这个针对 Ayeni 提起的刑事案件中，被告 Ayeni 申请播放 CBS 电视台录制的关于搜查过程的录像带。而 CBS 电视台则以《美国联邦宪法第一修正案》和记者特权为由，拒绝出示该录像带。美国联邦地区法院的 Jack B. Weinstein 法官驳回了 CBS 电视台的理由，并要求 CBS 电视台向法庭提交那盒从未公开播放过的录像带。Weinstein 法官这样做的理由是：这盒录像带对 Ayeni 而言十分重要，因为 Ayeni "可以通过该录像带向陪审团证明，联邦政府热衷于逮捕他，但在仔细搜查他的住宅之后却未能发现任何能够证明他有罪的证据"。法院进一步指出，录像中 Ayeni 的妻儿畏惧、发抖的影像十分引人注目，这很可能使陪审团站在 Ayeni 那边。政府工作人员侵犯被告宪政权利的行为，以及秘密特工部门罔顾美国助理检察官下达的命令而允许商业摄像组跟随工作人员拍摄搜查过程的事实，都令 Weinstein 法官感到十分愤怒。所以，他要求联邦检察官（United States Attorney）针对美国秘密特工部门的这次事件以及法院的意见发出最高等级的警告。

在 Sanusi 一案中，法院讨论了英国和美国联邦最高法院早期对隐私权的定义——"保护公民住宅和私生活的神圣性"，② 并以此为基础对《美国联邦宪法第四修正案》和隐私权进行分析。法院引用了早期滥用王权的例子，包括一般授权的搜查令（general warrants）以及协助令状（the writs of assistance）的适用，对秘密特工部门和 CBS 电视台摄像组进行了严厉谴责。法院在要求 CBS 电视台提供关于搜查行动的未公开的录像带时指出："CBS 电视台不仅侵犯了被告的住宅，而且在政府的默许下实施了直接违背《美国联邦宪法第四

---

① 813 F. Supp. 149 (E. D. N. Y. 1992).
② Sanusi, 813 F. Supp. at 157.

修正案》的行为；这些行为都将影响法院对 CBS 电视台所享有的新闻采访特权（news gathering privilege）的衡量与评价。《美国联邦宪法第一修正案》是对新闻媒体的一种庇护，而并非一把武器。所以，即便身为记者，在刺探他人隐私的时候也必须受到限制。"①

Ayeni 最终与美国政府达成了辩诉交易，承认自己企图实施信用卡诈骗犯罪。他被判处罚款和缓刑。在这起刑事案件中，由于秘密特工部门做出了侵犯 Ayeni 宪政权利的行为，从而不可挽回地削弱了政府一方的立场。秘密特工部门的这种行为还导致搜查行动的录像带得以呈现在法庭上，作为一项为被告开脱罪责且很可能使陪审团倾向于宣告被告无罪的关键证据。② 事实上，美国政府应当庆幸法院没有驳回该案的起诉。

（二）地区法院对 Ayeni v. CBS, Inc. 一案的判决

Ayeni 太太及其小儿子 Kayode 对 CBS 电视台、CBS《街道故事》节目制片人 Meade R. Jorgensen、美国秘密特工部门特别探员 James Mottola、其他七位不知名的秘密特工部门特别探员以及两位不知名的美国邮政检查员（United States Postal Inspectors）提起了诉讼。③ Ayeni 一家人认为被告侵犯了他们根据《美国联邦宪法第四修正案》所享有的隐私权，同时还构成普通法上的侵权行为，包括非法入侵（trespass）以及使原告遭受精神上的痛苦，因此要求被告承担民事损害赔偿责任。其中，原告基于被告侵犯其宪政权利而提出的损害赔偿请求依据的是 1971 年美国联邦最高法院对 Bivens v. Six Unknown Federal Narcotics Agents 一案④作出的判决。特别探员 Mottola、CBS 电视台以及 CBS 电视台的制片人 Jorgensen 依据相对免责特权条款对原告的诉讼请求进行了反驳。⑤ 他们提出，原告主张其依据《美国联邦

---

① Sanusi, 813 F. Supp. at 160.
② Sanusi, 813 F. Supp. at 160.
③ See Ayeni v. CBS, Inc., 848 F. Supp. 362 (E. D. N. Y. 1994).
④ 403U. S. 388 (1971).
⑤ "The doctrine of qualified immunity shields public officials ... from damages actions unless their conduct was unreasonable in light of clearly established law." Elder v. Halloway, 510 U. S. 510, 512 (1994).

宪法第四修正案》而在搜查过程中所享有的隐私权并不能"明显地成立",且被告"有客观理由"相信他们的行为并未违反《美国联邦宪法》。① CBS 电视台还主张其行为应受到保护,因为他们对搜查行动进行录像的行为已经得到政府官员的批准,所以他们推定自己与政府官员同样享有免责特权。

审理本案的法官正好是 Sanusi 一案的主审法官——美国联邦地区法院的 Weinstein 法官。他并不同意被告的辩护理由。他否定了 CBS 电视台和 Jorgensen 的主张,理由是:作为私主体而非政府官员,他们并不能享受政府官员的免责特权,因为他们实际上只是政府的"代理人"。Weinstein 法官还否定了 Mottola 的主张,理由是:"《美国联邦宪法第四修正案》所建立的法律原则"禁止政府官员同意"普通公民在执行搜查令过程中出于非官方目的而进入他人住宅进行拍照"。法院认为,尽管没有先例支持法院的此种观点,但这一事实并不重要,"只要政府官员对这些得到广泛认同的一般性法律原则有所认识,那么,法院就可以以此为由做出判决"。

美国联邦地区法院根据《美国联邦宪法第四修正案》、美国联邦最高法院的有关判例以及联邦制定法的规定,得出了以下三个法律原则:首先,法院认为《美国联邦宪法第四修正案》旨在避免政府不合理地侵入公民享有合理隐私期待的领域,特别是公民的私人住宅。② 其次,《美国联邦宪法第四修正案》进一步确认,当政府已经进入公民的私有财产时,必须使其对个人隐私的侵犯达到最小化,并保证搜查行为严格限制在搜查令的目的范围内。③ 最后,美国联邦地区法院还指出,《美国联邦宪法第四修正案》禁止私主体搜查和剥夺公民私人财产,除非他们是为政府执行搜查令提供正式协助。

Weinstein 法官指出:"Mottola 探员帮助 CBS 摄像组进入私人住宅并拍摄搜查行动的行为绝对不构成可接受的符合宪法的行为,即便不存在相关的先例,他也应当认识到为了私人的利益而执行搜查令的

---

① Ayeni v. CBS, Inc., 848 F. Supp. at 365.
② The pivotal case relied on by the court for this proposition was Katz v. United States. 389 U. S. 347 (1967).
③ See Ayeni v. CBS, Inc., 848 F. Supp. at 366 (citing Marron v. U. S., 275 U. S. 192, 195 (1927); Dale v. Bartels, 732 F. 2d 278, 284 – 285 (2d Cir. 1984)).

行为是违反《美国联邦宪法》的。"美国联邦地区法院将 Mottola 的行为比喻为"一个流氓警察为了自己或他人的利益而利用其职位闯入私人住宅窃取财物"的行为。该法院还指出，CBS 电视台的拍摄行为构成擅自获取私人影像（seizure of private images）的违宪行为。

（三）美国联邦第二巡回上诉法院对 Ayeni v. Mottola 一案的判决

Mottola 对 Weinstein 法官做出的判决不服，进而向美国联邦第二巡回上诉法院提起上诉。[①] CBS 电视台和 Jorgensen 与 Ayeni 一家达成了保密协议，所以并未提起上诉。美国联邦第二巡回上诉法院在主审法官 Jon O. Newman 提交的全体法官一致意见中确认了 Weinstein 法官做出的判决，重申了《美国联邦宪法第四修正案》对私人住宅神圣性的保护，并扩充了对本案中相对免责特权的分析。该法院指出：①《美国联邦宪法第四修正案》禁止 Mottola 将 CBS 摄像组带入 Ayeni 家中；②根据《美国联邦宪法第四修正案》，Ayeni 一家享有隐私权的事实是明显成立的，他们可以依据这项权利对抗 Mottola 的此种行为；③Mottola 没有合理的理由相信其行为符合宪法的规定。美国联邦第二巡回上诉法院提出，以上观点依据的是《美国联邦宪法第四修正案》所体现的原则——执法官员根据搜查令进行搜查的行为必须受到限制。这种限制一是搜查行为必须属于搜查令明确授权的范围；二是如果执法官员做出超越明确授权范围的进一步行动，则必须属于搜查令默示授权的行为，即与完成授权搜查行动或者其他合法的执法目的合理相关的行为。

Mottola 将没有获得授权的个人带到 Ayeni 家中，这些人并没有服务于任何合法的执法目的，他的行为违背了《美国联邦宪法第四修正案》的原则。Ayeni 一案的判决所针对的并不是这些私人入侵者的身份，而是着重于他们在搜查行动中发挥的作用，以及搜查令是否明示或默示地授权他们参与搜查行动。[②] 在本案当中，侵犯 Ayeni 住宅的行为人是新闻媒体这一事实尽管十分重要，但并非决定性的事实，

---

① Ayeni v. Mottola, 35 F. 3d 680 (2d Cir. 1994), cert. denied, 514 U. S. 1062 (1995).
② Ayeni v. Mottola, 35 F. 3d at 686.

只是加重了行为人侵犯原告住宅的行为的违宪性和违法性。正如审理本案的法院所指出的："根据《美国联邦宪法第四修正案》的规定，特别探员 Mottola 的行为是不合理的，而下列事实又加剧了这种不合理性——Mottola 的行为并不是出于执法行为的合法需要，因而缺乏正当基础；更严重的是，此种行为蓄意地损害了《美国联邦宪法第四修正案》所旨在保护的公民的个人隐私权。Mottola 允许 CBS 摄像组进入 Ayeni 家中的目的在于向社会公众公开 Ayeni 一家的私人住宅，这种行为毫无必要地加重了搜查行为对 Ayeni 一家隐私权的侵害。"

另一方面，区别于搜查行为本身，法院单独认定了 CBS 电视台通过录像和录音违法地获取私人影像的行为，并得出了有利于 Ayeni 一家的结论。美国联邦第二巡回上诉法院同意地区法院的观点，认为根据《美国联邦宪法第四修正案》，录像和录音的行为也构成"搜查"的一种，且 CBS 电视台的这种行为使搜查行为具有过度的侵犯性。这个问题随后被送回美国联邦地区法院进行进一步审理。

三、Berger v. Hanlon 一案

在 Berger v. Hanlon 一案[①]中，美国联邦第九巡回上诉法院面临着与 Ayeni 一案相似的案情，本案还直接涉及 Bivens v. Six Unknown Named Agents of Federal Bureau of Narcotics 一案[②]中确立的新闻媒体责任的问题。在本案当中，CNN（美国有线电视新闻网）与美国联邦政府签订了一份书面协议。该协议允许美国有线电视新闻网随同 US-FWS（美国鱼类和野生动物保护部）的工作人员对 Paul 和 Erma Berger 这对老夫妇所拥有的位于蒙大拿州的 75000 英亩的绵羊牧场进行搜查。美国有线电视新闻网及其母公司 TBS（Turner Broadcasting Systems, Inc.）希望拍摄到工作人员发现 Paul Berger 毒害老鹰的证据的连续镜头，而联邦政府则希望对这些镜头进行公开。协议双方计划在美国有线电视新闻网和 TBS 的两档名为《地球的故事》和《地球网络》的电视节目中播放这些连续镜头。

Kris McLean 是负责联邦政府这次调查的美国助理检察官，同时

---

① 129 F. 3d 505 (9th Cir. 1997).
② 129 F. 3d 505 (9th Cir. 1997), at 507–508.

也是 Berger 案中的一名被告。在展开搜查行动之前的 1993 年 3 月 11 日, Kris McLean 和美国有线电视新闻网的制片人兼通讯记者 Jack Hamann 在印有美国有线电视新闻网抬头的信笺上达成了一份协议。在该协议中, 美国司法部负责蒙大拿州地区的办公室允许美国有线电视新闻网跟随 USFWS 的工作人员执行搜查令, 对 Berger 夫妇拥有的牧场进行搜查。作为回报, 美国有线电视新闻网同意绝不对外播放其在搜查行动中拍摄到的连续镜头, 直至达成以下交易: ①有关本次调查的刑事案件达成了认罪辩诉交易; ②陪审团发出屏蔽电视节目的命令; ③Berger 先生放弃由陪审团审理案件; ④联邦政府做出不起诉的决定。根据这份协议, 美国有线电视新闻网的工作人员拍摄了一段搜查前的预告片。① 这段预告片的内容, 包括盖有公章的搜查令, 都属于应当保密的信息, 因此该行为既违反了《隐私权法》, 也违反了美国司法部 (Department of Justice) 关于公诉人与新闻媒体之关系的规定。② 在此之前, 联邦政府从负责此事的地方治安法官 (Magistrate Judge) 处获得了盖有公章的搜查和扣押令, 但是并未向治安法官披露政府与美国有线电视新闻网之间签订的书面协议, 也没有披露美国有线电视新闻网将参与搜查行动的计划。③

大约两周之后, 美国有线电视新闻网的工作人员与 21 名武装的美国鱼类和野生动物保护部工作人员以及其他执法人员, 包括伪装成联邦政府工作人员的助理检察官 McLean, 乘坐卡车队聚集于 Berger 夫妇的牧场上, 开始执行搜查令。71 岁高龄的 Paul Berger 没有任何犯罪或违法记录, 且刚刚结束肺气肿的治疗而出院; 81 岁高龄的 Berger 夫人也身体欠佳。然而, 工作人员却采取了强硬的暴力手段。④

---

① Although the Ninth Circuit has not decided the issue, the Second Circuit held in 1974 that the press must be excluded from pre-search briefings. United States v. Capra, 501 F. 2d 267, 279 (2d Cir. 1974), cert. denied, 420 U. S. 990 (1975).

② See Privacy Act 5 U. S. C. 552a (1994); 28 C. F. R. 50. 2 (b) (1998); Department of Justice Manual 1-7. 001, at 1-285 (1990-1991 Supp.); Department of Justice Manual 1-7. 000 (1993 Supp.).

③ Plaintiffs' First Amended Complaint P 41, Berger v. Hanlon, No. CV 95-46-BLG-JDS (D. Mont. Feb. 26, 1996) (on file with the Loyola of Los Angeles Entertainment Law Journal) [hereinafter FAC].

④ Kevin Helliker, Feathers Fly: CNN Got its Story about Poisoned Eagles But Rancher Cries Foul, Wall St. J., Sept. 25, 1997, at A1.

毫无疑问，这些强硬的行为是为了提高电视节目的收视率。美国有线电视新闻网在这次搜查行动中也并非只是旁观。他们在联邦政府的汽车内外都安装了摄像机，记录下了政府工作人员的一举一动。① 美国有线电视新闻网还为美国鱼类和野生动物保护部的特别探员 Joel Scrafford 佩戴了隐藏的麦克风，让他可以不断地给美国有线电视新闻网的技术人员传送独家音频直播。在整个搜查过程中，Berger 夫妇完全没有发现美国有线电视新闻网的参与，也不知道现场的摄像机属于美国有线电视新闻网所有，更不知道 Scrafford 探员在对他们进行秘密录音。助理检察官 McLean 并没有参与搜查，他的出现只是为了接受美国有线电视新闻网的采访，以便美国有线电视新闻网制作其电视节目。② 而 Scrafford 探员不仅在牧场外、牧场内的室外空间进行录音，还进入了 Berger 夫妇的住宅，尽管他们的住宅很明显不属于搜查令的授权范围；因此，Berger 夫妇接受审问的内容也被录音并交给了美国有线电视新闻网。③ 联邦政府工作人员在这次搜查行动中所持有的搜查令仅仅授权他们搜查"Paul W. Berger 的牧场及其附属建筑，但不包括私人住宅"，然而 Scrafford 探员并不满足于执行搜查令的授权内容。相反，他告诉 Berger 先生——地区法院命令联邦政府工作人员搜查牧场上的每一座建筑物，而从未提及 Berger 先生的私人住宅被排除于搜查范围之外。Scrafford 探员甚至还告知 Berger 先生——如果他不按要求做，将会受到巨额罚款。④

然而，联邦政府工作人员在长达 10 个小时的搜查中却并没有发现任何能够证明 Berger 先生毒害老鹰的证据。尽管如此，检察官还是以多项有关杀害老鹰的重罪为由对 Berger 先生提起公诉。美国联邦政府声称 Berger 先生在绵羊身上使用了一种农药，用于杀死食肉动物，其中包括 17 头老鹰。⑤ 在庭审过程中，检察官将指控的内容减少为杀死了"至少一头老鹰"。最终，法庭宣告 Berger 先生只成立一项违反说明使用农药的轻罪，其他罪名指控均不成立。但是，尽管

---

① Berger, 129 F. 3d at 509.
② See Brief of Appellants, Statement of Facts at 8, Berger (No. 96 - 35261).
③ Berger, 129 F. 3d at 508 - 509.
④ See Brief of Appellants, Statement of Facts at 7, Berger (No. 96 - 35261).
⑤ Berger, 129 F. 3d at 509.

Berger 先生已经被宣告无罪，美国有线电视新闻网还是在一期名为《死亡钟声》的节目中播放了那次搜查行动的录像镜头和录音，其中还包括在 Berger 先生家中录制的录音。此外，Hamann 记者在介绍这期节目的时候还暗示 Berger 先生曾经杀死数百头老鹰。① CNN 和 TBS 在全美和世界范围内将这期节目重复播放了至少 10 次。

Berger 夫妇对美国联邦助理检察官 McLean、联邦政府工作人员、美国有线电视新闻网、CBS 电视台和、通讯记者 Jack Hamann，以及在搜查行动中出现的两名美国有线电视新闻网技术人员提起了两起诉讼。这两起诉讼走的程序是相同的，都是针对被告违背 Bivens 一案确立的原则、侵犯《美国联邦宪法第四修正案》所保护的个人隐私权的行为，违反有关窃听的联邦制定法②的行为，以及构成普通法上相关侵权——包括非法入侵、使原告遭受精神痛苦和财产侵占——的行为，要求被告承担民事损害赔偿责任。此外，Berger 夫妇还请求法院颁发禁止令，禁止任何新闻媒体再次播放被告非法获得的录像和录音。③

美国联邦地区法院的法官 Jack D. Shanstrom 带有偏见地驳回了原告的诉讼请求④，Berger 夫妇不服，提起上诉。⑤ 美国联邦第九巡回上诉法院几乎推翻了 Shanstrom 法官关于所有诉讼请求的判决，但是，原告主张被告构成窃听和财产侵占的诉讼请求以及申请法院颁发禁止令的诉讼请求除外；这份冗长的、公开的、全体一致的判决意见由巡回法院的法官 Mary M. Schroeder 负责起草，Andrew J. Kleinfeld 法官和地区法院的 Rudi M. Brewster 法官均对该判决意见表示认同。本文这一部分将着重讨论 Berger 一案判决中有关《美国联邦宪法第四修正案》的部分。

Ayeni 一案提出了联邦政府工作人员是否享有免予起诉和法律责任的相对免责特权的问题。审理 Berger 一案的法官开始并没有面临这个问题。不过，法官需要认定的是，美国有线电视新闻网的行为是

---

① See Brief of Appellants, Statement of Facts at 9, Berger (No. 96 – 35261).
② See Electronic Communications Privacy Act of 1986, 18 U. S. C. 2510 – 2522 (1994).
③ See Berger v. Hanlon, 129 F. 3d 505, 507 (9th Cir. 1997).
④ Berger, 1996 WL 376364, at ＊1.
⑤ Berger, 129 F. 3d at 508.

否属于"披着合法外衣的违法行为",从而需要承担违反宪法的责任?对于这个问题,法官的回答是清晰而有力的——新闻媒体出于商业目的而在政府搜查私人财产的过程中进行录像录音的行为是违反宪法的,牵涉其中的新闻媒体和政府官员都不能受到相对免责特权的保护。

Berger 一案是一个十分令人震惊的例子,体现了新闻媒体和政府之间的共同行动所引发的问题。审理本案的法院认为,新闻媒体和政府的共同参与程度是一个关键因素,但这并不意味着 Berger 一案的判决意见只能适用于新闻媒体和政府联合行动的极端案例。法院引用并赞同了 Ayeni 一案的判决;同时还提到了美国联邦第九巡回上诉法院对另外一个案子的判决,在这个案件中,法院也认同 Ayeni 一案的意见,认为出于非执法目的而对搜查行动进行录像的行为有可能使该搜查行动本身变得不合理。此外,在 Ayeni 一案中,法院做出判决的依据之一在于联邦制定法禁止未经授权的个人参与搜查行动,并禁止行为人通过公开搜查过程而不必要地扩大对个人隐私的侵害。法院在 Berger 一案中进一步强调了这个依据。另外,美国联邦第九巡回上诉法院还提及美国联邦第四巡回上诉法院做出的一份判例;在这个案件中,一名联邦政府官员将一名普通社会公众带到一次对私人财产的搜查行动中,仅仅因为后者具有某种私人目的,法院认为这名联邦政府官员不能受到相对免责特权的保护。①

美国联邦第九巡回上诉法院还指出,Berger 一案有别于其他三个巡回法院做出的判例;在另外的三个判例中,法院对这个问题采取了不同的论证方式,并因此而允许被告受到相对免责特权的保护,或者认定政府官员允许新闻媒体随同的搜查行动具有合理性。② 其中,在美国联邦第六巡回上诉法院审理的案件中,搜查令的授权范围包括了拍照和录像。③ 对于美国联邦第九巡回上诉法院而言,这个事实本身

---

① Berger, 129 F. 3d at 511 (citing Buonocore v. Harris, 65 F. 3d 347, 356 (4th Cir. 1995)).

② Berger, 129 F. 3d at 511–12 (citing Wilson v. Layne, 110 F. 3d 1071 (4th Cir. 1997), vacated, July30, 1997 (Wilson I); Stack v. Killian, 96 F. 3d 159 (6th Cir. 1996); Parker v. Boyer, 93 F. 3d 445 (8th Cir. 1996), cert. denied, 117 S. Ct. 1081 (1997)).

③ See Stack v. Killian, 96 F. 3d 159 (6th Cir. 1996).

并不能决定性地影响判决,因为该法院关注的焦点在于录像录音行为和新闻媒体积极参与搜查计划的行为并非出于执法目的。美国联邦第九巡回上诉法院在 Berger 一案中认为,新闻媒体的参与使得搜查过程受到公开,这一点直接违背了《美国联邦宪法第四修正案》对个人隐私权的保护。①

在 Berger 一案中,法院还明确地表达出了 Ayeni v. Mottola 一案②判决中隐含的观点——依据 Bivens 这个先例,法院认定新闻媒体侵犯了 Berger 在《美国联邦宪法第四修正案》中享有的权利,并判令新闻媒体承担相应的法律责任。③ 新闻媒体作为私主体,只有当他们"在合法的外衣下做出违法行为"的情况下才应承担法律责任。美国联邦第九巡回上诉法院采纳了美国联邦最高法院曾经明确阐述过的"联合行动"④ 的判断标准,并得出结论:"新闻媒体全程参与搜查行动的计划和执行过程,政府积极地参与新闻媒体的新闻采访活动,以及两者之间相互依存的利益关系,已经足以使新闻媒体的行为具有政府行为的性质。"⑤

四、Wilson v. Layne 一案和美国联邦第四巡回上诉法院

就在 Berger 一案从蒙大拿州地区法院移送到美国联邦第九巡回上诉法院的同时,另一个相似的案件——Wilson v. Layne 一案⑥,也正从马里兰州地区法院移送到美国联邦第四巡回法院。在本案当中,美国联邦执法官(U. S. Marshals)在一次试图逮捕嫌疑犯的行动中将《华盛顿邮报》的记者和摄影师带进了 Wilson 一家的私人住宅。⑦尽管 Wilson 夫妇都不是犯罪嫌疑人,记者和摄影师还是在 Wilson 家

---

① Berger, 129 F. 3d at 511.
② 35 F. 3d 680 (2d Cir. 1994).
③ Berger, 129 F. 3d. at 514 – 516.
④ See Dennis v. Sparks, 449 U. S. 24, 27 (1980).
⑤ Berger, 129 F. 3d. at 515.
⑥ 110 F. 3d 1071 (4th Cir. 1997) (Wilson I), rev'd on other grounds, 141 F. 3d 111 (4th Cir. 1998) (en banc) (Wilson II), cert. granted, 67 U. S. L. W. 3321 (U. S. Nov. 9, 1998) (No. 98 – 83).
⑦ Wilson I, 110 F. 3d at 1077 (Russell, J., dissenting).

中拍摄了他们的照片。事实上，执法官试图逮捕的是当时不在场的 Wilson 夫妇的儿子。在摄影师拍下的照片中，Wilson 先生只穿内裤，被人用枪指着头部，贴着地板不得动弹；而 Wilson 太太则只穿着一件轻薄的睡衣。他们在清晨 6 点 45 分被吵醒，发现身着便衣、携带武器的政府官员带着媒体记者出现在自己家的客厅里。Wilson 夫妇起诉了当时在场的联邦和地方政府官员，但不包括新闻媒体，主要的诉由是政府官员在执行逮捕令的过程中允许新闻媒体进入 Wilson 家中拍照的行为违反了《美国联邦宪法第四修正案》。① 作为被告的政府官员主张他们享有相对免责特权，并提出原告无权禁止执法人员在执行逮捕令的过程中将新闻媒体带进私人住宅，因为《美国联邦宪法第四修正案》并未赋予公民这样一项宪政权利。②

美国联邦地区法院并没有驳回原告基于《美国联邦宪法第四修正案》提出的诉讼请求，而是对这个宪政法问题进行论证分析，并指出，被告的行为明确地构成了对《美国联邦宪法第四修正案》的违反，侵犯了原告的隐私权。然而，这份判决被美国联邦第四巡回上诉法院的一个三人法官评审小组推翻了，虽然这三位法官的意见也并不一致。占多数意见的其中两位法官拒绝对被告是否侵犯了原告的宪政法隐私权的问题进行认定，而仅仅止步于认为在案件发生当时原告并不享有宪政法上的隐私权。这两位法官拒绝遵循 Ayeni 一案的判例；并试图强调美国联邦第四巡回上诉法院曾经做出的 Buonocore v. Harris 一案③的判决。法院在这个案件中认为，如果新闻媒体只是跟随警方行动，则并不构成私主体的搜查行为。然而，持反对意见的法官则指出，Buonocore 一案的判决事实上应当理解为禁止政府工作人员将与执行搜查令无关的普通市民带到搜查行动中。这位法官进一步提出了与 Ayeni 一案完全一致的观点，即《美国联邦宪法第四修正案》早在多年以前就已经明确地建立起这样的原则——除非搜查令明示或默示地授权于新闻媒体，否则，警方不得将记者带进他人的私人住宅。

---

① Wilson II, 141 F. 3d at 113.
② Wilson I, 110 F. 3d at 1073.
③ 65 F. 3d 347 (4th Cir. 1995).

随后，美国联邦第四巡回上诉法院的全体法官对 Wilson v. Layne 一案展开复审。11 位法官以 6 比 5 的投票结果确认了在此之前三人法官评审小组做出的判决。判决的多数意见又一次停留在相对免责特权的认定问题上，拒绝对涉及《美国联邦宪法第四修正案》的宪政法问题做出裁判。① 而且，判决的多数意见还采纳了警方律师提出的令人迷惑的政策分析观点，认为新闻媒体的报道是出于合法的执法目的，即："我们并不认为这种目的能够真正作为记者出现在执法现场的正当理由；我们只是认为，现行法律中并没有明确规定潜在的执法目的不能作为记者出现在执法现场的授权依据，所以政府官员可以合理地相信这种潜在的执法目的足以成为记者在场的正当依据。"但是，正如这份判决的反对意见所言，本案中并不存在任何证据证明政府官员相信这种观点。持反对意见的法官对本案中的宪政法问题展开了全面的历史性分析，从 1604 年的 Semayne 一案②开始一直分析到当前审理的本案。③ 法官研究了《美国联邦宪法第四修正案》的发展历史，对其他法官提出的"Buonocore 一案并不禁止政府工作人员允许新闻媒体随同执法的行为"的观点进行了猛烈抨击，④ 并得出结论，认为"我们应当完全同意"Ayeni 一案的判决，认定政府官员允许新闻媒体随同执法的行为在宪政法上不具有合理性。⑤ 持反对意见的法官还进一步认同了 Berger 一案的判决，认为 Wilson、Berger 和 Ayeni 这三个案件中政府工作人员的行为本质并无区别。⑥ 具体而言，这位法官认为，政府工作人员在 Wilson 家中执行逮捕令的行为与在 Berger 的牧场中执行搜查令的行为十分相似，这两次行动主要都是为了执法之外的其他目的："政府工作人员对 Wilson 的住宅和 Berger 的牧场进行搜查的行为，与他们对 Ayeni 的住宅进行搜查的行为并无二致，都使私人财产成为了'戏剧性执法'的舞台。"

---

① Wilson II, 141 F. 3d at 118.
② Semayne's Case, 5 Co. Rep. 91a, 77 Eng. Rep. 194 (K. B. 1604).
③ Wilson II, 141 F. 3d at 121 – 25 (Murnaghan, J., dissenting).
④ Wilson II, 141 F. 3d at 129 (quoting Buonocore v. Harris, 65 F. 3d 347, 359 (4th Cir. 1995)); see 18 U. S. C. 3105 (1994).
⑤ Wilson II, 141 F. 3d at 129 – 130 (Murnaghan, J., dissenting).
⑥ Wilson II, 141 F. 3d at 129 – 131 (Murnaghan, J., dissenting).

法官们的反对意见一针见血地指出了问题所在:"本案的多数意见认可了以逮捕令为借口而同意社会公众擅自进入私人住宅并进行拍照的行为,这种观点已经远远超出了合理的范畴。从今以后,警方在根据搜查令或逮捕令进入私人住宅的时候将可以随心所欲地带上旁观者,即便该旁观者只是为了达到自己的商业目的或者满足自己的好奇心……这份多数意见完全不能保护我们免受残暴的警察执法活动的损害,而且还将对美国联邦宪法所保护的某种珍贵权利造成威胁。美国联邦第四巡回上诉法院对本案的判决将纵容政府的肆意妄为,即:如果政府想进入私人住宅,那么,该私人住宅及其中的居住者在全世界范围内将毫无隐私可言。然而,这种情况在美国联邦第二巡回上诉法院和美国联邦第九巡回上诉法院却不会发生。《美国联邦宪法第四修正案》保障私人住宅的神圣性,根据这一修正案,私人住宅就是一个个人城堡,除非依据授权令或者特定的例外授权,否则不受任何人的打扰。本案中的授权令并未授权给现场的记者。这些记者的出现既不符合授权令条款规定的任何例外情况,也不是达到该授权令目的的合理必要条件。这些记者之所以出现在 Wilson 家中,完全是因为他们自己具有的商业性新闻采访的目的。警方精心安排这些包括新闻记者在内的第三方进入私人住宅,既未得到住宅主人的同意,也未获得授权令的授权;既不是为了满足合法的执法目的,也不存在任何可作为正当理由的紧急情况。因此,他们违背了《美国联邦宪法第四修正案》明确规定的对个人权利的保护。"①

当然,这些观点都只存在于本案的反对意见当中。持多数意见的法官拒绝回应该反对意见。很明显,他们希望能避免对政府工作人员行为的正当性做出明确的解答,从而使警方的这种行为可以永远存在下去。

五、美国联邦最高法院的审查

Berger 一案的上诉审结束之后,作为被告的联邦政府工作人员和新闻媒体都向美国联邦最高法院提交了复审的申请。与此同时,Wilson 一家也就其收到的判决提出了复审的申请。就目前公布的情况而

---

① Wilson II, 141 F. 3d at 132 (Murnaghan, J., dissenting).

言，这两个案件都已经移交到美国联邦最高法院，而且将会被合并审理。① 1998 年 11 月 9 日，美国联邦最高法院签发了调卷令，以便对下列两个问题进行认定：①执法官员允许新闻媒体随同、旁观并记录执法过程的行为是否违反《美国联邦宪法第四修正案》？②如果执法官员的上述行为违反了《美国联邦宪法第四修正案》，那么，执法官员是否有权提出相对免责特权的抗辩理由？但是，在 Berger 一案中，美国联邦最高法院只批准了联邦政府工作人员的复审申请，而驳回了新闻媒体的申请。② 所以，新闻媒体将不会作为一方当事人参与该案复审时的辩论。

六、结语

审理 Ayeni 和 Berger 这两个案件的法官和 Wilson 一案中持反对意见的法官都面临着同样的困扰，即政府和新闻媒体在取得高收视率的商业目的的驱使下联合行动这一事实。就政府和新闻媒体相互之间的传统角色而言，新闻媒体通常都是扮演监督政府的角色，使政府不得不努力避免在管理社会的过程中不正当地干涉公民的个人自由，二者之间形成了奇怪的同伴关系。而今，政府和新闻媒体为了制作吸引眼球的电视节目而联合起来行动，这种行为导致的不良影响从而模糊了政府和新闻媒体各自的角色，使政府工作人员成为记者，而记者则成为政府工作人员。这种现象无论对政府还是新闻媒体都会产生消极后果，Berger、Ayeni 和 Wilson 这三个案件就是这方面的典型例子。在 Ayeni 一案中，新闻媒体参与刑事案件搜查行动的行为直接对检察官提起公诉的案件造成了消极影响，弱化了检察官的控诉。仅仅出于商业目的而拍摄无辜妇女儿童的行为很可能构成不正当的伤害。事实上，在政府看来，新闻媒体的宣传远比合法的证据或个人的宪政权利更为重要。在 Berger 一案中，CNN 与政府达成了一个协议，在这份协议中，政府放弃了对新闻媒体的控制，而允许 CNN 对外公开有关

---

① Wilson II, 141 F. 3d 111 (4th Cir. 1998) (en banc), cert. granted, 67 U. S. L. W. 3321 (U. S. Nov. 9, 1998) (No. 98 - 83); Berger v. Hanlon, 129 F. 3d 505 (9th Cir. 1997), cert. granted, 67 U. S. L. W. 3321 (U. S. Nov. 9, 1998) (No. 97 - 1927).

② Berger v. Cable News Network, Inc., 129 F. 3d 505 (9th Cir. 1997), cert. denied, 67 U. S. L. W. 3299 (U. S. Nov. 2, 1998) (No. 98 - 83).

搜查行动的录像带。新闻媒体辩称他们参与搜查行动能够记录下警方滥用职权的行为，这显然是一个借口。如果政府一方在本案中打败了年迈的 Berger 夫妇，那么，CNN 绝对不可能立刻将警方滥用职权的事实报道出来。CNN 明知却隐瞒了警方的违法行为。在这个案件中，新闻媒体将其独立性出卖给了警方，而警方也将公众对他们的信赖出卖给了新闻媒体。而在 Wilson 一案中，两位公民根本就不是警方被授权逮捕的对象，然而新闻媒体却擅自拍摄了这两位公民在自己家中衣冠不整的形象，且没有任何一位联邦政府官员出面制止新闻媒体的这种行为。事实上，新闻媒体的这种行为绝非偶然；《华盛顿邮报》多次在警方的带领下进入私人住宅，并将他们拍摄到的被推定无罪的公民的照片公之于世。

此外，在上述三个案件中，执法人员还很可能由于新闻媒体的出现而未能专注于本职工作。这些执法人员被要求在摄像机前开展工作，并且为了"照顾"电视机前的外行人，还要对警方的一举一动进行解说。在 Berger 一案中，政府和 CNN 之间的书面协议反映了二者之间心照不宣的、默示的且不可避免的安排——既然新闻媒体可以通过政府获得他们所需的素材，那么，政府就因其与新闻媒体结盟且从中获利的行为而构成越权。在新闻媒体与政府之间这种互相依赖的关系中，新闻媒体出卖了其独立性，而政府的执法行为则成了摄像机前的一种表演。这将导致检察官提起公诉的动因变为社会宣传，而非公共利益。而受到损害的将是全美的公民以及他们的宪政权利。

宪法上的隐私权是美国人的自由概念之根本。自独立战争以来，公民享有独处的权利（the right to be let alone）以及免受唯利是图的新闻媒体和政府侵扰的权利就已经是不证自明的事实。Ayeni 一案和 Berger 一案的判决意见以及 Wilson 一案中的少数意见，正体现了对这些基本自由的支持和保护。Wilson 一案中的多数意见剥夺了公民享有的这些自由权利，甚至称不上是一个忠于事实、尊重原告的判决。现在，是时候由美国联邦最高法院做出判断了。①

---

① T. S. Eliot, The Love Song of J. Alfred Prufrock (1917).

论隐私侵权法的局限性

尼尔·M. 理查德[①] 著　廖嘉娴[②] 译

目　次

一、导论
二、隐私侵权法理论及其起源
三、公开披露他人私人事务的隐私侵权和《美国联邦宪法第一修正案》
四、公开披露他人私人事务的隐私侵权的局限性
五、对隐私侵权的重新思考

一、导论

2010年9月19日，美国罗格斯大学的新生Darun Ravi偷偷将其室友Tyler Clementi与另一名学生发生性行为的过程用网络摄像机记录下来。[③] Ravi在Twitter网上大肆宣扬这件事情，并试图在两天之后对Clementi的另一次性行为进行录像，还邀请他在Twitter上的朋友观看这次"续集"。Ravi的上述行为很明显得到了同宿舍楼另一名学生Molly Wei的协助。同年9月22日，在这一系列事件中饱受折磨的Clementi从乔治·华盛顿大桥上跳桥自杀。尽管我们并不知道Ravi和Wei针对Clementi的原因是否在于Clementi的性取向问题，但是这一事件确实引发了美国社会关于年轻人在性行为方面遭受困扰问题的全国性辩论，并推动了帮助同性恋青年的"It Gets Better"项目的极大成功。检察官根据新泽西州的法律对Ravi和Wei提起了公诉，指

[①] 尼尔·M. 理查德（Neil M. Richards），美国华盛顿大学法学院教授。
[②] 廖嘉娴，中山大学法学院助教。
[③] Lisa Fodararo, Private Moment Made Public, Then a Fatal Jump, N. Y. Times, Sept. 30, 2010, at A1.

控他们构成侵犯他人隐私权的犯罪以及对记录性行为的物品进行传播的犯罪。① 同时，Clementi 的亲朋好友也很可能提起隐私侵权的民事诉讼。②

2011 年 1 月 25 日，埃及总统霍斯尼·穆巴拉克（Hosni Mubarrak）的反对者们在塔克西姆广场开始了一系列的抗议活动；他们通过 Twitter 和 Facebook 等社交媒体平台鼓励更多人加入他们的集会，并向全世界的读者们实时通报自己的处境。③ 作为回应，穆巴拉克政府则企图切断所有通向埃及的网络连接。④ 这种情形并非只出现在埃及。在缅甸、突尼斯、伊朗和利比亚，反政府的抗议者们都与 Ravi 利用了同样的工具，用来支持并增加其政治运动的力度。⑤ 与此同时，维基解密（Wiki Leaks）的创始人 Julian Assange 则通过向世界性报纸披露美国的外交文件，从而掀起了一次国际性的外交危机。⑥

从 Clementi 和维基解密，到"It Gets Better"项目，以及中东和

---

① Winnie Hu, Legal Debate Swirls Over Charges in a Student's Suicide, N. Y. Times, Oct. 2, 2010, at A15; Geoff Mulvihill & Samantha Henry, N. J. Gay Video Suicide Case May Result in Bias Charges, St. Louis Post – Dispatch, Oct. 1, 2010, at A23; Jeffrey Rosen, Privacy Strikes Back, New Republic, Nov. 11, 2010, at 5.
② Nate Schweber, Parents of Student Who Committed Suicide Tell Rutgers University They May Sue, N. Y. Times, Dec. 23, 2010, at A30.
③ See Mansoura Ez – Eldin, Date with a Revolution, N. Y. Times, Jan. 21, 2011, at A19; Karim Fahim & Mona El – Naggar, Across Egypt, Protests Direct Fury at Leader, N. Y. Times, Jan. 26, 2011, at A1; Christine Hauser, New Service Lets Voices from Egypt Be Heard, N. Y. Times, Feb. 2, 2011, at A14.
④ Noam Cohen, Egyptians Were Unplugged, and Uncowed, N. Y. Times, Feb. 21, 2011, at B3; James Glanz & John Markoff, Egypt's Autocracy Found Internet's Off' Switch, N. Y. Times, Feb. 16, 2011, at A1; Matt Richtel, Egypt Halts Most Internet and Cell Service, and Scale of Shutdown Surprises Experts, N. Y. Times, Jan. 29, 2011, at A13.
⑤ Alan Cowell, Protests Take Aim at Leader of Libya, N. Y. Times, Feb. 17, 2011, at A14; Pheobe Kennedy, Burma's Junta Can't Escape from the Net, Indep. (UK), Sept. 14, 2010, at 24.
⑥ Matthew Lee, Leaked US Cables Reveal Sensitive Diplomacy, Real Clear Politics, Nov. 29, 2010, http: //www.realclearpolitics.com/news/ap/politics/2010/Nov/29/ leaked_ us_ cables_ reveal_ sensitive_ diplomacy.html; Sarah Ellison, Wikigate: The Twisted Inside Story of How Julian Assange Spilled the Government's Biggest Secrets, Vanity Fair, Feb. 2011, at 92.

北非国家的政治风波,这些事件都体现了当代互联网的力量。在这个摄像机、笔记本电脑、社交网络、博客和 YouTube 横行的时代,个人拥有了前所未有的向全世界发布信息的能力。这些信息中的绝大部分都是平凡而琐碎的。但正如上述例子所体现的,这种向全世界发布信息的能力既有可能被用于善良或有利的目的,也有可能被用于罪恶或伤害的目的。Clementi 一案正是高科技手段侵犯个人隐私权并造成伤害的例子;而发生在埃及的事件则体现了这些高科技手段保障政治言论自由的力量。此外,还可能存在一些处于中间地带而令人难以判断的情形——如果一家报社将 Clementi 的录像放到其网站上,我们应如何认定此种行为?我们应如何解决新闻报道侵犯个人隐私的行为?如果在我们界定隐私权以及言论自由的界限时,法律无疑扮演着十分重要的角色。那么,我们的法律究竟会如何解决上述隐私侵权问题?法律又将运用何种手段来解决这些问题?

目前,美国法律仍然利用 19 世纪和 20 世纪中期发展起来的手段来解决这些 21 世纪的新问题。在过去的 120 年中,Samuel Warren 和 Louis Brandeis 于 1890 年提出的侵权法上的隐私权概念一直统领着美国法律关于隐私权的讨论。Warren 和 Brandeis 在著名的《论隐私权》一文中提出,侵权法应当保护个人享有"不受侵犯的人格"(inviolate personality),避免个人私人事实受到侵扰性日益增强的新闻媒体的广泛宣扬。① 大约 50 年后,William Prosser 对采纳 Warren 和 Brandeis 的理论的判例进行整理,将其划分为四个类别;由于 Prosser 教授在侵权法学界享有顶尖的地位,他的这些学术成果得到了法律的认可。② 如今,法律仍然承认 Prosser 教授在 1960 年提出的四种隐私侵权类型:一是擅自公开披露他人私人事实;二是滥用他人的姓名和肖

---

① Samuel D. Warren & Louis D. Brandeis, The Right to Privacy, 4 Harv. L. Rev. 193, 205 (1890); see also Neil M. Richards & Daniel J. Solove, Privacy's Other Path: Recovering the Law of Confidentiality, 96 Geo. L. J. 123, 128 – 131 (2007).
② William L. Prosser, Privacy, 48 Calif. L. Rev. 383, 389 (1960); see also G. Edward White, Tort Law in America: An Intellectual History 176 (expanded ed. 2003); Neil M. Richards & Daniel J. Solove, Prosser's Privacy Law: A Mixed Legacy, 98 Calif. L. Rev. 1887, 1904 – 1907 (2010).

像；三是丑化他人形象；四是侵扰他人安宁。① 这四种类型的隐私侵权存在一些共同之处，其中最重要的一点在公开披露他人私人事务的隐私侵权中得到了最多的体现——行为人公开披露他人私人事务而导致他人遭受精神损害（emotional harm）。事实上，公开披露他人私人事务的隐私侵权概念对美国法律具有深远的影响，它不仅影响着侵权法，还影响了民事和刑事制定法以及流传甚广的学术评论。

然而与此同时，在面对《美国联邦宪法第一修正案》的时候，公开披露他人私人事务的隐私侵权也引发了严重的宪政法问题；许多法官和学者都认为这种隐私侵权在很大程度上是违反宪法的。② 隐私权和言论自由之间的冲突不仅仅是学术上的争论，有关信息控制和披露的问题已经成为数字时代面临的紧迫的社会政策问题的中心。在这个博客、Twitter 信息和其他社交网络横行的背景下，我们究竟应当如何平衡个人隐私权和言论自由权？

本文将对今后隐私权问题的处理提出笔者的观点。本文第一部分概括隐私侵权的理论及其起源，重点阐述普通法上公开披露他人私人事务的隐私侵权制度。第二部分考察公开披露他人私人事务的隐私侵权与言论自由之间的冲突，并指出，根据美国现行法律所构建的言论自由以及公开披露他人私人事务的隐私侵权的框架，二者之间的冲突是不可调和的，根据公开披露他人私人事务的隐私侵权的法律规定，我们只能在言论自由和隐私权保护之间选择其一。第三部分分别在传统背景和社会化媒体的背景下论证了公开披露他人私人事务的隐私侵权的局限性，并指出《美国联邦宪法第一修正案》在一般情况下应当优先于公开披露他人私人事务的隐私侵权，只有在一小部分案件中才让位于个人隐私权。另一方面，隐私侵权对他人造成的损害是真实存在的，公开披露他人私人事务的隐私侵权试图对他人进行救济，却未能成功。本文在最后一个部分提出了一些建议，用于代替公开披露他人私人事务的隐私侵权；根据这些建议，法律将可以在避免个人遭

---

① Restatement (Second) of Torts § 652A (2) (1977); Melville Nimmer, The Rights of Privacy and Publicity, 19 Law & Contemp. Probs. 203 (1954).
② Jacqueline K. Rolfs, The Florida Star v. B. J. F.: The Beginning of the End for the Tort of Public Disclosure, 1990 Wis. L. Rev. 1107, 1128 (1990).

受隐私侵权损害的同时尽量减少隐私侵权法与《美国联邦宪法第一修正案》之间的冲突。

二、隐私侵权法理论及其起源

（一）Warren 和 Brandeis 的《论隐私权》

公开披露他人私人事务的隐私侵权可以说是 Warren 和 Brandeis 所著的《论隐私权》一文给后人留下的最成功的遗产。这篇文章的主要观点是：普通法应当承认公开他人生活中的私人信息（无论是以文字方式还是以图片方式）的行为构成侵权，从而避免此种行为对他人造成精神损害。所以，公开披露他人私人事务的隐私侵权的基本论点正是 Warren 和 Brandeis 这篇文章中的主要内容。

尽管我们并不清楚 Warren 和 Brandeis 对隐私侵权进行研究的确切起源，但有证据表明《论隐私权》这篇文章最初的灵感来自 Warren 而非 Brandeis。① Warren 是美国波士顿的上层人士，他是一名拥有哈佛大学学历的律师，而且是一个成功的家族造纸企业的继承人。② 他的妻子 Mabel Bayard 是参议员 Thomas F. Bayard 的女儿。③ 在 Warren 一家成为波士顿当地报纸关注的对象之后，Warren 邀请 Brandeis 加入了他的研究计划，他们的研究成果于 1890 年 12 月份公开发表在《哈佛法律评论》上，④ 研究的结论是普通法应当保护个人隐私权。这是一个极为出色的结论，但从英美法的先例来看，这也是一个不够严密的结论。

笔者曾经在另外一篇文章中详细介绍了 Warren 和 Brandeis 的这

---

① James H. Barron, Warren and Brandeis, The Right to Privacy, 4 Harv. L. Rev. 193 (1890): Demystifying a Landmark Citation, 13 Suffolk U. L. Rev. 875, 891 - 907 (1979); Amy Gajda, What if Samuel D. Warren Hadn't Married a Senator's Daughter?: Uncovering the Press Coverage that Led to the Right to Privacy, 2008 Mich. St. L. Rev. 35, 44 - 57 (2008); Neil M. Richards, The Puzzle of Brandeis, Privacy, and Speech, 63 Vand. L. Rev. 1295, 1302 (2010).
② Alpheus Thomas Mason, Brandeis: A Free Man's Life 68 (1946).
③ Melvin I. Urofsky, Louis D. Brandeis: A Life 97 (2009).
④ Neil M. Richards, The Puzzle of Brandeis, Privacy, and Speech, 63 Vand. L. Rev. 1295, 1302 (2010).

篇文章，① 在此无意赘述。但为了使本文的论述更加清晰，笔者将简要阐述《论隐私权》与本文有关的三个方面。

首先，《论隐私权》一文的主旨在于保护公民个人免受精神损害，特别针对的是记者或其他人公开披露他人私人事务和照片而使他人感情上受到伤害的行为。Warren 和 Brandeis 提出，这种"侵犯隐私的恶（evil）"将给他人造成严重的情感和心理伤害。② 他们认为："即时拍摄和报社采访已经侵犯了公民神圣的私领域及家庭生活；先进技术设备的大量涌现将使那句预言成为现实——'人们在密室中的私语都将被大肆地宣扬出去'。"Warren 和 Brandeis 还进一步指出："新闻媒体使传播流言成为一项商业活动，两性关系的细节以及其他无意义的流言都被公开地宣扬出来，而这些信息只有通过侵入他人家庭内部才有可能获得。伴随着市民社会的不断进步，生活的紧张（intensity）和复杂程度都在提高，所以，人们需要在某种程度上的撤离社会（retreat from the world）；社会文明使人类变得越来越高雅，同时也使人们对私人事务的公开变得越来越敏感，因此，独居和隐私已经成为个人生活中不可或缺的必要权利。然而，当代的企业以及各种新的发明却在不断地侵犯着公民的隐私权，使个人遭受精神上的痛苦和压力，这种痛苦和压力甚至远远超过了身体伤害带来的痛苦。"③ 由此可见，Warren 和 Brandeis 所追求的重点是对精神损害的救济。

其次，Warren 和 Brandeis 认为，上述精神损害的主要来源是报纸等新闻媒体，并将新闻媒体作为其构建的隐私侵权法的主要被告。他们指出，尽管公民个人之间传播流言的行为也可能造成损害，但是记者广泛传播流言的行为明显具有更大的危害性，而且还可能导致"社会规范和道德标准的降低"。所以，报纸传播流言飞语的商业行为不仅会威胁到公民的个人感情，还会威胁到社会道德本身。从这个

---

① Neil M. Richards & Daniel J. Solove, Privacy's Other Path: Recovering the Law of Confidentiality, 96 Geo. L. J. 123, 128 – 131 (2007).
② Samuel D. Warren & Louis D. Brandeis, The Right to Privacy, 4 Harv. L. Rev. 193, 195 (1890).
③ Samuel D. Warren & Louis D. Brandeis, The Right to Privacy, 4 Harv. L. Rev. 193, 196 (1890).

角度出发，即便是无害的流言也可能产生十分有害的后果——"这些流言将会颠覆事情的重要性，使人们的思想和抱负变得渺小。当个人之间的流言飞语被印在报纸上进行传播，而那些真正关乎社会公众切身利益的事情却得不到报道，也就难怪人们会无知而轻率地对孰轻孰重产生误会了。"① 报纸刊载的流言飞语挤掉了公民思想中那些更加严肃和重要的信息，从而降低了社会规范，并促进了"人性弱点"（the weak side of human nature）的泛滥。因此，保护隐私权不仅仅是为了保护他人受伤的情感，更是保证公共言论（public discourse）开放程度所必要的。在从这个角度对隐私侵权进行界定之后，《论隐私权》一文提出新闻媒体应为其公开披露他人真实私人信息的行为承担责任，并构建了隐私侵权制度来抵制这种伤害他人情感的真实信息公开行为。通过这种方式精心构建起来的隐私侵权制度，将不可避免地与《美国联邦宪法第一修正案》所保护的宪政价值产生冲突。

最后，在《论隐私权》一文中，无论是对私人事务与公共事务的本质区分，还是对合法的新闻调查范围的界定，都建立在"公共"（public）与"私人"（private）区别的基础之上。Warren 和 Brandeis 所建立的隐私侵权仅仅保护那些"涉及私人生活、爱好、行为以及个人关系"的事实，而绝不会"禁止行为人公开任何关乎公众利益或普遍利益的事务"。因此，如果一项信息与候选人是否适合担任公共官员具有"合法联系"（legitimate connection），或者与任何发生在公共领域的行为具有"合法联系"，则隐私侵权并不会禁止行为人公开这项信息。Warren 和 Brandeis 认识到，他们提出的这一原则更多地像是一个粗略的概述，他们承认自己并没有给出"一个完全准确的或者彻底的概念"，而是采用了普通法的方式，将界定"公共"与"私人"之间的区别的问题留给个案裁决去解决。不过，Warren 和 Brandeis 仍然坚信，这种新的侵权法制度最吸引人的地方在于这样一个观点——"一些普遍的事务，无论其是否发生于公共生活当中，都被赋予了免受大众好奇心打扰的权利；而另外一些事务是否受到保

---

① Samuel D. Warren & Louis D. Brandeis, The Right to Privacy, 4 Harv. L. Rev. 193, 196 (1890).

护则应视情况而定，只有当这些事务中涉及的人物所处的地位不会使其所作所为成为公共调查的合法对象，那么，这些事务才属于私人事务。"①

（二）Prosser 教授对隐私侵权理论的发展

如果说 Warren 和 Brandeis 赋予了隐私侵权一个法律上的名称以及指导原则，那么，William Prosser 便是界定了隐私侵权的形式并使其成为美国侵权法的主流学说之一。尽管在 Warren 和 Brandeis 发表《论隐私权》之后的一段时间内，只有少数法院采纳或认可他们提出来的隐私侵权理论；但到了 Prosser 教授开始著写关于隐私权的文章时，美国已经有了数百个采纳或认可隐私侵权理论的判例。从 19 世纪 40 年代到 70 年代这 40 年间，Prosser 教授一直在努力地梳理隐私侵权理论并致力于界定隐私侵权的形式。Prosser 教授的主要贡献在于提出——采纳 Warren 和 Brandeis 的观点的判例并不仅仅代表着一类侵权行为，而是包括"四种不同的侵权行为，分别侵犯了原告享有的四种不同的利益，这四种行为虽然以一个共同的名称来捆绑在一起，但却没有什么共同点，唯一的共同点在于这四种行为都是被告对原告某种权利的侵犯，这种权利，用 Cooley 法官的话来说，就是所谓的'独处权'（to be let alone）"。Prosser 教授将这四种类型的隐私侵权分别描述为：①侵扰原告的居所安宁和安静或者侵入其私人事务；②公开披露原告令人尴尬的私人事务；③在公众面前丑化原告的形象；④为了被告的利益而擅自使用原告的姓名或者肖像。② 这四种类型的隐私侵权获得了法院的广泛认可，而且已经成为当代隐私侵权法的根基。

不过，Prosser 教授对隐私侵权法的影响既有积极的方面也有消极的方面。一方面，Prosser 教授在其著写的案例选辑和论文中承认隐私侵权可以作为一种诉讼理由，从而使隐私侵权获得了之前所不具备的名气。但另一方面，Prosser 教授也限制了隐私侵权法的发展。

---

① Samuel D. Warren & Louis D. Brandeis, The Right to Privacy, 4 Harv. L. Rev. 193, 195 (1890).
② William L. Prosser, Privacy, 48 Calif. L. Rev. 383, 389 (1960).

直至今日，各种学术著作上提到的四种隐私侵权类型仍然几乎与 Prosser 教授当年的表述如出一辙——侵扰他人安宁（intrusion）；公开披露他人私人事务（disclosure）；丑化他人形象（false light）以及擅自使用他人的姓名或肖像（appropriation）。尽管如此，美国大部分州都还是或多或少地认可了 Prosser 教授提出的隐私侵权类型。例如，明尼苏达州就通过 Lake v. Wal-Mart Stores 一案①成为美国第 46 个承认隐私侵权的州。在本案当中，两名女性原告分别是 Lake 和 Weber，被告擅自使用并在社区中传播了两名原告"赤身裸体一起洗澡"的节日快照。与 Clementi 一案有所不同的是，本案中的照片很明显是在度假过程中由 Weber 的妹妹在两名原告同意的情况下拍摄的。两名原告将胶卷拿到 Wal-Mart 商店进行冲印，但当她们去取照片时却收到一张便条，声称其中一部分照片由于具有某种"性质"（nature）的原因而未被冲印。在随后的几个月中，原告逐渐意识到她们的裸体照事实上已经被冲印出来而且在社区中流传，同时还伴随着人们关于原告性取向的刺耳的猜测。两名原告觉得她们的隐私权受到侵犯，于是对 Wal-Mart 商店提起了诉讼。审理本案的法院引用了 Warren 和 Brandeis 的文章以及 Prosser 主编的《美国侵权法复述》，指出："今天，我们决定像美国大多数州一样，承认隐私侵权的地位。隐私权是我们的人性中必不可少的一部分；每个人都有一个暴露在外的活跃的公共人格（public persona），也有一个谨慎的自我保护的私人人格（private persona）。我们所享有的自由的核心在于可以选择自己生活中的哪些方面对外公开、哪些方面保持隐秘。原告在此声称她们的一张裸体照遭到公开。一个人的裸体是其人格中极度私密的部分，通常只能由她自己选择是否让其他人了解，这是一种值得保护的隐私利益。因此，不论 Lake 和 Weber 的诉讼请求是否成立，我们都要承认侵扰他人安宁、擅自使用他人姓名或肖像以及公开披露他人私人事务这三类隐私侵权的地位。"② 尽管在隐私侵权案件中，法院很少判令被告承担责任；但 Lake 一案说明 Prosser 提出的四类隐私侵权仍然保持着生命力，而且这些隐私侵权确实可以适用于新闻媒体被告。

---

① Lake v. Wal-Mart Stores, Inc., 582 N. W. 2d 231, 235 (Minn. 1998).
② Lake v. Wal-Mart Stores, Inc., 582 N. W. 2d 231, 235 (Minn. 1998).

三、公开披露他人私人事务的隐私侵权和《美国联邦宪法第一修正案》

尽管公开披露他人私人事务的隐私侵权已经被美国绝大多数州所接纳，并影响着其他一系列隐私权保护手段；但是，它一直被笼罩在乌云之下。因为它与《美国联邦宪法第一修正案》所保护的言论自由之间存在固有的紧张关系。最先承认公开披露他人私人事务的隐私侵权与言论自由之间存在冲突关系的是隐私侵权的创造者——Warren 和 Brandeis。他们希望通过对"公共"与"私人"进行区分来平衡个人隐私权与言论自由。同时，他们也承认自己提出的隐私侵权只能适用于以书面方式公开披露他人私人事务的行为，"而在行为人以口头公开方式侵犯他人隐私权的情况下，如果没有造成特殊损害（special damage），则不应给予任何救济"。① 对此，Warren 和 Brandeis 解释道："以口头形式传播他人私人事务所造成的损害往往是微不足道的，而法律出于言论自由的利益考虑，通常也会忽视这种损害。"② 这段话十分有趣，从中不仅可以看出 Warren 和 Brandeis 也认识到他们提出的隐私侵权与言论自由之间可能产生矛盾，而且还体现了 Warren 和 Brandeis 关注的焦点在于作为大众传媒的报纸以书面方式传播他人私人事务的行为。

Porsser 教授则比 Warren 和 Brandeis 更加怀疑隐私侵权的合宪性，特别是公开披露他人私人事务的隐私侵权和丑化他人形象的隐私侵权。他担心隐私侵权会对侵权法已经精心建立起来的利益平衡机制产生威胁；这种担心在 Prosser 教授著写的关于整理隐私侵权判例的论文中以及《美国侵权法复述》（Prosser 作为主要的报告者）中都有所体现。在 1960 年发表的一篇具有深远影响的文章中，Prosser 教授曾悲叹道，公开披露他人私人事务的隐私侵权正被逐渐引到与《美国联邦宪法第一修正案》互相矛盾的轨迹上去。隐私侵权法与名誉侵

---

① Samuel D. Warren & Louis D. Brandeis, The Right to Privacy, 4 Harv. L. Rev. 193, 217 (1890).
② Samuel D. Warren & Louis D. Brandeis, The Right to Privacy, 4 Harv. L. Rev. 193, 217 (1890).

权法有所不同；名誉侵权法通过撤回法（retraction statutes）、真实性抗辩（the truth defense）以及特殊损害的证明等机制来保护新闻媒体报告；然而，公开披露他人私人事务和丑化他人形象的隐私侵权恰恰缺乏这些限制。Prosser 担心，在隐私侵权案件中，行为人披露不具名誉毁损性的真实事务的行为或者发表讽刺小说的行为都可能被判决承担隐私侵权责任。① 更可怕的是，Prosser 还指出，"普通敏感度"（ordinary sensibilities）或者社会大众据以判断何为可接受和恰当行为的"道德风俗"（mores），都属于开放性的判断标准；在这种判断标准下，无论法官有多么谨慎或不情愿，他们实际上都已经拥有了新闻审查（censorship）的权力，有权审查哪些内容属于社会公众被允许阅读的范围；这种权力远远超过了法官一直以来在名誉侵权法下享有的权利。

如今，公开披露他人私人事务的隐私侵权的概念在《美国侵权法复述（第二版）》第 652D 条中得到了清晰的体现。该条款规定："如果行为人对他人私人生活中某些事务的公开披露同时符合以下两个条件，那么，他的行为就构成侵犯他人隐私权的行为，应当承担隐私侵权责任：①行为人的公开披露行为对一个有理性的人而言具有高度冒犯性（highly offensive）；②行为人披露的事务与社会公众的合法利益无关。"② 如果将该条款的语言重新组织一下，我们就可以得到公开披露他人私人事务的隐私侵权的三个基本构成要件：一是行为人实施了公开披露行为；二是行为人披露的是私人的、不具有新闻报道价值的事务；三是行为人披露该事务的行为具有高度冒犯性。显然，以上每一个构成要件都会与《美国联邦宪法第一修正案》发生矛盾。

（一）公开披露要件

公开披露他人私人事务的隐私侵权存在的第一个问题在于，公开披露要件通常要求行为人实施了"公开传播"（public communication）的行为。正如《美国侵权法复述》关于 652D 条的官方评论所

---

① William L. Prosser, Privacy, 48 Calif. L. Rev. 383, 422 (1960).
② Restatement (Second) of Torts § 652D (1977).

指出的，公开披露"是指行为人向绝大多数社会公众或者足够多的人传播了特定事务，以至于该事务在实际上成了一项公共知识，从而使该事务具有公共（public）事务的性质"。[①] 公开披露行为可以通过口头方式、书面方式或者数码电子方式做出，但只要行为人采取了以下方式，则其行为一律构成隐私侵权中的公开披露要件：在报纸或杂志（即便发行量很小）上进行刊登；或者印在传单上发放给许多人；或者通过任何无线电台进行广播；或者面对大量听众发表声明。根据隐私侵权法对公开披露要件所做的精心规定，可以看出公开披露他人私人事务的隐私侵权主要针对的是报纸等大众传媒，而大众传媒的信息公开恰恰是《美国联邦宪法第一修正案》的关注焦点。相反，如果行为人只是"对某个人或者一小群人"传播了他人的私人事务，则并不构成公开披露行为。而在某些案件中，法官甚至对公开披露要件采取了更为宽泛的解释，例如，行为人在工作场所传播特定有害事实的行为也被认为符合公开披露要件。[②] 不过，这种案件毕竟还是少数。

由于大范围的公开是公开披露他人私人事务的隐私侵权的关键构成要件，所以此类隐私侵权主要针对的公开披露行为恰恰是《美国联邦宪法第一修正案》所主要保护的行为，因为这种行为往往与新闻广播十分相似。[③] 但与此同时，如果我们将注意力过多地集中在大范围的公开行为上，那么，就难免会忽略其他那些更具损害性而且对《美国联邦宪法第一修正案》威胁更小的行为。Robert Post 举了一个例子："我们通常会更加在乎自己所在的'小团体'对自己的印象，而不会很介意自己在陌生人面前的名声如何，但普通社会公众却恰恰是由这些陌生人组成的。然而，根据《美国侵权法复述》对公开披露要件的规定，只有在行为人向普通社会公众披露一位丈夫对婚姻不忠的情况下，他才会受到法律制裁，如果行为人只是对这位丈夫的妻

---

① Restatement (Second) of Torts § 652D (1977), at cmt. a.
② See, e. g., Miller v. Motorola, 560 N. E. 2d 900 (Il. App. 1990); see also Beaumont v. Brown, 257 N. W. 2d 522 (Mich. 1977); see generally, Daniel J. Solove & Paul Schwartz, Information Privacy Law, 116 (3d ed. 2006) (collecting cases).
③ Cf. Dun & Bradstreet, Inc. v. Greenmoss Builders, Inc., 472 U. S. 749, 758–759.

子披露其不忠事务,则不会受到法律制裁。"① 让我们再一次回顾Clementi 一案,Clementi 的性爱录像虽然被放到 Twitter 网上,但很明显只有相当少的一部分人观看了这段录像。根据公开披露他人私人事务的隐私侵权关于公开披露要件的传统定义,这段录像只在一小群人范围内流传这个事务本身并不可诉,除非出现这样的可能性,即这段录像在传播过程中"已经或者必定会被社会公众所接触"。② 因此,公开披露他人私人事务的隐私侵权对特定事实公开程度的过分关注提高了这类隐私侵权的违宪风险,却未能解决某些最具伤害性的披露行为应承担的侵权责任。

(二)"公共"与"私人"的区别

公开披露他人私人事务的隐私侵权存在的第二个问题是,它要求法官将新闻媒体的信息公开划分为公共和私人两个领域,并要求法官保护对公共领域的信息公开,同时对私人领域的信息公开课以侵权责任。在普通法的隐私侵权中,公共与私人之间的区别分别出现在两个方面:一是行为人公开披露的信息必须属于"私人"信息;二是行为人披露该信息的行为并不涉及"社会公众的合法利益"。尽管隐私侵权的这两个构成要件在形式上互相分离,但只有当它们被放到一起讨论时才有意义。Warren 和 Brandeis 也曾经承认,隐私侵权的这些构成要件往往是互相联系的——那些完全属于私人领域的信息并不符合公众的消费口味,反之亦然。然而,严格区分私人信息和那些受到言论自由利益保护的信息是一件很困难的事情;因为一条信息很可能同时符合这两个类别的特点(如比尔·克林顿的婚外情),也可能处于这两个概念之间的模糊地带,因为这两个概念本身就不完美。

而司法实践中遇到的问题则比概念的界定更加困难:Warren 和 Brandeis 认为,应当由法院来界定哪些公开披露行为符合"社会公众

---

① Robert C. Post, The Social Foundations of Privacy: Community and Self in the Common Law Tort, 77 Cal. L. Rev. 957, 992 (1989); see also, Jonathan B. Mintz, The Remains of Privacy's Disclosure Tort: An Exploration of the Private Domain, 55 Md. L. Rev. 425, 438 (1996).

② Restatement (Second) of Torts § 652D (1977).

的合法利益",这种想法使新闻审查制度遭遇了严重的问题。虽然 Warren 和 Brandeis 承认公共与私人之间的区别可能具有潜在的模糊性,但他们相信法院能够在二者之间划出一条公平的、原则性的、确定的界限。①《论隐私权》一文是在第一次世界大战之前完成的,在那段时间,美国司法正处在一个对《美国联邦宪法第一修正案》的保护较为薄弱的时期。Brandeis 本人后来也承认,他并没有"全面地考虑"《美国联邦宪法第一修正案》的问题;直到 1919 年至 1927 年之间,他被迫对一系列关于联邦和各州间谍活动的重大公诉案件作出裁决。有证据证明,当 Brandeis 自己作为法官面对 20 世纪的问题时,他已经不再像 19 世纪那样,坚信法院有能力区分合法和非法言论了。例如,在 International News Service v. Associated Press 一案②中,美国联邦最高法院承认了一项普通法权利,禁止新闻服务机构将其竞争对手收集的热点新闻再次印刷出版;Brandeis 对此提出了异议。Brandeis 指出,如果承认人们可以对新闻报道享有准财产权(quasi-property right),那么,人们所享有的"利用知识和观点的自由"将会受到削弱。在《论隐私权》一文中,Brandeis 曾经坚信利用普通法手段可以对新闻媒体进行规范;但在本案当中,他却背离了这种信念,认为普通法虽然"具有自我发展的能力,通常能够通过吸纳新的类别或者扩展某个原则从而满足社会的正义的新要求",但这种方式在新闻产业的现实背景下却是不正当的。尽管普通法规则在解决单纯涉及私人利益的简单法律问题时是行之有效的,"但随着社会发展日益复杂化,公共利益开始变得无处不在了"。③

之后发生的一些公开披露他人私人事务的隐私侵权案件进一步证实了 Brandeis 的想法——公共与私人之间的区别在理论上不难理解,但在实践中却很难在二者之间划出一条确定的、可预见的界限。而随着 20 世纪世界的发展,法官们(尤其是 Brandeis 本身)开始将言论自由与民主紧密联系起来,他们相信,关乎公共利益这样的重要问题

---

① Neil M. Richards, The Puzzle of Brandeis, Privacy, and Speech, 63 Vand. L. Rev. 1295, 1308 (2010).
② 248 U. S. 215 (1918).
③ 248 U. S. 215 (1918), at 263.

不仅仅是法院要解决的问题,而且应当作为一个基准性问题留给公民自己来决定。① Samantha Barbas 在最近发表的一篇文章中相当确定地指出,在 20 世纪中期的一系列公开披露他人私人事务的隐私侵权案件中,法官虽然审理的是侵权诉讼,但实际上却是在思考言论自由的基本法律问题,其中包括对社会公众合法利益的概念范围进行扩大。在研究了 20 世纪中期的公开披露他人私人事务的隐私侵权案件之后,Barbas 向读者展示了这样的情况:在这些案件中,法官认可了社会上对"新闻"的定义的扩大,使得包括私人事实在内的许多不同的信息也被纳入了"新闻"的范畴当中;法官们还重新定位了新闻媒体在当代社会生活中的重要地位。新闻媒体已经让我们已经见证了"公众知情权"(the public's right to know)概念的产生,并让我们认识到新闻的目的不仅在于让公民了解现代社会的复杂运作,而且在于激发各种公共言论。为了让新闻媒体发挥这些功能,就必须为新闻自由建立起稳固的法律和宪政保护,而且应当保证新闻内容的范围与社会公众的利益及其关心的问题同样广泛。②

从 20 世纪中期至今,美国联邦最高法院作出的关于《美国联邦宪法第一修正案》的判例都采纳了与"社会公众合法利益"标准相似的宽泛的观点。在 Time v. Hill 一案③中,法院首次提出新闻媒体的隐私侵权责任违反了《美国联邦宪法第一修正案》;法院认为,如果原告要证明《时代》杂志构成丑化原告形象的隐私侵权,则必须满足 New York Times v. Sullivan 一案中确立的严格的实际蓄意(actual malice)标准。④ 在本案当中,原告后来成为一宗著名的人质事件中的受害者;美国联邦最高法院指出,根据《美国联邦宪法第一修正案》的规定,新闻媒体有权决定何为公共利益,对此我们应当给

---

① See generally Mark A. Graber, Transforming Free Speech: The Ambiguous Legacy of Civil Libertarianism (1991); David M. Rabban, Free Speech in Its Forgotten Years, 1870—1920 (1997).
② Samantha Barbas, The Death of the Public Disclosure Tort: A Historical Perspective, 22 Yale J. L. & Hum. 171, 173 (2010).
③ 385 U. S. 374 (1967).
④ Time v. Hill, 385 U. S. 374 (1967) (citing New York Times v. Sullivan, 376 U. S. 254 (1964)).

予广泛的尊重。正如 Brennan 大法官所言："对言论自由和新闻自由的保护并不仅仅是为了保护关于公共事务的政治意见和评论，而且保护所有有利于政府健康发展的言论和新闻。人们可以从任何报纸杂志中了解到大量公开发表的信息，这些信息使普通社会公众和公共官员都暴露在公共视野当中。在不同程度上暴露于他人的视野当中，这一点是与文明社会的生活如影随形的。对于一个将言论自由和新闻自由奉为首要价值的社会而言，人们的生活中必定会有这种暴露在他人视野中的风险。如果要完成国家赋予的历史使命，那么，言论自由就应当涵盖所有话题，只要这些话题中所包含的信息是社会成员在处理他们的时代需求时所需要的。"①

Time v. Hill 一案体现了现代《美国联邦宪法第一修正案》的长期的承诺——言论自由具有十分重大的价值，因为它保护了公民的知情权，国家不应试图禁止那些适于公共辩论的话题。Snyder v. Phelps② 是美国联邦最高法院最新做出的一个关于精神损害侵权责任和《美国联邦宪法第一修正案》的交汇问题的判例；在本案当中，被告发表了一段"与社会上大部分人利益相关"但具有冒犯性的粗俗的言论，美国联邦最高法院适用了上述标准，对该言论赋予了强有力的保护。这种观点可以追溯到 Louis Brandeis 身上，这是他在言论自由问题上形成属于自己的成熟理论的萌芽；而 Brandeis 提出的关于言论自由的理论与《论隐私权》一文中许多假设和论点是直接冲突的。③

关于法院在隐私侵权案件中直接对公共与私人进行区分的问题，Brandeis 在他后期的成熟理论中似乎提出了更好的观点。在此，笔者并非认为公共与私人之间的界限是站不住脚的或者毫无现实意义的，只是为了提出 Brandeis 在 INS v. AP 一案④中已经预言过的观点——公开披露他人私人事务的隐私侵权案件实际上是要求法院解决这样一

---

① Time v. Hill, 385 U. S. 374 (1967), at 385 (quoting Thornhill v. Alabama, 310 U. S. 88 (1940)).
② Snyder v. Phelps, 131 S. Ct. 1207, 1216 (2011).
③ Neil M. Richards, The Puzzle of Brandeis, Privacy, and Speech, 63 Vand. L. Rev. 1295, 1323–1334 (2010).
④ International News Service v. Associated Press, 248 U. S. 215 (1918).

个问题，用 Strahilevitz 学者的话来说，是一个"抽象的、循环的、高度不确定的问题"。① 而且，由于这种不确定性发生在一个与《美国联邦宪法第一修正案》息息相关的领域内，所以它还会引起的额外的宪政法问题。如果法院有权根据一个不确定的标准来宣告某一项信息是"不合法的"，那么，就相当于赋予法院审查它（或者陪审团）不喜欢的言论的权力，这并不符合当代言论自由的承诺。

（三）精神损害与言论自由

公开披露他人私人事务的隐私侵权存在的第三个问题在于其保护的损害类型。尽管 Warren 和 Brandeis 在其文章中的说法是保护那些私人事务受到公开的个人的"尊严"，但实际上，隐私侵权旨在救济的损害是精神损害，是由于行为人做出令人尴尬的行为而对他人所谓的"不可侵犯的人格"造成的损害。这顺应了 19 世纪末 20 世纪初侵权法的发展趋势——将侵权法上损害的概念从人身和财产损害（physical and property injuries）扩大到包括精神损害（psychological injury）。② 在这个方面，隐私侵权和精神损害侵权存在许多共同点，而且这两类侵权行为的现代形式的确立都要归功于 Prosser 教授。但是，对行为人的言论造成的精神损害进行救济，同样违背了《美国联邦宪法第一修正案》的规定。当代《美国联邦宪法第一修正案》的主要原则之一是：如果行为人的言论只造成情感上的伤害，而未造成其他损害，那么，政府就不能惩罚行为人或使其承担民事责任。所以，在 Cantwell v. Connecticut 一案③中，美国联邦最高法院指出，被告在天主教社区播放谴责罗马教皇的录音带的行为应受《美国联邦宪法第一修正案》的保护，即便这种行为"激发了人们的仇恨"。尽管美国联邦最高法院在两年之后的 Chaplinski v. New Hampshirez 一案④中提出，《美国联邦宪法第一修正案》不保护"挑衅性言论"（fighting words），理由是这种言论不仅会对他人造成损害，而且不利

---

① Lior Jacob Strahilevitz, A Social Networks Theory of Privacy, 72 U. Chi. L. Rev. 919 (2005), at 921.
② See Daniel J. Solove, Understanding Privacy 175-176 (2008).
③ 310 U. S. 296, 311 (1940).
④ 315 U. S. 568 (1942).

于促进言论自由。不过,"挑衅性言论"在诉讼中很少被人提及,而美国联邦最高法院在那之后也没有再根据挑衅性言论的理论做出判决,尽管曾经出现过与 Chaplinski v. New Hampshire 一案极为相似的案情。①

有价值的言论必须得到保护,即使该言论造成了任何精神损害(emotional harm)——这个观点一直是当代《美国联邦宪法第一修正案》的主要特点之一。在 New York Times v. Sullivan 一案②中,美国联邦最高法院宣告了《美国联邦宪法第一修正案》的"中心思想"③——通过新闻媒体进行"无拘无束的、激烈的、开放的"公共辩论,使《美国联邦宪法第一修正案》成为促进民主自治的主要手段,而在这个过程中往往会对公众人物及其社会角色进行"猛烈的、刻薄的或者令人不快的尖锐攻击"。所以,至少在受法律保护的范围内,《美国联邦宪法第一修正案》赋予了言论极大的特权,即便该言论给他人造成了严重的精神损害。Sullivan 一案并不是一个隐私侵权案件,而是与隐私侵权存在某种关联的名誉侵权案件;不过随后的一些判例则清楚地指出,Sullivan 一案确立的言论特权优先于精神损害的规则同样适用于隐私侵权案件。上文提到的 Time v. Hill 一案,将实际蓄意标准扩大适用于新闻媒体丑化原告形象的隐私侵权案件。而在 Gertz v. Welch④ 和 Firestone v. Time⑤ 这两个案件中,美国联邦最高法院则指出,仅仅因为被告做出的陈述给原告造成了精神损害就判令被告承担损害赔偿责任,这种做法只会让少数派的观点受到惩罚的威胁。而在其他一些公开披露他人私人事务的隐私侵权案件和类似的案件中,原告的诉讼请求也一直由于《美国联邦宪法第一修正案》的原因而遭到驳回;不过,美国联邦最高法院在各种情况下都一直很小心地避免宣布公开披露他人私人事务的隐私侵权违反宪法。⑥

---

① See, e. g., Gooding v. Wilson, 405 U. S. 518, 528 (1972).
② 376 U. S. 254, 270 (1964).
③ Harry Kalven, Jr., The New York Times Case: A Note on " The Central Meaning of the First Amendment", 1964 Sup. Ct. Rev. 191, 208.
④ Gertz v. Welch, 418 U. S. 323, 349 (1974).
⑤ Firestone v. Time, 424 U. S. 448, 475 n. 3 (1976).
⑥ See, e. g., Bartnicki v. Vopper, 532 U. S. 514, 526 – 528 (2001).

Hustler v. Falwell 一案①是涉及言论自由与精神损害之冲突的最重要的判例。该案判决提出了迄今为止最有力的观点——对造成精神损害的言论课以侵权责任将直接威胁到信息和观点自由交流。至少当遭受精神损害的对象是公众人物的情况下,《美国联邦宪法第一修正案》会保护被告所具有的通过粗鲁的讽刺给原告造成精神损害的企图,即使这种企图是"过分的"(outrageous)。这个问题在很大程度上是一个实际操作的问题——我们很难从有价值的言论中分离出那些造成精神损害的无意义的言论。考虑到这一点,首席大法官 Rehnquist 指出:"如果可以制定一个原则性标准使有价值的言论和造成精神损害的无意义的言论分离开来,那么,公共言论就很可能不会受到威胁。但我们很怀疑到底是否存在这样一个标准,而且我们很肯定的是,'过分'这样一个贬义词并不能作为将两种言论区分开来的标准。"② 此外,即使存在一个法律标准来区分造成精神损害的言论和有价值的言论,这种法律标准也存在很强的不确定性,从而有可能威胁到新闻审查制度。正如美国联邦最高法院所指出的:"在政治和社会言论中,'过分性'(outrageousness)这个标准带有内在的主观色彩;如果以是否过分作为划分言论有无价值的标准,那么,陪审团就可以基于他们个人的品位或观点、或基于他们对特定陈述的厌恶而将法律责任强加于被告身上。所以,'过分性'标准违背了我们一直以来拒绝对那些可能给听众造成消极情感冲击的言论课以损害赔偿责任的做法。"③ 可见,在区分无意义的情感攻击(worthless emotional harassment)和受保护的言论这个问题上,我们遇到了与区分公共和私人相类似的问题,尤其是在面临公众人物和公共事务的情况下。

面对区分受保护的言论与不受保护的言论这个实践中的难题,法官很难根据良心(in good faith)做出判断。然而,法律标准的不确定性又带来了第二个难题——新闻审查很可能由于裁判者个人对言论发表者的看法或厌恶而受到影响。所以,美国联邦最高法院在最近发生的 Snyder v. Phelps 一案中总结道,过分性标准不足以保护言论自

---

① 485 U. S. 46 (1988).
② 485 U. S. 46 (1988), at 55.
③ 485 U. S. 46 (1988), at 55.

由，至少不足以保护那些在公共场合发表的与公共事务相关的言论，因为它允许陪审团基于自身的看法去惩罚某种言论。美国联邦最高法院指出，当侵权损害与言论自由发生冲突时，言论自由应当处于优先地位，因为"在公共辩论中，为了给《美国联邦宪法第一修正案》所保护的言论自由提供足够的'生存空间'，我们就必须容忍侮辱性、甚至是十分过分的言论。"①

综上所述，公开披露他人私人事务的隐私侵权在设计上就存在三个固有的问题：①以新闻媒体为主要的针对目标；②对公共与私人进行区分的难题；③建立在精神损害基础上的损害赔偿。这三个问题使得公开披露他人私人事务的隐私侵权具有严重的局限性，同时也使其合宪性遭到质疑。这一点在新闻媒体公开披露原告私人事务并造成精神损害的案件中体现得尤其明显，然而解决此类案件却恰恰是公开披露他人私人事务的隐私侵权制度建立的初衷。具有讽刺意味的是，公开披露他人私人事务的隐私侵权理论可能更加适用于那些不涉及新闻媒体的案件。例如，Lake 和 Clementi 这两个案件，因为这些案件不涉及公众人物，所以也不存在违背《美国联邦宪法第一修正案》的风险。然而，互联网的盛行模糊了公众人物和普通社会公众、新闻媒体和非新闻媒体之间的界限。② 这就意味着，法官在良心的指引下区分新闻媒体和非新闻媒体、公共和私人、精神损害和受保护言论的司法实践活动变得更难操作了；同时，由于判断标准十分模糊，新闻审查结果违背诚信或者不公正的可能性也增大了。

因此，由于公开披露他人私人事务的隐私侵权本身在设计上存在问题，再加上法律的发展变化，在现行法律框架下，针对新闻媒体公开披露行为的隐私侵权救济手段在很大程度上是违宪的。而且，隐私侵权法对个人隐私权的保护和救济也是十分有限的。从公开披露他人

---

① Snyder v. Phelps, 131 S. Ct. 1207, 1219 (2011) (quoting Boos v. Barry, 485 U. S. 312, 322 (1988)).

② See David Lat & Zach Shemtob, Public Figurehood in the Digital Age, 9 J. on Telecom. & High Tech. L. 403 (2011); see also Melissa A. Troiano, Comment, The New Journalism? Why Traditional Defamation Laws Should Apply to Internet Blogs, 55 Am. U. L. Rev. 1447 (2006); Anthony Ciolli, Bloggers As Public Figures, 16 B. U. Pub. Int. L. J. 255 (2007).

私人事务的隐私侵权和言论自由在20世纪世界发展历史可以看出，无论采取绝对化的方式还是个案判断的方式，我们最终还是必须在此两者之间做出选择。

四、公开披露他人私人事务的隐私侵权的局限性

（一）公开披露他人私人事务的隐私侵权与言论自由之间的抉择

如果我们在大多数案件中都必须在公开披露他人私人事务的隐私侵权和言论自由之间进行选择，那么，哪种或者哪些选择才是恰当的呢？在本文这个部分，笔者认为，当公开披露他人私人事务的隐私侵权与言论自由发生冲突时，我们应当优先选择言论自由，只在少数情况下例外。尽管这个问题在过去10年中才显示出新的重要性，但已经有好几代杰出的学者对这个问题进行过研究。笔者认为，学者们的观点可以被合并成为一至两个立场，尽管这样做可能会将不同学者之间相当复杂的争论过分简单化了。

一方面，一些学者站在《美国联邦宪法第一修正案》的角度对公开披露他人私人事务的隐私侵权进行批判。这些学者提出，公开披露他人私人事务的隐私侵权是违宪的，为了言论自由的利益，我们应当彻底抛弃这种隐私侵权理论。早在1967年，Harry Kalven 就指出："法官和学者们都被 Brandeis 的盛名所迷惑，为了新的法律制度的成长而感到兴奋，并将个人隐私权奉为一项极其重要的价值；这一切使他们原本具有的正常批判精神变得迟钝了，导致他们未能发现自己所支持的隐私侵权的狭隘之处。"[①] 15年后，Diane Zimmerman 进一步提出，公开披露他人私人事务的隐私侵权不仅在司法实践中行不通，而且"创造出一种无论如何阐述都无法与宪政法保护的言论自由和新闻自由互相兼容并存的诉讼理由"。[②] 更近一些，Eugene Volokh 提出：

[①] Harry Kalven, Jr., Privacy in Tort Law – Were Warren & Brandeis Wrong? 31 Law & Contemp. Probs. 326, 328 (1966).

[②] Diane L. Zimmerman, Requiem for a Heavyweight: A Farewell to Warren and Brandeis's Privacy Tort, 68 Cornell L. Rev. 291, 293 (1983).

"信息隐私权是指我有权控制你传播我的个人身份识别信息（personally identifiable information）的行为，这实际上相当于我有权要求政府阻止你对我进行讨论。"① 与 Kalven 和 Zimmerman 只研究公开披露他人私人事务的隐私侵权不同，Volokh 基于《美国联邦宪法第一修正案》提出的批判几乎涉及整个信息隐私权法。

另一方面，支持隐私侵权的学者的代表性观点是——公开披露他人私人事务的隐私侵权服务于一系列重要的社会利益；而且，我们有能力维持个人隐私权和言论自由之间的平衡，在控制那些可能造成损害的流言飞语的同时，也能够对涉及社会公众合法利益的言论赋予强有力的保护。例如，Robert Post 坚持认为："公开披露他人私人事务的隐私侵权服务于这样一个社会目标——通过维护文明的规则来保护人类的尊严；同时，尽管司法实践中对'社会公众合法利益'标准的适用并不完全一致，我们还是能够根据这一标准分辨出哪些言论是公众问责制度迫切需要的，哪些言论构成对他人生活的过度曝光。"② Daniel Solove 则认为，公开披露他人私人事务的隐私侵权能够与《美国联邦宪法第一修正案》相互平衡，这种隐私侵权的适用对象是那些"只涉及私人利益的言论"。他指出："Brandeis 通过新闻价值标准（the newsworthiness test）来平衡言论自由与隐私权之间的关系；在只涉及私人利益的个人案件中，法律应该使言论自由与个人隐私权达到更好的平衡。"③

尽管笔者个人从感情上更加倾向于支持隐私权拥护者的观点，但是本文还是认为，支持《美国联邦宪法第一修正案》的学者们针对公开披露他人私人事务的隐私侵权提出了更加有力的观点，至少在大部分情况下是这样。如果《美国联邦宪法第一修正案》适用于公开披露他人私人事务的隐私侵权案件，则其应当处于优先地位。Post 的观点在某种程度上是正确的——在隐私侵权刚刚兴起的黄金时代，通

---

① Eugene Volokh, Freedom of Speech and Information Privacy: The Troubling Implications of a Right to Stop People from Speaking About You, 52 Stan. L. Rev. 1049 (2000), at 1050 - 51.
② Robert C. Post, The Social Foundations of Privacy: Community and Self in the Common Law Tort, 77 Cal. L. Rev. 957 (1989), 1007 - 1008.
③ Daniel J. Solove, The Future of Reputation (2008), at 129, 160.

过对精神损害和社会礼仪的保护，公开披露他人私人事务的隐私侵权确实能够避免那些严重违背社会文明的行为。从根本上来说，以救济精神损害为目的的隐私侵权在制度构建上存在缺陷，它限制了新闻媒体和其他言论发表者依据《美国联邦宪法第一修正案》而享有的言论自由，这是隐私侵权存在的一个无法解决的问题。Post 的理论中存在的问题是：当代《美国联邦宪法第一修正案》的核心思想在于保护那些能够促进信息和观点交流的冒犯性言论。除非是被告极端过分地披露原告私人信息的案件，否则，《美国联邦宪法第一修正案》所保护的权利永远都优先于公开披露他人私人事务的隐私侵权。这不仅是因为《美国联邦宪法第一修正案》在形式上优先于普通法利益，更因为言论自由是一项更加重要的价值。

那么，Solove 呼吁的"更好的平衡"是否存在呢？正如本文第二部分已经论证的，普通法中的公开披露他人私人事务的隐私侵权制度特别容易受到滥用，它既可能被善意的法官利用，也可能被恶意地当做启动新闻审查的借口。一些极端的案件，例如，涉及性爱录像带等公开披露两性关系的案件，隐私侵权可能会在其与《美国联邦宪法第一修正案》的较量中幸存下来。在一小部分此类案件中，法官驳回了新闻自由的抗辩，判令被告就其造成的精神损害承担侵权责任。[1] 但事实上，这样的判例只是例外。正如 Brandeis 本人在晚年所承认的，致力于言论自由、信息公开和披露的宪政制度是主流，而以保护纯粹精神损害为目的的侵权法上的隐私权概念只能作为这种宪政制度的例外。[2]

（二）《美国联邦宪法第一修正案》的宪政保护的例外

法院在司法实践中应当如何平衡言论自由与个人隐私权呢？尽管在大多数情况下言论自由应当优先于个人隐私权，但我们也应该承认，无论发表言论的是什么人，即使他具有记者的身份，《美国联邦

---

[1] See, e. g., Michaels v. Internet Entm't Grp., Inc., 5 F. Supp. 2d 823 (C. D. Cal. 1998).

[2] Neil M. Richards, The Puzzle of Brandeis, Privacy, and Speech, 63 Vand. L. Rev. 1295, 1323 – 1324 (2010).

宪法第一修正案》也并不能保证他发表的任何真实陈述都无需承担隐私侵权责任。新闻媒体公开披露原告令人尴尬的私人事务的隐私侵权是 Warren 和 Brandeis 提出的核心理论，虽然这种隐私侵权理论在很大程度上是违宪的，但这并不代表所有的隐私侵权诉讼（包括那些针对新闻媒体提出的隐私侵权诉讼）也都是违宪的。美国现行法律建立起来的规则是："如果报社通过合法手段获得了一项具有社会意义的真实信息，那么，国家对报社发表该信息的行为进行惩罚就是违反宪法的，除非这种惩罚是最高级别的国家利益所必要的。"[1] 对这个标准进行分解，就可以得到其中的一般性原则：新闻媒体公开披露真实信息的行为通常都会受到宪政保护；此外还有以下四种例外情况。

第一种例外情况是：新闻媒体公开的信息不具有真实性，那就不存在任何宪政保护的问题了，我们将对其适用名誉侵权法，也就是专门对虚假陈述进行救济的法律。当然，在 New York Times. v. Sullivan 一案之后，美国的名誉侵权法变得对新闻媒体相当友好。在新闻媒体故意披露虚假信息的情况下，如果原告是公众人物，就采用实际蓄意标准来判断新闻媒体是否应当承担责任；如果原告是普通社会公众或者有限意义上的公众人物（limited - purpose public figures），就采用更严格的标准来判断新闻媒体是否应承担侵权责任。[2]

第二种例外情况是：新闻媒体公开披露的信息如果不是"通过合法手段获得的"，那么，法院有可能基于另外一种理论而判令新闻媒体承担法律责任。在 Bartnicki v. Vopper 一案[3]中，一位无线电台的 DJ 在广播节目中播放了一段电话录音，这段电话录音是由一个不知名的人截取之后放到这位 DJ 的信箱中的。美国联邦最高法院认为，尽管这位 DJ 明知该段对话是在违反《联邦窃听法》的情况下以非法手段获取的，但《美国联邦宪法第一修正案》还是会保护他将这段电话录音广播出来的行为。但是美国联邦最高法院也指出，如果这位

---

[1] Smith v. Daily Mail Publ' g Co. , 443 U. S. 97, 102 (1979). The Supreme Court most recently reaffirmed this standard explicitly in Bartnicki v. Vopper, 532 U. S. 514 (2001).

[2] See, e. g. , Erwin Chemerinsky, Constitutional Law (2000).

[3] Bartnicki, 532 U. S. at 535.

DJ 亲身参与或者请求别人窃听这段电话录音,那么,《美国联邦宪法第一修正案》将不会为他提供保护,使其免于承担民事或者刑事惩罚。"我们提出的观点当然不能用于惩罚那位以非法手段获取信息的当事人。不过,我们也不能轻率地断言,《美国联邦宪法第一修正案》会为了保护新闻或者其他利益而授权给记者或其线人,使他们有权违反现行有效的刑事法律;当然在本案中也确实没有人提出这种观点。尽管盗窃公文或者私自窃听有可能为我们提供一些具有新闻价值的信息,但无论是记者还是他们的线人,只要做出盗窃公文或者私自窃听的行为,都不能免除刑事责任,不论其获取的新闻产生了怎样的影响。"[1] 这种观点是符合《美国联邦宪法第一修正案》的,因为根据《美国联邦宪法第一修正案》的规定,新闻媒体也必须遵守那些"普遍适用的法律"(generally-applicable laws),而不享有免责特权——新闻媒体在传播观点和信息这方面享有广泛的决定权,但这种自由决定的权利并不意味着新闻媒体可以不遵守普通侵权法、合同法、财产法和规范性法律。这些法律规范着我们所有人的日常事务,只是不规范我们的言论内容。[2] 从这个角度来看,违反法律获取信息的行为(通过窃听、侵入私人领地、黑客或者其他手段)与不知情地传播非法获取的新闻的行为之间具有决定性的区别。[3] 从这一点也可以看出,我们可以暂时抛开信息的公开披露行为,转而关注信息的收集行为;限制行为人以侵入私人领地等非法手段收集他人令人尴尬的信息的行为,并不会违反《美国联邦宪法第一修正案》,因为这种方式针对的是非法收集信息的行为,而不是公开披露他人私人信息的行为。

第三种例外情况是:新闻媒体公开披露的私人信息不涉及社会公众的合法利益(或者说不具有新闻价值),因此只能享受《美国联邦宪法第一修正案》较低层次的保护。Solove 曾将其观点建立在此种例外情况之上,他指出,美国联邦最高法院曾经暗示那些只涉及私人利

---

[1] Bartnicki, 532 U. S. at n. 19 (quoting Branzburg v. Hayes, 408 U. S. 665, 691 (1972)).

[2] See, e. g., Cohen v. Cowles Media, 501 U. S. 663 (1991).

[3] See Daniel J. Solove & Neil M. Richards, Rethinking Free Speech and Civil Liability, 109 Colum. L. Rev. 1650 (2009).

益的言论将受到较少的保护,因此,美国联邦最高法院"事实上已经留下了一片可以让公开披露他人私人事务的隐私侵权茁壮成长的空间"。① Solove 做出的这种解释不仅夸大了公开披露他人私人事务的隐私侵权的生命力,也夸大了更广泛意义上的以公开披露行为为基础的隐私侵权理论的生命力。美国联邦最高法院尤其不愿意对记者的编辑决策进行二次猜测。例如,在 Bartnicki 一案中,美国联邦最高法院就相当乐意听从新闻媒体的说法,认为那段被截取的电话录音是具有新闻价值的。② 很多法官倾向于根据新闻媒体发布的内容来界定何为新闻价值,因为他们相信新闻媒体最了解哪些东西能够成为新闻卖点。不过,法官们也认为,某些极端过分的公开披露行为并不属于新闻价值的范围。这些极端的案件通常涉及对两性关系的公开披露,只有在这些案件中,隐私侵权才可能在其与《美国联邦宪法第一修正案》的较量中幸存下来。如前所述,在一小部分极端案件中,法官驳回了新闻自由的抗辩理由,判令被告就其造成的精神损害承担侵权责任;其中最著名的例子是 Michaels v. Internet Entm't Grp., Inc. 一案,在本案当中,被告将女明星 Pamela Anderson 的性爱录像传播出去,法官针对被告的行为颁布了禁止令(injunction)。③ 但是也正如前文所提到的,这样的判例只是例外。所以,只有在原告遭受了极端严重的精神损害的情况下,以及被告的行为极端过分地违反社会规范的情况下,现行法律规则的第三种例外情况才有可能适用。

更普遍地说,法院都不愿意去猜测这样的问题:在公民眼中,什么是构成公共辩论中的合法话题?新闻审查权的真实含义是有权宣布某种事实或话题可以不受限制地成为公共讨论的对象。而当代关于《美国联邦宪法第一修正案》的理论正是围绕着这样一个观点建立起来的——这个观点起源于 Brandeis 大法官在 Whitney v. California 一案中的意见,他指出,针对带有伤害性的、危险的言论或者其他"不良"言论,正常的救济方式是允许人们发表更多言论,而不是启用

---

① Daniel J. Solove, The Future of Reputation (2008), at 129.
② Bartnicki, 532 U. S. 514.
③ See, e. g., Michaels v. Internet Entm't Grp., Inc., 5 F. Supp. 2d 823 (C. D. Cal. 1998).

审查制度。① 考虑到法院往往认为公开强奸犯罪受害者的姓名是具有"新闻价值"的,② 再考虑到新闻审查的问题,我们很难想象还有什么行为会比散布原告性爱录像的行为更加过分,从而能够适用现行法律规则的第三种例外情况。

第四种例外情况是:出现"最高级别的国家利益"③ 或许也是范围最广的一种例外情况。如果一项具有新闻价值的事务是通过合法手段获得的,那么,只有经过严格审查(strict scrutiny),我们才能对公开这项事实的行为进行限制,而某些特定利益确实能够通过严格审查的考验。例如,如果一家报社将其合法获得的间谍名单予以披露,或者(引用判例法中常用的比喻)"公开了起航时间,或者军队的位置和数量",或者其他具有时效性的军事机密,④ 在这种情况下,国家安全就可能优先于《美国联邦宪法第一修正案》。在涉及"五角大楼文件"的 New York Times v. United States 一案⑤中,美国联邦最高法院指出,除非当局能够超越尼克松政府、向法院展示国家安全的确受到严重威胁;否则,法院将不会禁止《纽约时报》公开五角大楼文件的行为。在本案当中,美国联邦最高法院认可了这样的观点——政府确实很难基于事前约束的考虑而在公开行为之间拿到法院颁布的禁止令。但是,关于新闻媒体在做出危害国家安全的公开行为之后是否应当受到惩罚的问题,美国联邦最高法院也没有给出任何权威性的回答。根据现行法律的规定,任何人泄露那些可能被用于"损害美利坚合众国利益或者促进别国利益"的国防秘密的行为,将构成联邦犯罪。⑥ 只要政府能够证明行为人的泄密行为将对国家安全造成真实而严重的威胁,即便行为人泄露的是以合法手段获得的真实而具有新闻价值的事实,适用这项规定也不会违反宪法。

---

① Whitney v. Cal., 274 U. S. 357, 376 (1927) (Brandeis, J., dissenting).
② E. g., Fla. Star v. B. J. F., 491 U. S. 524, 526 (1989).
③ Smith v. Daily Mail Publ' g Co., 443 U. S. 97, 103 (1979).
④ E. g., New York Times v. United States, 403 U. S. 713, 726 (1971) (Brennan, J., concurring) (quoting Near v. Minn, 283 U. S. 697, 716 (1931)).
⑤ New York Times v. United States, 403 U. S. 713, 730–740 (1971) (White, J., concurring).
⑥ 18 U. S. C. § 793 (e).

这种"最高级别的利益"是一种使公开披露他人私人事务的隐私侵权符合宪法的例外情况，但是，要适用此种例外情况必须满足极端高的要求——既要证明存在强制性的政府利益，又必须满足《美国联邦宪法第一修正案》下的严格审查的要求，采用限制程度最小的手段（least-restrictive means）。正如上文中提到的例子，行为人泄露国防秘密或者危险技术信息（如炸弹或大规模杀伤性武器的构造信息）的行为就损害了国家安全利益；在这种情况下，潜在的损害是大量士兵的伤亡。

除此之外，公开披露他人私人事务的隐私侵权不太可能体现出充分的强制性利益，除非是那些极端的案件。例如，在涉及言论自由的案件中，如果法官做出的判决是压制那些带有伤害性的真实信息，那么，往往是出于国家安全利益的考虑；除此之外的其他利益几乎都会在严格审查中遭到否定。在 Landmark Press 一案[1]中，美国联邦最高法院指出，司法伦理调查（judicial ethics investigation）的保密性并不是一项足够强大的利益，所以新闻媒体以合法手段获得审理中的案件信息并将其公开披露的行为不足以受到惩罚。本案判决的主要理由是政府可以采用一种限制程度更小的手段——根据美国联邦最高法院的建议，政府应当首先尝试更为温和的方式，采取措施降低政府工作人员向新闻媒体泄密的可能性，而不是对新闻媒体公开事实的行为进行惩罚。而在 Nebraska Press v. Stuart 一案[2]中，与新闻自由利益发生冲突的是一项具有重大宪政价值的利益——刑事案件被告所享有的受到公平审讯的权利。本案涉及一宗高调的谋杀犯罪案件，在这个刑事案件中，初审法庭禁止新闻媒体对被告的供认做出报道，并试图通过这种做法来保护这名刑案被告。刑案被告依据宪法所享有的刑事程序正义的权利看上去至少能够与侵权法上的个人隐私权的重要性相匹敌。[3] 但是在本案当中，美国联邦最高法院还是支持了新闻媒体的诉讼请求，其理由是，政府不应直接对新闻媒体采取限制真实信息自由

---

[1] Landmark Commc'ns v. Va., 435 U.S. 829 (1978).

[2] 427 U.S. 539 (1976).

[3] See Gavin J. Phillipson, Trial By Media: The Betrayal of the First Amendment's Purpose, 71 L. & Contemp. Probs. 15, 16–17 (2008).

流通的手段，而可以采取一些对新闻自由限制程度更小的手段，例如，改变审判地点，推迟初审时间直至新闻媒体的狂怒情绪得到缓和，要求陪审团不理会庭审之外获知的事实或者直接隔离陪审团成员。在最近发生的维基解密事件中，人们纷纷猜测 Assange 是否会因为公开披露外交文件而受到惩罚；如果不存在使用黑客技术或者教唆泄密等额外的因素，Assange 做出的这种公开披露行为是否可以受到惩罚？学者们在这个问题上分成了两派意见。①

综上所述，面对如此之高的适用标准，"最高级别的国家利益"这种例外情况也只可能适用于那些最极端的公开披露侵权案件了。

（三）对 Clementi 一案的讨论与假设

现在，让我们回归到本文开头提到的例子——根据公开披露他人私人事实的隐私侵权理论，诸如 Clementi 一案中被告公开播放性爱录像的行为是否可以受到惩罚？基于笔者对《美国联邦宪法第一修正案》的解读，对于像 Ravi 这样对他人的性行为进行秘密录像的人，受到惩罚几乎是毫无疑问的。很显然，根据 2004 年颁布的美国联邦《禁止录像偷窥法》（Video Voyeurism Prevention Act），② 这种秘密录像的行为是非法的；而依据其他的侵权法，如侵扰他人居所安宁的隐私侵权，也可以得到相同的结论。正因为 Ravi 获取这段录像的手段是不合法的，所以，对像他这样的被告进行惩罚就不太可能违反《美国联邦宪法第一修正案》。此外，由于公开性爱录像的行为达到了触犯社会规范的极端程度，而 Clementi 的秘密性爱录像也不涉及社会公众的合法利益，所以我们也可以认为本案属于少数不符合新闻价值要求的案件。但是，本案被告可能无法受到《美国联邦宪法第一修正案》的庇护，我们也不确定这样的案情能否满足普通法上公开披露他人私人事务的隐私侵权的构成要件。如前所述，公开披露他人私人事实的隐私侵权中包括"公开披露要件"；如果本案中的秘密性爱录像只被一小群人看到，而不存在公开传播的可能性，那么，本案

---

① Nick Bravin, See You in Court Mr. Assange, Slate (Dec. 10, 2010) http://www.slate.com/id/2276592.
② 18 U. S. C. § 1801.

就无法满足公开披露要件了。

如果一家报社收到了 Clementi 的性爱录像带，并决定将这段录像放到报社的网站上，那么，新闻媒体的这种行为是否构成公开披露他人私人事实的隐私侵权呢？如果以 Bartnicki 一案为参考，则答案显然是否定的。首先，因为新闻媒体并没有参与到秘密录像的行为中，所以新闻媒体获得信息的手段是合法的。其次，在新闻媒体信息公开案件中，我们很难证明这段录像不涉及"社会公众的合法利益"。[①]再次，这段录像很可能引发关于网络威胁（cyber‐bullying）和接受不同性取向的公共辩论，在这种情况下，原来的案件（被告不是新闻媒体）中不具有新闻价值的事实就会变得更加复杂，因为此时这段录像的内容已经成为公共辩论的对象了。而当公共辩论围绕着录像内容展开时，我们也不可能提出这些内容与社会公众的合法利益无关了。因此，在这种情况下，根据公开披露他人私人事务的隐私侵权的构成要件，被告是无需承担隐私侵权责任的，即便他在很大范围内传播了原告的私人事实，并给原告造成了巨大的精神损害。然而，适用于此类案件恰恰是公开披露他人私人事务的隐私侵权的设计初衷，连此类案件都无法保护，足以体现出公开披露他人私人事务的隐私侵权的局限性。

五、对隐私侵权的重新思考

让我们再一次思考上文提到的最后一个例子，为什么秘密拍摄他人性爱录像的人受到惩罚是毫无疑问的？是因为他秘密录像的行为违反了法律，所以对他进行惩罚并不会违反《美国联邦宪法第一修正案》的规定——因为法律惩罚的是他秘密录像的行为，而无关任何发表言论或者信息披露的行为。但是，如果秘密录像者的监视行为应当受到惩罚，那么，其随后做出的公开披露行为为什么不能受到惩罚呢？不仅不能受到惩罚，而且一旦对其适用公开披露他人私人事务的隐私侵权理论，还会产生额外的理论问题，包括这种隐私侵权本身在构造上的问题，以及它与《美国联邦宪法第一修正案》之间的复杂关系。原因之一就在于公开披露行为只能惩罚和威慑像新闻媒体这样

[①] Restatement (Second) of Torts § 652D (1977).

的处于下游的观看者（downstream viewers），他们以合法的手段获得录像带，并用于自己观看或者对外披露。但是另一方面，无论是在这个例子中还是在 Bartnicki 一案中，处于下游的信息利用者都可以援引《美国联邦宪法第一修正案》的保护，而其上游的秘密录像者却无法受到这种保护。

在这个例子当中，秘密录像者还违反了普通法中侵扰他人居所安宁的隐私侵权。这类隐私侵权规定，如果一个人故意侵扰他人的居所安宁或安静或侵入他人的私人事务，无论是以有形侵扰的方式还是其他方式，只要这种侵扰对一个有理性的人而言具有高度冒犯性，那么这种行为就构成侵犯他人的隐私权。[1] 上文最后提到的性爱录像的例子同样符合这种隐私侵权的所有构成要件：一是存在一个侵扰行为（秘密录像的行为）；二是侵扰行为的对象是他人的居所安宁或私人事务（Clementi 在自己卧室内发生的性行为）；三是侵扰行为具有高度冒犯性（大部分人在发现自己卧室中有秘密窃听者或隐秘摄像机时都会被严重激怒）。然而，侵扰他人安宁的隐私侵权与公开披露他人私人事务的隐私侵权之间存在一个重要的区别——公开披露他人私人事务的隐私侵权要求存在一个采用言语或图像形式的公开披露行为，而侵扰他人安宁的隐私侵权则不以任何表达行为作为其构成要件。只有在衡量行为人造成的损害时，侵扰他人安宁的隐私侵权才会考虑到公开性（publication）的问题。因此，除非我们认为《美国联邦宪法第一修正案》允许行为人违反新闻采访法律或者进行秘密录像，[2] 否则，我们就可以在完全不违背《美国联邦宪法第一修正案》的情况下对上述例子适用侵扰他人安宁的隐私侵权。

侵扰他人安宁的隐私侵权与公开披露他人私人事务的隐私侵权之间的共同点不仅在于它们都源于 Warren 和 Brandeis 的创造以及 Prosser 的发扬光大。这两种隐私侵权有两个构成要件是相同的：一是行为人的行为对象都是他人的私人信息；二是行为人的行为对一个有理性的人而言具有高度冒犯性。这又一次证实了 Post 的观点——

---

[1] Restatement (Second) of Torts § 652B (1977).
[2] Seth F. Kreimer, Pervasive Image Capture and the First Amendment: Memory, Discourse, and the Right to Record, 159 U. Penn. L. Rev. 335 (2011).

隐私侵权是对那些明显破坏社会文明的行为的救济。但是，这两种隐私侵权行为破坏的是不同的社会文明规范——公开披露他人私人事务的隐私侵权主要针对的是那种可能造成精神损害的传播流言的行为；而侵扰他人安宁的隐私侵权主要针对的是那种可能造成精神损害的收集流言的行为，例如，秘密录像者、秘密窃听者的行为或其他侵扰行为。正因为侵扰他人安宁的隐私侵权不会对发表言论的行为课以民事责任，从而不会影响到公共辩论的自由程度，所以，这种隐私侵权并不违背《美国联邦宪法第一修正案》。而且，顾名思义，侵扰他人安宁的隐私侵权似乎更加符合"侵犯隐私"这个学术上的措辞。比起那些伤害我们情感的公开披露行为，隐蔽摄像机似乎更直接地"侵犯"了我们的个人隐私权。所以，在我们构建法律制度来避免私人信息遭受公开披露的同时，法律也应当致力于阻止未经授权的收集或积累信息的行为，而不仅仅是阻止行为人对外传播他们已经收集到的信息。

除了侵扰他人安宁的隐私侵权之外，还存在另外一些方式，既能对个人隐私权的损害进行救济，又不会像公开披露他人私人事务的隐私侵权那样引发严重的宪政法问题。我们已经习惯于根据 Prosser 教授提出的四类隐私侵权来思考个人隐私权的问题，但事实上还有另外一些侵权法制度或多或少地与隐私侵权具有相同的构成要件，这些侵权法制度也可以用于对信息进行规范。例如，侵扰他人安宁的隐私侵权与闯入私人领域的侵权（trespass）就十分相似，二者的主要区别在于，侵扰他人安宁的隐私侵权是为了避免行为人侵入私人空间或私人关系而使他人遭受精神损害，而闯入私人领域的侵权是为了避免行为人的类似行为侵犯他人的财产权。但事实上，闯入私人领域也属于隐私侵权的一个类别——它可以避免家庭内部的隐私遭到侵犯，而且这种侵权法制度也并不会像公开披露他人私人事务的隐私侵权一样，与《美国联邦宪法第一修正案》发生冲突。

违反保密义务（breach of confidence）也属于隐私侵权的一种，可以用于约束行为人披露他人令人尴尬的信息或伤害性信息的行为。在新闻媒体隐私侵权案件中，比起惩罚公开披露行为的方式，限制程度更小的手段应当是避免新闻媒体从第一现场收集信息，而不是根据公开披露他人私人信息的隐私侵权理论允许国家直接对言论进行审查。新闻媒体或其他行为人可能会采用闯入私人领域或侵入私人空间的方式来获得信息，也可能通过其他人的泄密而获得信息。无论是违反保密义务的侵权法制度还是保密规则，都能够更普遍地规范行为人公开披露信息的行为，同时也不会像公开披露他人私人事务的隐私侵权一样，与《美国联邦宪法第一修正案》发生冲突。因为违反保密义务的侵权法制度针对的并不是行为人的公开言论使他人遭受精神损失，而是行为人违反了他应承担的保密义务。违反保密义务的侵权法制度也存在一定的局限性；最明显的一个局限性在于，它通常只能适用于行为人自愿承担的保密义务。但是，不同于公开披露他人私人事务的隐私侵权制度的局限性，违反保密义务的侵权法制度的局限性反而使该制度更加符合《美国联邦宪法第一修正案》对公共辩论的承诺。

社交网络的兴起引发了新闻媒体与个人隐私权之间的问题，诸如 Clementi 自杀和维基解密这样的事件很可能成为信息时代最重要而困难的社会问题。法律当然不可能是全能的，但它也必须为我们解答其中的某些问题，而我们都希望法律能够平衡这些案件中相互矛盾的社会公开需求以及个人的不公开利益。也只有法律才能在特定案件中判断被告行为的性质——是更接近于 Ravi 发布 Twitter 信息导致 Clementi 自杀的行为，还是更接近于开罗塔克西姆广场上的民主斗士们发布 Twitter 信息的行为？与此同时，我们也必须认识到隐私侵权行为造成的损害是真实存在的。虽然公开披露他人私人事务的隐私侵权在很大程度上是违反宪法的，但这并不意味着这种隐私侵权致力于救济的精神损害不是真实存在的。通过引入其他侵权法制度或者增加隐私侵权的类别，从而采纳一个更广泛且更灵活的隐私侵权概念，将有助于在一定程度上避免隐私侵权行为造成的损害，同时也能够避免像公开披露他人私人事务的隐私侵权那样与《美国联邦宪法第一修正案》发生冲突。

第二编　公开他人私人事务的隐私侵权所面临的挑战

公开他人私人事务的隐私侵权制度的死亡

萨曼莎·巴巴斯① 著　廖嘉娴② 译

目　次

一、导论
二、隐私权的起源
三、个性的理想模式
四、隐私权法的改变
五、隐私和新闻
六、新闻报道价值
七、结语

一、导论

1890年，Samuel Warren和Louis Brandeis在《哈佛法律评论》上发表了著名的《隐私权》（The Right to Privacy）一文，提出了一项新的法律权利——允许人们在新闻媒体公开了令人尴尬的真实信息的情况下提起隐私侵权诉讼，并获得精神损害赔偿。③ 目前，在美国的很多个州，如果行为人披露了"有关他人私生活的事务"，其披露行为令一个有理性的人感到高度反感，且披露的事务不属于"社会公众

---

① 萨曼莎·巴巴斯（Samantha Barbas），美国伯克利大学加利福尼亚分校历史学博士，斯坦福大学法学博士。
② 廖嘉娴，中山大学法学院助教。
③ Samuel Warren & Louis Brandeis, The Right to Privacy, 4 Harv. L. Rev. 193 (1890).

合法关注"的范围,那么,行为人的此种行为就构成隐私侵权。而如果行为人披露的事务属于社会公众合法关注的范围,那么,其披露行为就可以受到新闻报道价值的免责特权的保护。[1]

然而,出于各种各样的意图和目的,公开他人私人事务的隐私侵权——隐私侵权的四种类型之一,[2] 又称为"大众传播隐私侵权"[3]——总是被描述为"已死亡的"、[4]"发展受阻的"、"与时代不符的事物",或至少是"极其脆弱的"。[5] 许多学者都强烈要求正式"埋葬"掉这类隐私侵权的"残余"(remains)。[6]

这些学者的论著普遍都用新闻报道价值的广义概念来解释公开他人私人事务的隐私侵权制度的"死亡"。因为法院通常认为所有出现在新闻媒体上的事物都具有新闻报道价值,或者属于"社会公众合法关注"的范围,所以原告要在公开他人私人事务的隐私侵权案件中胜诉几乎是不可能的。但是,引用 Harry Kalven Jr. 的话,为什么新闻报道价值会变得"如此强大以至于几乎吞噬了这种隐私侵权制度"?[7] 大部分学者的论著中都没有回答这个问题,而仅仅指出法院一直以来都很抵制对真实信息公开进行限制,[8] 以及提到 1941 年著名的 Sidis 一案——这个案件对新闻报道价值采用了扩张性解释,使其几乎等同于公众好奇心。[9]

然而,问题的答案远不只如此,这也正是本文所要阐释的。公开

---

[1] Restatement (Second) of Torts § 652D (1977).
[2] See William L. Prosser, Privacy, 48 Cal. L. Rev. 383 (1960).
[3] Harry Kalven, Jr., Privacy in Tort Law – Were Warren and Brandeis Wrong?, 31 Law & Contemp. Probs. 326, 329 (1966).
[4] Jonathan Mintz, The Remains of Privacy's Disclosure Tort: An Exploration of the Public Domain, 55 Md. L. Rev. 425, 426 (1996).
[5] Rodney A. Smolla, Accounting for the Slow Growth of American Privacy Law, 27 Nova L. Rev. 289, 290 (2002).
[6] See Diane L. Zimmerman, Requiem for a Heavyweight: A Farewell to Warren & Brandeis's Privacy Tort, 68 Cornell L. Rev. 291 (1983).
[7] Harry Kalven, Jr., Privacy in Tort Law – Were Warren and Brandeis Wrong?, 31 Law & Contemp. Probs. 326, 336 (1966).
[8] Diane L. Zimmerman, Requiem for a Heavyweight: A Farewell to Warren & Brandeis's Privacy Tort, 68 Cornell L. Rev. 291, 311 (1983).
[9] Sidis v. F-R. Publ'g Corp., 113 F. 2d 806 (2d Cir. 1940).

他人私人事务的隐私侵权这种垂死的侵权制度引发了学者们极多的讨论。但是，其中几乎没有学者从历史学或社会学的角度来分析这种侵权制度的消亡以及新闻报道价值的广义判断标准的发展。把隐私权理解成特定历史条件下的产物将有助于我们做出更全面的解释。在任何特定的时代，社会都需要隐私权法来实现一定的目的——保障特定的社会结构、社会实践和道德伦理等。[1] 为了理解隐私权法，我们必须对特定时期隐私权法所要改善的社会矛盾进行深入研究。[2] 本文将公开他人私人事务隐私侵权的"死亡"融入具体的历史背景，并认为历史有助于我们理解一些隐藏在当前关于大众媒体和隐私权的争论之下的矛盾。

笔者将公开他人私人事务的隐私侵权制度的死亡追溯到1920年至1940年间；那个年代见证了新旧媒体的快速增长与转型，包括报纸、杂志、广播电台和电影等。那是一个充斥着影响美国文化的"巨大矛盾"的年代，[3] 富有标志性的是美国全国上下对于文化和信息流通事务的关注。在这一时期，有两个显著的文化上的转变削弱了公开他人私人事务的隐私侵权制度。其一是避免私人暴露于公共视野这个意义上的隐私权在文化上遭受贬值。到了20世纪30年代，在公众面前适当地进行自我展露（self-exposure）不仅是人们所希望的，同时也是无法避免的。另一个变化是"新闻"概念被扩张至囊括许多不同种类的信息，其中也包括私人事务，以及重新评价了新闻媒体对现代社会生活的重要性。我们见证了"社会公众知情权"（the public's right to know）这个概念通过新闻媒体而产生，也看到了如下观点的形成——新闻的目的不仅在于使公民了解现代社会的复杂运作，也在于引发社会讨论。如果要让新闻媒体实现这些功能，法律和宪法就必须为新闻自由提供强有力的保护，而新闻的内容也必须"与（社会公众的）利益和关切的范围同样广泛"。[4]

这一时期，公开他人私人事务的隐私侵权案件验证并推动了上述

---

[1] J. Hirshleifer, Privacy: Its Origin, Function, and Future, 9 J. Legal. Stud. 649 (1980).
[2] Jane Gaines, Contested Culture: The Image, the Voice, and the Law 11 (1991).
[3] Warren Susman, Culture as History 268 (1984).
[4] A Free and Responsible Press: A General report on mass communication: Newspapers, Radio, Motion Pictures, Magazines and Books (1947).

趋势，从而使法律对转变中的社会环境和社会规范产生了影响。在许多公开他人私人事务的隐私侵权案件中，法官都表达了同一个观点，这个观点在多年后被 Brennan 大法官巧妙地总结为："在不同程度上向其他人暴露自己是生活于文明社会的伴随物。"① 在清楚或者含蓄地解决案件中涉及的《美国联邦宪法第一修正案》问题的过程中，法院阐述了新闻媒体享有的公开公共事务（public affairs）的权利，其中的公共事务包括"名人"（personalities）以及"私人社交事务和流行时尚，即使其中涉及的个人并未寻求宣传"。② 这些公开他人私人事务的隐私侵权案件大力宣扬新闻媒体发挥的社会功能以及新闻媒体的消费动力，它们遵循着美国联邦最高法院在其审理的案件中对涉及社会公众关注事务的真实信息公开的保护，同时也反过来影响美国联邦最高法院的判决。大众传媒对公共讨论范围通过历史上一系列著名的判例而得到承认和赞同，而公开他人私人事务隐私侵权之死只是这其中的一个部分。

虽然公开他人私人事务的隐私侵权制度已经无法再作为一种对抗媒体披露的有效的法律救济手段，但是它在学术上仍然不失为一个活跃的有意义的主题。有学者为公开他人私人事务的隐私侵权制度辩护，指出了未经授权的媒体宣传对社会和个人造成的消极后果，以及社会规范和社会结构无法为隐私权和名誉权提供充分保护的失败之处。学者指出，羞辱性的公开行为不仅会对个人尊严造成伤害，而且会妨碍人们形成可信赖的关系并阻止人们参与公共生活。③ 学者认为，我们试图通过《美国联邦宪法第一修正案》来实现个人自治和民主参与等目标，但隐私权对于这些目标而言也是必不可少的。④

公开他人私人事务的隐私侵权制度的支持者呼吁法律赋予私人事务更好的保护，并提出了一些能使这种法律保护符合《美国联邦宪法第一修正案》的途径；但他们的观点并不符合美国为了实现更广

---

① Time v. Hill, 385 U. S. 374, 388 (1974).
② Martin v. New Metropolitan Fiction, 139 Misc. 290, 292 (1931).
③ Daniel J. Solove, The Virtues of Knowing Less: Justifying Privacy Protections Against Disclosure, 2003 Duke L. J. 967, 1040, 1048 (2003).
④ See, inter alia, Ruth Gavison, Too Early for a Requiem: Warren & Brandeis on Privacy versus Free Speech, 43 S. C. L. Rev. 437 (1991).

泛的言论权利、削弱社会对自我展露的抑制而进行的历史运动。① 这次历史运动开始于两次世界大战期间，在经济、技术、知识和人口等因素变化的带动下，社会文化开始形成一项关于社会公众"知情权"的共同承诺，从而将言论自由价值置于个人隐私之上。

  本文第一部分回顾了隐私侵权制度在英国维多利亚时期的起源。它解释了 Warren 和 Brandeis 为什么会赋予私人的自我隐藏（the concealment of the private self）极大的重要性；为什么私人事务在他们设想的公共讨论中没有地位；以及为什么新闻业会对他们造成深刻威胁——新闻业似乎剥夺了他们所理解的个人决定是否公开表现自我（public self-presentation）的自主权。第二部分则主要研究"自我展露文化"的兴起对隐私权理念的破坏；"自我展露文化"鼓励内在特征和情感的公开展示，并褒奖现代新闻媒体的监督制度——在这种监督制度下，公民在其住宅之外必须承担遭受公开宣传的风险。在20世纪20年代和30年代间，法院经常忽视隐私侵权案件原告的诉讼请求；法院不仅认可了媒体公开的潜在威信，而且承认在公共领域内不可能对自我表现和个人隐私实施完全控制。

  本文第三、四、五部分研究有关新闻报道价值这个概念以及促进其活跃起来的社会态度。笔者研究了两次世界大战期间有关的法律讨论，阐述了新闻的概念、公众好奇心与开放式辩论之间的关系以及公益问题。这些同时发生的讨论对涉及公众关注事务的信息自由流通所发挥的社会效用表达了相似的观点，在某些情况下，公众关注的范围甚至被延伸到涵盖了流行出版物的内容。这些观点也被压缩到"知情权"的概念中，这个概念是在第二次世界大战期间开始被广泛提出的。② "知情权"以及关于"公众关注事务"的言论所具有的社会和宪法重要性，一直都是美国言论自由和新闻自由发展过程中的关键概念，然而它们的历史渊源却从未得到分析。笔者指出，这些概念主要是在 20 世纪三四十年代一些涉及新闻价值抗辩的公开他人私人事

---

① See Eugene Volokh, Freedom of Speech and Information Privacy: The Troubling Implications of a Right to Stop People from Speaking About You, 52 Stan. L. Rev. 1049 (2000).

② See Kiyul Uhm, The Cold War Communication Crisis: The Right to Know Movement, Journalism & Mass Comm. Q., 82: 1 (Spring 2005), 131–147.

务隐私侵权案件中发展起来的。同样,"新闻报道价值"也是有关言论自由和新闻自由的一个重要的现代法律概念。

最后,本文分析了1890年到20世纪50年代期间几个重要的关于新闻媒体公开私人事务和肖像的上诉案件。尽管本文关注的焦点在于公开他人私人事务的隐私侵权制度,但笔者也考察了根据Prosser教授关于隐私侵权的四分法的一些案件。这些案件分别是:"丑化他人形象"的案件(行为人公开真实事务使他人受到不良社会评价的案件),"擅自使用他人肖像"的案件(行为人未经授权在商业上使用他人肖像从而造成精神损害的案件)。笔者将这些案件置于它们当时所处的历史背景中,并研究了与之相关渊源,如大众文化、法学研究、学术批判等。利用文化历史学家常用的大众背景,笔者论证得出:侵权法规则受到大众文化消费的影响,而现代言论自由原则的起源之一正是小报和娱乐新闻。

虽然公开他人私人事务的隐私侵权制度在Warren和Brandeis发表《隐私权》的20世纪晚期是富有生命力的,但是,其赖以提出的维多利亚时期的价值在现代社会被赋予了新的定义,所以这种隐私侵权制度的社会和法律定义也发生了变化。本文顺着Warren和Brandeis提出的隐私权发展的脉络,阐述了美国如何变成一个现代的大众传媒社会,以及这个过程中如何围绕着关于隐私权和新闻媒体的社会辩论和法律辩论。在笔者所在的时代,关于隐私权和信息公开的社会经验发生了巨大的变化,隐私侵权规则在促进这一变化方面扮演了一个不受认可的角色,而这种社会变化又反过来影响了隐私侵权法。

二、隐私权的起源

在1890年,Samuel Warren是一位杰出的波士顿律师,而Louis Brandeis则是未来的美国联邦最高法院大法官,是Warren在哈佛大学的同学和律师工作搭档。那一年,他们合著了《隐私权》一文,据说是因为波士顿报纸的一个社会栏目刊登了一篇关于Warren的侄女结婚的报道,惹得Warren十分愤怒而写成此文。[①] 这篇文章针对

---

① See James H. Barron, Warren & Brandeis, The Right to Privacy, 4 Harv. L. Rev. 193 (1890): Demystifying a Landmark Citation, 13 Suffolk U. L. Rev. 875 (1979).

第二编 公开他人私人事务的隐私侵权所面临的挑战　　115

的是通过流言飞语和"人物新闻"的方式公开他人私人事务的行为——Warren 和 Brandeis 认为这是那个年代的新闻业最令人反感的一个方面。① 本文这一部分主要讨论关于个人和社会的假设，这些假设为公开他人私人事务隐私侵权和 19 世纪自我隐藏文化（culture of self-concealment）的产生提供了基础。但随着时间的流逝，那些作为背景的社会规范已经发生了变化，自我抑制的文化与自我展示这种全新的现代社会思潮发生了碰撞，并最终投降于后者。

（一）新型新闻的兴起与精英阶层的抵制

在 19 世纪 30 年代之前，报纸都附属于各个主要政党，且其主要面向的读者群是受过良好教育的人士。不过正如我们所知道的，作为一种专用于报道时事和"政治事务"的出版物，那个年代的美国报纸是靠卖报收入来维持运转的。为了吸引工人阶级读者，这些报纸印上了"人的趣味新闻"（human interest journalism）的字样，从而使其新闻读起来像一种娱乐消遣活动。② 在 19 世纪 30 年代，《纽约太阳报》（New York Sun）办公室首次使用了"人的趣味故事"（human interest stories）这个短语，用来表示"关于人们生活中的悲剧事件或喜剧事件的非正式小报道"。③ 随着商业广告成为报纸发行的主要赞助来源，趣味新闻成了吸引读者并向读者推销广告的一种手段。人的趣味新闻内容来源于社会生活最隐蔽黑暗的角落，例如犯罪报告、流言飞语、生活琐事以及其他一些事实（在某些情况下也可能是虚构的），这些内容在此之前都被认为过于世俗、骇人听闻或私密而不适于公开。④ 在美国南北战争之后，大多数报纸都开设了闲话栏目，一些大的报纸还分设不同的栏目来刊登政客、商人、社会人物、作家和运动员的报道。

19 世纪最后 25 年见证了黄色新闻的兴起，这是由出版商 Joseph

---

① See generally Charles Ponce De Leon, Self-Exposure: Human Interest Journalism and the Emergence of Celebrity in America, 1890-1940, at 54 (2001).
② Silas Bent, Ballyhoo: The voice of the press 400 (1927).
③ Helen McGill Hughes, The Human Interest Story 13 (1940).
④ See generally Charles Ponce De Leon, Self-Exposure: Human Interest Journalism and the Emergence of Celebrity in America, 1890-1940, at 54 (2001).

Pulitzer 和 William Randolph Hearst 倡导的一种高度轰动性的新闻。① Hearst "拒绝一切不包含街上的男人和厨房里的女人所喜爱的刺激轰动性的新闻故事"。② 图片新闻小报源自 19 世纪 80 年代的《纽约每日画报》(New York Daily Graphic)，这是一份载满图片的报纸，其格言是"重大的犯罪、可怕的事故和震惊社会的丑闻必须有图片说明"。③ 纽约的一份报纸甚至聘请一名摄影师站在街头对每一个看起来可能具备重要新闻价值的路人拍照。④ 在 1870 年至 1900 年期间，由于技术发展和城镇人口增长，城镇日报的读者数量增加了 400%。⑤ 这些报纸吸引了广大的工人阶级和中产阶级读者，使阅读成了大众消磨时间的方式。⑥

社会精英们十分厌恶这种流行的新闻媒体，并认为他们受到了威胁，一场关于新闻的战争随之而来——用新闻历史学家 Michael Schudson 的话来说，这场战争是"阶级冲突的代表"。⑦ 19 世纪的最后 25 年是一个社会巨变的时期，历史学家 Lary May 写道，那个时期见证了"维护正规秩序的社会现实开始出现裂缝"。⑧ 电话、电报、大量发行的出版物等新的信息流通渠道和新的交通方式压缩了时间和空间。工业化和公司化破坏了此前神话般的个体主义经济，小城镇和社区被纳入了毫无人情味的国家行政系统。⑨

保守阶层对这些变化的反抗是众所周知的：反移民法，镇压劳工，试图通过新闻审查和媒体管制来控制信息流通。一位历史学家写道，对流行新闻媒体的批判已经多到几乎可以被称为一个"反对行

---

① See David Ralph Spencer, The Yellow Journalism: The Press and America's Emergence as a World Power 16 (2007).
② Leonard Teel, The Public Press, 1900 – 1945, at 7 (2006).
③ See Simon Bessie, Jazz Journalism: The Story Of the Tabloid Newspapers 56 (1969).
④ The Right of Privacy, N. Y. Times, July 19, 1896.
⑤ Donald Pember, Privacy and the Press (1972), at 10.
⑥ Tom Leonard, News for All 92 (1995).
⑦ Michael Schudson, Discovering the News: A Social History of American Newspapers 89 (1981).
⑧ Lary May, Screening Out the Past: the Birth of Mass Culture and the Motion Picture Industry 64 (1980).
⑨ Robert Wiebe, The Search for Order, 1877 – 1920, at 44 (1968).

业"（counter‑industry）了。① 以秩序和理性为自豪的上流社会将追求轰动效应的新闻媒体视为工人阶级混乱而无秩序的生活的反映。精英阶层眼中的新闻是像《纽约时报》那样用平铺直叙的事实和据称精确的方式来刊登严肃的财经和政治新闻。在那样一个精英阶层开始将文化分为"精英文化"和"下层文化"的年代，新闻媒体也受到了相同的分类。②

在1880年至1890年间，为了应对黄色新闻，美国各地的改革家迫切要求颁布州制定法来禁止那些追求轰动效应的报纸和杂志。加利福尼亚州的一项法律禁止新闻媒体在没有获得事先同意的情况下发表关于任何活着的人物的照片或漫画。加利福尼亚州的另一项法律则要求作者在所有可能具有名誉毁损性的文章或社论上署名。③ 这些法律规定与当时对《美国联邦宪法第一修正案》的主流司法解释和各州宪法关于言论自由的条款几乎不存在冲突。④ 尽管事前的限制是不被允许的，但是事后惩罚那些具有威胁公共安全或道德的"不良倾向"的言论，则被视为加利福尼亚州政策权力范围内的合法举措。

在精英阶层看来，新兴的新闻报道最令人反感的地方在于它带来的私人信息使公共领域堕落了。关于"名人"的琐碎无聊的事实降低了公共讨论话题的档次，使读者的思想中充满了这些杂乱的信息，从而导致读者失去平衡和辨别的能力。当新闻媒体将私人事务中的细节展现在社会公众面前，它就打乱了公共和私人之间的界限，破坏了私密生活的神圣性。正如Warren和Brandeis所写到的："新闻媒体正在从各个方面越过社会礼节和社会风俗的边界。流言飞语和厚颜无耻不再是闲人和恶毒者的手段，而成了整个行业追寻的趋势。为了满足低级趣味，日报专栏大肆宣扬两性关系的细节。为了获得懒惰者的青

---

① Norman Rosenberg, Protecting the Best Men: An Interpretive History of the Law of Libel 190 (1990).
② See Lawrence Levine, Highbrow Lowbrow: The Emergence of Cultural Hierarchy in America (1988).
③ See Linda Lawson, Truth in Publishing: Federal Regulation of the Press's business practices 65-67 (1993).
④ Stephen Feldman, Freedom of Expression and Democracy in America: A History (2008), at 223.

睐,各种专栏都充斥着无聊的闲言碎语,而这些信息只有侵入家庭内部才能获得。""人们被卷入不受欢迎且始料不及的公开宣传当中,尽管他们的个人事务不属于公众合法关注的事项。"这种现象对受害者造成"精神痛苦和压力,而且远比单纯的身体伤害更加严重"。流言飞语通过"降低社会标准和道德"来伤害我们的社会。流言飞语出现在新闻媒体上,会导致社会公众的注意力集中在琐碎的小事上面,并会占据人们"脑海中本来可以容纳其他事物的兴趣空间"。

Warren 和 Brandeis 主张,避免这种新的社会环境对他人造成伤害是普通法的功能和职责,他们提出了"隐私权"这项权利,允许未经授权的公开行为的受害人提起侵权诉讼,并就其肖像或私人事务被展现在公众面前所带来的精神损害获得赔偿。在那个时候,并不存在什么法律救济手段可以用于针对新闻媒体擅自公开真实的私人事务的行为。名誉侵权法仅适用于虚假事务,而且它只救济名誉上的损害。Warren 和 Brandeis 提出的隐私侵权所要救济的损害并不是名誉侵权法针对的他人社会地位的实际损害,而是他人受伤害的情感。为了给隐私权提供正当依据,Warren 和 Brandeis 将他们提出的隐私权与这样的观点联系起来——人们对其私人信件和照片享有物权和契约性权利。所以,人们同样享有排他地拥有和控制其社会角色的法律权利。Warren 和 Brandeis 还指出了法律从仅保护财产和人身逐渐转向保护人类情感的普遍趋势,所以他们将隐私权描述为一项植根于"人格"(personality)的精神利益,而不同于人们对名誉享有的财产权利。[①] 隐私权保护个人不受公开披露,所以其保护的只是在大众媒体中传播的私人事务。如果行为人刊登的信息是与公众人物的公共成就(public accomplishments)相关的私生活内容,那么,隐私侵权制度不会惩罚这种公开行为,这一点有别于名誉侵权法中的"公正评论"(fair comment)免责特权。

由于城市生活使都市人更加彼此靠近,甚至往往达到令人不适的亲近程度,所以在 19 世纪最后 25 年中,人们开始广泛关注物理性的

[①] Samuel Warren & Louis Brandeis, The Right to Privacy, 4 Harv. L. Rev. 193 (1890), at 205.

隐私（physical privacy）。作为富有和有教养的标志，私人事务的隐私和私人空间等都受到了上层社会的极力追捧。① 城市生活不可避免地打乱了公共与私人之间的界限。尽管城市居民之间往往是陌生人，但他们却越来越依赖于彼此，并相互受到彼此的私人行为的影响。② 有学者指出："当下人们的生活环境比 100 年前的人要开放得多。"③ 大众传媒的兴起还给人们带来一种处于开放网络中的感觉。对于精英阶层而言，这些发展使保护物理性隐私变得更为迫切。Warren 和 Brandeis 悲叹家庭的隐私变得不再神圣。他们指责记者窃听和破门而入的行为，并认为"经营瞬时快照和报纸的企业"已经"入侵到私人和家庭生活的神圣领域"。④

不过，Warren 和 Brandeis 所要求保护的"隐私"与一些学者的观点不同，其主要内容并不是物理上的隐居或秘密。⑤ 其核心是对私人信息的控制——更具体而言，是指人们向其他人传播个人特性的方式。对于 Warren 和 Brandeis 而言，"隐私权"是指个人"决定在何种程度上向其他人传播其思想、情绪和情感的权利"，或者用 E. L. Godkin 的话来说，是指"决定社会公众应当对其个人想法和感觉、品位和爱好、私人事业和事务了解多少的权利"。⑥ Warren 和 Brandeis 担心大众媒体会破坏传统的关于在公众面前自我表现的礼仪，这是个人基本礼仪，同时也是形成社会共同体基础的社会化进程中的必要部分。通过破坏这些既有的自我表现模式，"新式"新闻对社会共同体的存续以及个人完整性都造成了威胁。

---

① See Edward Shils, Privacy: Its Constitution and Vicissitudes, 31 Law & Contemp. Probs. 281 (1966).
② See David Paul Nord, Communities of Journalism: A History of American Newspapers and their Readers 127 (2001).
③ The Right of Privacy, N. Y. Times, July 28, 1904.
④ Samuel Warren & Louis Brandeis, The Right to Privacy, 4 Harv. L. Rev. 193 (1890), at 195.
⑤ Nizer, The Right of Privacy: A Half Century's Developments, 39 Mich. L. Rev. 526, 528 (1940).
⑥ E. L. Godkin, The Rights of the Citizen to His Own Reputation, Scribner's Mag. 65 (July 1890).

(二) 隐藏与暴露

为了理解 Warren 和 Brandeis 为什么如此重视对个人信息和对公开自我表现的控制，我们需要了解维多利亚时期的公共领域以及当时的精英阶层所遵循的自我表现礼仪的社会含义。相对于现代的标准，那个时代在公众面前表现自我是一件相当正式、需要策划的事情，并受到当时既有的礼仪规则的约束。精英阶层将礼仪视为一套无异于正式法律的严格的强制性规则；它弥补法律规定的不足，或者在某些情况下，当法律失效时由它来发挥替代作用。正如19世纪晚期一位作家提到的："礼仪之于社会正如民法之于国家；它是社会为其自身设置的界限，用于对抗法律管辖不到的过错行为。"①

自我表现的主要目的是在公众场合将私人的自我（private self）隐藏起来。通过自我表现，人们为自己创造出一个公共面具或者表面，用于表现出他们希望在其他人面前展现的有尊严的克制的一面，而不过多地反映真实的自我。创造公共面具的必要性在于解决社会学家 Richard Sennett 所描述的"观众问题"。② 这个困境出现于1820年至1860年间，也就是美国历史上城镇化增长速度最快的时期。在城市中，人们很大程度上是通过表面现象来对彼此进行判断的，所以第一印象十分重要。③

那些远离家乡的小城镇而移居到城市中的人们往往试图隐瞒自己的出身并在社会上重新定位自己。为了在城市中获得成功，人们需要在某种程度上掩饰自己，而为了获得别人的信任，人们又必须传达一种真诚的印象。这并非易事。人们普遍认为，一个人的内在自我或其"人格"，会直接体现在其外表中，如衣着、举止和姿势等；因此，要隐瞒自己真实的感觉和意图就必须在自我表现的过程中格外注意。总体而言，自控（即对欲望的控制）是维多利亚时期社会风气的特点，同时也是那个强调生产者价值和严格的职业道德的社会的自然产

---

① John Kasson, Rudeness and Civility: Manners in Nineteenth - Century Urban America 61 (1991).
② Richard Sennett, The Fall of Public Man 86 (1989).
③ Michael Schudson, Discovering the News: A Social History of American Newspapers 89 (1981), at 59 - 60.

物。强调自我隐藏和抑制自发情感的自我展示典范会将那些内在的美德具体化,从而成为连接社会和道德的桥梁。

使控制公共表现成为可能的社会设想是这样的一种结构——公共和私人是两个"相互分离的区域"。这两个区域之间的区别可以说是以世界性公开行为为代表的礼仪和以家庭为代表的自然本质之间的区别。处于妇女和女性情感治理下的私人领域是充满感情和亲密关系的家庭领域,而公共领域则是充斥着激烈商业竞争关系的男性主宰领域。① 充斥着真实情感与冲动的私人领域是人们在公众面前表现自我的后台。人们在公共领域"扮演"一个克制的身份,但到了私人领域就可以除去面具,走出其社会角色,恢复真实的自我。② 正如社会学家 Erving Goffman 在他著名的《日常生活中的自我表现》(The Presentation of Self in Everyday Life)一书研究中所提到的,对后台的依赖有助于实现在前台做出完美表现的需要。③ 一些提供忠告的书籍认为中产阶级家庭不仅是一个有利于人与人之间交往的受保护的环境,同时也是一个可以让居住者预演其在公共生活中的角色的地方。④ 而有教养的观众们也遵循着既有的回应规则——"圆滑定理",这个规则要求观众忽略其他人在社会表现中的漏洞。

这些关于自我表现的礼节保护人们所享有的具有经济和道德双重价值的名声。这些礼节虽然是出现在受共同价值调整的私密环境中,但它们也是社会的必要构成因素。社会共同体在维护这些关于自我表现和回应的规则的过程中执行并维护着社会规范。⑤ 口头的流言飞语也有利于维护社会共同体——参与其中的人通过批评那些违反社会价值的人,从而肯定了社会价值。但是,书面的流言飞语却不具备这种益处:新闻媒体公开的私人事务转移了社会共同体中的流言飞语,从

---

① The classic piece on gender and the public – private distinction is Barbara Welter, The Cult of True Womanhood, 1820—1860, 18 Am. Q. 151 – 174 (1966).
② See Karen Haltunnen, Confidence Men and Painted Women 104 (1982).
③ Erving Goffman, The Presentation of Self in Daily Life (1959).
④ John Kasson, Rudeness and Civility: Manners in Nineteenth – Century Urban America 61 (1991), at 165.
⑤ Robert Post, The Social Foundations of Privacy: Community and Self in the Common Law Tort, 77 Cal. L. Rev. 957, 1008 (1989).

而抹杀了其社交功能。这就是隐私权惩罚书面的流言飞语而不惩罚口头的流言飞语的原因。

名誉侵权法一直以来都承认书面的虚假陈述会造成一定的社会和名誉损害。口头名誉侵权案件的原告只能请求获得特殊损害赔偿，但书面名誉侵权法推定存在损害，因为书面名誉侵权行为面向的信息受众十分广泛，而且以书面方式传播的事实具有恒久性。在一个有地理边界限制的社会共同体中，口头名誉侵权行为的受害人可以与行为人进行对质或者通过相反的陈述来恢复自己的名誉；但是，如果这些名誉损毁性陈述以永久存在的书面形式广泛传播出去，那么受害人就几乎无法采取什么救济方式了。如果关于某人的名誉损毁性或者令人尴尬的信息通过大众媒体传播出去，那么，受害人就失去了与之配合的听众，也无法控制其他人接受其形象的方式；读者和观众将会在缺乏解释规则和背景事实（受害人所在社区的成员可以获得这些背景事实）的情况下来解读这些信息。

（三）维多利亚时期的美国隐私侵权案件

在1890年至1910年间，美国民众开始就擅自暴露他人的私人自我、不正当地打破公共与私人的界限以及对公共形象失去控制等事由提起"隐私侵权"诉讼。到1910年，美国已有八个州承认了隐私权这项权利：其中有五个州是在普通法上承认，有三个州则是通过制定法承认。另外的几个州虽然没有正式将隐私侵权确认为一种侵权之诉，但也依据其他理由对受害人进行了救济，如违约或不当得利等，而且法官通常都会赞许性地引用 Warren 和 Brandeis 的文章。[①] 在这些案件中，新闻媒体公开了原告的私人事务或照片，原告就其遭受的羞辱和在同伴间的名誉损害请求损害赔偿。原告通常都会同时提起隐私侵权之诉与名誉侵权之诉，其中书面名誉侵权针对其名誉上的损失，而隐私侵权针对的则是原告失去对自我表现的控制从而造成的情感和尊严损害。

新闻媒体的曝光除去了社会共同体中树立个人形象的过程，但人

---

① See, e. g., Schuyler v. Curtis, 19 N. Y. S. 264 (1892).

们还是经常受到不实陈述的伤害。1909 年罗德岛的 Henry v. Cherry & Webb[1] 是一个隐私侵权兼书面名誉侵权案件，《普罗维斯登通讯晚报》刊登的一则汽车广告中使用了原告的照片。这张照片"被原告的朋友和熟人轻易地认出来了"，他们显然相信原告很乐意在广告上刊登照片并推荐广告中的汽车，从而导致原告成了他们"嘲笑、愚弄和奚落的对象"。而在 1911 年密苏里州的 Munden v. Harris 一案[2]中，一名小男孩的照片在未经授权的情况下被用于一家珠宝店的广告。法院认为这名男孩有权提起隐私侵权诉讼；并指出，对于一个五岁的孩子而言，无论是将他与珠宝联系在一起或是公开展示他的照片，都是十分尴尬的，因为"我们无需想象就可以意识到这会成为他遭受同伴戏弄的原因"。另外，1909 年肯塔基州的 Foster Millburn Co. v. Chinn 一案[3]中，一个专利药品的广告欺诈性地使用了一位参议员的姓名，法院认为这名参议员有权提起隐私侵权诉讼；因为这则刊登在小册子上的广告导致参议员受到"朋友和熟人的愚弄和嘲笑"。

正如这些案件所显示的，这一时期常见的隐私侵权诉讼往往涉及行为人未经授权而公开他人照片的行为。由于那个年代的人们认为照片可以体现一个人内心最深处的本质，所以滥用他人肖像被认为是对个人尊严以及自我表现自主权的严重损害也就不足为奇了。正如历史学家 Alan Trachtenberg 所写到的，19 世纪人物摄影师的目的在于"抓住灵魂"，专业的摄影师"提出了一个基本原理，即摄影师会透过表面看到深处，并将人的外表视为其内心的标志或表达"。[4] 19 世纪与 20 世纪更替之际，社会上出现了针对发展迅速的"狗仔队"的强烈抗议，导致美国各个州和自治市纷纷颁布了反"狗仔队"的制定法。虽然从技术上来说，公共场合中他人的形象并不具有"私人"属性，但传播他人的照片却会被认为是对隐私权的侵犯，因为照片本身就具有个人属性。

---

[1] Henry v. Cherry & Webb 73 Atl. 97, 98 (1909).
[2] 134 S. W. 1076, 1079 (1911).
[3] 134 Ky. 424, 430 (1909).
[4] Alan Trachtenberg, Reading American Photographs, 26, 27 (1989).

著名的隐私侵权案件 Pavesich v. New England Life Insurance Co.[①] 使佐治亚州在 1905 年成为美国第一个承认隐私侵权制度的州。这个经典的判例采纳了维多利亚时期关于公共和私人的关系以及照片和真实自我的联系的观点。在本案当中，一家保险公司刊登在《亚特兰大宪政报》(Atlanta Constitution) 上的广告使用了艺术家 Pavesich 的照片。Pavesich 虽然在拍照时摆好了姿势，但是并未授权该照片用于这个广告。佐治亚州最高法院否定了下级法院的观点，认为 Pavesich 有权提起隐私侵权诉讼——Pavesich 丧失了在公众面前展示自我的权利；而他原本可以"选择自己接受公众注意的时间、地点和方式"，"在任何合适的时间、地点，采用任何合适的方式向社会公众展现自己"，并"在他认为适当的时机退出社会公众的注视范围"。[②] 失去这种特权被认为是对个人尊严的严重侵犯，所以，法官将这种行为定性为对"人身自由"的侵犯。

这种超越地域限制的展示，其面向的观众缺乏对背景事实、环境的认识，也没有共同的解释规则——Pavesich 的照片脱离了具体的语境和人身，面临着广大社会公众对其不受约束的解读。看照片的人可能会对 Pavesich 的社会地位做出粗暴而无根据的猜想，并攻击他的尊严和名声。正如法院所指出的，Pavesich 的照片可能会出现在"街头巷尾"——"它可能被用于装饰酒吧的吧台或者妓院的墙壁"，或者被展示在一些肮脏的地方，而这些地方是"Pavesich 永远不会去那里接受公众注视"的。在 19 世纪最后 25 年中，巨大的消费市场和消费者文化开始兴起，商业广告中也开始大量使用可视图像。[③] 正如那些优雅的广告以及谷类食物、肥皂和专利药品包装袋上的图像，Pavesich 的脸也成了一种可替代的商品，市场剥夺了他与社会公众协商确定自己公共名声的权利。

隐私、名誉和公共表现的规则都是高度性别化的。妇女被认为具有私人的本质，稳重质朴是女性的典范。那些在公共场合公开展现自

[①] 122 Ga. 190; 50 S. E. 68 (1905).

[②] 50 S. E. 68, 70 (1905).

[③] Michael Madow, Private Ownership of Public Image: Popular Culture and Publicity Rights, 81 Cal. L. Rev. 125, 156 (1992).

己的情感或者希望获得他人注意的妇女往往不会受到尊重。尽管在19世纪末20世纪初，商业广告开始大量使用妇女的肖像，但是妇女出现在公共场合尤其是商业背景下，通常都象征着性与下层阶级的地位。出于这个原因，行为人未经授权而公开展示妇女的照片，特别是在广告中滥用妇女照片的行为，都会被法院认为是特别应受谴责的。在1918年的 Kunz v. Allen 一案①中，一名妇女在购物过程中被拍摄下来，且这些图像被用于一家服装店的广告中；堪萨斯州上诉法院认为这名妇女有权提起隐私侵权诉讼。因为这则广告传达了这样一种印象——原告是一名为人所不齿的专业女演员或模特，这使原告感到极为痛苦。

在1902年纽约上诉法院审理的著名案件 Roberson v. Rochester Folding Box Company② 中也出现了相似的案情。这个案件是值得注意的，某种程度上是因为它引起了启示性的社会效应。在这个案件中，Abigail Roberson 是一名年轻女孩，她向法院起诉要求停止在 Franklin Mills 牌面粉的广告海报中使用她的肖像。虽然案中 Roberson 的照片十分迷人，但法院指出，"商店、仓库、大展厅"这些粗俗的商业环境远远超出了 Roberson 自己可能选择出现的社区和环境，在这种环境中展示她的照片将会合理地导致一位端庄的妇女遭受"令人羞愧的骂名"。不过，法院最终还是压倒了强有力的反对意见而驳回了 Roberson 的诉讼请求，法院认为隐私权这种法律权利并不存在，而且如果承认隐私权的话将会导致诉讼泛滥。

随后，美国社会掀起了一场广泛的呼吁 Warren 和 Brandeis 所提出的隐私权的浪潮。全国上下为了替 Roberson 的自我隐瞒权利申辩而涌现了大量针对该案判决的批判。一场社会运动在数周内发展起来，要求纽约州立法机关颁布一项制定法，从法律上保护个人的姓名、私人事实和肖像不受未经授权的商业利用。③ 为了回应这种要求，纽约州立法机关通过了《民事权利法》第 50-51 节（Civil

---

① 102 Kan. 883 (1918).
② 64 N. E. 442 (N. Y. 1902).
③ Lawrence Edward Savell, Right of Privacy – Appropriation of a Person's Name, Portrait or Picture for Advertising or Trade Purposes Without Prior Written Consent, History and Scope in New York, 48 Alb. L. Rev. 1 (1983).

Rights Law Sections 50 – 51），将行为人出于"广告或交易目的而在未经他人书面同意的情况下"使用他人姓名、肖像、私人事务或照片的行为规定为轻罪（misdemeanor）和侵权行为。① 因此，促进自我隐瞒的力量获得了胜利，而这种社会礼仪规范也获得了法律的支持。

在20世纪早期，原告们还是继续提起这类"隐私侵权"诉讼，但是到了20世纪20年代，司法界和社会对于这类案件的态度开始出现了变化。在大约20年间，美国文化中关于隐私和公开的规范出现了重大转变。当自我表现（self‐presentation）的目的开始从自我隐瞒变为自我展露（self‐exposure），"隐私侵权"的概念也发生了变化。在这样一个时代中，社会成就的最高峰是指一个人的"内在"自我受到其他人的认可，如果人们还利用国家强制力来约束犯错的专栏作家、媒体摄影记者或者滥用他人肖像的广告商，未免显得矫枉过正。

三、个性的理想模式

1897年，《纽约时报》刊登了瓦萨尔学院（Vassar College）校长在毕业典礼上的致辞，这位校长认为越来越多的普通人开始追求名望，他为此而感到悲哀。"受到对出名的狂热的影响，人们开始向全世界公开他们的家庭秘密以及他们的社会娱乐和抱负。"② 人们知道报纸会刊登所有有趣的或令人兴奋的内容，所以他们每天都怀着成为名人的希望而向记者展示自己的私人怪癖和过失。另一方面，上流社会的人们则希望获得"适度的隐私"并避免出名，他们会因为"一切类似于公开宣传的事情而感到痛苦和烦恼"。不久之后，这种吸引公众关注的行为就变得十分普及。正如本文这一部分论证到的，到了20世纪20年代结束之前，公开暴露私人生活——无论是对公众人物还是对不知名的人物——已经成为美国文化中社会生活的中心部分。公开暴露私人生活成了大众娱乐对象、国家主要行业、新的自我表现的理想模型的追求。

如果要对20世纪20年代的美国生活作一个说明，那就是城市的

---

① The Right of Privacy, N. Y. Times, Aug. 23, 1902.
② Old Principles Upheld, N. Y. Times, Jun 8, 1897.

兴起以及可视媒体的迅猛发展。1920年，人口普查首次显示生活在城市内与城市外的美国人达到相同的数量。现代大都市给人的感觉越来越像一场感官盛宴。城市街头因为电力而变得明亮，到处遍布着明亮的广告牌为品种繁多的产品刊登广告。城市居民区开始出现电影院，普通美国人平均每周要去看三至四次电影。报纸发行量创新高；而且随着半色调技术（halftone technology）的出现，报纸上登满了照片。美国开始进入大众传媒和城市消费的文化，而这些物质上的发展反映并加快了社会行为的快速变化。

第一次世界大战之后，中产阶级内部发生了一场"行为和道德上的革命"，打破了维多利亚时期公共与私人之间的严格界限。[1] 佛洛伊德式心理学（Freudian psychology）的普及认可了人们对内在本能和冲动的展现，从而将美国人从19世纪的非难中解放了出来。萌芽的消费者文化和广告行业赞美人们的欲望并将其商业化，混淆了私密经历和社会经历之间的界限。商业广告中开始使用心理学技巧，将商品与人的内在幸福和自我评价联系起来，从而公开了人们私底下的恐惧和欲望。[2] 当广告商开始承诺其商品能使消费者变得更可爱、增强自信和治疗口臭时，这些"曾经不被领导阶级看重的"极度私人的事务"已经成为了公众热烈讨论的话题"。[3] 自由而激进的女权主义的兴起对早前要求女性端庄的社会规范提出了挑战，[4] 而人们情感生活的主调也从压抑转向了释放。

私人生活获得了提升。在1880年至1920年间，工薪阶层的人数增加了8倍，涵盖了整个中产阶级的60%。美国人开始承认新的现实：普通中产阶级工人的一生并不是一个个体制造者，而是一个大组织中领薪水的雇员。工作场所使人们变得沉闷且失去人性，人们开始相信私人领域可以对此进行矫正。越来越多的人认为高度组织性的工作阻碍了开放市场环境中形成的自由和自治的感觉，而只有私人生活才能实现自由和自治并找到人的"真实自我"。

---

[1] See Frederick Lewis Allen, Only Yesterday: An Informal History of the 1920s (1931).
[2] See Stuart Ewen, Captains of Consciousness: The Social Roots of Modern Advertising (1976); Roland Marchand, Advertising the American Dream (1986).
[3] T. J. Jackson Lears, Fables of Abundance 137 (1995).
[4] Nancy Cott, The Grounding of Modern Feminism (1987).

稳定的私人生活、情感释放以及对内在渴望的表达，带来了一种新的理想化的自我表现模式，被历史学家描述为"个性"（personality）的理想模式。历史学家 Warren Susman 写道，个性理想模式"特别适于解决发展中的消费大众社会这种变化的社会秩序中人们的自身问题"。① 个性理想模式看重那些与私人领域联系在一起的情感和品质，如幽默、热情和自然，这些特性一般都是在休闲时间中发展起来的。流行的忠告性手册不再强调隐藏真实情感、树立克制的公共形象的重要性，而是强调在公共生活中的坦白率直与感情流露，从而表现出内在的真实自我与"个性"。

人们宣称："做回自己是个性的第一戒律，而且要做完整的自己。"② 电影明星 Mary Pickford 在多家报纸上都开设了建议性专栏《日常谈话》（Daily Talks），她在其中提醒读者，最有吸引力的人是那些学会"做他们自己"的人。她解释道，自我意识（self-consciousness）"会偷走你的美丽与个性"。而正如 Henry Fold 在 1921 年对记者 Bruce Barton 说的那样："年轻人……应当找到不同于其他人的唯一的个性闪光点，并为所有值得的事物将其发扬光大。"③ 对内在冲动的"完全揭露"成了时尚。如果一个人能够在公众面前用得体而时髦的方式揭示自我，就会被认为是鼓舞人心的。

然而，这种新的"个性"模式并不强迫人们进行完全的自我展露。仍然有一些隐私地带被认为是限制社会公众窥探的——如个人的亲密关系、身体机能和令人尴尬的癖好等。这种模式也并不是真正自发的。正如 19 世纪自我表现的表演理想模式，个性理想模式也包含一定程度的戏剧性。撇开 Mary Pickford 的忠告不说，公开的自我表现仍然是一项具有自我意识的活动。人们必须装饰他们的自然情感，使其变为社会文化所认可的形式——人们需要以广告商宣扬的方式显示得热情和自然，就像银屏上的电影明星一样。个性在很大程度上是一种消费者理想，在 20 世纪 20 年代的个性狂热时期，制造商们经常请

---

① Warren Susman, Culture as History 268 (1984), at 280.
② Quoted in Samantha Barbas, Movie Crazy: Fans, Stars and the Cult of Celebrity 43 (2001).
③ Quoted in Charles Ponce De Leon, Self-Exposure: Human Interest Journalism and the Emergence of Celebrity in America, 1890-1940, at 117 (2001).

明星代言那些据称有"个性"的产品。明星代言人声称，正确选择衣服的颜色和款式、食物以及汽车型号等能够让人表现出自己的个性并找到真正地实现自我。20世纪20年代，电影明星Gladys Leslie 推销了一款声称能创造"有磁性的个性"的美容霜。而一位女明星则在一个化妆品广告中说道："事实上成千上万的妇女和女孩都用错了香粉，她们压抑了自己的个性，毁灭了本应成为其魅力和吸引力的东西。"

由于电影明星能够有魅力地向数百万观众表现其内在的自我，所以他们成了个性理想模型的榜样。而由于电影的超凡逼真性，所以电影明星在银幕上显得十分自然、真实而平易近人，从而使他们在自我展露的新文化中成了极其迷人的人物。电影明星看起来并不像是在表演，而像是在公众面前展现他们真实的、私底下的自我。

好莱坞电影制片厂的宣传部门进一步加深了人们的错觉：演员在屏幕内外并无区别。[①] 电影制片厂会确保特定明星一直饰演同类角色，并保证这位明星在电影之外出席的所有公共场合，包括媒体采访和广告，都与其电影中的角色相印证。整个全新的名人媒体帝国——包括粉丝杂志、在报刊的流言飞语专栏以及刊登在报纸和杂志上的好莱坞故事——都在令读者确信：演员们生来就具备吸引人的个性，观众应当模仿这些个性从而在公共生活和私人生活中都获得成功。为此，记者们声称要揭露明星们的"真实自我"从而让读者们"真正地了解"明星。在一些独家专访中，明星声称他们公开了自己最近的感情失败、最深处的心声以及细小的坏习惯。然而，不管明星自称如何真诚地展现了自己，其故事的寓意总是相似的。正如1922年一篇典型的粉丝杂志文章解释道："Norma Talmadge 本人非常像她在屏幕上的个性——热情而真诚。"而1915年一本粉丝杂志又写道，关于Blanche Sweet 的一个"美妙的事实"是她并没有表演，"而是以她的热情生活在电影故事中，以至于观众们都认为他们看到的不是生活的幻想，而就是生活本身"。

从那个年代的粉丝邮件和社会学研究中可以看出，观众们确实将

---

① Richard DeCordova, Picture Personalities: The Emergence of the Star System in America (2001).

演员视为个人与社会成功的模范，并努力地复制他们的风格与"个性"。1931年，一位影迷向社会学家说道："在看完 Mary Pickford 的一部电影之后，我发现自己在走过通道时也像她一样带着一点点屈膝，而且走路时脚趾会转向。""我竟然像 Pickford 所扮演的角色那样打扮自己并拍了照片。"上帝赋予 Pickford 魅力、亲切以及"富有吸引力的个性——那种所谓的无法用言语描述的东西，使她接触到的事物都变得缤纷而富有生气"。人们把明星形象当作塑造自己个人特质的"符号式的、象征性的基本原材料"，在这种文化背景下，人们可能获得的最高社会评价是使自己的形象与个性被其他人所赞赏，这与维多利亚时期的观念是完全相反的。当明星们主动向全社会表明自己的个性，并允许自己的照片在电影、宣传照和广告中传播，他们就相当于邀请全社会对其个性的基本特征进行创造性的转换、重新解释与重新定义。

个性不仅是电影明星的基础，而且是所有现代名人的基础。正如1922年《纽约时报》所提到的，明星的概念是指"一个只需扮演好自己这个角色的人"。① 19世纪的社会名望是对生产性社会成就的一种赞许，而与之不同的是，现代名人受赞许的地方不在于他做了什么，而在于他是谁。到了1927年，正如《纽约时报》的典型报道内容所反映出来的，社会名流群体包括了百老汇制片人、文学家、电影明星、社会人物、体育运动员、棒球队主人、剧作家和大厨师等等。② 此时，美国人关于通过努力工作而改变社会地位的观点与前沿思想同样流行——即一个人可以在大众媒体的帮助下从无名小卒变成名人，也可以因为其他人认可其独特的内在品质而使其形象出现在广告牌或大屏幕上。

不过，瞬时名人（instant celebrity）也包括那些不那么有魅力的人。在20世纪20年代，报纸、小报和新闻短片为了迎合社会公众对公开展露的喜好而刊登了很多与偶然出名的人有关的吸引观众眼球的

---

① Actors and Stars, N. Y. Times, April 25, 1920, X4.
② Charles Ponce De Leon, Self - Exposure: Human Interest Journalism and the Emergence of Celebrity in America, 1890 – 1940, at 47 (2001).

故事。犯罪和事故的目击者、罕见疾病的患者、中彩票的人和悲惨的受害人等经常被写进一些戏剧性的故事中而呈现在大众面前。1928年《费城晚报》一项关于新闻内容的调查显示，最常见的两类报道是犯罪报道和"人的趣味"故事。许多人的趣味故事都是关于"瞬间成名"的故事，包括一些事故以及一些被编辑称为"怪诞的"事件，例如，盲人仓库管理员在大火中救出三个小孩、年轻人在悬崖边救下两个人等。①

Warren 和 Brandeis 曾经抱怨过"柯达客"（kodakers），即那些在大街上随机抓拍行人的报纸摄影记者。1902年《亚特兰大宪政报》曾发出的悲叹："在这个属于胶卷的年代，只要存在任何公共用途或者私人交易计划的需要，任何人都不可能逃得过快照。"② 到了20世纪20年代，这种原本新奇的现象已经变得相当普遍。在城市，新闻短片和报纸的摄影记者经常在街上巡视，寻找着令人开心或有趣的事情，即使这些事情十分平凡。《纽约时报》在1931年评论道："现在人们面对相机已经无需再感到惊讶了。现在的新闻媒体会自己寻找新闻报道的材料。那些在公园里闲逛的青年很可能突然发现自己出现在一个名为《在爱的月光下》的趣味报道中。"③

到了20世纪20年代，现代美国已经形成了一种寻找和注视的文化，在这种文化下，外表被认为具有重大的社会重要性，而经常性的监视已经成为日常生活的一个现实。随着这种新的自我展露文化的兴起，美国迎来了一个在15分钟内就可以成名的时代。被公开暴露在新闻媒体上的可能性已经不再遥远。每一个人，无论他有多么特别或者多么平凡，都可能在电影、杂志和报纸中出现一小段时间。

四、隐私权法的改变

整个发展中的隐私侵权法都与这些文化的转变纠缠在一起。在1910年至1920年间，堪萨斯州、密苏里州和阿拉斯加州承认了普通

---

① Nancy Mavity, The Modern Newspaper 36 (1930).
② The Right of Privacy, Atlanta Constitution, Nov. 10, 1902, at 4.
③ Lewis Nichols, Our Sacred Privacy Becomes a Memory, N. Y. Times, Oct. 11, 1931, at SM5.

法上的隐私权。在20世纪30年代,又有5个州承认了隐私权,使允许提起隐私侵权诉讼的地区总数增加到15个。然而,虽然有越来越多的地区承认隐私权,隐私侵权诉讼的原告却很少能获得救济。自我展露的文化改变了隐私权在美国社会的重要性以及法官衡量公共生活与私人生活界限的方式。

美国法院认为,原告真正想要的往往是其肖像的经济价值,而这并不是隐私权所保障的。在1930年之前,非自愿的肖像广告对象很少将其诉讼请求建立在令人尴尬的损害的基础上。1926年,一位18岁的家庭主妇发现自己的照片被用于一则面粉广告,她请求获得50000美元的赔偿,理由是行为人未经同意使用了她的肖像,而使她遭受了羞辱。① 这一时期的很多隐私侵权案件涉及行为人在电影和新闻媒体上对他人姓名、照片和私人事实的暴露,这反映出大众媒体将私人生活作为其素材的来源。司法对这些隐私侵权诉讼的抵制是通过"新闻报道价值"(news worthiness)、"公众人物"(public figure)和"非自愿公众人物"(involuntary public figure)等抗辩理由来运作的,反映了新的社会文化已经接受了在公众面前暴露个性这种现象的不可避免性、甚至是吸引力。

隐私侵权诉讼中原告胜诉的困难有一部分是因为法官往往不愿意将原告的身份确定为"普通社会公众"(private figures)。不同于19世纪将公众人物界定为政治家、发明家和其他传统的"公共人物",现代隐私侵权诉讼中关于公众人物的定义反映了对有名望的人的重新界定。到了20世纪30年代,电影明星、歌手、作家、运动员、企业家、发明家、探险家和大学教授等都被法院认为是"公众人物",这些人在成名的时候就已经放弃了大部分的隐私权。法官们承认,在这样一个瞬时名人的时代,很难在公众人物和普通社会公众之间划清界限。正如一个法官在1938年所提出的疑问:"究竟是否有必要区分私人生活中的人和政府机构或公共生活中的人?如果有必要的话,一个人会在什么情况下才从私人公民变为公众人物?"而一旦面临艰难的

---

① George M. Armstrong, Jr., The Reification of Celebrity: Persona as Property, 51 La. L. Rev. 443, 459 (1990).

抉择，法官们往往倾向于将原告界定为公众人物而非普通社会公众。①

美国法院从未精确界定公众人物究竟放弃了多少隐私权。事实上，这一时期几乎没有记载过任何名人诉报纸公开宣扬其个人生活事务的上诉案件；这很可能是因为提起法律诉讼将会导致那些令人尴尬的事务受到进一步公开宣传。总体而言，好莱坞的明星们很少针对擅自公开宣传的行为提起诉讼，因为他们已经通过合约将其肖像和公开权交给了负责经纪事务的代理机构和工作室。

不过，法院确实曾经指出，那些知名度高的名人，尤其是娱乐明星，几乎不拥有在法律上可执行的隐私权。因为他们获得名望的本质正是他们公开宣传自己个性的能力，演员的私人生活和照片都属于社会公众的合法关注事项。俄亥俄州的一个法院于1938年指出："女演员和男演员们不能期望过上安静的隐秘的生活。任何以戏剧事业为生的人都不享有隐私权。"② 在 Paramount Pictures v. Leader Press 一案③中，被告公开了一些剧院的宣传资料，其中包括关于原告公司旗下明星的漫画；原告以被告侵犯了这些明星的隐私权为由提起诉讼，但法院支持了被告的主张，驳回了原告的诉讼请求，法院指出："常识告诉我们，明星最大的资产正是持续性地公开宣传。"演员并不享有隐私权，因为他们的"作品、形象和姓名都已经卖给了社会公众"。

美国法院还重新评价了个性社会文化下的个人意志力（volition）与名声之间的关系。到了20世纪30年代，法院开始承认，大众媒体经常不费力气地将普通社会公众带入社会公众的视野，而一个人身上所体现的公共利益往往与其实质性成就毫无关联。正因为人们的目的与其获得的名声之间的关系十分牵强，所以公共利益开始成为判断一个人是否公众人物的决定性因素。

美国文化开始承认，在新的媒体文化下，名声是一种相关联的现象，它并不一定是人们通过努力赚取的，也有可能是多变而异想天开

---

① Flake v. Greensboro News Co., 195 S. E. (1938) at 55, 61.
② Martin v. F. I. Y. Theatre Co., 10 Ohio Op. 338 (Cuyahoga County Ct. Com. Pl. 1938).
③ 24 F. Supp. 1004, 1007 (W. D. Okla. 1938).

的社会公众赋予特定个人的。加利福尼亚州的一个法院在 Cohen v. Marx 一案中解释道，普遍的法律和社会观点是——"如果社会公众对某人从事的行为享有的合法利益，那么，这个人就会成为公众人物，从而必须让渡一部分隐私权。"① 在这个案件中，一名前职业拳击手退役后改名为 Canvasback Cohen，但 10 年过后，Groucho Marx 在一次无线广播中提到了他的名字，所以 Cohen 提起了隐私侵权诉讼。法院指出，无论 Cohen 多么想退出公众视野，由于他仍然会激发公众的兴趣，所以他不能"像蜗牛一样缩回自己的壳中"，也不能"任由自己的意愿和想法"而退出公众视野。

不过，法院仍然认为有必要保留关于"放弃权利"（waiver）和风险预期的规则。在 Canvasback Cohen 一案中，当 Cohen 成为一名拳击手并了解到在大众文化中一个单纯的露面就可能使其永远留在公众印象中的时候，他就已经预料到自己一生都有受到公开宣传的"风险"了。最极端的情形是那些非自愿的公众人物，也就是法律上所谓的"瞬时名人"。当新闻媒体公开宣传那些从未公然寻求宣扬的普通社会公众时，非自愿的公众人物这个概念可以使新闻媒体在许多情况下逃避这种行为的责任。这个概念中包含的意思是：生活在现代的大众传媒社会，每个人在留下自己家中的隐私时都应当预料到新闻媒体对其进行公开宣传的风险。

在 1929 年的 Jones v. Herald Post 一案中，肯塔基州最高法院成为第一个认可"非自愿公众人物"概念的法院。在这个案件中，Jones 女士与其丈夫在路易斯维尔市的街上散步，两名男子攻击了她丈夫并将其刺死；第二天，当地报纸刊登了一则关于这起攻击案件的报道，并附有照片。Jones 女士提起了诉讼，认为这些照片是未经她同意而公开的，由于她并不是"公众人物"，也从未寻求公众的关注，所以她有权享受不被公开的生活。然而，法院驳回了 Jones 女士提出的 2000 美元损害赔偿的诉讼请求。法院指出，由于 Jones 女士走到了大街上，所以她应当预料到受公开的风险。法院虽然承认了隐私权，但法院解释道，在某些情况下不管人们"是否乐意"，他们都可

---

① Cohen v. Marx, 94 Gal. App. 2d 704, 705 (Cal. Dist. Ct. App. 1949).

能成为社会公众关注事件的参与者。因为 Jones 女士"从隐居中出现了",所以新闻媒体对其进行公开的行为并不违法。

在 1939 年的 Metter v. Los Angeles Examiner 一案①中,法院也用相似的理由得出了判决结果。在这个案件中,一位妇女在洛杉矶市中心一栋建筑上跳楼自杀身亡,而被告公开了关于这起自杀事件的一张照片。法院认为,Metter 女士在公众场合自杀的行为已经放弃了自己的隐私权。她"去到大城市中心的一幢公共大厦并在那里跳楼结束了自己的生命。我们很难想象还有比这更加公开的自我毁灭方式……她自己的行为造成了这个结果。正是她自己的行为使其放弃了避免社会公众关注其自杀事件照片的权利"。②

这一时期的很多案件都详细说明了这样一个概念———一旦人们出现在私人住宅之外,他们及其相关事件就会具有"公共"属性,无论行为人披露的是何种事实,也无论受披露的对象是否刻意地寻求公开。在 Humiston v. Universal Film Manufacturing Company 一案③中,一位协助警方的女律师起诉了环球电影公司(Universal Film),因为后者使用了一段关于她在警车中的新闻短片。法院认为这名女律师在涉足案件时就已经预料到受公开的风险了。在 Themo v. New England Newspaper Publishing Co. 一案④中,《波士顿美国人》刊登了原告遭受抢劫后与剑桥大学警察队长讲话的一张照片,马萨诸塞州最高司法法院认为原告无权提起隐私侵权诉讼。而在 Thayer v. Worcester Post 一案⑤中,被告公开了原告在机场的一张照片,马萨诸塞州最高司法法院又指出原告未能满足隐私侵权诉讼的要见,因为"机场被推定是公众场合"。法院通常都认为,新闻短片或者报纸摄影记者拍摄"游行中或大街上"的行人的行为并不侵犯他人的隐私权。

根据《美国侵权法复述(第一版)》的规定,只要"一个人不是隐士",他就应当有理性地预料到自己可能会因为"所在的社会生活

---

① 35 Cal. App. 2d. 304, 312 (Cal. Dist. Ct. App. 1937).
② 35 Cal. App. 2d. 304, 312 (Cal. Dist. Ct. App. 1937).
③ Humiston v. Universal Film Mfg. Co., 189 A. D. 469, 476 (1919).
④ 306 Mass. 54, 58 (1940).
⑤ 284 Mass. 160, 163 (1933).

中的普通事件"而受到公开,"包括人们对其行为的评价、邻居对其在自己土地上的所作所为进行或多或少的随意观察,以及作为街景的一部分或一群人中的一个而被拍照的可能性。"① 北卡罗来纳州的一个法院在解释现代社会中的个人隐私时总结出一个现代的观点:"人们并不是过着隐居生活。当一个人去到大街、公路上或进入其他公众场合,他就等于向社会公众展示了自己的容貌特征。"② 通过在媒体时代接受名人文化、现代的可视化监视、新闻媒体经常性的无理做法以及大众的品位,隐私权法确认了当代的个性文化以及公众场合不可能有隐私权的现实。

五、隐私和新闻

新闻媒体公开"自愿"和"非自愿"公众人物的照片和私人事务这项特权的基础在于这些公众人物的活动具有"新闻报道价值"(newsworthy)。新闻报道价值的抗辩理由或免责特权是与这个时代同时发展起来的,如果法院认定新闻媒体公开的内容具有"新闻报道价值",或者属于"社会公众关注事项"或符合"公众兴趣",那么,新闻媒体被告就得以在隐私侵权诉讼中免于承担责任。现代法院对这个问题的判断同样与早期的法院有很大的不同,现代法院更多地关注行为人披露的事务中所体现的公共利益,而非这些事务的私密性本质。通过新闻报道价值这个概念,法官界定了一个公共知识和公共讨论范围,其中包括个人信息。大量关于人的趣味新闻以及依赖大众品位的新闻媒体因此而具备了正当性。

从20世纪二三十年代开始,法院开始依据已有的流行新闻媒体的内容来构建"新闻报道价值内容"的概念。在进行新闻报道价值判断时,法院通常都会对比符合公众兴趣的内容(material of public interest)与符合公众利益(in the public interest)的内容(即服务于公益的),最终法院用公众好奇心来定义"符合公众兴趣的内容",并将其等同于新闻报道价值。如果特定内容出现在流行出版物上,法

---

① Restatement (First) of Torts § 867 cmt. c (1939).
② Flake v. Greensboro News Co., 195 S. E. 55, 63 (N. C. 1938).

院就会推定这些内容能够激起公众的兴趣,从而具有新闻报道价值。① 这种关于新闻报道价值的界定方式被批判为浅薄的描写性界定以及过于顺从新闻媒体。当新闻报道价值被界定为"任何出现在新闻媒体上的内容"时,几乎没有隐私侵权诉讼的原告能够胜诉这种现象也就不足为奇了。②

笔者认为,鉴于那个时代发生的关于大众媒体的社会辩论的背景,新闻报道价值并不仅仅是一个呆板的描述性短语,而是具有规范性的价值。面临新闻报道价值判断问题的法官往往会顺从新闻媒体,很大程度上使因为法官们承认了品位的相关性以及法院做出文化上的审美判断的不正当性。而由于那个时代已经存在对大众媒体的道德规制(如美国一些州实行的电影审查制度),所以这并不是一个无关紧要的进步。③ 美国法院在普通法的隐私侵权诉讼中采纳了宪政法上关于言论自由的解释,并指出,紧跟公众需要和公众好奇心的新闻媒体对于一个正常运作的现代社会而言是十分重要的,不仅因为它能传播有用的和娱乐性的信息,而且因为它能引起公民之间的联系和对话。正如纽约州法院在1931年的一个新闻媒体隐私侵权案件中所指出的,有价值的新闻的本质是能够"引起公众的评论"。④ 由于流行新闻媒体能够引起社会公众的兴趣与讨论,所以它"与根本性的民主制度密切地联系在一起"。⑤

司法上关于新闻报道价值概念的发展是两次世界大战之间关于现代社会大众传播功能的大文化讨论中的一个部分。这场全国性大讨论中产生了一种文化意识,甚至可以说是一种文化共识——即人们对不同种类的许多信息(有时也包括个人或私人事务)都享有"知情权",而新闻媒体则有义务提供相应的信息。新闻媒体所负有的这种

---

① Thomas Emerson, The Right of Privacy and Freedom of the Press, 14 Harv. C. R. –C. L. L. Rev. 342 (1979).
② Comment, The Right of Privacy: Normative – Descriptive Confusion in the Defense of Newsworthiness, U. Chi. L. Rev. 722, 725 (1963).
③ On film censorship, see Laura Wittern – Keller, Freedom of the Screen: Legal Challenges to State Film Censorship (2008).
④ Martin v. New Metropolitan Fiction, 139 Misc. 290, 292 (N. Y. App. Div. 1931).
⑤ Lahiri v. Daily Mirror, 162 Misc. 776, 777 (N. Y. Sup. Ct. 1937).

提供大量信息的义务不仅来源于人们对事实的需要，也来源于新闻媒体的社会功能——即新闻媒体引发公共讨论的能力以及促进必要、共同的社会约定从而形成公众社会的能力。

接下来，笔者将简要描述发生在20世纪二三十年代的四次讨论，其主题包括新闻自由、公共知识的界限以及新闻的社会作用，从这些讨论中可以看出新闻报道价值概念的发展。报社通过宣扬这样的观点来为其公开私人事务的行为提供正当依据：报纸是服务于社会公众的，它迎合了社会公众的兴趣与好奇心。社会学家则认为，流行媒体通过激发关于广泛多样的公众兴趣主题的对话和讨论，能够促进美国民主和社会的复兴。美国联邦最高法院在建立《美国联邦宪法第一修正案》规则的过程中也采用了与之类似的关于新闻的理论以及对"公众关注事项"的宽泛定义。

（一）新闻媒体和公共利益

20世纪二三十年代轰动性新闻和名人新闻的持续增长导致以报社为被告的书面名誉侵权案件数量增多，社会改革家们也一直在攻击新闻媒体。各州和自治市纷纷加强其书面名誉侵权法以及管制淫秽的法律，制定禁止发表匿名文章或故意歪曲事实的信息披露法。人们批判道，新闻内容变得淫秽而琐碎；为了应对这种批判并为自己辩护，一些主要的出版商开始进行一个自我辩护、自我管理和专业化的计划，其中包括建立新闻学校、行业联盟以及制定专业规则。出版商将其公开的内容描述为对公共利益的贡献。正如Joseph Pulizer说过的那句著名的话："新闻媒体把公共利益纳为己有了。"[①]

在两次世界大战之间，人的趣味故事以及娱乐新闻开始成为现代大众市场新闻的代名词。新闻内容都集中在流言飞语和娱乐消遣上，出版商们辩称这些内容都具有"公共利益"。正如1930年一本报纸手册所宣称的，现代报纸的格言正是"为社会公众提供他们想要的东西"。[②] 任何不道德或者追求轰动效应的内容都应当怪罪于社会公众，因为"报纸刊登的内容绝对不会比一般社会大众所想要的东西

---

① Leonard Teel, The Public Press, 1900 – 1945, at 47 (2006).
② Nancy Mavity, The Modern Newspaper 36 (1930).

更糟糕"。①

　　这个理念经常被编辑和出版商用来作为报纸侵犯他人隐私权的合法依据。尽管美国报纸编辑协会（American Society of Newspaper Editors'）的道德规则指出："在没有获得公共权利的确定授权的情况下，报纸不能侵犯私人的权利或感情，且这种公共权利并不是指公众好奇心。"但在实践中，"权利"和"好奇心"经常被混淆。一本报纸手册解释道，报纸对他人隐私权的侵犯并不是编辑和记者的错，而是"环境使特定人的私人事务成为公众感兴趣的对象，且社会公众坚决主张其兴趣得到满足"。当记者被迫侵犯一个非自愿的目标人物的隐私权时，"记者所能做到最好的就是直面目标人物的愤恨，并引导他们去面对其所作所为已经成为新闻的事实，使其了解到谁都无法改变这一事实"。②

　　美国的一名飞行员 Charles Lindbergh 受到新闻媒体无情的追踪，十分不愿意受到公开的他为了逃避美国的新闻媒体而不得不搬到英国居住，这件事激起了全国性的强烈抗议。然而，仍有一些出版商为新闻媒体的此种行为辩解，声称新闻媒体无须对 Lindbergh 负责，而只对美国人民的好奇心负责。一位出版商在对现代专业观点进行总结时解释道："唯一能改变美国报纸特点的途径就是改变社会公众的特点。"③ 新闻报道价值和公共利益都是社会公众想阅读的东西。

（二）对新闻的渴望

　　新闻工作者们究竟是否向社会公众提供了他们想要的东西呢？这个问题的答案我们不可能知道。新闻工作者并不仅仅是遵从社会公众的兴趣，而且还会塑造社会公众的兴趣。而明显的是，社会公众中的大部分读者都已经开始依赖于大众媒体提供的信息和娱乐消遣，并授予新闻媒体此种权利。

　　当消费者没有得到相关新闻或者得到的新闻并非他们所想要的内

---

① Ted Curtis Smythe, The Gilded Age Press, 1865-1900, at 165 (2003) (quoting a contemporary journalist).
② Nancy Mavity, The Modern Newspaper 75 (1930).
③ Editorial, Press Sees Nation " Shamed" In Lindbergh Exile, N. Y. Times, Dec. 24, 1935, at 17.

容时，他们就会感到烦恼。正如一位报社编辑所提到的，当报纸无意中没有刊登流言飞语栏目或连环漫画等具有流行特色的内容时，就会有很多质疑的电话打到报社办公室来。① 哥伦比亚大学的社会学家 Bernard Berelson 在 1945 年报纸罢工期间采访了纽约市民。一些被采访者对于失去国内外的新闻而感到愤怒，因为这些新闻能使他们"知情"。一些人则希望获得用于安排日常活动的细节信息，如广播电台和电影的时间安排表以及商业广告。另外一些人则渴望报纸的娱乐消遣内容刊登如猜字游戏、人的趣味故事和名人新闻等，同时想在阅读报纸时获得的精神负担的"解脱"（escape）。

读者们喜欢的不仅是新闻信息性和娱乐性一面，也包括其社会功能。研究学者一再强调，报纸为人们提供了"一些可以交谈的东西"，一旦报纸消失，邻里之间就失去了话题。一项研究提出："为了与其他人进行对话，你必须进行阅读。"② 正如历史学家 Lawrence Levine 所论证的，消费者认为大众媒体和大众文化（Levine 将其比喻为"工业社会的民间传说"）③ 是亲密社会关系的基础。邻里之间和陌生人常常聚在一起讨论和批判无线广播和新闻报道。大众媒体还创造了一种国家认同感。在那个年代，外来移民者及其下一代正在努力打造他们新的美国居民身份，而大众媒体和大众文化就通过传播共同的价值和象征将文化上的外来者变成了美国文化内部的人，并将所有的美国人都变成了消费者。④ 此外，用 Benedict Anderson 的话来说，大众媒体还通过共同消费行为创造了"想象中的社会"。⑤ 在这一时期，美国人对大众媒体的信奉体现在他们近乎贪婪地进行媒体消费并将大众媒体纳入到他们日常生活的所有方面。美国人通过各种方式承认：大众媒体已经成为将不同社会群体连接到一个共同的公众身份下

---

① Raymond Clapper, A Free Press Needs Discriminating Public Criticism, in Freedom of the Press Today, 83, 89 – 90 (Harold Ickes ed., 1941).
② Bernard Berelson, What Missing the Newspaper Means, in Communications Research 1948 – 49, at 111 (Paul Lazarsfeld & Frank Stanton eds., 1949).
③ Lawrence W. Levine, The Unpredictable Past 291 (1993).
④ See, e. g., Lizabeth Cohen, Making a New Deal: Industrial Workers in Chicago, 1919—1939 (1991).
⑤ See Benedict Anderson, Imagined Communities: Reflections on the Origins and Spread of Nationalism (1991).

的纽带。

（三）对话性的新闻

"为社会公众提供他们想要的东西"这个理念，以及社会公众对各种类型的新闻和事实的热情，为宽泛的新闻报道价值概念提供了一个正当性依据。不过，宽泛的新闻内容的另外一个更具实质性的正当性理由则是在传播学的学术领域中发展起来的，这是20世纪早期发展起来的一个社会科学学科。这个学科领域来源于社会学家对现代社会中大众传媒所扮演的中心角色的认识。正如 George Herbert Mead 所指出的，社会就是一系列的社会行为，而每一个社会行为就是一个沟通的过程。① 在19世纪末20世纪初，社会学家开始观察社会公众将新闻媒体作为知识来源而产生的依赖。"大多数人依赖（报纸）来获得他们的大部分信息，这些信息作为意见的原材料，几乎形成了他们的所有观点。"② 在1920年至1940年期间，传播学研究成了一门研究自身权利的学科。

一位历史学家指出，一些"意义重大的疑问和希望"正是关于大众传媒在现代生活中所扮演角色的学术争议的标志。Walter Lippmann 在其富有影响力的《公众意见》一书中提出了一个著名的悲观观点：报纸为社会公众提供了一种扭曲失真的世界观，从而歪曲的公众意见。Lippmann 的这种观点来源于他的观察——在第一次世界大战期间，政府操纵了新闻媒体的宣传；而且政府正在越来越多地利用研究所的公共关系专家来调节其与新闻媒体之间的关系。Lippmann 指出，只有专家就职的官方新闻部门才能提供公正的新闻，从而形成客观的公众意见。政治精英通过新闻媒体制造出来的一致意见是民主和新闻业的危机。③

毫无疑问，这一时期关于大众传媒的学术研究中贯串着一股悲观

---

① Warren Susman, Culture as History 258 (1984).
② Delos Wilcox, The American Newspaper: A Study in Social Psychology, 16 Annals Am. Acad. Pol. & Soc. Sci. 56 (1900).
③ Walter Lippmann, Liberty and the News (1920). On Lippmann's influence on the Supreme Court's free speech jurisprudence, see Robert Cover, The Left, the Right and the First Amendment, 40 Md. L. Rev. 349 (1981).

的压力：有许多针对新闻媒体的抨击，针对新闻媒体的偏见和错误，针对其集中在少数实力雄厚的出版商手中，针对其对娱乐价值的强调，以及针对其被宣传者用作"劝导大众"的渠道的可能性。① 不过，一些评论家和理论家虽然提出了批判，但仍然相信大众媒体本身所具有的促进民主和高参与度社会生活的可能性。虽然 Lippmann 提出的新闻模式是信息性的，对他而言，新闻媒体的职责就是为社会公众提供关于世界的正确陈述；但其他人则认为新闻是对话性的：新闻的目的不是"陈述和告知，而是发出信号，讲一个故事，并激发人们的探究"，从而促进"对话和讨论"。②

这种对话模式的新闻看重的是新闻吸引人参与的方面，而这正是民主制度的必要方面。Park 认为，公众意见作为现代国家的根基和政治活动的基础，③ 来源于"人们试图表达和说明其对新闻的个人解释而进行的讨论"。④ 正如社会学家 Carroll Clark 在 1933 年所写到的，现代社会公众"是在大量对话的基础上组织起来的"。⑤ 大众媒体通过向社会公众提供共同经历、一般性的刺激以及统一的参照框架，从而使社会公众得以"进行关于文化的对话"。

（四）新闻和美国联邦宪法

新的对话模式同样成为这一时期形成的宪政法上的言论自由的核心。尽管美国一直以来都有关于言论自由和新闻自由的承诺，以及允许社会公众进行广泛信息传播的承诺，但是直到 20 世纪，美国联邦最高法院对言论自由的一般立场仍然是——虽然不允许做出事先的限制，但事后惩罚那些具有威胁公共安全或道德的"不良倾向"的言论则属于各州政策权力范围内的合法举措。在 20 世纪开端，这种观点开始受到挑战，反对者主张，政府对已公开的言论施加事后惩罚的权力应当受到宪政法上的限制。⑥ 学者们开始提出，《美国联邦宪法

---

① See Dan Schiller, Theorizing Communication: A History 41 (1996).
② James Carey, Communication as Culture 62 (1989).
③ James Carey, Communication as Culture 62 (1989).
④ Robert Park, News and the Power of the Press, 2 Am. J. Soc. (1941).
⑤ Carroll Clark, The Concept of the Public, 13 Sw. Soc. Sci. Q. 311–320 (1933).
⑥ These are summaryzed in David Rabban, Free Speech in Its Forgotten Years (1997).

第一修正案》保护言论自由所体现的社会利益，言论自由应当是对"公共事务"或"公众关注事项"的"充分的讨论自由"。① 这种观点第一次出现在美国联邦最高法院是在第一次世界大战期间，根据《反间谍和煽动法》（Espionage and Sedition Act）提起的挑战对煽动性言论进行刑事定罪的案件中的两份著名法官意见，其中一份是附和意见，而另一份是反对意见。1919 年，Oliver Wendell Holmes 大法官在 Abrams v. United States 一案的反对意见中阐述了社会讨论的民主价值和社会价值，并将他著名的"观点市场"（marketplace of ideas）的理论与自由开放的公共讨论联系起来。② 而 Louis Brandeis 大法官在 1927 年 Whitney v. California 一案的附和意见中也确认了《美国联邦宪法第一修正案》所保护的核心利益——公共讨论，他将公共讨论与寻求真相和民主自治联系在一起。他指出，公共讨论是所有民主社会稳定政府所必要的"政治义务"和程序上的前提。③

20 世纪三四十年代，美国联邦最高法院废弃了"不良倾向"的判断标准（the bad tendency test），并对《美国联邦宪法第一修正案》做出了更倾向于保护言论的解释，从而使美国社会讨论公共事务的自由明确成为宪政法所保护的言论自由的核心。美国联邦最高法院在一个接一个的案件中将言论自由与开放式讨论、高参与度的民主制度和民主政府联系在一起。当时，劳工组织正在兴起，有关群体关系的社会学理论正在形成，而罗斯福正在努力追求获得广泛全面的选民支持，在这种社会环境下，言论自由和"讨论自由"象征着美国联邦最高法院接纳了发展中的多元民主模式，即不同人共享着同一个文化承诺：要通过以公平讨价还价为特点的民主程序来实现自治。

美国联邦最高法院虽然从未具体界定"公众关注事务"这个术语，不过它指出这些事务所包括的范围十分广泛，并不局限于那些与政治和政府严格相关的内容。1941 年的 Thornhill v. Alabama 一案④确认工会组织享有和平示威的权利，作为其实现言论自由的一种方式。

---

① See Ernst Freund, The Police Power 509 (1904).
② 250 U. S. 616, 630.
③ 274 U. S. 357, 375.
④ 310 U. S. 88, 101 – 102.

在这个案件中，美国联邦最高法院宣布，《美国联邦宪法第一修正案》保障所有关于"公众关注事务"的公共讨论"不受事先的限制或对事后惩罚的恐惧"，并将公众关注事务界定为"社会成员需要获得与之相关的信息才能应对其所处时代的紧急事件的一切事务"。而在后来的案件中，美国联邦最高法院则提到新闻媒体负有向社会公众提供来自不同观点的"源源不断的新闻"的义务。① 1937 年的 Grosjean v. American Press 一案②废除了一项针对特定发行量小的期刊的州执照税；美国联邦最高法院在该案中指出，《美国联邦宪法第一修正案》所要避免的"不仅仅是新闻媒体的审查制度"，而且还包括任何可能妨碍新闻媒体提供信息的能力的约束，因为新闻媒体所提供的信息能够促进"自由而普遍的讨论……这对于促进人们行使公民权利是绝对必不可少的。"

六、新闻报道价值

正是在这种背景下，"新闻报道价值"的免责特权，即 Warren 和 Brandeis 提出的有利于"对社会公众和一般人感兴趣的事务进行评论和批判"的相对免责特权——开始在两次世界大战之间关于公开披露他人私人事务的隐私侵权案件中逐渐发展起来。司法对新闻报道价值的解释几乎不存在什么限制，任何满足读者兴趣的真实信息都被认为是符合新闻报道价值的。这种解释主要形成于一系列依据 Roberson 一案后颁布的纽约州制定法所提起的诉讼当中。纽约州的这项制定法通常被称为一项保护隐私权的制定法，虽然它是在最广泛的意义上处理隐私侵权行为，即行为人公开他人的照片、私人事务和故事的行为，而人们拒绝受到公开的理由是这种公开以一种不庄重或羞辱性的方式将他们展现在社会公众面前。这项制定法禁止行为人在未经授权的情况下出于"交易"目的而使用他人的姓名、私人事务和个人肖像。③

纽约州的这项制定法将新闻界定为交易或广告的对立面。传统的

---

① Associated Press v. United States, 326 U. S. 1, 29 (1945).
② 297 U. S. 233, 249–250.
③ N. Y. Civ. Rights L. § 50.

宪政法区分公共言论与私人言论；新闻被认为是具有公共性质的，而广告则被认为服务于私人利益。然而，法院经常混淆亲密意义上的私人属性与所谓的"私人"交易目的。而报纸的商业性质则使二者之间的区别更加令人迷惑。法院所必须面对的正是 Rochelle Gurstein 所描述的"处于人物特征的商业利用与合法的新闻报道之间的全新的含糊不清的领域"。①

在一些情况下，法官通过探究行为人公开的内容是真实还是虚构来判断其行为属于新闻报道还是商业交易。行为人公开的信息越不真实，法官就越有可能认定其不属于"新闻"，而倾向于认为行为人公开该信息是出于商业目的而不是"传播信息"的公共目的。然而，即使是在最正经的报社，新闻和娱乐之间的界限也是极其混乱，所以法院很少遇到完全虚构的报纸内容。如果行为人公开的信息包含错误或夸张的因素，那么，只有达到完全虚构的程度，其行为才能被认定为可诉的"交易性"公开行为。例如，在1913年的一个案件中，《纽约先驱报》刊登了一则关于"在非洲森林中探险"的世界第一人的报道，但它错误地将探险人的身份说成 d'Altomonte 男爵。于是 D'Altomonte 男爵提起诉讼，法院认为被告用原告的名字来推销这篇新闻报道的行为是"出于交易目的"。②

推定市场能够正确地反映出版物对消费者的价值，法官通常都认为新闻内容是对流行价值和兴趣的一种体现。出版商带着"公众兴趣的观点"，如果"新闻内容中的公众兴趣已经绝迹"的话，那么，他们是绝不会刊登任何新闻的。③ 公众兴趣是新闻报道价值的本质，如果一个出版物称得上是报纸的话，那么，就可以推定其中体现了公众兴趣，无论在法官看来它有多么陈腐平庸。在1913年的一个案件中，原告是一名年轻的专业女表演者，一份庸俗的小报《警察公报》公开了原告的一张照片。法院承认《警察公报》并不是一份受人尊重的报纸，它刊登的"大部分内容对有高尚思维的人而言都是几乎没有吸引力的"，但是，其中的内容仍然是具有新闻报道价值的。法

---

① Rochelle Gurstein, The Repeal of Reticence (1996), at 169.
② D'Altomonte v. New York Herald Co., 154 App. Div. 453, 457 (N. Y. 1913).
③ Humiston v. Universal Film Mfg. Co., 189 A. D. 469, 476 (1919).

院指出，如果站在相反的立场上，就会使几乎所有报纸和杂志上的内容都变成制定法中可诉的内容。[1]

具有新闻报道价值的内容并不局限于报纸，它们也可能出现在新闻短片、杂志和书本上。1936年，一名参加超重女士锻炼课程的妇女起诉了一家制作新闻短片的公司，原因是这家公司未经授权而使用了她的肖像，法院驳回了原告的诉讼请求，并指出，只要妇女们一直担心自己的体重，被告公开的内容属于公共兴趣的范围内。[2] 在另一个案件中，一名臭名昭著的罢工破坏者对一名出版商提起了隐私侵权诉讼，因为被告出版的一本书中提到原告参与过的犯罪活动；法院驳回了原告的诉讼请求，指出被告公开的内容具有新闻报道价值，这些内容虽然没有出现在期刊杂志上，却包含了极大的公众兴趣。因为它涉及的主题引起了社会公众的"反响"，所以它也是一种"新闻"。[3] 而在阿拉巴马州的 Smith v. Doss 一案中，法院则指出，数十年前发生的事件仍然可能具有"新闻报道价值"，如果它们能够继续激发"合法的公众兴趣"的话。[4]

通过这个"公众兴趣"的标准，那些流言飞语的栏目正式成了法律意义上的"新闻"。在1936年的 Middleton v. News Syndicate Co. 一案中，原告是一名失业的模特，在一家酒店当香烟推销员，其姓名和照片被刊登在一个名为《探究的摄影师》的报纸栏目中。由于原告的姓名和照片是出现在纽约一份主要报纸的日常栏目中，所以法院断定这些内容符合人类的兴趣，因此属于合法的新闻。[5] 在华盛顿特区的 Elmhurst v. Pearson 一案[6]中，原告是一个煽动性言论案件的被告，他对声名狼藉的政治专栏作家 Drew Pearson 提起了隐私侵权诉讼。Pearson 在每周一次的广播电台节目中闲话道，Elmhurst 在一家饭店当服务员，所以他可以偷听到高级政府官员的对话。法院将被告的行为认定为一个法律问题，并驳回了原告的诉讼请求，原因是被告

---

[1] Colyer v. Richard K. Fox Publ'g Co., 162 App. Div. 297, 299 (1914).
[2] Sweenek v. Pathe News, 16 F. Supp. 746 (E. D. N. Y. 1936).
[3] Kline v. Robert McBride & Co, 11 N. Y. S. 2d 674, 680 (N. Y. Sup. Ct. 1939).
[4] 370 So. 2d 118, 121 (La. Ct. App. 1948).
[5] 295 N. Y. S. 120 (N. Y. Sup. Ct. 1937).
[6] 153 F. 2d 467, 468 (D. C. Cir. 1946).

公开的内容符合"社会公众的合法兴趣"。正如《美国侵权法复述（第一版）》所总结的，出版商拥有一种满足"社会公众对他们的领导人、英雄、坏人和受害人的好奇心"的特权。①

关于公众兴趣或公众好奇心判断标准的最重要的正当性依据来源于纽约州初级法院在 Sarat Lahiri v. New York Daily Mirror 一案②中的判决。在这个案件中，原告是一位"印度绳子把戏"（Hindu Rope Trick）技艺表演者，他起诉了《纽约镜像》，因为被告在一篇关于一个英国社会团体赞助一场绳子把戏比赛的专题文章旁边公开了原告的照片。但原告从未参加过这个比赛，也没有为其代言。纽约州最高法院认为，被告公开原告照片的行为并不仅仅是出于推销目的，原告的照片与这篇专题文章之间存在"合法的联系"，而该专题文章具有新闻报道价值，因为它满足了社会公众的好奇心。法院将新闻报道价值的范围界定为包括那些"既不严格符合新闻形式又不完全是虚构"的文章或照片。"旅行故事、遥远地方的故事、对过去新闻内容的复制以及社会情况调查"等都属于具有新闻报道价值的文章。这些内容是否出现在"新闻栏目、教育性栏目或杂志章节"并不重要，"起决定性作用的是文章本身而不是其所在位置"。

Sarat Lahiri 一案是公开披露他人私人事务的隐私侵权案件中第一批包含有这种暗示的案件：对公开有关公众关注事项的真实信息的行为进行惩罚可能受到宪政法上的约束。如果认为隐私权包括那些"符合一般社会公众兴趣的具有教育性和信息性的新闻报道和文章"，那么，就会牵涉"自由的新闻媒体"所享有的权利。在另外一个纽约州的案件中，法院指出，要求行为人就其在书中披露他人私人事务的行为承担责任将会限制到新闻自由。③ 法院在 Sarat Lahiri 一案中指出，新闻自由"与基本的民主制度之间的联系是如此紧密，以至于如果个人隐私权要扩张到包括那些符合一般社会公众兴趣的新闻报道和文章就必须是出于某种明确的合法政策的需要"。马萨诸塞州最高

---

① Restatement (First) of Torts § 867 cmt. c (1939).
② Lahiri v. Daily Mirror, Inc., 162 Misc. 776, 782 (N. Y. Sup. Ct. 1937).
③ People v. Robert McBride Co., 159 Misc. 5, 11 (City Magis. Ct. of N. Y. 1936).

司法法院也曾经提到社会公众和新闻媒体享有"对他人进行讨论"的"权利"。①

正是在这种背景下，美国联邦第二巡回法院在 1941 年做出了著名的 Sidis v. F – R Publishing 一案的判决，确立了广义上的新闻报道价值判断标准。② Sidis 是第一个由美国联邦上诉法院审理的公开披露他人私人事务的隐私侵权案件，该案判决所产生的影响十分广泛——在法律圈子、出版行业和大众流行文化中都产生了重大影响。③ William James Sidis 可能是 20 世纪早期最出名的一名神童，他 11 岁时开始在哈佛大学学习数学，16 岁毕业后成为哈佛大学法学院的一名优秀学生，随后成为大学教师，但后来他放弃了这一切而过起了隐居生活。1937 年，《纽约客》刊登了一篇名为《他们现在在哪里》(where are they now) 的文章，文中提到 39 岁的 Sidis 成了一名竭力回避一切与人接触的活动的古怪的人。④ 这篇文章详细地介绍了 Sidis 住在单间公寓的生活以及他痴迷于有轨电车转换和神秘的印第安部落的奇怪爱好。Sidis 曾与该杂志的一名女性采访记者自由交谈过，但后来他声称自己并不知道这次采访的目的。⑤

Sidis 以《纽约客》杂志侵犯了他的两项隐私权为由在美国联邦法院提起诉讼，这两项隐私权的依据分别是纽约州的隐私权制定法以及普通法。Sidis 主张杂志刊登的文章使其受到"不必要的意外的宣传"，并使其遭受"嘲笑和愚弄"，导致他承受了严重的痛苦以及名誉损失。⑥ 纽约南区地区法院驳回了原告的两项隐私侵权诉讼请求；在上诉审中，美国联邦第二巡回法院维持了这一判决。上诉法院承认这篇文章对 Sidis 的私人生活细节进行"详细查究是残忍的"。⑦ 但是，法院仍然认为 Sidis 的隐私权没有受到侵犯。

---

① Themo v. New England Newspaper Publ' g Co., 306 Mass. 54, 55 (Mass. 1940).
② Sidis v. F – R Publ' g Corp., 113 F. 2d 806 (2d Cir. 1940).
③ See, e. g., Sidis, A " Wonder" in Boyhood Dies, N. Y. Times, July 18, 1944, at 21.
④ Jared Manley, Where Are They Now? April Fool, New Yorker, Aug. 14, 1937, at 22; Sidis, 807.
⑤ See Emile Karafiol, The Right to Privacy and the Sidis Case, 12 Ga. L. Rev. 513, 519 (1978).
⑥ 34 F. Supp, 19, 20 (S. D. N. Y. 1938).
⑦ Sidis v. F – R Publ' g Corp., 113 F. 2d 806 (2d Cir. 1940), at 809.

在这个案件中，Sidis 并不享有隐私权，因为他是一位公众人物，他曾自愿进入社会公众关注的领域，并且一直没有退出公众视线，因为社会公众一直对他很有兴趣。Clark 大法官解释道："作为一名神童，他激发了人们的钦慕与好奇心……在 1910 年，他是一个能让新闻媒体满足社会大众对聪明才智的合法兴趣的人物。"在 Sidis 的童年，新闻媒体对他的关注使其成为一名公众人物。但是多年之后他还是公众人物吗？尽管距离其全盛时期已经时隔多年，但正如 Cohen v. California 一案中的前任拳击手 Canvasback Cohen 一样，Sidis 同样不能"缩回自己的壳中"。Clark 大法官说道，尽管"今天的 Sidis 并不是政治家、公共官员或政客"，但是他仍然保留着"公众人物那种有争议的和无法界定的地位"，因为社会公众仍然"对他是否完成了早年的承诺感到好奇"。然而，法院所持有的关于公众好奇心的唯一证据仅仅是这篇文章刊登在《纽约客》这本大发行量的杂志上。法院总结道，"对于那些自愿或非自愿地成为公众人物的人进行有限的监视"并不会构成隐私侵权行为。

而且，由于这篇真实的文章是"令人愉悦的和有启发性的"，所以法院认为其具有新闻报道价值。文章的主题具有"相当流行的新闻趣味性"，并且属于公共"讨论"的事项。美国联邦第二巡回法院并没有回答新闻报道价值是否必然构成充分的抗辩理由这个问题。不过，法院确认了《美国侵权法复述（第一版）》中规定的令人反感的例外情况——即在某些情况下，"行为人揭露的信息在受害人的角度看来十分私密且十分没有必要，以至于超过了社会共同体关于礼仪的概念"。但是，在审理 Sidis 一案的法院看来，"礼仪"的概念是由公众好奇心的界限来确定的。"无论遗憾与否，邻居和公众人物的不幸和弱点"都属于社会公众感兴趣的主题，"当这一切成为社会共同体的道德风俗，那么法院禁止这些陈述出现在报纸、书籍和杂志上的做法就是不明智的。"法院认为这是一种常识："每个人都会认同，在某些情况下获取信息的公共利益会压倒个人对隐私权的渴望。"隐私侵权制度原本的设想是作为控制新兴新闻业的过分行为的一种方式，但到了 Sidis 一案所在的时代，隐私侵权案件却成了法官确认公众好奇心的社会价值与新闻媒体满足公众好奇心的权利的途径，而不理会其是否是世俗的、陈腐的或者带有侵犯性的。

七、结语

到了 Sidis 一案所处的年代，美国已有 15 个州承认了公开他人私人事务的隐私侵权诉讼。然而，正如律师 Louis Nizer 所承认的，要在公开他人私人事务的隐私侵权诉讼中获得赔偿几乎是不可能的，因为几乎没有原告能够克服新闻报道价值这个障碍。① 在第二次世界大战之后，广义的新闻报道价值概念以及非自愿公众人物或"瞬时名人"概念一直决定着公开他人私人事务的隐私侵权案件的结果。在判断新闻报道价值的过程中，美国法院承认它们不可能知道编辑人员是否为新闻媒体公开的内容负责，也不可能知道报纸是否仅仅服务于"呈现大众的道德风俗"的目的。正因为如此，一个联邦地区法院指出，对法官而言推测后者的答案显得更加方便。② 随着电视的出现，再加上世界大战之后在地理上分散的、处于郊区化进程中的社会对于统一国家标志的需要，名人文化开始延伸到美国人生活的各个方面，其中也包括了政治生活。美国法院反复强调，以丑闻为主要内容的杂志和新闻节目不应当为其披露名人私人事实的行为而受到惩罚，除非它们披露的内容是虚假的；而且这些杂志和电视节目的巨大消费量也是一种"无声的证言"，证实社会公众确实为流言非语而着迷。③

Time, Inc. v. Hill 是一个依据纽约州隐私权制定法提起的"丑化他人形象"的隐私侵权案件。④ 在这个案件中，美国联邦最高法院首次在 1967 年提出了它对隐私权法的发展变化的看法——即个人意志力与名声的分离，"非自愿公众人物"的社会与法律地位，以及新闻媒体、"公众关注事项"、公共讨论和《美国联邦宪法第一修正案》所保护的核心言论之间的关系——这些发展变化在本文中均有提及。在这个案件中，作为被告的杂志社侵犯了原告 Hill 的家庭依据纽约州隐私权制定法所享有的隐私权，纽约州上诉法院支持陪审团做出的损害赔偿判决，但美国联邦最高法院推翻了这一判决。Hill 一家在自己

---

① Nizer, The Right of Privacy: A Half Century's Developments, 39 Mich. L. Rev. 526, 542 (1940).
② Berg v. Minneapolis Star & Tribune Co., 79 F. Supp. 957, 962 (D. Minn. 1948).
③ Goelet v. Confidential, Inc., 5 App. Div. 2d 226, 230 (N. Y. App. Div. 1958).
④ Time, Inc. v. Hill, 385 U. S. 374 (1967).

家中被几个逃犯当做人质，这段痛苦的经历被改编成一个高度虚构化的剧本。《生活》杂志在一篇附有插图的描写这个剧本的新闻故事中披露了 Hill 一家的身份，并指出该剧本是真实的。上诉法院认为，根据纽约州制定法，《生活》杂志刊登的这个新闻故事在本质上是"交易"而非"新闻"，因为其目的在于"为该剧本吸引更多的关注，并增加当前和未来的杂志发行量"。

美国联邦最高法院指出，在没有证据证明出版人明知其报道内容的虚假性或者鲁莽地不关心其真实性的情况下，"言论自由和新闻自由所享有的宪政法保护不允许法院将纽约州的该项制定法适用于符合公众兴趣的虚假报道"。Brennan 大法官将"符合公众兴趣的事项"定义为具有新闻报道价值，而新闻报道价值的含义则是指公众好奇心。Brennan 大法官认为，主流报纸和杂志的内容反映了社会公众的兴趣所在。具有新闻报道价值的不仅是政治新闻，而且包括那些关于名人和社会事件的新闻，无论其多么世俗或琐碎。所以，这些内容都能够实现自由新闻媒体的社会功能，即促进"健康的政府所必要的"公共讨论。"对言论自由和新闻自由的保障不仅仅是保护政治观点和关于公共事务的评论……人们只需要拿起任何一份报纸或杂志，就能够了解到大量受公开的内容，这些内容使私人公民和公共官员暴露于公众视野中。" Harry Kalven Jr. 认为，尽管法院的这种观点被小心翼翼地局限于纽约州的制定法，但它仍然表明新闻报道价值的判断标准具有宪政法的高度或者接近宪政法的高度。[1] 正如 Kalven 所指出的，在 Brennan 大法官的意见中，新闻报道价值界定了"宪政法问题的范围；具有新闻报道价值的言论是指那些具有足够的公共属性的言论，以至于其受到的保护不能完全由各州的政策来决定"。

美国联邦最高法院在随后的案件中一直致力于界定受宪政法保护的关于"公众关注事项"的言论范围；这个概念与"新闻报道价值"一样包含十分广泛的内容——例如"关于哲学、社会、艺术、经济、文学或伦理的言论"、[2] 商业言论以及与性相关的内容，总之"远远

---

[1] Harry Kalven, Jr., The Reasonable Man and the First Amendment: Hill, Butts, and Walker, 1967 Sup. Ct. Rev. 267, 283 (1967).

[2] Abood v. Detroit Bd. of Ed., 431 U.S. 209 (1977).

地超过了狭义上的政治言论"。① 在一些案件中，大众媒体披露了一些从公共记录中获得的私人事务，美国联邦最高法院认为"公众关注事项"包括了所有的真实信息，除非该信息与"最高级别的国家利益"（state interest of the highest order）相抵触。② 但美国联邦最高法院并没有将保护个人隐私权定义为一种"最高级别的"利益。

正如本文的论证，社会公众有权广泛了解各种各样的人和事件这一概念深深地植根于美国社会实践中，并压倒了个人的隐私权。"隐私权"和公开他人私人事务的隐私侵权制度的形成是为了应对大众社会发展所带来的根本性变化，这些变化引发了社会公众对关于他人私人事务的信息的大量需求。城市化进程中产生的去人性化力量以及人口的大量增长带来了一种匿名和疏远的感觉。在人口密集而冷酷无情的社会中，人们深深地需要亲密感，而流言飞语以及个性的公开揭露恰好能够为人们提供这种亲密感。关于他人私人生活的新闻使人们产生了一种公共认同感，并在原本缺乏共同关系和经历的不同群体之间引起了公共讨论。当代关于隐私权和言论自由的法律和社会体系正是在这种环境下发展起来的。

---

① Rosenbloom v. Metromedia, Inc. 403 U. S. 29, 41 (1971).
② Smith v. Daily Mail Publ'g Co. 443 U. S. 97 (1979); see also Cox Broad. Corp. v. Cohn, 420 U. S. 469 (1975); Fla. Star v. B. J. F., 491 U. S. 524 (1989).

公开他人私人事务的隐私侵权制度灭亡的开端
——The Florida Star v. B. J. F. 一案评析

杰奎琳·R. 罗尔夫斯[①] 著　林泰松[②]　廖嘉娴[③] 译

目　次

一、导论
二、公开他人私人事务的隐私侵权制度概述
三、The Florida Star v. B. J. F. 一案的事实与程序
四、The Florida Star v. B. J. F. 一案对公开他人私人事务的隐私侵权制度的影响
五、结语

一、导论

在 The Florida Star v. B. J. F. 一案[④]中,原告是一名强奸犯罪受害人,被告是一家报社;被告违反美国佛罗里达州的制定法,公开了原告的姓名,初审法院的陪审团做出了有利于原告的判决。然而,美国联邦最高法院推翻了原审判决,它指出:"在报纸公开它合法获得的真实信息的情况下,如果可以进行惩罚的话,惩罚措施也只有在局限于促进最高级别国家利益的需要的情况下才可能是合法的。"在美国联邦最高法院看来,佛罗里达州的制定法并没有达到这一标准。

在 Florida Star 一案中,双方当事人都希望获得法院做出的绝对性的认定。作为被告的报社主张,真实的公开行为永远应当受到宪政

[①] 杰奎琳·R. 罗尔夫斯(Jacqueline R. Rolfs),美国威斯康星大学法学博士。
[②] 林泰松,中山大学法学院2009级博士研究生。
[③] 廖嘉娴,中山大学法学院助教。
[④] 109 S. Ct. 2603 (1989).

特权的保护；而原告 B. J. F.（强奸受害人）则主张，公开强奸受害人姓名的行为永远不能受到宪政特权的保护。美国联邦最高法院回避了这两个极端，而提出了一个有限的（limited）观点：它既没有承认真实信息的公开是一种绝对免责特权，也没有排除这样一种可能性——即各州可以通过避免个人受到新闻媒体的侵扰来保护隐私权。不过，Florida Star 一案的反对意见则认为，多数意见提出的这个观点实际上并不是一个有限的观点，而是接受了被告《佛罗里达明星报》的请求，"毁灭了20世纪最值得关注的法律发明之一——公开他人私人事务的隐私侵权制度"。[①] 其理由在于，如果连保护强奸受害人匿名权的国家利益都无法达到本案多数意见提出的标准，那么，就没有什么隐私利益可能达到这一标准了。

本文旨在研究 Florida Star 一案对公开他人私人事务的隐私侵权制度产生的影响。本文共分为三个部分。其中，第一部分介绍公开他人私人事务的隐私侵权制度以及其中涉及的宪政法问题。第二部分总结 The Florida Star v. B. J. F. 一案的案件事实及程序问题。第三部分分析 Florida Star 一案的多数意见对公开他人私人事务的隐私侵权制度产生的三方面威胁。这三方面威胁是：①美国联邦最高法院对于限制新闻媒体、保护隐私利益的不情愿态度；②Florida Star 一案判决对公开他人私人事务的隐私侵权制度施加的实际限制；③美国联邦最高法院对公开他人私人事务的隐私侵权制度采用的分析方式。最后，本文认为，虽然 Florida Star 一案并没有毁灭公开他人私人事务的隐私侵权制度，但该案确实削弱了这类隐私侵权在实践中发挥的作用以及在理论上的存活可能性。

二、公开他人私人事务的隐私侵权制度概述

公开他人私人事务的隐私侵权制度，也称为公开披露隐私侵权制度（the tort of public disclosure），保护的是在20世纪早期才首次获得承认的普通法上的隐私权。[②] 这种普通法上的隐私权与宪政法上的隐私权在形式上有所不同：宪政法上的隐私权确认公民在个人决定上不

---

① Florida Star, 109 S. Ct. at 2618.
② Warren & Brandeis, The Right to Privacy, 4 HARV. L. REV. 193 (1890).

受政府干涉的权利,而普通法上的隐私权则确认个人的独处权(right to be left alone)。① 正如《美国侵权法复述(第二版)》所规定的,② 独处权受到四种独立的侵权制度的保护:一是侵扰他人安宁的隐私侵权;二是擅自使用他人姓名或肖像的隐私侵权;三是在公众面前丑化他人形象的隐私侵权;四是公开他人私人事实的隐私侵权。③ 从一开始,普通法上的隐私权就遭受了许多争议。而其中最具争议性的便是公开他人私人事实的隐私侵权制度,因为这种隐私侵权制度与《美国联邦宪法第一修正案》所保护的新闻自由产生了最直接的冲突。

根据《美国侵权法复述(第二版)》的规定,行为人需就其公开他人私人事实的行为承担隐私侵权责任,如果其公开的内容会令一个有理性的人感到高度反感并且不涉及社会公众的合法关注事项的话。④ 这种隐私侵权制度的出现是为了应对过分热心的新闻媒体,其目的在于将新闻媒体限制在适当的活动范围内。⑤ 但是从表面上看,一项旨在限制新闻媒体的法律规则的合宪性确实值得质疑。不过,《美国联邦宪法第一修正案》所保护的新闻自由并不是绝对的。例如,新闻媒体并不享有毁损他人名誉的特权。美国联邦最高法院虽然承认名誉侵权法涉及合宪性问题,但也指出:"虚假陈述中不包含宪政价值。"从而解决了普通法上的名誉侵权制度与《美国联邦宪法第一修正案》之间的冲突。虚假陈述对公共辩论并无益处,也不是传递思想所必需的,它对于引出事实真相的价值也是微乎其微。⑥ 所以,虚假陈述不能获得与真实陈述同样多的宪政法保护。

根据美国联邦最高法院给出的理由,正因为普通法上的名誉侵权法不惩罚真实陈述,所以它比较符合宪政法价值。但是,在公开他人私人事实的隐私侵权制度中,真实信息并不能成为一种抗辩理由——

---

① Trubow, Information Law Overview, 18 J. Marshall L. Rev 815 (1985). See also Prosser And Keeton On The Law Of Torts 866 (5th ed. 1984).
② Restatement (Second) Of Torts §§ 652A – I (1977).
③ See Prosser, Privacy, 48 CAL. L. REV. 383 (1960).
④ Restatement (Second) Of Torts § 652D (1977).
⑤ Cox, 420 U. S. at 487 (1974) (citing Warren & Brandeis, The Right to Privacy, 4 HARV. L. REV. 193 (1890)).
⑥ Gertz, 418 U. S. at 340. (citing New York Times Co. v. Sullivan, 376 U. S. 254, 270 (1964) and Chaplinsky v. New Hampshire, 315 U. S. 568, 575 (1942)).

这种隐私侵权制度的起点正是名誉侵权法的终点，它使新闻媒体可能因为公开真实信息而承担责任。惩罚真实信息的公开是一件冒险的事情。美国联邦最高法院一直坚定不移地维护着新闻媒体公开真实信息的特权，该院已经推翻了对商业言论、新闻媒体报道司法程序以及披露军事秘密的限制。① 而在 Florida Star 一案中，美国联邦最高法院也指出，在关于真实信息公开的判例中，个人隐私利益从未战胜《美国联邦宪法第一修正案》所赋予新闻媒体的权利。②

不过，美国联邦最高法院在不愿意惩罚真实信息公开行为的同时，也不愿意赋予新闻媒体公开真实信息的绝对免责特权。美国联邦最高法院并没有给出一个宽泛的意见，而是选择在"具体的案件事实中"适用"有限的原则"，③ 从而具体地解决《美国联邦宪法第一修正案》与隐私利益之间的冲突。只要美国联邦最高法院拒绝认为《美国联邦宪法第一修正案》保障真实信息公开行为享有绝对免责特权，公开他人私人事务的隐私侵权制度就仍可以继续存在，至少在理论上可以继续存在。

三、The Florida Star v. B. J. F. 一案的事实与程序

在 Florida Star 一案中，B. J. F. 受到一名身份不明的攻击者的抢劫和性侵犯，于是她向佛罗里达州杜瓦尔县警察局报案。警察局针对这起案件写了一份报告，并放在警察局的记者室中。虽然这份报告中包含有 B. J. F. 的全名，但根据记者室中张贴的标志，强奸受害人的姓名不属于公共记录，不可以被公开。《佛罗里达明星报》的一名记者在明知 B. J. F. 的姓名不能被带出记者室的情况下，将这份警方报告一字不漏地复制了下来。在这起案件发生的九天后，《佛罗里达明星报》刊登了一段关于这起案件的报道，尽管袭击 B. J. F. 的人还未找到。这篇报道中提到了 B. J. F. 的全名，这也违反了

---

① See, e. g., Virginia Pharmacy Bd. v. Virginia Citizens Consumer Council, Inc., 425 U. S. 748 (1976); Bates v. State Bar, 433 U. S. 350 (1977); Landmark Communications v. Virginia, 435 U. S. 829 (1978); New York Times v. United States, 403 U. S. 713 (1971).
② Florida Star, 109 S. Ct. at 2607.
③ Florida Star, 109 S. Ct. at 2609.

《佛罗里达明星报》的内部规定。

在报道刊登之后，一名身份不明的男子反复打电话到 B. J. F. 家中，威胁将再次强奸她。B. J. F. 被迫搬家、变更电话号码、寻求警方的保护并接受心理治疗。因此，B. J. F. 以杜瓦尔县警察局和《佛罗里达明星报》为被告提起了诉讼，主张他们过失性地违反了佛罗里达州关于禁止公开强奸受害人姓名的制定法。[1] 警察局和 B. J. F. 以 2500 美元的赔偿金额达成了和解。不过针对《佛罗里达明星报》的起诉则进入到了诉讼阶段。

在初审法庭上，《佛罗里达明星报》主张，适用制定法的规定对报纸实施民事惩罚的做法违反了《美国联邦宪法第一修正案》。初审法院的法官驳回了这一主张，认为佛罗里达州制定法的规定恰到好处地平衡了《美国联邦宪法第一修正案》所保护的行为人言论自由和出版自由以及他人隐私利益。由于违反该制定法规定的行为属于过失行为（negligence per se），所以初审法院的法官在过失侵权的问题上做出了有利于 B. J. F. 的直接裁决（a directed verdict）。陪审团判决 B. J. F. 获得 75000 美元的补偿性损害赔偿金（compensatory damages）与 25000 美元的惩罚性损害赔偿金（punitive damages）。

佛罗里达州上诉法院维持了原审判决。[2] 上诉法院给出了一份包括三个自然段的判决意见，认为初审法官的直接裁决是正确的，因为根据佛罗里达州的制定法，强奸受害人的姓名在法律上属于私人信息，不应当被公开。《佛罗里达明星报》上诉到佛罗里达州最高法院，但该院拒绝对该案进行审查。《佛罗里达明星报》遂上诉到美国联邦最高法院，美国联邦最高法院同意接受该案的移审（certiorari）。

四、The Florida Star v. B. J. F. 一案对公开他人私人事务的隐私侵权制度的影响

Florida Star 一案的多数意见指出，他们的观点是局限性的。美国联邦最高法院多次拒绝赋予新闻媒体公开真实信息的绝对免责特权（absolute privilege），因为《美国联邦宪法第一修正案》所保护的利

---

[1] FLA. STAT. § 794.03 (1987).
[2] Florida Star v. B. J. F., 499 So. 2d 883 (Fla. Dist. Ct. App. 1986).

益以及隐私利益都是十分敏感且重要的。① 这两种利益之间的冲突的最佳解决方式是依据"只适用于具体个案情形的有限原则"。因此，美国联邦最高法院采用了具体事实的判断标准（a fact-specific test），即在具体个案当中平衡各州限制公开行为所保护的利益。

由于多数意见采取的是具体事实的判断标准，所以反对意见认为 Florida Star 一案的判决彻底消灭了公开他人私人事务的隐私侵权制度这种观点是有问题的。从判决的字面意思来看，Florida Star 一案只是根据其案件事实认定佛罗里达州的制定法没有服务于一种强制性国家利益（a compelling state interest）。仅仅根据这一点就推断整个公开他人私人事务的隐私侵权制度的消亡，未免过于牵强。而且，Florida Star 一案事实上并不是一个典型的公开他人私人事务的隐私侵权案件——B. J. F. 并不是起诉《佛罗里达明星报》侵犯了她的隐私权，而是起诉它过失性地违反了刑事制定法的规定。事实上，本案的多数意见也已经明确地将 B. J. F. 的诉讼理由与普通法中的侵权行为区别开来。

但是，本案的反对意见也并非一无是处。尽管 Florida Star 一案的判决声称其观点是局限性的，但是本案确实从三个方面削弱了公开他人私人事务的隐私侵权制度：首先，本案判决体现了美国联邦最高法院在保护个人私密事务不受大众传媒公开这方面的不情愿的态度；其次，本案判决对公开他人私人事务的隐私侵权制度施加了实际限制，严重削弱了这种隐私侵权制度的作用；最后，本案判决建立了一种适用于隐私侵权案件的分析方法，但是这种分析方法严重轻视了个人隐私利益的重要性。

（一）美国联邦最高法院对于限制公开披露行为的不情愿态度

Florida Star 一案涉及各州在保护强奸受害人匿名权方面的努力，这是美国联邦最高法院在这方面审理过的第二个案件。在此之前的第一个案件是 Cox Broadcasting Corp. v. Cohn 一案，② 在这个案件中，

---

① Florida Star, 109 S. Ct. at 2608 - 2609.
② 420 U. S. 469 (1974).

佐治亚州的一个判决确认了公开披露强奸受害人姓名的行为构成隐私侵权行为，但美国联邦最高法院推翻了这个判决。Cox 一案的被告是一家电视台，被告从公共司法记录中获得了一名强奸受害人的姓名并通过广播披露出去。与《佛罗里达明星报》一样，这家电视台也希望美国联邦最高法院能够根据《美国联邦宪法第一修正案》认定对真实信息的公开行为受到绝对免责特权的保护。

美国联邦最高法院在 Cox 一案中明确地拒绝给出这样一种宽泛的结论。事实上，美国联邦最高法院仅仅认为，如果新闻媒体从公共记录中获得信息，那么，新闻媒体公开这些信息的行为就不能受到惩罚。其原因在于，只有当某条信息服务于某种公共利益的时候，国家才会将这条信息置于公共领域；既然如此，国家就不能通过禁止公开该信息来限制社会公众接近该信息。美国联邦最高法院指出："如果司法程序中存在需要保护的隐私利益，国家就必须采取措施避免在公开的文件中或者通过其他渠道暴露这些私人信息。政府机关必须对隐私利益与公众的知情利益和新闻媒体自由利益进行平衡，判断孰重孰轻。"①

Cox 一案判决中的这段文字，以及美国联邦最高法院拒绝赋予新闻媒体公开真实信息的绝对免责特权，使得学者们纷纷认为：各州可以通过颁布制定法将私人信息排除出公共记录的范围，从而保护个人隐私利益。② 事实上，正如 Florida Star 一案的反对意见所提到的：将强奸受害人的姓名排除出公共记录的范围并禁止政府官员披露这一信息——佛罗里达州的这种做法恰恰是 Cox 一案中美国联邦最高法院所建议的。③

Florida Star 一案的反对意见对 Cox 一案判决的解读是合理的。但是，无论 Cox 一案曾经做出何种建议，它并未表明各州可将敏感信息排除出公共记录的范围是各州唯一需要采取的保护隐私利益的措施。在 Cox 一案中，美国联邦最高法院告诫各州要避免通过"公开的文

---

① 420 U. S. 496 (1974).
② See, e. g. , Hill, Defamation and Privacy under the First Amendment, 76 COLUM. L. REV. 1205, 1268 (1976).
③ Florida Star, 109 S. Ct. at 2616 (White, J. , dissenting).

件或其他渠道"将信息披露出去。① 所以，根据 Cox 一案的字面意思，美国联邦最高法院不仅要求各州说明敏感信息的私密性，还要求各州维护这些信息的私密性。出于保护强奸罪行受害人隐私权的愿望，法学家（或许还包括 Florida Star 一案中提出反对意见的大法官们）忽视了美国联邦最高法院在 Cox 一案中的表述的限制性含义。

  Florida Star 一案中也存在类似的限制。本案的多数意见指出："对于私人掌握的敏感信息，在某些情况下政府可以禁止在未经同意的前提下获取这些信息。"② 美国联邦最高法院并没有指明具体是哪些情况。另一个更加明显的限制则出现在多数意见的结论中："在报纸公开它合法获得的真实信息的情况下，如果可以进行惩罚的话，惩罚措施也只有在局限于促进最高级别国家利益的需要的情况下才可能是合法的。"可见，Florida Star 一案虽然保留了各州保护个人隐私权的可能性，但其措词却表明，美国联邦最高法院并不同意各州这么做。与 Cox 一案相同，Florida Star 一案也没有确定新闻媒体所享有的宪政特权的大小；本案的多数意见拒绝认为新闻媒体从公共记录中获取信息并予以公开的行为可以受到绝对免责特权的保护。但是，Florida Star 一案却剥夺了各州保护个人隐私权的强有力的方式，因为本案判决指出，通过制定法将信息界定为私人信息并不能阻止新闻媒体接触这些信息。Florida Star 一案的判决将 Cox 一案留下的缺口关上了，这体现了美国联邦最高法院对公开他人私人事实这种隐私侵权的抵制。Cox 一案留下了一个途径，使各州可以将私人生活隔绝于大众传媒的公开范围之外；然而 Florida Star 一案却将这个途径堵死了。

（二）Florida Star 一案对公开披露他人私人事务的隐私侵权制度的限制

  美国联邦最高法院在限制新闻媒体、保护个人隐私这方面的踌躇不决对公开他人私人事实的隐私侵权制度产生了一种模糊的威胁。然而，Florida Star 一案对公开他人私人事务的隐私侵权制度施加的实际限制则对这种隐私侵权制度的存活造成了更加紧迫的威胁。Florida

---

① Cox, 420 U. S. at 496 (emphasis added).
② Florida Star, 109 S. Ct. at 2609 (emphasis added).

Star 一案的多数意见认为，如果报纸公开的信息是其通过合法方式获得的具有公共重要性的真实信息，那么各州就不能对报纸进行惩罚，除非存在促进最高级别的国家利益的需要。这一规则对公开他人私人事实的隐私侵权制度施加了最高级别的国家利益、以合法方式获取信息以及公共重要性三个方面的限制。这三种限制通过缩小公开他人私人事务的隐私侵权制度的适用范围，从而削弱了这一制度的作用。

1. 最高级别的国家利益

根据 Florida Star 一案确立的规则，只有当禁止信息传播是促进最高级别的国家利益的必要手段时，各州才能惩罚行为人公开敏感信息的行为。Florida Star 一案的多数意见并没有精确地指明何种类型的信息才能够达到这一标准，也没有指出何者属于最高级别的国家利益，因为大法官们认为，无论保护强奸罪行受害人的匿名权具有何种利益，在本案中要求《佛罗里达明星报》承担法律责任都不能促进那种利益。不过，美国联邦最高法院在 Florida Star 一案中对待国家利益的态度已经表明，保护强奸受害人匿名权所具有利益并没有达到最高级别的国家利益的标准。

在 Florida Star 一案中，被上诉人提出，禁止公开强奸受害人的姓名可以促进三种国家利益：一是保护受害人的隐私权；二是保护受害人的人身安全；三是消除受害人对身份暴露的恐惧，鼓励她们报案。本案的多数意见承认：这些利益都具有"极高的重要性"，所以它们有可能成为限制新闻媒体的正当依据。然而，只有当禁止新闻媒体的公开行为对促进国家利益具有"压倒性的必要性"时，才能达到最高级别的国家利益的标准。

从法院判决对国家利益所作的回应中的三个方面可以看出，保护强奸受害人的匿名权并没有达到最高级别的国家利益的标准。其一，美国联邦最高法院虽然承认了上述三种国家利益的重要性，却并没有为它们贴上"最高级别"的标签。其二，在具体考察佛罗里达州的利益的时候，美国联邦最高法院急剧提高了对佛罗里达州采取的手段的评判标准。在第一次提出最高级别的国家利益时，美国联邦最高法院认为，各州采取的手段必须"服务于促进国家利益的需要"。但是在考虑具体的案情因素时，美国联邦最高法院却指出，只有当禁止公开强奸受害人的姓名对促进国家利益具有"压倒性的必要性"时，这种做法才能被允许。其三，美国联邦最高法院在提到未来保护强奸受害人匿名权的可能性时采用了消极的措辞。美国联邦最高法院并未积极地表示强奸受害人的匿名权可以在合适的案件中受到保护，它只是拒绝提前排除这种可能性。

美国联邦最高法院没有给予保护强奸受害人匿名权的国家利益更多的重视，这对公开披露他人私人事务的隐私侵权制度而言是一种不利的预兆。正如 Florida Star 一案的反对意见所指出的，强奸犯罪是对人的最严重的侵犯，唯一的可能比之更甚的只有谋杀犯罪。强奸犯罪本身就是对他人隐私权的根本性侵犯，而新闻媒体违背强奸受害人的意愿公开其姓名的行为也构成隐私侵权行为。所以，受害人受到侵犯的不仅仅是身体（physical）隐私权，还包括精神性（psychological）隐私权。[①] 然而，美国联邦最高法院仅仅将保护强奸受害人隐私权的国家利益视为"重要的"利益，而且只提到这种国家利益可能受到保护的模糊的可能性。如果连强奸受害人的姓名都不能受到强制性的保护，我们很难想象还有什么类型的信息应当受到强制性保护。

2. 以合法方式获取信息的限制

根据 Florida Star 一案确立的规则，美国各州不可以限制行为人公开他通过合法方式获取的信息。Florida Star 一案的多数意见宣称，如果将新闻自由的宪政特权限制在以合法方式获取的信息的范围内，政府就可以有足够多的手段来保护个人隐私利益。[②] 然而，以合法方式获取信息的限制对新闻媒体的影响是微不足道的，但它却极大地削弱了公开披露他人私人事实的隐私侵权制度的作用。

Florida Star 一案的多数意见探讨了两种类型的敏感信息：一是政府掌握的敏感信息；二是私人掌握的敏感信息。美国联邦最高法院指出，对于那些由政府掌握的信息，政府可以通过将特定信息纳入私人信息的范畴并建立一定的程序保障其不被流传出去，从而避免这些信息遭到披露。在政府未能遵守它制定的程序的情况下，政府还可以为那些因此受到损害的人提供损害赔偿的救济方式。通过这些措施，政府就可以在不限制新闻媒体的前提下保护个人隐私利益。然而，美国

---

① A. Allen, Uneasy Access: Privacy for Women in A Free Society 156 – 157 (1987).
② Florida Star, 109 S. Ct. at 2609.

联邦最高法院的这种设想所提供的保护太弱,以至于无法对抗行为人对政府掌握的私人信息的大范围披露。根据 Florida Star 一案确立的规则,只有当私人信息仍然由政府掌握的时候,国家才有权保护个人隐私权。因此,即便政府掌握的信息中含有受到认可的隐私利益,这种利益也只具有十分有限的法律效力。

United States Department of Justice v. Reporters Committee for Freedom of the Press① 是在 Florida Star 一案之前不久的一个判例,在这个案件中,美国联邦最高法院承认了政府掌握的刑事犯登记表(criminal rap sheet)中的个人隐私利益。美国联邦最高法院指出,这种隐私利益正是刑事犯登记表不对新闻媒体公开的正当依据。然而,如果根据 Florida Star 一案确立的规则,在政府将刑事犯登记表流传出去的情况下,个人隐私利益就不能对新闻媒体产生任何法律效力。一旦这些信息脱离了政府的掌握,新闻媒体就可以不受惩罚地公开这些信息,而不顾其中包含的个人隐私利益。而且,无论该信息最初的披露是故意的还是非故意的、恰当的还是不恰当的,都不会改变这一局面。

美国联邦最高法院在 Reporters Committee 一案中承认了政府掌握的信息给个人隐私利益带来的威胁。美国联邦最高法院指出,在征税、管理福利和社会保障计划、维护军事记录和实施刑事法律的过程中,政府收集了公民的大量个人信息。由于政府掌握着数量如此巨大的个人信息,所以 Florida Star 一案具有可怕的影响力,因为这些信息一旦脱离了政府的控制,政府就无权保护个人隐私利益了。根据 Florida Star 一案确立的规则,受到法律承认的隐私利益仍然可以对政府本身发生法律效力,至少国家会为那些因政府披露行为而受到损害的个人提供损害赔偿的救济方式。因此,在 Reporters Committee 一案的规则下,如果一个人的刑事犯罪登记表被泄露给新闻媒体,他就可以从政府处获得救济。然而,这种救济或许可以补偿这个人由于信息披露而遭受的损害,却几乎无法保护他的隐私利益。新闻媒体仍然有权公开他的刑事犯罪登记表,法律所承认的隐私利益对他而言毫无益处。即使是在 Florida Star 一案的规则下,公开他人私人事务的隐私

---

① 109 S. Ct. 1468 (1989).

侵权制度对他而言也是毫无用处。他不能利用这种隐私侵权制度来对抗那些泄露信息的人，因为他能从政府处获得的损害赔偿是规定在制定法当中的，而不是一项普通法制度。他也不能利用这种隐私侵权制度来对抗那些公开信息的人，因为他们并不是以非法方式获取这些信息。所以，在 Florida Star 一案之后，公开他人私人事务的隐私侵权制度就只能适用于那些新闻媒体通过非法方式获取政府掌握的信息的案件。

而对于那些由私人掌握的敏感信息，公开披露他人私人事务的隐私侵权制度的适用也同样受到了相似的限制。Florida Star 一案的多数意见指出，即使将新闻媒体的新闻自由特权限制在以合法方式获取的信息的范围内，政府也仍然可以保护隐私利益；因为对于私人掌握的信息，"在某些情况下政府可能可以禁止在未经同意的前提下获取这些信息"，从而使这类信息脱离 Florida Star 一案确立的规则的适用范围。[1] 然而，这种方式对个人隐私利益的保护程度是不确定的，具体体现在以下三个层面。第一个层面的不确定性来源于美国联邦最高法院在这个问题上面的踌躇态度；美国联邦最高法院并没有肯定地说政府可以（can）禁止在未经同意的前提下获取敏感信息的行为，而是用了"可能可以"（might）这个词。第二个层面的不确定性来源于美国联邦最高法院没能具体说明在何种情况下政府才有权禁止未经同意的信息获取行为。第三个层面的不确定性则是美国联邦最高法院未能对"未经同意的信息获取行为"做出界定。

如果采用最广义的解释，禁止未经同意的信息获取行为就意味着新闻媒体不能在未经他人同意的情况下获取他人的信息。美国联邦最高法院的目的当然不是要采用一个这么宽泛的含义。Florida Star 一案多数意见的观点在很大程度上都是建立在防止过度威慑新闻媒体的需要上。持多数意见的大法官们认为，因为公开真实信息而惩罚新闻媒体将导致新闻媒体的"胆怯和自我审查"，进而对公共利益产生不利的影响。他们担心，新闻媒体在决定是否公开特定信息的时候会出于对法律责任的恐惧而选择不公开这些信息；这将会剥夺社会公众对重要信息的知情权。但是，一项禁止获取特定信息（不论采用何种手

---

[1] Florida Star, 109 S. Ct. at 2609.

段）的规则将会比一项禁止公开特定信息的规则带来更大的过度威慑的可能性。如果对未经同意的信息获取行为进行广义的解释，新闻媒体就不得不放弃获取特定类型的信息。所以，为了避免承担法律责任，新闻媒体可能会拒绝调查特定事件，即使在调查中可能会反映出那些未被禁止获取的信息。那么社会公众被剥夺的就不仅仅是被禁止的信息，还可能包括另外的未知信息。

基于 Florida Star 一案多数意见对过度威慑的担忧，他们不可能对未经同意的信息获取行为采取广义的解释。更有可能的情形是，美国联邦最高法院意图给予各州一定的灵活性，使各州得以决定什么是以合法方式获取的信息。在这种狭义的解释下，各州不会被限制于禁止特定方式的信息收集手段，如窃听电话或偷拆邮件等。相反，如果各州可以建立一个系统，使特定种类的信息只能通过特定方式获取，那么，只要新闻媒体公开了通过不正当方式获取的信息，各州就可以对新闻媒体进行惩罚。

虽然以合法方式获取信息这一限制能够对隐私利益发挥一定的保护作用，但由于美国联邦最高法院未能具体阐释何者属于合法的信息获取方式，所以其保护隐私利益的作用又受到了限制。当然，各州还会受到 Florida Star 一案其他要求的约束，如各州必须证明一种强制性的国家利益才能抑制那些具有公共重要性的信息。不过，各州也可以通过用禁止获取信息的制定法来代替禁止公开信息的制定法，从而规避 Florida Star 一案确立的规则。

Florida Star 一案的多数意见几乎没有提供如何解释"未经同意的信息获取行为"的线索。不过，狭义的解释符合了 Florida Star 一案的判决观点以及美国联邦最高法院对过度威慑的担忧。根据狭义的解释，在政府掌握信息和私人掌握信息两种情形下，保护敏感信息的公开他人私人事务的隐私侵权制度的适用范围只有细微的区别。在政府掌握信息的情形下，只有当新闻媒体以非法方式获取信息的时候才可以适用这种隐私侵权制度。而在私人掌握信息的情形下，公开他人私人事务的隐私侵权制度可以适用于保护特定类型的信息，不过这些信息必须不具有公共重要性，并且压制这些信息的公开行为必须对促进强制性的国家利益具有压倒性的必要性。因此，即便是对于私人掌握的信息，公开他人私人事务的隐私侵权制度所能保护的信息范围也及其狭窄。

3. 公共重要性

在 Florida Star 一案确立的规则下，不具有公共重要性的信息是不能受到宪政法保护的。对公开他人私人事务的这种公共重要性限制并不是新出现的。根据《美国侵权法复述（第二版）》，只有当行为人公开的事务"不属于社会公众合法关切的范围"，行为人才有可能构成隐私侵权。①

由于这种公共重要性的限制，导致法院在公开他人私人事务的隐私侵权案件中经常采用新闻报道价值的分析方法。新闻报道价值的分析方法与《美国联邦宪法第一修正案》有着紧密的联系：二者都保护民主社会公民获知信息的基本权利。但是，虽然新闻媒体公开具有新闻报道价值的信息的权利是毫无争议的，但是新闻报道价值的定义却存在许多疑问。极端地讲，新闻报道价值这个抗辩理由已经吞噬了公开他人私人事实的隐私侵权制度，因为新闻报道价值的含义在很大程度上是由新闻媒体自己决定的。②

在新闻报道和隐私侵权之间划定界限有两种方式。第一种方式也是《美国侵权法复述（第二版）》所采用的方式，是指在行为人披露的信息具有公共重要性的情况下对公开他人私人事务的隐私侵权采取更为严格的责任标准。根据《美国侵权法复述（第二版）》，如果行为人的公开披露行为会令一个有理性的人感到高度反感，行为人就应当承担隐私侵权责任。③ 但是，如果行为人披露的信息涉及具有公共重要性的事务，那么，只有当该披露行为侵犯了社会礼仪的一般标准时，行为人才应承担隐私侵权责任。《美国侵权法复述（第二版）》是这样规定的："如果行为人的公开行为已经不是为了向社会公众提供他们有权知晓的信息，而是为了自己的利益而对私人生活进行病态和耸人听闻的刺探，那么，这种行为就是侵犯他人的隐私权，而不是新闻报道。"④《美国侵权法复述（第二版）》中规定的关于具有公

---

① Restatement (Second) Of Torts § 652D (1977).
② See Kalven, Privacy in Tort Law——Were Warren and Brandeis Wrong?, 31 Law & Contemp. Probs. 326, 336 (1966); Restatement (Second) Of Torts § 652D comment g (1977).
③ Restatement (Second) Of Torts § 652D (1977).
④ Restatement (Second) Of Torts § 652D comment h (1977).

重要性的事实的披露标准在本质上是不公平的。① 这一标准认为某些信息具有极高的私密性，以至于不能有合法的公共利益去窥探这些信息，即便其涉及具有公共重要性的事务。因此，《美国侵权法复述（第二版）》的制定者们断言道，社会公众可以拥有合法的利益去关注女明星的家庭生活，但不能关注其性生活的细节。② 《美国侵权法复述（第二版）》对披露涉及公共重要性的事务的行为适用更高的责任标准，旨在给予新闻媒体足够的空间去报道新闻，同时防止新闻媒体侵犯他人的隐私权。这项不公平的标准试图区分公众有权知晓的信息以及纯粹私人的信息。然而，仅仅提高责任标准并不能解决新闻报道与隐私侵权之间根本性的紧张关系，因为《美国侵权法复述（第二版）》并没有界定何种类型的信息属于公众有权知晓的信息。

出于界定公众有权知晓的信息类型的需要，就出现了第二种区分新闻报道和隐私侵权的方式。这种方式希望通过界定《美国联邦宪法第一修正案》所要保护的信息来分析新闻报道价值。这种观点的主要支持者是 Edward Bloustein——一位长期支持公开他人私人事实的隐私侵权制度的学者。Bloustein 指出，《美国联邦宪法第一修正案》确保人们对民主社会自治的根本事务享有知情权。③ 与自治有关的信息，无论真实与否，都是具有公共重要性的，也是受到《美国联邦宪法第一修正案》的绝对保护的。然而，那些仅仅满足公众好奇心的信息，则只能受到《美国联邦宪法第五修正案》规定的正当程序条款的相对保护。所以，各州可以禁止信息公开行为，只要这种禁止是一个合理的手段并且能够导向宪法允许的结果。

但是，无论是《美国侵权法复述（第二版）》还是 Bloustein 提出的方式，都将公共重要性定义得过于狭隘。如果 Florida Star 一案的多数意见采用以上任意一种方式，B. J. F. 的姓名就会被认为是不具有公共重要性的信息，所以其公开也不能受到宪政法特权的保护。公开强奸受害人的姓名违背了社会礼仪的一般标准。而根据 Cox 一案

---

① Hill, Defamation and Privacy under the First Amendment, 76 COLUM. L. REV. 1205 (1976), at 1258-1260.
② Restatement (Second) Of Torts § 652D comment h (1977).
③ Bloustein, The First Amendment and Privacy: The Supreme Court Justice and the Philosopher, 28 Rutgers L. Rev. 41 (1974), at 50-51.

的判决,就连新闻媒体也认为披露强奸受害人的身份信息是不正确的。① 而且,无论是佛罗里达州的立法机关还是《佛罗里达明星报》本身,都认为公开强奸受害人的姓名是不正当的。所以,根据《美国侵权法复述(第二版)》的规定,B. J. F. 的身份信息属于公众不享有知情权的私人信息。《佛罗里达明星报》在报道这起强奸犯罪的过程中提供了一些具有公共重要性的信息;但是它披露强奸受害人姓名的行为却越界了,这种行为不再属于新闻报道的范畴,而构成了隐私侵权行为。

而在 Bloustein 提出的方式下,B. J. F. 的身份信息也同样是社会公众无权知晓的私人信息。关于强奸犯罪的信息很明显是与民主社会的自治相关联的信息;例如,这些信息有助于社会衡量执法服务是否充足。所以,根据 Bloustein 提出的方式,《佛罗里达明星报》享有绝对的宪政法特权去公开关于 B. J. F. 强奸案的信息。但是,B. J. F. 的身份是与民主社会的自治无关的事项。了解 B. J. F. 的姓名并不会有助于社会重新评价执法服务或者促进预防强奸犯罪的公共政策。正因为 B. J. F. 的姓名完全不会对社会自治的能力产生影响,所以她的姓名并不具有公共重要性。

为了使公开他人私人事实的隐私侵权制度符合《美国联邦宪法第一修正案》的约束,《美国侵权法复述(第二版)》的规定以及 Bloustein 提出的方法都对公共重要性做出了狭义的界定。然而,美国联邦最高法院在 Florida Star 一案中明确地拒绝了这两种妥协性的方法。Florida Star 一案的多数意见指出,《佛罗里达明星报》公开的信息符合公共重要性的标准,因为"这篇新闻文章的内容在普遍意义上(而不是针对其中涉及的具体个人)涉及具有最高公共重要性的事项"。② 所以,根据多数意见的解释,特定信息是否具有公共重要性取决于其相关事件的性质。一旦认定行为人公开的信息与具有公共重要性的事项相关,法院就无需再作进一步的探究。美国联邦最高法院既不看重披露行为的性质(区别于《美国侵权法复述(第二版)》

---

① Hill, Defamation and Privacy under the First Amendment, 76 COLUM. L. REV. 1205 (1976), at 1268.
② Florida Star, 109 S. Ct. at 2611.

中的规定），也不关注行为人披露的特定信息的性质（区别于 Bloustein 提出的自治理论）。在 Florida Star 一案之后，只有在新闻媒体公开的敏感信息与公共重要性事项毫无关联的情况下，新闻媒体才可能受到惩罚。因此，美国联邦最高法院采用的公共重要性标准严重地限制了公开他人私人事务的隐私侵权制度适用的信息类型。

（三）Florida Star 一案的分析方法对公开他人私人事务的隐私侵权制度的影响

公开他人私人事务的隐私侵权制度适用于相当多的案件，在这些案件中，限制真实信息公开行为的做法都面临着《美国联邦宪法第一修正案》的挑战。此前，对真实信息公开进行限制的努力在美国联邦最高法院并没有取得很好的进展。美国联邦最高法院已经在很多案件中指出，《美国联邦宪法第一修正案》的利益优先于其他利益。美国联邦最高法院对限制真实信息公开的这种不情愿的态度，给公开披露他人真实私人信息的隐私侵权制度带来了很大的问题。所以，只有当个人隐私利益被认为足够重要，以至于可以成为限制出版自由特权的正当依据时，公开他人私人事务的隐私侵权才得以适用。

Florida Star 一案的多数意见试图衡量隐私利益与《美国联邦宪法第一修正案》所体现的利益的重要性。[①]然而，大法官们在分析的过程中并未给予隐私利益任何实质性的重要性。相反，美国联邦最高法院对待 Florida Star 一案的态度并无异于此前其他无关个人隐私的真实信息公开案件。Florida Star 一案的多数意见将一个涉及个人隐私权的案件当做一个普通的真实信息公开案件来审理，这种态度使公开他人私人事务的隐私侵权制度在消亡的道路上又前进了一大步。

从 Florida Star 一案的多数意见对先例的引用中也可以看出大法官们并没有区分隐私侵权案件和其他的真实信息公开案件。这份多数意见指出，美国联邦最高法院在此之前已经几次考虑过新闻自由与公开他人私人事务的隐私侵权制度之间的紧张关系。美国联邦最高法院做出该案判决的基础是体现了对"真实信息的报道与受国家保护的隐私利益之间的冲突"的"隐私权"案件。然而，深入研究这些

---

① Florida Star, 109 S. Ct. at 2607.

"隐私权"案件就会发现，这些案件根本就不涉及隐私利益；它们只是一些普通的真实信息公开案件，美国联邦最高法院在这些案件中并不需要考虑个人隐私权的问题。

Florida Star 一案多数意见提到的第一个先例是 Cox Broadcasting Corp. v. Cohn 一案。① Cox 一案的案情从表面看来与 Florida Star 一案非常相似。该案的原告是一位强奸和谋杀犯罪受害人的父亲。一家电视台在广播中透露了原告女儿的姓名，所以他以电视台违反了佐治亚州禁止公开强奸受害人姓名的制定法规定为由起诉了这家电视台。佐治亚州最高法院认为，虽然这项制定法的规定并不适用于私人主体，不过原告的起诉已经构成了普通法中公开他人私人事务的隐私侵权诉讼。美国联邦最高法院在 Cox 一案中直接面临的问题是：在《美国联邦宪法第一修正案》下，各州能否将公开真实私人事务的行为作为一种诉讼理由？如果美国联邦最高法院抓住了这次机会来处理《美国联邦宪法第一修正案》所保护的新闻自由利益与个人隐私利益之间的紧张关系，Cox 一案就会成为一个对 Florida Star 一案具有决定性影响力的先例。然而，正如 Florida Star 一案的多数意见所指出的，Cox 一案对 Florida Star 一案并没有约束力。② Cox 一案判决注意到这样一个事实：新闻媒体是从公诉书，也就是从公共记录中获得强奸受害人的姓名的。③ 所以，即便个人隐私权获得了政府的普遍承认，Cox 一案的案情也并未体现出这种权利。因此，美国联邦最高法院在 Cox 一案中完全避开了个人隐私权的问题。

美国联邦最高法院随后对 Cox 一案的再次引用也证明，法院并没有将 Cox 一案当做隐私侵权案件来对待。美国联邦最高法院认为，Cox 一案是其在 Florida Star 一案中引用的另外两个"隐私权案件"的先例，但事实上，这两个案件并不涉及个人隐私权的问题。在 Oklahoma Publishing Co. v. District Court 一案④中，美国联邦最高法院援引了 Cox 一案来说明，如果新闻媒体公开的真实信息已经存在于公共

---

① 420 U. S. 469 (1975).
② Florida Star, 109 S. Ct. at 2608.
③ Cox, 420 U. S. at 472.
④ 430 U. S. 308 (1977).

领域中,那么,新闻媒体就不能因此而受到惩罚。Oklahoma Publishing 一案的被告是一家报社,它对一项禁止公开少年犯姓名的法庭命令的合宪性提出了质疑。这家报社提出,由于它是从一次公开的庭审中获得少年犯的姓名,所以政府不能禁止它公开这一信息。美国联邦最高法院认可了被告的这一主张。美国联邦最高法院做出了一份经过共同决议的简短判决书,指出,根据 Cox 一案的判决,新闻媒体可以公开那些已经在刑事公诉案件中公布的信息。美国联邦最高法院在该案中并没有解决任何隐私权问题,因为与 Cox 一案同样,Oklahoma Publishing 一案中行为人披露的信息也已经是公共信息。

Cox 一案在 Florida Star 一案提到的第三个案件 Smith v. Daily Mail Publishing① 中也扮演了重要的角色。在 Daily Mail 一案中,一家报社在没有取得法庭命令的情况下公开了一名少年犯的姓名,因而被指责其行为违反了西弗吉尼亚州的制定法。这家报社从犯罪现场的人们口中得知少年犯的姓名,它主张西弗吉尼亚州的制定法违反了《美国联邦宪法第一修正案》。而西弗吉尼亚州则认为,保护少年犯的匿名权对于促进少年犯的改过自新具有必要性,所以促进少年犯改过自新的国家利益可以作为限制新闻媒体出版自由权的正当依据。

在明确承认 Daily Mail 一案涉及少年犯的隐私权问题之后,美国联邦最高法院转而求助于它之前审理过的真实信息公开案件。美国联邦最高法院从 Cox、Oklahoma Publishing 和 Landmark Communications, Inc. v. Virginia② 这三个案件中提炼出了"Daily Mail 一案中最主要的原则":在缺乏一种最高级别的国家利益的情况下,行为人公开其以合法方式获得的真实信息的行为不应当受到惩罚。③ 在 Daily Mail 一案中,美国联邦最高法院是从那些不涉及隐私利益的案件中总结出这个主要原则的;并且 Daily Mail 一案本身也是一个不涉及隐私权问题的案件。然而,Florida Star 一案的多数意见却用这个原则来解决个人隐私利益与新闻自由的宪政利益之间的紧张关系。

Florida Star 一案的多数意见依据一个普通的真实信息公开案件来

---

① 443 U. S. 97 (1979).
② 435 U. S. 829 (1978).
③ Florida Star, 109 S. Ct. at 2609.

审理隐私侵权案件，这种做法所导致的后果比模糊不清的分析更为严重。通过将普通真实信息公开案件的分析方法套用在公开他人私人事务的隐私侵权行为上，Florida Star 一案的多数意见完全漠视了个人隐私利益。Florida Star 一案的反对意见注意到了这种漠视，并从两个方面批判了多数意见采用 Daily Mail 规则的做法。一是这项规则来源于一个明显不涉及隐私权问题的案件。二是即便 Daily Mail 一案的规则可以适用于隐私权案件，其与 Florida Star 一案也是有区别的，因为 Daily Mail 一案中西弗吉尼亚州试图保护的是犯罪嫌疑人的匿名权，而犯罪嫌疑人的隐私权与犯罪受害人的隐私权必然是不同的。Florida Star 一案的反对意见在一般意义上赞成多数意见所采用的利益衡量方式，只是认为这种方式不适用于该案。因为在试图平衡《美国联邦宪法第一修正案》所保护的利益与隐私利益的过程中，Florida Star 一案的多数意见"过分轻视了 B. J. F. 一方的隐私利益，而赋予另一方过多的重要性"。

Florida Star 一案的反对意见虽然强调了多数意见结论的不充分，却并没有给出理由。Florida Star 一案的多数意见之所以过分轻视了 B. J. F. 的隐私利益，是因为多数意见所采用的标准完全没有考虑到 B. J. F. 的隐私利益。该案多数意见采用了一项衡量国家利益与《美国联邦宪法第一修正案》所保护的利益的标准，却忽略了个人的利益。在这种衡量标准下，少年犯、政府官员、强奸受害人的家人与强奸受害人本身都被给予同样的待遇，而不顾他们的个人隐私利益。美国联邦最高法院未能采用一个充分考虑个人隐私利益的分析框架，这一点构成了 Florida Star 一案对公开他人私人事务的隐私侵权制度的最严重威胁。

五、结语

综上所述，Florida Star 一案虽然没有彻底消灭公开他人私人事务的隐私侵权制度，但它确实对这一隐私制度产生了威胁。该案判决反映了持多数意见的大法官们对于通过限制新闻媒体来保护个人隐私利益的不情愿态度。由于公开他人私人事务的隐私侵权制度的目的正是限制新闻媒体公开私人信息，所以大法官们的这种不情愿态度本身就对这一制度产生了威胁。

更重要的是，Florida Star 一案对公开他人私人事务的隐私侵权制度施加了实际的限制，严重削弱了该制度能够发挥的作用。在 Florida Star 一案之后，公开他人私人事务的隐私侵权制度就只能适用于这样的案件：新闻媒体公开的信息是以非法方式获得的并与具有公共重要性的事项毫无关联。而即便新闻媒体公开的信息确实达到了这一标准，如果压制信息传播的做法对于促进国家利益而言并不具有"压倒性的重要性"，那么，这种隐私侵权制度仍然无法适用。鉴于能够满足这些要求的信息种类很少，公开他人私人事务的隐私侵权制度将无法再作为一种保护个人隐私的有效手段。

然而，最严重的一方面则是 Florida Star 一案在解决隐私利益与《美国联邦宪法第一修正案》所保护的利益之间的矛盾时所采用的分析方法。美国联邦最高法院对先例做出了错误的判断，并将注意力集中在一般性的国家利益上面而不关注该案中具体的隐私利益，其后果就是美国联邦最高法院回避了对该案真正存在的问题，没有对其进行深入研究：即隐私权在多大程度上属于法院审判权限内的一种应受法律保护的利益？

通过公开他人私人事务的隐私侵权制度来保护个人隐私权带来了棘手的宪政法问题，而解决这个宪政法问题就必须对保护个人隐私的价值和保护新闻自由的价值进行谨慎衡量。Florida Star 一案的多数意见拒绝做出这种谨慎的衡量。相反地，大法官们完全站在支持新闻媒体的立场上，没有公正地对待隐私权这项普通法权利，从而打破了二者之间的利益平衡。美国联邦最高法院未能通过精确的分析正视个人隐私权的价值，正是这一点敲响了公开他人私人事务的隐私侵权制度的丧钟。

公开披露他人私人事务的隐私侵权之残余
——从私人领域的角度进行研究

乔纳森·B. 明茨[①] 著   廖嘉娴[②] 译

目　　次

一、导论
二、普通法和制定法中的隐私侵权制度
三、公开披露他人私人事务的隐私侵权
　　继续存活下去的可能性
四、私人领域的内涵和外延
五、结语

一、导论

　　美国联邦最高法院三分之一的大法官以及隐私权法领域大多数学者通过严厉的警告、绝望的哀悼或者中肯的主张，纷纷提出——公开披露他人私人事务这种已经存在超过一个世纪的隐私侵权再无用武之地了。当前的法学界指出，《美国联邦宪法第一修正案》无法容忍法律将侵权责任强加给那些公开披露真实事实的行为人，即使他们披露的是私人事务。不过 Shapiro 教授认为，尽管司法界和理论界对公开他人私人事务的隐私侵权进行了"大屠杀"式的否定，但这类隐私侵权仍然没有被赶尽杀绝。[③] 笔者同意 Shapiro 教授的观点，并将在本文中对公开披露他人私人事务的隐私侵权中得以继续保留的部分进行研究。

[①] 乔纳森·B. 明茨（Jonathan B. Mintz），美国罗杰威廉姆斯大学法学院副教授。
[②] 廖嘉娴，中山大学法学院助教。
[③] Clifford J. Shapiro, The First Amendment and the Private Domain 3 (Apr. 16, 1993) (unpublished manuscript, on file with the author).

隐私侵权法因其存在大量模糊之处而引人注目。法学家和法律工作者已经从合法性和搜查的角度对隐私权的方方面面进行了探讨，尽管他们彼此之间在相同假设下所进行的讨论往往不存在明显的联系。从根本上说，无论是关于隐私权的概念本身还是关于隐私权在法律中的具体体现，法学家和法律工作者们都存在不同的意见。理论界和司法界对于公开披露他人私人事务的隐私侵权的探讨同样存在分歧，而美国联邦最高法院对公开披露他人私人事务的隐私侵权的观点则与隐私侵权的构成要件本身有着某种神秘的关联。

本文除导论外，共分为三个部分。第一部分对关于隐私权概念的不同理论学说进行了总结和分类。在此基础上，笔者将就隐私权概念在法律中的具体化提出一个截然不同的观点。第二部分回顾了美国联邦最高法院近年来对公开披露隐私侵权的全盘否定式的态度，着重强调了美国联邦最高法院到目前为止几乎拒绝对任何私人事实赋予隐私权保护的做法。在此基础上，笔者提出了"私人领域"的概念：侵权法可以避免行为人公开披露他人私人领域内的私人事务，同时又不违背《美国联邦宪法第一修正案》的规定。第三部分对私人领域进行了界定，并提出法院可以保护那些属于"正当的私下披露范围"（zone of fair intimate disclosure）的私人事务，避免其受到行为人的公开披露，这种做法并不违背美国联邦最高法院对隐私权的态度。

二、普通法和制定法中的隐私侵权制度

（一）隐私权的概念

一个多世纪以来，美国法律一直在保护个人隐私权的努力中苦苦挣扎，很大程度上是因为没有人确切地知道隐私权的含义。Samuel Warren 和 Louis Brandeis 于1890年发表的那篇著名的影响深远的或者说臭名昭著的《论隐私权》，只是口语化地将隐私权定义为"独处权"（the right to be let alone）。① 尽管这篇文章中的观点受到了广泛

---

① Samuel D. Warren & Louis D. Brandeis, The Right to Privacy, 4 Harv. L. Rev. 193, 193 (1890). But see Ruth Gavison, Privacy and the Limits of Law, 89 Yale L. J. 421, 437 & n. 48 (1980) (asserting that the right "to be let alone" was first advanced in Thomas M. Cooley, Law of Torts 29 (2d ed. 1888)).

的追捧,① 但 Warren 和 Brandeis 提出的隐私权概念过于模糊和广泛,无论是从法律的角度还是哲学的角度出发,这个概念都是弊大于利的。

尽管有可能将一个庞杂的理论领域过度简单化,但笔者还是认为有必要对各种关于隐私权概念的学说进行分类。② 大部分法官和学者都没有从本质上对个人隐私权进行界定,而仅仅从控制社会公众接近个人隐私的角度展开讨论。美国联邦最高法院将隐私权称为隐瞒信息的权利 (the right to withhold information)。③ Richard Parker 教授指出:"隐私权制度适用于行为人做出某种行为而使他人的各个方面被社会公众所知晓的情形。"④ 类似地,Alan Westin 教授也指出:"隐私权是指个人、群体或者机构有权自主决定关于他们自身的信息在何时、以何种方式、在何种程度上传播给其他人。"⑤ 而 Emile Karafiol 教授则写道:"隐私权是指个人在其私人生活中排除社会干扰的权利。"⑥ 那些试图从本质上进行界定的学者所提出的隐私权概念相对更为具体一些。如 Warren 和 Brandeis 就解释道,每个人都有权决定"在何种程度上向其他人传播他的思想、情绪和情感"。⑦ 而 Paul Bender 教授则将隐私权定义为:"做自己的权利"。⑧

关于隐私权功能的研究似乎更具有功利主义的色彩。Westin 教授指出,隐私权具有以下四种功能:一是保护个人自治——免受其他人的操纵或者支配;二是允许情感释放——从扮演社会角色的压力中得到解脱;三是自我评价的机会——将个人经历整合成为有意义的模式以及在事件中加入个人特性;四是允许有限制的和受到保护的交流

---

① See, e. g., Metter v. Los Angeles Examiner, 95 P. 2d 491, 494 (Cal. Ct. App. 1939).
② For more thorough accumulations of these theoretical approaches, see James R. Beattie, Jr., Note, Privacy in the First Amendment: Private Facts and the Zone of Deliberation, 44 Vand. L. Rev. 899, 910 – 921 (1991), and Emerson, supra note 4, at 329.
③ Whalen v. Roe, 429 U. S. 589, 600 (1977) (holding that a patient – identification requirement is a reasonable exercise of a state's police powers).
④ Richard Parker, A Definition of Privacy, 27 Rutgers L. Rev. 275, 281 (1974).
⑤ Alan F. Westin, Privacy and Freedom 7 (1970).
⑥ Emile Karafiol, The Right to Privacy and the Sidis Case, 12 Ga. L. Rev. 513, 525 (1978).
⑦ Samuel D. Warren & Louis D. Brandeis, The Right to Privacy, 4 Harv. L. Rev. 193, 198 (1890).
⑧ Paul Bender, Privacies of Life, Harper's Magazine, Apr. 1974, at 36.

——允许人们分享知心话以及在精神上设置边界、与其他人保持精神上的距离。① Tom Gerety 教授也提出了隐私权的三种功能:"自治(autonomy)、个性(identity)与私密(intimacy)。"②

其他的学者仅仅将隐私界定为非隐私的反面。如 Milton Konvitz 教授认为隐私是指"不受社会公众利用或控制的空间领域"。③同样,Harry Kalven 教授认为隐私的含义并不是通过对其本身进行界定而得到的,而是对非隐私进行界定之后所剩余的那些利益:"(隐私)属于国家或社会需求之外的范畴"。④

在各种各样关于隐私权概念的研究之外,法院和立法机关还提供了隐私权在实践中的表现形式,从中也体现出与概念研究相似的模棱两可和矛盾心理。

(二) 隐私权的法定类别

如果要界定美国法中的隐私权,则需要耗费大量笔墨来阐述隐私权上百年的历史发展。学者和法官一般都承认,美国法中有两个领域包括了公民的"隐私权":一是联邦宪政法上的自治权,即公民的私人决定有权免受政府干涉;二是各州侵权法对侵犯他人"人格"(personality)的非官方行为的补偿。然而不幸的是,这种得到普遍认可的二分法具有相当大的误导性。本文这一部分旨在更准确地划分隐私权的各种根据。

(1) 保护隐私权的一部分根据来源于《美国联邦宪法》。其一,正如前文所提到的,《美国联邦宪法》保护特定种类的私人决定享有自治权,例如,堕胎权、⑤ 采取避孕措施⑥以及淫秽物品的私人所

---

① Thomas I. Emerson, The Right of Privacy and Freedom of the Press, 14 Harv. C. R. – C. L. L. Rev. 329 (1979), at 339 (citing Alan F. Westin, Privacy and Freedom 7 (1970), at 32 – 39).
② Tom Gerety, Redefining Privacy, 12 Harv. C. R. – C. L. L. Rev. 233, 236 (1977).
③ Milton Konvitz, Privacy and the Law, 31 Law & Contemp. Probs. 272, 279 – 280 (1966).
④ Harry Kalven, Jr. , Privacy in Tort Law – Were Warren and Brandeis Wrong? 31 Law & Contemp. Probs. 326, 327 (1966).
⑤ Roe v. Wade, 410 U. S. 113 (1973).
⑥ Griswold v. Connecticut, 381 U. S. 479 (1965).

有。① 其二，《美国联邦宪法第四修正案》② 禁止不合理的政府搜查和扣押的规定，从而实现对隐私利益的保护。③ 其三，美国联邦最高法院根据《美国联邦宪法第一修正案》至《美国联邦宪法第九修正案》，以及《美国联邦宪法第五修正案》和《美国联邦宪法第十四修正案》的正当程序条款所保护的秩序自由"，建立了宪政法上的隐私权。④

美国联邦政府也通过制定法为个人隐私权提供了一些值得注意的保护。⑤ 例如，1974年的《信息自由法》就专门禁止了披露政府持有的个人档案、医疗档案以及类似档案的行为，因为披露这些档案将明确构成对个人隐私权的不正当侵犯。⑥ 此外，《信息自由法》还禁止披露其他特定的信息，如果披露这些信息将"构成对个人隐私权的不正当侵犯"。⑦《隐私权法》⑧ 的颁布正是为了限制美国联邦政府收集公民个人信息的权力；这部法律针对政府收集和维护公民个人信息的行为规定了保障措施，同时还规定在某些情况下信息传播必须以当事人同意为前提条件。⑨

（2）美国法中体现隐私权的第二个领域是各州侵权法对隐私权的保护，这一点也得到了普遍的认可，然而其同样存在缺陷。事实上，几乎所有人都认为州侵权法中的隐私权包括四种不同的利益，分别体现为以下四种相互独立的侵权类型：一是侵扰原告的居所安宁和安静；二是公开披露原告的私人事务；三是在公众面前丑化原告的形

---

① Stanley v. Georgia, 394 U. S. 557 (1969).
② U. S. Const. amend. IV.
③ See Project, Government Information and the Rights of Citizens, 73 Mich. L. Rev. 971, 1283 -1284 (1975).
④ See Project, Government Information and the Rights of Citizens, 73 Mich. L. Rev. 971, 1282 -1283 (1975).
⑤ See generally J. Thomas McCarthy, The Rights of Publicity and Privacy 5. 9 [D] [1] - [2] (Release #12, 1994).
⑥ Freedom of Information Act, 5 U. S. C. 552 (b) (6) (1978).
⑦ 5 U. S. C. 552 (b) (7) (C).
⑧ Privacy Act of 1974, Pub. L. No. 93 -579, 3, 88 Stat. 1897 (1974) (codified at 5 U. S. C. 552 (a) (1988)).
⑨ See generally J. Thomas McCarthy, The Rights of Publicity and Privacy 5. 9 [D] [2] (Release #12, 1994).

象；四是为了被告的利益而擅自使用原告的姓名或者肖像。①

美国大多数州都通过各自的普通法承认，行为人公开披露他人私人事实的行为可以被提起隐私侵权诉讼。除此之外，各州还通过宪政法和制定法来解决隐私权的问题。例如，有 4 个州在制定法中承认，原告可以对公开披露其私人事实的个人提起隐私侵权诉讼；有 10 个州确认了公民享有宪政法上的隐私权；有 30 个州在保护强奸犯罪受害人的制定法中禁止披露性犯罪受害人的身份识别信息。此外，有 41 个州限制披露有关 HIV（Human Immuno‐Deficiency Virus）或 AIDS（Acquired Immune Deficiency Syndrome）检验情况的身份识别信息；有 16 个州通过制定法禁止披露堕胎者的身份识别信息；有 30 个州颁布了制定法保护未成年人的某些信息不受公开披露。而且，还有 30 个州禁止披露精神病患者的身份识别信息；有 4 个州颁布了其他保护隐私权的一般性制定法。除此之外，美国所有的州都制定了各种各样的类似于 FOIA 和《隐私权法》的数据保护法。②

（3）州侵权法所管辖的侵犯他人"人格"的隐私侵权行为是否会同时构成联邦宪政法上侵犯隐私权的行为？这个问题也存在疑惑。Prosser 教授认为，在 Griswold v. Connecticut 一案③中首次确立的隐私权保护"包括了普通法所保护的隐私利益"。④ 而美国联邦最高法院在 Whalen v. Roe 一案⑤中也得出了相似的结论，指出隐私权"既包括避免私人事务受到披露的个人利益，也包括独立做出特定重要决定的利益"。

尽管笔者对法定隐私权的上述分类并不像前文所提到的二分法通说那么简便，但这种分类方法更有利于阐明美国司法实践中发展起来的各类隐私权。不过在本文当中，笔者仅对公开披露他人私人事务的隐私侵权类型进行研究。

---

① William L. Prosser, Privacy, 48 Cal. L. Rev. 383, 389 (1960).
② See Bruce D. Goldstein, Confidentiality and Dissemination of Personal Information: An Examination of State Laws Governing Data Protection, 41 Emory L. J. 1185, passim (1992).
③ 381 U. S. 479, 485–86 (1965) (affirming "right of privacy'" for married couples seeking information about contraceptives).
④ W. Page Keeton et al., Prosser and Keeton on the Law of Torts 117, at 866 (5th ed. 1984).
⑤ 429 U. S. 589 (1977).

(三) 公开披露他人私人事务的隐私侵权的范围

美国各州对公开披露他人私人事务的隐私侵权的界定通常都与《美国侵权法复述（第二版）》相似。《美国侵权法复述（第二版）》第652D条规定："如果行为人对他人私人生活中某些事务的公开披露同时符合以下两个条件，那么，他的行为就构成侵犯他人隐私权的行为，应当承担隐私侵权责任：①行为人的公开披露行为对一个有理性的人而言具有高度冒犯性（highly offensive），②行为人披露的事实与社会公众的合法利益无关。"[1]

该条款中的几个构成要件构成了公开披露他人私人事务的隐私侵权诉讼的框架。其中，所具有法理上的缺陷以及模棱两可之处极大地妨碍了这类隐私侵权对原告的有效保护。笔者将在这一部分大致阐述公开披露隐私侵权的构成要件，并着重分析其中存在的法理上的问题。

1. 公开性

名誉侵权诉讼仅仅要求被告对第三人公开名誉毁损性质的陈述，然而[2]公开披露他人私人事务的隐私侵权诉讼则强调对社会公众公开性的构成要件。[3] 二者之间的区别不仅仅存在于理论中，而且对司法实践也具有深远影响，尽管这实际上只是一个量的区别。《美国侵权法复述（第二版）》第652D条的第一条官方评论规定了公开披露隐私侵权对于被告公开行为的受众人数的强调；该条官方评论指出："公开性要件要求被告向绝大多数社会公众或者足够多的人传播了特定事实，以至于该事实在实际上成为了一项公共知识。"

一般情况下，即使被告对一个小群体披露了原告的私人事务，这种行为在美国大多数州也不满足隐私侵权的公开性要件。[4] 不过，也有一小部分法院拒绝采用这一人数上的标准，而是以原告和特定信息受众之间的关系作为根据。[5]

---

[1] Restatement (Second) of Torts 652D (1977).
[2] W. Page Keeton et al., Prosser and Keeton on the Law of Torts 113, at 797 (5th ed. 1984).
[3] Restatement (Second) of Torts 652D (1977).
[4] See, e. g., Porten v. University of San Francisco, 134 Cal. Rptr. 839, 841 (Ct. App. 1976).
[5] See, e. g., Miller v. Motorola, Inc., 560 N. E. 2d 900, 903 (Ill. App. Ct. 1990).

在判断披露行为的公开性这一问题上，大多数法院采纳了上述的人数标准；这种标准背后的基本理论似乎是：在公开披露的背景下，个人隐私只能存在于社会公共知识的对立面。所以，如果原告不能证明其私人事务已经能够被"整个社会"或者"社会公众"所获知，那么法院就会得出这样的结论：公开披露隐私侵权所保护的原告的利益并未受到影响。

这种吹毛求疵的基本理论很明显存在缺陷。它有利于节省司法资源，却不利于保护原告的尊严利益（dignity interests），而这种利益恰恰是侵权法所应当保护的。无论是使 5 个人还是 50 个人获知原告的私人事务，对原告尊严造成的损害都只存在量的区别，而不存在质的区别。在被告向第三人泄露原告私人事务的同时，原告就在某种意义上丧失了隐私，尤其是在第三人与原告属于同一社区的情况下。因此，被告行为的公开程度以及原告尊严的受伤程度，更应当作为计算损害赔偿的根据，而不是作为即决判决（summary judgment）或驳回诉讼请求的理由。①

此外，强调信息受众的人数标准在很大程度上引发了公开披露他人私人事务的隐私侵权中最令人困扰的一个问题：由于这类隐私侵权与新闻自由存在交叉点，所以其与《美国联邦宪法第一修正案》之间存在着固有的复杂问题。迄今为止，新闻媒体是公开披露他人私人事务的隐私侵权诉讼中最常见的被告，因为新闻媒体拥有非凡的披露事务的能力，其披露行为往往能够满足公开性要件的人数门槛。② 而在面对言论自由的问题时，新闻媒体也恰恰是美国联邦最高法院顾虑得最多的一类被告。

2. 对他人私人生活具有高度冒犯性的事务

这个构成要件主要关注原告私人事务的性质及其状态。只有在被告披露的事务在本质上属于私人事务而且不处于公开状态的情况下，

---

① Schuyler M. Moore, The Right to Be Left Alone: Integration of the Four Publication – Based Tort Actions, 14 Loyola L. A. Ent. L. J. 405, 414 (1994).
② Barbara Moretti, Note, Outing: Justifiable or Unwarranted Invasion of Privacy? The Private Facts Tort as a Remedy for Disclosures of Sexual Orientation, 11 Cardozo Arts & Ent. L. J. 857, 869 (1993).

被告的行为才构成公开披露他人私人事务的隐私侵权行为。① 根据《美国侵权法复述（第二版）》的界定，如果某个事实的公开将使"一个有理性的人合理地觉得自己受到严重的冒犯"，那么，该事务就属于"具有私人性质"（private by nature）的事务。

要判断特定事务是否属于具有私人性质的事务，换句话说，即判断一个理性人是否会因为该事务的公开而感觉自己受到严重的侵犯——对这个问题存在不同的见解。《美国侵权法复述（第二版）》所规定的判断标准是最受欢迎且最有说服力的。《美国侵权法复述（第二版）》第652D条的官方评论c对此提出了一般意义上的解释："除非是在荒漠当中，否则，世界上不存在绝对隐私；任何人，只要他不是隐士，就必须预料到并容忍他所在的社会生活中的一般事件……只有当行为人的公开行为达到使理性人合理地感到自己受到严重冒犯的程度时，他人才能对其提起隐私侵权诉讼。"②

《美国侵权法复述（第二版）》的这种一般性解释产生了一个更加模糊不清的、以价值判断为基础的"私人性质"的概念。法官和学者指出，如果披露某个信息是具有"冒犯性"（offensive）的，③ 或者公开该信息将会"对良知造成震撼"（shocks the conscience），④ 或"超越社会礼仪"，⑤ 或披露该事务是为了"利用"（exploitative）其价值而不是出于"信息或文化"的目的，⑥ 那么，这种事务就是具有私人性质的。

采纳上述判断标准的法院通常都认为只有关于裸露、性和身体健康的事实才属于具有私人性质的事务。面对何为私人事务这个问题，我们似乎都感到迷惑和矛盾，而判例法在这个问题上同样显示出疑惑和与矛盾。如果将属于个人私密（personal intimacy）范围内的事务

---

① Restatement (Second) of Torts 652D cmt. b (1977).
② Restatement (Second) of Torts 652D cmt. c (1977).
③ See, e. g., Gill v. Hearst Publishing Co., 253 P. 2d 441 (Cal. 1953).
④ Diane L. Zimmerman, Requiem for a Heavyweight: A Farewell to Warren and Brandeis's Privacy Tort, 68 Cornell L. Rev. 291, 358 – 362 (1983).
⑤ See Alfred Hill, Defamation and Privacy Under the First Amendment, 76 Colum. L. Rev. 1205, 1263 (1976).
⑥ See Peter L. Felcher & Edward L. Rubin, Privacy, Publicity, and the Portrayal of Real People by the Media, 88 Yale L. J. 1577, 1596, 1608, 1622 (1979).

都界定为私人事务，那么，法院所采纳的有限的私人事务类别对这种利益的保护就显得十分不足。理性地说，对于那些关乎我们身体的事务，每个人必然都希望更多地避免它们受到公开。

界定私人事务的第二个要点是特定事实遭到披露之前所处的状态（或其来源）。根据公开披露他人私人事务的隐私侵权，如果行为人公开的是那些已经处于某个公共领域（public domain）的事务，那么即便该事实具有私人性质，其行为也不会产生隐私侵权责任。① 因此，无论是从公共记录、公共街道、公共交易场所、公共酒店或学校运动会中获得的任何事务，还是那些本来就是公共知识的事务或已经受到公开的事务，不管其本质上是否具有私人性质，这些事务都不属于私人事务，原告不能据此提起隐私侵权诉讼。在这种情况下，法院通常都会认为原告已经在默认的基础上放弃了自己的隐私权或者同意被告的公开披露行为。

关注特定事务遭到披露前所处的状态的理论是强有力的，但其中也存在瑕疵。这种理论的基本观点是，一旦特定事务出现在公众视野中，隐私利益就会被弱化，以至于原告完全不能受到法律的保护。② 尽管在社会公众能够获知特定信息的情况下，原告的隐私利益确实会被弱化；但认为原告的隐私利益因此而彻底消失并不值得受到法律保护的观点也显然是错误的。伴随着特定事务出现在公众视野中，原告隐私利益的"弱化"只是一个程度上的问题，而不会完全丧失。

法院的分析还存在一个最值得我们注意的缺陷——在这个问题上，法院认为"公开"仅仅意味着"处于公共场合当中"（in public），并不适用公开性要件中信息受众的人数标准。③ 所以根据法院的观点，被告向另外两个人披露原告私人事务的行为可能完全不构成对原告隐私权的侵犯，但如果原告"在公共场合"将同样的私人事务告知这两个人则会彻底毁掉原告对该事实的隐私利益。

公开披露隐私侵权的第二个构成要件中最令人困惑的地方在于它与第三个构成要件存在很大程度的重叠：如果被告披露的事务涉及社

---

① Restatement (Second) of Torts 652D cmt. b (1977).
② Cox Broadcasting Corp. v. Cohn, 420 U. S. 469, 494 – 495 (1975).
③ Restatement (Second) of Torts 652D cmt. b (1977).

会公众的合法利益,那么,被告的披露行为就是不可诉的。探究被告所披露事务的性质和所处状态的目的在于确定被告对该事务的披露是否具有"高度冒犯性",然而这种探究通常都会涉及对下一个构成要件的分析,即被告所披露的事务是否涉及社会公众的合法利益。

3. 无关社会公众的合法利益

根据公开披露他人私人事务的隐私侵权,那些涉及"社会公众合法利益"或者具有"新闻报道价值"的事务,即便是合法的私人事务,行为人也可以对其进行披露而无需承担任何隐私侵权责任。① 许多法学家都提出,不论原告是否必须肯定地证明被告披露的事务不具有新闻报道价值,也不论被告是否享有免责特权或者抗辩理由,适用范围极广的新闻报道价值学说都已经"在很大程度上毁掉了公开披露他人私人事务的隐私侵权"。②

正是在这个意义上《美国联邦宪法第一修正案》所保护的言论自由和新闻自由往往会对公开披露他人私人事务的隐私侵权诉讼产生重要的影响。③ 法学家普遍认为,只要某个事实确实具有新闻报道价值,《美国联邦宪法第一修正案》所保护的表达事实的利益就会优先于原告受到侵犯的隐私权利益,因为个人隐私权往往不被认为具有宪政法基础。正如 Theodore Glasser 教授所指出的:"在新闻媒体侵犯个人隐私权的情况下,原告会受到怎样的保护这个问题属于普通法或制定法管辖的范畴,而不是宪政法范畴。但由于任何限制或禁止表达自由的法律都很可能与美国联邦宪法发生冲突,尤其是与《美国联邦宪法第一修正案》发生冲突;所以,隐私权和新闻自由之间的矛盾典型地代表了普通法与美国联邦宪法之间地位悬殊的矛盾。"④

此外,目前关于"公共利益"、"新闻报道价值"和"新闻"的概念仍然十分杂乱,这在很大程度上进一步增强了新闻报道价值学说

---

① Restatement (Second) of Torts 652D (1977).
② Harry Kalven, Jr., Privacy in Tort Law – Were Warren and Brandeis Wrong? 31 Law & Contemp. Probs. 326, 336 (1966).
③ See generally, e. g., Pavesich v. New England Life Ins. Co., 50 S. E. 68, 74 (Ga. 1905).
④ Theodore L. Glasser, Resolving the Press – Privacy Conflict: Approaches to the Newsworthiness Defense, 4 Comm. & L. 23, 27 (1982).

为被告提供的宽泛的法律保护。事实上，《美国侵权法复述（第二版）》① 以及大多数隐私权法学者广泛认可的观点是：在公开披露他人私人事务的隐私侵权中，"新闻"的概念是指新闻媒体决定发表的所有内容。显然，对"新闻"进行概念界定的工作将使法院前所未有地接近《美国联邦宪法第一修正案》的边界，特别是此种概念界定的目的在于使披露真实事务的新闻媒体承担侵权责任。一些学者正是考虑到这种违宪的风险，所以赞同"让新闻媒体决定"的方式，从而导致这种方式在公开披露他人私人事务的隐私侵权诉讼中占据了主导地位。

然而，如果某个真实事务中包含的隐私利益足够强大，以至于该事务值得受到法律的保护，那么法院就不可能让新闻媒体（公开披露隐私侵权诉讼中最常见的被告）来确定免责特权的标准。在这个问题上，无论原告维护特定事实私密性的权利是宪政法权利还是侵权法权利，法院的退让都意味着对原告享有的隐私利益的轻视。

如果继续采用新闻媒体的看法来界定"新闻"的概念，甚至使用更广泛的概念，认为新闻是指那些"包含一种无法确定其包含的利益并且会吸引社会公众关注"的内容，② 那么，Kalven 教授和其他一些学者的观点就是正确的。他们认为，如果在诉讼中采用新闻媒体自己制定的标准，那么，新闻媒体的行为就永远不会构成公开他人私人事务的隐私侵权。毕竟，任何事情都可以被说成涉及某些公众领域或者包括某些公共利益。③ 例如，在 Sipple v. Chronicle Publishing Co. 一案中，④ 原告曾在暗杀者开枪刺杀福特总统之前将暗杀者的武器推开，⑤ 这件事使原告获得了享誉全美的知名度，所以加利福尼亚州上诉法院认为，原告是同性恋的这个事务具有新闻报道价值；因为该事

---

① Restatement (Second) of Torts 652D cmt. g (1977).
② Sweenek v. Pathe News, Inc., 16 F. Supp. 746, 747 (E. D. N. Y. 1936) (quoting Associated Press v. International News Serv., 245 F. 244, 248 (2d Cir. 1917), aff'd, 238 U. S. 215 (1918)).
③ Jeffrey C. Martin, Note, First Amendment Limitations on Public Disclosure Actions, 45 U. Chi. L. Rev. 180, 209 (1977).
④ 201 Cal. Rptr. 665 (Ct. App. 1984); see also John P. Elwood, Note, Outing, Privacy, and the First Amendment, 102 Yale L. J. 747, 774 (1992).
⑤ Sipple, 201 Cal. Rptr. at 666.

务可以在某种程度上"消除社会公众认为男同性恋者胆怯、懦弱和不勇敢的错误观点"。

界定何为"新闻报道价值"这个问题的核心在于确定信息是"涉及公共利益"(of public interest)还是"符合公共利益"(in the public interest),① 尽管这是一个很少被提及、更少被回答的问题。换一种说法:"'新闻报道价值'究竟是一个事实判断还是一个价值判断?如果是事实判断,则强调被告披露的信息涉及某些广泛的公共利益;如果是价值判断,则意味着被告的公开行为是一种值得嘉奖的社会贡献,且其中包含的公共利益是值得肯定的。"②

如果仅仅因为被告"为了自己的利益而对原告私人生活进行病态的耸人听闻的窥探",就称某个事实涉及公共利益;那么,正如《美国侵权法复述(第二版)》所极力主张的,我们应当尽快对公共利益"划定界限"。③然而,即便法院想寻找这样一条界限,也只能得到模糊不清的结果,这一点是显而易见的,从以往的实践经验看来也是如此。一些学者同样质疑了《美国侵权法复述(第二版)》提出的这个判断标准,认为这个判断标准意味着传播流言(gossip)的行为实现了某些有利的社会公共职能,或者被告传播流言的自由优先于原告避免成为流言攻击对象的渴望。④

《美国侵权法复述(第二版)》在界定公共利益的问题上采用了名誉侵权诉讼中的标准,在"原告的身份地位"这个标题下提到了自愿以及非自愿的公众人物(public figures)。自愿的公众人物是"通过参与公共活动,或者在那些具有普遍的经济、文化、社会或其他类似公共利益的机构或活动中扮演重要角色,或者将他自己或其工作交予公众评判",从而获得了公众人物的身份地位。⑤ 非自愿的公

---

① See Theodore L. Glasser, Resolving the Press – Privacy Conflict: Approaches to the Newsworthiness Defense, 4 Comm. & L. 23, 32 (1982); see also Everette E. Dennis, The Press and the Public Interest: A Definitional Dilemma, 23 DePaul L. Rev. 937, 939 (1974).
② Comment, The Right of Privacy: Normative – Descriptive Confusion in the Defense of Newsworthiness, 30 U. Chi. L. Rev. 722, 725 (1963).
③ Restatement (Second) of Torts 652D cmt. h (1977).
④ Richard A. Posner, The Right of Privacy, 12 Ga. L. Rev. 393, 408 (1978).
⑤ Restatement (Second) of Torts 652D cmt. e (1977).

众人物是指"罪犯或被指控犯罪的人",以及"犯罪受害人或者犯罪发生时不幸在场的人,以及灾难或事故中的受害人,或者被卷入司法程序或其他吸引公众关注的事件的人"。①

《美国侵权法复述(第二版)》指出,无论是自愿的公众人物还是非自愿的公众人物,公共利益都不仅仅是指那些导致其公众身份形成或者与其公众身份相关的事实,而且还"在某种合理的程度上包括一些对普通人而言属于私人事务的信息"。② 不过,正如前文所述,《美国侵权法复述(第二版)》也认识到这种宽泛的公共利益标准存在一定的弊端:"对于(原告)生活中的某些私密细节,如性关系,即便是身为公众人物的原告也有权不对外公开。在决定何者具有合法的公共利益时,必须考量社会共同体的风俗和惯例;而在这项分析中,何为恰当成了一个涉及社会道德风俗的问题。如果被告的公开行为已经不是为了提供某些公众有权知道的信息,而是为了被告自己的利益对原告私人生活进行病态的耸人听闻的窥探,以至于有理性的社会公众根据正当的标准都会承认自己对被告披露的事务毫不关心;那么,在这种情况下,我们就应当对公共利益划定界限,以便排除被告的此种行为。"③

在具体的诉讼中,划定公共利益的界限有时候被称为对"社会利益"(decency)进行判断,有时候则是对不同利益进行平衡。但无论采用何种说法,原告的隐私利益往往难以压倒公共利益。④ 于是,对公共利益的范围进行限制实际上只存在于理论当中,而隐私侵权诉讼的原告也很少能够胜诉。

如果法院认定被告公开的事务具有新闻报道价值,那么,原告即便是出于个人隐私权的考虑而提出妥协的解决方式,法院也很少予以认同。例如,原告往往会提出,被告在其新闻报道中使用首字母或假名来取代原告的真名也能够满足公共利益的需求。但根据以往的经

---

① Restatement (Second) of Torts 652D cmt. f (1977); see, e. g., Time Inc. v. Hill, 385 U. S. 374, 394 – 95 (1967).
② Restatement (Second) of Torts 652D cmt. h (1977).
③ Restatement (Second) of Torts 652D cmt. h (1977).
④ Diane L. Zimmerman, Requiem for a Heavyweight: A Fairwell to Warren and Brandeis's Privacy Tort, 68 Cornell L. Rev. 291 (1983), at 293 n. 5.

验，原告的此种观点都由于以下两个原因而失败了。其一，被告可以成功地反驳道，使用姓名或地址等身份识别信息将极大地增强新闻报道的"影响力和可信度"。其二，法院表示了这样一种担忧："要求新闻媒体对大量事实进行分类整理，对其报道的每一项内容进行深思熟虑，并考虑到所有情况下具体个人和累积影响力的不同之处而加以分类，这无异于将一个不可能完成的任务强加给新闻媒体。"[1] 原告还提出，被告做出披露行为与原告成为公众人物这两件事之间的时间间隔足以否定被告披露的事务具有新闻报道价值；不过这种理由也未能获得法院的认可。[2]

综上所述，公开披露他人私人事务的隐私侵权构成要件在概念界定和具体诉讼中都存在固有的明显而重大的复杂性，导致这类隐私侵权给予原告的保护少之又少。而即便原告能够证明被告的行为符合公开披露隐私侵权的构成要件，在获得法律救济之路上，原告还将面临更大的障碍。一旦原告成功地证明了公开披露他人私人事务的隐私侵权的所有构成要件，美国联邦最高法院就会采用一个难以对付的手段来解决这类诉讼中不可避免的利益冲突——即原告防止其私人事务遭到公开或者因被告的披露行为而获得补偿的侵权法上的隐私利益，以及被告根据《美国联邦宪法第一修正案》而享有的言论自由权，特别是表达事实的权利。

三、公开披露他人私人事务的隐私侵权继续存活下去的可能性

（一）美国联邦最高法院关于公开披露他人私人事务的隐私侵权的判例

在公开披露他人私人事务的隐私侵权案件中，美国联邦最高法院做出的判决一直都偏向于保护被告的言论自由利益，而驳回对原告隐私利益的保护。而且，在连续的几份判决意见中，美国联邦最高法院甚至还缩小了公开披露他人私人事务的隐私侵权的保护范围。在美国联邦最高法院做出 Florida Star v. B. J. F. 一案[3]的判决之后，研究

---

[1] Star Telegram, Inc. v. Doe, No. D-4578, 1995 Tex. LEXIS 90, at *11 (June 8, 1995).
[2] See, e. g., Sidis v. F-R Publishing Corp., 113 F. 2d 806, 809 (2d Cir.).
[3] 491 U. S. 524 (1989).

第二编 公开他人私人事务的隐私侵权所面临的挑战　　189

这部分隐私权的大多数学者都宣称公开披露他人私人事务的隐私侵权制度已经死了。所以，在笔者对公开披露他人私人事务的隐私侵权的残留部分展开研究之前，本文这个部分将首先简要地总结美国联邦最高法院在这方面做出的几个重要判例。

1. Cox Broadcasting Corp. v. Cohn 一案

在 1975 年的 Cox Broadcasting Corp. v. Cohn 一案[①]中，美国联邦最高法院第一次尝试解决公开披露他人私人事务的隐私侵权与《美国联邦宪法第一修正案》之间的冲突。在本案当中，一名记者公开了一位强奸犯罪受害人的姓名，原审法院根据佐治亚州的一部制定法认定记者的行为构成轻罪，但美国联邦最高法院指出对该记者定罪是违反宪法的。尽管该案的判决中也提到，隐私利益和新闻自由利益都"明显地植根于传统之中，而且都是美国社会极其重视的价值"；[②] 不过，美国联邦最高法院仍然宣称，国家不可以"处罚那些从公共记录中获得并正确公开强奸犯罪受害人姓名的行为——更具体地说，被告是从与公诉案件相关的司法记录中获得这一信息的，而这些信息本身就处于社会公众可以查看的公开状态"。

美国联邦最高法院在本案中的分析要点是：被告公开的强奸犯罪受害人姓名是一项"真实信息"，且该信息存在于"向社会公众开放的官方法庭记录"当中。美国联邦最高法院指出，此类信息"处于公共领域当中"。正因如此，该案的多数意见认为原告的隐私利益淡化了；而且，"根据《美国联邦宪法第一修正案》和《美国联邦宪法第十四修正案》，并考虑到社会公众对有活力的新闻媒体的需要，这样的结论就更加令人信服了"。[③]

美国联邦最高法院还认为，刑事犯罪及其相关信息是具有新闻报道价值的，"所以新闻媒体有权报道这些信息"。带着这种倾向，美国联邦最高法院明确地推断道，政府本身已经确认这些信息包含公共利益了，因为它使这些信息处于能够被公开的状态。美国联邦最高法院还指出，如果采用相反的规则，"将会导致新闻媒体变得谨小慎微

---

① 420 U. S. 469 (1975).
② Cox Broadcasting, 420 U. S. at 491.
③ Cox Broadcasting, 420 U. S. at 495.

并加强其内部的新闻审查,从而很可能导致许多本应公开发表或者对社会公众开放的新闻信息被压制下来。"[1] 美国联邦最高法院在后来的判例中也引用了这个观点。

2. Smith v. Daily Mail Publishing Co. 一案

美国联邦最高法院在公开披露他人私人事务的隐私侵权领域做出的第二个重要判例是 Smith v. Daily Mail Publishing Co. 一案。[2] 在 Daily Mail 一案中,两名记者在没有获得青少年法庭的书面批准的情况下对外公开了一名青少年犯罪被告的姓名,原审法院根据制定法的规定认定记者的这种行为构成轻罪,应当受到惩罚,但美国联邦最高法院驳回了原审法院的这一判决。在本案当中,美国联邦最高法院虽然指出"本案中并不涉及个人隐私权",但其判决意见仍然集中于讨论禁止披露私人真实信息与新闻自由之间的分歧。

在 Daily Mail 一案中,美国联邦最高法院集中讨论了记者用于收集真实信息的"日常报道技巧"(routine reporting techniques)。[3] 尽管该案判决的多数意见指出,公共领域中的问题并不必然决定原告的隐私利益不受保护;但美国联邦最高法院认为,这个概念"意味着,如果报社通过合法手段获得某个关于社会重要事件的真实信息,那么,政府官员对报社发表该信息进行惩罚的行为就是违反宪法的,除非是出于促进最高级别的国家利益的需要。"根据这个标准,美国联邦最高法院认为,改造未成年罪犯的国家利益不足以构成最高级别的国家利益,并判定原审法院据以给两名记者定罪的制定法失去效力。

3. Florida Star v. B. J. F. 一案

1989 年的 Florida Star v. B. J. F. 一案[4]是美国联邦最高法院在公开披露他人私人事务的隐私侵权领域做出的最新判例,也是体现美国联邦最高法院对隐私利益的态度的最重要判例。在本案当中,被告公开了性犯罪受害人的姓名,美国联邦最高法院认为判令被告承担民事损害赔偿责任的做法是违反宪法的。尽管在本案当中,被告公开的

---

[1] Cox Broadcasting, 420 U. S. at 496.
[2] 443 U. S. 97 (1979).
[3] Daily Mail, 443 U. S. at 103.
[4] 491 U. S. 524 (1989).

真实信息是由于政府的失误而流传出来的,但美国联邦最高法院更加关注该信息已经存在于公共领域的事实(与 Cox Broadcasting 一案相似)以及报社通过合法手段获得该信息的事实(与 Daily Mail 一案相似)。①

本案判决列举了认定隐私侵权责任违宪的若干理由。首先,除了被告所公开信息的真实性以及被告获得该信息的合法方式之外,美国联邦最高法院还指出,强奸犯罪受害人的身份显然是一项具有社会重要性的内容。其次,美国联邦最高法院再次强调了它的担忧——即如果对新闻媒体公开发表真实信息的行为进行惩罚,则可能导致新闻媒体变得"谨小慎微并加强内部新闻审查"。再次,本案判决的多数意见拒绝采纳制定法中广泛适用的过失推定标准(negligence per se standard),同时也否定了制定法仅仅禁止被告在大众传媒工具上传播信息的"表面标准"(facial underinclusiveness)。

在 Florida Star 一案中,美国联邦最高法院强调,如果使新闻媒体承担隐私侵权责任,将会引发寒蝉效应(chilling effect)并导致新闻媒体承担"繁重的义务"。不过,美国联邦最高法院并不认为本案中 B. J. F. 享有隐私利益,也不认为鼓励新闻媒体报道犯罪的国家利益是"一种最高级别的国家利益"。② 美国联邦最高法院指出,最高级别的国家利益"在适当的案件中有可能具有压倒性的优势";③ 不过法院推断,此种案件的案情必须达到比本案案情更加严格的标准——在本案当中,强奸犯罪受害人的母亲"曾经收到一个男人打来的几个威胁电话,扬言他将再次强奸 B. J. F.;这些事件导致 B. J. F. 不得不更换其电话号码和住所,寻求警方的保护,并接受心理治疗。

美国联邦最高法院认识到它对公开披露他人私人事务的隐私侵权的态度将会产生明显而压倒性的影响力,于是企图在某种程度上限制它的观点:"我们并不认为所有的公开真实信息的行为都应当受到宪

---

① Florida Star, 491 U. S. at 541.
② Florida Star, 491 U. S. at 537 (quoting Smith v. Daily Mail Publishing Co., 443 U. S. 97, 103 (1979)).
③ Florida Star, 491 U. S. at 537.

政法保护,也并不认为国家保护个人免受新闻媒体侵扰的隐私利益已经没有存在的空间,更不认为国家永远不能惩罚那些公开性犯罪受害人姓名的行为。我们仅仅提出,在报社通过合法手段获取真实信息并公开发表的情况下,只有出于保护最高级别的国家利益的考虑,才能合法地对报社的行为进行惩罚;然而在本案当中,根据制定法判令上诉人承担责任并不能体现此种国家利益。"①

(二) 搜索公开披露他人私人事务的隐私侵权的残留部分

笔者在此并不是要妄自评论 Cox Broadcasting 及其之后的几个判例中体现的智慧和重要性。White 法官在 Florida Star 一案的否定意见中警示道,该案的多数意见"抹杀了20世纪法律上最显著的创造之一"。② 有关这个领域的所有文章几乎都引用了他的这句话。不过,笔者更赞同 Clifford Shapiro 教授的观点——在 Florida Star 一案判决之后,公开披露他人私人事务的隐私侵权仍然有某些部分可以继续存活下去。③ 不过,鉴于目前公开披露他人私人事务的隐私侵权受到了强有力的概念上和司法上的限制,所以笔者更倾向于将注意力集中到对这些能够存活下去的残留部分的辨别与确认上,因为这更加具有实用意义。

很显然, Florida Star 一案给隐私侵权诉讼原告留下的胜诉空间小之又小。虽然美国联邦最高法院努力向隐私权的支持者保证隐私利益仍然可以继续存活下去,但它仅仅指出,只有满足以下两个条件之一,原告才能够实现他们的隐私权:一是国家对新闻媒体实施的惩罚严格限制在维护最高级别的国家利益范围内;二是被告披露的真实信息是通过不合法的手段获得的。④

Florida Star 一案所提出的"将惩罚严格限制在维护最高级别的国

---

① Florida Star, 491 U. S. at 541.
② Florida Star, 491 U. S. at 550 (White, J., dissenting).
③ Clifford J. Shapiro, The First Amendment and the Private Domain 3 (Apr. 16, 1993), at 3 (unpublished manuscript, on file with the author).
④ Florida Star, 491 U. S. at 541.

家利益范围内"这个条件实际上是无法使公开披露他人私人事务的隐私侵权利益继续存活下去的。正如前文所提到的,美国联邦最高法院针对最高级别的国家利益建立了一个极高的标准,以至于实际中几乎无法达到。而"获取信息的手段不合法"这个条件尽管在理论上能够对原告进行救济,但在实践中也并无太大意义。在公开披露他人私人事务的隐私侵权案件中,被告通过不合法的手段获取信息的情况少之又少。而且在很多情况下,被告采用不合法手段获取信息的行为往往是通过刑事侵占制度或者侵扰他人安宁的隐私侵权制度来加以解决。不过,无论是根据盗窃、侵扰他人安宁还是公开披露他人私人事务的制度,以"获取信息的手段不合法"为由对被告披露信息的行为进行惩罚的情况很少发生;而且这种惩罚的作用更多地在于阻止被告在披露信息之前通过不合法的手段获取信息,而不能很好地确认和保障原告的隐私利益。

尽管如此,笔者还是认同 Shapiro 教授的观点——美国联邦最高法院所提出的"通过不合法手段获取信息"的标准正是公开披露他人私人事务的隐私侵权能够继续存活下去的关键,至少在理论上是这样。① Shapiro 教授注意到,美国联邦最高法院将所有案件中被告合法获取信息的来源归结为"公共领域"(public domain)。很显然,我们应当重点分析美国联邦最高法院在公开披露他人私人事务的隐私侵权判决中对公共领域做出的界定。

首先,美国联邦最高法院在 Cox Broadcasting Corp. v. Cohn 一案②中反复强调,被告披露的信息是从对社会公众开放的法庭记录中获取的,所以该信息已经处于"官方法庭记录的公共领域当中"。此外,美国联邦最高法院在本案当中还指出,由于被告披露的信息来源于"新闻媒体通常可以获得的公共记录",所以在这种情况下判令被告承担侵权责任将导致新闻媒体变得"谨小慎微并加强内部新闻审查"。

---

① Clifford J. Shapiro, The First Amendment and the Private Domain 3 (Apr. 16, 1993), at 23 (unpublished manuscript, on file with the author).
② 420 U. S. 469 (1975).

其次，在 Daily Mail 一案[①]中，美国联邦最高法院总结了 Cox Broadcasting 一案中提到的"通过合法手段获取信息"、"公开披露"（public revealed）以及"公共领域"等原则，并宣称这些原则"强有力地表明"：对被告通过合法手段获取并公开重要公共事件的行为进行惩罚是违反宪法的。[②]

最后，根据 Florida Star 一案的判决，[③] "通过合法手段获取"的信息被明确地限制在公共领域的范围内。美国联邦最高法院给出的理由是：由于被告公开的信息是"由政府提供"的，所以根据《美国联邦宪法第一修正案》的要求，在判断"何者为应当公开或广播的信息"的时候，此种情形可以减轻随后发生的信息披露行为的严重性，从而使被告的信息披露行为无需承担隐私侵权责任。因此，美国联邦最高法院在讨论是否能够惩罚被告披露"合法获取的真实信息"的行为时，其前提是被告从公共领域获得了该真实信息。

正因为美国联邦最高法院再三强调公共领域的概念，所以我们认为，这是唯一一个真正能使公开披露他人私人事务的隐私侵权继续存活下来的理由。在 Florida Star 一案中，美国联邦最高法院提到："在具有个人隐私的领域内，国家可以保护公民不受新闻媒体的侵犯。"[④] 这句话意味着受到国家保护的信息存在于公共领域之外的领域，Shapiro 教授称之为"私人领域"（the private domain）。[⑤] 毕竟，如果某个信息不存在于公共领域之内，那么，它必定不属于"政府认为可以对其进行合法传播"的信息范围，[⑥] 而且该信息中包含的隐私利益也必定不会遭到"弱化"[⑦] 以至于不能受到隐私权的保护。

不过，正如许多学者所说，"私人领域"的概念虽然是公开他人私人事务的隐私侵权的最后一线希望，但要对其进行界定确实存在许

---

① Smith v. Daily Mail Publishing Co., 443 U. S. 97 (1979).
② Daily Mail, 443 U. S. at 104.
③ Florida Star v. B. J. F., 491 U. S. 524, 536 (1989).
④ Florida Star v. B. J. F., 491 U. S. 524, 541 (1989).
⑤ Clifford J. Shapiro, The First Amendment and the Private Domain 3 (Apr. 16, 1993), at 3 (unpublished manuscript, on file with the author).
⑥ Florida Star, 491 U. S. at 538 – 539.
⑦ See Cox Broadcasting Corp. v. Cohn, 420 U. S. 469, 494 – 495 (1975).

多问题。

四、私人领域的内涵和外延

将私人领域界定为公共领域的对立面似乎是一个很不错的想法：某项事务如果不属于其中一个领域，那么，就是属于另外一个领域。不过，在区分公共领域与私人领域这个问题上，将私人领域界定为公共领域之外的部分，就如同 Kalven 教授在界定私人的概念时提出的"剩余利益说"一样令人迷惑。① 即便这种界定在理论上是可行的，在实践中却行不通。如果法官在判断信息来源于公共领域还是私人领域的时候对私人领域这个概念没有本质上的认识，那么，他们毫无疑问会更倾向于公共领域，因为根据大量的司法实践经验，他们对公共领域这个概念有更为清晰和强烈的认识。

同样，将界定私人领域概念的过程等同于界定私人信息的过程也是一个看似不错的想法。然而，尽管私人信息和私人领域这两个概念是相关的，但经过分析，它们还是存在区别的。美国联邦最高法院在公开披露他人私人事实的隐私侵权判例中确立的公共领域理论产生了巨大的影响力，在这种情况下，很可能只有那些来源于私人领域的私人信息才能受到隐私权的保护，而那些来源于公共领域的私人信息则得不到保护。

因此，本文主要研究的是私人信息的来源特征：即被告披露特定信息之前该信息存在于何种领域？不过，只有在原告已经证明公开披露他人私人事务的隐私侵权构成要件、初步建立起被告的隐私侵权责任之后，我们才有必要讨论这个问题，因为法院必须决定公开披露他人私人事务的隐私侵权责任能否经受住《美国联邦宪法第一修正案》的考验。

（一）在司法实践中建立私人领域的边界——正当的私下披露范围

在界定私人领域这个概念时，引用法官在判例中的表述似乎是一

---

① Harry Kalven, Jr., Privacy in Tort Law – Were Warren and Brandeis Wrong? 31 Law & Contemp. Probs. 326, 327 (1966).

个负责任的开端。然而不幸的是，虽然美国联邦最高法院在公开披露他人私人事务的隐私侵权判例中对"公开领域"做出过有力而重要的论证，但除此之外，笔者只在一个判例中找到美国联邦最高法院对"私人领域"的界定。

在 United States Department of Justice v. Reporters Committee for Freedom of the Press 一案①中，原告基于保护个人隐私权的理由请求法院否定《信息自由法》要求公开联邦调查局"逮捕记录"的规定，美国联邦最高法院支持了原告的诉讼请求。根据美国联邦最高法院的观点，尽管逮捕记录中包含的犯罪信息存在于"公共记录"当中，但联邦调查局对这些信息的编撰汇集并不属于公共记录的一部分。②美国联邦最高法院指出，根据联邦调查局的一般政策，逮捕记录只在有限的情况下可以被获取和传播。所以，依据《信息自由法》的指导方针，美国联邦最高法院对逮捕记录中包含的被逮捕人的隐私利益以及公开政府记录的公共利益进行了利益平衡。法院的分析建立在两个基础上：一是相关联邦制定法的立法史；二是公民个人对淡忘犯罪历史享有的重要利益。

美国联邦最高法院在本案当中否认上述信息处于公共领域当中，这似乎意味着私人领域（或者至少是"非公共领域"）是一个关于信息所处位置以及其中涉及的隐私利益强度的概念。不过这一点的价值十分有限，因为美国联邦最高法院明确指出本案判例针对的是 FOIA 的规定而不是公开披露他人私人事务的隐私侵权。事实上，在美国联邦最高法院看来，这两个问题之间的区别十分巨大，以至于在几周之后的 Florida Star 一案判决的多数意见中，大法官们甚至完全没有提到 Reporters Committee 一案。

笔者认为，将信息所处位置作为界定私人领域概念的一个因素，正是这个概念令人困扰的根本之处。用信息所处位置来划定私人领域的界限这种方式只在有形信息来源的情况下才能发挥作用。例如，新闻媒体偶然获得的保存于治安部门的私人事实很明显是处于公共领

---

① 489 U. S. 749 (1989).
② 489 U. S. at 753.

域；① 而公民写给其配偶的书信中提到的私人事务就很可能是处于私人领域的信息。但是，如果某个事务并非存在于有形形式之中（例如通过他人口头表达的事务），那么，在界定私人领域的过程中分析信息所处位置便是毫无价值的，而且只会令人困惑。如果某人将她准备堕胎的计划告诉一辆公共汽车上的人，那么，很可能有人认为这个关于堕胎的私人事务已经存在于公共领域当中。但是，假设这辆公共汽车上面的乘客都是参加家庭聚会的家庭成员，那么，答案就很可能恰恰相反。在这种情况下，有形的物理位置是无关紧要的。类似地，如果某个人在一辆满是陌生人的公共汽车上通过悄悄话将其准备堕胎的计划告诉同伴，那么，公共汽车这个有形的物理位置同样与我们对信息来源的判断无关。

与之类似，Reporters Committee 一案中确立的利用"隐私利益强度"来判断私人领域界限的手段也并无多大用处。虽然私人事务中包含的隐私利益的强度可以分为不同的级别，但与私人领域的界限相关的因素只有一个——即根据现有的隐私侵权判例，某个事务属于何种私密程度（或者说"披露某个事务的行为是否达到高度冒犯性的程度"）？一旦法院认定被告披露的事务属于私人事实，从而满足公开披露他人私人事务的隐私侵权的构成要件之一，那么，该事务中包含的隐私利益的强度就只能作为衡量损害的因素，而不能作为判断该事务是否处于私人领域的标准。

区分公共领域与私人领域应当考虑的是信息来源的特征，而非信息内容的特征。美国联邦最高法院在 Florida Star 一案中清楚地说明了这一点；在本案当中，美国联邦最高法院基于强奸犯罪受害人的姓名曾出现在新闻报道中这个事实，认定这项信息处于公共领域当中，而不顾受害人隐私权中包含的"极其重要"的国家利益。②

然而，上文所假设的"在公共汽车上披露私人事务"的情形突出地体现了我们在区分公共领域和私人领域时更加应当考虑的因素——即原告为了维护其私人事务的秘密性而做出的行为；这一点可以通过原告披露或开放其私人事务的对象与原告之间的亲密程度来进行

---

① Florida Star, 491 U. S. at 538.
② Florida Star, 491 U. S. at 537.

衡量。

一些下级法院也在其做出的判例中探讨过类似于公共领域与私人领域之区别的问题，他们主要集中于讨论以下几个因素。例如，在 Times Mirror Co. v. Superior Court 一案①中，加利福尼亚州上诉法院论证了原告披露特定信息的行为对其提出的隐私侵权诉讼的影响。在本案当中，原告将她发现谋杀案受害人尸体以及遭遇谋杀犯的过程告诉了"一部分邻居、朋友、家庭成员和谋杀案调查官员"，随后，作为被告的报社公开了这个信息。法院认为，原告"配合犯罪调查以及向其朋友和亲人寻求安慰的行为并不会使其私人信息变为公开状态"。

《美国侵权法复述（第二版）》赞同这种观点的正当性，认为原告向"家人或者亲密的朋友"透露某个私密事务的行为并不会破坏该事务的保密状态。② 在 Virgil v. Time, Inc. 一案③中，美国联邦第九巡回法院援引了《美国侵权法复述（第二版）》的这条评论并表示认同；该法院还指出，即便原告在知情的情况下将某些私人事务告诉了新闻媒体的工作人员，这种行为也不一定会"破坏这个事务的私人属性"，尽管这种行为可能被认为是原告同意公开发表这些私人事务的表现。

因此，在判断被告做出披露行为之前某个私人事务处于公共领域还是私人领域这个问题时，法院应当采纳所谓"正当的私下披露范围"的标准来确定私人领域的范围，事实上法院在某种程度上已经采纳了这种标准。笔者希望借用《美国联邦宪法第四修正案》的语言④来界定"正当的私下披露范围"——即人们可以在此范围内披露其私人事务，且并不破坏他对这些私人事务所享有的合理的隐私期待（a reasonable expectation of privacy）。

在司法实践中，如果原告曾经对某些特定类别的人披露他的私人事务，法官也许可以比较轻易地判断信息受众是否属于"正当的私

---

① 244 Cal. Rptr. 556 (Ct. App. 1988), cert. denied, 489 U. S. 1094 (1989).
② Restatement (Second) of Torts 652D cmt. b (1977).
③ 527 F. 2d 1122, 1127 (9th Cir. 1975), cert. denied, 425 U. S. 998 (1976).
④ Katz v. United States, 389 U. S. 347, 360 (1967) (Harlan, J., concurring).

下披露范围":例如家人、朋友和牧师往往就属于"正当的私下披露范围",而陌生人则不属于。不过,为了证实或者否定原告的某个私人事实出现在"正当的私下披露范围"之内,法院可能必须以客观的态度对原告及其信息受众之间真实存在的亲密关系进行不断的质疑和求证。这种调查有时候十分耗时且令人不快,但其仍然属于美国法院系统所拥有的事务认定的权力范围内。而如果原告并没有对别人披露他的私人事务(例如通过不同的书面方式将其私人信息记录下来),那么,法院往往更容易认定原告对这些私人事务享有合理的隐私期待。

如果公开披露他人私人事务的隐私侵权还存在可以继续存活下去的残留部分,如果美国联邦最高法院在 Florida Star 一案中坚持其没有抹杀公开披露隐私侵权的积极态度具有实质性意义,[1] 那么,就意味着公民可以在正当的私下披露范围内传播其私人信息,而不会丧失他们保护这些信息的私密状态的权利。如果被告将原告私下披露的信息对外公开,他就应当承担隐私侵权责任。因此,即便是对新闻媒体被告施加这种负担,包括要求新闻媒体在发布信息之前调查私人事务的来源,也是《美国联邦宪法第一修正案》可以容忍的。

(二)披露原告私人领域中相当私密的私人事务的行为以及美国联邦最高法院的态度

通过正当的私下披露范围来界定私人领域,是为了在美国联邦最高法院近年来做出一系列近乎毁灭性的公开披露隐私侵权判例的情况下,为公开披露他人私人事务的隐私侵权保留一些存活下去的空间;然而,这个私人领域的概念也很可能无法通过美国联邦最高法院的审查。由于私人事务的传播往往不只包括单一的环节,所以美国联邦最高法院不大可能认为让新闻媒体被告承担调查责任是合宪的。因为这种调查责任要求新闻媒体被告去追踪某个私人事务的传播路径,新闻媒体必须从原始的信息来源开始一直追查到最后一次披露行为。

正如 Florida Star 一案所指明的,即使原告本身的行为是为了将私人事实保留在私人领域范围内,但只有当该私人事务的最后一个信

---

[1] Florida Star v. B. J. F., 491 U. S. 524, 541 (1989).

息来源仍然属于私人领域的时候，该私人事务才能最终受到隐私权的保护而不违背《美国联邦宪法第一修正案》。Florida Star 一案中原告的行为证明：尽管不是因为原告的行为，原告的私人事务也可能越出私人领域的范围而进入不受保护的公共领域；甚至可能是该私人事务的某些接收者将其传播出去的。不过，根据美国联邦最高法院的判决，只有被告做出披露行为之前的那个信息来源才与《美国联邦宪法第一修正案》相关。显然，根据现有的司法判例，如果认为某个私人事务的传播链条中较早的传播行为也与案件相关，那么，将会对被告强加过重的调查责任，从而产生《美国联邦宪法第一修正案》所不能容许的严重的寒蝉效应。

所以，美国联邦最高法院所能够允许的隐私侵权责任很可能只存在于一种情形：即被告直接从原告正当的私下披露范围内获取原告的私人信息并将其公开披露。在这种情况下，被告可以明确地认识到他披露的事务是属于私人领域范围内的。但是如果原告将某个事实告知一个接收者，该接收者又将这个事务披露给其他人，最终导致这个事务公开传播出去；那么，美国联邦最高法院在衡量言论自由与被告的隐私侵权责任的过程中，很可能拒绝考虑原告为了保持该事务私密性所做出的努力。相反地，美国联邦最高法院在 Florida Star 一案中指出，法院将会侧重于保护信息公开者，因为信息公开者面临的实质调查责任可能会抑制言论自由。美国联邦最高法院已经相当清楚地指明，无论原告多么努力地保护他们的隐私，法院都不能因为原告的隐私利益就将这种可能抑制言论自由的调查责任强加给新闻媒体。

在以下三种情形中，正当的私下披露范围可以发挥作用，但它也有可能与美国联邦最高法院关于《美国联邦宪法第一修正案》的态度发生冲突：

1. 原告的私人事务在某种情况下被披露给政府

这种类型的案件已经出现过，但法院的判决并没有采用私人领域的学说。不管公民是否愿意披露其私人事务，美国各州和联邦政府都会获得许许多多的私人事务，特别是那些关于犯罪指控、定罪以及犯罪受害人的事实。美国联邦最高法院已经很清楚地指出，除非政府确实对这些事实采取了严格的保护措施，否则，仅仅从结果导向的角度来看，这些事务被视为存在于公共领域。

2. 原告对某个信息受众披露其私人事务，而被告合法地偷听到该披露过程

在这种情况下，正当的私下披露范围包括两个方面的因素：信息受众和客观环境。如果信息受众不属于原告披露对其私人事务后仍然可以享有合理隐私期待的人，那么，该私人事务就会进入公共领域，被告或者该信息受众公开该私人事务的行为都可以受到《美国联邦宪法第一修正案》的保护。而即便信息受众属于原告正当的私下披露范围，原告披露行为所处的客观环境也是法院调查的一个部分。如果原告是在一个不够私密且可以被合法偷听的客观环境中披露其私人事务，那么，该私人事务同样会进入公共领域，作为被告的偷听者可以自由地公开这个事务。

此处存在一个有趣的问题——如果原告对某个信息受众披露其私人事务，但该私人事务被第三人偷听到了，那么，这个信息受众能否公开该私人事务？笔者认为答案应当是否定的。即便该私人事务同样处于公共领域，但是这个信息受众对该私人事务的了解是直接来源于私人领域的。而且这个信息受众可以清楚地认识到该私人事务属于私人领域。然而，如果这个信息受众从公共领域中也发现了同样的私人事务，那么，他披露该私人事务的行为就很可能受到《美国联邦宪法第一修正案》的保护；因为在这种情况下，原告的私人事务就相当于来自公共领域。

3. 原告在正当的私下披露范围内披露其私人事务，而信息受众又将该事务披露出去

此种情形对"正当的私下披露范围"这种私人领域学说的可行性提出了最严峻的挑战。一方面，原告披露其私人事务的信息受众本身也拥有一个正当的私下披露范围，他可能会在这个范围内披露某些信息，甚至包括原告告知他的私人信息。但另一方面，在原告本身做出首次披露行为之后，一旦发生二次披露，就可能引发一些令人困扰的情形。

原告在其正当的私下披露范围内对某个信息受众披露其私人事务的行为不会导致原告丧失隐私权，这种观点是强有力的，但最终仍然不可行。美国联邦最高法院坚持认为，对公共领域和私人领域的区分

判断针对的是作为被告的信息公开者的信息来源。如果某个信息受众将原告是强奸犯罪受害人的事实告诉警方，那么，原告的姓名就会处于一个可被社会公众获知的位置。美国联邦最高法院在这个问题上的观点十分明确：这种可被社会公众获知的位置实际上将胜过其他所有利益，法律将会保护这种信息的公开者，因为他们的信息来源是公共领域。要求信息公开者追踪原告做出首次披露之后的信息传播过程，这种调查责任似乎过于繁重了；而且根据美国联邦最高法院做出的先例，这种调查责任将对《美国联邦宪法第一修正案》所保护的言论自由造成无法容忍的寒蝉效应。

但是，如果信息受众将原告的私人事务披露给私人领域以外的第三人，又该如何处理？假设该第三人不属于原告的正当私下披露范围，那么，问题又会进一步复杂化。该第三人可能属于信息受众的正当私下披露范围，在此范围内，信息受众披露的私人事务可以受到隐私权的保护；但是，如果该第三人不属于原告的正当私下披露范围，那么，对信息受众的隐私权保护能否包括信息受众披露的原告的私人事实？

笔者将引入一个假设情形来帮助我们分析这个问题：Walter 与 Anna 是一对恋人，Anna 将她患有性病的事实告诉了 Walter。很显然，Walter 属于 Anna 的正当私下披露范围。如果 Walter 对外公开了这个事务，那么，他将构成对 Anna 的隐私侵权，因为 Walter 很容易认识到该信息来源于私人领域。但是，如果 Walter 将该事务披露给他的哥哥 Daniel（Daniel 显然也属于 Walter 的正当私下披露范围），而 Daniel 对外公开了这个事务，那么，隐私权在这种情况下能否发挥作用？在 Walter 作为原告的情况下，他可以提出 Daniel 的信息来源于自己的私人领域，但他却不能提出自己的隐私权受到侵犯，因为这个假设中唯一一个法律上的私人事务是与 Anna 相关的。那么，Anna 能否对 Daniel 提起隐私侵权诉讼呢？不幸的是，笔者猜想的答案是否定的。如果 Anna 可以起诉 Daniel，那么，Daniel 将因为没有查明 Walter 披露的事务来源于私人领域而非公共领域，从而被认定构成民事侵权。但是，如果潜在的信息公开者（would-be publicizers）必须查明某个私人事务在他们自己获知之前的传播链条，那么，美国联邦最高法院很可能认为对信息公开者施加这种责任负担是违宪的。尽管信息传播链条在某些情况下可能很容易查明；但是在大多数案件中，要查明信息的传播链条都是困难重重的。正如大多数隐私侵权案件所证实的，极度私密的私人事务都可能最终进入公共领域。因此，在 Anna 对 Daniel 提起的诉讼中，Anna 就必须证明 Daniel 是从她的私人领域中获得该信息；因为如果 Daniel 是从其他人的私人领域中获得该信息，《美国联邦宪法第一修正案》就不会允许 Anna 惩罚 Daniel，而不管该信息如何从 Anna 的私人领域传播到其他人的私人领域。

所以，Anna 只可能从 Walter 处获得救济，但这并不适用公开披露他人私人事务的隐私侵权制度。根据现行的侵权法，Walter 并没有"公开"该私人事实，因为他只告诉了一个人，而且是一个与他有亲密关系的人。Anna 只能通过"违反保密义务"（breach of confidence）这种不同的侵权制度而从 Walter 处获得法律救济。近年来，由于对公开披露他人私人事务的隐私侵权制度所提供的保护不满意，已经有一些学者开始转而关注违反保密义务的侵权制度。① 不过，这种侵权制度提供的救济已经超出了本文的研究范围。

笔者认为，Anna 对 Daniel 提起公开披露他人私人事务的隐私侵权诉讼是不可能成功的，这种预言无疑令人失望。从隐私权的角度看来，为了维护公开披露他人私人事务的隐私侵权之度中体现的重要利益，要求信息公开者在公开之前追踪私人事实的来源似乎是一个公平的代价。不幸的是，美国联邦最高法院在 Florida Star 一案中的最终判决似乎是不容置疑的；在美国联邦最高法院看来，要求信息公开者查明他们本身的信息来源之前的信息传播链条——"从中筛选出那些不能公开的内容"——将会对言论自由造成不可容忍的寒蝉效应。② 而且，即便要求作为被告的信息公开者调查信息传播链条是符合宪法的，如果信息公开者在调查过程中收到错误的信息，暗示着他即将披露的私人事务已经处于公共领域，那么，美国联邦最高法院就绝不会允许判令信息公开者承担隐私侵权责任。这种情形进一步说明了美国联邦最高法院为什么倾向于集中关注信息公开者的直接信息来

---

① See, e. g., Randall P. Bezanson, The Right to Privacy Revisited: Privacy, News, and Social Change, 1890 - 1990, 80 Cal. L. Rev. 1133, 1135 (1992).
② Florida Star v. B. J. F., 491 U. S. 524, 536 (1989).

源,而不关注隐私权人的首次披露是否使其私人事务进入公共领域。

五、结语

笔者相信 Shapiro 教授的观点是正确的:在宪政法的制约下,私人领域说将是公开披露他人私人事务的隐私侵权制度继续存活下去的最后希望。笔者也相信,正当的私下披露范围是对私人领域的正确界定。但是根据笔者的猜测,美国联邦最高法院只可能在有限的情况下承认私人领域。本文研究认为:只有在被告直接从隐私权人的私人领域中获取信息的情况下,美国联邦最高法院才会认为被告公开私人事务的行为应当承担隐私侵权责任。

保护私人事务免受公开披露的道路上障碍重重,无论是满足公开披露他人私人事实的隐私侵权构成要件,还是经受住《美国联邦宪法第一修正案》的审查,对隐私侵权诉讼的原告而言都是十分困难的。也许我们在此面临的更宏观的问题是:当我们只能依靠其他人的善意来维护个人隐私的时候,我们这个社会究竟得到了什么,又失去了什么?

公开他人私人事务隐私侵权的复兴

约翰·A. 杰瑞特[①] 著 韩亚圻[②] 译

目　次

一、导论
二、公开他人私人事务隐私侵权制度的沿革
三、公开他人私人事务隐私侵权与言论自由的冲突
四、公开他人私人事务隐私侵权的复兴：限制新闻价值抗辩的范围
五、对于公开他人私人事务隐私侵权制度与新闻价值抗辩的建议
六、结语

一、导论

　　Samuel Warren 和 Louis Brandeis 提出的隐私侵权制度自问世以来广受批评，饱受《美国联邦宪法第一修正案》的拥护者以及一些评论家的诟病。但是这一制度确实有着旺盛的生命力，它不仅在学者们的反复攻击中得以幸存，最近的判例法更预示着它的悄然复兴。

　　自从 Warren 和 Brandeis 提出公开他人私人事务的隐私侵权理论以来，这一理论引起了学术界的热烈讨论。在那篇著名的文章《论隐私权》中，他们警惕世人，作为大型企业的新闻媒体正利用"即时照片"和其他种类繁多的技术手段来侵犯一般公民的隐私权。尽管法院不曾直接承认隐私权，但早在20世纪中叶之前，"个人权利应当被独立出来"就已经成了美国大多数法院的共识。[③] 正如加利福

[①] 约翰·A. 杰瑞特（John A. Jurata），美国圣地亚哥大学法学博士。
[②] 韩亚圻，中山大学法学院助教。
[③] See William L. Prosser, Privacy, 48 Cal. L. Rev. 383, 386–388 (1960).

尼亚州最高法院指出的那样:"隐私权之所以得到广泛认可,其原因在于新闻媒体有能力运用大量先进的技术手段侵扰一般公民的私生活,并将他人最私密的活动和个人特质暴露于公众视野之中"。① 美国法学会也遵循着判例法的最新趋势,在《美国侵权法复述(第二版)》中承认了公开他人私人事务的隐私侵权制度。②

然而,公开他人私人事务的隐私侵权并没能获得普遍的承认和接受。因为在批评家们眼中,公开他人私人事务的隐私侵权与《美国联邦宪法第一修正案》之间存在着不可调和的矛盾和冲突:若是法院判决媒体公开他人私人事务的行为侵犯了他人的隐私权,很可能导致媒体承担不可预见的损害赔偿责任,③ 这会严重削弱《美国联邦宪法第一修正案》对于言论自由的保护。正是出于上述宪法层面的考量,很多学者都认为公开他人私人事务的隐私侵权形同虚设。

本文并非简单地列出公开他人私人事务隐私侵权制度的优点和不足,而是探讨了在实际情况中这一侵权制度的复兴。紧接着导论,本文的第二部分简要地概述了公开他人私人事务隐私侵权制度的发展历程。第三部分则探讨了此种侵权制度与《美国联邦宪法第一修正案》不可避免的冲突,以及普通法试图通过适用各种各样具有新闻价值的抗辩来调和这种矛盾。本文第四部分主要讨论了在最近的判例法中,公开他人私人事务隐私侵权制度的复兴。本文的最后一部分在探究了关于判例法的相关问题后,提出了一种判断相关信息是否具有新闻价值的新标准,这一标准需要考虑相关信息的社会使用价值、被告为获取该信息而窥探他人私生活的程度以及最重要的一点:受害人的身份,受害人是公众人物还是一般公民在这一问题上有着很大的区别。

二、公开他人私人事务隐私侵权制度的沿革

(一) 20 世纪初期学说和司法判例对公开他人私人事务的隐私侵权的倡导

公开他人私人事务的隐私侵权起源于 19 世纪末,当时各大报刊

---

① Briscoe v. Reader's Digest Ass'n, 483 P. 2d 34, 37 (Cal. 1971).
② See Restatement (Second) of Torts 652D (1977).
③ Diane L. Zimmerman, Requiem for a Heavyweight: A Farewell to Warren and Brandeis's Privacy Tort, 68 Cornell L. Rev. 291, 362 – 364 (1983).

媒体对于一位波士顿名流举办的私人婚礼进行了大篇幅报道。这位社会名流就是大名鼎鼎的律师 Samuel D. Warren，当他女儿的婚礼被波士顿各大报刊曝光之后，Warren 和他的朋友，也就是后来的美国联邦法院大法官 Louis D. Brandeis① 发表了一篇在美国历史上影响至深的文章。在这篇文章中，作者义愤填膺地指出，媒体这种侵犯他人隐私的行为给他人带来的痛苦远远超过他人身体被侵害时遭受到的痛楚。因此，Warren 与 Brandeis 针对隐私权提出了一种普通法上的侵权制度，根据他们的理论，除非媒体的报道涉及公共利益、享有免责特权或是得到受害人同意，否则，新闻媒体就要因为公开报道这些关于他人的真实隐私而承担侵权责任。

尽管 Warren 和 Brandeis 的文章在当时没有产生什么直接的法律效果，但这篇文章引发的关于隐私权的讨论却延续至今。20 世纪初，这一争论慢慢进入了判例法的范畴。关于公开他人私人事务隐私侵权最早的案例之一就是 Melvin v. Reid 一案。② 该案中，加利福尼亚州上诉法院支持了一位改邪归正的妓女对一位电影制片人提起的诉讼，这位制片人在电影中不仅使用了原告的真实名字，而且详尽地描述了原告"不堪回首的过去"，甚至包括她曾因为谋杀罪接受审判后被宣告无罪的经历。由于之前关于隐私权的案件审理中，各个法官采用的分析推理方法不同，缺乏统一性。因此，本案中法院总结得出了隐私权案件中一些可以普遍适用的原则。法官在该案的判决中指出，那些已经洗心革面痛改前非的社会成员有权继续自己的私人生活，令他们被迫无休止地回想过去的耻辱无疑与社会的道德与价值目标相违背。

另一个具有重要影响的案例是 Sidis v. F‐R Publishing 一案，③ 案中的原告是一位 16 岁就从哈佛大学毕业的天才少年，但在之后的社会生活中却遭遇了种种失败与挫折。几年后，New Yorker 发表了一篇文章，对这位曾经的天才少年进行了报道，再次引发了社会公众对他的关注。原告认为这一行为侵犯了他的隐私权，使他无法再隐瞒自

---

① Louis D. Brandeis served on the United States Supreme Court from 1916 to 1939. See Lewis J. Paper, Brandeis 238‐239, 391 (1983).
② 297 P. 91 (Cal. Dist. Ct. App. 1931).
③ 113 F. 2d 806 (2d Cir. 1940).

己的过去，从而无法依照自己的意愿过隐蔽的生活。审理此案的法官认为，在本案中公共利益优先于原告个人的隐私权，因此没有支持原告的起诉。由于法院没有对"新闻价值"做出明确的规定，因此在本案中法官也没有将其作为一种绝对的抗辩理由，但却展开了关于"具有新闻价值的抗辩"的讨论。

(二) 20 世纪60年代初 Prosser 教授对公开他人私人事务的隐私侵权的说明

20 年后，另一篇在隐私权领域具有重要影响的文章问世了。作者 William L. Prosser 试图巩固隐私侵权的概念，他将隐私侵权分为了四种类型，其中之一就是公开他人私人事务的隐私侵权。[①] 同 Warren 和 Brandeis 一样，Prosser 将公开他人私人事务的隐私侵权看做名誉侵权的延伸，唯一的区别是前者陈述的事实均是真实可靠的。原告要想获得损害赔偿，需要符合以下条件：被告的公开行为必须是针对社会公众的；被告公开的事实必须是他人隐私；被告公开的事项对于一个有理性的人而言具有高度的冒犯性。

Prosser 教授同时也对隐私侵权的范围做出了一定限制。与 Warren 和 Brandeis 相同，Prosser 也承认媒体在报道具有新闻价值的事件时享有免责特权，这些免责特权的范围并非仅限于当下的新闻，还包括人类其他活动阶段的教育与娱乐信息，这些信息通常以书本、图画、文章、电影或是广播等各种形式记录下来，或是采用新闻影片和旅行游记的形式再现于公众面前。至于卷入这些新闻事件中的个人，无论其是否身为公众人物，都不再享有隐私权。Prosser 指出，在判断一个人是否卷入具有新闻价值的事件时，要看原告和公共利益之间是否存在合理的逻辑关系。

由于 Prosser 身为《美国侵权法复述（第二版）》的起草者之一，因此其影响力并不仅限于学术界的范围。然而，在《美国侵权法复述（第二版）》问世之前，加利福尼亚州最高法院对 Briscoe v. Reader 一案[②]做出了一个有影响的判决。该案中的原告是一个改过自新的

[①] See generally William L. Prosser, Privacy, 48 Cal. L. Rev. 383 (1960).
[②] 483 P. 2d 34 (Cal. 1971).

抢劫犯，他针对一家畅销杂志提起了诉讼，因为后者在一篇文章中报道了当年抢劫案的细节，并公开了原告的真实姓名，却没有说明这一案件发生在11年前，也没有指出原告早已痛改前非的事实。尽管审理此案的法官们承认原告过去的犯罪事实具有新闻价值，但他们仍然遵循 Melvin 一案的判决，支持了原告的起诉，因为原告的姓名并不具有新闻价值，对社会公共利益也不会造成太大的影响。但同时法官们也承认，一些影响广泛的事件和个人即便经过了一段时间，仍对公共利益存在着不可忽视的影响。

（三）《美国侵权法复述（第二版）》对公开他人私人事务的隐私侵权的规定

《美国侵权法复述（第二版）》的问世再一次巩固了公开他人私人事务隐私侵权的地位，将其正式作为隐私侵权的四大类型之一。[①]《美国侵权法复述（第二版）》指出，只要被告公开他人私人事务的行为严重冒犯了原告，且公开的事实不属于社会公众对其享有合法利益的事项，那么，被告的行为就构成相应的隐私侵权，需要为此承担侵权责任。至于哪些事实属于社会公众对其享有合法利益的事项，《美国侵权法复述（第二版）》列出了一些极为典型的事件：如杀人与其他犯罪、遭到逮捕、袭警、自杀、结婚与离婚、意外事故、火灾、自然灾害、服用麻醉剂过多致死以及罕见疾病等；还有一些相对而言较为典型的事件，比如一个年仅12岁的女孩怀孕生子、当年的谋杀案受害人在事隔多年后再次出现、关于野生动物逃亡的新闻报道以及其他尽管有些不幸却能引起广泛关注的事件。然而，当媒体曝光的事件不再以公共利益作为出发点，纯粹只是为了自己的利益病态地窥探他人隐私时，此时新闻媒体的行为就不能再作为隐私侵权的抗辩理由。鉴于相关案例越来越多，涉及的范围也越来越广，因此，对于公共利益的界定仍有待商榷。

包括哥伦比亚特区在内的39个州都将公开他人私人事务的隐私侵权看做普通法上的权利。明尼苏达州的法院在最近的判例中也认可了这一权利，甚至为此推翻了1998年的判例。此外，有2个州声称

---

① See Restatement (Second) of Torts 652D (1977).

他们会在实际案件中酌情适用此项权利,还有3个州将公开他人私人事务的隐私侵权以法律的形式规定下来,至此,共有45个判例承认了公开他人私人事务隐私侵权制度。大多数法院都依照《美国侵权法复述(第二版)》的内容,认为公开他人私人事务的隐私侵权的确定需要符合两个标准:一是对于一个有理性的人而言,被告公开事实的行为具有高度的冒犯性;二是被告公开的事实属于社会公众对其享有合法利益的事项。

然而,正如在衡量新闻价值方面存在很多标准一样,对于公共利益的界定也不存在一个受到普遍认可的标准。如果不能解决新闻价值的界定问题以及公开他人私人事务的隐私侵权与《美国联邦宪法第一修正案》的冲突,就无法充分理解这一类型隐私侵权的内容。

三、公开他人私人事务隐私侵权与言论自由的冲突

(一)联邦最高法院对于新闻价值抗辩的限缩解释

在《美国侵权法复述(第二版)》承认公开他人私人事务的隐私侵权之前,就有人对它的合宪性提出了质疑。正如其他限制言论自由的诉由一样,公开他人私人事务的隐私侵权也不可避免地与《美国联邦宪法第一修正案》的宗旨相冲突。然而,从相关判例可以发现,联邦最高法院的态度一直不明确,因此二者的冲突也一直未能得到解决,使得隐私侵权陷入一片混乱之中。

第一个涉及二者冲突的判例是 Cox Broadcasting Corp. v. Cohn 一案。[①] 该案的受害者在一宗奸杀案中被残忍地杀害,其后,电视台在报道这一案件时公开了该名受害者的身份。由于美国《佐治亚州的制定法 Ga. Code. Ann.》第 26-9901 条明确规定,报道或者广播强奸犯罪受害人姓名或者身份的行为是犯罪行为,因此,该名受害者的父亲依据佐治亚州的法律起诉这家电视台侵犯了其隐私权,要求电视台承担隐私侵权责任。电视台则回应称,他们是从法院的公开判决书中得知受害者的身份,传播类似的公开信息应该得到《美国联邦宪法第一修正案》的保护。佐治亚州最高法院并未认同电视台的辩解,

---

① 420 U. S. 469 (1975).

判定原告有权提起普通法上的隐私侵权诉讼。其后,联邦最高法院推翻了佐治亚州最高法院的判决。审理此案的 White 法官认为,尽管有必要承认隐私权的存在,但同时也应当意识到,公开他人私人事务的隐私侵权与宪法保护的言论自由和新闻自由常常存在直接冲突。在 Cox 一案的判决中,法院小心翼翼地将争议点集中在一个问题上,即如果媒体是从公开的司法文书中获知强奸案受害人的准确身份并予以曝光,是否应当要求新闻媒体承担隐私侵权责任。但法院没有进一步就媒体是否应当因为曝光真实信息而承担侵权责任的问题作出判决。对 Cox 一案进行仔细分析就可以发现,本案判决并没有就新闻价值的问题作出说明或是给出指导性的意见。事实上,本案仅仅认定公开司法文书中的信息无需承担侵权责任,并且重申了公开他人私人事务的隐私侵权公开的对象必须是私人事务,而非公共事务。换句话说,由于公共事务本身就是公开的,因此根本不涉及是否具有新闻价值的问题。如果被告据此提起隐私侵权诉讼,那么,其诉由本身就不成立。因此,新闻价值抗辩的构成要件直到今天也没有明确的答案。

联邦最高法院关于公开他人私人事务隐私侵权的最近判例就是 Florida Star v. B. J. F. 一案。[①] 很多人认为,这一判例严重削弱了公开他人私人事务的隐私侵权。该案中的原告是一名强奸案的受害者,一家报纸在收到警察局公布的新闻稿后公开报道了这位受害者的名字。其后,原告的母亲不断接到不法分子的恐吓电话,威胁要再次强奸原告。原告为此不得不改变了住址和电话号码,甚至还要求助于心理健康咨询。此后原告依据佛罗里达州法律对做出报道的报纸和警察局提起了诉讼,因为佛罗里达州法律明确禁止公开性犯罪受害者的姓名。在上诉到联邦最高法院时,被告指出,本案与 Cox 案如出一辙,而且联邦最高法院之前的判例无异于认可了这样一个普遍的原则:即新闻媒体无需为公开真实信息负责。联邦最高法院援引《美国联邦宪法第一修正案》的规定,判决本案的被告无需承担侵权责任。尽管法院列出了三点理由来支持自己的判决,但实际上本案判决的根本原因在于媒体不应当因为公开报道那些来源于政府部门的消息而受到惩罚。其理由有两点:一是如果媒体要先评估政府部门提供的

---

① 491 U. S. 524 (1989).

信息从而决定它们是否具有新闻价值，那么，就必然会导致媒体自我审查机制的形成；二是政府发布的信息往往是需要得到广泛传播从而为公众所知晓的。然而，我们很难将 Florida Star 一案的判决看做公开他人私人事务隐私侵权的最终注解。尽管联邦最高法院在此案中判决被告胜诉，但同时也明确驳回了被告主张的"新闻媒体无需因为公开报道真实信息而受到惩罚"这一观点。Marshall 法官在进一步驳回上述观点的同时也指出，法院的判决一直都小心翼翼地避开这一根本问题，但未来出现的情况很有可能让我们不得不去面对。值得注意的是，法院从未排除媒体因为曝光强奸案受害者身份而受到惩罚的可能性。

鉴于 Florida Star 一案的判决涉及的范围较为狭窄，很难从中提炼出清晰而连贯的观点。该案只是明确地指出，媒体不应当因为公开政府部门提供的信息而承担侵权责任，这似乎扩展了新闻价值的内涵。但除这种特殊情况之外，联邦最高法院却没有制定出一个普遍适用的标准，从而使得地方法院在定义新闻价值的时候与《美国联邦宪法第一修正案》相符。正因为这样，在 Florida Star 案判决后的多年间出现了很多彼此冲突的判例。

（二）判断新闻价值的五种方法

由于联邦最高法院没能从根本上解决公开他人私人事务隐私侵权与《美国联邦宪法第一修正案》的冲突，州法院和下级联邦法院只能自己摸索合法公开信息与非法侵犯他人隐私权的区别，由此产生了用以判定被告公开的事务究竟有无新闻价值的五种方法。

1.《美国侵权法复述（第二版）》中的方法

鉴于《美国侵权法复述（第二版）》在承认公开他人私人事务的隐私侵权方面的突出地位，适用这一方法不失为一个明智的选择。迄今为止，在决定公开的事实是否具有新闻价值时，这一方法的适用最为普遍。但值得注意的是，美国法学会提出的这一方法在判断媒体公开的私人事务是否涉及公共利益方面也是迄今为止最为复杂的，因为它建立在社会习俗和传统之上，而社会习俗和传统又取决于社会的道德准则。① 最先采用这一标准的是第九巡回上诉法院，该法院在 Virgil v. Time, Inc. 一案②中判定被告无需为公开原告的私人事务承担侵权责任，因为被告公开的事实涉及公共利益。然而，一旦被告公开的事实超越了社会道德的底线，就不能再称其为公共利益，也就不再受到法律的保护。这一方法旨在保护新闻自由的同时维护个人的隐私权。审理 Virgil 一案的法官们相信，对于《美国侵权法复述（第二版）》的方法进行司法审查可以很好地平衡言论自由与个人隐私权的保护。但也有很多学者认为这一方法难以在实践中运用，因为它要求法官自己判断哪些公开的私人事务违反了社会道德准则。尽管如此，这一方法在后来的案件中仍被频繁使用，尤其在近些年这一情况愈加明显。

2. 否定隐私侵权制度的方法

与《美国侵权法复述（第二版）》的方法不同，一些法院在审理相关案件时明确地否定公开他人私人事务的隐私侵权制度。③ 因此，任何公开他人隐私的行为都可以免于承担侵权责任。这一观点的根据之一在于联邦最高法院在 Cox 一案中指出的：被告如果因为公开真实却没有新闻价值的私人信息而承担侵权责任就会对新闻自由造成直接的干扰。此种方法将联邦宪法保护的言论自由和新闻自由置于个人的隐私权之上，认为一切真实信息都具有公共利益，而不会产生侵权责任。然而自从 Cox 一案以来，只有两个案件适用了这一原则。Posner 法官在 Haynes v. Alfred A. Knopf, Inc. 一案④中即便严厉批判公开他人私人事务的隐私侵权制度，却也没有彻底否认此种侵权制度的存在。在 Haynes 一案中，Posner 法官最终判决被告胜诉，但他承认在

---

① See Restatement (Second) of Torts 652D cmt. h (1977).
② 527 F. 2d 1122 (9th Cir. 1975).
③ Four jurisdictions have rejected the tort. See Doe v. Methodist Hosp., 690 N. E. 2d 681, 682 (Ind. 1997); Howell v. N. Y. Post Co., Inc., 612 N. E. 2d 699, 702 (N. Y. 1993); Brunson v. Ranks Army Store, 73 N. W. 2d 803 (Neb. 1955) superseded by statute on other grounds by Neb. Rev. Stat. 20-201 (1997) (codifying the intrusion, false light and commercial appropriation torts but not the private facts tort); Hall v. Post, 372 S. E. 2d 711, 717 (N. C. 1988). See Brown v. American Broad. Co., Inc., 704 F. 2d 1296 (4th Cir. 1983).
④ 8 F. 3d 1222 (7th Cir. 1993).

Cox 案和 Florida Star 案后公开他人私人事务的隐私侵权已然成为隐私侵权制度的重要形态之一。绝大多数的判例都没有采纳此种方法，因为大部分法官仍然相信，只要采取适当的方法，公开他人私人事务的隐私侵权完全可以与《美国联邦宪法第一修正案》共存。

3. 由媒体自己判断新闻价值的方法

Diane Zimmerman 教授提出了一个看上去不那么极端的方法来定义新闻价值，那就是交由媒体自己来决定相关事实是否具有新闻价值。这一方法虽然在理论上承认公开他人私人事务隐私侵权的存在，但却将定义新闻价值的权利交给媒体而非法院。由此，任何由媒体公布的信息都可以看做有新闻价值的。迄今为止，只有一个案例采用了这一方法。① 此种方法的主要倡导者认为，比起司法系统，媒体更适合给公共利益下定义。Zimmerman 教授提出，读者和广告商的反应比不确定的损害赔偿责任更有利于制止出版人从事特定的信息传播行为。她还进一步指出，任何市场调节以外的尝试也无非是法官们人为地依照社会公众的愿望进行判决，最终仍会归结为市场的调节。

然而，这一观点是在根本上存在缺陷的。媒体公开的信息不可能仅仅取决于读者的愿望。如今的媒体不仅要迎合美国的读者和观众、寻求与广告商的合作机会，还要迎合美国以外的读者。因此，美国人看到的新闻内容不仅取决于美国读者的反响，还要经常受到赞助商以及其他国家读者的影响。而这一现象造成的结果就是美国媒体为了迎合社会公众的低级趣味而不得不报道那些哗众取宠的消息。如今美国的电视访谈节目和报纸媒体都认为，行业自律无法阻止媒体公开那些不涉及公共利益且具有高度冒犯性的个人隐私。比如，Jerry Springer② 为了取得令人满意的收视率在节目中不断寻找那些冒犯他人却吸引眼球的话题，而这些话题往往都会严重侵犯他人隐私权。因此，尽管这一方法表面上认可公开他人私人事务的隐私侵权制度，实际上却

---

① See Howard v. Des Moines Register & Tribune Co., 283 N. W. 2d 289, 302 (Iowa 1979).
② The Jerry Springer show is a controversial daytime television talk show that routinely explores what are arguably highly offensive issues of little legitimate public concern. Samples of show topics for a one week period include Attack of the Ex-Lovers, Viewers Battle the Klan, I Have Another Lover, and I Have a Wild Sex Job. See David Bauder, Jerry Springer Promises to Tone Things Down, The Associated Press, Apr. 3, 1998.

给予身为被告的媒体掌握绝对的主动权,从而使得公开他人私人事务的隐私侵权制度形同虚设。

4. 加利福尼亚州的三分法

这一与众不同的定义新闻价值的方法形成于加利福尼亚州的普通法之中。在 Kapellas v. Koffman 一案中,加利福尼亚州最高法院公布了这一方法。本案的原告是一位公职候选人的孩子们,他们因为一家报纸在社论中揭露了他们曾作为少年犯而遭到逮捕的事实提起诉讼。法院在该案中就运用了三分法判决被告胜诉,这一方法要求法官们在审理相关案件时考虑以下三个因素:①所公开事实的社会价值;②媒体的报道对他人隐私造成的侵扰程度;③原告自愿吸引公众注意的程度。此外,在 Briscoe v. Reader 一案①中,加利福尼亚州最高法院又增加了一个考量因素,即如果被告出于鲁莽完全不顾原告的感受而蓄意侵犯其隐私,那么,即便被告公开的事实具有新闻价值也要为此承担侵权责任。与《美国侵权法复述(第二版)》的方法相同,这一方法也旨在平衡个人隐私权与言论自由的关系。加利福尼亚州最高法院在其后的公开他人私人事务隐私侵权案件中都适用这一方法。然而,尽管法院在近期仍在判决中运用此种方法,但自从"逻辑关系"的方法出现后,三分法的地位岌岌可危。

5. "逻辑关系"方法

我们从判例法的发展趋势可以看出,在定义新闻价值方面发展最为迅速的方法莫过于"逻辑关系"的方法。这一方法最先出现于 Campbell v. Seabury Press 一案②中,具体意思是当原告与涉及公共利益的事实之间存在一定逻辑关系时可以适用具有新闻价值的抗辩。在 Campbell 一案中,一位民权领袖的前任嫂嫂针对一本自传的作者和出版商提起了诉讼,因为作者在这本自传中揭露了她从前婚姻中一些令人尴尬的隐私。第五巡回法院判决本案的被告胜诉,法官们认为,既然原告的婚姻影响到了自传作者的写作,那么这些公开的事实与社会公共利益之间存在必要的逻辑关系,理应受到《美国联邦宪法第一

---

① 483 P. 2d 34 (Cal. 1971).
② 614 F. 2d 395 (5th Cir. 1980).

修正案》的保护。

在 Campbell 一案之后，至少有六个案件都采用了"逻辑关系"的方法来定义新闻价值。如同《美国侵权法复述（第二版）》的方法和加利福尼亚州三分法一样，"逻辑关系"的方法也试图寻找个人隐私权与言论自由之间的平衡点。这一方法的支持者们认为，逻辑关系的方法完全符合《美国侵权法复述（第二版）》所要求的"公共利益不包括病态、过分地刺探他人私生活"。① 然而，这一方法的批评者们也指出，身为社会中的人，人们的活动经常会牵涉社会公共利益，如果运用这一方法，那么人们的任何活动都要置于公众的关注之下，反而不利于个人隐私权的保护。

（三）学术界对于判断新闻价值五种方法的回应

虽然学术界对于现存的公开他人私人事务隐私侵权制度存在各种各样不同的观点，但主流的观点认为具有新闻价值的抗辩实际上已经"吞噬"了隐私侵权。过去的 50 年间，有过 7 篇评论文章宣称隐私侵权制度已经处于瓦解的边缘。确实，如今新闻价值抗辩的适用范围太广泛，远远超出了它的理论范围。尽管有五种方法来衡量新闻价值，可是原告依然很难胜诉。不仅法院不愿判决新闻媒体承担侵权责任，以免担上妨碍新闻自由的罪名，而且《美国宪法第一修正案》的拥护者也赞成在广泛的范围内适用新闻价值抗辩，以阻止法院作出不利于新闻媒体的判决。相反的，公开他人私人事务隐私侵权的支持者则建议限制新闻价值抗辩的范围。

然而，就此问题，法院的看法正在发生着悄然的改变。学者们只顾忙于一边探讨公开他人私人事务隐私侵权的优势与缺陷，一边宣告它的消亡，却没有注意到近年来越来越多的相关案例都判决原告胜诉。关于这一点我们将在文章的第四部分进行详尽的讨论。事实上，Warren 和 Brandeis 提出的隐私侵权不仅克服了新闻价值抗辩这一难关，而且全美的法院也越来越倾向于判决被告承担隐私侵权责任。

---

① Shulman, 955 P. 2d at 485 (quoting Restatement (Second) of Torts 652D cmt. h (1977)).

四、公开他人私人事务隐私侵权的复兴：限制新闻价值抗辩的范围

在 Warren 和 Brandeis 发表文章后的最初 90 年里，原告很难在公开他人私人事务的隐私侵权案件中获得有利判决。如前所述，一般人都认为，像 Florida Star 案那样有利于被告的判决层出不穷预示着公开他人私人事务隐私侵权制度的末日即将到来。但过去的五年半以来，在隐私侵权诉讼中原告获得胜诉的比例大大提高。① 下文就将针对这些案件进行讨论，以揭示公开他人私人事务隐私侵权制度复兴的原因。

（一）保护私人医疗信息

近年来，在对非法公开他人医疗信息进行救济这方面，公开他人私人事务的隐私侵权得到了最有效的应用。很多原告都是因为自己的个人医疗信息被公开提起诉讼，并运用隐私侵权的救济获得了损害赔偿。这些原告之所以提起诉讼，有的是因为感染艾滋病毒的信息被公开，有的是因为尸检照片被公开，有的则是因为整形手术的资料被公开，还有的是因为感染丙型肝炎的情况被公开。而这些案件的被告一般既包括常见的媒体和政府部门，也包括较为特殊的对象，比如用人单位、大学和医学实验室等。

在 Multimedia WMAZ v. Kubach 一案②中，原告是一位感染艾滋病的患者，他答应参加电视台一档宣传艾滋病的节目录制，但同时也明确提出了掩饰其身份的要求，可电视台在节目中未加修饰就播放了该位病人的照片，原告因此提起诉讼，要求被告承担隐私侵权责任。被告则在上诉中声称，电视台不应当因为这种非故意的曝光而承担责任，而且他们播出这期节目是为了普及艾滋病的知识，这显然属于公共利益。法院没有支持被告的辩解，而是维持了陪审团的裁决，判决

---

① In a survey of case law since 1993, this author discovered at least twenty – one cases where plaintiffs were awarded damages or survived a motion for summary judgment or dismissal, including one in 1999 and 10 in 1998. See cases cited infra Part IV. A – D.
② 443 S. E. 2d 491 (Ga. Ct. App. 1994).

原告胜诉。法官们认为，尽管电视台播出那期节目是为了公共利益着想，可是艾滋病人的身份并不属于合法的公共利益范畴。

Doe v. High - Tech Institute, Inc. 一案①. 也与上一案件相似。该案中，一位学生对自己的学校和药物测试实验室提起了诉讼。该名学生在不知情的情况下做了 HIV 病毒测试，且呈现阳性结果，而后这一结果又被送到了科罗拉多州卫生署和其他的第三方当事人那里。原告与实验室最终达成了庭外和解，但学校仍需为此承担隐私侵权责任。尽管被告后又提起上诉，但法院没有驳回原告要求被告承担侵权责任的请求。

其后，公开私人医疗信息的侵权责任得到了进一步的扩展，不再仅仅局限于公开他人感染 HIV 病毒的信息，在 Reid v. Pierce County 一案②中，身为原告的四个家庭都对县法医处提起了诉讼，他们发现，法医处的工作人员将照片流出，使得鸡尾酒会派对上、学校课堂上和个人剪贴簿中到处都有他们死去亲人的尸检照片。在将四个案件合并审理之前，低等法院将其一一驳回。后来，华盛顿州最高法院推翻了低等法院的判决，认为公开私人的尸检照片这一行为极其恶劣，理应受到处罚。该法院还明确推翻了之前上诉法院的某个判决，该判决错误地声称华盛顿州不承认公开他人私人事务的隐私侵权制度。

在 Doe v. Univision Television Group, Inc. 一案③中，一名整形失败的患者起诉电视台在一个提醒观众警惕国外低成本整形手术的节目中，不经意曝光了她的照片。与 Multimedia 一案相同，原告也是在要求掩盖其样貌和声音的基础上同意出现在节目中。但却没想到这些掩饰其身份的特效失灵，以致原告立即被家人和朋友们认出。法院同样认为，尽管提醒观众警惕海外低成本的整形手术是为了公共利益着想，但曝光原告的身份与公共利益无关，电视台应为此承担隐私侵权责任。

另一个有关整形手术的判例是 Conway v. Cook County 一案。④ 该

---

① 972 P. 2d 1060 (Colo. Ct. App. 1998).
② 961 P. 2d 333 (Wash. 1998).
③ 717 So. 2d 63 (Fla. Dist. Ct. App. 1998).
④ No. 98 C 5324, 1999 WL 14497 (N. D. Ill. Jan. 8, 1999).

案的原告是一名警署的雇员，她对本县、本部门和个别官员提起了诉讼，因为这些人从原告部门长官那里获悉，原告曾做过丰胸手术，并将这一消息散播给其他雇员。而在原告拒绝与部门长官继续交往之后，其丰胸手术的细节甚至一些其他隐私都遭到恶意传播。尽管法院驳回了原告针对本县、本部门和其他个别官员提起的诉讼请求，但却准许其针对部门长官提起的隐私侵权诉讼进入庭审阶段。

Marino v. Arandell Corp. 一案[1]则涉及原告之前的用人单位。本案中原告声称其雇主非法打探其慢性丙型肝炎的患病史，其后又将这一信息透露给原告的同事们。被告并未否认这些指控，但却提出本州的工伤赔偿条例可以禁止原告提起公开他人私人事务的隐私侵权诉讼。法院并未支持这一观点，也并不赞成对工伤赔偿条例的排他性做如此宽泛的解读，同时判定原告提起的隐私侵权诉讼应当继续进行。

Blackwell v. Harris Chemical North America, Inc. 一案[2]也与此类似。该案中被告是一家公司的雇主，他将原告的私人医疗信息透露给了其他员工。原告因此提起诉讼。审理此案的法官认为被告的行为已经充分符合公开他人私人事务隐私侵权的构成要件，因此，在判决中支持了原告的诉讼请求。

（二）保护弱势群体的私人信息

近年来，公开他人私人事务的隐私侵权在保护那些政治上身份敏感的原告方面也得到了广泛应用。这些原告在此种侵权制度的保护下可以自由地表达对于一些敏感问题的看法，如同性恋问题、人工流产问题和性骚扰等问题。而这些案件的被告一般而言并不是那些传统意义上的被告，通常是雇主和宗教团体。

在 Ozer v. Borquez 一案中[3]，原告是一名同性恋律师。当律所的一位合伙人向其他员工揭露了原告的性向，并且宣称原告有可能将HIV病毒传染给其他雇员后，原告对其工作的律所提起诉讼，要求律所对其进行损害赔偿。依据《美国侵权法复述（第二版）》和 Multi-

---

[1] 1 F. Supp. 2d 947 (E. D. Wis. 1998).
[2] 11 F. Supp. 2d 1302 (D. Kan. 1998).
[3] 940 P. 2d 371 (Colo. 1997).

media 一案的判决，低等上诉法院认为律师的性向和感染 HIV 病毒的可能性并不属于公共利益的范畴。尽管科罗拉多州最高法院由于错误的陪审团裁决推翻了之前的判决，但依然承认相关事实不具有新闻价值。

近期的另一个涉及当事人性向的案件是 Greenwood v. Taft 一案。[①]原告也是一名律师，由于其雇主非法传播原告的私人信息而提起诉讼。低等法院驳回了原告的诉讼，但上诉法院却在没有讨论本案相关事实是否具有新闻价值的前提下就推翻了低等法院的判决，认为原告已经掌握了足够的事实，可以提起隐私侵权诉讼。

除了在性取向的问题上保护他人隐私权外，最近的判例法也致力于保护其他方面的隐私权。比如在 Doe v. Mills 一案[②]中，一些反对人工流产的示威者大举印有原告姓名的牌子，劝诫妇女们不要去诊所接受预定的流产手术，原告认为这一行为侵犯了自己的隐私权，因此提起了侵权诉讼。法院支持了原告的诉讼请求，并在判决中承认，人工流产是一个涉及公共利益的话题，但原告的身份并不属于公共利益的范畴。

还有一个原告起诉雇主，称其对自己进行性骚扰的案件，即 Pucci v. USAIR 一案。[③] 航空公司的前雇员对该家航空公司提起了多个诉讼的索赔，公开他人私人事务的侵权索赔亦是其中之一。被告基于原告没有给出可行的索赔请求而希望法院驳回原告提起的所有诉讼。尽管法院并没有深入地探讨原告的诉由并且驳回了原告的其他诉讼请求，却仍然支持了原告提起的隐私侵权诉讼。

（三）约束那些哗众取宠的媒体被告

公开他人私人事务的隐私侵权在规制身为被告的媒体方面也功不可没。如今哗众取宠与新闻报道之间的界限越来越模糊，很多媒体为了迎合社会公众的低级趣味而病态地刺探他人隐私，正是因为这样，越来越多的原告在隐私侵权诉讼中获得胜诉。这些案件的被告一般包

---

① 663 N. E. 2d 1030 (Ohio Ct. App. 1995).
② 536 N. W. 2d 824 (Mich. Ct. App. 1995).
③ 940 F. Supp. 305 (M. D. Fla. 1996).

括报纸杂志、电视台和网上认购成人娱乐服务的供应商等。

1. 被告为报纸杂志的案例

在 Winstead v. Sweeney 一案①中,原告起诉一家报纸在其探讨特别性行为的文章中公开报道了原告从前交换配偶的经历。文章中还透露,原告曾经做过代理母亲,而她自己由于曾流过产而无法怀孕。提供这些信息的人是原告的前夫。低等法院依照简易程序做出了对被告有利的判决,他们认为报纸的该篇文章具有新闻价值。而在上诉审中,上诉法院指出,尽管这些独特的感情关系属于公共利益的范畴,但是将相关的细节与事实进行曝光是否符合公共利益的要求仍有待商榷。被告在上诉审中辩称,由于其获取信息的渠道和手段合法,理应受到《美国联邦宪法第一修正案》的保护,免于承担隐私侵权责任。法院在作出判决时,运用了《美国侵权法复述(第二版)》中定义新闻价值的方法和"逻辑关系"的方法,没有认可被告提出的抗辩理由,并最终判决被告需要承担隐私侵权责任,这也无形中削弱了 Florida Star 一案的影响力。

Winstead 一案后不久,小报记者们也在加利福尼亚州上诉法院受到了打击。在 Hood v. National Enquirer, Inc. 一案②中,艾迪墨菲的私生子和他的母亲起诉一家超市的小报,因为其在文章中不仅泄露了原告的姓名,而且曝光了他们的经济来源。尽管低等法院驳回了原告的起诉,但上诉法院推翻了低等法院的判决,允许本案的诉讼继续进行。上诉法院指出,尽管原告与艾迪墨菲的关系的确具有新闻价值,但是其经济来源属于个人隐私,与新闻价值无关。此后加利福尼亚州最高法院和美国联邦最高法院均驳回了被告移送诉状的请求。

另一个比较有代表性的案件是 Green v. Chicago Tribune Co. 一案。③ 该案的原告是一位妇女,她起诉一家报纸在探讨芝加哥凶杀案犯案率的文章中公开了她死去儿子的照片,并且曝光了这位母亲在儿子去世时于医院病房中对儿子讲的话。这家报纸的记者是通过潜入私

---

① 517 N. W. 2d 874 (Mich. Ct. App. 1994).
② No. B082611 (Cal. Ct. App. 1995) (visited Apr. 12, 1999) < http://www.stanford.edu/group/law/library/how/b082611.htm > (unpublished decision).
③ 675 N. E. 2d 249 (Ill. App. Ct. 1996).

人病房进行窃听而获取的信息。伊利诺伊州上诉法院在评估该案事实的新闻价值时采用了与 Winstead 一案相似的方法，并认为报道团伙犯罪的文章具有新闻价值，但曝光受害者的照片和私人谈话与新闻价值无关。比起 Winstead 一案，此案的判决无疑更为大胆，因为它针对的事实是犯罪行为，而非那些特殊的感情关系。

2. 被告为电视台的案例

报纸并不是唯一受到隐私侵权制度冲击的媒体。在 Baugh v. CBS, Inc. 一案[①]中，一位家庭暴力的受害者起诉 CBS 在一档新闻杂志节目中将其归入到受害者援助计划中。在原告遭受家庭暴力时，节目组的工作人员对其进行全程跟拍，而原告并未意识到这一跟拍与受害者援助计划有关。电视台在为自己辩护时声称，这一节目的内容关乎公共利益，不应为此承担隐私侵权责任。法院在判决中再一次指出，尽管家庭暴力事件属于社会公众的关注焦点，但身陷其中的原告并不因此具有新闻价值，媒体不应针对个别人进行跟踪报道。

另一个更为复杂也更具有影响力的案件是 Veillux v. NBC 一案[②]。该案涉及 NBC 一档知名的新闻杂志节目《日界线》。原告 Veillux 是一名跨州的货运司机，他起诉 NBC 在节目中曝光了其在货运途中和高速公路上没能通过药检的事实。而当初原告之所以同意《日界线》的记者跟拍，是因为被告答应在节目中反映货运行业的正面形象，但在最终播出的节目中，电视台不是强调原告的腿放错了地方，就是报道原告开车时间超过了联邦政府规定的时限。节目甚至还访问了对货运业不存好感的社会团体。最重要的是，节目曝光了原告在上路前没有通过药检的事实。原告由此提起了侵权诉讼，认为电视台不应当播出原告没能通过药检的片段。缅因州的美国地区法院支持了原告的诉讼，认为电视台公开药检结果不属于公共利益的范畴。因为尽管本案的原告是一名来往于各州之间的货运司机，但这并不代表他是公众人物，更不意味着他要将自己的私人生活公之于众。这也表明了法院的立场：即在不必然违反联邦宪法第一修正案的前提下，被告需要为公

---

① 828 F. Supp. 745 (N. D. Cal. 1993).
② 8 F. Supp. 2d 23 (D. Me. 1998).

开他人私人信息承担侵权责任。

3. 被告为互联网的案例

作为一种新兴且高速发展的通信工具，互联网也不可避免地受到此种隐私侵权制度的影响。在 Michaels v. Internet Entertainment Group, Inc. 一案①中，著名摇滚明星 Bret Michaels 起诉一家互联网成人视频经销商，以阻止被告在网上传播其与艳星 Pamela Anderson Lee 的性爱录像。原告认为，被告在网上传播视频可以构成公开他人私人事务；而被告则认为，由于原告的身份，这一视频具有新闻价值。法院在处理这一史无前例的案件时没有接受被告的主张，他们并不认为色情录像具有任何新闻价值。同时，法院采用了加利福尼亚州的三分法：首先，该视频录像的社会价值很小；其次，被告的行为具有高度冒犯性；最后，原告是自愿的公众人物。综合考量各项因素后，法院认为前两个因素在决定该视频有无新闻价值方面起着更为重要的作用。而且原告举证证明了该录像带的内容不具有新闻价值，因此被告在本案中不享有免责特权，仍需承担侵权责任。法院这一判决明显受到道德准则的影响，这对未来网络隐私侵权案件的审判也有着重要的参考价值。

（四）其他类型的近期案例

除上述几个类型的案件外，还有四个无法归入任何类型的案例。

第一个案例是 Lake v. Wal-Mart Stores, Inc. 一案。② 该案的原告是两位年轻的女顾客，她们将一家照相馆告上了法庭，因为这家照相馆的员工将两人裸体淋浴的照片公之于众。两个低等法院驳回了原告的诉讼请求，因为明尼苏达州当时尚无任何承认隐私侵权制度的先例。然而，明尼苏达州最高法院最终承认了三种类型的隐私侵权，其中就包括公开他人私人事务的隐私侵权，由此推翻了低等法院的判决。明尼苏达州最高法院认为，裸体照片理应受到隐私权法律的保护，因此将案件发回以做进一步的审理。

---

① 5 F. Supp. 2d 823 (C. D. Cal. 1998).
② 582 N. W. 2d 231 (Minn. 1998).

第二个案例是 G. J. D. v. Johnson 一案。① 该案的被告是一位妇女和她的孩子们，他们针对这位母亲死去的前男友提起了隐私侵权诉讼，要求以被告的遗产进行赔偿。因为被告生前将原告一些露骨的裸照公之于众，使得集市上、孩子们的校车站上、高中足球比赛中、各个家庭的邮箱上以及其他公共场合中到处充斥着原告的裸照。而在这些照片开始出现时，原告与被告刚刚分手。一审法院判决原告胜诉并获得补偿性和惩罚性的损害赔偿金。宾夕法尼亚州最高法院在上诉审中也没有推翻一审法院的判决，并且鉴于被告行为极其恶劣，支持了原告的惩罚性损害赔偿请求。

第三个具有里程碑意义的案例是 Smith v. Calvary Christian Church 一案。② 该案一位教区的教民起诉之前的教堂和牧师公开其十年前的忏悔。在一次原告及其家人朋友都在场的礼拜中，牧师当众宣称原告曾与妓女发生过婚外性关系。一审法院支持了被告的辩护，认为公开他人的忏悔是宗教内部事务，应受宗教教义管辖，无需民事法律的参与。但上诉法院推翻了这一判决，认为被告公开原告的忏悔与公共利益无关，应该为此承担隐私侵权责任。

第四个案例是 Hoskins v. Howard 一案。③ 该案中的原告起诉一位警长的副手及其妻子用借来的警察通讯频道接收器窃听自己的电话，并且在稍后的电台广播中将电话录音公之于众。被告辩称，他之所以非法记录原告的电话录音，是为了追查一起谋杀案，而且没想到电话中谈论的都是私人话题。一审法院认同了被告的辩护，以简易程序判决被告无需承担责任。然而上诉法院并不认同这一判决，认为该案真正的事实争议在于电话交谈是否属于个人隐私，陪审团应对此进行裁定。

（五）限制新闻价值抗辩的变化原因以及公开他人私人事务隐私侵权未来可能出现的冲突

近期的判例法呈现出一个明显的趋势，即在公开他人私人事务的

---

① 669 A. 2d 378 (Pa. Super. Ct. 1995), aff'd on other grounds, 713 A. 2d 1127 (Pa. 1998).

② 592 N. W. 2d 713 (Mich. Ct. App. 1999).

③ 971 P. 2d 1135 (Idaho 1998).

隐私侵权诉讼中原告胜诉的比例大大提高。然而，鉴于过去联邦最高法院出于宪法层面的考虑对隐私侵权不予支持的态度，我们不禁发出这样的疑问：为什么近年来在隐私侵权案件中原告容易获得有利的判决。考虑到近些年隐私侵权案件数量的不断增加以及社会对于隐私权问题的日益关注，仅仅将原告胜诉的案件视为个别现象是与现实不相符的。本文这一部分将详尽分析法院对于具有新闻价值的抗辩态度的转变。

1. 法院倾向于保护患者及弱势群体的私人信息

正如前文讨论的那样，判例法最近的趋势之一就是保护病人及弱势群体的隐私。一些法院在处理此类案件时有选择地适用《美国侵权法复述（第二版）》的部分规定以及先前的判例法。例如，尽管《美国侵权法复述（第二版）》规定罕见疾病属于具有新闻价值的事件，但在 Multimedia 一案中，法院为了保护艾滋病患者的隐私，没有将艾滋病看做具有新闻价值的事实。此外，尽管《美国侵权法复述（第二版）》将未成年人怀孕生子看做具有新闻价值的事例，但在 Doe v. Mills 一案中，法院认为，未成年人接受有争议的人工流产不具有新闻价值。尽管家庭暴力事件一直被认为具有新闻价值，但在 Baugh 一案中，法院却支持了原告的索赔请求，理由是在法律上原告个人卷入家暴事件不具有新闻价值。但法院没有详细说明家暴事件本身与原告个人卷入家暴事件的区别。虽然选择性地适用法律并非一个新现象，但在公开他人私人事务隐私侵权案件中有选择地适用法律确是一个新出现的趋势。

2. 原告在起诉之时采用了起诉非媒体被告的诉讼策略

之所以有越来越多的原告在隐私侵权诉讼中获胜，第二个理由就是原告巧妙地选择那些不是媒体的对象作为被告。由于联邦最高法院十分注重保护新闻自由，因此当被告是媒体的时候，法院的判决十分小心翼翼，不愿因为判决被告承担侵权责任而背上妨碍新闻自由的骂名。原告因而越来越倾向于将那些不是媒体的对象作为被告提起诉讼。比如，自从 Florida Star 一案以来，至少有 60 个公开他人私人事务的隐私侵权案件将雇主作为被告。原告这样做可以绕开隐私侵权与《美国联邦宪法第一修正案》的冲突。第二巡回法庭在 Cox 一案中曾经阐述过这样的观点：原告选择起诉新闻媒体还是其他机构是存在着很大区别的。尽管迄今为止大部分的雇佣索赔都以失败告终,但在劳工法中,原告仍可以用公开他人私人事务的隐私侵权制度当做对抗联邦宪法第一修正案的重要武器。①

3. 小报新闻的大量涌现

近期在公开他人私人事务的隐私侵权诉讼中原告频频获胜也反映了司法机关对于媒体滥用新闻价值抗辩的遏制。在之前的隐私侵权诉讼中,法律给予身为媒体的被告以广泛的自由裁量权,比如美国《美国侵权法复述(第二版)》中的方法、加利福尼亚州法院的三分法以及逻辑关系的方法,他们无一例外地在确定新闻价值的时候为媒体提供了大量的自由空间。因此,媒体只需要在极个别的案例中才需要为其轻率曝光他人隐私承担侵权责任。比起20世纪媒体曝光Warren女儿的婚礼而言,现在的新闻媒体愈加放肆地侵犯他人隐私权。过去10年间,随着新闻界的竞争日益加剧,新闻媒体不得不将报道的范围延展至各种各样的领域,"新闻"与"哗众取宠"的界限也日渐模糊,越来越多的媒体不惜违背道德规范来披露能够增加销量的隐私信息,因此也愈加严重地触犯了法官们的道德底线。近年来原告起诉媒体的案件日益增多,内容涉及配偶交换、由多次流产引发的不孕不育、个人药物测试结果、家庭暴力的视频录像,甚至包括记录夫妻性行为的视频。尽管新闻价值抗辩的范围不断扩大,但上述那些极具冒犯性的事实纯属病态地窥探他人隐私,不具有任何新闻价值。因此,对于媒体滥用新闻价值抗辩的行为很有必要进行司法干预。

4. 互联网上传播他人私人信息的行为日渐增多

互联网传播信息的高速度和大范围大大提高了在网上公开他人隐私的可能性。比如,现在的报纸和电视报道很难不涉及他人隐私。正是考虑到这一因素,使得公开他人私人事务的隐私侵权制度在这一领域得以复兴。在网上传播的信息中,大多数没有编者,信息的来源也很难鉴别,甚至网络广告也还处在发展的初期。因此,网络很可能成为隐私侵权诉讼的下一阵地,这也要求法律对新闻价值抗辩作出新的解释。

---

① See, e. g., Doe v. Southeastern Pa. Transp. Auth. (SEPTA), 72 F. 3d 1133, 1141 – 1142 (3d Cir. 1995).

最引人关注的事件恐怕就是在互联网上传播名人的裸照。一些名人将网络色情照片作为一种推销工具，比如我们经常在色情网站上看到一些女演员的裸照，而复制、传播这些照片可以带来巨额收入，仅是1996年一年，传播网络色情照片就可以获得5000万美元的利润。好莱坞的明星们因此纷纷开始利用公开他人私人事务的隐私侵权制度进行反击，但其诉讼成功的前提是网络出版商提供的照片都是未经公开过的。此外，鉴于法院在Michaels一案中明确指出，不应在相关案件中采用最支持言论自由的新闻价值抗辩。我们可以预料到，不久的将来，网络上会出现越来越多的色情照片，因此也会有越来越多的原告提起公开他人私人事务的隐私侵权诉讼来捍卫自己的权利。

最近网上出现了很多偷拍的色情照片，对象均为一般妇女，她们在毫无戒心的情形下于公共场合被拍到裸露照片，网络出版商随后将这些照片在网络上发布以获取盈利。尽管现在公共场合中的秘密拍摄属于合法行为，但将这些照片在网上公开显然侵犯了他人隐私权。然而实际生活中，原告很难赢得此类案件的诉讼，其原因有两个：一是被偷拍的妇女很难得知自己被偷拍且照片被放在了网络上；二是即便原告怀疑自己被偷拍，由于网络照片的局限性，也很难确定或证明照片中的人就是自己。不过一旦原告可以证明自己的偷拍照片被人放到了网络上，那么，具有新闻价值的抗辩就不再具有效力，原告极有可能赢得诉讼。

五、对于公开他人私人事务隐私侵权制度与新闻价值抗辩的建议

如今，公开他人私人事务的隐私侵权制度并不完善，尤其是新闻价值的抗辩，十分混乱且毫无连贯性。在不同的判例中，法院对于新闻价值的定义也不尽相同，这无论对于原告还是被告而言都是一个负担。否定隐私侵权制度的方法与交由媒体自己界定新闻价值的方法站在被告一方，不仅彻底否决了原告的索赔请求，对于窥探他人隐私的行为也无法起到威慑与遏制的作用。同样，美国《美国侵权法复述（第二版）》中的方法、加利福尼亚州三分法以及逻辑关系的方法对于新闻价值的界定也十分模糊，这会导致那些合法的具有新闻价值的信息无法得到广泛传播，同时也违背了《美国联邦宪法第一修正案》

的宗旨。因此,联邦最高法院应当建立一个将新闻价值的定义具体化的标准,这不仅可以解决隐私侵权与《美国联邦宪法第一修正案》的冲突问题,各个州的法院与立法机关在审理相关案件时也可以将其作为判断新闻价值的最低标准。

(一)判例法中新闻价值的定义过于零散

现今的判例法对于新闻价值的定义十分分散且前后不一致。例如,康涅狄格州最高法院在近期的案件中指出,明确界定新闻价值并非易事。[1] 但是,加利福尼亚州法院宣称,新闻价值是隐私权法律中定义最为明确的内容之一。被告公开的他人隐私在一个案件中可能被法官判定为具有新闻价值,从而免于承担侵权责任,但在另一个案例中,被告公开的事实就可能是其承担侵权责任的事实依据,即便是在同一个案件或同一个法院中也可能出现这种情况。这些前后矛盾的现象无法用上述五种定义新闻价值的方法来解释,比如新闻价值有时是法律问题,有时是事实问题,有时既是法律问题又是事实问题;又如,新闻价值有时可以作为绝对的抗辩理由,但也可能由于所公开事实具有高度冒犯性而无需考虑关于新闻价值的问题;有时个人的身份与具有新闻价值的事实可以一分为二,有时又无法截然分开;有时所公开的事实是否具有新闻价值与时间有直接关系,有时却又与时间无关;有时在确定相关事实是否具有新闻价值时,判断标准是公开这一事实是否必要,而在其他时间新闻价值不是由这一因素决定的。

最能体现新闻价值抗辩的定义十分混乱的案例恐怕就是 Shulman v. Group W Productions 一案。[2] 这一案件由加利福尼亚州最高法院审理。具有讽刺意味的是,判决书中讨论部分的开头说到:"在隐私权法律中,公开他人私人事务的隐私权诉讼是极为常见的,也是法律规定得最为明确的部分。"[3] 但在现实中,法院经常对此类案件做出多数意见判决,这一判决结果并不具有决定性,同时也表明法律对此类

---

[1] Ayash v. Dana Farber Cancer Inst., No. CIV. A. 96-0565-E, 1997 WL 438769, at *4 (Mass. Super. Ct. July 9, 1997).
[2] 955 P. 2d 469 (Cal. 1998).
[3] Shulman v. Group W Prods., Inc., 955 P. 2d 469, 478 (Cal. 1998).

案件的界定并不明确，这也使得加利福尼亚州的隐私侵权法前后矛盾，无法形成连贯的整体。Shulman案的被告是一起车祸的受害人，他们起诉电视台制作人在对他们的急救情况进行录像与录音之后，在一档关于急救的纪录片中予以播出。公开的内容包括被害人在车里的情形以及在现场和救援直升机中的急救情况。其中在车里的录像部分包括了被害人身体和四肢的照片，录音部分则透露了被害人的姓名、年龄以及当时断断续续的陈述。而在直升机中的录像中可以看到被害人带着氧气面罩的脸，被害人在直升机中录音则暴露了一些关键特征，并提到自己的脚部已经失去了知觉。被害人后来因为这场车祸下半身瘫痪。

初审法院接受了被告的提议，在认定相关事实具有新闻价值的基础上适用了简易程序，判决被告无罪。上诉法院部分推翻了初审法院的判决，认为直升机中的录像和录音部分属于个人隐私，并且应当对公开的内容是否具有新闻价值进行判决。在本案上诉到加利福尼亚州最高法院后，被告的支持者提出，节目中公开的在直升机中的急救情况与公共利益有关，应当受到《美国联邦宪法第一修正案》的保护。相反，原告的律师则认为，公开原告的私人状况并非证明事故严重性以及急救重要性的必要因素，因此被告的行为侵犯了原告的隐私权。

法院审理本案时细致地探讨了公开他人私人事务隐私侵权的发展。在关于新闻价值的问题上，法院不得不承认，那些仅仅为了吸引观众或读者而公开的信息都与公共利益无关。在Melvin案和Briscoe案之后，法院重新审视了加利福尼亚州三分法的缺点，并在之后的案例中大多采用了"逻辑关系"的方法。Shulman一案中，法院即采用了"逻辑关系"的方法驳回了原告的起诉，认为直升机中的录像与录音同公共利益有关。

Shulman一案清晰地阐释了为什么联邦最高法院需要对新闻价值做出明确的界定。一位学者曾经指出，法院在Shulman一案中还错误地适用了逻辑关系的方法，因为在判断原告的姓名同个人医疗信息与具有新闻价值的急救情况报道是否具有逻辑关系时，不同的人会有不同的看法，不可一概而论。另一位学者指出，法官在判决Shulman一案时依据的多数意见参照了Melvin案与Briscoe案的判决，但这两个案件与Cox案一样，都是为了保护言论自由而使被告免于承担侵权责任。简而言之，Shulman一案的判决使得加利福尼亚州法院对于新闻价值抗辩的界定陷入一片混乱，不是因为法院在此案中做出了有利于被告的判决，而是因为法官们在审理判决此案时意见不一致，在适用先前判例法方面也十分混乱令人费解。在Shulman一案之后，加利福尼亚州的法院在审理相关案件时无法确定哪些内容具有新闻价值而哪些内容没有新闻价值，这严重地威胁到言论自由。因此，联邦最高法院再一次将注意力转向新闻价值的界定问题。

（二）联邦最高法院应公布界定新闻价值的标准

正如上文讨论的那样，在界定新闻价值的问题上，联邦最高法院应当停止适用逐案分析的模式，转而确立一种广泛的原则。联邦最高法院一旦建立起这样的原则，不仅可以在普通法上建立定义新闻价值的标准，还使得原告和被告在隐私侵权诉讼中都有充分的根据可以参考。然而，这一方法也遇到了诸多的困难和挑战，比如在实际的具体案例中如何平衡言论自由与保护他人隐私权之间的关系。笔者认为，可以考虑适用修改后的加利福尼亚州三分法，它包含了逻辑关系的方法和某些名誉侵权法的规则，完全符合上述标准。

1. 界定新闻价值的新标准

联邦最高法院该如何建立一个最低的且可以预见的标准来衡量新闻价值？笔者认为，法院可以建立一种平衡性的两分法，而且比起窥探他人隐私的程度，这一方法应当更注重所公开事实的社会价值。然而，与名誉侵权法中的要求相似，在两分法中确定新闻价值的举证责任依据原告身份的不同而发生改变。下文将就这一问题展开详尽论述。这一方法平衡了新闻价值和举证责任，不仅可以形成社会公众自由讨论公共事务的氛围，还可以激励媒体在报道与个人隐私有关的事件时进行自我审查，同时也符合《美国联邦宪法第一修正案》的要求。

（1）判断新闻价值的检验方法。

在公开他人私人事务的隐私侵权诉讼中，不管是由原告还是被告承担证明新闻价值的举证责任，确定所公开事实是否具有新闻价值的标准都应当是统一的。而且，这一标准应当易于理解并且具有足够的开放性，从而在被告应当承担侵权责任的个别案件中不至于过度妨碍言论自由。下文提议的方法通过权衡所公开信息的社会价值以及冒犯他人隐私的程度达成了这一目的。

第一,所公开的事实是否具有社会价值。确定新闻价值的第一步与 Shulman 一案之前的加利福尼亚州三分法相同,即判断所公开的事实是否具有社会价值。然而,如果不对其进行进一步的定义,社会价值就只是一个模糊的概念。为了避免这一概念的模糊性,在判断相关事实是否具有社会使用价值的时候,要看这些事实是否在实质上与公共利益相关联。因此可以说,确定新闻价值的第一个要素就是用逻辑关系的方法来判断所公开的事实是否具有社会价值。换句话说,只要所公开的事实在实质上与公共利益有关,那么就可以认定该事实具有社会价值。这一标准遵循了判例法的发展趋势,承认了逻辑关系方法的优势,同时也符合美国《美国侵权法复述(第二版)》的要求,在美国《美国侵权法复述(第二版)》中,公共利益不包含为了自身利益病态地刺探他人隐私的行为。然而,每个人的生活都或多或少都会涉及公共利益,如果单纯适用这一标准,会使得所有人的生活都暴露在公共视野之中。因此,为了有效维护他人隐私权,有必要同时适用另一个标准。

第二,为了获取信息刺探他人隐私的程度。确定新闻价值的第二步就是观察被告窥探他人隐私达到何种程度。尽管个人生活的某些部分可能具有新闻价值,但不代表个人生活的方方面面都具有新闻价值。因此,在判断相关事实是否具有新闻价值的时候,有必要在判断其是否具有社会价值的同时参考这一标准。

如果媒体为了获取相关信息严重侵犯他人隐私,那么,所公开事实的社会价值也随之降低。例如,Michaels 一案清楚地表明,讨论他人的性生活与公开他人性生活的录像存在显著区别。尽管在闲聊和录像中曝光好莱坞明星之间的性关系都是为了迎合社会公众的低级趣味,但人们普遍认为,公开录像远比说长道短更具冒犯性。我们可以由此得出结论:由于公开他人性行为的录像严重侵犯他人隐私,因此这些报道的新闻价值也大打折扣。如果所公开的事实具有高度冒犯性,那么,只有当其社会价值很高的时候才可能具有新闻价值。

同时适用上述两个标准既可以维护他人隐私权又可以保护具有新闻价值的抗辩。只有当所公开事实的侵扰性远远超过其社会使用价值的时候，相关事实才不具有新闻价值。这一标准可以保证所有不具侵扰性以及具有社会价值的信息得以广泛传播。

本文提出的新闻价值标准还可以明确区分公共利益和公共利益中的个人身份。过去的案例中低等法院大多对这一问题做出特别判决，但本文提出的新闻价值标准则通过权衡所公开信息的社会使用价值和刺探他人隐私的侵扰程度来解决这一问题。简单地说，被公开的事实越是具有侵扰性，越是与公共利益无关。

（2）应当由公众人物还是一般公民承担举证责任？

第一，原告是自愿的公众人物。比起不知名的普通百姓，大家普遍认可拥有一定地位或名望的人享有较少的隐私权。由于公众人物在社会中享有突出地位，因此《美国联邦宪法第一修正案》对那些针对他们做出的报道给予大力保护，相关媒体可以以新闻自由作为抗辩理由，从而免于承担侵权责任。正是由于认识到了这一点，在本文提出的检验标准之下，自愿的公众人物在公开他人私人事务的隐私侵权案件中，应当承担起证明所公开的事实不具有新闻价值的责任。

当原告是自愿的公众人物时，其适用的证明标准不仅与隐私权法律的相关规定并无出入，而且与联邦最高法院在名誉侵权诉讼中的态度相一致。[1] 社会应当鼓励人们积极主动地讨论公共事务，而这其中必然牵涉公众人物。本文提出的检验标准要求身为公众人物的原告承担举证责任，来证明相关事实不具有新闻价值，这也为媒体报道具有新闻价值的信息留下了必要的空间。此外，公开他人私密且具有新闻价值的信息仍具有一定风险，这些风险也由自愿的公众人物承担。

第二，原告是一般公民或非自愿的公众人物。大家普遍承认，并非所有人都受到媒体的同等关注。因此，在本文提出的新闻价值证明标准并不要求一般公民和非自愿的公众人物证明相关事实不具有新闻价值。但在此类案件中新闻价值可以作为一种完全的抗辩理由。换句话说，当隐私侵权诉讼中的原告是一般公民或非自愿的公众人物时，举证责任由被告承担。

一般公民之所以可以承担次要的举证责任，原因如下：一是能够引起社会公众广泛讨论的问题并不建立在那些不具有新闻价值的个人

---

[1] See New York Times Co. v. Sullivan, 376 U. S. 254, 279–280 (1964).

隐私之上；二是非自愿的公众人物并不希望媒体过分关注其私人生活；三是涉及一般公民的信息通常是不具有新闻价值的个人隐私；四是既然新闻价值可以作为一种完全的抗辩理由，那么，这种举证责任的倒置仍然可以保护那些具有新闻价值的报道。

在公开他人私人事务的隐私侵权诉讼中，上述举证责任的倒置还有一个优点，它可以促使媒体对所报道的信息是否具有新闻价值进行自我审查，这也是诸多批判隐私侵权制度的学者们所希望看到的。这一标准可以激励新闻媒体在公开报道相关信息之前，先判断这些涉及一般公民和非自愿公众人物的信息是否具有新闻价值。如果编辑们认为相关信息通过了上述新闻价值标准的检验，他们就会毫不犹豫地选择公开相关信息。相反，如果编辑们无法确定相关信息是否具有新闻价值，就会在公开报道前再进一步检验。

2. 本文提出的新闻价值判断标准具有合宪性

本文提出的新闻价值判断标准与之前联邦最高法院在隐私侵权诉讼中的态度相一致。例如，二者都承认，已经存在于公共记录中的事实不再属于个人隐私，正如法院在 Cox 一案判决中指出的那样，由于媒体公开的是官方档案中的信息，而这些信息原本就是供社会公众查阅的，因此媒体的行为不能认定为刺探他人隐私。此外，Florida Star 一案也表明，由公共机关提供给媒体的信息不属于个人隐私。

与名誉侵权诉讼相似的是，虽然身为一般公民的原告和身为公众人物的原告承担的举证责任有所不同，但都要符合《美国联邦宪法第一修正案》的规定。在 New York Times Co. v. Sullivan 一案①中，法院指出，在无法证明身为被告的媒体具有实际蓄意的情况下，身为原告的公共官员无法获得损害赔偿。随后，Curtis Publishing Co. v. Butts 一案②将实际蓄意标准的适用范围扩展至其他社会公众人物。与名誉侵权诉讼中要求原告举证证明被告存在实际蓄意类似，在公开他人私人事务的隐私侵权诉讼中要求自愿的公众人物证明相关事实不具有新闻价值。而在这两种情况下，当原告是自愿的公众人物时都很难做出有利于自己的证明。因此，在公开他人私人事务的隐私侵权诉讼

---

① 376 U. S. 254 (1964).
② 388 U. S. 130, 155 (1967)..

中，如果身为公众人物的原告可以证明相关事实不具有新闻价值，那么，被告就一定要承担隐私侵权责任，这与宪法规定的言论自由不存在任何冲突。

同样，在 Gertz v. Robert Welch, Inc. 一案[1]中，法院认为当名誉侵权案件的原告是一般公民时，应当明确被告应承担的责任标准，即如果被告不存在过失就无需承担侵权责任。其后，在 Dun & Bradstreet, Inc. v. Greenmoss Builders, Inc. 一案[2]中，联邦最高法院认为，当名誉侵权案件的原告和被告都是一般公民时，这一案件就与公共利益无关，原告无需为了获得损害赔偿证明被告存在过失。而在公开他人私人事务的隐私侵权诉讼中，同样也不要求身为一般公民的原告证明相关事实不具有新闻价值。因此在这两种诉讼中，当原告是一般公民时，很容易做出对自己有利的证明。此外，由于新闻价值可以作为完全的抗辩理由，因此当原告是一般公民或非自愿的公众人物时，举证责任的倒置充分符合《美国联邦宪法第一修正案》的要求。

六、结语

近期公开他人私人事务隐私侵权制度的复兴表明，不仅人们对于保护自己隐私权的需要与日俱增，法院也日益倾向于保护个人隐私权，严厉禁止媒体公开那些不具有新闻价值的个人信息。100年前，Warren 和 Brandeis 就曾预言，早晚有一天人们的私下谈话都会被毫无顾忌地公之于众。如今，这一预言果真得以实现，甚至人们只需要点一下鼠标，几秒钟之内，这些私人信息就可以在全世界范围内传播开来。毫无疑问，在这样的情况下，人们的隐私权受到了严重威胁。尽管普通法也曾试图作出规定，限制此类私人信息的公开，但由于宪法中言论自由同隐私权之间的冲突，普通法中的隐私侵权制度在适用时遇到了重重阻碍，反过来在某种程度上也有碍于言论自由。

联邦最高法院明确规定判断新闻价值的标准，可以排除被告在隐私侵权诉讼中所承担责任的不确定性，从而进一步维护原告的隐私权。文本提出的新闻价值判断标准综合衡量了相关事实的社会价值和

---

[1]　418 U. S. 323 (1974).
[2]　472 U. S. 749 (1985).

被告为获取相关事实刺探他人隐私的程度。此外，当案件中的原告为一般公民时，发生举证责任的倒置，即由被告承担举证责任，这样不仅可以阻止八卦小道消息的传播，还可以保证那些真正具有新闻价值的信息得以传播。

个人隐私和言论自由都是深深扎根于美国历史和传统中的价值观念。美国法律历来很重视个人隐私的保护，尽管《美国联邦宪法第一修正案》的影响十分广泛，但是公开他人私人事务的隐私侵权制度仍然得以蓬勃发展。本文提出的新闻价值判断标准建立在隐私权法律和名誉侵权法之上，可以在不妨碍言论自由的前提下保护个人隐私权。如果联邦最高法院采用这一标准，那么，不难想象，各个州的法院也会紧随其步伐，从而推动公开他人私人事务隐私侵权制度的进一步发展。

Florida Star 一案后公开他人私人事务隐私侵权的新发展

帕特里克·J. 马克诺提[①] 著　韩亚圻[②] 译

目　次

一、导论
二、公开他人私人事务的隐私侵权的构成要件
三、*Florida Star* 一案的判决
四、关于 *Florida Star* 一案的分析
五、公开他人私人事务隐私侵权的发展前景
六、结语

一、导论

在 20 世纪的大部分时间里，侵权法都给予公开他人私人事务以有效的救济，只要对于一个有理性的人而言，这些私人事务不具有新闻价值且具有高度的冒犯性。20 世纪初，在 Warren 和 Brandeis 那篇著名的文章《论隐私权》的推动下，[③] 隐私侵权在司法上获得了一席之地，并于 1939 年以书面形式列入到《美国侵权法复述（第一版）》之中。此后，《美国侵权法复述（第二版）》又进一步提炼出了隐私侵权的概念。如今，美国已经有 41 个州允许当事人在遭受公开他人私人事务的隐私侵权后提起损害赔偿诉讼。然而，如果公开的私人事务具有新闻价值或属于公共利益的范畴，原告就无法获得损害赔偿。

[①] 帕特里克·J. 马克诺提（Patrick J. McNulty），美国 Grefe & Sidney 公司律师。
[②] 韩亚圻，中山大学法学院助教。
[③] Samuel D. Warren & Louis D. Brandeis, The Right to Privacy, 4 HARV. L. REV. 193 (1890) (discussing common law evolution of right to privacy as combining elements of the law of property and contracts).

多年来法院一直致力于调和与平衡个人隐私权与公众知情权之间的矛盾，他们适用了许多平衡性的判定标准，这些标准均规定，当公开的私人事实涉及公共利益时，公众对其享有知情权，除了这一特定情况之外，若是被告不适当地公开他人具有高度冒犯性的事实，原告有权提起隐私侵权诉讼。此种标准一般包括以下内容：原告自愿进入公众关注与讨论范围的程度、所公开事实的社会价值、侵扰他人私生活的程度、原告对于隐私权的合理期待、相关信息已经为公众所知悉的程度、确认原告身份的必要性、私人事实与公开目的的关联性、事件发生与公开相距的时间以及被告的公开行为是否具有高度的冒犯性，是否与社会道德观念相悖。

  行为人很可能因为害怕承担侵权责任以及随之而来的高昂成本而不敢公开相关信息。从宪法的角度而言，这一行为应受到抑制，因为言论自由和新闻自由很可能因此受到威胁，人们无法获取所需的信息来处理个人事务，从而公众的知情权也会受到损害。大部分法院为此适用了多种平衡性的判断标准，概括性地解释了新闻价值的概念，而不愿根据被告的主观判断进行猜测。由此，行为人不会再因为害怕承担侵权责任而不敢公开相关信息，媒体的自我审查也会得以减少。因此，往往在被告提出决定性的辩护意见之前，公开他人私人事务的隐私侵权诉讼就会被驳回。然而在《美国侵权法复述（第二版）》于1977年采用了一系列确定新闻价值的判定方法之后，公开他人私人事务的隐私侵权再一次进入人们的视野。根据《美国侵权法复述（第二版）》的规定，如果行为人只是纯粹病态地刺探他人隐私，这无疑违反了社会道德准则，那么公开这类事实是得不到任何保护的。

  美国联邦最高法院在 *Florida Star v. B. J. F.* 一案[①]中对公开他人私人事务的隐私侵权提出了质疑。他们站在《美国联邦宪法第一修正案》的角度，强调了媒体容易出于害怕承担侵权责任与自我审查而放弃公开相关信息，这会抑制新闻自由，为此联邦最高法院公布了一项评判政府管理计划合法性的检验标准。联邦最高法院在判决中指出，如果媒体公开的是其合法取得的真实信息，那么，只有当其涉及最高层次的国家利益时才能对行为人施加惩罚。这一判决在两个方

---

① Fla. Star v. B. J. F., 491 U. S. 524, 533 (1989).

面具有重要意义：一是尽管行为人公开的事实是否属于公共利益的范畴十分重要，但行为人获取相关信息的方式才是如今隐私侵权的判定基础；二是现今原告必须承担起律师的角色，依据案件事实提起隐私侵权诉讼以获取相应的损害赔偿，从而免于遭受被告公开的具有高度冒犯性的信息带来的危害。

然而，*Florida Star* 一案的判决是错误的。依据上述检验标准，隐私侵权诉讼在判断个人隐私权是否被他人非法公开时并不是一种合适的宪法性手段。此外，关注于他人如何取得相关信息而非他人公开了什么信息，不必要地提高了自我审查的自由度，使其凌驾于隐私权之上。其他能够证明上述标准并不恰当的证据十分具有讽刺意味，即新闻价值这一绝对性的抗辩理由被联邦最高法院降级至资格性的判定标准，当损害赔偿诉讼作为维护他人隐私权方面最不具侵扰性的方法时，具有新闻价值的抗辩就会被废止。

然而，那些主张公开他人私人事务隐私侵权已经消亡的看法过于夸张，因为 *Florida Star* 一案判决的适用范围是有限的：只有当被告公开的私人事实属于那些已经被政府公之于众的信息时，才能适用这一判例。不能通过任何形式的宪法上的逻辑与推理将这一适用范围扩大至所有具有冒犯性且无新闻价值的私人事实。在 Bartnicki v. Vopper 一案①的判决中，法院并没有选择适用上述检验标准。相反地，法院和从前一样，只在判决中探讨了所公开的事实是否属于公共利益的范畴。本文认为，在判断那些非法取得或是在非政府的组织或个人那里获得的个人信息是否具有可诉性时，不应当依据 *Florida Star* 一案的判决，而应当参照《美国侵权法复述（第二版）》第 652D 条的规定。② 这一标准明确规定了被告可能承担的潜在侵权责任，这足以避免媒体在发布当天新闻时可能遭受的审查。这一警示在新闻道德的界定上也十分明确，当被告公开私人事实只纯粹为了刺探他人隐私时，需要为此承担侵权责任。若与狭义的具有可诉性的私人事实以及独立的上诉审查联系在一起，这一标准可有效减少媒体出于胆怯不敢报道相关信息以及自我审查的负面影响。本文提出，*Florida Star* 一

---

① Bartnicki v. Vopper, 121 S. Ct. 1753 (2001).
② Restatement (Second) Of Torts § 652D cmt. h (1977).

案中的检验标准并不适用于那些被告不是媒体的案件,当被告没有将相关信息透露给大多数人的时候,适用那些类似于名誉侵权法中的免责特权可以更好地平衡公众的知情权与个人的隐私权。

本文分为四个部分。第一部分阐述了公开他人私人事务隐私侵权制度在普通法上的一般原则,以及1989年之前这一制度在宪法方面的发展;第二部分讨论了 Florida Star 一案的判决及其相关的评议、分析;本文最后一个部分提出了一种在 Florida Star 一案后使隐私权与言论自由得以共存的原则。

二、公开他人私人事务的隐私侵权的构成要件

在 Florida Star 一案出现之前,公开他人私人事务隐私侵权的界定和构成要素已经十分明确。大部分法院的判决都采用了《美国侵权法复述(第二版)》中的方法,认为当行为人公开他人隐私的行为对于一个有理性的人而言具有高度的冒犯性,且公开的他人隐私不属于公共利益时,行为人就要为此承担隐私侵权责任。尽管许多法院在审理案件时习惯于分别审查公开他人私人事务隐私侵权诉讼的四个要素——行为人是否公开了相关事实、公开的是否是私人事实、所公开事实是否具有高度冒犯性以及所公开的事实是否具有新闻价值,但要想更好地理解这一侵权制度,需要将上述第二个要素与第三个要素合并在一起解释。

(一) 被告的公开行为

法院依据行为人所公开信息的范围对这一要素进行划分。大部分法院都遵循《美国侵权法复述(第二版)》的要求,认为当行为人公开相关信息是针对一般大众或是针对足够多的人以至于达到众所周知的程度时,就可以认定被告的行为属于公开他人私人事务。在名誉侵权案件中,只要行为人公开发表错误且具有名誉毁损性质的陈述就足以构成名誉侵权,而隐私侵权与之不同,《美国侵权法复述(第二版)》中规定,只有当行为人公开的他人隐私为绝大部分人所知悉时才需要承担侵权责任,如果行为人只是对个别人或是少部分人透露他人隐私,就不符合《美国侵权法复述(第二版)》对于公开行为的界定。很明显,任何一家大型媒体公开他人私人信息都符合《侵权法

复述（第二版）》的标准，属于公开行为。相反，对于非媒体被告而言，除非他们对足够多的人披露相关信息，否则，不构成公开行为。至于到底多少人算是足够多，这一问题无法明确界定，但《美国侵权法复述（第二版）》的起草者引用了两个普通法上的案例对此进行具体化的阐释。在第一个案例中，被告画了 1000 幅十分逼真的原告肖像，并将其寄给 1000 个人。而在第二个案例中，被告是一位债权人，他在自己家的零售店窗口贴了张告示，内容是告诉大家原告欠他钱。这些案例进一步解释了《美国侵权法复述（第二版）》中规定的公开行为，即只有当被告公开的信息为公众所知时才构成公开行为。

然而，少部分法院拒绝采用《美国侵权法复述（第二版）》的方法，他们认为，当有证据证明原告与其公开信息针对的公众具有特殊关系时即符合公开性的要求。在这些法院看来，公众也包括一些小群体，比如公司雇员、俱乐部会员、教会信徒、家庭和邻居。[1] 之所以这样规定，是因为对于原告而言，被告对特定的一些人公开其隐私可能比被告对一般公众公开其隐私更具破坏性。因此，雇主公开其雇员做过乳房切除手术、向丈夫公开其妻子在婚前收到的求爱信以及寄给美国后备人才中心他人的负面工作表现这些行为都属于公开行为。[2] 尽管这些法院声称他们只是灵活地运用了《美国侵权法复述（第二版）》的方法，但实际上，他们已经完全忽略了《美国侵权法复述（第二版）》的要求，这些法院并不关注被告公开行为的范围或程度，而是注重被告的公开行为是否必要、是否合理。由于在这类案件中被告的行为通常是具有破坏性的，因此法院通常支持原告的损害赔偿请求。这就导致公开行为这一要素与一个更重要的问题，也就是被告的公开行为是否具有高度的冒犯性这一问题结合在一起。笔者将在下一部分对此进行详尽讨论。

（二）被告公开他人隐私是否具有高度冒犯性

只有当被告公开的私人事实对于一个有理性的人而言具有高度的冒犯性时，相关案件才具有可诉性。在描述这些要素的界限时，法院

---

[1] Beaumont v. Brown, 257 N. W. 2d at 531.
[2] Miller v. Motorola, Inc., 560 N. E. 2d at 903.

广泛采用一种十分明确的方法。私人事实一般指那些尚未进入公众视野的信息。例如，如果被告公开的是公共记录中的内容，如原告的生日、婚姻状况、服役记录或是诉讼记录等，这些信息不构成私人事实，此类案件也不具有可诉性。这一标准不仅仅局限于传统的公共记录。如果一位热心市民写信给政府官员提出医疗机构滥用职权的问题，[1] 依据相关制定法这也属于公共记录的范畴。信中还披露，原告与其他两位妇女在不知情也不情愿的情况下在此医疗机构中实施了绝育手术。大多数法院认为，这些涉及个人隐私的信件不可能与其他文件一样，归档后就被大家遗忘，一旦政府官员收到了这封信，它就不再属于个人，而是公共记录的一部分。但法院的这一推理忽略了一个重要事实，那就是被告可以将这些私人信息在更广泛的范围内进行传播。

联邦最高法院在 Cox Broadcasting Corp. v. Cohn 一案[2]中认为这一公共记录的例外情形具有合宪性。本案的受害者在一宗奸杀案中被残忍地杀害，其后电视台在报道这一案件时公开了该名受害者的身份。因此，该名受害者的父亲依据佐治亚州的法律起诉这家电视台侵犯了其隐私权，要求电视台承担隐私侵权责任。被告是从法院的公开判决书中获悉受害人的名字。法院认为，既然被告是从官方记录中获知受害者的名字并予以公开，而这些官方记录又与刑事检控联系在一起，并始终置于公众监督之下，那么就不应当对被告的行为施加惩罚。这是因为，司法程序是政府运作的必要组成部分，而媒体有责任充分准确地报道相关信息以确保公民的知情权。[3] 当有关部门将强奸案受害者的身份记载在法院官方记录中的时候，就可以认定其属于公共利益的范畴。为了避免媒体进行自我审查或是因为害怕不敢公开报道相关信息，法院将公共记录中的私人事实视为个人隐私。Cox 一案的判决中明确写道："供公众查阅的公共记录不能作为提起公开他人私人事务隐私侵权诉讼的基础，无论相关信息是否容易获取或是否已

---

[1] Howard v. Des Moines Register & Tribune Co., 283 N. W. 2d 289, 300 (Iowa 1979) (plurality opinion).
[2] Cox Broad. Corp. v. Cohn, 420 U. S. 469 (1975).
[3] Cox Broad. Corp. v. Cohn, 420 U. S. at 493.

经公开。"从被告的角度而言，这一规则提高了审判结果的可预见性以及合理期待的确定性。[①] 媒体不会再因为公开公共记录中的信息而受到惩罚。Cox 一案之所以形成这样的判决结果，是因为受到以下两个相互关联的因素驱使：一是扩大媒体报道的空间，而是竭力避免媒体进行自我审查。正如下文即将讨论的那样，正是这两个因素指导着 Florida Star 一案将隐私侵权法律引向新的方向。

与公开公共记录中的信息相似，如果原告有意将相关私人事实暴露于公众视野之中，就不再属于隐私权的保护范围。例如，报纸公开一对夫妻在路边咖啡店亲吻的照片不涉及侵犯他人隐私权，同样的，拍摄路上行人的影片中出现一位裤子上有裂缝的男人也不侵犯他人隐私。总之被告如果仅仅是进一步公开已经为公众所知的信息就无需为此承担侵权责任。

被告公开公共记录和公共事务并不是原告获得损害赔偿的唯一限制条件，只有当被告公开的私人事实极为私密或是极具个人特质时才具有可诉性。从某种程度上来说，隐私的概念是构成私人事实的另一个明确的限制条件。但事实上远不止于此，在隐私侵权中，所公开事实是否具有高度冒犯性也具有重要意义，只有严重侵犯他人隐私的行为才会导致原告获得损害赔偿的救济。的确，由于公开具有高度冒犯性的事实会给他人带来精神上的痛苦和困扰，因此侵权法明确规定对于这样的情形应予以赔偿。相反地，法律并不支持那些过分敏感的侵权诉讼。作为社会生活中的人，除非是隐士，否则都要期待并容忍一些一般性的事件，比如外出归家、林中露营或是与朋友聚会，这些事件都不应当成为隐私权的保护对象。

尽管隐私在很大程度上就意味着私密的个人事务，但实际上隐私权并非仅仅关注具有高度冒犯性的私人事实的内容与主题，它更加关注侵权法应当保护哪些私人事实。对于这一问题，法院应当依据社会风俗与社会道德准则做出正式判决。在 *Vassiliades v. Garfinckel's, Brooks Bros.* 一案[②]中，初审法院的法官们认为，从法律上而言，百

[①] Cf. Gertz v. Robert Welch, Inc. , 418 U. S. 323, 343 – 344 (1974) (noting such results and expectations are achieved in defamation by the general application of a fault standard).

[②] Vassiliades v. Garfinckel's, Brooks Bros. , 492 A. 2d 580 (D. C. 1985).

货公司在促销和电视节目中使用原告整容前和整容后的照片并不具有冒犯性，因为被告所公开的照片并不会贬损或败坏原告的名声。上诉法院则推翻了这一判决，他们认为，照片内容是否具有冒犯性并不是问题的关键，重要的是将原告接受整容手术的事实公之于众是否会令原告感觉受到伤害。上诉法院的判决强调了一个在公开他人私人事务隐私侵权诉讼中经常被忽略的重要区别：法官不应当关注于被告公开的内容对于一个有理性的人而言是否具有高度的冒犯性，而应当参照社会风俗与道德标准，考察被告公开他人隐私这一行为是否会令一个有理性的人受到伤害。目前除了对私人医疗信息进行保护之外，法院也依据社会道德的要求对公开他人性生活以及与之相关的私人事实、私人照片、个人信件和经济状况给予隐私权保护。

然而，并不是所有具有高度冒犯性的私人事实都可以得到保护。事实上，大部分的个人隐私还是应该得到合理保护的，但当被告是新闻媒体时，就要考虑被告公开的私人事实是否具有新闻价值以及是否涉及公共利益。尽管与冒犯性的要求有所重叠，但新闻价值历来被视为一个独立的要素并衍生出大量与之有关的判例。

（三）公共利益

自从 Warren 与 Brandeis 在《论隐私权》中首次提及新闻价值与公共利益的概念之后，为了保障公民对于公共事务的知情权，各个法院均将其作为限制个人隐私权的重要手段。至于媒体报道的哪些内容涉及公共利益，这在很大程度上取决于社会的道德标准。一些尽管有些悲剧性质却能够成功吸引公众注意力的事件，如犯罪、逮捕、警方的突击行动、自杀、结婚与离婚、突发事故、火灾、自然灾害、罕见疾病和其他类似事件都应当得以公开报道。但公共利益的保护范围并不仅限于引起公众兴趣的事件，还包括一些本来属于个人或家庭纯粹隐私的事件。比如 Oliver Sipple 的性取向问题。Oliver Sipple 曾经于 1975 年在旧金山挫败了刺杀福特总统的阴谋，其后媒体对于他的性取向问题做出了报道和评论，这就属于公共利益的范畴，社会公众对其享有知情权。①

　　社会公众对于相关事务的知情权几乎是包罗万象的。其对象既包括那些自愿吸引他人注意力的公众人物，也包括那些不由自主置于公众视野之中的人，如犯罪受害人、重要新闻的主角以及娱乐新闻的主角。媒体有权报道上述信息以满足社会公众对于领导者、英雄、反面人物以及受害者的好奇心。联邦上诉法院第三巡回法庭在40多年前曾发表过一份声明，这份声明在今天看来也十分具有借鉴意义："如今，绝大多数出现在报纸和新闻杂志上的消息并不是为了传达某些重要的价值观。因为一些读者只会被震撼性的新闻吸引，还有一些读者只对与性有关的话题感兴趣，其他人则只关注那些前后矛盾或具有讽刺意味的新闻。如果报纸或新闻杂志不肯大篇幅地报道那些娱乐大众的新闻，就很难在市场上继续生存下去。尽管这对于民众文化素质的提高而言不是什么好事情，但却是社会生活的现实写照。法院在形成新的法律概念时也应当把这一现实问题考虑在内。简而言之，一旦一则消息被确认为是新闻，那么无论这则新闻是为了传播信息还是娱乐大众，法院都无需再为这则新闻的性质作出区分以决定公开该则新闻的媒体是否享有免责特权。"②

　　法院之所以遵从媒体的意愿，是因为害怕媒体为避免承担侵权责任而进行自我审查，而媒体的自我审查必然会引发有关宪法上言论自由与新闻自由的争论。正因为此，法院既不愿一味盲目地支持身为媒体的被告，也不愿造成新闻界自我审查人人自危的局面。因此，公开他人私人事务隐私侵权诉讼中的原告就会发现，要想获得损害赔偿简直难如登天。

　　尽管大部分法院倾向于尊重媒体自由发布新闻的权利，但也有一些法院指出，如果媒体公开的消息过于震撼以至于超越了社会道德的底线，那么此时媒体需要为此承担侵权责任。正如第二巡回上诉法院在1940年指出的那样："站在受害者的角度，被公开的信息很可能过于私密或是具有相当的冒犯性，甚至触犯社会的道德底线。"1977

---

① See Sipple v. Chronicle Publ'g. Co., 201 Cal. Rptr. 665, 670 (Ct. App. 1984) (discussing newspaper articles commenting on plaintiff's sexual orientation).
② Jenkins v. Dell Publ'g Co., 251 F. 2d 447, 451 (3d Cir. 1958) (footnotes omitted).

年，美国《美国侵权法复述（第二版）》明确采用了限制新闻发布的道德准则。在承认公共利益归根结底属于社会道德问题的基础上，《美国侵权法复述（第二版）》的起草者认为，当媒体公开的事实不再属于社会公众知情权范围内的信息，而只是纯粹病态地刺探他人私生活，且相当一部分公众对相关事实并不关心时，可以认定媒体的公开不具有新闻价值，应当为此承担侵权责任。

本文的开头曾提到的一些因素与道德准则的适用密切相关。如身份是否是相关报道的必要内容？媒体公开原告的私人事实是否与报道的主题内容存在充分的逻辑关系？再如，某个事件的主角因为该事件成了公众人物，但在这之后该名公众人物一直过着隐秘且平凡的生活，淡出了人们的视野，那么在相当一段时间过后，媒体是否还可以就当初的事件作出报道？在适用限制新闻报道的道德准则时，即便参考这些因素也只能使少部分原告在隐私侵权案件中获得胜诉。1989年联邦最高法院关于 Florida Star 一案的判决使得公开他人私人事务隐私侵权的宪法分析愈加混乱不堪。

三、Florida Star 一案的判决

（一） Florida Star 一案的案情

在 1983 年的佛罗里达州，公开性侵犯案件受害者的名字是违法的。同样，位于杰克逊维尔市的一家周刊——Florida Star 的内部政策也不允许刊登性侵犯受害者的身份。然而，在 1983 年 10 月 29 日的版面上赫然出现了一起强奸与抢劫案受害者的全名。这位全名缩写为 B. J. F 的受害者在受到侵犯后即向当地警察局报案。警察局为此准备了一分事故报告并将其放在了阅览室供社会公众查阅。Florida Star 的实习记者遂逐字抄下了该报告的内容。根据这份报告，该周刊的另一位记者撰写了一篇短文以报道此次的犯罪行为，其中就包含了受害人的全名。

B. J. F 从她的朋友和同事那里听说了这篇报道，其后她的母亲接到一名陌生男子的电话，而该名男子声称自己正是强奸 B. J. F 的人，至此受害人感情上受到的痛苦不断加深，不得不寻求警方的保护。此外，受害人还改变了电话号码和住址，并寻求心理健康咨询。

在 *Florida Star* 公开报道该案件之后一年，B．J．F 以其过失违反佛罗里达州制定法为由将其告上法庭。初审法院做出了对原告有利的判决，要求被告承担侵权责任，并给予被告 75000 美元的补偿性损害赔偿金和 25000 美元的惩罚性损害赔偿金。陪审团之所以判决被告在补偿性损害赔偿金之外还要支付惩罚性损害赔偿金，是基于认定 *Florida Star* 的行为完全出于鲁莽，不顾其他人的正当权益。

（二）美国联邦最高法院所做出的判决

然而，该判决在本案上诉到联邦最高法院时以六比三的票数被推翻。① 联邦最高法院在公开他人私人事务隐私侵权方面采取了全新的宪法原则。该原则规定，媒体公开的如果是那些依靠合法途径获取的且与重大公共利益有关的真实信息，就不应当为此受到惩罚。由于警察局将 B．J．F 强奸案的报告放在了公共阅览室中供人查阅，因此可以说 *Florida Star* 是以合法的途径获取了 B．J．F 强奸案的相关信息，且该案本身具有新闻价值，所以联邦最高法院判定 B．J．F 的赔偿要求与最高层次的国家利益无关。法院对于该案的判决意见具有重要意义，因为其中探讨了这样一个问题：是否可以将公开他人私人事务隐私侵权诉讼作为惩罚真实言论的武器。尽管为了维护隐私权，法院并没有排除媒体承担金钱赔偿责任的可能性，但依据最高法院在 *Florida Star* 一案中的分析推理，原告获得赔偿的可能性微乎其微。与名誉侵权诉讼一样，隐私侵权诉讼之所以无法得到应有的重视，是因为法院害怕媒体为了避免承担侵权责任而进行自我审查或是出于胆怯不敢报道相关信息。尽管法院在名誉侵权案件中已经建立了过错责任标准，降低了媒体出于胆怯而进行自我审查的可能性。但在隐私侵权案件中并不存在类似的中间地带。在名誉侵权案件中，只有当被告公开的是错误言论时，原告才能提起诉讼，与之不同的是，在隐私侵权案件中，真相本身就具有可诉性。

联邦最高法院对于隐私侵权的重视程度不断降低。

首先，法院在判决中明确指出，所公开的信息是否具有公共价值

---

① Fla. Star v. B．J．F．, 491 U．S．at 524, rev'g Fla. Star v. B．J．F．, 499 So. 2d 883 (Fla. Dist. Ct. App. 1986).

取决于该信息的主要内容，而非原告的身份。由于 B. J. F 将自己遭受侵犯的情况报告给当局，当地警察局随即展开对该暴力犯罪的取证调查，因此可以说该案具有最高层次的公共价值。联邦最高法院还指出，无论 Florida Star 是否确认 B. J. F 的身份都不影响报道的公共利益属性。

其次，联邦最高法院指出，如果媒体以合法途径从政府部门处获得相关信息，就不应为公开该信息承担隐私侵权责任。政府部门将 B. J. F 的身份公之于众的错误不应被强行转嫁到媒体身上。一旦政府将高度敏感的信息公之于众，媒体报道该信息就可以免于承担侵权责任。即便在一般情况下传播此类信息会违反法律，媒体也无需为此承担责任。否则，就会导致媒体进行自我审查。

再次，联邦最高法院认为，适用佛罗里达州制定法会违反宪法。因为该制定法在绝对禁止公开受害者身份的同时并没有考虑到这样一种可能性：即受害人的姓名很可能已经为公众所知，或是相关信息已经得到社会公众的广泛关注。即便在 B. J. F 一案中并不存在此种可能性，但法院仍然坚持自己的这一判断。联邦最高法院还规定，在隐私侵权诉讼中，被告必须举证证明被告存在主观方面的故意或过失。这充分体现了联邦最高法院对于隐私侵权制度的抗拒和反感。比起在名誉侵权案件中具有名誉毁损性质的言论所能获得的最低程度的宪法保护，在佛罗里达州制定法之下，真实言论所能获得的保护甚至更加微不足道。当然，上述两种侵权制度存在明显的不同之处，法院也没有必要对此做出区分。在名誉侵权案件中，原告需要运用客观的证明标准来验证被告的言论是否真实；但在公开他人私人事务的隐私侵权诉讼中，根本无需证明被告的言论是否真实。

最后，联邦最高法院指出，佛罗里达州制定法并不全面，它只惩罚那些在大众传播媒体上公开他人私人事务的行为，但《美国宪法第一修正案》要求在监管真实言论时要做到公平公正。小范围地传播八卦消息与在公共媒体上传播谣言可能具有相同的影响力。这是因为，比起在公共范围内暴露他人的名字，在朋友圈和熟人圈公开他人的身份往往更具有破坏性。如果一个州需要为了维护国家最高利益而制定相关法律以限制某些言论，那么，这一制定法必须要做到内容全面。而佛罗里达州制定法只针对媒体的行为进行规范，根本无法达到其保护性侵犯受害者身份的目的。

（三）White 法官对联邦最高法院判决所持有的反对意见

White 法官对此持有异议。他强烈质疑当政府错误地公开了敏感且应受到保护的信息时，宪法上是否应当允许免除媒体公开该信息所应承担的侵权责任。尽管 White 法官也不愿看到媒体为此进行自我审查，但他同时也指出，这与 Florida Star 一案的事实无关。因为 Florida Star 熟知佛罗里达州的制定法，公共阅览室中的 B. J. F 强奸案事故报告也明确地提醒社会公众不要将受害人的名字公之于众，因为受害者的名字与公共利益无关。此外，Florida Star 的记者也承认自己清楚地知道记下受害者的名字是违法的，同时还知道不应将受害人的隐私信息带出警局。White 法官指出，在这样的情形之下，无法得出 Florida Star 公开 B. J. F 的姓名是合法行为的结论。而且，由于周刊内部政策也严禁此类的公开，因此 Florida Star 无论是从法律技术的角度而言还是社会道德的角度而言，都不应公开 B. J. F 的姓名。

White 法官还指出，其实佛罗里达州制定法有其存在的合理性，因为大部分公开受害人身份的行为的确不道德而且具有高度的冒犯性，但本案判决中的多数意见并不承认这一点。在 White 法官看来，公众是否已经知晓受害人的身份与公开行为本身是否具有冒犯性无关，而与相应的损害赔偿有关。这一因素或许可以减轻被告承担的损害赔偿责任，但无论如何不应成为推翻原审判决的依据。此外，尽管本案的多数意见批评佛罗里达州制定法缺少对被告主观故意方面的要求，但当陪审团判定 Florida Star 出于鲁莽对于他人隐私权漠不关心时，这一批评便显得微不足道了。最后，White 法官认为，佛罗里达州制定法虽不全面，但并不违宪，因为佛罗里达州另一法律渊源——普通法上的公开他人私人事务隐私侵权——规定非媒体被告在侵犯了他人隐私权后，要与身为媒体的被告承担同样的金钱赔偿责任。

除了杀人罪之外，强奸可以看做对个人最为严重的暴力侵害。因此，White 法官认定媒体应为 B. J. F 的悲惨处境负责。尽管其对于本案判决会导致隐私侵权制度形同虚设的预言言犹在耳，但在审视 Florida Star 一案的结果之后，我们可以发现，隐私侵权制度实际上仍有喘息的余地。甚至当害怕承担侵权责任和自我审查可以看做媒体的一种宪法构想时，原告可以获得更加有效的救济。

四、关于 Florida Star 一案的分析

Florida Star 一案传达的信息十分明确：法院正不惜一切代价，竭尽全力避免媒体陷入自我审查或是出于胆怯不敢报道相关信息的境地。为了践行这一基本原则，联邦最高法院抛弃了以新闻内容为依据的传统检验方法，转而审视媒体获取新闻的方式。这一转变对于公开他人私人事务的隐私侵权制度有着巨大影响。我们甚至可以认为，公开他人私人事务隐私侵权制度已经消亡。至少当私人信息被公之于众时，隐私侵权诉讼不再能起到应有的作用。无论这些个人隐私多么使人蒙羞、对于他人的名誉和尊严多么具有杀伤力和破坏性，媒体都可以毫无顾忌地公布这些信息。而且，公开的私人信息对于一个有理性的人而言是否具有高度冒犯性、其内容是否具有补偿性社会价值均与宪法无关。从公共领域获得的真实信息不能受到惩罚这一理念一直处于宪法结构层次的顶端。

有限原则要求，法院的判决范围不应超过案件要求的范围。虽然联邦最高法院声称其判决建立在该原则之上，但显然 Florida Star 一案的判决属于司法矫枉过正。联邦最高法院不顾近一个世纪以来隐私侵权的司法判例，在本案中适用了侵权法上的严格责任制度，对公开真实言论的行为进行处罚。只有当原告可以证明公开他人私人事务隐私侵权诉讼是维护国家相关利益最为温和的方式时，法院才会允许媒体在公开相关信息时免于承担侵权责任。而这些并不能表明法院适用了有限原则，只能表明公开他人私人事务隐私侵权的核心内容正在被不断剥离。可以说，联邦最高法院在 Florida Star 一案中做出的判决既不适当也不符合联邦宪法第一修正案的要求。

（一）过失与冒犯性

在探讨联邦最高法院在 Florida Star 一案的判决中进行了哪些宪法层面的考量之前，我们首先需要了解为什么联邦最高法院要采取一个如此具有革命性的方法，而不是仅仅建立过错责任的标准或是依据具体情况要求被告的行为具有冒犯性。法院建议将上述两种方法作为

弥补宪法弱点的手段，却没有意识到其实上述任何一种方法都可以平衡隐私权和言论自由的冲突。

过错是法院判决名誉侵权案件的基本依据。在 1964 年的 New York Times Co. v. Sullivan[①] 和其后的 Gertz v. Robert Welch, Inc.[②] 这两个具有里程碑意义的判例之后十年，法院始终如一地坚持《美国联邦宪法第一修正案》的标准，在涉及公共利益时要求原告举证证明被告存在主观过错。尤其当原告是公共官员、竞选公职的候选人或公众人物时，他们必须证明被告是在明知其行为具有名誉毁损性质的前提下出于鲁莽而侵犯他人名誉权。而当原告是普通百姓时，从宪法的角度而言，在涉及公共利益时他们至少要证明被告并无任何合理依据相信那些具有名誉毁损性质的陈述是真实的。如果原告无法证明被告存在主观上的过错，那么，宪法就会选择保护这些即便是错误的言论。联邦最高法院指出，在探讨有关公共利益的问题时，为了给行为人提供充足的空间，需要容忍一些错误和谎言的存在。佛罗里达州隐私权制定法没有建立过错责任标准，因此遭到了联邦最高法院的抵制。在该案件的附带意见中，联邦最高法院的法官们声称，如果不建立过错责任标准就会造成这样一种反常的结果：比起散布关于公众人物的谣言，公开那些涉及公众人物的真实信息反而在宪法上会得到更少的保护。但法院认为，在涉及公众人物和公共事件时，公开真实言论无论如何都不应比毁损他人名誉在宪法上得到更少的保护。但是，联邦最高法院为什么不在处理 Florida Star 一案的上诉时干脆建立过错责任标准，从而将真实言论与错误言论置于平等的基础之上？最言简意赅的答案就是，联邦最高法院从来就没有想过适用过错责任标准。名誉侵权诉讼中的过错责任标准是为了在被告无法确定其陈述是否具有名誉毁损性质以及无法适用免责特权时，减轻其可能需要承担的基于普通法上的严格责任而导致的侵权责任。在 New York Times 一案之前，原告并不需要证明被告存在主观过错，而在 New York Times 案与 Gertz 案之后，过错责任标准逐渐取代了严格责任标准。法院要求原告证明被告公开做出的陈述具有名誉毁损性质，其行为应当受到

---

① N. Y. Times Co. v. Sullivan, 376 U. S. 254 (1964).
② Gertz v. Robert Welch, Inc., 418 U. S. 323 (1974).

谴责，从而利用传统的侵权法原则对被告在可预见的风险中应当承担的责任进行评估。在这一过错体制下，被告只要做好充分的准备和调查，完全可以避免承担名誉侵权责任。过错责任标准作为一个统一的原则，既可以提高判决结果的可预见性，同时也减轻了媒体对于自我审查的恐惧感。

然而，过错责任标准无法减轻公开他人私人事务隐私侵权诉讼的不利后果，这是因为隐私侵权诉讼的控诉要旨不是被告所公开信息的真实性，而是被告的行为是否具有冒犯性。一般而言，在隐私侵权诉讼中被告很清楚其公开的信息是真实的；因此，去探究被告的主观态度根本毫无意义。判断被告行为是否具有冒犯性要看其是否只是纯粹病态地刺探他人隐私，如果可以确定被告的行为具有冒犯性，就必须要求其承担侵权责任。冒犯性的标准将被告的故意行为看做极为过分的举动。被告的行为无法仅仅以合理或不合理来评价和判断，其行为要么是正当的要么是错误的。在这一标准中适用过错责任的概念就相当于将两种并不和谐的概念硬生生地并列在一起。

此外，冒犯性的标准与过错责任标准不同，它并不具有客观性。在公开他人私人事务的隐私侵权诉讼中，调查者不再依据客观的检验标准审查被告的行为是否存在过错，而是依据社会道德标准检验被告的行为是否恰当。归根结底，被告的行为是否属于病态地刺探他人隐私是一种价值判断，而普遍的道德标准对这一价值判断具有指导意义。一旦法官或陪审团发现被告未经授权的公开行为跨越了社会道德的底线，那么无论其做出多么充分的调查和准备都无法免于承担侵权责任。尽管佛罗里达州制定法是因为缺少过错责任标准而受到置疑，但法院也含蓄地指出，建立在冒犯性之上的过错责任标准不能作为平衡隐私权与言论自由的统一原则。

联邦最高法院并不愿公布有关冒犯性的宪法规则。《美国侵权法复述（第二版）》的起草者显然也抱持着同样的态度，因此，他们选择采用病态刺探他人隐私的道德标准。隐私侵权的冒犯性因素与新闻价值的概念有所交叉，也产生了宪法与隐私侵权固有的冲突。*Florida Star* 一案可以看做联邦最高法院依据道德标准解决这一宪法难题的一个机会。法院在本案中认定，原告经历了对个人而言最为严重的暴力侵犯，而且始终坚持自己所遭受的性侵犯具有隐私性。作为被告的

Florida Star 公开原告姓名不仅违反了佛罗里达州的制定法，而且完全忽视了周刊的内部政策。鉴于国家在保护个人隐私权方面具有重要地位，B. J. F 的身份究竟涉及何种公共利益？联邦最高法院通过寻找法律依据回避了这一问题，因为联邦最高法院的法官们发现，佛罗里达州法院在解释其制定法时犯了严重的错误，他们认为不论具体情况如何，只要被告违反了制定法，就应自动承担侵权责任。在联邦最高法院看来，侵权责任理论本身不要求对冒犯性进行逐案分析，即便受害人的身份早已公开，被告也可能需要承担侵权责任。但这一考量并不适用于 B. J. F。首先，无论如何 B. J. F 都不是出自自愿而使自己暴露在公众视野当中；其次，她也从未声明或以行动表明放弃自己获得救济的权利；同时，她也没有伪造或虚构相关事实。但凡一个有理性的人就能发现，被告的公开行为具有高度冒犯性且完全不顾后果。我们不禁要问，为什么联邦最高法院不能简单地规定，如果强奸案受害人的身份在媒体公开以前早已为公众所知，那么，原告就不能再就媒体的公开行为提起诉讼？如果联邦最高法院当真认为对冒犯性因素进行逐案判定确有必要，那么，它为什么不在这之前就对判定的事实进行讨论、审查和评估，而是像现在这样仅仅以假定的情节宣告佛罗里达州制定法无效？

答案似乎很明确：就如同联邦最高法院从未想过建立过错责任标准来平衡隐私权与言论自由的冲突一样，它也从未试图将冒犯性的主观标准作为隐私侵权的宪法依据。在联邦最高法院做出对 *Florida Star* 一案的判决之后，要想对冒犯性因素进行特别调查似乎是痴心妄想。之所以这样说是因为法院显然倾向于制定一种可以一次性解决所有关于媒体自我审查问题的原则。法院的解决方案不包括过去一百年间隐私侵权在普通法上的适用方法，其完全忽视了那些约束私人事实和具有冒犯性的公开行为的判例。该案的判决中也没有提到扩大新闻价值特权的适用范围。我们可以从中得出这样的结论：联邦最高法院并不认为这些以往的尝试可以平衡隐私权与言论自由的冲突，也不相信这些方法可以满足联邦宪法第一修正案扩大媒体报道空间与抑制自我审查的要求。

事实上，对于传统的公开他人私人事务隐私侵权采取的检验方法，联邦最高法院持有强烈异议，因为这一方法注重的是被告如何取得相关信息而非被告公开的信息内容是什么。之所以有如此极端的转变，是因为以内容为基础的原则在宪法上并不具有可行性，我们无法依据这一原则区分哪些真实言论应该得到保护、哪些真实言论不应得到保护。联邦最高法院有必要采用一种更为广泛也更为客观的检验方法，从而使被告清楚地了解到哪些信息是允许被公开的、哪些信息不允许被公开。在公开他人私人事务的隐私侵权诉讼中，行为人如何获取信息已经成为最重要的指导原则，而当潜在的被告决定是否公开具有高度冒犯性的个人隐私时，这一原则也毫无疑问会产生巨大的影响。此外，媒体的恐惧感和自我审查也会得以减少甚至根除，因为发言人或出版商无需再猜测公开的内容是否会导致不利后果，也无需审视其公开行为是否适当。

在目前的公开他人私人事务隐私侵权案件中，合法取得信息已经成为平衡隐私权与言论自由的统一原则。然而基于下文将要讨论的种种原因，至少在那些被告从公共领域获取信息的案例中，公开他人私人事务隐私侵权制度已经走向消亡。可以说，这一步走得既不明智也不符合宪法的相关规定。

（二）"通过合法途径取得相关信息"的检验标准：宪法上的缓解手段

Florida Star 之所以受到广泛的批评是基于以下三点原因：一是该案判决并不是依据之前的判例做出的；二是通过合法途径取得相关信息的检验方法完全忽略了隐私权的相关考量；三是侵权责任的严格审查制度或国家干预行为在宪法上是毫无意义的，应当适用更为常规也更为传统的原则来保护媒体的新闻自由权。

Florida Star 一案逐字采用了 Smith v. Daily Mail Publishing Co. 一案①的检验方法。该方法宣称西弗吉尼亚州的制定法违宪。因为在没有获得青少年法庭书面许可的前提下，Daily Mail 一案的被告在自己旗下的报纸上刊登了被指控为少年犯的那些孩子们的名字，而西弗吉尼亚州制定法严格禁止这样的行为。在 Daily Mail 一案中有两家报纸因为公开报道了在未成年人诉讼中被告的姓名而被控有罪。身为未成

---

① Smith v. Daily Mail Publ'g Co., 443 U. S. 97, 103 (1979).

年人的被告因为射杀其初中同学而被起诉。这两家报纸从目击者、警察和一位地方检察官口中获悉了行凶者的姓名并予以公开。法院在裁决这两家报纸是否应受到刑事处罚时指出，如果这家报纸是以合法手段获取了有关公共事件的真实信息，就可以免于承担侵权责任，因为此时并不需要借助此种处罚促进最高层次国家利益的实现。而由于国家无法履行这一举证责任，因此西弗吉尼亚州制定法没能通过宪法的审查。联邦最高法院特别指出，在该案中隐私权没有得到充分体现，因此将 Daily Mail 一案中测试方法的适用限制在刑事诉讼或行政诉讼案件中。这与 Florida Star 一案的判决结果截然不同。

除了传播的信息涉及公共利益之外，联邦最高法院在 Florida Star 一案的判决中还给出了三个理由来解释为什么公开他人私人事务的隐私侵权诉讼要接受 Daily Mail 一案中检验标准的严格审查。

首先，政府部门对获取私人信息的方式进行限制。例如，政府可以将信息分类，并且建立和实施信息发布的标准程序。如果政府官员违反了这些程序，那么，政府部门将给予那些受到侵犯的人以损害赔偿救济。比起针对媒体公开散布真实信息的行为提起损害赔偿诉讼，这一方法显然温和得多。

其次，如果政府部门将信息公之于众，那么，媒体就有充分的理由认为传播这些信息符合公共利益的要求，否则，政府没有理由公开这些信息。相反，媒体如果因为传播已经为公众所知的信息而受到处罚，就不符合公共利益的要求。

最后，如果媒体因为传播政府发布的信息而受到处罚，就会导致其因为害怕承担侵权责任而不敢公开相关信息或是进行自我审查。媒体并不需要从公共记录中剔除那些具有冒犯性的事实，同样地，他们也不需要重新编辑政府发布的新闻以删减那些可能引起诉讼的内容。

上述三个理由曲解了 Daily Mail 一案所确立原则的意图与目的。这一原则无意利用政府官员的过错为媒体提供护身符。相反，其意图十分明确也极为有限：在媒体利用常规的信息收集手段依法获取有关少年犯身份的真实信息并将之公开发表后，政府不能对其进行处罚。Daily Mail 一案之所以在宪法上具有重要意义，是因为它扩大了媒体受到保护的范围，即媒体公开从私人渠道获取的信息也可能免于承担侵权责任。在 Oklahoma Publishing Co. v. Oklahoma County District Court[①] 和 Cox Broadcasting Corp. v. Cohn[②] 这两个案件的判决中，联邦最高法院指出，一旦政府官员为社会公众提供了获取真实信息的渠道，就不能阻止这些信息的进一步传播。在 Daily Mail 一案中，联邦最高法院更是清楚地指出："媒体是否可以因为行使宪法上的权利、公开真实信息而免于承担侵权责任并不取决于媒体究竟从哪儿获取的相关信息"。此案中，如果媒体从政府官员处依法获知行凶者的身份并将之公开，毫无疑问，其可以免于承担侵权责任，如果媒体是从目击者口中依法获知该信息并予以公开，那么，该行为应该得到同等的保护。在法院看来，新闻自由不能仅仅建立在政府提供信息的基础上。政府也很难严格审查相关信息并判决媒体承担相应的侵权责任。然而具有讽刺意味的是，在 *Florida Star* 一案中，联邦最高法院是在坚信媒体依赖政府资源极为有害的基础之上适用 Daily Mail 一案确立的原则。我们可以发现，要想在 Daily Mail 一案的判决中找到通过合法途径获取相关信息的检验方法与政府运用自身权力阻止或减轻相应损害存在怎样的关系几乎是不可能的，更不用说这一方法与媒体依赖政府资源之间的关系，以及此种方法与自我审查可能导致的后果之间的关系。简而言之，联邦最高法院将 Daily Mail 一案确立的原则适用于隐私侵权诉讼是极为错误的。

同样具有讽刺意味也同样错误的是，联邦最高法院在没有讨论和衡量隐私权利益的前提下就在公开他人私人事务隐私侵权诉讼中适用通过合法途径取得信息的检验方法。Daily Mail 一案的判决本应分析为什么合法取得信息的检验方法是平衡隐私权与言论自由最为合适的宪法手段，法院亦本应在 Daily Mail 一案的判决中做出严格而明确的分析，但事实并非如此，尽管国家援引刑事法律保护社会利益与个人的民事权利，从而保护根植于有序自由的道德体系——即个体的基本价值与尊严存在明显的不同之处。[③] *Florida Star* 一案中，法院没有考虑到在行凶者仍逍遥法外的情况下，B. J. F 因为身份被公开会承受

[①] Okla. Publ'g Co. v. Okla. County Dist. Court, 430 U. S. 308 (1977).
[②] Cox Broad. Corp. v. Cohn, 420 U. S. 469 (1975).
[③] Smith v. Daily Mail Publ'g Co., 443 U. S.

的精神折磨。先是同事朋友告知她那篇报道的存在，其后她的母亲又接到陌生男子的恐吓电话，威胁要再次强奸 B. J. F。B. J. F 不得不为此改换了电话号码和住址、寻求警方保护并接受心理健康辅导。联邦最高法院完全忽视了这些事实，也没有考虑 B. J. F 的自尊、个人价值和自主意识，而仅仅将这一切看做低级公职人员犯下的错误。即便佛罗里达州制定法明文规定保护个人隐私权的相关政策也未能改变这一局面。不过正是鉴于这些保护隐私权的政策，报刊媒体无法将警方错误公开 B. J. F 身份的行为解读为政府授权其将受害人的姓名公之于众。对于判决结果唯一的解释就是言论自由在宪法中具有至高无上的地位。相反，隐私权则常常被政府以受害人的名义弃于不顾。在宪法领域，隐私权远远无法与言论自由相抗衡。

通过合法途径取得相关信息的检验标准避免了言论自由与隐私权保护的正面冲突，这一标准规定，如果媒体是以合法手段获取相关信息，就无需承担隐私侵权责任。从宪法层面来看，这一方法并不令人满意。试想，如果在乡村集市上依法拍摄到一位妇女的裙子被风吹过头顶，而且这一场景只被几个人目击，那么，能否在报纸上刊登这幅照片使其广泛传播？相反，那些非法取得的信息如何削弱其内容所具有的新闻价值？为什么不能宣称媒体永远不会因为公开真实信息而承担民事责任？为什么不能直接宣布建立清晰的界限，对涉及公共利益的信息和病态刺探他人隐私的信息作出明确的区分？当政府错误地公开相关信息时，法院便依据上述思路进行裁决。通过合法途径取得相关信息的检验标准其实只虚有其表，联邦最高法院设立这一标准只是为了保障言论自由，使媒体免于承担侵权责任，从而避免真实言论与隐私权的直接冲突。

联邦最高法院通过采用合法取得相关信息的检验标准遏制了媒体的自我审查、消除了媒体出于恐惧不敢报道相关信息的可能性，同时也为公开他人私人事务隐私侵权制度走向灭亡创造了条件。同时法院还规定，只有当原告符合最高层次国家利益的要求时才能提起隐私侵权诉讼，这大大加速了公开他人私人事务隐私侵权制度走向没落，因为一般而言原告不可能满足这一要求。法院假定，Daily Mail 一案中确立的用来审查刑事法律以及证明政府直接行为合法性的检验标准可直接适用于普通法上的侵权责任制度。然而，这一假设是不成立的。

因为刑事法律、相关政策或是具体的政府行为都具有确定性，与之不同的是，侵权责任一般具有明显的流动性。我们只能从法院的判决和声明中发现侵权责任制度的内容和范围。但这些判决永远不可能达到清晰而完整的状态，因为随着社会条件的变化和法官观念的转变，侵权法也要不断扩充或缩小其范围和内容。尽管 Florida Star 一案的判决仅仅否定了该州的制定法，没有否定其他司法判决和普通法上的判例，但联邦最高法院仍对佛罗里达州的隐私侵权制度持有异议。在多数意见只将目光集中于佛罗里达州制定法上时，持有异议者却认为应将政府行为分析理论应用于整个隐私侵权制度中。这一根本性的不同意见探讨了佛罗里达州法律的构成要件，阐述了合法取得相关信息的检验标准极易导致有利的判决结果。

由于联邦最高法院在 Florida Star 一案中采用的检验标准强制私人原告承担律师的角色，在选择平衡言论自由与隐私权的方式时以一人之力对抗国家利益。这一标准限制了原告主张个人隐私权的能力，因为原告很难举证证明自己遭到了怎样的侵害、为什么被告公开敏感信息的行为是错误的、为什么说被告的公开行为具有冒犯性以及为什么应给予自己损害赔偿的救济方式。如果当初在审理时对 B. J. F 一案的事实进行严格审查，判决结果很可能与现在截然不同。因为 B. J. F 的隐私权明显应当得到保护：首先，在媒体公开前，她的身份并不为人所知。其次，当行凶者仍逍遥法外时媒体就将 B. J. F 的身份公之于众，其后 B. J. F 更是接到恐吓电话，威胁要再次对其实施强奸行为；而且，在身份被公开之后，B. J. F 遭受了感情上的巨大痛苦，为此不得不寻求心理健康咨询。此外，法院如果对 Florida Star 一案做出相反的判决结果，并不会导致媒体进行自我审查，因为周刊的内部政策与该州制定法相一致，均严禁公开性侵犯受害者的身份。要求被告承担侵权责任只会导致该周刊更加严格地执行其内部政策。

五、公开他人私人事务隐私侵权的发展前景

Florida Star 一案的判决看似已经为公开他人私人事务隐私侵权制度敲响了丧钟。而且令人感到惊讶又惋惜的是，联邦最高法院一直坚持不肯运用传统方法来平衡言论自由与隐私权之间的冲突。Florida

Star 一案的判决所依据的宪法基础——即只要媒体是通过合法途径获取相关信息就可以免于承担侵权责任——并不足以解释隐私权在所有案件中一直处于弱势地位的原因。在这些案件中，媒体有可能是从私人渠道或是非官方渠道获取的相关信息，也有可能被告的公开行为只针对少部分观众或读者。如果是后一种情形的话，涉案被告通常不是媒体。在其他案件中，公开他人私人事务的隐私侵权制度的存在与发展应当与其一百年来的司法传统相一致。在讨论其他案件及其使用规则之前，我们首先要确认在某些特定的情况中可以适用 Florida Star 一案的判决。

（一）Florida Star 一案判决的局限性

只有当被告公开的私人事实来源于公共记录或是官方提供的信息时，才能适用通过合法途径取得相关信息的检验标准。如上文所述，联邦最高法院曾提出三个理由以证明 Daily Mail 一案确立的原则具有正当性，但这也仅仅在政府提供官方信息给媒体时才能成立。正如法院指出的那样，当媒体以合法途径从政府官员处获得私人信息并将之公开发表时，他们希望能得到适当的保护，以扩大其报道新闻的空间，同时避免自我审查的恶果。在法院看来，一旦政府官员将相关私人信息置于公众视野之中，就相当于明确地告知媒体政府不仅认为公开这些信息是合法的，而且也清楚地了解媒体会将这些信息进一步传播开来。相反，如果在此种情况下不对媒体进行保护，就会迫使其进行自我审查，以剔除那些具有冒犯性的内容。

不可否认的是，联邦最高法院对 Florida Star 一案的分析推理有其特殊原因。如果被告依法从政府部门处获取了私人信息并将其公开，政府就不能通过公开他人私人事务的隐私侵权诉讼要求被告承担损害赔偿责任。无论政府部门是将怎样的私人信息置于公共视野之中，都不能将其作为隐私侵权诉讼的基础从而对公开这些信息的人进行惩罚。换句话说，一旦这些私人事实为公众所知，从宪法上来看，政府就无权再通过处罚那些获得该信息的人而对这些私人信息提供保护。然而比起从政府部门获取私人信息并将之公开，媒体如果是从私人渠道获取相关信息就无法得到同等的保护。

（二）从私人渠道获取信息

Florida Star 一案之后的诸多判例都进一步确认了该判决的影响是有限的。至少有三个法庭——第七巡回法庭、第八巡回法庭和加利福尼亚州最高法院都曾明确指出：只有当媒体依法从政府官员或公共记录中获得相关信息时，才能适用 Florida Star 一案确立的通过合法途径取得相关信息的检验标准。而许多其他法院都没有规定来源于私人渠道的相关信息是否能够适用这一标准。在 Bartnicki v. Vopper 一案[①]中，媒体曝光了工会官员之间的手机谈话，其中包括他们与一所公立学校的集体谈判内容。尽管原告的谈话内容是被非法拦截并记录的，但媒体是从合法途径取得的录音带并将之公之于众。一位工会官员在谈话中提到："如果学校的管理者不肯出让三个百分点，我们就要派人去他们家里，砸了他们的前门，我们必须要给这些人点厉害瞧瞧。"其后这段录音在两个广播电台中播出，地方报纸也公开报道了相关内容。Bartnicki 和他的同事就此提起了诉讼，要求相关媒体支付损害赔偿金和律师费，因为依据联邦和本州的法律，任何人都不得在明知是非法拦截的情况下，蓄意公开他人电子通讯的内容，包括那些存在争议的谈话。联邦最高法院认为隐私权涉及最高层次的宪法利益，且在本案中媒体是以合法途径获取录音，因此没有具体分析该州制定法是否只针对个人隐私权的保护。相反，联邦最高法院在简单讨论了集体谈判是否涉及公共利益、而这一利益是否比个人隐私权更为重要之后，得出了肯定的答案。

这一方法摆脱了通过合法途径取得相关信息与严格审查的包袱，因此得到了法院的广泛采纳。联邦最高法院在 Bartnicki 一案中引用了一项普通法上的平衡性准则：若是原告自愿参与公共事务，就不能再为此提起隐私侵权诉讼。无论在 Florida Star 一案中宪法依据遭到了怎样的破坏，都不可能对媒体公开由私人渠道获取的信息产生多大影响。除非联邦最高法院在 Florida Star 一案中宣称公开他人私人事务隐私侵权制度已经无效，否则当相关信息由私人渠道获得时，需要运用宪法规定来平衡言论自由与隐私权。值得欣慰的是，普通法已经

---

① Bartnicki v. Vopper, 121 S. Ct. 1753 (2001).

找到了平衡二者利益的法则。这些普通法原则不仅得到了《美国侵权法复述（第二版）》的大力支持，而且也没有违反宪法规定妨碍媒体的新闻自由。

一直以来，联邦最高法院都是通过对具有可诉性的私人事实的范围作出解释来限制原告提起公开他人私人事务的隐私侵权诉讼。这种解释分为两个层面：一是公开前相关信息的来源；二是相关信息的主题。就前者而言，如果被告公开的事实早已为公众所知，那么，就无需为此承担侵权责任，无论这些事实在本质上是否具有隐私性。正如本文第一部分分析的那样，来源于公共记录的事实不具有可诉性。至于相关信息的主题，法律只对那些人们倾向于保密或最多只对家人和亲密友人公开的私人事实提供保护。比如，描绘他人的身体疾病或创伤、裸露和性关系都属于隐私权的保护内容。同样的，《美国侵权法复述（第二版）》也将具有可诉性的私人事实限定在性关系、家庭纠纷、疾病和医疗状况、私人信件以及个人家庭生活细节的范围内。*Florida Star* 一案的司法判决更进一步确认了这一限定范围。然而，当公开的私人事实涉及感染艾滋病、公共人物的性关系、对未成年人的性虐待、强奸、堕胎、特别的感情关系、体外受精、家庭暴力、整容手术及其所导致的面部疤痕以及一位悲痛的母亲与死去儿子的谈话时，陪审团很难依据上述限定范围作出决定。这些事例既不详尽也无法作为解决隐私权与言论自由冲突的方法。但法院和《美国侵权法复述（第二版）》规定——只有最为私密的私人事实才具有可诉性，这可以有效地提醒媒体谨慎公开相关信息。

然而，这并不意味着公众人物与普通百姓的隐私权保护处于同样的地位。从社会道德的角度而言，比起那些不愿曝光隐私的一般百姓，公众人物的隐私权应得到更多的限制。事实上，眼下的社会道德体系为公众人物隐私权所留下的余地已所剩无几。社会公众总是热衷于获取名人的八卦绯闻，因此八卦杂志和电视节目常常以极具冒犯性且令人生厌的方式竞相报道这些内容。当年媒体公开克林顿总统与莱温斯基的性丑闻使得这一趋势达到了新的高潮，更重要的是，自此以后，媒体公开报道名人的私生活的行为得到了广泛认可。然而，如果是普通百姓的私人生活被公之于众则完全是另一回事，因为普通百姓与公众人物心态，他们对于隐私被公开不存在心理预期和心理准备。

现代社会应当给予这些人以隐私权保护，从而促进人格权与自主权的发展。

法院规定，只有当被告公开的是最为私密的个人信息时才需要承担隐私侵权责任，这虽没有彻底消除媒体的顾虑，但也大大减轻了对于自我审查的恐惧感。哪些因素构成冒犯性，以及什么构成公共利益始终是媒体争取新闻自由的主要争议焦点。随着侵权诉讼的不断发展，新闻媒体日益占据了绝对优势。一般而言，法院都会将媒体公开的消息归入到新闻价值的行列。鉴于法院在限定新闻价值方面遇到的困境，而且他们也不愿因此改变已经做出的判决，这大大提高了媒体的自主性，减少了媒体出于恐惧不敢报道相关信息的情况。但相对而言，隐私侵权诉讼中的原告越来越难以胜诉从而获得赔偿。《美国侵权法复述（第二版）》为法官限定公共利益提供了极为适当且与宪法相一致的标准。这一标准凭借着调查者对社会道德的感知，当被告的公开行为构成"病态刺探他人私生活，而且相当数量有理性的人并不关心其公开的内容时"，允许法官判决被告承担侵权责任。

从联邦宪法第一修正案的角度而言，比起名誉侵权诉讼，公开他人私人事务的隐私侵权诉讼与规制淫秽信息的法律更为接近。规制淫秽信息的法律规定可将一部分社会道德标准用于限制言论自由，从而授权政府营造良好的社会秩序。20多年来，决定相关言论是否涉及淫秽信息的标准从未改变：①以一个普通人的角度，适用同时代的社会道德标准，判断相关言论是否涉及淫乱信息；②相关描述是否以公然冒犯他人的方式进行，尤其当这些言论涉及为法律所明令禁止的性行为时；③相关言论是否具有文学、艺术、政治或科学价值。这些指导原则在规定哪些与性有关的描述应受到刑事惩罚时，适用了理性法则。

同样的，《美国侵权法复述（第二版）》中"病态刺探他人隐私"的标准也为隐私侵权责任提供了宪法上的理性法则。这一标准将具有可诉性的私人事实限制在较为狭窄的范围之内，充分地警惕媒体哪些公开行为是不适当的。要想判断相关描述是否涉及淫乱信息，需要考察具体的语境，与之类似，决定公开的私人事实是否涉及公共利益是也要参考具体的情境。这些情境因素应酌情考虑公开的时间、被告声称的正当理由、媒体的行为以及获取信息的情况。在《侵权法复述》的标准下，原告的诉讼很难进行到陪审团裁判的步骤，只有在极个别的案例中陪审团才会决定身为媒体的被告是否应当承担侵权责任。此外，只有通过病态刺探他人隐私的检验标准证明了被告的行为具有高度冒犯性之后，才能适用社会道德标准判决其承担侵权责任。

在 Florida Star 一案判决后的10年间，出现了许多类似案例，而在这些案例中适用道德标准的限制原则并没有加剧媒体的胆怯和自我审查。这些案例可以分为四个种类：①媒体的不当行为；②违反保密承诺；③未能保护已知和公认的私人事实；④原告无偿鉴定或披露无关的私人事实。

在 Green v. Chicago Tribune Co.[①] 和 Baugh v. CBS, Inc.[②] 两个案件中，媒体均涉嫌报道失实或是获得信息的手段不当。在 Green 一案中，《芝加哥论坛报》的记者在等待验尸官的过程中拍摄了原告儿子布满子弹的尸首照片。这些记者未经允许进入病房，不仅如此，他们在拍摄尸体照片时甚至还阻止死者的母亲进入房间。最后死者母亲终于得以进入病房后，悲痛欲绝地与儿子告别，此时这些记者偷偷记录了这些谈话并在稍后将其公之于众。而在此前，死者母亲曾经明确拒绝了该报记者的采访要求。

在 Baugh 一案中，一个 CBS 摄制组与隶属当地检察官办公室的家庭暴力干预小组一同来到了原告家里。刚刚遭到丈夫殴打的原告妻子对摄影提出了疑问，但摄制组的其中一位成员回应称，他们只是在做一个关于受害者与证人的节目片段，并没有提到他们其实是在录制 CBS 的 Street Stories 节目，也没有告诉原告这些镜头将会用于商业用途。事实上，原告当时明确提出，愿意配合节目组的摄影，但前提是自己不能出现在电视上，摄制组的工作人员欣然答应。

在这两个案件中，媒体都是以欺骗或是伪装的情况下获取了信息，因为他们知道原告不可能同意公开这些极为私密的内容。法院判决认定，两个案件中的被告均应承担隐私侵权责任。这两个案件都发生在较为私密的场合，比如家里和私人医院的病房，一直以来这些地

---

① Green v. Chi. Tribune Co., 675 N. E. 2d 249 (Ill. Ct. App. 1996).
② Baugh v. CBS, Inc., 828 F. Supp. 745 (N. D. Cal. 1993).

方都被公认为是比较安全、个人隐私可以得到相应保护的，因为一般情况下第三人未经允许不可以进入这些地方。两个案件中的被告都在不恰当的时候进入或停留在这些私人领域，其后更是拍摄和公开了相关内容，而这些内容对于任何有理性的人而言都是不愿公开的，比如，一位母亲与被谋杀的未成年儿子的最后谈话。

这两个案件清晰地阐述了病态刺探他人隐私的标准。尽管案件中的两位被告都以新闻价值作为抗辩理由，但判决他们承担侵权责任并不会妨碍他们报道当天的新闻，因此这一理由显然无法成立。但 *Florida Star* 一案的处理方法却与之截然不同，因为当媒体以合法手段获取相关信息时，从《美国联邦宪法第一修正案》的角度而言，避免自我审查势在必行。换句话说，如果媒体以非法手段获取信息，就无法遵循 *Florida Star* 一案的判例，仍需承担侵权责任。而且，在此种情况下，应当适用《美国侵权法复述（第二版）》的标准分析原告的潜在侵权责任。如果大家对从政府部门获取信息是否合法各执一词，陪审团就应当对此进行质询，以解决这一事实争端。如果陪审团认定媒体获取信息的手段合法，就可以适用 *Florida Star* 一案的检验标准；如果陪审团发现媒体是以非法手段获取信息，就应当依照《美国侵权法复述（第二版）》的标准进行判决。如果预测判决结果的确定性是公开他人私人事务隐私侵权责任的重要参考，那么媒体应当了解，在《美国侵权法复述（第二版）》第 652D 条的规定下，只要是以非法手段获取信息，无论这些信息是来自于政府部门还是私人渠道，都可能导致媒体为此承担隐私侵权责任。

然而，非法取得相关信息并非原告获得胜诉的唯一法宝。当媒体违反不公开相关信息的承诺时，陪审团会质疑其公开的信息不具有新闻价值，并因此判决其承担侵权责任。但需要注意的是，原告必须从未答应与媒体合作，否则这些承诺无法作为具有可行性的证据。

即便媒体试图伪装主人公的身份，使其难以发觉自己隐私被公之于众，但当报道十分详尽时，这一方法很难获得成功，并且同样会导致媒体承担侵权责任。在 Winstead v. Sweeney 一案中，一家报刊以广告的形式公开征询与独特的感情关系有关的信息。原告的前夫看到广告后便向该家报纸曝光了其与原告的相处细节，报纸随后便将之公开，其中包括原告曾数次堕胎、与他人交换伴侣以及由于不能生育而做代孕母亲的事实。报纸在公开这些私人事实时只提到了原告的姓 Denise，没有公开她的年龄、地址或工作。但是原告声称她的丈夫、朋友、家人和老板之前并不知道那些被公开的事情，但在看到那篇文章后便立即明白文章中的 Denise 即是原告。法院在审理时不是依据文章的主题而是由于文章公开的具体事实否决了该家报刊征询独特感情关系的动机。法院将该案发回重审，同时指示初审法院在判决时注重于被告的公开行为是否涉及公共利益，抑或只是纯粹病态刺探他人隐私。

本案的判决结果与媒体自我审查涉及的宪法问题无关。身为媒体的被告只刊登了原告的姓氏而非全名，这充分表明被告明确知道如果曝光原告的全名将要承担侵权责任。同时，该家报纸也应当知道，这些原告私生活的细节是极为私密的，公开这些私人事实必然会使得原告感到尴尬窘迫。该家报纸虽然只公开了原告的姓氏，但这已经足以使得原告身边的人了解到她的真实身份，而这些人恰恰又是原告最在乎的。

然而，大部分公开他人私人事务的隐私侵权案件要比这复杂得多，不可能这么容易就得到解决。因为它们不涉及媒体的不当行为、违反不公开相关信息的承诺或是在隐私应当得到保护的情况下公开私人事实。相反，大部分案件中，媒体都是在具有新闻价值的报道、照片或是视频录像中公开原告身份，而媒体公开的私人事实往往与报道的目的或主题无关。一般而言，原告承认媒体在这样的情况下公开其身份具有新闻价值，但却严重质疑这样的公开是否确有必要。大部分原告都坚持认为，公开其私生活既不会增加报道的可信度，也不会有任何其他实质性的帮助，而且这类报道不属于公共利益的范畴。然而，绝大多数的原告主张都在法律上被一一驳回。但在个别情况下，法院也允许陪审团审查媒体的行为是否越界。比如描述他人怪异的身体缺陷、公开可辨认的裸体精神病人、强制他人实施性行为的视频录像、拍摄露底照片，甚至在嫌疑犯仍然在逃的前提下公开证人的身份。

这些案例企图打破宪法上规定的新闻自由原则，陪审团可以依据社会道德而对媒体的报道进行事后评价，从而判断媒体公开原告身份或是私人事实的行为是否恰当，以及相关事实是否具有新闻价值。为此，《美国侵权法复述（第二版）》设立了道德标准以防止媒体不适当地公开他人隐私。近百年来，几乎所有公开他人私人事务隐私侵权的判例都表明，只有少数的公开行为具有可诉性。一般而言，只有当被告公开的是极为私密和敏感的信息时，原告才可以提起诉讼，而一旦案件事实与公共利益存在逻辑联系时，原告就无法再期望通过此种手段获得保护。然而存在一种例外，即当媒体公开原告身份和他人隐私只是为了满足读者或观众的好奇心和窥探欲时，法院便无需再适用逻辑联系的方法进行判决。

Haynes v. Alfred A. Knopf, Inc. 一案①为阐释《美国侵权法复述（第二版）》中的检验标准提供了便捷而具体的样本。Luther Haynes 不认同作者和出版商在《希望的土地——黑人大迁徙》一书中对他的描述。该书讲述了20世纪中叶成千上万的美国黑人为了寻求更好的生活从贫困的乡下移居到北方城市的故事，书中的描写翔实而生动，是当年获得广泛赞誉的畅销书。其中记载了几代移民的奋斗史，包括 Luther Haynes，他当初为了与妻子重修旧好从密西西比移居到芝加哥，但后来他遇到了书中的主人公 Ruby Daniels，并与之结婚生子，彻底放弃了与前妻和好的努力。Haynes 指责该书的作者公开了他生活的细节，侵犯了他的隐私权。作者在书中提到，Haynes 在遇到 Daniels 之后经常酗酒，喝醉之后常常与妻子进行激烈争吵。每个发薪水的周五，Haynes 回到家后，总是一手拿着酒瓶一手拿着香烟摇摇晃晃走进卧室，要求与妻子同房。不久，Daniels 怀上了他们的孩子。但这个孩子不仅成日郁郁寡欢还有口吃的毛病，Daniels 将这一切归咎于丈夫的酗酒。Haynes 在此之后终于丢掉了 10 年之久的工作，从此便开始了不断找工作又不断失业的经历，同时还与一位邻居关系暧昧。Daniels 与前夫生的儿子撞破了 Haynes 与邻居的奸情，气到差点勒死 Haynes。Haynes 于是搬出了 Daniels 的家，随后两人离婚。其后 Haynes 与那位邻居结了婚，最后也找到了一份稳定的工作，做了停车场的管理员。作者之后便着墨于主人公的生活，没有再提到 Haynes。

Haynes 认为，书中揭露他酗酒、工作不稳定以及对家庭不负责

---

① Haynes v. Alfred A. Knopf, Inc., 8 F. 3d 1222 (7th Cir. 1993).

任侵犯了他的隐私权。他提出，作者不应在书中暴露他的真实姓名，应以假名代替。第七巡回法院没有支持 Haynes 的观点，并进一步确认了授权区法院进行简易判决。上诉法院适用社会道德标准，认为书中公开的内容并没有侵犯原告的隐私权。

法院在判决中指出，作者的公开行为是恰当的，本书忠实地记录了美国社会的历史变迁。由于 Haynes 本身行为不当，书中涉及的他的个人行为也算不上是极为私密的事实。作者完全依据主要结构对他的行为进行描述。换句话说，原告的不当行为构成了书中主人公生活的一部分，如果作者不对此进行描写，就会造成内容上的缺失。

然而，我们也应当考虑到，如果作者详细描写 Haynes 与 Daniels 的性行为、曝光 Haynes 的病史或是其他极其私密的生活细节，这只会使原告蒙羞，将其私生活曝光于公众视野之下，而无法产生任何的正面效果，这样的话就无法适用逻辑联系的方法将作者的公开行为与该书的主要结构及内容联系在一起。

假如媒体公开报道了某个大学校园过去 30 年间非法使用药物的新闻，其中揭露了一位著名教授在 19 世纪 60 年代的学生时代为了做实验服用迷幻药的经历。如果曝光该名教授的身份无法增加报道的可信度和真实性，那么，法院可以允许陪审团判定被告承担隐私侵权责任。又或者，假如媒体在调查政府雇员滥用病假权利的过程中，从私人渠道或是非法从公共记录中得知某位雇员是同性恋，此后媒体经过进一步的调查得知，该名雇员由于类似艾滋病的症状错失了很多工作机会，并将这些情况公开报道，公开他人如此详细而特殊的信息是否恰当？是否存在正当理由证明类似行为的正当性？Sipple v. Chronicle Publishing Co. 一案[①]对此具有十分重要的借鉴意义。本案中，一家报纸在 Oliver Sipple 挫败了针对福特总统的暗杀阴谋后对其生活和经历进行了详尽调查，随之进行了公开报道，并在报道中揭露 Sipple 是同性恋。原告由此提起了隐私侵权诉讼，声称由于报纸不负责任的报道导致家人朋友纷纷弃他而去。法院则认为媒体的报道具有新闻价值，因为当时的人们约定俗成地认为，同性恋大都胆怯、懦弱，而正是这一报道改变了人们对同性恋的看法。此外，这一报道还引发了一

---

① Sipple v. Chronicle Publ'g Co., 201 Cal. Rptr. 665 (Ct. App. 1984).

项政治问题,即福特总统没有立即向 Sipple 表达感谢之情是否因为歧视同性恋。今天看来,如果报纸专门对某个人物进行报道,以强调同性恋与其他人一样拥有良好的品格,这一行为无疑十分荒谬可笑。同样,如果媒体只因为总统晚了几天表达感激之情就将其上升到政治问题,也不具有说服力。上述所有例子都阐述了如何满足《侵权法复述》中病态刺探他人隐私的标准中极度冒犯性的要求。更重要的是,这些例子明确地告诉媒体何种类型的公开行为是错误的,需要为此承担侵权责任。

《侵权法复述》中的检验标准并没有建立一个具体的原则,联邦宪法第一修正案也没有要求对侵权责任标准做出明确规定,只需要结合媒体获取信息的过程,以常识判断媒体的行为是否属于病态刺探他人隐私。对此,我们可以借鉴法官在名誉侵权案件中的做法。联邦最高法院在严格责任标准的基础上,授权陪审团对不涉及公共利益又毁损他人名誉的言论进行裁定,确定私人主体可能获得的损害赔偿金额。同样地,在公开他人私人事务的隐私侵权案件中,法院也可以授权陪审团裁定是否给予原告损害赔偿的救济。

在 Florida Star 一案判决的前一年,曾出现了一个 Hustler Magazine, Inc. v. Falwell 案。[①] 该案基于社会道德标准确立了隐私侵权标准,但这也引发了一个问题,即这一标准是否违宪。在 Hustler 一案中,联邦最高法院在认定相关言论是否应当受到保护时,没有将冒犯性作为区分的原则性标准。该案中的原告 Falwell 是一位虔诚的基督教徒,在被告公开发布了一个广告模仿原告,并讽刺其在酒后与母亲乱伦,原告因此饱受情感上的折磨与痛苦,从而提起诉讼并获得了损害赔偿。联邦最高法院在判决中指出,政治和社会领域的冒犯性言论本身就具有主观性,因此应当允许陪审团依据主观判断认定被告是否应当承担侵权责任。然而,这一冒犯性的标准显然与联邦最高法院长期以来坚持的观点相冲突,因此 Falwell 一案的判决被推翻,被告无需承担隐私侵权责任。

尽管《美国侵权法复述(第二版)》的标准允许陪审团依据社会道德做出主观判断,但这与 Hustler 一案中的情况截然不同。后者不

---

① Hustler Magazine, Inc. v. Falwell, 485 U. S. 46 (1988).

涉及新闻自由的保护，不符合私人事实的界定范围，不涉及新闻价值的抗辩，更与公共利益无关。只要证明被告是出于蓄意发表言论冒犯原告，即可要求被告承担侵权责任。也就是说，不仅仅是公开他人私人事务的隐私侵权诉讼应得到相应的保护，在与联邦宪法第一修正案一致的前提下，那些粗鄙下流和极具冒犯性的言论也应得到相应的规制。

为了在隐私权领域加强对言论自由和新闻自由的保护，有必要对不利于媒体的事实调查进行独立的司法审查。这意味着法院不需要适用传统的审查标准，相反，应当允许法院自由审查相关证据，之后依据证据与合理推断得出结论。对不利于媒体的事实进行独立审查可以防止陪审团干预新闻自由。媒体在妨害风化和名誉侵权案件中都享有此种保护，没有理由将公开他人私人事务的隐私侵权案件排除在外。

Florida Star 一案后，公开他人私人事务的隐私侵权诉讼仍具有相当的生命力。不能因为防止媒体自我审查或是出于害怕不敢报道相关信息就彻底否定隐私侵权制度。《侵权法复述》中的标准既为媒体的新闻自由留下了充足的空间，也为普通百姓的隐私权保护提供了适当的标准。当被告只针对小部分且非公共的观众或读者公开私人事实时，不应当适用 *Florida Star* 一案的判决。本文下一部分将对此展开详尽讨论。

（三）有限的观众或读者

尽管当行为人针对多数观众或读者公开具有冒犯性的他人隐私时，可能出于新闻自由的考虑而无需承担侵权责任，但如果行为人只针对少数人公开私人信息，就无需考虑上述因素。因为行为人作出公开行为时清楚地知道公开信息的对象及原因，对于公开信息的具体情况也可谓了如指掌，此外，行为人还应了解观众或读者是否对所公开的内容感兴趣。一般而言，此类案件中的被告既不是为了利用相关信息牟利，也不是为了满足社会公众的好奇心。相反，被告向一部分人公开信息只是因为这部分人对此类信息有兴趣或是可以依据相关信息提起诉讼。由于听众或观众为数甚少，且被告公开信息的目的也较为单纯，因此不存在媒体因此感到恐惧而不敢发布新闻的可能性。所以如果被告只针对有限听众或观众公开他人隐私，就没必要从宪法的角度，设定与信息收集方式有关的检验标准。朋友、邻居、债权人和雇主一般都是在日常生活中经由合法渠道获悉他人的相关隐私，如果依据这些人如何获取信息而判定他们是否应当承担侵权责任，那么，无疑会导致公开他人私人事务的隐私侵权诉讼名存实亡。如果以公开的信息内容为依据判定有限的观众或读者对于相关信息享有合法利益，那么，依据信息取得的方式做出决定显然更具实际意义。例如，如果雇主从人事档案或其他正常渠道获悉了雇员的个人医疗信息，并要将其告知其他雇员，那么，此时雇主应当确认其他雇员对相关信息享有合法利益，否则，雇主就要为公开他人医疗信息承担隐私侵权责任；即便其他雇员对他人医疗信息享有合法权益，雇主也应当确保只公开与相关利益有合理且必然联系的信息。

很多时候，名誉侵权法中附条件的特权也可应用于隐私侵权诉讼，当观众或听众数量有限时更是如此。在名誉侵权法中，附条件的特权是为了减轻普通法中严格责任特征的负面影响，其法律主体的规定一直被认为是荒谬可笑、不合常理且吹毛求疵的。而当公开信息的对象数量有限时，在公开他人私人事务的隐私侵权诉讼中适用附条件特权既可以保证言论自由，又可以使相关信息符合公共利益的要求。事实上，当信息只对少部分人公开时，涉案被告往往不是媒体。联邦最高法院在 *Florida Star* 一案中避免对身为媒体的被告适用以内容为标准的检验方法。尽管名誉侵权法与隐私侵权法都致力于保护新闻自由与言论自由，但联邦最高法院在两种侵权案件中的处理办法却截然不同。然而，当被告只针对有限观众或读者公开他人隐私时，可以参考适用名誉侵权诉讼中的附条件特权。

在 Guinn v. Church of Christ 一案①中，一位前教会成员声称教会的长老们侵犯了她的隐私权。原告曾对这些长老坦诚其违法了教会禁止通奸的规定，并恳求长老们不要将其越轨行为公之于众。而在她退出教会后，长老们公开谴责了她的通奸行为，在所有教众面前宣读原告所违反的教义，当地五分之一的市民都是该教会的教民。不仅如此，教会长老还将原告的过失行为传达给其他四个教会。在原告提起诉讼后，法院判决其赢得 205000 美元的损害赔偿金以及 185000 美元

---

① Guinn v. Church of Christ, 775 P. 2d 766 (Okla. 1989).

的惩罚性损害赔偿金。

长老和教会对此进行了上诉,他们声称对于公开的信息享有附条件的特权,因为其对相关信息享有公共利益。法院驳回了他们的上诉,并认为不存在公共利益一说,因为当被告公开信息时,原告已经不是教会的一员。因而从法律的角度而言,本案不能适用附条件的特权。

法院在 Young v. Jackson 一案[1]中则给出了相反的判决。本案中,原告 Young 的工作需要长期暴露在辐射中,很多同事都害怕因此染病,为了减轻大家的恐惧,一位同事向其他员工公开了原告最近接受子宫切除手术的事实,以证明其健康并非受到辐射影响。法院在此案中适用了附条件的特权。法官们认为,被告有责任减轻员工的焦虑,且原告无法证明被告滥用了附条件的特权。原告认为,被告没有必要提到子宫切除手术的事情,只需声明原告的身体状况与辐射无关即可。但法院通过自由裁量认定被告的公开行为不存在任何的不适当性,因此驳回了原告的诉讼请求。

这两个判例引发了附条件特权是否被滥用的问题,Zinda v. Louisiana Pacific Corp. 一案[2]恰好对此做出了明确的解释。本案中,原告由于擅自改动病史而遭到解雇,其同事在公司简报上得知了这一信息并将其公之于众。原告具体提起了名誉侵权诉讼和隐私侵权诉讼,并获得了 100000 美元的损害赔偿金。联邦最高法院的 Wisconsin 法官认为这一判决是个可更改的错误,因为相关信息涉及雇主与雇员的共同利益:雇员有权了解同事遭到解雇的原因,有则改之无则加勉;雇主也应当平息谣言,鼓舞士气,维护公司的正常营运秩序。法院在此案中拒绝适用附条件的特权,因为他们认为被告没有必要用简报的方式公开他人隐私。

六、结语

法院不愿在媒体发布新闻后做事后批评。自从联邦最高法院在 *Florida Star* 一案中采用了合法取得相关信息或是严格审查的检验标

---

[1] Young v. Jackson, 572 So. 2d 378 (Miss. 1990).
[2] Zinda v. La. Pac. Corp., 440 N. W. 2d 548 (Wis. 1989).

准后，事后批评的现象便不复存在，但同时，当媒体从政府处获取信息时，原告便很难利用公开他人私人事务的隐私侵权诉讼获得损害赔偿。由于法院并没有如大家希望的那样推翻 Florida Star 一案的判决，因此只有当媒体非法获取私人信息或是从非官方渠道获取私人信息，以及媒体只对少部分人公开这些信息时，原告才可能利用隐私侵权诉讼获得损害赔偿。在判断隐私侵权的适当性方面，《侵权法复述（第二版）》提供了最为完善的法律制度，在不牺牲言论自由与新闻自由的前提下，充分维护了个人的隐私权。随着迈入新的世纪，我们生活愈加丰富多彩，社会文明也得到不断进步，《侵权法复述（第二版）》提供的隐私权保护标准会大大提升现代人生活的安全感和幸福感。

第三编 公开他人医疗信息的隐私侵权

美国加利福尼亚州对公开配偶医疗信息的例外规定探究

马克·C. 菲利普斯[①] 著　韩林平[②] 译

目　次

一、导论
二、美国加利福尼亚州有关隐私权的法律规定
三、美国《加利福尼亚州民法典》第56章第10条的法律分析
四、结语

一、导论

在现代社会中，很多人都像生活在肥皂剧里一样。他们对配偶保守自己所有的秘密，哪怕是在客观的旁观者看来微不足道的小事，他们都生怕配偶一旦得知后，会有令人恐惧的反应。这种现象使得在家庭生活中，夫妻间的猜疑越来越多，这是过去在肥皂剧中才常有的现象。然而，在肥皂剧中惯常的剧情发展模式与现实的法治社会中夫妻生活的发展模式很不相同。法律虽然偶尔也可能引发荒唐可笑的效果，[③] 但法律不是肥皂剧，法律有时要求配偶公开对方的个人隐私。

本文将要分析一个加利福尼亚州关于隐私权的典型问题，这就

[①] 马克·C. 菲利普斯（Mark C. Phillips），美国加利福尼亚州律师协会成员，美国McMahon & Chritton律师事务所合伙人。
[②] 韩林平，中山大学法学院助教。
[③] Charles Dickens, Oliver Twist 263 (Marlboro Books Corp. 1992).

是：美国《加利福尼亚州民法典》(California Civil Code) 第56章第10条明确禁止健康护理服务提供者在未经病人授权的情况下向第三人公开病人的医疗信息,① 在此情况下,健康护理服务提供者可否在未经病人允许的情况下向病人的配偶公开其医疗信息? 也就是说,病人是否对自己的医疗信息享有足够宽泛的隐私权,以至于连病人的配偶也被自动排除在可以主动知晓这些医疗信息的人的范围之外?

以下这个假设的情形有助于读者对这个典型问题形成进一步的清晰认识：

一位病人因某种自认为非常敏感和私人的疾病接受了其家庭医生的诊断和治疗。这位医生曾接触并治疗过很多与该病人患似或相同疾病的病人,并未认识到该病人对这种疾病异常敏感。医生诊断过后并未多想,直接开出药方和账单给该病人。该病人出于个人原因,不希望其妻知道这件事,只希望自行将账单提交给其全家共同购买保险的医疗保险公司,让保险公司来支付费用。但让这位病人为难的是,其全家购买的医疗保险是由其妻所在公司提供的,其妻承担了提交全家所有相关医疗护理账单的责任。于是,该病人未将账单转给妻子提交,而是自行进行了支付。到这一年年末时,该病人的妻子仍不知道丈夫接受治疗并自行支付了医疗费用这件事,她找到其家庭医生,希望进行年末账单核对,看看全家这一年来在医疗方面有哪些支出。同时,这位妻子希望确认已经将所有关于医疗方面的账单寄给了保险公司,以便保险公司支付费用,而进行这项确认最好的方式便是与自己的家庭医生核对账单记录。

这位家庭医生了解美国《加利福尼亚州民法典》第56章第10条第1款的规定："除非符合第2款或第3款规定的例外情形,否则,任何健康护理服务提供者在未获得病人授权的情况下,不得公开病人的医疗信息。"美国《加利福尼亚州民法典》第56章第10条第1款禁止这位家庭医生在未获上述这位丈夫授权的情况下,以任何理由向第三方公开其医疗信息。然而,这位家庭医生同样了解,美国《加利福尼亚州民法典》第56章第10条第1款的禁止性规定可能因《加利福尼亚州民法典》第56章第10条第3款的例外规定而被排除。

---

① Cal. Civ. Code 56. 10 (West Supp. 1995).

《加利福尼亚州民法典》第 56 章第 10 条第 3 款规定如下："健康护理服务提供者在以下情况下,可以公开病人医疗信息:……该医疗信息将提供给保险人、雇主等,用于制订健康护理服务计划、制订医疗服务计划、制订员工福利计划、配合政府的权威调查或统计,或提供给任何其他为病人支付健康护理服务费用的个人或机构,以确保个人日常生活中的各项支付责任的确定以及各项支付的正常进行。"这位家庭医生必须判断其病人的妻子是否属于上述例外规定中所述的有责任为其病人支付账单费用的人。他也许会认为这位妻子是上述例外规定中所称的"为病人支付健康护理服务费用的个人或机构"而将病人医疗信息提供给她,以确保个人日常生活中的各项支付责任的确定以及各项支付的正常进行。

现在的问题是,这位家庭医生可否在未征得其病人同意的情况下将其病人的医疗信息提供给其病人的妻子?如果这位家庭医生在未征得其病人同意的情况下将其病人的医疗信息提供给了其病人的妻子,那么,这位家庭医生是否需要因侵犯病人法定隐私权而承担法律责任?

本文主要讨论与上文所述问题相关的法律规定以及公共政策。本文共分两大部分,其中,第一部分从一个调查入手,分析美国加利福尼亚州与隐私权有关的法律规定;第二部分审视了在上文所述情况下,美国《加利福尼亚州民法典》第 56 章第 10 条以及相关公共政策的适用情况。此外,本文在结论中讨论了对于公开配偶医疗信息这类问题如何开展诉讼活动的问题。[①]

二、美国加利福尼亚州有关隐私权的法律规定

(一) 隐私权的性质

对隐私权下定义并非易事。隐私权与色情物品在这一点上有相似之处,它们均难以解释但却易于辨认。正如 Potter Stewart 法官在描述色情物品时所说:"当我见到它时,我便认得它了。"[②] 对于隐私权,

---

[①] Benjamin J. Cardozo, Growth of the Law 14 (1924).
[②] Jacobellis v. Ohio, 378 U. S. 184, 197 (1964) (Stewart, J., concurring).

或许也可以做同样的形容。隐私权似雾一般，当人们与其相隔一段距离时极易辨认，但走近时却难以将其抓在手中。

给隐私权下定义之所以困难，原因之一是隐私权这一概念在美国法学界相对较新。Louis Brandeis 和他的同事对隐私权这一概念的讨论仅开始于 100 年之前。① 虽然对隐私权最初的讨论可以追溯到 1860 年的一本非正式法学期刊中，但 Brandeis 及其同事对侵犯隐私权这一侵权行为的发现仍然赢得了普遍赞赏。自 Brandeis 及其同事对隐私权的讨论之后，学者们就为清楚解释隐私权的法律概念而备感压力。虽然 Dean Prosser 教授对隐私权所做出的说明②已经被《美国侵权法复述（第二版）》③ 和司法机关普遍采纳④，但是对隐私权构成要件的综合性阐述还远未形成，对隐私权的解释缺乏体系性和完整性。一位学者最近将侵权法形容为"一面亟须修补的法律之墙"⑤，另一位著名学者 Bernard Witkin 则将隐私权简单地视为"一种应当被独立保护的权利"⑥。

给隐私权下定义之所以困难，原因之二是法律并非是停滞不前的。⑦ 法律随着科技与社会规范的发展与进步而发展变化着。隐私权是唯一一个法律随着文化的发展而发展的权利领域。法律具有巨大的潜在发展的能力，在此情况下，我们不能否认政府在法治发展方面打下的基础及做出的努力，但这种基础中必须包括允许法官进行创造性的工作。如果缺少这种创造性的力量，所有的法律将会很快过时，变成对公众生活单纯的束缚，并逐渐失去法律应有的生命力。而司法之手，若不能参与创造，也将会在一成不变的运转模式中逐渐僵化。

美国加利福尼亚州的隐私权法便证实，给隐私权下定义，是何等困难的事情。

---

① Samuel Warren & Louis Brandeis, The Right to Privacy, 4 Harv. L. Rev. 193, 198 (1890).
② See William L. Prosser, Privacy, 48 Cal. L. Rev. 383, 389 (1960).
③ Restatement (Second) of Torts 652A – 652E (1977).
④ Bernard E. Witkin, Summary of California Law, 580 – 594, at 674 – 693 (9th ed. 1988).
⑤ California Torts, 46. 01 [2] [a], at 46 – 6 (1994) (Neil Levy et al., eds., 1995) (quoting Tom Gerety, Redefining Privacy, 12 Harv. C. R. – C. L. L. Rev. 233, 233 (1977)).
⑥ Melvin v. Reid, 297 P. 91, 92 (Cal. Ct. App. 1931).
⑦ See Ken Gormley, One Hundred Years of Privacy, 1992 Wis. L. Rev. 1335, 1335 (1992).

(二) 与隐私权有关的宪法性权利

除了普通法上的概念之外，本文仅在加利福尼亚州宪法对隐私权的保护范围之内讨论隐私权这项权利。虽然加利福尼亚州最高法院在回顾加利福尼亚州的隐私权案件时已经将隐私权视为一种联邦法保护的权利，但在本文中，联邦法对隐私权的保护不在笔者所讨论的范围之内。[①]

1. 隐私权在加利福尼亚州被视为一种不可剥夺的权利

美国加利福尼亚州宪法在1974年之前并无明确保护加利福尼亚州公民隐私权的规定。1974年，一份《隐私权倡议》（Privacy Initiative）在加利福尼亚州产生。为了主动采取措施履行这份倡议，加利福尼亚州政府制定了加利福尼亚州宪法修正案，将隐私权纳入加利福尼亚州宪法中所规定的不可剥夺的公民权利。修订后的加利福尼亚州宪法明确规定："一切公民生来自由、独立且享有不可剥夺的权利。宪法保护公民的生命权、自由权、取得权、占有权、财产权、安全权、幸福权和隐私权。"

无论是修订后的加利福尼亚州宪法还是《隐私权倡议》这份文件本身，均未对隐私权进行定义。对宪法上的隐私权进行定义的任务，落在了加利福尼亚州最高法院肩上。加利福尼亚州最高法院在1975年的White v. Davis 一案[②]中第一次遇到给隐私权下定义这个问题，但直到1994年，加利福尼亚州最高法院才对此问题做出了详尽的阐述。

2. 对隐私权的宪法保护与《隐私权倡议》的立法目的相符

如上文所述，在1975年，加利福尼亚州政府修订宪法，将隐私权纳入加利福尼亚州宪法所规定的不可剥夺的公民权利之中。在这之后不久的White v. Davis 一案中，加利福尼亚州最高法院便对此修订进行了讨论。法官认为，推动这次宪法修订的主要原因是"当代社会不断加剧的监控活动及资料收集活动使得他人对公民自由和安全的

[①] See, e. g. , Hill v. National Collegiate Athletic Ass'n, 865 P. 2d 633, 649 – 651 (Cal. 1994).

[②] White v. Davis, 533 P. 2d 222, 233 – 234 (Cal. 1975).

侵犯愈演愈烈"。宪法修订后新增条款的主要目的就是给公民提供一些措施，以便公民在自身隐私权受到威胁的时候能够运用这些条款来对自身权利进行保护。

美国加利福尼亚州最高法院通过州选举名册中的记录来搜集《隐私权倡议》的起草者及支持者的倡议意图。这份倡议文件由 Kenneth Cory 议员经 George Moscone 参议员呈递给议会。Cory 和 Moscone 在议会上动员投票时向投票者作如下解释："政府监控及资料收集等不断扩散的活动已经开始威胁公众享有的传统意义上的自由。不少政府机构之间似乎在进行资料收集比赛，看谁能够编纂出更广泛、更全面的美国公民档案资料数据库。信息记录的电子化使得给每个美国公民建立'从摇篮到坟墓'的详尽资料库成为可能。目前，对于政府或商事组织的信息收集活动，法律尚无有效的限制性规定。""隐私权是一项应当被独立保护的权利。它属于公民最基本的具有紧迫性的利益。隐私权保护我们的住所、家庭、思想、感情、表达方式、人格、交流自由以及交友自由。隐私权保护我们免受政府或商事组织不必要的信息收集和储存，防止我们的信息因为其他政府目的的需要而被滥用，亦防止我们的信息仅为了使我们自己难堪而被滥用。""保护隐私权的基础是控制个人信息的传播。这对于社会关系的发展和公众个人自由是非常关键的。在当代社会中，我们无法控制政府或商事组织力度不断加强的信息记录活动，这极大地限制了我们控制个人信息传播的能力。很多时候我们甚至对这些信息记录活动的存在毫不知情，当然也就无法知道这些信息被何人知晓。""更危险的是，对于政府或商事组织记录的公民个人信息，我们无法确保其准确性。显然，如果一个人连信息记录活动的存在都不知情，那么他更不可能查阅这些记录文件并纠正其中不可避免的错误或疏漏……一般来讲，普通公民根本无法控制自己的何种信息被收集了。这些信息的收集活动大部分是秘密进行的。""保护隐私权是美国一个重要的传统，因为它是《美国联邦宪法第一修正案》、《美国联邦宪法第三修正案》、《美国联邦宪法第四修正案》、《美国联邦宪法第五修正案》和《美国联邦宪法第九修正案》中保护公民基本权利之规定的重要体现。只有为了一项极具紧迫性的公共利益时,隐私权才能稍作让步"。①

在五角大楼文件泄密丑闻(Pentagon papers scandal)和水门窃听事件(Watergate hearing)的余波中,加利福尼亚州的投票者希望保护自己免受来自"老大哥"般政府的监控活动的侵犯,纷纷投票支持《隐私权倡议》。与此同时,投票者认识到当出于一项"极具紧迫性的公共利益"(compelling public interest)所需时,一定程度的监控活动是可以被允许的。然而,仍有一些政府官员对《隐私权倡议》持反对意见,James Whetmore 参议员为这部分官员中的典型代表。他们并未在宪法层面上对这份倡议提出质疑,他们的关注点更加现实:商事组织对雇员和客户进行背景资料检查并记录是再正常不过的商业需要,而正在根据《隐私权倡议》起草的宪法修正案将在多大程度上损害这种正常商业需要? Cory 向反对者保证,对公民私人生活的合法必要的干扰仍然会被《隐私权倡议》所允许。

1994 年,加利福尼亚州最高法院为了明确《隐私权倡议》背后的合法意旨与目的,重新回顾了上述这番争论与问题。在 Hill v. National Collegiate Athletic Ass'n 一案②中,法官对《隐私权倡议》这份文件的起草、实施与影响以及隐私侵权制度的发展历程进行了全面的概括性梳理。Hill 一案的判决对本文的主旨有非常大的影响,因为在 Hill 一案之后,加利福尼亚州最高法院在 Heller v. Norcal Mut. Ins. Co. 一案③的判决中指出,Hill 一案中对隐私权的分析对所有以被告违反美国《加利福尼亚州民法典》第 56 章第 10 条的规定为名提起诉讼的案件起着指导性作用。

法官在 Hill 一案判决的开篇便解释了为何无论是宪法修正案还是《隐私权倡议》这份文件本身,均未对"隐私权"进行定义。解释中称,倡议文件的起草者在起草倡议文件时,使用了"两个正式颁布的具有显著区别的与隐私权有关的法律渊源,即联邦宪法……及普通法中的法律规定"。倡议文件的起草者认为,通过对这两个法律渊源

---

① White, 533 P. 2d at 233 – 234 (emphasis in original).
② 865 P. 2d 633 (Cal. 1994).
③ Heller v. Norcal Mut. Ins. Co., 876 P. 2d 999, 1005 – 06 n. 3 (Cal.), cert denied, 115 S. Ct. 669 (1994.

的解读，"隐私权"的概念已经能够为公众清楚得知。因此，对这个问题进一步的详细说明是重复且没有必要的。审理 Hill 一案的法官更重要的发现之一是，倡议文件的起草者并不认为保护普通公民免受来自政府的侵犯是制定宪法修正案的唯一原因，而是认为，《隐私权倡议》用于保护公民免受一切对隐私权的侵犯，无论这种侵犯是来自公权力还是来自私权力。"电脑使用量不断增长是当今社会众所周知的社会现象。这一社会现象进一步证实了履行《隐私权倡议》的必要性，人们亟须这样的法律文件或法律规定来保护公民免受一切公权力或私权力对自身隐私权的侵犯。这一社会现象同样足以证明在当今社会，个人隐私权正受到各种信息收集活动或电子信息收集系统的威胁，而这些威胁中，既有来自政府的，也有来自商事组织的。要想使得对隐私权的保护不停留在记忆中或理想中，那么就必须将无论来自公权力还是来自私权力的各种收集、储存公民私人信息的侵犯公民私人领域的行为纳入到宪法控制的范围之内。若政府收集和储存公民信息的行为不被限制，任何对隐私权保护的期望都将会是虚幻的。"

美国联邦宪法不仅保护公民的传统宪法性权利，而且保护公民的隐私权不受政府侵犯，这是美国宪法对公民权利保护的一个引人注目的扩张。本着严谨认真的态度，审理 Hill 一案的法官还特别声明，对该案的分析是在《隐私权倡议》这份文件的基础上做出的，而不是在宪法对公民其他权利的保护条款之上做出的。

(三) 隐私权案件中竞争利益的平衡

1. 寻找将侵犯个人隐私权的行为正当化的适当标准

法律对于隐私权的保护并不是绝对的。"并不是所有对个人隐私权有所影响的行为均可以援引宪法进行保护。"[①] 隐私权是否应当受到保护以及应当如何进行保护的问题，应当在具体案件中根据公共利

[①] J. Clark Kelso, California's Constitutional Right to Privacy, 19 Pepp. L. Rev. 327, 376 (1991); American Motorists Ins. Co. v. Allied‑Sysco Food Servs., Inc., 24 Cal. Rptr. 2d 106, 111 (Ct. App. 1993).

益需要的程度进行具体分析。① 若社会公共利益的需要程度足以使某种侵犯个人隐私权的行为正当化，那么这种侵犯应当被允许。至于这种足以使侵犯个人隐私权的行为正当化的公共利益需要到底应当达到何种程度，在 White v. Davis 一案②和 Hill v. National Collegiate Athletic 一案③判决之后，仍是一个没有定论的问题。在 White 一案和 Hill 一案之前，使侵犯个人隐私权的行为正当化的标准是前文所述的"出于一项'极具紧迫性的公共利益'所需"，但在 Hill 一案中，法官采用了一个"灵活且实践性较强的方式"来进行案件中的利益平衡。

2. 表面上证据确凿的侵犯隐私权案件的构成要件

在 Hill 一案中，法官认定，虽然公共利益的需要与不可侵犯的个人隐私权之间的确缺乏明确的界限，但是以下这个"三步分析法"（three-pronged guideline）可以用于判断一个因公共利益需要而侵犯个人隐私权的行为是否构成民事侵权行为：其一，被侵犯的个人（即原告）隐私利益是否是一项受法律保护的利益；其二，被侵犯的隐私利益是否是原告可以合理期待的隐私利益；其三，客观来讲，被告侵犯原告隐私利益的行为是否达到了一定的严重程度。

（1）一项受法律保护的隐私利益的存在。在 Hill 一案中法官提出的三步分析法中，第一步即是分析原告是否存在一项"受法律保护的隐私利益"。这是一个法律层面上的问题。在法律层面上，隐私利益有两种存在形式，分别被称为"信息隐私权"（informational privacy）和"自治隐私权"（autonomy privacy）。

所谓信息隐私权，是指他人享有的防止别人传播或滥用自己的敏感或秘密信息的权利。这一权利是《隐私权倡议》核心价值的体现。"公民的部分信息是非常隐私的。日趋健全的社会规范认识到，公民若对这部分私密信息有最大权力控制其传播及使用，那么，将有效避免公民因私密信息被泄露或滥用而遭受尴尬或侮辱的情况发生。这类

---

① Britt v. Superior Court, 574 P. 2d 766, 773 (Cal. 1978); Lantz v. Superior Court, 34 Cal. Rptr. 2d 358, 367 – 68 (Ct. App. 1994); Luck v. Southern Pacific Transp. Co., 267 Cal. Rptr. 618, 629 – 630 (Ct. App.).
② White v. Davis, 533 P. 2d 222, 233 – 234 (Cal. 1975).
③ 865 P. 2d 633 (Cal. 1994).

社会规范使得公民对自己的私密信息享有了合理的可期待的隐私权。"信息隐私权正是本文开篇假设的情形中讨论的对象。自治隐私权与信息隐私权有显著区别。所谓自治隐私权，是指他人享有的自由选择自己的基本生活方式且这种选择不受政府规范干扰的权利。自治隐私权并不是完全不受限制的，在某些情况下，如果政府有正当理由，甚至连个人的基本生活方式都要受其控制。

（2）原告对隐私权的合理期待。一旦确定原告享有一项受法律保护的隐私利益，此时，法官即应采取第二步分析法，也就是分析原告是否对被侵害的隐私享有合理期待。这是一个"涉及事实与法律的综合性问题"。此种证明对事实的细节有很强的依赖，若不清楚案件中的重要事实细节，很难做出定论。地方传统、风俗习惯以及周边环境等均是判断原告对其起诉的隐私利益是否享有合理期待的重要因素。①

（3）侵犯原告隐私利益行为足够严重。在前两个条件都满足的前提下，法官最后还要采取第三步分析法，也就是考虑侵犯原告隐私利益的行为是否达到了一定的严重程度。"世界上不存在完完全全的隐私，如果你不是隐士，你就必须对侵犯自身隐私利益的行为有心理准备和忍受能力。"如果侵犯原告隐私利益的行为满足前两个条件，那么，这最后一步应属于一个纯粹的法律问题。

（4）举证责任的转移。假设一个表面上证据确凿的案件已立案，下面需要证明的便是，案件中被告侵犯原告隐私权的行为是否服务于公共利益。在 Hill 一案中，法官并未给出一个证明标准来解决何种行为属于可允许的侵犯行为这个问题。在 Hill 一案中，法官仅认定：如果某个侵犯公民隐私权的行为因一项具有紧迫性的公共利益而被正当化，那么，这种对公民隐私权的侵犯便不违反州宪法中保护公民隐私权的规定。合法的公共利益来自于合法性授权或政府、商事组织开展的有利于社会公益的活动。这种合法的公共利益之所以较之公民个人的隐私权更为重要，是因为这种利益更加符合政府或商事主体的主要社会功能。对于某个侵犯公民隐私权的行为是否构成民事侵权这个问题的评价基础在于：此行为在多大程度上促进了某项合法的、重要的

---

① Restatement (Second) of Torts, supra note 13, 652D cmt. c (1977).

竞争利益。

在 Hill 一案中，法官并未对"重要的竞争利益"（important competing interest）作出定义。按照该案中法官认定行为的上述这种飘忽不定的标准，判断行为人的行为是否构成民事侵权主要依靠对政府或商事组织符合其"主要社会功能"的行为的分析。符合某机构主要社会功能的行为不一定符合另一机构的主要社会功能；因此，符合某机构的"重要竞争利益"也不一定符合另一机构的"重要竞争利益"。一个机构若要证明其竞争利益已足以使其侵犯他人私人生活的行为正当化，应当证明其行为是合理的且未超过一定限度，同时还应证明已经采取一定措施确保被侵犯的私人信息不会泄露给第三方。最后这个证明要求起到了双重保护的作用。如果侵犯个人隐私利益的机构未能保护被侵犯的私人信息不被他人知晓，那么即使其行为有足够的竞争利益予以支撑，其行为也难以正当化。

3. 公开他人隐私的范围

如果本应仅被特定第三人知晓的私人信息被公开于其他所有不特定第三人之中，那么隐私权会就此受到侵犯。① 私人信息被无限度无范围地广泛传播会给被侵权人带来严重的精神痛苦。"人们不仅害怕向最亲密的人透露自己的个人隐私，很多以侵犯个人隐私权为由提起的诉讼都是因原告个人隐私被其他关系并不亲密的人所知晓而引起。"②

Prosser 教授和 Keeton 教授认为，被泄露的私人信息的接受者是一个无关紧要的问题，无论私人信息是透露给了一个人还是透露给了 100 个人，这种泄露私人信息的行为同样可诉。③

加利福尼亚州的法官在这个问题上与 Prosser 教授和 Keeton 教授出现了意见分歧，法官认为：如果私人信息只公开给了一个人或不足以代表广大社会公众的一小部分人，那么这个公开私人信息的行为不

---

① See Cal. Civ. Code 56. 10 (a) (West Supp. 1995) (requiring patient authorization prior to the disclosure of medical information).
② Briscoe v. Reader's Digest Ass'n, Inc., 483 P. 2d 34, 37 (Cal. 1971).
③ W. Page Keeton et al., Prosser and Keeton on the Law of Torts, 117, at 857–858 (5th ed. 1984).

一定可诉。

4. 隐私权的保护与放弃

隐私利益的享有者可以选择放弃其自身隐私权而允许他人公开其私人信息。通常情况下，若第三人拥有隐私权人的私人信息，例如内科医生掌握其病人的私人信息，那么为了保证隐私权人的法定诉讼权利不因第三人的诉讼而受到侵犯，该第三人不得在未获隐私权人允许的情况下擅自放弃隐私权人私人信息的隐私权。为保护隐私权人的利益，法律禁止第三人在未获隐私权人允许的情况下公开隐私权人的私人信息。

法官已经对可公开私人信息的范围做出了限制。在庭审中，法官判令当事人当庭公开某项私人事务，他们通常会采取一切可行的办法来缩小该私人事务的传播范围。这些办法包括对带入法庭的摄像设备进行检查或对该项私人事务的公开范围做出一个强制性的合理限定。

5. 诉讼资格

另一个关键问题是，原告是否享有对某个隐私侵权行为的诉讼资格。任何因隐私侵权行为而利益受到损害的个人都享有对该隐私侵权行为的诉讼资格。[1] 对于受害者来说，其对其所遭受的隐私侵权行为的诉讼资格因其死亡而丧失。但是，如果受害者在其死亡前已经向法院提起诉讼，则这一诉讼资格由受害者的近亲属继承。隐私侵权的诉讼资格是不可转让的，就算是在近亲属间也是不可转让的。近亲属可以提起独立诉讼的唯一情况是，其自身的隐私利益也因为这个隐私侵权行为而直接遭到侵犯。

6. 诉讼时效及可予赔偿的损害

加利福尼亚州法律对隐私侵权行为规定的诉讼时效是自侵权请求权产生之日起一年。在隐私侵权行为可能造成的损害中，法律规定可予赔偿的损害包括所有财产损害。而且，原告可以依自己遭到精神损害为由提出赔偿请求，即便没有证据证明原告遭受了财产损害或特殊损害。受害人名誉的损毁也属于可予赔偿的损害，而且在一些案件中，受害人可以将名誉的损毁作为足够充分的理由来要求行为人承担

---

[1] See Lugosi v. Universal Pictures, 603 P. 2d 425, 429 (Cal. 1979).

惩罚性损害赔偿责任。

（四）美国《加利福尼亚州民法典》第56章第10条所保护的隐私利益

目前，美国加利福尼亚州将法律保护的隐私利益分为四类：①侵扰他人安宁的隐私侵权行为；②公开他人私人事实的隐私侵权行为；③丑化他人形象的隐私侵权行为；④擅自使用他人姓名或其他身份特征的隐私侵权行为。Prosser教授将这四类行为称为"四种具有显著区别的侵犯了原告四个方面利益的隐私侵权行为"。[①] 这四种类型的隐私侵权行为并不是彼此完全独立的，它们在一定程度上有所重叠。在隐私侵权的案件中，原告以被告的某一个行为同时侵犯了其上述两种以上类型的权利为由提起诉讼的情况比比皆是。由于这四类隐私侵权行为中，只有前两类涉及《加利福尼亚州民法典》第56章第10条的规定，所以本文仅讨论前两类隐私侵权行为。

1. 侵扰他人安宁的隐私侵权行为

Prosser教授指出，人们有权利享有安宁的心境，而若想享有安宁的心境，需确保其远离外界对其私人活动的监视和监听，使其享有隐蔽和独处的权利。安宁权无论从生理上还是从心灵上均有可能被侵犯。对他人的个人私人生活无理由的、攻击性的、故意的侵扰是可诉的侵扰他人安宁的侵权行为。

(1)《美国侵权法复述（第二版）》。在美国法学会（American Law Institute, ALI）起草《美国侵权法复述（第二版）》时，在侵扰他人安宁的侵权行为这个问题上，Prosser教授对这种侵权行为的表述为ALI提供了重要参考。[②]Prosser教授和ALI在定义隐私权的概念时采取了非常类似的方式，两者之间没有显著区别。Prosser教授认为，依据《美国侵权法复述（第二版）》中的规定，如果一个理性人会因行为人的侵权行为而产生反感，那么这个侵权行为就是可诉的。

---

① W. Page Keeton et al., Prosser and Keeton on the Law of Torts, 117, at 851.
② See John W. Wade, Second Restatement of Torts Completed: Section on Privacy in Volume 3, 65 A. B. A. J. 366, 366–367 (1979).

《美国侵权法复述（第二版）》中规定："如果行为人故意闯入或通过其他方式侵入他人住所或私人事务，且这种侵扰会引起一个理性人的高度反感，那么，行为人应当承担侵犯他人隐私权的侵权责任。"①

（2）考虑案件具体情况的"理性人标准"。在审理侵扰他人安宁的隐私侵权案件时，美国加利福尼亚州的法官采取了 Prosser 教授的"理性人判断标准"（reasonable person standard），这就是，在判断行为人的侵权行为是否会引起一个理性人的高度反感时，要综合考虑案件的各方面具体情况，包括侵权的程度、背景、实施的行为、行为周遭的环境以及行为人的动机和目的、行为人侵犯的对象，也包括侵权人对该项利益的可期待程度。②

判断行为人的行为是否构成侵扰他人安宁的隐私侵权，决定性的标准是：结合案件具体情况来看，一个理性人是否能够期待其利益免受侵犯。这种侵犯的程度必须远高于现代社会中普遍存在的单纯的打扰。单纯的打扰是不可诉的，例如，对信用证申请人的例行信用检查是不可诉的，就算申请人本人对这种信用检查过度敏感，信用检查这种行为本身仍是不可诉的。

2. 公开他人私人事务的隐私侵权行为

我们很难客观评判哪些私人事务不应被公众所知晓。在一些案件中，法官认为有关个人情感及敏感话题的私人事务不应被公众所知晓。在另一些案件中，法官认为关于尊严和诚实信用的私人事务不应被公众所知晓。③

在侵扰他人安宁的隐私侵权行为成为可诉行为之前，美国加利福尼亚州最高法院的标准是，违反社会普遍道德观念的行为应当被禁止。

（1）公开他人原先的生活方式。1931 年，美国加利福尼亚州的法官在 Melvin v. Reid 一案④中首次对一个带有攻击性的公开他人私人信息的侵权行为做出了定义。该案中，原告年轻时曾做过妓女，现

---

① Restatement (Second) of Torts, supra note 13, 652B (1977).
② Miller v. National Broadcasting Co., 232 Cal. Rptr. 668, 679 (Ct. App. 1986).
③ See Edward J. Bloustein, Privacy as an Aspect of Human Dignity: An Answer to Dean Prosser, 39 N. Y. U. L. Rev. 962, 971 (1976).
④ 297 P. 91 (Cal. Ct. App. 1931).

在已成为一位贵妇。一部以原告年轻时的妓女生活为原型的传记电影公开了其原名。原告提起诉讼,理由是其为掩饰自己的过去而做出的努力与获得的成效被彻底摧毁。法官采纳了原告的诉讼理由。令人惊奇的是,法官当时的意见与之后 1974 年《隐私权倡议》的主旨十分相似。法官阐释道:"被告在上诉人已经拥有了崭新生活的情况下将上诉人过去的令人不快的经历连同上诉人的姓名一并公之于众。这一行为在我们所知晓的任何道德准则中都无法被正当化,且这一行为直接侵犯了上诉人不可剥夺的宪法性权利,即追求幸福与获得幸福的权利。我们将该项权利视为隐私权的一种还是视为其他权利并不重要,因为该项权利已经得到宪法的保护,任何人不得随意侵犯。因此,本院认为,上诉人在一审中提出的诉讼理由足够充分,一审法院不应驳回上诉人的起诉。"

一个极具说服力的事实是原告过去做妓女的经历是的确存在的事实。然而,如果他人过去的秘密一旦被公开会侵犯其现有的生活,那么,这些秘密就被视为不可公开的秘密。例如,在 1969 年的 Kapellas v. Kofman 一案①中,原告是几个孩子的母亲,正在作为候选人参与市政府法律顾问的竞选。原告的反对者揭露了原告涉嫌违法的行为。法官最终认定这种揭露行为是被允许的,因为它涉及这位母亲是否有资格竞选公职这样一个合法性问题。

(2) 有新闻价值的检验标准。在 Melvin 一案及此后的同类案件中,具有决定性的检验标准是:关于他人原先生活的秘密在如今的情况下是否具有足够的新闻价值,使得公开该秘密的行为能够被正当化。为了判断某个特定事件是否具有"新闻价值",进而判断将该事件公之于众的行为是否构成侵犯他人隐私权的侵权行为,法官需综合考虑各方面的因素,包括该事件的社会价值、对事件的报道在多大程度上侵入了他人的私人生活,以及当事人在多大程度上同意该事件的传播。

(3) 政府机构的信息公开。公民的信息常常容易被政府机构获取。对于公民信息隐私权的保护大多来自于政府规章。抛开规章中的保护措施不谈,有关公民信息隐私权的案件中,原告提起诉讼要求保

---

① Kapellas v. Kofman, 459 P. 2d 912, 914-915 n. 2 (Cal. 1969).

护的隐私权大多包括在校学生的考试成绩、信用记录、账务结算以及其他经济记录数据、犯罪记录、私人文件、医疗记录、两性关系以及在俱乐部或其他社会团体中的人事关系。

三、美国《加利福尼亚州民法典》第 56 章第 10 条的法律分析

（一）美国《加利福尼亚州民法典》第 56 章第 10 条在其法典中的地位

美国《加利福尼亚州民法典》第 56 章的立法目的在于："在保证个人医疗信息隐蔽性的同时，在一定程度上允许这些信息在合理限度内被别人使用"。① 这个立法目的可以从美国《加利福尼亚州民法典》第 56 章第 10 条在整个法典中所处的位置推断出来。美国《加利福尼亚州民法典》第 56 章第 10 条是在《加利福尼亚州民法典》第 1 编第 2.6 部分的第 2 点中规定的。美国《加利福尼亚州民法典》的每个部分都有标题。第 1 编是"人编"，第 2 部分是"个人权利"，② 第 2 部分中第 6 项内的题目是"个人医疗信息的隐秘性"，其中第 2 点的题目是"服务提供者对医疗信息的公开"。因此，美国《加利福尼亚州民法典》第 56 章第 10 条旨在处理医疗服务提供者公开病人私密医疗信息的行为如何影响个人权利的问题。

（二）法律术语含义的界定

1. 法律解释规则

对法律的目的解释需要建立在对立法者立法目的的了解之上。这种对立法目的的了解往往可以通过对法律条文的文义解释来获取。探知立法者的意图是解释法律的首要任务，这有助于立法目的的实现。③ 为了更好地实现立法目的，法官在运用法律进行案件审理时，必须首先从法律文本的文义出发，对法条作出最常见和一般的理解。法律规定的语句使用必须符合语境，与所追求的法律目的保持一致并

---

① See Cal. Civ. Code 56 (West 1982).
② Cal. Civ. Code, Div. 1, Part 2 (West 1982).
③ Taylor v. Forte Hotels, Int'l, 1 Cal. Rptr. 2d 189, 192 (Ct. App. 1991).

且不能和同一部法律中的其他内容有所出入。对于带有不确定性的规定，法官在使用其进行判案时必须作出特别的解释。①

这种"依字面意思解释法律"的规则在加利福尼亚州的司法实践中深入人心，法官不能对法律进行能够导致与字面解释有不同结果的重新解读。②"一部法律应按照其字面意思去理解，法官没有超出字面含义、不顾其原本意思解释法律的自由"。因此，法官在判案时应当持一种普通人的眼光、以切合实际的方式根据法律法规的字面含义作出判决。

2. 有证据证明违反美国《加利福尼亚州民法典》第56章第10条第1款的案件情形

原告承担对其起诉的案件中各相关构成要件的举证责任。为了证明某个案件中，被告违反《加利福尼亚州民法典》第56章第10条第1款的规定，原告必须拿出证据证明被告的行为符合三个法律要件：①原告是"患者"；②被告是"医疗服务提供者"；③被告在未获原告授权的情况下将其个人医疗信息向第三方公开。

（1）"患者"的法定含义。该类案件中的首要法律要件是：原告是法律意义上的"患者"。《加利福尼亚州民法典》第56章第5条对"患者"的含义进行了界定，即"任何自然人，不论其死亡与否，只要其从掌握自己医疗信息的医疗服务提供者那里接受了服务"，就是法律意义上的"患者"。

（2）"医疗服务提供者"的法定含义。该类案件中的第二个法律要件是：被告是"医疗服务提供者"。《加利福尼亚州民法典》第56章第5条对医疗服务提供者进行了如下定义："医疗服务提供者"是指任何依据《商业和职业道德守则》（Business and Professions Code）第2章（从第500条开始）取得执照或者获得认证的个人；任何依据《骨科倡议法》（Osteopathic Initiative Act）或《脊柱按摩倡议法》（Chiropractic Initiative Act）取得执照的个人；任何依据《健康安全法》（Health and Safety Code）第2章第5节（从第1797条开始）获

---

① Walnut Creek Manor v. FEHC, 814 P. 2d 704, 717 – 718（Cal. 1991）.
② Wells Fargo Bank v. Superior Court, 811 P. 2d 1025, 1034（Cal. 1991）（quoting People v. Campbell, 70 P. 918（Cal. 1902））.

得认证的个人；任何依据《健康安全法》第 2 章（从第 1200 条开始）取得执照的诊所、提供医疗服务的机构、提供医疗设施的机构；任何依据 1975 年颁布的《Knox – Keene 保健服务计划法》（Knox – Keene Health Care Service Plan Act）或者《健康安全法》第 2 章第 2 节（从第 1340 条开始）予以规范的预付诊金集体医疗计划。

这一法定概念的范围是极其广泛的。这表现在，在这一概念的框架内囊括了尽可能多的个人及商事组织，包括按摩师、整骨医师以及药剂师。

（3）"未经授权公开他人医疗信息"的法定含义。该类案件中的最后一个法律要件包含两个次要件：①是否存在医疗信息的公开；②该信息的公开是否未经授权。在美国《加利福尼亚州民法典》第 56 章中，这两个要素均有其定义。美国《加利福尼亚州民法典》第 56 章第 5 条将"医疗信息"定义为："医疗信息是指，由医疗服务提供者所掌握的，或从其处所获得的，关于病人自身的病史、精神或身体状况或者诊疗方案的任何私人的可识别的信息。"《加利福尼亚州民法典》第 56 章第 5 条将"授权"定义为："依据《加利福尼亚州民法典》第 56 章第 11 条或第 56 章第 21 条所获得的公开某项医疗信息的许可。"同时，美国《加利福尼亚州民法典》第 56 章第 11 条还对授权的方式、有权进行授权的主体，以及允许信息公开的范围进行了规定。

美国《加利福尼亚州民法典》第 56 章第 21 条对《加利福尼亚州民法典》第 56 章第 11 条规范的授权进行的细化规定在本质上是非常特别的，因为美国《加利福尼亚州民法典》第 56 章第 21 条将向第三方披露病人医疗信息的权利授予病人的雇员，而不是向其他法规一样将向第三方披露病人医疗信息的权利授予病人的医疗服务提供者。

3. 美国《加利福尼亚州民法典》第 56 章第 10 条第 1 款的例外规定适用情形之下证明责任的转移

如果原告提供了所有可以初步证明被告存在违反美国《加利福尼亚州民法典》第 56 章第 10 条第 1 款的情形的法定证据，证明责任将转移至医疗服务提供者，由医疗服务提供者来证明违反该条第 1 款的责任将因为适用该条第 3 款的例外规定而被减轻或免除。

（三）支持公开配偶医疗信息的公共政策

在本文开篇假设的一个事实是，妻子扮演着向全家人的医疗保险公司提供全家医疗费用以获得赔付的角色。因此，妻子有善意的理由要求查看其丈夫的诊疗费用单。只有她可以保证他们全家支付的诊疗费用足以满足家庭的医疗计划所需。

立法目的并不关心丈夫是否顾忌妻子在查询其诊疗费用单时别有用心。医生可以合理信赖妻子口头陈述的请求理由。美国《加利福尼亚州民法典》第 56 章第 10 条第 3 款第 2 项并不要求医生探寻妻子的主观状态。否则，当病人的配偶向医生提出查看病人的个人医疗信息时，这样的要求可能会给医生施加过分的侦探似的严苛要求。

1. 支持隐私侵权例外规定的观点分析

加利福尼亚州的公共政策支持的观点是，配偶享有对所有由夫妻共同财产支付的家庭医疗开支的知情权。尽管病人的配偶并未收到医生开具给病人的医疗账单，但若病人未对此账单进行支付，病人的配偶有义务对此账单进行支付。这一观点体现在以下两部法律之中：一是美国《加利福尼亚州民法典》第 242 条；二是于 1994 年 1 月生效的《婚姻家庭法》（Family Code）第 4300 条的强制性规定。《婚姻家庭法》第 4300 条中的规定取代了《加利福尼亚州民法典》第 242 节的内容，它规定："根据本条规定，配偶之间应相互扶持。"

《婚姻家庭法》第 4300 条的规定受公共政策的渗透影响。公共政策要求夫妻双方应当互相提供财政支持。这一公共政策在法律规定中的体现即是，允许公民对其配偶的违法或不当行为提起控告。例如，在本文开篇假设的情景中，如果妻子拒绝支付在其与其丈夫的夫妻关系存续期间产生的医疗费用，那么，法律允许丈夫对其妻子的行为提起控告。法律上对夫妻双方提供财政支持的要求是与法律上"代理"的概念联系起来的。仍以本文开篇假设的情景为例，作为丈夫的代理人，妻子当然有权利查看丈夫的账单，以确保保险公司偿还了其所有的家庭医疗债务费用。

2. 对于隐私侵权例外规定的分析

（1）医疗费用支付责任承担者。行为人到底可以在多大范围内知晓其配偶的隐私信息？美国《加利福尼亚州民法典》第 56 章第 10

条第3款对此范围的规定是"对于明确支付责任以及确保支付进行所必需的信息"。对于这一规定，不能仅简单地进行文义解释，而要结合上下文、语境、立法目的等进行全面的整体解释。这一规定表明，在未经授权的情况下，对他人医疗隐私信息的公开只能针对他人的医疗费用支付责任承担者。美国《加利福尼亚州民法典》第56章第10条还列举了哪些个人或商事组织可能成为他人医疗费用支付责任承担者。病人的配偶并未明确出现在所列举的规定之中。

但是，对该条文进行整体解释后，不难证明，病人的配偶也能够获得在未经授权的情况下知晓病人医疗隐私信息的权利。美国《加利福尼亚州民法典》第56章第10条第3款的规定并不是一个对可在未经授权的情况下知晓病人医疗信息的个体的穷尽式列举规定。病人的配偶是通过这些医疗信息从医疗费用支付责任承担者处获得利益的人，因此上述非穷尽式列举规定理应包含病人的配偶。

（2）法律允许病人的配偶代替病人执行对公开病人医疗隐私信息的授权。美国《加利福尼亚州民法典》第56章第10条第3款的规定必须结合该法其他章节的规定来理解，尤其应结合美国《加利福尼亚州民法典》第56章第11条的规定来理解。美国《加利福尼亚州民法典》第56章第11条第3款第3项允许病人的配偶代替病人执行对公开病人医疗隐私信息的授权，但这一允许只在处理健康保险申请这一种情况之下才能够适用。综合看来，立法机关不可能在同一部法律的某个条文中限制病人的配偶获得病人医疗隐私信息的权利，又在另一个条文中给予病人的配偶以相对宽松的获取病人医疗隐私信息的权利。

在本文开篇假设的场景中，丈夫并未事先对其妻子查阅其医疗账单的行为予以授权同意。这一事先明示授权的缺乏使得我们可进一步推断，妻子可能具有某种隐秘的理由，以至于其不需要事先征得丈夫的同意就可以自行了解丈夫的健康状况。类似的理由在妻子向丈夫的家庭医生解释为何要查阅丈夫的医疗账单时，可能会是非常有优势和说服力的。也即是说，家庭医生可能出于此种原因而将病人的医疗隐私信息告知其配偶。因此，这实际上违背了与加利福尼亚州民法典同样重要的公共政策中对于防止行为人非故意地泄露他人隐私信息的规定。

而根据这一分析，立法机关在起草美国《加利福尼亚州民法典》第56章第10条第3款第2项的时候，是将病人的配偶做出的类似于上文所述的说明理由视为允许配偶在未经授权的情况下获得病人隐私信息的主要理由。虽然立法机关并未明确规定只要配偶有这一主要理由，其获得病人隐私信息的要求就可以被允许，但是，因为立法机关在这一点上选择了保持沉默，所以我们可以明显看出，立法机关已经表明态度，即法律并不要求医疗服务提供者在每一次病人配偶向其提出查阅病人医疗账单信息时都进行详尽的调查。由此可见，家庭医生基于病人配偶的某些理由，可以将病人医疗信息提供给病人的配偶进行查阅，但家庭医生明知其病人的配偶查阅这些信息的目的不是为了提供给保险公司的除外。

3. 夫妻之间的信托关系规则

仍以本文开篇假设的情景为例，该情景中，家庭医生有权依据其病人与病人妻子之间的信托关系而在未获得其病人事先授权的情况下向其病人的妻子提供病人医疗信息。①

在夫妻生活之间，每一方在使用夫妻共同财产时都对另一方负有受托义务，这种义务包括："一方有义务向另一方完全公开所有可能涉及夫妻共同财产利益的事件、信息等财产的存在、特征以及价值……并且一方应当提供平等的机会，使另一方在提出要求时，能够获得关于这些财产或债务的价值、特征等各方面的信息。"由此可以明确看出，夫妻中的每一方均有权获取全部与夫妻共同财产及财务状况相关的信息，以便于夫妻中的任何一方对夫妻共同财产及财务状况做出独立的审查。

因此，在家庭生活中，无论配偶扮演的角色是另一方的代理人还是另一方的受托人，公共政策均考虑到夫妻共同财产的问题，因而在向配偶公开财务信息的问题上呈现强有力的支持态度。

四、结语

本文开篇假设的情景中出现的这一系列问题，尚未被任何加利福尼亚州有报道的法官判决所解答过。虽然这仅仅是一个假设的情景，

---

① Schnabel v. Superior Court, 854 P. 2d 1117, 1123 (Cal. 1993).

但对于当今社会的无数小家庭而言，公开配偶医疗信息的问题的确已经成为一个非常重要的问题。妻子或丈夫帮自己的另一半取药或拿化验结果，了解自己的另一半正在接受什么药物治疗或健康护理，这些是现实生活中再寻常不过的事情了。因此，若家庭医生在未获得其病人事先授权的情况下向其病人的妻子提供病人医疗信息，显然该家庭医生的责任是可以被免除的。当然，这样的结论建立在两个前提下：其一，这对夫妻的感情生活健康；其二，这位病人并未明确告知其家庭医生不得向病人的妻子透露病人的医疗信息。

实用主义者提出了一个问题：为什么这位家庭医生不将在公开病人医疗信息之前征得病人的同意作为一项公开病人医疗信息所必经的程序？对于这位家庭医生是否可以选择在未获得其病人事先授权的情况下向其病人的妻子提供病人医疗信息这一问题，最终应当是一个留待法官解决的法律问题。如果该情景中的丈夫以家庭医生侵犯其隐私权为由依据美国《加利福尼亚州民法典》第56章第10条第1款的规定提起诉讼，那么该诉讼可能适合由异议庭进行裁决，或由法官依据对法律作出的目的解释来进行裁决。如果该案进展顺利，到达辩护阶段，那么家庭医生和该病人妻子的证言均应被用于确认妻子提出获得丈夫医疗信息的要求是否的确出于核对保险费用的目的。而该案本身可能会被设立为一个模板式的判例而被之后的简易审判所效仿。

在这一假设的情景中，妻子向其家庭医生索要丈夫的医疗账单记录，并对其为何有权索要丈夫的医疗账单记录这一问题向家庭医生做出了恰当的解释。该妻子的行为显然属于美国《加利福尼亚州民法典》第56章第10条第3款第2项所规定的例外情形。因此，尽管严格地说，这位家庭医生在未获得其病人同意的情况下向病人的妻子公开病人医疗信息的行为可能构成对美国《加利福尼亚州民法典》第56章第10条第1款的违反，但这位家庭医生的责任应当适用美国《加利福尼亚州民法典》第56章第10条第3款的规定而予以免除。

血液捐献者隐私权保护问题研究

凯文·霍普金[1] 著 谭舒文[2] 译

目　次

一、导论
二、人体免疫缺陷病毒（HIV 病毒）与血液输送
三、血库与民事诉讼中的证据开示规则
四、《美国联邦民事诉讼法》第 26（c）条在血液感染纠纷中的法律适用问题
五、血液捐献者隐私亟待立法给予保密特权
六、限定血液捐献者保密特权的范围：保护血液捐献者隐私的两个提案
七、结语

一、导论

20 世纪 80 年代初，美国经历了第一场严重的健康危机，天花、小儿麻痹症、疟疾和结核病在全国出现并蔓延开来。1981 年，美国疾病控制中心（CDC）公布了首批感染了人体免疫缺陷病毒（"HIV 病毒"）的患者名单。HIV 病毒随后被证明可导致获得性免疫缺陷综合症（"AIDS"俗称艾滋病），并可发展为世界性的传染疾病。截至 1999 年 6 月，美国疾病控制中心的报告显示，总共已有 711344 人确认为艾滋病毒携带者。其中，420201 人已经因为患有艾滋病而死亡。同样，HIV 病毒感染情况也相当严峻。1992 年，美国有 650000 至 900000 人感染了 HIV 病毒。截止到 1996 年，美国大约有 700000 人

---

[1] 凯文·霍普金（Kevin Hopkins），美国勒特格兹法学院访问助理教授和约翰·马歇尔法学院助理教授。
[2] 谭舒文，中山大学法学院助教。

是HIV病毒携带者，并以每年41000人的速度增加。据联合国艾滋病规划署（the Joint United Nations Programme on HIV/AIDS，"UN-AIDS"）和世界卫生组织（the World Health Organization，"WHO"）统计，至1999年底全世界有将近3240万成年人和120万儿童感染了HIV病毒。

距离首批艾滋病病例公布之日已过去了近20年，在所有公布的与艾滋病有关的病例中只有百分之一的比例是输血事故造成的。尽管如此，通过血液输送传播HIV病毒的情况仍需继续保持足够的重视。首先，美国疾病控制中心的报告显示，HIV病毒传染病仍将是未来几年里全国性乃至世界性的卫生与公共政策难题；其次，输血作为一种支持性与代偿性的治疗措施对于拯救生命尤为重要；再次，由于HIV病毒存在一定的潜伏期，病毒携带者在感染HIV病毒后的数月甚至几年不显现任何生理症状，这将增加病毒携带者向周围传播该病毒的可能性；最后，目前人类还没有找到治疗艾滋病的有效方法，也没有筛查设备来检测血液中是否存在HIV病毒。只要HIV病毒或其他疾病有可能通过血液输送传播，我们就必须采取适当有效的法律措施解决相关问题。

HIV病毒具有不可治愈性，可导致高死亡率。因此，如果患者在输血过程中被输入了带有HIV病毒的血液而提起诉讼，血库通常为了保护侵权诉讼中血液捐献者的隐私而面临来自法院和各州立法机关巨大的审查压力。原告在控告血库过失供应捐献者提供的携带有HIV病毒的血液时，一旦成功获取了血液捐献者的身份，就等于公开了该血液捐献者呈阳性的HIV病毒检测结果以及其他保密的医疗信息。这也是法院与血库一直头疼的问题。一般而言，原告需要通过公开血液捐献者的身份以及血库其他的医疗记录来支持自己针对血库或者血液捐献者的诉讼请求。而血库作为此类诉讼中通常受攻击的对象通常面临着两难选择：一方面，如果选择提供诉讼所需的医疗信息，那么这将意味着血库违反了不公开捐献者私人信息的内部规范而有可能最终卷入血液捐献者提起的隐私侵权诉讼；另一方面，血库也可以拒绝提供有关捐献者的医疗信息，却有可能引起原告请求法院强制血库提供该信息的民事诉讼。然而，即使法院批准强制血库披露相关医疗信息，血库为了防止公开血液捐献者与HIV病毒无关的医疗信息，血库只能提供原告需要的证明与输送携带 HIV 病毒血液有因果关系的信息。

原告提起输血感染 HIV 病毒的纠纷是由于血库监管不力造成，因此必须承担起保护血液捐献者的角色。为了维护客户的隐私，血库可以请求法院通过保护令阻止当庭披露血液捐献者的身份、携带 HIV 病毒或者其他信息，以防血液捐献者"遭受骚扰、陷入尴尬处境、抑郁或者承受过度的压力与花费"。[1] 审判法院则需要权衡诉讼双方的利益关系，作出是否颁发保护令阻止当庭披露血液捐献者信息的决定。

法院早期在处理血库诉讼纠纷时通常对 HIV 病毒的传播方式给予充分的关注。出于保护全国血液供应的公共利益的考量，法院在权衡诉讼双方的利益时一贯支持将涉案的血液捐献者相关信息进行披露。由于当时条件不允许血液捐献者在提供血液时接受精确的 HIV 病毒检测，法院支持披露捐献者信息的做法具有法律实践的重大意义。即使部分法律实例中法院拒绝批准披露血液捐献者的医疗信息，司法救济有时仍无法为血液捐献者提供充足的隐私保护以避免他人不合理使用其个人信息。如今，随着血液采集机构提供强制血液检测的服务以及美国食品药品管理局（Food and Drug Administration，"FDA"）提供对血液服务的严格监管，法院在处理血库诉讼纠纷时将不再有理由轻视血液捐助者的隐私。更何况，未来新的疾病出现使全国血液供应安全陷入困境也是在所难免的。

立法者必须完善法律法规，引导法院在司法实践中最大程度地保护血液捐献者的隐私，同时允许原告获取相关必要信息以支持其诉讼请求。本文针对上述问题建议州立法机关给予血液捐献者绝对的免责特权，确保血液捐献过程中所采集的血液安全无传染源以及血液采集服务的持续性。

二、人体免疫缺陷病毒（HIV 病毒）与血液输送

（一）艾滋病危机

1981 年 6 月 5 日，美国疾病控制中心和加利福尼亚州卫生保健

---

[1] Fed. R. Civ. P. 26 (c).

工作人员公布了美国出现的第一例艾滋病患者。但是当时医生与研究人员对病因、HIV 病毒的传播方式以及 HIV 病毒对人体整个免疫系统有何种影响所知甚少，也没有进行有针对性的实验确定 HIV 病毒可以通过血液传播，因此不可能对血液捐献者提供的血液进行 HIV 病毒检测。

1982 年到 1983 年期间，医学界注意到染上艾滋病的患者大多数曾经接受过输血手术，由此得出艾滋病可能通过血液传播的结论。1982 年，研究人员发现了三例患者由于输血时输入了含有凝血因子的血产品而偶然地患上了血友病，另一例则是一名在出生时接受了多次输血的婴儿出现了类似艾滋病的症状。由此，研究人员开始猜测 HIV 病毒有可能通过血液进行传播。其间，疾病控制中心列举了四类感染艾滋病的高危人群：男同性恋者、采取静脉注射方式的吸毒者、来自海地的移民以及血友病患者。

美国疾病控制中心知悉后，于 1983 年 1 月 4 日召开会议就全国血液供应情况进行讨论。与会代表分别来自食品药品管理局、美国红十字会、美国血库协会以及社区血库委员会、国家血友病基金会、国家男同性恋特遣部队和制药企业联合会。1983 年 1 月 13 日，美国红十字会、美国血库协会以及社区血库委员会发布了联合声明[①]，建议侧重使用"自体同源的血源输送"，对准备献血的血液捐献者进行更加彻底的筛查检测。该联合声明特别针对如何控制通过血液产品传播艾滋病提出了一些建议。然而，声明并没有提出血液测试实验的具体实施方案和以性取向为基础的血液检查程序。

美国红十字会、美国血库协会以及社区血库委员会发布联合声明后，舆论认为感染艾滋病的高危人群献血将极有可能引起输血纠纷，因而产生担忧。在 1983 年 3 月，美国公共卫生服务委员会和食品药品管理局的生物学与血库和血浆衍生物制造商签署了备忘录，建议采用"自检"的方法减少向感染 HIV 病毒高危人群采集血液。此外，食品药品管理局还建议血库培养专业人员分辨艾滋病的前兆与症状，负责血液捐献检查，并且给容易感染艾滋病的高危人群派发普及艾滋

---

① Joint Statement on the Acquired Immune Deficiency Syndrome (AIDS) Related to Transfusion, 23 Transfusion 87, 87 (1983).

病常识的小册子。然而，食品药品管理局和公共卫生组织都没有建议血液采集机构提供血液检测服务。直至1984年4月，科学家才通过研究发现HIV病毒可能是导致艾滋病的罪魁祸首。

（二）血液检测代理服务的发展

1986年以前，血库肩负着所有血液疾病检测的重任。如果查明献血者具有肝炎、梅毒、血液疾病、结核病、疟疾、癌症、心脏病、癫痫、无故体重骤降的病史或者服用特定药物的经历，血库将拒绝该志愿者献血。虽然血库为准备献血的志愿者派发了有关AIDS的信息单，向捐献者说明捐献带有HIV病毒传染源的血液将导致的风险以及要求血液捐献者回答有关病史等一系列问题，但血液捐献程序仍只涉及肝炎、梅毒以及其他抗体的检查。

1988年，食品药品管理局实行了对血液捐献者的强制检查措施，也增设了一些检测血液中是否存在HIV病毒抗体的筛查代理服务。1985年3月2日，食品药品管理局成为授予其他机构酶联免疫吸附测试（"ELISA"）资格的权威机构。[1] 1987年4月30日，生物科技研究实验室获得了食品药品管理局授予的准许生产免疫印迹测试试剂（the Western Blot test kit）的许可证。[2] 免疫印迹测试虽然比酶联免疫吸附测试花费高，敏感度低，但却可以用来确认或者否定酶联免疫吸附测试的阳性结果。两者同时使用可确保检测HIV病毒抗体的结果99%正确。但是没有一项测试可以在"窗口期"（the window period）内，也就是最初感染HIV病毒到机体在血液中产生抗体的6到8个星期里检查出HIV病毒是否存在。庆幸的是，现在食品药品管理局已经鼓励所有的血库和医院排他地使用核酸检测技术（"NAT"）筛查血液来帮助根除血液供应中的病毒感染。核酸检测可以检测到像丙肝或者HIV病毒这样的微量病毒，检测结果甚至可以在献血者体内

---

[1] See 50 Fed. Reg. 9909 (1985). See also 50 Fed. Reg. 28477 (1985). See Michael J. Barry et al., Screening for HIV Infection: Risks, Benefits, and the Burden of Proof, 14 L. Med. & Health Care 259, 260 (1986). See Taunya Lovell Banks & Roger R. McFadden, Rush to Judgment: HIV Test Reliability and Screening, 23 Tulsa L. J. 1, 16 (1987).

[2] See Michael Abramowitz, Rockville Firm's Test Kit for AIDS is Approved, Wash. Post, May 1, 1987, at F1.

识别出病毒之前得出。虽然该实验有望基本消除每年输血导致的 HIV 病毒感染事故，但是它仍然处在试验阶段。

三、血库与民事诉讼中的证据开示规则

《美国联邦民事诉讼法》第 26（b）（1）条允许诉讼当事人进行广泛的证据开示。即使是难以得到承认的证据，如果其"能合理地引起诉讼当事人对其他可采纳的证据进行证据开示"，也纳入广泛的证据开示范围。[①] 设置如此自由的证据开示规则是为了帮助诉讼双方做好应诉准备或者更好地解决法律纠纷，同时也给予审判法院较大的自由裁量权。然而，证据开示的范围仍受到一些因素的制约：①正如联邦民事诉讼法第 26 条规定的那样，不允许在法庭上披露不相关或者享有保密特权的信息；②法院认为确有充分的理由，可享有广泛的自由裁量权限制或者禁止在法庭上公开相关或者没有保密特权的信息，避免捐献者"遭受骚扰、陷入尴尬处境、抑郁或者承受过度的压力与花费"。在判断法官是否具有合理的理由禁止对相关或没有法律特别规定的信息进行证据开示时，审判的法院需要平衡并充分考虑批准或不批准证据开示所保护的利益之间的关系。联邦法院对"合理理由"的标准采取限缩解释。如果法院拒绝授予被告保护令，将迫使保护捐献者信息不被披露的被告证明捐献者信息一旦披露将可能造成的伤害结果。虽然制定《美国联邦民事诉讼法》第 26 条是为了最大限度地减轻证据开示对当事人双方的影响，但这也意味着除非血库可以证明披露原告所要求的信息将对血液捐赠者造成特定的伤害，否则，血液捐赠者的信息也可以在法庭上披露出来。

在血液感染案件中，若原告请求公开血液捐献者的保密信息，则审判法院需要考虑三方利益来判定是否支持原告的请求：一是原告请求赔偿人身伤害的利益；二是血液捐献者的个人隐私信息不被披露的利益；三是保障全国血液供应充足与安全的社会利益。然而，权衡这三种利益关系并非易事。联邦和各州法院在 AIDS 案件中的证据开示范围问题上产生了分歧。一方面，基于对联邦和各州宪法保护的隐私权、保证血液供应充足与安全以及结合前述两种利益的考虑，一些法

---

① Fed. R. Civ. P. 26（b）（1）.

院并不支持原告获取血液捐献者信息的请求；另一方面，许多法院考虑到侵权法规定了受害者的侵权赔偿以及确保全国血液供给安全的社会利益，而允许将血液捐献者的个人信息进行证据开示。最终，一些州制定了相关法律法规保护血液捐献者的身份和与HIV病毒有关的信息不公开，但同时允许原告在证明其确实具有合理的理由或者迫切的需要后可以获取相关信息。

四、《美国联邦民事诉讼法》第26（c）条在血液感染纠纷中的法律适用问题

在血库输血事故案件中适用《美国联邦民事诉讼法》第26（c）条以及州相关法律存在以下几个问题：①由于现有测试技术已经最大限度地保护了血液安全，因此保证全国血液供应安全充足已不再是依照第26（c）条权衡各方利益时最重要的考量因素；②由于法律提供了自由的证据开示规则，法条之规定内在地有利于原告而无法统一充分地承认血液捐献者的隐私利益；③根据联邦和各州处理同一案件的做法不同，适用第26（c）条的判决结果也有所不同，这也是伊利原则（the Erie Doctrine）所体现的精神。

（一）血液安全已不再是《美国联邦民事诉讼法》第26（c）条适用中所考虑的最重要的因素

全国血液管理政策最核心的目标是确保"血液和血液制品供应能充分满足全国所有的医疗需求"。[①] 过去的50年来，输血拯救了数百万人的生命，已成为美国"不可缺少的治疗手段"。美国每年有将近1200万例手术需要输血。血液输送依然对救死扶伤至关重要，没有其他长久的替代品可以代替血液救活生命。

AIDS危机爆发初期，审判法院在考虑是否根据《美国联邦民事诉讼法》第26（c）条授予血库保护令时，主要考虑披露血液捐献者身份和有关HIV病毒的信息会给国家血液供应带来怎样的影响。那些案件的最终判决结果体现了当时法院倾向于保护国家血液供应的公共利益。

---

① National Blood Policy, 39 Fed. Reg. 32702, 32702 (1974).

血液以及血液制品在医疗中运用的重要性毋庸置疑。保证血液供应安全和充足是应当始终坚持的社会利益。所以为了保持法律的可行性,《美国联邦民事诉讼法》第 26（c）条必须继续促进社会利益的实现并为救活更多需要输血的病人而努力。然而,适用《美国联邦民事诉讼法》第 26（c）条实现前述两个目标的效果并不如想象中理想。

原告认为对血液捐献者的身份以及有关 HIV 病毒的信息进行证据开示可以促使血液供应更加安全。这一观点背后的基本原理则是,如果血液捐献者意识到在将来卷入的诉讼中需要公开自己的身份,便会在献血过程中自查血液是否符合要求,这样有利于全国血液供应的安全。根据这一说法,潜在的诉讼风险将成为另一种筛检程序,使未来的有潜在危险的血液捐献者献血时更加小心谨慎。虽然 AIDS 危机爆发早期血液供应安全是主要的考虑因素,但是其重要性在今天看来已大大降低了。如今,全国血液供应处在美国历史中最为安全的时期。① 血液捐献涉及的检测项目已经由 1981 年的 2 项增至现在的 7 项。

自从 1986 年以来,食品药品管理局对血液行业的监督管理不断增强,通过教育、法律法规调控、质量保证以及更新产品来促进现有血液采集程序的实施,不断努力确保血液的安全。当前,食品药品监督局的血液安全系统分为五个层次,从血液采集中心扩展到血液制品的生产与分配。② 食品药品管理局主要负责血库的日常检查,通过监管血库的操作核实血库是否符合法律法规和标准的规定,在监督过程中由调查人员监测血液捐献筛检系统、血液测试仪器、标签、储藏、操作、记录以及其他步骤。一旦发现不合格,食品药品管理局有权签发警告函或者暂扣、撤销血库的执照。对于触犯民法或刑法的行为人

---

① See Prepared Statement of Kathryn C. Zoon.
② 首先,血库需要询问血液捐献者的健康状况和是否有其他具有风险的因素,专业的技术人员对潜在的血液捐献者进行血液检测,并要求身体存在特定健康问题的潜在捐献者终止捐献血液。其次,采集成功的血液需要通过血液检测,确定是否有 HIV 病毒或肝炎。再次,建立风险捐献者的数据库,避免使用这些具有潜在风险的捐献者的血液。最后,所有血产品都需经过合适的检测以及登记才能封存,调查各环节的血液采集设施是否符合安全标准,并对不符合标准的环节进行整治。

或事宜，食品药品管理局也可以采取包括没收和召回产品在内的法律措施。

食品药品管理局对全国血液供应的严格检测以及血液检测技术的高度发展使得美国的血液供应跻身世界前列。因此，人们将通过现今出现的更多血液筛查技术来认识和解释血库避免血液筛查过程中的过失引起血液事故诉讼而巩固筛查环节的更多好处。

此外血库认为，若允许对血液捐献者的身份以及有关HIV病毒的信息进行的证据开示将导致血液的严重短缺。他们主张，如果提供携带病原体血液的捐献者意识到未来的血液感染事故诉讼可能对其利益构成威胁，将抑制他们甚至其他社会大众继续向血库献血。他们认为第26条的适用将严重抑制血液捐献的来源，这与确保血液供应充足的社会利益背道而驰。基于这一基本原理，只有法院拒绝授予《美国联邦民事诉讼法》第26（c）条所规定的原告的证据开示请求，才能确保血液供应充足的社会利益顺利实现。

尽管血库的观点少有证据支持，却仍有它的可取之处。现下美国血液捐献水平持续走低，专家预测2000年全国将出现血荒。血库担心适用血液捐助者的信息的证据开示可能导致血荒的出现，而现在血液库存稀缺更主要的原因是美国年轻的一代不像"二战"前的血液捐献者那样积极参与。然而就现在全国血液供应短缺的现状而言，《美国联邦民事诉讼法》第26（c）条的适用从长远意义上将可能导致献血活动受到抑制，最终可能严重削弱保证血液供应充足的法益。如果这一推论成立，否决《美国联邦民事诉讼法》第26（c）条所涉及的证据开示才是促进血液供应充足的唯一的法律途径。

无论是确保血液供应安全还是维护血液供应充足，两者都不能成为《美国联邦民事诉讼法》第26（c）条中允许公开捐献者身份与相关HIV病毒信息的充分的辩护理由。维护血液供应的充足与安全不再成为平衡原告和捐献者利益的决定性或者压倒性的因素。因此，我们应当将原告和捐献者的利益摆在同一高度，均衡地评估与衡量。

（二）《美国联邦民事诉讼法》第26（c）条是有利于原告的条款

美国联邦民事诉讼法允许当事人对案件涉及的所有相关信息进行

广泛的证据开示。① 为了顺利进行证据开示,法律对相关性标准做了扩大解释(is broadly and liberally construed),根据具体案件的不同而有所不同。只要信息"被认为可以合理地引起可采纳的证据进行证据开示"即认为具有相关性。因此,《美国联邦民事诉讼法》第26条内在地推定了诉讼各方有权在证据开示阶段对案件涉及的所有相关信息进行开示和披露。

在涉及供体筛查过失的血库诉讼中,原告通常主张对捐献者的身份进行证据开示,这在证明血库存在过失时尤为必要。血库的行为很有可能是造成原告人身受到侵害的原因所在。这类案件的原告认为证据开示对判断捐献感染了HIV病毒的血液捐献行为是否经过了血库的筛查程序以及筛查程序是否符合规范标准是十分必要的,其背后的逻辑则是捐献者个人对相关事实有一定程度的认知,如果血库不能提供相关信息,原告将在诉讼中面临困境。

显然,所有显示血库采集和供应有病原体的血液的信息都是证明血库存在供体筛查过失的相关证据。这些信息的来源主要是负责供体检验的血库工作人员或技术人员以及捐献者。由于这些信息具有相关性,原告根据《美国联邦民事诉讼法》第26条可以享有默示推定允许获得捐献者相关信息的权利。然而,血库根据《美国联邦民事诉讼法》26(c)条申请针对捐献者信息的保护令时,法官需适用证据开示的推定原则进行判断。法条在权衡各方利益时,使原告要求赔偿损害的利益与推定公开所有与审判中的诉讼有关的信息相结合,明显有利于原告而使基本的公平遭到质疑。很显然,结果是法院有足够的依据在平衡双方利益时倾向于关注原告的利益而非献血者的隐私利益。

由于《美国联邦民事诉讼法》第26条规定了大范围的证据开示,血库只能根据《美国联邦民事诉讼法》第26(c)条提起保护令的动议。根据美国联邦民事诉讼法的规定,当事人不可以将与案件不相关或者非经法律特别规定的信息进行证据开示。正如前述所讨论的,血库采集和分配带有病原体的血液所涉及的相关事务都与原告起诉血库具有捐献筛查过失的案件有关。因此,血库只有主张保密特权保护或主张已申请保护令,正在等待结论来拒绝原告主张对献血者身

---

① See Fed. R. Civ. P. 26 (b) (1).

份或者有关 HIV 病毒信息进行证据开示的依据。

而这两种主张都行不通。首先，大部分法院在判断血液案件中的捐献者信息是否受保密特权保护时，主要考虑血库在献血过程中所采集的捐献者信息是否应当基于医患保密特权而受保护。然而，这些法院通常认为医患保密特权不应适用于这类案件，主要因为血库并没有为血液捐献者提供医疗服务。目前为止，没有州法院已承认血库与捐献者之间享有单独的保密特权来保护献血者在筛查过程提供的保密信息不被公开。因此，血库除了根据《美国联邦民事诉讼法》第 26(c) 条申请保护令，别无他法。如果申请保护令，血库需要承担证明"存在合理理由"的责任，但宽松的证据开示规则显然更有利于原告，使得血库几乎无法证明"存在合理的理由"。

没有法院会仅凭联邦或州法律中承认的隐私权来支持血库拒绝公开捐献者的身份或者有关 HIV 病毒的信息。虽然有少许法院已经基于联邦或州法规定的隐私权或者医患保密特权承认了捐献者享有明示的或默示的隐私权，但是绝大多数承认捐献者隐私权的法院在适用《美国联邦民事诉讼法》第 26(c) 条平衡双方利益时仍然认为原告的利益更为重要。至少有两个州已经拒绝承认血液捐献者的基本隐私权，尽管联邦法律中对隐私权有所涉及。

由于联邦和各州法院相继不重视或不承认捐献者的隐私权，《美国联邦民事诉讼法》第 26(c) 条给予捐赠者的支持也相当有限，因此很大程度上我们还需要结合案件所在的州进行具体的讨论。

（三）《美国联邦民事诉讼法》第 26(c) 条之规定引起伊利原则的担忧

此外，不同法院对待捐献者的隐私利益采取截然相反的做法将潜在地牵连到违反伊利原则的两个目的："不鼓励诉讼当事人利用各州法律不同而选择有利于自己的州法院起诉，避免不正当的法律适用"。① 在 Erie Railroad Co. v. Tompkins 一案②中，美国联邦最高法院在解释《1789 年美国联邦司法法》第 34 章时，认为该章节之目的是

---

① Hanna v. Plumer, 380 U. S. 460, 468 (1965) (discussing the twin aims of Erie R. R. Co. v. Tompkins, 304 U. S. 64, 78 (1938) See also Gasperini v. Center for Humanities, Inc., 518 U. S. 415, 430 (1996)).

② Erie R. R. Co., 304 U. S. at 72 - 73.

确保"除联邦法律规定特定事项适用联邦法之外,行使管辖权的联邦法院对各种实体问题均适用于州法律"。简而言之,伊利铁路公司认为联邦法院应该适用州一级实体法和联邦程序法。以下情形进一步说明伊利原则适用于血液捐献者诉讼中:

第一,一些联邦法院在适用《美国联邦民事诉讼法》第26(c)条权衡当事人双方利益时认为,仅凭联邦民事诉讼法足以保护血液捐献者的隐私,法官依据该法就可以对案件进行裁决。因此,这些法院并不采纳联邦或州法涉及的明示或默示的隐私权的相关规定。然而若运用伊利的方法分析,如果联邦法院认为隐私权问题本质上是程序问题而不是实体问题,法官仅凭联邦民事诉讼法就可以解决问题,那么在那些无论联邦法律还是州法律都认为隐私权是一种实体权利的州,法律适用就出现冲突现象。

第二,一些联邦法院根据联邦法支持当下血液感染的案件中涉及的血液捐献者隐私权是一种实体权利,而当地的州法院无论根据联邦法或是州法都不承认该隐私权是一项实体权利。此种情形也同样牵涉伊利原则的适用。如果遇到这种情况,则不允许联邦法院根据联邦法来保护血液捐献者的隐私权。这是由于诉讼的实体属性一般适用州法来界定,根据伊利原则联邦法院适用的法律必须与州法相一致。

第三,如果依据联邦法,审理案件的州法院已经承认隐私权,但是本州的联邦地区法院在审理同样案件的时候不承认隐私权的保护,那么该案有可能需适用伊利原则。根据伊利原则,联邦地区法院适用法律必须与该州实体法保持一致(承认隐私权受保护),否则,违反遵循先例原则。

至少,《美国联邦民事诉讼法》第26(c)条在平衡涉及血液感染的诉讼中双方利益时考虑了联邦制和伊利原则的关系。因此,联邦和州立法机关有必要就这一关系重新评估是否继续适用《美国联邦民事诉讼法》第26(c)条之规定。

五、血液捐献者隐私亟待立法给予保密特权

如果认真审视《美国联邦民事诉讼法》第26(c)条的规定以及其在血库案件中的适用便可发觉,主张在平衡双方利益时依据司法

制度来提供对捐献者隐私权的充分保护是具有内在荒谬性的。在判定是否授予血库拒绝公开捐献者身份及其 HIV 病毒等相关信息的保护救济时，不应当通过程序上平衡相关利益的方法解决。最好的办法是在符合全国血液供应政策的公共利益前提下，承认原告和捐献者各自合理的实体性主张——最大程度保护捐献者隐私，同时允许原告获得必要的捐献者基本信息来支持其起诉血库或捐献者的诉讼请求。

本文这一部分将分析捐献者保护自身隐私实体权利的诉求以及隐私权保护的法律基础，包括对普通法上的保密特权之引入与适用进行综述。出于公共政策原因的考虑，社会普遍意识到，设立保密特权以维护特定社会关系尤为必要。本文将讨论为何维护好血库与捐献者的良好关系对美国卫生保健系统的完善如此重要，以及保密义务对全国血液供应的持续稳定具有积极意义。

（一）隐私权的宪法保护

1. 承认隐私权为实体性权利的司法确认

当血库依据《美国联邦民事诉讼法》第 26（c）条保护捐献者的隐私利益时，它们通常主张捐献者享有联邦法或州法保护的不公开身份的隐私权利。它们认为任意披露捐献者的身份及 HIV 病毒等相关信息都是对捐献者个人灾难性的打击，并将导致捐献者面临就业、家庭和医疗方面的歧视问题。所以，法院在平衡诉讼双方利益时不仅需要决定捐献者的隐私实体权益是否存在，而且还要有适当的理由支持他的观点。

隐私权是"人类进入文明以来所享有的最具综合性的也是最有价值的权利"。[1] 它是基本的实体权，也是法定自由的应有之意。只有保密的权利得到落实，公民才能真正受到保护。隐私权的提出与普通法的发展密切相关。1890 年，塞缪尔 D. 沃伦（Samuel D. Warren）和路易斯 D. 布兰代斯（Louis D. Brandeis）在《哈佛大学法律评论》发表了标志性的论文《论隐私权》。该文中沃伦和布兰代斯

---

[1] Stanley v. Georgia, 394 U. S. 557, 564 (1969) (citing Olmstead v. United States, 277 U. S. 438, 478 (1928) (Brandeis, J., dissenting)).

第一次提出了隐私权的概念,① 并指出:"随着这项新的权利得到认可,政治经济社会将发生巨大的变化","个人将有权决定自己的事务是否公开"。这两位学者特别强调,如果"瞬时的照片与报纸刊物侵犯了神圣的私人与家庭生活",法律应当对这些侵犯行为进行规制。现代美国联邦隐私侵权制度就源于沃伦和布兰代斯的文章,并随后发展成威廉·普洛斯的四类隐私侵权制度。②

然而,美国联邦宪法并没有明确地规定隐私权。1928 年,美国联邦最高法院审理了第一起隐私侵权案件,即 Olmstead v. United States 一案。③ 在该案中,奥姆斯特德(Olmstead)基于《美国联邦宪法第四修正案》对政府的窃听行为提起诉讼。联邦执法官员对被怀疑侵犯了美国禁酒法(the National Prohibition Act)的多名被告进行了窃听。被告反对政府采信窃听得来的证据,因为政府的行为构成了违反联邦宪法第四修正案中的不合理搜查与扣押。同时,被告认为自己享有通话自由与通话不被打扰的隐私权。然而,法院采取了对《美国联邦宪法第四修正案》的严格解释,拒绝承认在这种情况下存在隐私权。

在 Griswold v. Connecticut 一案④中,美国联邦最高法院承认了源于权利法案中的几个宪法修正案所涉及的隐私相关权利。格里斯瓦德(Griswold)案的法院认为,夫妻间决定避孕的事宜属于隐私的范畴,它源于权利法案中的特别规定,而夫妻关系属于宪法保护的基本权利派生的隐私权范畴。在随后的裁判中,美国联邦最高法院进一步解释到,隐私权也可以在第四修正案中的"个人自由"概念中找到依据。

---

① Samuel D. Warren & Louis D. Brandeis, The Right to Privacy, 4 Harv. L. Rev. 193 (1890).
② See William L. Prosser, Privacy, 48 Calif. L. Rev. 383, 386 (1960). See also W. Page Keeton et al., Prosser and Keeton on the Law of Torts 849 – 850 (5th ed. 1984). 这四种隐私侵权制度是:侵扰他人居所安宁、安静或侵入他人私人事务的隐私侵权,公开他人私人事务的隐私侵权,公开丑化他人形象的隐私侵权,擅自使用他人姓名或者肖像的隐私侵权。参见《美国侵权法复述(第二版)》(1977)。
③ See Olmstead v. United States, 277 U. S. 438 (1928) (holding that wiretapping was not a search within the meaning of the 4th Amendment).
④ See Griswold v. Connecticut, 381 U. S. 479, 485 – 486 (1965) (recognizing an implied right to privacy of married persons to use contraceptives).

根据《美国联邦宪法第四修正案》,"个人自由"概念包含了两个不同的隐私利益:一是隐私权包含了个人的私人事务不被披露的权利,二是隐私权包含了个人独立做出私人且重要的决定的权利。其中,前者在民事证据开示方面还存在争议。

2. 私人信息的公开披露

在 Whalen v. Roe 一案[①]中,美国联邦最高法院考虑了两个方面的内容:一是个人信息不被非法披露的医疗信息隐私权,二是机关单位获得患者医疗记录的法定权利与患者享有宪法保护的隐私权之间的利益冲突。在 Whalen 一案中,一批有二类药处方的患者对纽约市法令的合宪性提出了质疑。纽约市的法律规定,医疗机构必须保留个人拿药的处方记录,该处方记录必须记载患者的姓名、地址以及年龄,并报州卫生局备案。患者质疑该法令的正当性并坚称该法令违反了宪法关于"隐私权"的规定,特别是其侵犯了患者享有的私人信息不被披露的权利以及自主做出私人决定的权利。

在 Whalen 一案中,法院承认宪法保护的隐私范围包括"私人信息不被披露的个人利益,以及独立做出某项重要决议的利益"。但法院也同时认为,向医生、医院的人事部门、保险公司和公共卫生部门披露私人医疗信息是现代卫生保健系统的必要部分,甚至当披露有可能对患者造成负面的影响也不能改变这一事实。它进一步指出,将患者信息披露给社区卫生相关机构并不会必然导致侵犯了患者的隐私权。这是因为相关法律已经禁止医疗机构将患者的身份向公众披露,并特意为合理管理该信息以保证信息安全做出了详细说明,所以,向社区卫生机关披露患者信息不会对个人隐私权造成威胁,也不违反宪法关于隐私权的规定。尽管 Whalen 一案中法院认为,纽约市已制定了完善的法律制度来保护患者的私人信息免受公开披露,但法院对未经授权而公开他人私人信息的行为持保留意见。

在处理自主决定个人事务的隐私权案件时,法院的解释通常表述清晰,不会模棱两可,但遇到像 Whalen 一案这样涉及避免个人信息被披露的隐私权案件时,法院则无法做出明确的判决。然而,不少联邦上诉法院在解释 Whalen 一案时将其解读为私人信息受宪法保护,

---

① Whalen, 429 U. S. at 598–604.

承认医疗记录以及医疗通讯内容的保密权是宪法赋予的权利。在 United States v. Westinghouse Electric Corp. 一案①中，第三巡回法院认为"关于人身和健康状况的信息中涉及私人生活的部分通常受到隐私权的保护"。

总而言之，无论是联邦法院还是州法院都已经承认，不被公开披露的私人信息中包括了捐献者身份以及有关 HIV 病毒感染状况。这很大程度上是由于法院支持了 Whalen 案中所涉及的医疗记录与医疗通讯信息具有私人属性和保密性。感染 HIV 病毒的状态显然属于个人健康状况的一部分，只有通过特定的医疗检测才得以确认。因此，随后的司法解释中纳入了 Whalen 一案中涉及的私人信息不被披露的隐私利益。

3. 血库和血液捐献者的关系与血库—血液捐献者保密特权

个人感染 HIV 病毒的状态所具有的保密属性暗含了联邦宪法所保护的隐私权。由于公开个人感染 HIV 病毒的状态将引起别人持续的敌意、歧视与低容忍度，因此，捐献者的隐私利益值得关注。然而，司法实践中政策经常疏于保护这些私人信息不被披露，对披露私人信息的行为也缺乏惩罚措施。依照联邦证据开示的规则，如果血库可以提出有利于血液捐献者的保密特权请求，则像个人感染 HIV 病毒的状态这样的保密的医疗信息就可以在证据开示中被屏蔽。因此，在血液捐献过程中保护捐献者隐私的最好办法就是增设具体合法的保密特权以提高捐献者筛查过程中的直接性与保密性，保护后续的诉讼不影响无辜的捐献者的利益。

（二）保密特权的本质属性与渊源

总体来说，这里所谓的保密特权是一种保护司法过程中相关保密信息不被披露的规则。当特定的利益关系被认为具有足够的社会重要性并且需要法律给予特别保护时，保密特权便随之产生。保密特权制度本质上属于证据规则，又称为免于作证的特权制度。保密特权的设置在有些情况下给挖掘案件事实增加了难度或者使人们无法摸清案件

---

① Westinghouse Elec. Corp., 638 F. 2d at 577. See also Doe v. City of New York, 15 F. 3d at 267.

的真相。保密特权制度通过推进其他间接目标的实现而阻碍法律制度实现找到真相的重要功能。迪恩·约翰·威格莫尔认为，建立一项保密特权需要同时具备四个要件①：一是当事人之间的沟通内容是不得加以公开的秘密内容；二是具有保密性的内容对于维系当事人之间的关系是充分必要的且令人满意的；三是社会公众认为当事人之间的这种关系是需要大力加以维护的；四是公开当事人之间的沟通内容给一方带来的损害大于不公开该内容所带来的利益。

免于作证的特权源自英国伊丽莎白女王时期的强制到庭程序的规定。在证人具有概括性的作证义务的大背景下，免于作证的特权的概念由此产生。1577年，英国普通法承认了第一个免于作证的特权，用以保护律师与客户关系。17世纪之前，普通法承认了婚姻特权并将其适用于民事刑事案件之中。然而，这些特权不是绝对的，在17世纪与18世纪出现了例外的情形。

1810年，索夫尼亚·斯威夫特（Zephaniah Swift）法官出版了《证据法摘要》，这是美国证据法方面的第一本权威刊物。② 斯威夫特在其著作中重述了英国普通法中律师与客户的特权制度以及婚姻特权制度。然而，期间很多州开始适用特别法规来替代英国普通法的免于作证的特权制度。到19世纪中叶，普通法上的证据规则随着各州将这些特权制度上升为制定法而不再适用于司法实践中。

联邦证据规则承认两种特权制度：关系特权与活动特权。其中，源自普通法的最显著的特权是关系特权——用以保护司法审查程序中特定关系的完整性。当某种特定利益关系相当重要，以至社会愿意牺牲提供证据的机会来保护该特定关系中的秘密性，则该种利益关系有理由得到免于作证的特权保护。该种特定利益关系依赖于关系中涉及的秘密重要性，一旦秘密无法保证，该利益关系的本质属性即发生改变。联邦法院与州法院都已承认了一些关系特权：律师与客户关系特权、医师与患者关系特权、精神病治疗师与患者关系特权、牧师与信

---

① See 8 John Henry Wigmore, Evidence in Trials at Common Law 2285, at 527 (John T. McNaughton rev. ed. 1961) (emphasis in original).

② See Zephaniah Swift, A Digest of the Law of Evidence (1810).

徒关系特权以及婚姻关系特权。接下来的部分本文将讨论血库与捐献者关系中适用关系特权的可行性。

在血液感染诉讼中，血库除了主张保护捐献者的隐私外，还认为血库与捐献者的关系需要免于作证的特权法加以保护。他们特别指出，有关捐献者的保密信息和对话应当受医师与患者关系特权保护。目前，只有少许法院支持将医师患者关系特权予以扩张，让其包括血库与血液捐献者的关系范围。这些法院认为血库应当享有医师与患者关系特权，因为医师与患者特权制度是为了保护医师从患者处收集的隐私信息不被披露而使患者陷入尴尬处境。他们的理由是，该政策的基本原理可以运用于血库与捐献者关系中来，因为如果原告从捐献者提供的血液中感染了HIV病毒，而捐献者的身份被曝光后，没有恶意的捐献者将陷入尴尬的境地。

然而，主流观点认为，建立血库与捐献者的关系特权缺乏州立法机关制定医师与患者关系特权法时所具备的要件，即促进医疗之目的。这些法院认为，医师与患者的关系特权不可以适用于血库和捐献者的关系，因为医师与患者关系特权的扩张将无法推进捐献者治疗的主要目标。得出这样的结论是基于以下几个理由：首先，捐献者的血液不是由医师负责抽取的；其次，血液捐献者在医师与患者关系特权法中无法被归入患者的范畴；最后，捐献者提供给血库的信息并没有证明血库为捐献者提供了任何医疗服务。简而言之，这些法院仅因为血库的身份不符合法律中"医师"的定义，血库也没有提供法律要求的医疗服务，而不将血库与捐献者关系纳入医师与患者特权保护的范围。然而，他们仍然承认捐献者享有私人信息不被公开的隐私权利，并认为血液捐献者在回答血库要求的有关个人病史等问题时应当诚实坦白。

虽然，美国迄今为止没有哪个州认可血库与捐献者享有单独的关系特权。但是基于以下理由，笔者认为血库与捐献者之间应当建立以下关系特权。

（1）血库与捐献者关系对救死扶伤至关重要。根据威格莫尔[①]所下的定义，制定保密特权制度的基本要求是该特定的利益关系必须被社会公众普遍认为需要强有力的维护，以及保护该特定关系的益处大于披露该特定关系中涉及的秘密而产生的负面影响。血液采集产业是全国最大的血液供应来源。今天，拿到执照的血液机构包括1000多家负责采集、运送以及向各州分发血产品的血液捐献中心。每年，有几百万单位的血液从志愿捐献者体内采集用以救治成百上千万的美国人。

鉴于血液在全国卫生保健系统中占据如此重要的地位，各州立法机关应当针对血库与血液捐献者的关系制定相应法律，授予血液捐献者绝对的保密特权。这一保密特权将严格限制血库在民事诉讼中披露诸如血液捐献者身份以及有关HIV病毒的信息。很显然，在平衡原告与被告双方利益之时，联邦法院和州法院主要担心让原告获得血液捐献者身份等私人信息后对全国血液供应将带来怎样的影响。然而更重要的是，血液的重要性使得其对社会与个人都具有不可估量的价值与不可替代性。因此，为了防止未来面临血液供应不足等问题，以放弃公开部分有证明力的证据来维护血库与血液捐献者关系中的保密性，对于避免可能出现的献血低潮，维护社会的长远利益是必要的也是值得保证的。

（2）保密对于维护有效的血库与血液捐献者关系具有重要作用。如果当事人之间的沟通内容最初存在不得加以公开的秘密内容，而沟通内容的保密性对当事人之间关系的维持是基本的，一旦该秘密内容泄露将破坏当事人之间的关系，那么当事人之间的这种关系就应当受到保密特权的保护。例如，在律师与客户关系中，客户需要和盘托出与案件有关的所有事实，以便律师可以尽其所能有效地为客户辩护；在医师与患者关系中，患者需要毫无隐瞒地告知医师自己的病史、症状等相关信息，以便医师能够有效地诊断与提供治疗方案。在这些情形下，当事人双方需要披露必要的事实来获得有效的服务，那么建立

[①] See 8 John Henry Wigmore, Evidence in Trials at Common Law 2285, at 527 (John T. McNaughton rev. ed. 1961) (emphasis in original). See also Developments in the Law – Privileged Communications, 98 Harv. L. Rev. 1450, 1472 (1985).

该关系的过程中所涉及的交流内容就必须保证不被泄露，关系各方需严守秘密。因此，像律师与客户、医师与患者之间的关系如果没有保密特权的保护，将受到严重的打击，客户与患者将无法信任他们的律师与医师。

正如律师与客户、医师与患者关系一样，血液捐献过程中血库与血液捐献者之间的关系也有必要受保密特权的保护。血库与血液捐献者都对献血过程中捐献者最初提供的个人病史、身体状况等一系列信息具有保密的期待。1985年以前，遍布美国的大大小小的血库都一贯对血液捐献者的私人信息进行保密处理。1985年，美国众议院健康与环境小组委员会针对血液捐献保密事宜举行了听证会。所有参加听证会的证人都一致证明遍布美国的血液采集机构对血液捐献者提供的私人信息都采取了统一的保密措施。

献血的过程中，捐献者通常会收到血库人事部门提供的书面承诺，即血库对捐献者透露的任何信息都将进行保密处理。血库通常会建议捐献者进行血液检测，并告知捐献者血液检测结果将反映出他们是否患有特定疾病以及该信息不会向献血过程以外的其他任何人透露。就算没有这份书面的承诺，一般的血液捐献者通常也会期待血库对获得的任何有关其个人的信息进行保密。

也正如律师与客户、医师与患者关系一样，血液捐献者与血库对保密内容的期待对于维护血库与血液捐献者关系是十分重要的。不幸的是，一旦接受输血的患者因问题血液感染了疾病（例如HIV病毒），而问题血液的供应者身份被披露，那么，该血液捐献者将被迫对他的医疗信息、个人的背景进行公开的、坦白的回答，进而遭受各方的压力与打击，陷入尴尬的境地。如果血液捐献者提供的血液带有HIV病毒，但献血的时间正好处在HIV病毒无法通过酶联免疫吸附测试（ELISA）或者免疫印迹测试（the Western Blot）检测出来的"窗口期"，那么，血库工作人员与血液捐献者之间开诚布公的谈话将受到合理的保护。

律师的客户可以通过关系特权获得律师有效的代理服务，医师诊治的患者可以通过关系特权获得医师有效的诊断与治疗方案。同样，血液捐献者也能从血库—血液捐献者关系中获得一些重要的利益。血库为血液捐献者提供HIV病毒检测和结果分析与咨询服务。血库每天都可以获得成千上万份 HIV 阳性的报告结果。虽然其中有很多是假阳性，血库均为患病的捐献者提供咨询服务与建议，并更新血库的记录，为他们办理延期登记以防患病的捐献者将来继续献血。毫无疑问，早期的 HIV 检测与治疗对于延长捐献者的寿命与提高其生活质量有很大的帮助，甚至有可能消除 HIV 的传播。

如果献血过程中，血库与捐献者对双方保密关系的推定与期待消失，那么，血库—捐献者关系的本质就彻底改变了。血库与捐献者关系建立的一个主要目的就是确保志愿捐献者提供的血液是安全可靠的。保密特权可以帮助血库从两方面实现这一目标。一方面，输送血液的安全系数由血清检测与捐献者病史筛查决定。建立血库与捐献者的保密特权可以创造环境让捐献者绝对真诚地、准确地提供个人病史信息，而不会担心个人信息今后可能被披露给第三人，从而促进血液供给的安全性。另一方面，保密特权确保捐献者志愿献血的过程中如果被告知身体存在问题，不会因为信息被泄露而影响他们今后的就业、保险以及社会声誉等。

政策制定者将血液捐献事业定义为一项"服务"，而不是一种义务。如果血液捐献者，包括没有病史的志愿者，在随后的诉讼中需要忍受献血过程中的信息被披露，他们一定不可能在献血过程中坦白地告知自己的病史或者回答其他私人问题。我们无从给予这一观点充分的证据证明，但是血液捐献绝不是强制义务这一点是肯定的。通过一个简单的成本效益分析我们就可以得知，为需要输血的患者提供服务所带来的利益远远大过在诉讼中披露捐献者的身份以及感染 HIV 病毒状况所需付出的代价。捐献过程中所记录的个人信息一旦披露，捐献者的反应将使得血库—捐献者关系的主要目的得不到实现，也会摧毁急需输血的患者的信心。

总而言之，律师与客户关系、医师与患者关系中的沟通内容依法不予公开的基本原理同样适用于血库与血液捐献者关系中涉及的私人信息。促使血液捐献者在回答个人病史及其他基本信息时的坦诚对整个社会都是意义重大的。创造环境让捐献者提供给血库完整的病史及必要私人信息对于进一步确保今后血液供给以及为捐献者提供及时的 HIV 病毒检测与治疗是极其必要的。

六、限定血液捐献者保密特权的范围：保护血液捐献者隐私的两个方案

为了确保最大限度地保护血液捐献者的隐私和有效实施全国血液政策，州立法机关应当建立血液捐献者保密特权制度来保护血液捐献者的利益，避免在随后涉及血库输血侵权的诉讼中披露捐献者身份以及保密的医疗信息。首先，本部分将重点阐述两个具体的保护捐献者隐私的方案并分析每个方案在宽松的证据开示规则下如何为捐献者隐私提供充足的保护。其次，本部分将阐述这两个方案如何帮助消除《美国联邦民事诉讼法》第26（c）条的适用障碍。

方案一：血液捐献者在血液采集过程中与血库的免责特权

把为了给人体注射或输送血液而自愿供给和捐献全血[①]、血产品或器官看做一种服务。参与提供服务的个人无需对事后的民事赔偿负责。

方案一使血液捐献者在血液采集过程中与血库享有同等的保护。这一方案以州血液保护法令为蓝本，旨在防止受感染的被输血者提起对血液捐献者的民事侵权诉讼。州立法机关制定并实施的血液保护法令明确指出血库采集与供应血液是提供服务而不是提供产品，确定血库在采集血液以供医院用于医疗时享有绝对的免责特权，进而承认了血液在全国卫生保健系统中的重要角色。

输血是救死扶伤的最重要的手段之一。目前，医学界还没有其他长期有效的替代方法，因此，血液捐献程序急需建立血库与血液捐献者关系特权才能排除障碍，以确保血液长期持久的供应。鉴于有预言称美国不久将迎来全国血液供应的严重短缺时期，这一保护显得尤为重要。因此，设立绝对保密特权保护涉及血液活动的范围将从简单的血液采集过程扩展到血液捐献过程。

在血液捐献过程中设立绝对保密特权保护捐献者的权益有以下主

[①] 全血，是医学术语。将人体血液采集到采血袋内所形成的混合物称为全血，即包括血细胞和血浆的所有成分。国际上一般以450毫升全血为1单位，我国则以200毫升为1单位，也分有300毫升和400毫升包装。

要的好处：①捐献者的保密特权将保证捐献者在献血过程中提供的私人保密信息不在日后的侵权诉讼中得以公开，最大限度地保护了捐献者的隐私；②增设捐献者绝对保密特权将进一步推动全国血液政策的施行，促进血液供应充足之目标的实现，保密特权将在血液筛查过程中为捐献者提供坦诚的、准确的个人信息创造条件，捐献者将不再畏惧献血过程中提供的个人信息最终将在针对自己的诉讼中得以披露与使用；③享有绝对保密特权的捐献者将包括不知道自己感染HIV病毒的献血志愿者，也包括虽然有可能天生携带HIV病毒但是善意捐献血液的志愿者，因此该特权将为保护志愿捐献者免于承担将来可能出现的新的疾病责任留有必要的余地。

捐献者的绝对免责特权将避免受害者提起控告献血志愿者的侵权诉讼，也将消除现有在适用《美国联邦民事诉讼法》第26（c）条时出现的打击捐献者献血积极性的可能。然而，捐献者的免责特权并不会阻止各州站在百姓的角度对明知感染疾病仍自愿捐献血液的捐献者提起的公诉。因此，各州仍需对起诉恶意捐献者的受害者提供适当的法律救济。

方案二：血库与血液捐献者的保密特权

除非捐献者放弃保密特权或者原告在民事诉讼中提出了强有力的辩护理由，否则，血库或者血库授权的人事部门不得披露原告所需的由血库以专业咨询机构身份获取并保密的捐献者必要信息。

方案二保护了献血筛查过程中捐献者向血库提供的保密信息。它以州医师与患者关系特权法令为蓝本，只不过是将现有血液捐献过程中的保密协议与期待上升为法律。

与其他关系特权相同，血库与捐献者关系特权可以由这一关系特权的受益方放弃（这里指血液捐献者）。原告也可以向法官证明披露信息的必要性和正当性，以争取获得捐献者医疗或个人信息的机会。血库与血液捐献者关系特权中涉及的证明要求的提高与现行立法政策的要求是高度一致的。现行立法政策要求原告必须证明他有获得捐献者HIV病毒检测结果的迫切的必要性，并经过法院的准许才可以获得他人的检测结果。然而，原告如何达到迫切的必要性与正当性的要求？一方面，原告需要证明自己确有获得捐献者检测结果的需要。另一方面，原告通过其他途径获得同样的材料将承受过重的负担。比如，在起诉血库过失侵权的诉讼中，不仅需要原告主张披露捐献者的身份以及病历可以用于判断血库筛查过程中是否存在过失行为，还需要原告提供表面证据证明捐献者医疗信息以及个人病历与原告的诉讼请求之间存在合理的必要性和关联性。

原告是否可以通过其他途径获得支持其诉讼请求的捐献者资料呢？答案的是肯定的。比如，原告可以通过要求获得血库在对捐献者做血液筛查时派发的问卷来获得有关血库筛查程序的信息。原告也可以通过询问阻止携带疾病的捐献者献血的血库实验室的技术人员或者雇员获得血液捐献过程中的相关信息，除非原告有证据证明捐献者或者血库技术人员死亡或者失踪无法找到。一旦原告提供了充足的证据，法院可以先通过相机取证，在保密的前提下审查捐献者的记录并判断该信息是否可以作为证明血库存在过失的证据。法院一旦认为该信息满足证明血库过失的条件，则允许提取与该捐献者有关的所有必要材料，也可以在整个证据开始和审判的过程中适用捐献者的化名作为替代。

与方案一相似，设立血库与捐献者关系的保密特权也同样对捐献者和社会有益：

第一，设立血库与捐献者关系的保密特权将不再需要《美国联邦民事诉讼法》第26（c）条所规定的那样——对双方利益进行正当性权衡，因为血库可以合法地主张与捐献者的对话内容不受证据开示的影响，享有保密特权。《美国联邦证据法》第501条要求联邦法院必须根据不同案件的管辖权承认和适用各州特权法。因此，联邦地区法院若承认血库与捐献者的特权，便可以在血液捐献者隐私利益的法律适用问题上达成一致，进而消除司法不一致的现象和适用《美国联邦民事诉讼法》第26（c）条时可能出现的伊利原则问题。

第二，不像联邦证据开示规则中原告可以享有自由的广泛的证据开示的推定权利，设立血库与血液捐献者关系特权将推定双方建立关系时所获得和披露的信息必须对外界保密不得披露。血库与血液捐献者关系特权中涉及的证明要求的提高为血液捐献者的隐私提供了更多的保护，并将证明信息需要经过证据开示的责任转向了原告，区别于适用《美国联邦民事诉讼法》第26（c）条时血库承担对披露保密内容进行抗辩的证明责任。原告需要在法院决定披露血液捐献者病史与背景资料之前提供强有力的证明材料。因此证明责任转移至原告将可以确保贯穿血液筛查过程中基本的捐献者隐私受法律保护,也可以促使实现联邦民事诉讼法的起草者制定广泛私有的证据开示之目的。

第三,血库与血液捐献者关系特权也可以促进血液捐献者在回答关于病史和其他个人信息时保持坦诚的态度。捐献者真实坦率的回答有利于最终实现全国血液政策所期待的血液供给安全目标。一旦原告证明提供捐献者信息具有必要性和正当性,方案一所提及的绝对的捐献者免责特权就可以保护善意的捐献者免于在捐献者身份被有意无意披露后承担民事责任。

七、结语

AIDS流行病自发现以来已持续了30多年,HIV病毒通过血液输送感染的情况继续带来卫生医疗与法律上的思考。然而,我们所应做出的努力并不是非以牺牲血液捐献者的隐私或者牺牲原告证据开示的机会来证明血库存在过失侵权为代价。立法机关与司法机关已经确认了维持某些特定社会关系的必要性,而维持这些特定的社会关系必须建立在关系双方沟通内容不被披露的基础之上。而鉴于血液在全国卫生保健工业中占据重要地位,亟待法律建立血库—血液捐献者保密特权来保护血液捐献者,防止血液捐献筛查程序中收集的保密信息被披露。

血库提供的血液始终是急需输血的患者维持生命的福祉。然而,在司法实践中法院常常在血库侵权诉讼中忽视血液捐献者合法的隐私权保护问题。接受病原血液的被输血者甚至可以对善意的血液捐献者提起侵权诉讼。然而,就每年感染HIV病毒的比例而言,周围的指指点点持续困扰着感染HIV病毒的患者和他们的家庭。立法机关有责任采取更强硬的保护措施捍卫公民的隐私权,以防公民对血液安全的不信任继续加剧。这与继续有效保护原告、使其了解对提起的侵权诉讼有关重要信息以及保护血液供应安全充足的社会利益并行不悖。

电子健康档案中的信息隐私权的保护
——基于美国和欧盟的比较

珍妮·希勒[①] 马修·S. 麦克米伦[②] 韦德·M. 查姆尼[③]

塞西尔·B. 戴[④] 戴维·L. 鲍默[⑤] 著 蔡雅智[⑥] 译

目 次

一、导论
二、电子健康档案的背景：利弊与罪恶
三、美国保护他人医疗隐私的法律框架
四、欧盟保护他人医疗隐私的法律框架
五、比较和经验
六、结语

一、导论

美国医疗费支出占国内生产总值（GDP）的比重接近16%，大于其他同等发展水平的发达国家的比重。电子健康档案（EHRs）的适用，被认为是能够提高医疗效率和减少医疗支出的潜在方法。但是，"据资料显示，在美国，只有少于五分之一的医疗诊所使用电子健康档案。"而在其他国家，电子健康档案的使用取得了显著的进

[①] 珍妮·希勒（Janine Hiller），美国弗吉尼亚理工大学教授。
[②] 马修·S. 麦克米伦（Matthew S. McMullen），美国马蒂内利和麦克米伦专业服务机构合伙人。
[③] 韦德·M. 查姆尼（Wade M. Chumney），美国佐治亚理工学院教授。
[④] 塞西尔·B. 戴（Cecil·B. Day），美国佐治亚理工学院助教。
[⑤] 戴维·L. 鲍默（David L. Baumer），美国北卡罗来纳州立大学教授。
[⑥] 蔡雅智，中山大学法学院助教。

展，例如，丹麦的电子健康档案系统将国内几乎所有的病人或居民与医学专业人员都联系起来，形成了一个全国性的医疗信息网络。

为了推进电子健康档案在美国的普及使用,前总统 Geoge W. Bush 提倡发展健康信息技术(HIT)，并订立了一个雄心勃勃的计划，即确保大多数美国人在 2014 年之前都拥有一份电子健康档案。这一计划的目标是使医疗机构能更加方便地获取大多数美国人完整的医疗健康信息，"电子健康档案系统的设置旨在使医疗服务的提供者在得到病人授权和保证信息安全的情况下，可以分享病人的健康信息。"[①]Obama 政府继续强调健康信息技术的重要性，并制定了一个实施健康信息技术的时间表，尤其是普及使用电子健康档案的时间将提前。

首先，本文将简述使用电子健康档案潜在的好处，同时也指出 EHRs 可能使个人隐私存在遭受侵犯的风险，并就此讨论相关的信息安全问题，考察现存的监管模式是否能应对和解决电子健康档案系统对个人隐私的挑战。其次，本文将分析欧盟（EU）贯彻执行电子健康档案的方法，其中包括在使用电子健康档案时如何保护公民隐私和确保他们个人信息安全的方法。因为欧盟成员国使用电子健康档案时适用的是欧盟规定的基本原则，美国使用电子健康档案时适用的监管规则也在逐步地完善，所以本文将就欧盟各成员国与美国在使用电子健康档案时适用的监管规则做更多的对比。虽然保护公民隐私和确保他们个人信息安全的方法通常体现在具体的监管规则中，但是，监管规则的整体框架才是保护公民隐私和确保信息安全的基础，因此，监管规则整体框架的设计是至关重要的。基于此，本文将从一个高的层次，即立足于欧盟和美国监管规则的整体框架去分析使用电子健康档案时如何解决保护公民隐私和确保个人健康信息安全的问题。最后，本文通过比较欧盟各成员国和美国使用电子健康档案时适用的监管规则的不同，总结一些经验教训以供参考。

二、电子健康档案的背景：利弊与罪恶

实现电子健康档案在全国范围内的使用，不单可以减少医疗支

---

① Transforming Health Care: The President's Health Information Technology Plan, April 2004, http://georgewbush—whitehouse.archives.gov/infocus/technology/economic—policy200404/chap3.html.

出，还可以使医疗保健服务更加安全和高效，但使用电子健康档案也存在着大量的风险，即对个人健康信息和治疗信息领域隐私权的削弱。而将电子记录技术引入美国医疗系统所带来的好处和电子记录技术所带来的风险应该是不相上下的。相关配套法律措施的缺位、医疗服务提供者保护措施的瑕疵以及电子记录系统设计的疏忽使罪犯得以通过系统漏洞侵入系统从而窃取他人相关医疗信息等都是造成大量个人健康信息流失、隐私权遭受侵犯的原因。如果不考虑法律和技术层面的原因，仅由医疗服务提供者保护措施的瑕疵这一原因引起的信息流失也可以将电子健康档案带来的好处破坏殆尽。

（一）利：电子健康档案带来的好处

使用电子健康档案潜在的好处有三方面：①医疗支出的显著减少；②医疗差错的减少；③医疗质量的提升。[①] 具体来说，一是使用EHRs能显著减少医疗支出。一些研究医疗支出问题的专家在对相关医疗支出数据进行考察分析后认为，将公民的个人健康信息转换成电子健康档案或与健康信息技术活动有关的其他电子资料"将对医疗系统的支出产生重大影响，每年将为国家财政节省接近800亿美元的医疗支出"。随着公共与私人之间合作关系的发展，全国健康信息网络（NHIN）将可以用于提供"在任何时间，任何地点的个人医疗信息……通过一个基于包罗万象的知识体系创建的可共同使用的网络系统"。[②] RAND公司在2005年的一项研究中就对NHIN和HIT应用于医疗领域的潜在成本效益进行了考察，该研究通过分析指出，如果美国超过90%的医院和医生使用HIT超过15年，那么，仅因为使用HIT带来的医疗效率的提高，整个医疗系统每年就可节省接近770亿美元的医疗财政支出。其他公司关于此类问题的研究结果也与RAND

[①] Ashish K. Jha & Julie Adler‐Milstein, Chapter 5: Regional Health Information Organizations and Health Information Exchange, in Health Information Technology in the United States: Where We Stand 73 (David Blumenthal et al. eds., 2008), available at http://www.rwjf.org/files/research/3297.31831.hitreport.pdf.

[②] Ashish K. Jha & Julia Adler‐Milstein, supra note 8, at 75 (quoting William A. Yasnoff, The Ehealth Trust (Tm) Path to Implementing Health Information Infrastructure, Tampa, FL, 2005 (PowerPoint Presentation)).

公司的研究结果大致相同。但是，获得如此巨大的潜在成本效益的前提是全部或者几乎全部的医疗机构都参与了电子健康档案的信息共享。如果 RAND 公司把使用 HIT 可以增加医疗安全系数这一因素纳入考量并重新计算应用 NHIN 和 HIT 的成本效益，那么提高的医疗效率将会再翻一倍，整个医疗系统每年可节省接近 1800 亿美元的医疗财政支出。二是除了能减少医疗支出，使用电子健康档案的另一好处是，医疗机构可以根据病人电子健康档案的数据来确定治疗方案，因为电子健康档案记录的是病人较为全面的健康信息，所以根据这些信息确定的治疗方案也更有针对性，更加有效。三是电子健康档案系统建立了一个与病人交流的平台，病人通过这一平台向电子健康档案系统反馈的信息会产生一些有价值的数据，这也是使用电子健康档案系统带来的又一好处。例如，我们可以依据这些数据"确定医疗服务提供者（医院和医生）的工作成果，监测慢性疾病，监视病人是否坚持用药，精确药物的安全剂量，确定病人对治疗的满意度，加强临床治疗方案的针对性以及促进病人与医生之间的交流"。[1]

正确地使用电子健康档案系统将会给我们带来可观的好处，因为根据病人电子健康档案的数据确定治疗的方案不但可以减少治疗方案的差异和变动，而且还可以提高治疗的质量。具体而言，减少治疗方案的差异和变动可以有效地减小医生因玩忽职守而造成医疗事故的概率以及避免医生过度地使用保守的治疗方案。例如，为了避免卷入渎职罪的诉讼，有些医生常常会保守地要求病人做一些不必要的检测。

（二）弊：个人隐私遭受侵犯的风险

尽管广泛地使用电子健康档案会给我们带来许多好处，但是如果使用电子健康档案带来的风险没有缓解，那么，普及使用电子健康档案的方案也难以被人们接受从而无法贯彻执行。而使用电子健康档案带来的风险主要是对患者隐私和健康信息安全的威胁。事实上，造成

---

[1] Karen Donelan & Paola D. Miralles, Chapter 4: Consumers, EHRs and PHRs: Measures and Measurement, in Health Information Technology in the United States: Where We Stand 56, 57 (David Blumenthal et al. eds., 2008), available at http://www.rwjf.org/files/research/3297.31831.hitreport.pdf.

社会公众不接受电子健康档案的一个巨大障碍就是使用电子健康档案可能导致他们个人健康信息的安全和隐私遭受侵犯。2006年的一份调查报告显示，62%的调查对象认为"使用电子医疗档案的做法很难确保患者健康信息隐私的安全"。但是"有大致相同比例的调查对象也承认了使用电子健康档案会带来诸如减少医疗支出、减少医疗差错和提高医疗质量等好处。"① 对"担忧谁会通过医疗信息网络获得他人健康信息"这一问题，有80%的调查对象选择了利用他人医疗身份资料从事诈骗活动的人，有77%的调查对象选择了行销机构，有56%的调查对象选择了雇主，有53%的调查对象选择了保险公司。除了对个人健康信息隐私和安全的担忧，公众还对EHRs系统可能存在的其他风险表示担忧，包括健康信息的丢失、未经病人的同意就擅自分享病人的医疗健康信息、数据安全保护的不充分以及医疗差错不减反增的可能性。

然而，在电子健康档案系统提供的电子健康档案中，患者对其隐私权受保护的要求并没有得到体现。2007年由美国卫生部（HHS）授权进行的一项研究的结果解释了这一现状，这项研究发现在个人健康档案（PHR）供应商提供的个人健康档案中，关于隐私权声明部分一般都"缺少隐私权声明需要具备的标准要素"②。揭示了PHR供应商对个人隐私的忽视，"只有三分之二的PHR供应商对其停业后如何处置客户个人健康档案的数据作出说明，只有一家PHR供应商在个人健康档案的隐私权声明部分提到客户有权终止与供应商之间的合同。"

（三）罪恶：利用他人医疗身份资料从事诈骗活动

医疗身份盗窃（MIT）是指，行为人盗取他人可确认的健康信息，以获得接受医疗服务的机会，或者声称其受到了错误的治疗，以此骗取医疗机构的赔偿金。MIT与一些相关团体类似的是，它们之间

---

① Karen Donelan & Paola D. Miralles, supra note 17, at 66.
② Personal Health Records Need a Comprehensive and Consistent Privacy and Security Framework, Ctr. For Democracy & Tech., June 9, 2009, http://www.cdt.org/policy/personal-health-records-need-comprehensive-and-consistent-privacy-and-security-framework.

有着共同的主题：使医疗质量的降低和财政损失成为使用 EHRs 带来的最主要的风险。根据美国联邦贸易委员会（FTC）对自我报告案件的统计，医疗身份盗窃案件占所有身份盗窃案件的3%。但是，美国联邦贸易委员会的数据似乎偏低了，因为接受报告医疗身份盗窃案件的美国卫生与人文服务部近期并没有将数据统计在 MIT 项下。

MIT 有两种常见的类型：一是内部雇员窃取患者的医疗信息（通常是将这些医疗信息卖给第三方）；二是个人冒用他人的医疗身份，以获得接受医疗服务或财务的机会。[①] 传统上，医疗身份盗窃犯窃取的他人的医疗健康信息是记录在纸质材料上的，因为纸质材料物理特性的限制，所以窃贼盗取和使用他人医疗健康信息材料的范围也受到了限制。但是，当以纸质形式记录的个人医疗健康信息转换为以电子数据形式记录的个人医疗健康信息时，窃取他人医疗健康记录的案件将成倍地增加，而电子数据的失窃也不如纸质资料的失窃那么容易被发现，及时通知受害人变得更加困难。此外，如果窃贼修改或丢弃他人的医疗健康记录，那么还可能会对他人的生命安全构成威胁。在一个众所周知的案件中，一家医疗机构的雇员窃取了超过 1000 名患者的电子医疗记录，并把这些电子医疗记录卖给了他的一个亲戚，他的亲戚利用这些电子医疗信息中错误治疗的记录骗取了医疗机构 300 万美元的赔偿金。为了避免此类情况的发生，一些医疗机构要求患者在使用 EHRs 时还要向医疗机构提供他们相片的 ID，但是这种证明身份的程序并没有得到广泛的适用。

三、美国保护他人医疗隐私的法律框架

《美国宪法第四修正案》为隐私权保护提供了法律基础，正如为了强制执行《健康保险携带和责任法》而在隐私权保护规则序言中提到的：隐私权是一项广泛的权利，根据美国宪法所表明的那样，涉及隐私权保护的法律都有持久的价值。例如，出于确保个人安全的需要，医生在对患者采取有侵害性的治疗程序之前都必须获得患者的同意，此外，出于确保文件和个人财务安全的需要，法律还强调对个人日记、医疗记录或其他材料中包含的个人信息进行保护。

---

① See Booz Allen Hamilton, supra note 25, at 5–7.

在 Whalen v. Roe 一案①中，"美国联邦最高法院认为，宪法对存储于政府数据库中的个人信息提供的隐私权保护是有限的，要对个人健康隐私信息提供宪法上的保护还存在很多未解决的问题，因为在对个人健康隐私信息提供宪法上的保护时，各州做法都不甚一致。"传统上，有关个人健康记录的隐私问题由各州的普通法调整，因此，各州对此类案件的审判结果都不一样。根据某些州的普通法，损害他人隐私利益也可以提起隐私侵权诉讼。如果医疗机构雇员的行为导致他人医疗信息的公开，那么根据雇主责任理论，雇主对雇员侵犯他人隐私的行为要负法律上的替代责任。某些州还依据相关的保密法来确定医疗机构侵犯他人隐私权时所要承担的法律责任。但是，一篇研究在隐私侵权案件中，各州法律优先于《健康保险携带和责任法》适用的报告指出，各州法律只对特定事实造成的隐私侵权提供法律保护，而不是对广泛的隐私侵权提供保护。

在隐私权保护和身份盗窃方面，许多州都强调信息领域隐私权的重要性，并制定了《违反安全通告法》。加利福尼亚州率先通过了制定《违反数据安全通告法》的提案，随后，又将医疗服务提供者和保险公司控制的数据列入违反数据安全通告法保护的客体。但是，由于各州普通法对隐私权的保护不甚一致，而这种法律保护上的差异在一定程度上阻碍了 EHRs 被广泛接受，因此，作为潜在的能够统一隐私权保护的规范，美国联邦法规获得了进一步的扩展。在健康隐私信息领域，联邦法律主要通过一些具体的法案来实现对他人健康信息隐私权的保护，例如，公共医疗补助制度（Medicaid）和联邦滥用药物治疗方案。此外，1999 年制定的美国《金融服务现代化法案》对健康保险的保险人掌握的被保险人的财务信息也提供了法律上的保护。广义上的联邦法律还包括 1974 年制定的《美国联邦隐私权法》和 1996 年制定的《健康保险携带和责任法》以及 2009 年在《健康保险携带和责任法》的基础上制定的《经济和临床医疗行业健康信息技术法案》。而因为《美国联邦隐私权法》仅对联邦机构而非其他机构掌握的个人信息提供法律上的保护，所以本文将着重讨论可以适用于医疗机构的《健康保险携带和责任法》和《经济和临床医疗行业健

---

① 429 U. S. 589, 603 – 604 (1997).

康信息技术法案》对他人医疗健康隐私信息提供保护的情况。

(一) 医疗保健信息的隐私权保护：《健康保险携带和责任法》及《经济和临床医疗行业健康信息技术法》

《健康保险携带和责任法》是最早适用于保护他人健康信息隐私权的法律，并建立了美国保护他人健康信息隐私权的法律框架。尽管《健康保险携带和责任法》是1996年就制定的，但是这部法律在制定的几年后才适用于保护个人隐私权。因为国会在法律预留的三年时间内没有制定出具体明确的隐私权保护规则，卫生部因此自动取得了批准通过隐私权保护规则的权利，所以，2003年经过卫生部投票决定，《健康保险携带和责任法》最终成了为个人可确认的健康信息隐私权提供保护的规则和标准。《健康保险携带和责任法》确立的隐私权保护规则适用的主体包括医疗保健方案、医疗保健服务提供者和医疗信息交换中心，此外，隐私权保护规则还规定了上述适用主体在何时以及以何种方式可以公开披露他人的健康信息。《健康保险携带和责任法》除了隐私权保护规则外，还包含保密规则，《健康保险携带和责任法》中的保密规则规定了上述适用《健康保险携带和责任法》的主体有保护他人健康隐私信息不受行政使用、技术使用和物理测量侵犯的义务。2009年在《健康保险携带和责任法》基础上制定的《经济和临床医疗行业健康信息技术法案》强化了《健康保险携带和责任法》的隐私保护和保密标准，具体而言主要体现在以下三个方面：一是强加给适用HIPAA的主体更多保护他人隐私信息的义务；二是明晰并扩展了对商业合作者的要求；三是增加了有关HER、健康信息交换（HIE）和个人健康档案（PHR）的规则。此外，《经济和临床医疗行业健康信息技术法》还增加了执行的力度和民事赔偿的金额。本文将在下面的几个部分中重点讨论《健康保险携带和责任法》与《经济和临床医疗行业健康信息技术法》和保护他人健康信息隐私权有关的规定。

1. 调整的主体：使用他人医疗健康隐私信息的主体和他们的商业合作者

最初，《健康保险携带和责任法》保护的是由医疗保健方案、医疗保健服务提供者和医疗信息交换中心掌握的并通过电子技术与他人进行交易的医疗健康信息(PHI)。由此可以看出,《健康保险携带和责任法》适用的主体只限于医疗保健方案、医疗保健服务提供者和医疗信息交换中心这三者,排除了包括个人健康档案供应商在内的大量参与了电子健康信息交换的主体。因此,《健康保险携带和责任法》对个人健康信息隐私权的保护并不全面。2007年7月21日,美国国家生命健康统计委员会(NCVHS)向美国卫生部秘书长呈交了一封信函,信中表达了NCVHS对"许多在美国国家医疗信息网络(NHIN)发挥重要作用的主体被排除在《健康保险携带和责任法》调整范围之外"① 这一情况的担忧。NCVHS的专家报告组还特别指出了这些被排除在《健康保险携带和责任法》调整范围外的主体有"健康信息交换者、地区健康信息组织、定位记录服务者、系统集成员和医疗档案库",并建议将这些主体都纳入《健康保险携带和责任法》的调整范围中。随后制定的《经济和临床医疗行业健康信息技术法案》充分考虑了NCVHS专家报告组的意见,并要求卫生部和美国联邦贸易委员会(FTC)向其提供未被《健康保险携带和责任法》涵盖的参与了相关电子健康信息交换的主体名单。

事实上,许多医疗健康服务提供者通常会聘用其机构编制之外的合同工从事与医疗健康服务无关的工作,例如计算机系统工作和财务管理。因为这些工作人员在执行工作时可以获得他人的健康信息,所以他们属于受隐私权规则调整的"商业合作者"。所谓"商业合作者"是指"工作内容涉及使用或公开他人健康信息的个人或组织"②。在《经济和临床医疗行业健康信息技术法》制定之前,因进行信息中转而获得他人健康信息的商业合作者是否受隐私权规则的调整一直

---

① Letter from Simon P. Cohn, Chairman, Nat'l Comm. on Vital and Health Statistics, to Michael O. Leavitt, Sec'y, U. S. Dep't of Health & Hum. Servs. (June 21, 2007), available at http://www.ncvhs.hhs.gov/070621lt2.pdf; accord U. S. Gov't Accountability Office, GAO – 07 – 988T, Health Information Technology: Efforts Continue but Comprehensive Privacy Approach Needed for National Strategy, at 4, 18 (2007), available at http://www.gao.gov/new.items/d07988t.pdf.

② 45 C. F. R. § 160. 103 (2009); see supra, note 66, at 3 ("Business associate functions or activities... include claims processing, data analysis, utilization review, and billing. Business associate services... are limited to legal, actuarial, accounting, consulting, data aggregation, management, administrative, accreditation, or financial services").

是个令人困扰的问题。《经济和临床医疗行业健康信息技术法》的制定明晰并拓展了对商业合作者的要求,即商业合作者应与其他医疗机构一样受隐私权规则的调整,并负有保证他人健康隐私信息安全和不被公开的义务。根据隐私权规则的相关规定,医疗机构在将他人的健康信息披露给他们的商业合作者时,医疗机构必须与商业合作者订立包含以下保证事项的协议:商业合作者使用的健康信息必须是与其工作相关的;医疗机构对他人的健康信息必须提供充分的保密措施;商业合作者必须依据隐私权规则的相关规定配合医疗机构的工作,保护他人健康信息的隐私权。

2. 信息的收集和患者的权利

隐私权专家、消费者保护团体和医生对患者应该在多大程度上控制他们的电子健康档案这一问题一直以来都争论不休。他们中的一些人主张如果病人对自己电子健康档案的控制程度过大,那么,将会"阻碍患者在医疗紧急事故中获得及时的治疗",但是,"如果患者对自己电子健康档案的控制程度过小,同样也会使患者的生命健康安全遭受威胁"。[①] 患者隐私权益拥护者则认为,"患者对其电子健康档案应该有绝对的控制权……以此确保患者的医疗健康信息不被公开。"因为"缺乏保护患者电子健康信息安全的相应措施……将削弱人们的幸福感和破坏财政的稳定"。与此意见相反的是,民主与技术中心的健康隐私权项目组认为,"虽然病人有控制他们电子健康信息的主观愿望,但是每一次的信息交换都必须征得患者的同意并不是确保病人健康信息隐私权不受侵犯的最佳方法"。

联邦政府试图通过《健康保险携带和责任法》和隐私权保护规则等法律规范引起人们对电子健康信息隐私问题的关注。首先,通过隐私权保护规则确定了以下几项个人权利:获得和修改个人健康信息的权利;要求行为人在使用其个人健康信息时登记使用时间和原因的权利;获得隐私声明的权利;提起隐私侵权诉讼的权利。其次,根据《健康保险携带和责任法》的规定,患者有权要求行为人在使用其个

---

① Diana Manos, Privacy Experts Debate Patient Consent, Healthcare It News (Sept. 21, 2009), available at http://www.healthcareitnews.com/news/privacy-experts-debate-patient-consent.

人健康信息时作出隐私声明，隐私声明的内容包括行为人使用或公开披露他人健康信息的方式以及患者和行为人的相关权利义务。并且最新的法律还强调了患者有权知悉行为人公开披露其健康信息的方式是否恰当。最后，通过《经济和临床医疗行业健康信息技术法》建立了一套违反联邦医疗健康数据的通告，通告明确规定了使用他人医疗健康隐私信息的主体和他们的商业合作者都属于《经济和临床医疗行业健康信息技术法》调整的主体范围，此外，通告还设定了多种义务、规定了实行通告的时间表以及强调了个人健康档案供应商违反保密义务的情况。即便如此，美国健康信息管理协会（AHIMA）依然认为，《经济和临床医疗行业健康信息技术法》并不足以为他人健康信息的隐私权提供恰当的保护，因此，美国健康信息管理协会要求法律应为病人健康隐私信息提供更多的额外保护，并提出一项囊括了七种保护措施的全国性健康信息权利法案。该法案强调的原则是"保护他人健康信息的隐私权应基于以下三个基本点：合理的取得方式；精确的信息；满足每个人对信息隐私和安全的最高标准"。在这一原则的指导下，该法案的内容主要包括免费获得他人健康信息；使用他人信息必须精确、完全并作出说明；在他人健康信息的隐私权遭受侵犯并造成损害的情况下，他人享有诉诸法律的权利。由此可见，该法案的措施旨在"使医疗消费者在管理他们的健康以及健康信息时占据更多的主动"。毫无疑问，这个法案给我们提供了一个"不同于现状的保护他人健康信息隐私权的模式"。

3. 公开披露和共享他人的健康信息

根据《健康保险携带和责任法》的相关规定，患者阻止行为人获取自己的电子健康档案的权利受到了很大的限制。在《健康保险携带和责任法》的框架下，公开披露他人健康隐私信息的类型有两种：法定的和须经许可的。具体而言，法定的公开披露他人健康隐私信息的类型又分为两种："其一，掌握患者健康信息的主体将健康信息提供给患者本人或患者的代理人；其二，卫生部秘书长基于审计或其他强制性目的使用他人健康隐私信息。"除此两种情形外，其他公开披露他人健康隐私信息的情形都属于须经许可的类型，即便由联邦法律或各州法律规定的可公开披露他人健康隐私信息的情形也需经允许而非"自动获得"。

须经许可的公开披露他人健康隐私信息的类型也可进一步划分为以下两种:"其一,需要经过患者事先授权同意的;其二,无需经过患者事先授权同意的。"但是,"如果行为人想要披露他人的健康隐私信息,他通常也能找到未经许可就可以披露信息的方式,因为《健康保险携带和责任法》实质上允许行为人根据不同州的法律规定替换其原先惯常的做法。"由此可见,医疗健康服务的提供者对健康信息的披露实际上享有比患者更多的控制权。

(1) 无需患者事先许可的情形。在进行手术、治疗以及支付医疗费用时,医疗机构共享患者健康信息的行为无需经过患者的事先许可。例如,根据医疗保险中心和医疗补助服务中心的指示,"医生、医院和急救中心以治疗为目的共享患者健康信息无需患者事先签署同意书"①。此外,因公共健康、支付医疗费用、医疗手术、医疗研究和医疗交流而共享他人健康信息也无需获得患者的事先授权许可。但是,医疗机构在共享患者的健康信息时必须采取合理的措施保护该信息的隐私和安全,医疗机构采取何种保护措施则取决于其共享交流信息的方式,而这些共享交流信息的方式包括了口头、书面和电话传真等。

根据《健康保险携带和责任法》的规定,公开披露的他人健康信息的数量应该限制在"最低需求"的限度内。披露信息主体在确定符合"最低需求"的健康信息的数量时,可以参照其他披露主体确定的标准。但是,当公开披露健康信息的目的是推动非正式公共医疗质量协议的制定或者提高医疗质量时,披露他人全部的可确认的健康信息也无需获得病人的事先授权许可。

(2) 需要患者事先许可的情形。根据《健康保险携带和责任法》的规定,在未经患者事先授权许可的情况下,使用他人医疗健康隐私信息的主体和他们的商业合作者都不得以直接或间接有偿交换的方式公开披露他人医疗健康信息。《经济和临床医疗行业健康信息技术

---

① See Medical Privacy of Protected Health Information, U. S. Dep't of Health & Hum. Servs. , 1 (Revised June 2009), http: //www. cms. hhs. gov/MLNproducts/downloads/SE0726FactSheet. pdf; See also Understanding Health Information Privacy, U. S. Dep't of Health & Hum. Servs. , http: //www. hhs. gov/ocr/privacy/hipaa/understanding (last visited Oct. 16, 2010).

法》对未经患者事先授权许可就不得使用患者医疗健康信息的情形作了更多的限制，使用他人医疗健康信息的主体及其商业合作者将他人健康信息用于销售或募捐都必须获得患者事先的同意。但是，无需获得患者事先授权许可就可以有偿交换患者健康信息的除外情形有以下几种：将有偿交换的信息用于公共健康调查或治疗；因使用他人医疗健康信息主体的合并而进行的信息交换；根据商业合作协议的规定将他人的健康信息作为支付医疗服务费用的依据。

4. 保护措施和违反信息安全保护通告

《健康保险携带和责任法》要求使用他人医疗健康信息的主体要从行政、物质和技术方面为他人的健康隐私信息提供相应的保护措施。这些措施应涵盖所有可能的程序，并建立一个可供医疗行业遵守的保护标准。随着适用电子健康档案或其他健康信息技术的需求不断增多，由此对隐私权保护造成的挑战也随之增加。2009年12月15日，美国健康标准委员会(Health IT Standards Committee)肯定了针对电子健康档案系统采取的隐私安全保护措施，同时也指出，如果不对过多的健康信息共享加以限制，那么，这些既定的合适的保护水平将难以再提高。针对此问题，健康标准委员会提议对健康信息隐私权的保护标准应"包含获得、控制、鉴定、授权和传播信息的标准，根据这些标准对电子健康档案系统采取的隐私安全保护措施满足了其中的几项关于获得和控制信息的标准，包括技术层面的保护标准……"

除了强化现存的保护措施，《经济和临床医疗行业健康信息技术法》还制定了新的信息隐私安全保护措施：适用于使用他人医疗健康隐私信息的主体及其商业合作者的违反信息安全保护通告。根据这一最终临时规则的规定，当健康隐私信息遭受侵犯的可确定的受害人数超过500人时，使用他人医疗健康信息的主体就有义务将这一情况告知卫生部秘书长、媒体和受影响的个人。此外，其他不受HITECH调整的主体将适用由FTC制定的类似规则。

5. 强制执行措施

美国卫生部有权向法院提起民事诉讼，要求法院强制执行《健康保险携带和责任法》的规定以及给予侵权行为人相应的处罚。但是，根据联邦法律的规定，个人没有直接向法院起诉行为人的行为侵犯其医疗健康信息隐私的权利，个人直接向法院提起医疗健康信息隐私侵权诉讼的权利仅在某些州的法律中有规定。尽管个人可以从卫生部提起的医疗健康信息隐私侵权诉讼中获益,但是个人还是无法通过诉讼直接修复流失的健康信息或者改变健康信息的保护现状。

根据最新的法律规定,执行措施在以下四个方面都得到了加强。首先,《经济和临床医疗行业健康信息技术法》加重了对健康信息隐私侵权行为的处罚,并对那些主观上有"故意疏忽"的侵权行为强加了强制性的处罚,并且,商业合作者也受其调整。其次,美国卫生部对健康信息隐私侵权案件进行形式调查后,初步决定关于健康信息隐私侵权的控诉将包含潜在的故意疏忽这一因素。再次,一些州的法律规定律师可以代表健康信息隐私遭受侵犯的病人提起民事诉讼。最后,司法部还有可能对侵犯健康信息隐私的行为提起刑事诉讼,在一些极其恶劣的案件中,对侵权人刑事处罚的刑期可能达到 10 年。

四、欧盟保护他人医疗隐私的法律框架

确保电子健康信息的安全和隐私是促使电子健康信息系统充分发挥其潜能的必要条件。但是在特定的社会环境下如何执行电子健康信息的保护措施还不明朗,因为很难找到个人利益和社会利益的平衡点。欧盟强调他们正在努力寻找个人隐私安全和 EHR 系统和平共存的方式。为了比较和借鉴欧盟的做法,本文以下部分将回顾欧盟保护电子健康信息隐私的法律框架以及监管方式。

(一) 隐私权保护规则的国际背景

历史上,欧洲对待隐私权的态度就与美国的有所不同。1950 年的《欧洲人权公约》(以下简称《公约》)就确定了个人隐私权的基本价值,体现在《公约》保障公民人权和基本自由的第八条中,"每个人皆有权要求他人尊重自己的私人和家庭生活、住宅以及通讯。"[1] 1981 年,欧洲理事会的各成员国签署了《欧洲系列条约第 108 号条约:有关个人数据自动化处理之个人保护公约》(以下简称《数据公约》)。《数据公约》规定,各成员国领域内的个人,不论其国籍或住

---

[1] See Convention for the Protection of Human Rights and Fundamental Freedoms art. 8, Nov. 4, 1950, 213 U. N. T. S. 222.

所，其权利和基本自由均受到尊重，特别是对于其个人数据进行自动化处理时，充分尊重其隐私权。[1]因此，《数据公约》被认为是首部用于保护个人数据隐私的国际法律规则。具体而言，《数据公约》的规则包括：基于特定目的平等地收集信息；特定目的的限制；精确性；储存信息的目的；获得信息的主体以及合理的安全措施。欧洲理事会还采纳了更多关于医疗隐私信息保护的建议，其中强调了关于自动化医疗信息的处理。这些建议在 1997 年被另一总体上涵盖了医疗数据信息的建议取代。值得一提的是，在 1991 年，欧洲理事会还采纳了关于数据跨国界流动的建议。

此外，关于隐私权保护标准的国际宣言之间都有着密切的联系，这些宣言向我们展示了欧盟认可隐私权的发展过程和国际做法之间的关系。而在第二次世界大战结束时首次采纳的个人隐私权规则与 20 世纪 80 年代后期出现的信息自动化收集也有明显的历史上的联系。1949 年的《世界人权宣言》第 12 条就明确规定"任何人的私生活、家庭、住宅和通信不得任意干涉……"[2]

1980 年经济合作与发展组织（OECD）就公布了关于保护个人数据隐私的准则（OECD Privacy Guidelines）。概括而言，这些准则包括以下规则：数据收集的限制、数据质量的保持、数据收集目的的明确、对特定目的的数据使用的限制、恰当的数据安全保护措施、透明度、个人获得和控制数据收集以及解释义务。1998 年，基于电子信息交流的巨大变化，OECD 对上述准则作了一番检查，并再次确认这些基本规则适用于当前的社会环境。OECD 还继续朝着制定统一的国际数据隐私权保护规则努力，其最新的工作方向是将其政策扩展到国际间的信息交流方面。

（二）欧盟隐私权保护规则

现存的欧盟个人隐私权保护规则是建立在国际和超国家的基本规

---

[1] See Convention for the Protection of Individuals with Regard to Automatic Processing of Personal Data, http://conventions.coe.int/Treaty/en/Treaties/Html/108.htm.
[2] See Universal Declaration of Human Rights, G. A. Res. 217A, at 71, U. N. GAOR, 3d Sess., 1st plen. mtg., U. N. Doc. A/810 (Dec. 12, 1948), available at http://www.un.org/en/documents/udhr/.

则和政策性文件上的，这些规则和政策主要源于两个指令：1995年欧洲议会和欧盟制定通过的《关于涉及个人数据处理的个人保护以及此类数据流通的指令》（以下称《1995年指令》）和2002年通过的《关于电子通信领域个人数据处理和隐私保护的指令》）。

1995年的指令产生了第29条工作小组，或者说是第29条委员会，该委员会是一个关于数据保护的独立的咨询委员会。2007年第29条工作小组公布的工作文件中就包括了有关电子医疗健康档案中个人数据处理的报告，该报告对隐私权保护规则如何适用于电子健康档案领域作出了解释，并推荐了11种用于保护个人健康隐私信息的法律措施。因此，要想理解欧盟如何将基本的隐私权保护规则适用于电子健康档案领域，就必须对此工作文件做详细的探讨。

（三）一般的数据隐私向健康数据隐私的转换

关于电子医疗健康档案中个人数据处理的报告明确指出"任何通过电子健康档案系统处理个人数据信息的行为都受个人数据保护规则的调整"。因此，任何数据控制者在收集个人可确认的健康信息时，必须遵守以下规则：限制以收集数据信息为目的而使用信息（目的规则）；确保数据质量（关联性和精确性）；限制数据的使用（不能进一步处理数据）；向个人提供收集的数据信息（个人对获得的数据信息享有修改权）以及提供适当的保护数据安全的措施。这一报告充分说明了《1995年指令》为健康信息提供了更多的保护，因为健康信息属于个人信息中"敏感"信息。此外，《1995年指令》第8条第1款还规定"各成员国必须禁止处理……数据涉及……健康"。特定损害或使用药物这类信息都落入健康数据信息的范围，第29条工作小组规定"与患者接受治疗无关的数据信息都不属于健康数据信息"。因此，"所有包含在医疗记录、电子健康档案和电子健康档案系统中的数据信息都应该属于敏感的数据信息。"将数据收集者收集的所有的健康信息归为敏感信息的分门别类法是保护个人隐私的一大特点，这一分类法为保护个人健康信息隐私权提供了强而有力的基石。

有关健康数据信息限制规则的抗辩问题，虽然关于健康数据信息处理的禁止规则很重要，但是这种禁止也并非是绝对的。《1995年指令》中就包含了几种强制性的抗辩事由和一种非强制性的抗辩事由。这些抗辩事由包括：个人作出明确的同意，患者的重大利益或者"身体上或法律上没有能力作出同意"的患者的利益，医疗专业人员基于特定情况收集他人健康信息，基于上述抗辩事由，行为人可对他人的健康数据信息进行处理。此外，当存在"重大的公共利益"时，也可允许行为人收集他人的健康数据信息。以上抗辩事由在电子健康档案报告中都有详细的论述，下文将对电子健康档案报告的论述进行简单总结。

（1）明示同意的抗辩事由。电子健康档案报告中的第一个抗辩事由是，当受影响的个人作出了明示的同意时，行为人依据该同意便获得了收集和处理他人健康信息的权利。首先，该同意应该是在双方当事人积极交流中作出的，是一个双方积极参与的过程，而不是一个非充分的消极退出的过程；其次，该同意必须是特定的、自愿的、被充分告知的以及非强迫的，而基于强迫作出的同意是指"在医疗过程中，行为人以不提供治疗或仅提供低质量的治疗为威胁"，迫使他人同意行为人收集或处理其医疗信息。此外，如果行为人在获得他人明示同意前就收集他人的医疗健康信息，那么行为人随后获得的同意也不属于可抗辩的事由；最后，考虑到健康信息的敏感性，报告还指出各成员国应当规定，对于特定的健康信息，他人享有绝对禁止行为人收集和处理的权利，并且不被他人"明示同意"这一事由排除。

（2）重大利益的抗辩事由。另一抗辩事由是基于患者的重大利益或者基于"身体上或法律上没有能力作出同意"的患者的利益，而这一抗辩事由只适用于"极少数情况"。例如，当患者已经失去意识时，出于患者利益的考虑，医疗机构有权获得患者个人的健康信息。

（3）医疗专业人员的抗辩事由。根据一般规则，医疗专业人员在特定的情况下有权收集和处理患者的医疗健康信息需要满足以下条件：其一，医疗专业人员处理患者医疗健康信息的目的是"预防性治疗和医疗诊断"；其二，医疗专业人员为了"提供护理、治疗或者管理健康护理服务"而处理患者医疗健康信息；其三，医疗专业人员处理患者医疗健康信息必须有法律、专业人士保密规则或者其他相关法规为依据。这一抗辩事由不包含以健康调查、保险赔偿、收集诉讼证据以及公共健康为目的处理患者医疗健康信息的情况。

电子健康档案报告还强调对这一抗辩事由"应当做限定解释",并且不适用于全部的电子健康档案系统。更有评论指出电子健康档案系统的许多目的本身就与隐私权保护存在冲突,例如,在医疗专业人员之间的健康信息共享。因此,电子健康档案系统将对健康信息隐私权的保护构成新的挑战,特别是 EHR 适用于互联网档案和信息交换时,所以,在电子技术飞速发展的背景下,增加对个人健康信息的保护措施是应对电子信息交换带来的隐私权保护冲突的上佳选择。

(4) 公共利益的抗辩事由。由上述可知,在仅有上述三种抗辩事由的背景下,建立广泛的、无所不包的电子健康档案系统如果不是不可能,那么也是困难的。因此,在为他人医疗健康信息提供恰当的安全保护措施的前提下,非强制性的抗辩事由——公共利益可以为电子健康档案系统在全国范围内的适用提供基础。这一抗辩事由包括"为了公共健康和社会保护"而使用他人医疗健康信息的情形。根据《1995 年指令》第 8 条第 4 款的规定,适用电子健康档案系统,需要满足以下三个条件:其一,必须基于"特殊法律基础"的需要建立 EHR 系统;其二,电子健康档案系统处理他人医疗健康信息必须以需要为限;其三,电子健康档案系统必须为他人医疗健康信息的隐私权提供恰当的保护措施。而任何 EHR 系统在干预了他人的家庭和私人生活时都适用《公约》的相关规则。因此,所有的系统都必须是"满足民主社会的需要"且法律必须制定规则规制这些系统的运行,保护他人信息隐私不受侵犯。

总而言之,报告指出电子健康档案系统在公共利益作为抗辩事由的情况下得以适用,虽然如此,适用电子健康档案系统也必须遵守《1995 年指令》的相关规定。因此,报告继续着力于阐述"适用于电子健康档案系统的法律框架"以保护他人的信息隐私和安全。

(四) 适用于电子健康档案系统的法律框架

保护他人医疗健康信息隐私权的规则"最好应该制定在一个特殊的、综合的法律框架内"。第 29 条工作小组的报告简要概述了这一法律框架应当涉及的 11 个方面的内容,并且认为这 11 个方面的内容应该组成一个独立的章节。下文将对这 11 个方面的内容做总结性介绍。

1. 自己决定

患者控制自己的医疗健康信息（自己决定）通常来说是合适的，即便该信息的收集并未经过患者的同意。事实上，电子健康档案报告还指出，患者应当"一贯"地享有阻止其医疗健康信息被共享的权利，包括医疗专业人员之间的医疗信息共享。此外，报告还指出，"任何人都不能被强制参加电子健康档案系统。"但是，报告也强调了几种类型的同意对收集他人健康信息的必要性。行为人处理一般的健康信息通常只需经过他人消极退出的同意即可，但当行为人处理的是精神健康信息或与性别有关的健康信息这类更敏感的健康信息时，通常必须经过他人积极参与的同意。

2. 身份鉴定

身份鉴定同时适用于患者和医疗服务专业人员，但对这两者进行身份鉴定的目的又是不同的。对患者进行身份鉴定是为了制定合适的治疗方案，而对医疗服务专业人员进行身份鉴定是为了保护患者的医疗健康信息不被未经授权的行为人获取。此外，电子健康档案报告还展望了以电子形式进行身份鉴定的前景。

3. 对授权获取的保护措施

对授权获取的保护措施有两种，一种是对普通授权获取的保护措施，另一种是对特殊授权获取的保护措施。具体而言，前一种保护措施在医疗专业人员因紧急治疗的需要获取患者医疗健康信息的情况下才适用，这种保护措施产生了阶梯式或组合式的信息获取方式，促进了信息的类型化和方便特定医疗服务专业人员获取患者的医疗健康信息。而后一种保护措施主要适用于经患者同意而获取健康信息的情形，这种保护措施包括将特定的信息放入电子信封中并将信封封上以阻止行为人获取他人的信息，此外，患者还可以直接通过 EHR 系统管理其个人医疗健康信息，自行决定行为人是否有权获取其信息。

4. 第三方使用信息

第 29 条工作小组将《1995 年指令》第 8 条规定的要求具体化，包括禁止特定的共享行为以及在基于调查或政府目的使用他人医疗健康信息时隐去信息主体的姓名资料。

5. 系统设计

报告指出电子健康档案系统设计有三种可供选择的模式。第一种是电子健康档案系统由患者本人控制，但是出于安全性和精确性的考虑，这种模式并不受推崇。第二种是分散式的系统设计，即电子健康档案系统由每个医疗服务提供者控制，其他人可以通过某种方式检索存储于各个医疗服务提供者系统内的电子健康信息，而为了确保在这种模式下的信息隐私安全和系统兼容，就需要建立一个"掌控整个电子健康档案系统的管理中心"。第三种是集中式的系统设计，即电子健康档案只有一个控制者，来自所有医疗服务机构的健康数据信息都集中到一个储存点，统一由该控制者操控，但是这样一来也增加了他人医疗健康信息被未经授权人获得的风险。因此，如果采纳第三种模式，那么诸如电脑加密等安全保护措施则显得极为必要。

6. 数据储存

法律框架中的这一点主要强调的是收集信息的种类以及储存信息的时间。而将个人全部的健康信息都录入电子健康档案几乎是不可能且不必要的。因此，报告主张个人医疗信息应作为录入电子健康档案的首要选择。为了更好地保护这些电子数据信息隐私不受侵犯，报告建议以不同类型的信息为标准将健康数据信息划分为不同的模块。实质上，这种复杂的划分可以使不同的信息获得针对性的隐私权保护，并且他人可以只允许行为人获取其某一特定种类的医疗信息。随后，报告以"接种疫苗数据模块"为例对这种划分作出说明，患者可以决定其关于接种疫苗的信息可以被公共健康机构、雇主甚至学校共享，同时，对他人获取其接种疫苗信息的授权并不意味着其放弃了其他健康信息的隐私权，法律依然保护除接种疫苗信息之外的健康信息的隐私权。这对限制保险公司获取他人与投保无关的信息尤其有效。

7. 数据的国际交换

报告明确了除非存在"合适的法律框架"来保护个人健康数据信息的隐私和安全，否则任何个人可确认的健康数据信息将不能在欧盟成员国之外的国家交换或者存储。

8. 数据安全

电子健康档案系统对安全的需求是显而易见的。报告指出"未经授权就获取他人医疗健康信息将最终变成不可能……"因此，该法律框架应当包括技术层面和组织层面的因素。而报告提到的因素有：电脑数据加密和其他加强隐私保护的技术、电子身份鉴定、内部记录和对获取信息的控制、备用和修复系统、个人政策、个人权限要求以及审核。

9. 透明度

为了增强使用电子健康档案系统的效率和公众对该系统的信任，报告提出，通过公共通告、简易的获得程序和为患者提供免费信息等途径实现 EHR 系统运作和患者同意的透明度。

10. 责任

与其采纳因未保护他人健康信息隐私而承担相应责任的归责标准，报告建议欧盟各成员国应该：事先进行全面的管理，通过研究民法、医疗法以及评估影响等方式来解决在电子健康档案背景下的责任承担问题。例如，考虑有关进入电子健康档案系统数据的精确性的完整性，确定医疗健康服务人员在为患者提供治疗时应在多大范围内使用电子健康档案系统以及根据相关责任法，确定因技术原因无法获取他人健康信息时，行为人所要承担的法律后果等。

11. 信息处理控制机制

第 29 条工作小组建议欧盟各成员国应该建立一个重要的机制以应对获取电子数据信息的问题，以及以免费和简易仲裁的方式解决数据控制者和数据主体（患者）之间的冲突。此外，数据控制者还应该向患者提供获取其个人电子医疗健康信息的途径，并且，还应当制定相关的内外数据保护审核的协议。

（五）对跨国使用电子健康档案系统的隐私权保护

根据 29 条工作小组的指导意见，2008 年 7 月 2 日，欧盟委员会（European Commission）公布了委员会提案，该提案内容主要涉及电子健康档案系统跨国使用的互用性问题。该提案的"保护个人数据"部分阐述了解决电子健康档案跨国使用的隐私权保护方案。此外，该提案还重申了医疗健康数据信息敏感性的特点，并强调建立一个特定的法律框架对保护这一敏感数据的隐私是非常有必要的。

电子健康档案系统的跨国使用给个人数据信息的处理带来了巨大的风险，因此产生了对额外的、新的保护措施和衡平机制的需求，因为现存的用于保护传统健康信息隐私的法律标准已经不足以保护患者电子健康信息的隐私，特别是当电子健康信息通过互联网进行传播时，传统的法律保护更是显得无能为力。

欧盟委员会的提案还指出，"欧盟各成员国应当意识到电子健康档案系统的跨国使用增加了个人健康信息被未经授权人获取的风险，并且这种风险存在于个人所有的健康信息中并且贯穿其一生。"因此，该提案要求欧盟各成员国采纳一个包含对电子健康档案系统提供隐私权保护的"全面的法律框架"。而该提案中列明的数十条具体的保护个人健康数据信息隐私的法律建议要比第29条工作小组报告提出的保护标准更加简明扼要和全面。但是，这两者之间的一些基本规则是互相包含的。总结如下：

综合考虑几种系统设计模式和信息储存模式并从中选择最佳实践方案；提供给患者控制其个人健康信息并决定是否公开该信息的技术；要求电子健康档案系统的设计必须限制他人进行数据收集以及公开他人健康信息须隐去信息主体的姓名资料；对侵犯他人健康信息隐私风险的评估应该优先于对执行电子健康档案的评估；确定何种健康信息可以以电子形式储存或处理，以及对某个信息子集是否应该进行更严格的控制；根据各国的保密规则，医疗服务专业人员处理他人医疗健康信息的权力受到了一定的限制；政策、安全法和技术规则规制的主体不包含使用他人健康信息的个人，而个人使用他人健康信息主要由国内的数据信息保护法律调整；提供给患者的关于使用EHR系统的隐私声明内容应当包括患者取得EHR系统相关信息的选择权；个人因参与EHR系统而带来不适宜压力的预防程序；《1995年指令》调整的数据范围有限；为"确保电子健康档案系统的保密性"，相关审核程序、安全保护措施以及违反通告应当得到遵守。

(六) 新的举措：布拉格宣言

2009年2月19日至20日，欧盟国家领导人出席了以"电子健康档案对个人、社会及经济的影响"为主题的会议，会议对欧盟各国实施电子健康档案的相关问题进行了探讨，并通过了《布拉格宣言》(Prague Declaration)。该宣言指出了信息识别对实施电子健康档案的重要作用，并强调了各国应给予特别注意的三个问题。患者医疗健康信息的安全和患者的授权就是其中的一个问题，这一问题对电子交流技术和健康信息系统的发展有着重要影响。根据《布拉格宣言》，欧盟各成员国应当对使用电子健康档案中的"法律和道德问题"给予高度的重视，包括"数据保护和个人隐私问题……追求一个普遍适用的优化现存保护数据隐私安全指令的方法"。通过《布拉格宣言》我们可以捕捉到的一个信息是，欧盟各成员国实施电子健康档案系统依旧缺乏技术上的一体化，该系统亟须解决的一个问题就是对个人电子健康信息隐私权的保护。

五、比较和经验

美国和欧盟在平衡能够提高医疗效率的电子健康档案的适用和个人隐私权保护方面存在着巨大的差异，但是，其中也包含一些基本的共同点。下文将从一些重要的措施着手比较美国和欧盟在健康信息隐私权保护领域的不同。这一比较主要是通过美国联邦贸易委员会制定的公平信息隐私规则勾画的。在比较美国和欧盟隐私权保护异同的过程中讨论到的几个问题是：美国和欧盟的规则对个人健康信息隐私的保护范围是一样的吗？患者对其个人医疗健康信息的控制权限有多大？第三方通过全国性医疗信息网络共享他人健康信息带来了哪些影响以及现存的保护措施和强制机制是否足以为患者隐私权提供充分的保护？对以上问题的回答将揭示美国和欧盟是如何在适用电子医疗健康档案和保护个人信息隐私安全之间寻找平衡点的。

（一）总体比较

美国和欧盟为电子健康档案系统提供的隐私权保护措施有着天壤之别，造成这些差异的主要原因是美国和欧盟对个人隐私权保护的根基不同。美国是通过具体的制定法确定个人对其健康信息享有隐私权，而欧盟保护的个人隐私权属于基本人权中确定的隐私权，这一隐私权概念的产生早于欧盟通过的其他保护个人数据信息隐私的指令。正是因为美国和欧盟的隐私权概念存在着法理上的差异，所以导致了他们采取的隐私权保护措施也有所不同。

程序上和实质上，在《健康保险携带和责任法》基础上制定的HITECH都是美国保护他人健康信息隐私所适用的重要的法律规范，如果可以用不太精炼的语言表达，那么，在一定意义上，这两部法律规范都将个人健康信息视为值得加强保护的敏感信息。在欧盟各国，根据《1995年指令》的规定，个人健康信息不仅是敏感的，而且还是独一无二的。此外，在美国，卫生部有权制定更加详细具体的健康信息隐私权保护规则，美国联邦贸易委员会则在较小范围内也有制定相关保护规则的权力。与美国不同的是，欧盟第29条工作小组只有权制定关于保护他人健康信息隐私权的政策和指导文件，欧盟各成员国才有权制定具体的隐私权保护规则。因此，在制定联邦水平的具体保护规范上，美国比欧盟享有更多的权限。

总结美国和欧盟的法律在保护个人健康信息隐私权方面的主要差异对理解电子健康档案系统的潜在功能至关重要。《健康保险携带和责任法》可以在假设健康信息能够从每个个体处收集而来的基础上进行解释。随后，《健康保险携带和责任法》还制定了关于保护信息隐私、使用和共享健康信息的规则。而欧盟保护个人健康信息隐私的法律框架一开始就将注意力集中在信息是否可以被收集以及如何在最初的信息收集和处理中保护患者隐私这类具体问题上。因此，在美国，患者并没有选择参与或不参与电子健康档案系统的选择权，而欧盟的政策则充分考虑了对患者隐私权的保护应该包含防止患者被强迫参与电子健康档案系统的规定。下文将介绍美国制定的保护规则和标准与欧盟各成员国健康信息保护规则的不同。

（二）严格的检查：公平信息规则

接下来的部分将利用美国联邦贸易委员会通过的公平信息规则来对美国和欧盟保护他人健康信息隐私的方式做更多详细具体的比较。以下介绍的五种原则是保护个人信息隐私的国际原则的子集，这些子集原则在欧盟和美国的相关规则中都有体现。

1. 共享信息的隐私声明

如果他人无法得知他的个人健康信息是否被收集或者这些信息一旦被收集将被如何使用的话，那么，他就无法保护自己健康信息的隐私权，也无法决定是否同意行为人共享其健康信息。为了解决这个问题，美国的做法是强调使用他人健康信息的主体必须向信息所有人提供一份隐私声明，这份隐私声明应当包含以下内容：使用和向第三方披露他人健康信息的方式；使用他人健康信息的主体有保护他人健康信息隐私安全的义务；使用他人健康信息的主体履行相应义务的方式；信息所有人向卫生部申诉的权利以及使用他人健康信息的主体应为诉讼提供相关信息。

欧盟1995年的数据信息保护指令包含许多详细具体的规定，例如，数据信息处理者必须确保在任何时候都可以提供被需要的任何个人可确认的医疗健康信息。此外，健康信息系统透明度和隐私声明也都包含在第29条工作小组通过的电子健康档案报告中。并且，欧盟委员会通过的提案还提出了相应的解决电子健康档案跨国使用的隐私权保护方案，内容包括：使用有多种选择的隐私声明；使获取信息的技术更加简单化以及为有特殊需要的个人提供量身定做的隐私声明。欧盟还强调患者对信息收集和共享的理解，因为欧盟的隐私权保护措施建立在个人因素基础上，所以其保护措施也因人而异，相关规定也就不如美国那么详细具体。

2. 患者同意健康信息共享的选择权

因为美国和欧盟一开始确定的可被收集的信息的种类就不同，所以很难对随后的信息共享做直接的比较。应该明确的是，对美国和欧盟采取的保护措施的比较始终建立在两种不同的法律基础上。因此，比较两种法律框架内患者同意共享其个人可确认的健康信息的不同将遇到更多的困难。在美国，根据《健康保险携带和责任法》的规定，需要患者同意才能共享其健康信息的情况有许多例外规定，换言之，患者选择同意与否的权力受到了限制，因此，有人主张《健康保险携带和责任法》应该"增强患者对其个人健康信息的控制"。[①] 但是在欧盟，仅有公共利益才构成需要患者同意才能共享其健康信息的例外情况，此外，这一例外情况还需要法律的明确规定。质言之，患者享有较大的权力限制其医疗健康信息的共享，并且随时可以选择完全退出电子健康档案系统。因此，美国和欧盟在患者同意共享其健康信息与否这一方面的规定完全不同。

3. 患者参与电子健康档案系统并获取精确健康数据信息

在美国，《健康保险携带和责任法》赋予患者获取其个人电子健

---

① 2007 U. Ill. L. Rev. 681, 681 (2007).

康档案的权利,并且患者还可以在支付一定合理费用的情况下制作其电子健康档案的复印件。即便患者要求修改档案中的相关内容,控制其电子健康档案的主体也没有义务必须根据患者的要求进行相关更改。但是,患者可以遵从一定的程序规定继续向控制其电子健康档案的主体提出要求,如果最终该主体还是拒绝了患者的请求,那么,患者还有权在其电子健康档案中声明其不同意该电子健康档案的内容。

而欧盟通过加强患者获取其精确的电子健康信息的权利来强调患者对其健康信息的控制权。因此,欧盟的相关政策特别关注患者信息隐私安全方面,例如,确保患者在要求获取其个人健康信息时,掌握其电子健康档案的主体提供的必须是对应的、正确的、可确认的患者的健康信息。此外,欧盟还建议,应当建立一个独特的机制以解决患者获取其个人健康信息的问题,简化患者获取信息的程序。

4. 健康数据信息的完整性和安全性

在美国,《健康保险携带和责任法》的安全规则确定了行政、物质和技术方面的个人健康信息隐私保护标准。但是即便这一安全规则的保护框架涵盖面如此之广,它仍然没有提供技术上的具体可行的保护措施,而是允许掌握他人健康信息档案的主体自行选择保护方法。随后《经济和临床医疗行业健康信息技术法》制定的违反信息安全保护通告规定了更加详细具体的安全保护措施。

而欧盟并没有强调太多具体的安全措施方面的问题,欧盟更多强调的是组织上、程序上和技术上的保护要求。欧盟相关的政策还强调对行为人经授权获取他人健康信息的行为提供一般和特殊的隐私权保护措施的需要,包括参与电子健康档案系统的身份鉴定和审核方法。在安全措施方面,欧盟与美国主要的不同在于欧盟给予患者对系统全面的选择权以及自行设计隐私权保护方法的机会。第29条工作小组在EHR报告中还讨论了电子健康档案系统应实行分散式还是集中式的问题,但是报告没有作出一个明确的选择,只对各种类型的信息隐私权进行了确认。此外,无论是电子健康档案报告还是关于电子健康档案系统跨国使用的提案都倾向于制订一个能够确保他人健康信息隐私安全的具体的系统设计方案,包括:隐去姓名资料的使用和划分不同类型的信息模块并使这些不同类型的信息分别适用不同的安全规则和授权协议。其中关于电子健康档案系统跨国使用的提案还提到违反信息安全保护通告，但是通告的具体内容还有待以后的补充。
5. 强制执行措施和救济手段
《健康保险携带和责任法》最具争议的一个方面就是在他人隐私遭受侵犯的情况下，缺乏相应的个人救济手段。尽管个人可以通过民法和刑法的惩罚措施获得救济，但是可以诉诸民法和刑法途径解决的情况毕竟少数。而在《健康保险携带和责任法》基础上制定的《经济和临床医疗行业健康信息技术法》就增加了相应的强制执行措施和加重了民事与刑事的处罚。

欧盟的强制执行机制规定在《1995年指令》第8条的一般范围中，根据该条的规定，一定的强制执行措施是必要的，但是具体的强制执行方法应由欧盟各成员国的国内法规定。电子健康档案报告进一步规定欧盟各成员国必须研究和执行相应的救济方法以为他人在健康信息隐私遭受侵犯时提供法律上的保护。此外，关于电子健康档案系统跨国使用的提案还限制了在没有恰当的保护措施保护他人健康信息隐私情况下的信息跨国交换，并且将违反信息安全保护通告也纳入各成员国国内法范畴。

（三）对美国的建议

随着电子健康档案在全国范围内的普及适用，美国联邦政府在制定规则以保护他人电子医疗健康信息隐私中扮演着重要的角色。在社会各界的广泛关注下，相关的保护规则也在不断地增加，但同欧盟相比依然略显不足。患者无权控制其敏感的健康信息不被医疗机构收集，换言之，患者无权决定是否参与电子健康档案系统。此外，大量的除外情况使得其他医疗或保险机构收集使用他人健康信息的行为正当化，这也严重削弱了患者对其健康信息的控制权。美国联邦会计总署（GAO）的一系列报告给予了健康信息领域的隐私权保护问题极大的关注，在其中的一份报告中，GAO提出一系列对相关隐私权保护的建议，包括获得患者同意的标准、强制执行措施以及披露他人健康信息的标准。

在适用电子健康档案以提高医疗效率和保护他人电子健康信息隐私这两方面，欧盟确实比美国取得了更多显著的进展。此外，欧盟还致力于促进欧盟各成员国保护措施的一体化。因此，第29条工作小组还构建了一个关于电子健康信息隐私保护的法律框架。相比之下，美国的法律监管框架在不断清晰的同时也在不断地适应技术的变化发展。例如，美国联邦贸易委员会最近就确立了它对医疗身份盗窃案件的管辖权，并且还处理了与电子健康信息隐私有关的棘手的政策问题。此外，如果《经济和临床医疗行业健康信息技术法》的保护框架充分地增强患者对其健康信息的控制权，并且加大患者保护其健康信息隐私的参与度，那么这将增加患者对电子健康档案的理解和信任。由此可知，如果法律不能赋予个人在健康信息隐私权遭受侵犯时起诉侵权人的权利，那么本来就不够充分的政府保护机制将变得更加脆弱，患者也无法建立起对电子健康档案系统的信任。因此，保护健康信息的安全除了对电子健康档案系统的运行效率有重大的影响外，还影响着电子健康信息的广泛共享。

六、结语

美国对健康信息隐私的法律保护框架中包含了宪法、制定法、联邦监管法和各州监管法。各州隐私权保护的差异和冲突最终推动了HIPAA 的制定，并且随后在《健康保险携带和责任法》的基础上还制定了《经济和临床医疗行业健康信息技术法》。此外，美国卫生部颁布的监管法还产生了隐私规则和安全规则，这些规则确定了患者保护其健康信息隐私的权利以及掌握患者医疗健康信息主体的责任。暂且不管那些用于保护他人健康信息隐私的制定法和监管法，简化获取电子健康档案的程序以提高医疗质量和效率与保护个人健康档案的隐私权这两个方面本身就存在着不可避免的冲突。此外，因为医疗调查、公共健康、法律执行和其他大量的社会利益的需要而使用他人健康信息的例外情形对病人的医疗信息控制权也构成挑战。

欧盟对个人健康信息隐私权的保护是随着时间的推移和一系列历史事件的推动而逐渐成形的。1981 年欧洲理事会通过的《欧洲系列条约第 108 号条约：有关个人数据自动化处理之个人保护公约》是最初适用于医疗信息领域隐私权保护的法律规范，自此之后，更多的隐私权保护规范接踵而至，分别是 1995 年欧盟制定通过的《关于涉及个人数据处理的个人保护以及此类数据流通的指令》和 2002 年通过的《关于电子通信领域个人数据处理和隐私保护的指令》。《1995

年指令》还产生了第29条工作小组，该工作小组在2007年还提出了有关电子医疗健康档案中个人数据处理的报告。欧盟对个人健康信息隐私的保护措施包括了将个人可确认的医疗健康信息划分为不同的类型，并认为这些信息都属于"敏感"信息，使得个人医疗健康信息获得了更高水平的保护。根据欧盟的保护标准，患者始终有权阻止其个人健康信息在电子健康档案系统中进行交换。欧盟隐私权保护规则的又一大特色是其关于电子健康档案系统跨国使用的提案中规定的，获取和使用其他国家的电子医疗信息档案必须遵守欧盟保护个人电子健康信息隐私权的基本法律规则。

美国和欧盟的医疗健康信息隐私权保护规则的不同可以通过美国联邦贸易委员会的五条公平信息规则（FIPs）体现。总而言之，美国对收集他人信息主体所作的隐私声明的关注仅停留在表面上，只要该主体做出了隐私声明，不论其内容，该主体所收集的信息即可出现在其网站上。而欧盟则要求使用他人健康信息的主体对患者所作的隐私声明必须包括收集的方式、信息的使用方式以及使用主体保护信息所有者隐私安全的义务。此外，《健康保险携带和责任法》规定的例外情形也显著地削弱了患者对其健康信息的控制权，因为存在太多法律规定的途径去收集、处理和交换他人的健康信息而无需经过患者的同意或授权。而在欧盟，公共利益是唯一的无需经过患者的同意就可以获取和交换其电子健康档案的例外情形，并且患者有权随时反对其健康信息的共享。无论是在美国还是欧盟，患者都有获取其个人医疗健康信息的权利。在美国，患者可以要求对其健康档案的相关内容进行修改，但是控制其电子健康档案的主体没有必须遵从患者要求的义务，如果患者诉诸多种法律途径仍然无法更改其健康档案，那么患者有权在其电子健康档案中作出声明，表示其不同该电子健康档案的内容。因此，虽然美国和欧盟都允许患者获取其个人电子健康信息并检查该信息的披露情况，但是患者的这一权利在美国受到了比欧盟更多的限制。显而易见的是，要使电子健康档案系统实现节省大量医疗花销的作用离不开公众对该系统的接受和该系统执行的效率。在公众看来，电子健康档案系统的弱点是患者隐私信息丧失的潜在可能和信息安全的威胁，因此，美国和欧盟对健康信息隐私权的法律保护框架是密切相关的。欧盟的保护框架建立在将个人健康信息视为敏感信息的基础上，在这种前提下，电子健康信息系统在收集和共享他人健康信息时就必须保证其行为符合相关的隐私权保护标准，这样的隐私权保护可以有效消除电子健康信息系统使用者的顾虑。相比之下，美国保护他人健康信息隐私权的法律框架虽然也取得了显著的进展，但是因为缺乏对健康信息隐私权的历史推定，因而无法赢得公众对电子健康档案系统的信任。此外，随着电子健康信息系统的广泛适用，一些技术上的选择问题也随之而来，因此对于电子健康信息隐私权保护的研究仍要紧跟社会的变化发展。

通过增强技术选择和提高适用电子健康档案系统的法律要求两种途径双管齐下保护他人电子健康信息隐私权能有效增强患者对电子健康档案系统的信任。而欧盟在采纳电子健康档案的同时承诺保护患者健康信息隐私权的做法似乎使欧盟也在不断地接近这一状态。对于美国而言，如果想要实现电子健康档案系统的普及使用以及由此带来的预期利益，那么，电子健康信息的隐私安全问题将作为执行中的中心问题继续讨论下去。

第四编　公开他人基因信息的隐私侵权

工作场所基因隐私权和免受歧视权的比较法研究

南希·J. 金[①]　苏康亚·彼雷[②]

盖尔·A. 拉斯博罗盖特[③] 著　黄淑芳[④] 译

目　次

一、导论
二、生物技术和信息技术的进步带来的立法难题
三、国际法关于工作场所基因隐私权和免受歧视权的具体规定
四、美国法关于工作场所基因隐私权和免受歧视权的具体规定
五、欧盟法关于工作场所基因隐私权和免受歧视权的具体规定
六、欧盟法关于工作场所基因隐私权和免受歧视权的具体规定对美国法的借鉴意义
七、结语

[①] 南希·J. 金（Nancy J. King），美国俄勒冈州立大学商学院副教授。
[②] 苏康亚·彼雷（Sukanya Pillay），美国温莎大学法学院副教授。
[③] 盖尔·A. 拉斯博罗盖特（Gail A. Lasprogata），美国西雅图大学阿伯斯商业与经济学院副教授。
[④] 黄淑芳，中山大学法学院助教。

一、导论

假设你正在申请一个实验室的文职工作，这个实验室承诺录用你，条件是你必须通过他们的入职体检。你决定去这个实验室工作，然后前往雇主指定的医院体检。体检前，医院给你一份与个人病史有关的调查问卷，要求你回答问卷所列问题。其中，有一个问题是问你是否曾患过包括镰状细胞性贫血（sickle cell anemia）在内的61种疾病。紧接着是尿检和血检，虽然你没有向医院询问，但即使你问了，医院也不会告诉你他们在你的血样和尿样上做了哪些检查项目。事实上，医院会对你的血样和尿样做基因测试，镰状细胞特性（sickle cell trait）检查就是其中的一种。当然，镰状细胞特性检查的对象仅限于非洲裔美国人求职者。因为，镰状细胞特性在非洲裔美国人中更为普遍。① 总结说来，在你入职体检过程中，你并不知道自己已经接受过基因测试，他们也不会将基因测试结果告诉你。

现在，我们再次假设，你已经在实验室上班。几个月过去后，你得了腕管综合症（carpal tunnel syndrome）。通常认为，手或手腕反复不断的运动是引起或加剧腕管综合症的原因。因此，你认为自己的病情是长时间敲击电脑键盘引起，于是向雇主提起了工伤索赔。雇主则要求你去公司指定医生那里做工伤鉴定，以便查明患病原因。当然，这种工伤鉴定中包含基因测试项目。雇主之所以让雇员去做基因测试，是因为他们认为，通过基因测试能够证明雇员患病是由其自身基因缺陷所致，与工作无关。② 在这种错误理论指导下，他们坚持要求雇员做基因测试，好为自己开脱责任。

---

① 编者注：20世纪70年代，许多美国黑人由于携带镰状细胞贫血病基因而被工作和医疗保险拒之门外。
② 编者注：美国国家卫生研究院遗传学首席专家弗朗西斯·柯林斯介绍说，多年前得克萨斯州的一家铁路公司发生了美国第一起基因检测纠纷。当时，工人中有人抱怨工作劳累致使他们患上了"腕管综合征"。这种疾病是由于腕管内正中神经受压或受损导致手指麻木、疼痛、活动受限的一种临床综合征。于是，公司对工人进行基因检测，并声称假如检测结果显示某人携带易患该病的基因，就证明他们的病并非工作所致。此事在美国轰动一时。

在侵权法上雇主有权要求求职者提供基因信息吗？基因测试能作为入职体检或工伤鉴定的一种替代方法吗？基因测试难道不应得到雇员的事先同意吗？你知道基因测试结果（工伤鉴定中）是对雇主有利的吗？雇主在什么情况下可以使用雇员的基因信息？雇员对自身基因信息享有受法律保护的利益吗？雇主使用雇员基因信息的行为难道不是就业歧视吗？

本文将从比较法角度讨论欧盟和美国工作场所隐私权和相关歧视问题。欧盟有关隐私方面的指令（the EU's Privacy Directive）在欧盟范围内的生效，标志着欧盟第一轮隐私立法的完成。这种"自上而下"的方法，在欧盟层面为个人信息隐私权提供了基本的法律保护[1]，这种保护通过各成员国国内隐私法得以落实。此外，第二轮隐私立法的势头也正在形成，这一轮立法强调对特定领域（包括经济、就业等领域）隐私权保护的必要性。生物技术和信息技术的进步使得基因信息的获取和使用变得越来越容易，因此这一轮立法将严格限制雇主获取、处分雇员基因信息，并禁止基因歧视行为。

随着全球化进程的加快，从比较法角度研究这个问题变得异常重要。虽然美国多个州的州法及联邦法律，包括宪法、法律、判例法、行政法、甚至行政命令都对隐私权作了相关规定[2]，但这些法律对隐私权的保护力度远远不及欧盟。所幸的是，美国已经认识到这个问题，此次立法案《反基因歧视法》将强调对公民工作场所基因隐私权和免受歧视权利的保护。这个问题，我们将在下文具体阐述。

工作场所和健康保险是这次立法规制的重点。因为在这两个领域中，基因隐私侵权和基因歧视现象大量发生。现有立法已对相关问题做了规定，如《美国残疾人法案》和《医疗电子交换法案》都对患

---

[1] See Frank Hendrickx, Protection of Workers' Personal Data in the European Union: General Issues and Sensitive Data, in Protection Of Workers' Personal Data In The European: Two Studies 15 (2002).

[2] See Lasprogata et al., Regulation of Electronic Employee Monitoring: Identifying Fundamental Principles of Employee Privacy Through A Comparative Study of Data Privacy Legislation in the European Union, United States and Canada, 2004 STAN. TECH. L. REV. 4 (2004).

者的隐私权做了相关规定,此次立法对原有法律做适当增补即可。《反基因歧视法》已提交国会讨论,2005年2月,参议院表决通过该法案,2005年4月被提交至众议院。目前,委员会正对其讨论审议。①

为了这部法案,我们已经奔走呼告了八年。但直到现在,这部法案也未获得通过。2003年,一部类似《反基因歧视法》的法案就已被提交至国会,并获得了参议院的一致同意,时任总统布什也支持这项立法,可最后也是不了了之。这就不能不引起我们的担忧,国会还会制定规制基因信息的法律吗?《反基因歧视法》让我们看到了希望。

本文将对比分析欧盟和美国对工作场所基因隐私权和免受歧视权的不同法律规定。文章总共分为五部分:第一部分简要介绍基因信息和基因测试,引出我们要讨论的话题:基因隐私权和免受歧视权;第二部分简要概述相关国际法对该问题的规定;第三部分探讨美国法律、禁止令以及联邦立法草案对工作场所基因隐私权和免受歧视权的相关规定;第四部分介绍欧盟法对工作场所隐私权和个人信息的保护;最后一部分指出美国立法提案《反基因歧视法》还需改进的地方。

二、生物技术和信息技术的进步带来的立法难题

以人类基因工程计划为标志的基因科技引发了一系列社会问题。许多疾病被证明有基因方面的原因,而通过基因测试等手段可以分析出一个人是否具有与疾病有关的基因缺陷。一旦该信息被保险公司、雇主等知晓并被错误使用,则可能引发工作场所隐私侵权和基因歧视问题。当然,人类基因工程计划及生物技术的进步所带来的社会影响

---

① 编者注:2008年5月底,美国总统布什签署了《反基因歧视法》(Genetic Information Nondiscrimination Act),禁止人寿保险公司以某人具有对某种疾病的易感基因为由,取消、拒绝对他进行保险或提高保险费用。同时,此项由美国白宫和参议院通过的法令禁止雇主以遗传信息为依据进行雇佣、解聘、升职、加薪或做出任何与雇佣行为有关的决定。

和监管难题是科学家们始料未及的。

本节主要讨论以下六个问题：①基因信息的定义；②基因测试的概念；③雇主获取雇员基因信息的途径；④隐私权的定义；⑤隐私权以及应聘者和雇员对自身及家人基因信息所享有的隐私利益；⑥工作场所基因歧视的定义以及有益的基因信息使用行为。下面对这六个问题详细加以阐述。

（1）什么是基因信息？基因信息不等同于医疗健康信息，基因信息包含的内容更为广泛。它不仅能反映个人健康状况，还包含个人家族生物特征。[①] 广义上，基因信息还包括个人家族病史信息。我们很难给本文语境中的"基因信息"下一个准确定义。如果按照广义定义，将基因信息的全部内容纳入到本文讨论中，可能导致研究重点的模糊。但是定义过于狭隘，又将使那些本应受到法律保护，不能为雇主所用的基因信息排除在保护范围外。基因信息的定义众说纷纭，马萨诸塞州将基因信息定义为"任何书面记录的、可辨认的基因测试结果、对基因测试结果的解释说明或对该基因测试结果的产生、变更、消失起作用的家族病史的总和"。[②] 我们认为，基因信息还包括个人及其家庭成员的敏感信息。当然，基因信息的内容并不一定与医学或健康有关。[③] 举例来说，基因信息能用于亲子鉴定，人的肤色、性别也和基因信息有关。

（2）什么是基因测试？基因测试是指通过分析染色体及其他包含遗传信息的物质，以判别现存的基因突变是否正在引起或将要引起某种疾病或状态。基因测试有三种结果：第一种结果，受检测者基因突变，该基因突变能直接导致某种疾病的发生，这意味着受测验者正患这种疾病或将来会患这种疾病；第二种结果，受检测者是某一特定疾病的载体，这意味着受检测者本人一定不会患这种疾病；第三种结

[①] Michael S. Yesley, Protecting Genetic Difference, 13 BERKELEY TECH. L. J. 653, 659-662 (1998).

[②] MASS. GEN. LAWS ch. 151B, § 1 (23) (2004). The Massachusetts statute defines "genetic test" to cover "any tests of human DNA, RNA, mitochondrial DNA, chromosomes or proteins for the purpose of identifying genes or genetic abnormalities, or the presence or absence of inherited or acquired characteristics in genetic material." Id.

[③] Erik T. Juengst, FACE Facts: Why Human Genetics Will Always Provoke Bioethics, 32 J. L. MED. & ETHICS 267, 270-272 (2004).

果,受检测者无征兆,这意味着受检测者只是存在患病的可能性,有可能他一辈子都不会患这种病。[1]

在工作场所语境中可以将基因测试分为两种:基因筛查和基因检测。基因筛查主要用来查明求职者和雇员是否有患某种遗传性疾病的可能性,而基因检测主要用来查明有害的工作环境对雇员健康有无影响。

基因筛选以群体为对象,它通过预测性基因测试来判断受检测者有无患某种疾病的可能或其是否天生懒惰、有暴力倾向、容易得抑郁症、爱酗酒等。事实上,基因筛查的作用被过分夸大了。要知道,人类大部分疾病或行为特征都和基因无关,后天环境起到更大的作用。因此,雇主以基因信息作为招聘、解雇或升职等的依据是不科学的。

基因检测以个体为对象,通过基因测试来判断基因结构的变化或损害与外界风险有无关系。在工作场所中,基因检测主要用来判断工作环境对雇员健康的影响。如果工作环境影响雇员健康,则应将该雇员调换到其他岗位。对雇员做这种基因测试既合理又合法,因为这种基因测试能有效地预防、发现和防治职业病。当然,这种基因测试也存在潜在风险。当雇员的基因信息被不合理使用时,雇员可能遭受就业歧视。

(3) 雇主如何获得基因信息?大体上,有以下四种途径:一是对求职者或雇员做基因测试;二是要求求职者或雇员提供包含基因信息在内的医疗记录或个人病史;三是获取个人基因信息的其他手段,如查询个人医疗信息电子数据库或保险索赔文件;四是获取求职者或是雇员家族成员的基因信息,如家族遗传病记录。由于基因测试费用的下降和可测试项目的增多,使得基因测试这种方式越来越受青睐。

(4) 什么是隐私权?隐私权在美国既不是基本人权(仅有一种例外情况),也不属于人格尊严的一种。综观欧洲,甚至世界各国,都将隐私权视为"扎实得镶嵌在国际人权法、各国国内宪法、法律

---

[1] Jared A. Feldman & Richard J. Katz, Genetic Testing & Discrimination in Employment: Recommending a Uniform Statutory Approach, 19 HOFSTRA LAB. & EMP. L. J. 389, 393 (2002).

以及法体系中"① 的基本人权。而在美国，隐私权被视为基本人权的情形只有一种，即美国联邦宪法规定的公民个人隐私免受政府侵犯的权利，② 公民的其他隐私权并不被认为是基本人权。美国人的隐私观反映在"个人主义"这一概念上，他们将工作场所隐私权看做和财产权类似的概念。工作场所隐私权变得可以讨价还价或与其他权利进行等价交换。换言之，隐私权是公民个人的权利，个人有权自由处分，包括利用其进行等价交换。如用隐私权换取一份工作。绝大多数国家也将隐私权看做人格尊严的中心信义，人格尊严是公民作为一个人应当受到他人最起码尊重的权利。与财产权不同，人格尊严不是个人私有的权利，也不得等价交换。而美国法律的规定显然与这一信条相背离。

（5）求职者和雇员对自身基因信息享有隐私利益吗？隐私权学者认为，求职者和雇员对自身基因信息享有某些与隐私权有关的利益。个人有自主决定是否进行基因测试的权利，有被告知基因测试结果的权利。此外，由于基因信息的敏感性，个人还有要求他人对自己的基因信息进行保密的权利。而为避免阳性基因测试结果对个人心理造成的压力，法律应保护个人自身基因信息的"不知情权"。概括说来，求职者和雇员有基因测试的"知情同意权"、对自身基因信息的"知情权"和"不知情权"以及要求他人对自身基因信息保密的权利。

（6）什么是工作场所基因歧视和有益的基因信息使用行为？基因歧视是指，因个体或其家庭成员的基因类型而受到的歧视。基因科学，包括基因测试技术的进步，为雇主使用雇员基因信息提供了便利条件。有些使用行为对雇员有利，而有些使用行为则对雇员有害。如雇主为保护雇员的健康和安全而使用雇员的基因信息就是对雇员有利

---

① See Hendriks Aart C. Hendriks, Genetics, Data Protection and Non – Discrimination: Some Reflections From An International Human Rights Law Perspective, 20 MED. & L. 37, 39 (2001) at 41 – 42.

② See Lawrence v. Texas, 539 U. S. 558 (2003) (protecting the right to engage in consensual sodomy in a private home); Whalen v. Roe, 429 U. S. 589, 589 (1977); Roe v. Wade, 410 U. S. 113 (1973) (protecting the right to abortion); Loving v. Virginia, 388 U. S. 1, 12 (1967) (protecting the right to marry).

的使用行为。对雇员基因信息的不当使用不仅侵犯雇员隐私权,还将导致下层基因阶级的产生,基因歧视也就应运而生了。

三、国际法关于工作场所基因隐私权和免受歧视权的具体规定

隐私权是超越国家或地区边界的基本人权,它不为某个国家的公民所特有,是全人类共享的权利,保护公民的基本人权是国家的责任和义务。

(一)国际人权法中隐私权、平等权、免受歧视权利的基本内涵

基因信息与公民隐私权、平等权以及免受歧视的权利息息相关,而隐私权、平等权以及免受歧视的权利是人格尊严的重要组成部分,他们受国际人权法的保护。

《联合国宪章》强调人格尊严神圣不可侵犯。《世界人权宣言》在它的序言中这样写道:"鉴于对人类家庭所有成员的固有尊严及其平等的和不可转移的权利的承认,乃是世界自由、正义与和平的基础鉴于联合国各成员国的人民已在联合国宪章中重申他们对基本人权、人格尊严和价值以及男女平等权利的信念,并决心促成较大自由中的社会进步和生活水平的改善。"《世界人权宣言》第一条将人格尊严和平等视为神圣不可侵犯的权利,它规定:"人人生而自由,在尊严和权利上一律平等。他们富有理性和良心,并应以兄弟般的精神相互对待。"第二条规定:"任何人都有资格享有本宣言所载的一切权利和自由,不分种族、肤色、性别、语言、宗教、政治或其他见解、国籍或社会出身、财产、出生或其他身份等任何区别。"第七条规定:"法律面前人人平等,并有权享受法律的平等保护,均享有不受任何歧视的权利。人人有权享受平等保护,以免受违反本宣言的任何歧视行为以及煽动这种歧视的任何行为之害。都对这个问题做了规定。"

除《世界人权宣言》外,《公民民事权利和政治权利国际公约》和《公民经济、社会和文化权利公约》都确认了隐私权、平等权、免受歧视权是人类固有的权利。这三个公约共同构成了国际人权法。

基因信息的获取和使用行为可能会给我们的隐私权、平等权和免

受歧视的权利带来影响，而隐私权、平等权和免受歧视的权利方面的立法也越来越重视对基因信息的保护。

1. 隐私权

隐私权不仅受国际人权法的保护，还受各国国内法的保护。虽然时代不同，我们对隐私权的理解也不同。但我们必须承认，除住所隐私权和通信隐私权外，隐私权还包括个人免受身体侵犯、掌控自己生活以及掌控包括基因信息在内的个人信息的广泛权利。正因为这样，《公民民事权利和政治权利国际公约》强调，保护公民的隐私权是国家和其他公民的义务。国际人权委员会也重申，根据《公民民事权利和政治权利国际公约》第17条的规定，各主权国家应当承担积极的作为义务，保护公民"免受国家机关、自然人、法人的侵扰和干涉"的积极作为义务。因此，各个国家必须通过立法等途径保护公民隐私权，惩罚侵犯公民隐私权的行为。欧盟医疗健康信息隐私立法中明确规定，许可他人获取和使用自身医疗健康信息是公民隐私权的一种类型[①]。《欧洲公约》第八条也明确规定，国家承担保护公民隐私权的积极作为义务。

2. 平等权和免受歧视的权利

平等权和免受歧视权之间相互影响、相互渗透，二者构建了国际人权法体系的基本框架。每个公民的权利都应受平等保护，禁止差别对待。当然，如果一种"歧视"能够说出令人信服的理由，那么这种"歧视"就是被允许的。例如，得票少者不当选就不视为对公民的歧视。

最后值得一提的是，《国际劳工公约》第111条也明确禁止工作场所歧视的行为。这一规定与本文讨论的话题也有关系。

（二）相关国际法律文件

国际社会正逐步意识到规制基因信息使用行为的必要性，尤其认

[①] for example, the u. n. human rights committee, which is the treaty – monitoring body for the iccpr, stated in coeriel and aurik v. netherlands that the notion of privacy refers to the sphere of a person's life where they can freely express their identity. nihal jayawickrama, the judicial application of human rights law: national, regional and international jurisprudence 608, 604 (2002) (citing coeriel and aurik v. netherlands, u. n. hum. rts. comm. communication no. 453/1991, u. n. doc. ccpr/c/52/d/453/1991 (1994)). at 608.

识到保护公民隐私权、平等权和免受歧视权的紧迫性。《世界人类基因与人权共同宣言》第六条规定：任何人都不应因其基因特征而受到歧视，因此类歧视的目的或作用均危及他的人权和基本自由以及对其尊严的承认。该宣言还保护个人的知情权、同意权、被告知基因测试结果的权利和对个人基因信息进行保密的权利。《世界人类基因与人权共同宣言》还对基因信息的收集和使用提供了指导原则。该宣言第14条明确规定对个人隐私权保护。

除此之外，联合国教科文组织还设立了国际以及政府间的生物委员会，这两个委员会主要研究生命科学中的法律和伦理问题，并致力于《世界人类基因与人权共同宣言》精神的传播和推广。

2005年2月，国际生物委员会完成了《国际生物学通用标准草案》，草案备忘录清楚地记录了起草者认为的重要事项。备忘录第四条提到，基因隐私权是人格权的重要组成部分。备忘录第六条主要规定了平等权的保护，第八条强调公民免受歧视的权利。

（三）欧盟的立法活动

在欧盟，保护公民基因隐私权最重要的立法是《欧洲人权和生物医学公约》。该公约第一条就强调了对公民人格尊严权和免受歧视权的保护，它规定：本公约签约方将在生物学和医学应用方面保护所有人之尊严和同一性，保证不加歧视地尊重每一个人的完整性、其他权利和基本自由。为了实现本公约之规定，每一签约方应在其国内法中采取必要措施。与国际劳工组织和联合国教科文组织制定的公约不同，《欧洲人权和生物医学公约》是第一部具有法律约束力的国际文本。《欧洲人权和生物医学公约》禁止任何形式的基因歧视，要求我们尊重个体的多样性和独特性。在2001年欧盟轮值主席的声明中阐述了保护公民基因信息和个人权利的内容。

基因歧视问题尤其值得我们关注，因为它处在隐私权和免受歧视权这两项基本人权的交叉位置。基因信息能揭示个人身体，甚至心理最私密的情况，公民对自身基因信息享有当然的隐私利益。而基因测试疾病预测功能的发掘，使得基因歧视成为可能，基因歧视在医疗、保险和就业领域表现得尤为明显。目前，基因测试也仅用来检测某些疾病。但基因测试使用的范围变得越来越广。所以，我们必须在基因测试产生严重后果前,为其提供一个正确指引。

综上所述,国际人权法为公约签署国创设了有拘束力的义务。欧盟和美国都是相关人权公约的签署国,他们均有义务确保条约在其国内的实施,国际人权法的价值指引作用还要靠各国立法得以落实。人权法对隐私权、平等权和免受歧视的权利的确认和保护是我们讨论工作场所隐私权的前提。随着全球化时代的到来,跨国就业现象变得越来越普遍,国际社会只有联合起来,才能更好地保护工作场所隐私权和免受歧视的权利,才能进一步促进国际社会的和谐与稳定。

四、美国法关于工作场所基因隐私权和免受歧视权的具体规定

美国雇员的基因隐私权仅受到最低限度的法律保护。我们将重点阐述美国联邦法律文件有关雇员隐私权规定。此外,我们还将介绍此次立法提案,该法案旨在限制工作场所基因测试行为,保护雇员基因信息隐私权,并禁止就业歧视。

(一) 美国隐私权法概况

与欧盟不同,美国并未明确赋予雇员基因隐私权。① 美国侵权法禁止工作场所侵权行为,但对雇主侵犯雇员基因隐私权的行为未作规定。

那么,法院将如何处理工作场所基因隐私侵权案件?法院处理医疗信息侵权案件的态度或许可以给我们一些暗示。法院认为,个人对敏感医疗信息享有隐私利益。在 Doe 诉 High-Tech Institute, Inc. 一案②中,High-Tech Institute 征得一名学生同意后,抽取该学生的血

---

① U. S. law contains: [V]ery few specific legislative data privacy safeguards. Most existing legislation does not address employment relationships, but regulates those between business and consumer or citizen and government. The U. S. concept of a legally enforceable " right to privacy" has expanded slowly. Congress has rejected most attempts to pass comprehensive legislation regulating the treatment of personal data by individuals and businesses in the private sector. The courts are likely to rely on clearly established and articulated state common, statutory, or constitutional law in finding a right of privacy. Americans prefer a regime of industry self-regulation without significant government intervention.

② Doe v. High-Tech Inst., Inc., 972 P. 2d 1060, 1064 (Colo. Ct. App. 1998).

液样本以检查该生有没有染上风疹。可是，学校还对该学生的血液样本做了艾滋病毒检测项目，这项检查并未获得学生同意。当检查结果显示该生患有艾滋病后。High-Tech Institute 又向政府卫生部门报送了检查结果。科罗拉多上诉法院认为，根据侵权法，这个学生有两个独立的诉由。一是因为 High-Tech Institute 未经授权就对其进行艾滋病毒检查，他可以提出隐私侵权之诉；二是针对 High-Tech Institute 向政府部门报送 HIV 检查结果这一行为，他可以提出未经许可向公众披露隐私之诉。

Norman-Bloodsaw 诉 Lawrence Berkeley Laboratory 一案发生在招聘过程中。第九巡回法院认为，个人对包括基因信息在内的敏感信息享有宪法赋予的隐私权，招聘过程中未经授权的体液测试应禁止。因为该案发生在公务人员招聘环节，所以可以直接适用宪法中隐私权相关条款，而不再适用普通法侵权责任条款。该巡回法院指出，血液检查、妊娠检查、镰状细胞特征检查以及梅毒检查结果都属于个人敏感信息。同时，法院认为，公民同意做常规体检并不意味着同意放弃个人健康信息隐私权，也不意味着他们同意捐献血液或者尿液样本或填写调查问卷。

在卫生保健行业，卫生保健服务提供者负有侵权法上的医疗信息保密义务。其中，医疗信息包括基因信息。当然，只有当检测者与被检测者之间存在特殊关系时，如医师与患者关系，才会产生保密义务。一般来说，雇主和雇员之间不存在这种特殊关系。

简而言之，美国隐私权法仅在极其有限的情况才认可雇员对个人信息（包括基因信息）享有的隐私利益。雇主遵循下列做法就能避免普通法上的侵权责任：保守医疗秘密；得到雇员同意后才进行基因测试；基于工作原因才收集雇员基因信息、对雇员做基因测试。因此，雇主在收集或使用求职者和雇员医疗信息时遵循了《健康保险携带和责任法》的相关规定，就可以轻松地避免普通法的侵权责任。比如，在隐私侵权中，雇主通常通过降低员工的隐私期望值来逃避隐私侵权责任，而事先通知和取得被测试者同意这些方法都可以降低员工的隐私期望值，从而使得雇主责任最小化。

(二) 联邦法

联邦法中保护雇员医疗健康信息的主要法律是 ADA，该法禁止私人雇主、州政府和地方政府、就业机构和工会在求职、雇佣、解雇、晋升、决定报酬、职业培训以及招用人员的其他条款、条件或特别待遇等各个方面歧视有资格的残疾人。残疾人士包括：身体或精神上存在大大限制一个或多个主要生命活动的障碍；有这种残障的记录；或被视为存在这种障碍等。

雇员的基因信息能反映雇员的健康状况，但基因信息还能反映个人其他特征，如性别、种族和亲子关系。所以，我们仅在基因信息作为医疗健康信息的前提下讨论这个话题。

《美国残疾人法案》对基因信息和基因测试并未作明确规定。然而，美国平等就业委员会以及制定《美国残疾人法案》的联邦政府都认为，只要与就业有关，基因信息和基因测试就受《美国残疾人法案》的规制。《美国残疾人法案》约束所有用工行为和用工政策，因此，雇主收集、使用残疾雇员基因信息的行为也受《美国残疾人法案》规制。此外，《美国残疾人法案》限制体检行为，而大多数基因测试都需通过体检进行，因此，基因测试行为也受到《美国残疾人法案》体检和咨询条款的规制。[1] 由于基因测试能揭示个人医疗健康信息，因此，《美国残疾人法案》医疗信息保密条款对基因测试行为同样适用。

《美国残疾人法案》和欧盟有关隐私方面的指令对医疗健康信息的定性是一致的，它们都将医疗健康信息看做个人信息的一种具体类型。《美国残疾人法案》为求职者和雇员医疗健康信息提供了充分的保护，它规定雇主对残疾求职者和残疾雇员的医疗健康信息负有保密义务，雇主有义务保障残疾雇员信息安全，雇主只有在极少数情况下才能披露残疾雇员的信息。《美国残疾人法案》医疗信息保密条款对雇主获得、使用、储存残疾雇员医疗健康信息的整个环节都适用。但对于非残疾雇员，该条款仅仅规定他们享有的权利，而未提供具体的救济措施。

---

[1] See EEOC, Enforcement Guidance on Disability – Related Inquiries.

如前文所说，雇主对残疾雇员医疗健康信息的收集行为受《美国残疾人法案》法的调整。雇主收集残疾雇员医疗健康信息的行为主要发生在以下阶段：残疾求职者未收到工作要约前；残疾求职者收到工作要约后入职前；残疾雇员任职期间。

在求职者在收到工作要约前，《美国残疾人法案》禁止雇主对残疾求职者进行体检，禁止雇主收集残疾求职者的医疗健康信息以保护残疾求职者医疗健康信息隐私权。[1] 向残疾求职者发出工作要约后，雇主享有收集残疾求职者包括基因信息在内的医疗健康信息的自由，也有权要求残疾求职者进行体检，而体检中常含有基因测试项目。这意味着，《美国残疾人法案》并不限制招聘环节中的基因测试行为。当然，只要求职者体检合格，能够完成基本工作任务，雇主就不得撤销工作要约。《美国残疾人法案》还认为，不对符合招聘条件的残疾求职者做出合理工作安排也是不符合法律规定的。职工入职后，《美国残疾人法案》限制雇主收集残疾雇员医疗健康信息及要求残疾雇员提交体检报告的行为。当且仅当残疾雇员的医疗健康信息与工作有关时，雇主才可以收集该雇员的医疗健康信息。平等就业委员会认为，该条所称的"医疗健康信息"包括雇员的基因信息。换言之，只要雇主举证证明基因测试与工作有关，这种基因测试行为就是《美国残疾人法案》许可的。对残疾雇员的医疗健康信息的使用和披露也受《美国残疾人法案》的规制。在上述三个阶段，除工作原因外，《美国残疾人法案》禁止对残疾雇员医疗健康信息的使用和披露，且只有极少数人可获取残疾雇员的医疗健康信息。

《美国残疾人法案》强调对残疾求职者和残疾雇员[2]医疗健康信息隐私权的保护，限制雇主获取和处分残疾求职者和雇员包括基因信息在内的医疗健康信息。相比求职者，雇员的隐私权得到更充分的保护。首先，求职者接到工作要约后正式入职前，雇主已经享有获取求职者医疗健康信息的权利，《美国残疾人法案》不保护这一阶段求职者的隐私权，仅保护他们免受歧视的权利。其次，《美国残疾人法案》规定，除绩效考核评估、岗位调整、休假外，雇主不得收集雇

---

[1] Leonel v. Am. Airlines, Inc., 400 F. 3d 702, 708–711 (9th Cir. 2005).
[2] 编者注：后文《美国残疾人法案》所言求职者和雇员均指残疾求职者和残疾雇员。

员的医疗健康信息，雇员也享有免受残疾歧视的权利。再次，雇员受到基因歧视的可能性比求职者要低很多，因为雇主只能基于工作原因获取雇员的基因信息。雇员休病假时，有些雇主可能要求雇员或其医生提交休假申请书，但联邦《家庭和医疗假期法》严格限制休假申请书所包含的个人医疗健康信息量，并要求雇主对雇员休病假原因予以保密。

某些基因信息可能得不到《美国残疾人法案》的保护，这是《美国残疾人法案》隐私和免受歧视权条款最主要的缺陷。因此，对这些基因信息的使用行为不适用《美国残疾人法案》反歧视条款的相关规定。

仅仅因为求职者有患某种疾病的可能性，雇主就撤销其发出的工作要约，这种做法在《美国残疾人法案》中是合法的吗？平等就业委员会持否定态度。但这个结论就必然正确吗？正如我们上文所讨论的那样，《美国残疾人法案》并未明确保护基因隐私权和免受歧视权。如果国会不制定相关法律，类似案件交由法官自由决定，将不利于基因隐私权和免受歧视权利的统一保护。美国联邦最高法院最新出台的《美国残疾人法案》适用程序指引，这一指引极大地限制了《美国残疾人法案》条款的适用范围。该规定的出台致使那些已治愈残障人士的权益不受《美国残疾人法案》保护。举例说明，患有严重眼疾的求职者通过戴矫正镜片使自己的视力达到正常人水平，这类求职者就不再受《美国残疾人法案》的保护。因此，即便求职者的矫正视力已达到飞行员视力标准，但雇主以求职者裸视视力达不到飞行员视力要求而拒绝录用的情形也不适用《美国残疾人法案》法的相关规定。①

基因测试隐私侵权和基因歧视案件是否适用《美国残疾人法案》法相关规定？联邦最高法院还未处理过类似案件。法院审理工作场所基因歧视案件时，法官通常援引最高法院判例所确定的原则来断案。这样做的后果是原告受侵犯的合法权利得不到《美国残疾人法案》

---

① See Sutton v. United Air Lines, Inc., 527 U.S. 471 (1999); Murphy v. United Parcel Serv., Inc., 527 U.S. 516 (1999); Albertson's, Inc. v. Kirkingburg, 527 U.S. 555 (1999).

法案的救济。

《美国残疾人法案》仅仅禁止残疾歧视，该法对"残疾"的定义仅限于三种情况（前文已有介绍）。根据该定义，求职者医疗健康信息和基因信息不属于《美国残疾人法案》中的"残疾信息"，因而，这些求职者和雇员不被视为《美国残疾人法案》中的残疾人。因此，上述求职者和雇员不受《美国残疾人法案》的保护。基因信息对求职者和雇员来说至关重要，对非残疾求职者和雇员实行就业歧视显然不公平，法律应该保护这些人的合法权利。

《美国残疾人法案》对求职者和雇员免受基因歧视权利的保护并未做明确说明，与之相反，美国前总统克林顿签署生效的《联邦政府第13145号令》明确了对上述权利的保护，该政府令由平等就业委员会负责实施。该法令明确了"受保护的基因信息"的范围，并禁止对求职者和雇员实行基因歧视。当然，该政府令中所称的雇员不包括私人雇员以及地方和州政府雇员。

平等就业委员会就该政府令制定了解释文件，该文件进一步明确了联邦政府对这一问题的态度，并阐明了《美国残疾人法案》中基因歧视和基因缺陷之间的关系。该文件指出，基因突变导致细胞和分子的改变，并最终导致细胞功能紊乱。因此，能够引发疾病的基因错位或基因突变也属于《美国残疾人法案》意义上的"残疾"，这种情形也受《美国残疾人法案》条款的制约。因为《美国残疾人法案》将损害的概念限制在能实际影响个人生活这个范围内，所以，只有当基因突变引发极其严重或致命疾病时，才适用《美国残疾人法案》相关条款。

同样，医疗保健服务的提供者，包括为雇员缴纳个人保险费的雇主，同样负有《医疗电子交换法案》条款下的医疗健康信息保密义务。在雇主为雇员缴纳个人保险费的情形，《医疗电子交换法案》赋予雇员获取和查阅个人信息的权利，这一点与欧盟的做法相类似。

《医疗电子交换法案》在保护求职者和雇员基因隐私上最大的缺陷是，雇主从保险商那获取雇员基因信息以及对这些信息的使用行为不构成对雇员隐私权的侵犯，也不构成就业歧视，不适用《医疗电子交换法案》的相关规定。因此，当求职者和雇员受到基因侵权和基因歧视时，他们只能寻求《美国残疾人法案》、各州侵权法、联邦或州其他法律的救济。

总而言之,《美国残疾人法案》是联邦法中唯一一部保护工作场所医疗健康信息隐私权的法律。更准确地说,是保护残疾人免受就业歧视的法律。《美国残疾人法案》和欧盟对医疗健康信息的保护有许多共同的地方。二者的不同点主要体现在,欧盟为雇员权益的救济提供了更高规格的保护。《美国残疾人法案》通过实际损害赔偿、补偿性赔偿(包括精神损害赔偿)、惩罚性赔偿保护雇员免受歧视的权利。其中,赔偿数额以补偿性赔偿和惩罚性赔偿为限。

(三) 各州州法

至少有32个州的法律禁止就业领域的基因歧视,禁止询问个人基因信息或要求进行基因测试的州数目从18个上升到25个州,有16个州禁止基因测试,还有10个州禁止获取基因信息。然而,只有12个州对就业歧视规定了具体的处罚措施。

有学者对各州立法模式进行了分析①并认为,对这一问题的规制,至少有四种模式可为联邦立法所借鉴:①全面禁止就业领域的基因测试和基因歧视,没有任何例外;②原则上禁止就业领域的基因测试和基因歧视,仅有一个例外,即职业合格证明,如马萨诸塞州;③原则上禁止雇主使用雇员基因信息,除非某个雇员患有一种已知的、严重的、不可治愈的疾病,而这种疾病是能通过基因测试确诊的(Michael Yesley's 猜想);④原则上禁止雇主使用雇员基因信息,为保护雇员健康和安全例外。

仅仅通过各州单独立法的模式保护工作场所基因信息招来许多批评。①雇员信息是州际共享的,仅靠州法的保护远远不够。医疗数据储存和传播的电子化,使得医疗数据库的集中管理成为可能,而由州法决定全国医疗数据库的使用显然不合适。②全国有超过一半的州禁止就业歧视,但这些州中仅有不到一半的州限制基因测试或其他侵犯

---

① See, e. g., Roche, supra note 4, at 273 – 283 (discussing the need to harmonize employer and employee interests in legislative efforts to regulate genetic information and testing); Yesley, supra note 34, at 663. M. Pagnattaro, Genetic Discrimination and the Workplace: Employee's Right to Privacy v. Employer's Right to Know, 39 AM. BUS. L. J. 139, 171 – 175 (2001).

雇员基因隐私权的行为,其他州雇员的基因隐私还得不到法律保护。③州法没有对下列问题做出规定:一是基因信息、基因测试和基因歧视的定义;二是基因隐私的保护程序;三是对雇主侵犯雇员基因隐私的惩罚措施。

(四)《反基因歧视法》

《反基因歧视法》是八年来推动联邦立法的顶峰之作,该法的目的在于规范雇主和保险公司对基因信息的使用行为。① 本部分将讨论该草案对工作场所隐私权和免受歧视权可能带来的影响,但该法案对保险行业的影响不在本文讨论范围内。

在该提案中,参议院针对工作场所基因歧视问题做了调查,列举了工作场所基因歧视的相关例子,列举了 Norman - Bloodsaw 诉 Lawrence Berkeley Laboratory 一案中法院的判决理由。参议院还对各州反基因歧视法做了调查,注意到了各州法律在保护方式、保护程序和保护程度上的巨大差异。《反基因歧视法》的目的是制定基因信息保护的全国统一标准,使得个人既能享受到基因测试和基因治疗的好处,又不必担心受到基因歧视。

《反基因歧视法》中雇主的范围与《美国残疾人法案》是一致的。所以,拥有15名或15名以上雇员的雇主才受本法规制。

《反基因歧视法》所称的基因信息包括以下三种:个人基因测试结果、其家庭成员基因测试结果、家庭成员疾病信息。这个定义将个体性别和年龄信息排除在基因信息之外。该提案还对基因测试、基因服务和工作场所基因测试做了规定。

《反基因歧视法》指出,仅仅因为基因信息而拒绝录用求职者,剥夺雇员职业前景的岗位调动或解聘雇员的行为是基因歧视行为。对这些行为,应予禁止。

《反基因歧视法》还限制对基因信息的采集,禁止雇主要求求职者、雇员或其家庭成员提供基因信息,禁止雇主买卖基因信息的行

---

① See 2005 Statement of Senator Snowe Introducing S. 306, supra note 23 (providing an overview of the Congressional efforts since 1996 to pass federal legislation to regulate privacy and discrimination related to the use of genetic information by employers and insurers).

第四编 公开他人基因信息的隐私侵权 367

为。这一原则有五种法定例外情形：①询问雇员或其家庭成员病史是非故意的；②雇主为美国医疗保险计划提供的基因信息；③符合联邦《家庭和医疗假期法》休假申请条款；④具有商业性并公开发行的包括家族病史在内的文献资料（报纸、杂志、期刊、图书，但不包括医疗数据库和法庭记录）；⑤用于检测工作环境导致的对雇员有害的基因改变。

为保护雇员隐私权和免受歧视的权利，《反基因歧视法》规定了工作场所有毒物质检测的具体程序。第一，书面通知雇员；第二，获得雇员的书面同意或法律授权；第三，告知雇员检测结果；第四，检测行为必须符合联邦法，包括劳工部长根据《职工安全健康法》和该提案颁布的实施细则。此外，只有有执照的医疗保健专业人士或经注册的基因咨询专家才可接触基因测试结果。这意味着，雇主没有知悉雇员具体基因信息的权利。此外，违反免受歧视条款获得的基因信息，雇主也不得使用。

该提案还规定了雇主对雇员基因隐私的保密义务。法案强调，基因信息必须和其他医疗健康信息分开，单独记载，单独保存。这一点与《美国残疾人法案》的规定一致。但该法案的基因信息法定许可披露制度与《美国残疾人法案》不同，该法案还禁止监管者获取雇员基因信息。雇主只有应雇员、职业健康研究员或法院命令要求才可披露雇员基因信息。

该法案还规定，对雇主基因隐私侵权和基因歧视（此处的基因歧视仅包括故意的歧视）行为，雇员有权控告雇主。这意味着，和性别歧视、种族歧视一样，对雇主基因歧视导致的损失，雇员有权请求赔偿。雇主应赔偿的损失包括：工资和福利损失、补偿性赔偿和惩罚性赔偿（包括精神损害赔偿，精神损害赔偿的数目根据公司赔偿能力而定，但不得超过3000000美元这一上限）、必要费用和胜诉方律师费用。与《美国残疾人法案》一样，该法案由平等就业委员会负责实施。

提案兼顾了雇主和求职者及雇员利益。提案既保护求职者和雇员基因隐私权和免受歧视权，又不过分干预雇主的管理权，实现了二者利益的平衡。

五、欧盟法关于工作场所基因隐私权和免受歧视权的具体规定

欧洲人极其重视对隐私权和平等权的保护，这两项权利在欧盟人权法和各成员国国内法都得到确认。

工作场所隐私侵权和歧视问题第一次将平等权和隐私权这两种权利结合在一起，各成员国对这个问题的规定各不相同。

跟美国一样，欧盟也禁止对基因信息的非法使用，最先规定保护个人基因信息的是《欧洲人权和生物医学公约》（以下简称《公约》）。《公约》第11条禁止基因歧视，《公约》第12条对预测性基因测试做了规定，该规定的内容是：对于预测疾病的基因测试，或旨在确定某一疾病基因携带者，或旨在探查某一疾病之基因倾向性或易感性的测试，只有在为了个人健康目的或为了与健康目的相关的科研目的，并经适当的基因咨询的情况下方可进行。违反公约对个人权利的保护规定，将要求提供金钱赔偿或受到金融制裁。

欧盟当局将基因信息的保护作为各成员国平等权保护的一个前提条件。平等权被视为神圣不可侵犯的权利，欧盟通过立法确保所有欧盟居民都享有平等权和免受歧视的权利。[①]《欧盟基本权利宪章》第21条规定"任何基于基因特征的歧视都应被禁止"，而《欧洲人权和生物医学公约》第11条就是对21条精神的贯彻。

欧盟法律平等保护欧盟居民免受基因歧视的权利。然而，要禁止基因歧视行为，首先就要保护雇员基因信息。雇主无法获取雇员基因信息，也就不可能产生基因歧视这个问题，因为，基因信息无法通过肉眼观察到。仅通过欧盟反歧视方面的法律来打击基因歧视行为是远远不够的。2000年11月27日，欧盟通过了欧盟委员会2000/78/EC号令（即《平等就业法》），构建了就业领域平等权保护的基本框架。

[①] See, e. g., Treaty Of Amsterdam Amending The Treaty On European Union, The Treaties Establishing The European Communities And Certain Related Acts, Oct. 2, 1997, O. J. (C 340) 1 (1997) [hereinafter Treaty Of Amsterdam], incorporated into Treaty Establishing The European Community, Feb. 7, 1992, O. J. (C 224) 1 (1992). Article 13 of the Treaty of Amsterdam expanded protection from discrimination to categories beyond gender, notably race, ethnic origin, religion, disability, age, and sexual orientation.

该法案对各成员国打击基于宗教信仰、身体疾病、年龄和性取向的歧视行为提出了最低要求。尽管该法案禁止对残疾人的直接或间接歧视，但该法案也认为，雇主可以对某些特殊岗位规定特殊的招聘条件，如特殊的身体条件。因此，当雇员身体条件不符合岗位要求时，雇主可以调整该雇员工作岗位，这不是就业歧视行为。

各成员国现有国内法对基因歧视的保护是远远不够的。以英国1995年通过的《反残疾歧视法》为例，该法适用于拥有15名或以上雇员的雇主，保护雇员免受基因歧视的权利。然而，该法案中"疾病"的概念不包括尚未发生症状的疾病。立法者认为，这些人的权利日后可以得到其他法律的保护。因此，雇主拒绝雇佣尚未发病的求职者不受法律制裁。此外，英国法也没有美国法律中"被视为残疾"这一个概念，这一法律概念可以保护基因突变雇员的平等权。

有些成员国已经注意到工作场所基因歧视问题，这些国家已有相关法律限制工作场所基因测试和基因信息使用行为。但对就业领域基因歧视这一现象，缺乏具体规制措施。欧盟反就业歧视法的内在缺陷使得免受歧视权和平等权的保护不得不依靠隐私法来保护，通过禁止或限制基因测试和获取基因信息来保护求职者和雇员免受歧视权和平等权，平等权和隐私权就这样连结在了一起。

隐私权是人的基本权利，他们受《欧洲人权和自由公约》以及最新的《欧洲人权宪章》的保护，这些条约最先谈到工作场所隐私权这一概念。这一概念的另一重要来源是信息保护法。欧盟采纳了欧洲议会和欧洲理事会于1995年10月24日通过的《隐私权法》中对个人信息的定义。个人信息被定义为，一个确定的或可辨认的自然人的，能直接或间接辨认的，尤其像个人身份证号码或其他与个人身体、生理、精神、经济、文化或社会地位有关的信息。

个人信息的处分才适用隐私法，处分的定义是"对个人信息的操作，不管是不是通过自动的方式，例如，收集、记录、组织、储存、更改或变更、恢复、使用、传播等"。个人对个人信息享有当然的权利，在对个人信息处分过程中，掌控信息者应当遵守相关规则和限制。如，披露信息掌控者的身份及信息收集的目的。

隐私权法的精髓体现在个人信息隐私保护核心原则中。这些原则确定了个人对自身信息享有的权利以及信息掌控者处分个人信息时的责任。根据隐私权法，只有基于具体、明确、合法的目的才可收集和处分个人信息，这就是人们通常所说的"确定性原则"。处分行为本身也必须合法，这是合法性原则的要求。当事人必须被充分告知信息处分的详细情况，包括哪些人能得到这些信息，信息的储存方式，信息当事人的查阅方式，这是透明性原则的要求。原则要求：信息掌控者只有在必要的情况下才可获取个人资料，在对个人信息的处理过程中，要采用对当事人损害最小的方式。为了雇员的健康和安全，在遵守各成员国职工安全法的情况下，雇主可以对雇员进行基因测试，但该测试结果不得作为雇主拒绝录用的理由。

如今，欧盟各成员国都制定了个人信息保护法，这些法律由当地个人信息保护机构负责执行。欧盟与隐私有关的指令一出台，各成员国国内个人信息保护法也将做适当的修改，以便与欧盟指令的核心原则保持一致，促进这些原则的实施。

欧盟立法解释性文件、各成员国国内法、法院决定以及学术著作都认为，欧盟与隐私权有关的指令适用于就业领域。2004年，欧盟基因信息工作组文件第29条工作场所信息保护条款规定，就业领域中基因信息的处分行为同样适用该法案。根据该条的规定，基因信息属于个人信息的一种。事实上，因为基因信息能反映个人健康状况和种族属性，欧盟有关隐私的指令已将其上升到敏感信息的保护高度，只有在例外情况下才能处分基因信息。这意味着，只有在医疗预防、医疗诊断、治疗和护理或对健康服务管理的情况下，才能处分基因信息。此外，只有特定的人才能处分个人基因信息。如负有保密义务的医疗专业人员，或其他负有相同保密义务的人员。该条款还提到，由于基因信息的复杂性和敏感性，应该适用确定性原则和比例原则来保护基因信息。基因信息的掌控者和第三方基于不同的目的滥用或再次使用基因信息的可能性很大。如职前体检中抽取的血液样本，在未获得求职者明确同意的情况下，又被用于镰状染色体测试。这种行为，就违反了确定性原则。比例原则要求，血液样本一般仅用来检查个人健康状况，对血液样本做预测个人寿命的基因测试就违反了该原则。最后，该条款总结到，原则上，禁止就业领域基因信息处分行为，特殊情况例外。但该条款并没有举例说明哪些情况属于特殊情况，究竟在什么情况下雇主可以处理雇员的基因信息？这个问题只能由各成员国国内法予以解释。

下文将讨论《欧盟与隐私权有关的指令》给雇主处分雇员基因信息带来的影响。并列举几个国家的具体做法。

(一)《欧盟与隐私权有关的指令》在工作场所基因信息处分中的应用

《欧盟与隐私权有关的指令》(以下简称《指令》)约束工作场所,因而,雇员的个人信息受本指令的保护。当然,雇员的个人信息也受各成员国国内政策和劳动法的保护。《指令》直接、迅速地影响着人力资源运作。工作记录若涉及对个人信息的处分,则该工作记录也受隐私指令的规制。受《指令》规制的工作记录包括:申请表及工作指南,工资和税务信息,社会福利信息,疾病记录,年假记录,病假记录,年度评估或考核记录,升职、换岗、训练记录,纪律问题记录,工作事故记录。一般认为,信息掌控者对敏感信息的处分行为也受《指令》规制。为讨论方便,本文中信息掌控者的含义被限定为雇主或雇主的代理人。

在欧盟,雇员隐私权和雇主管理权得到很好的平衡。他们认为,为促进劳资关系的改善和保护正常的商业运作,雇主有权处分雇员个人信息。因此,在他们看来,问题的关键不在于雇主能不能处分个人信息,而在于哪些情况下雇主可以处分雇员的个人信息。

根据《指令》,在雇主收集雇员个人信息过程中雇员享有被充分告知信息收集情况的权利,有获得以及更正个人信息的权利,在特殊情况下,还有拒绝雇主收集和处分个人信息的权利。如果雇员认为自己的权利被侵犯,他可以向信息保护局或法院提出请求,要求雇主承担金钱赔偿及成员国相关国内法规定的其他责任。

《指令》最先明确欧盟雇员隐私权的范围,被视为敏感信息的基因信息也受本指令的保护。公司招聘环节和公司管理环节都有可能获得个人基因信息,这两个环节获得的基因信息从本质上来说都是极其敏感的,这些信息都受隐私指令的保护。

《指令》第8条涉及对特殊个人信息的处分"各成员国应当禁止对涉及公民民族、种族、政治观点、宗教和哲学信仰,工会成员,以及对有关健康和性生活有关的个人信息的处分"虽然该条没有明确指出基因信息受该条款的保护，但《指令》随后解释到，"与健康有关的信息"和"能揭示民族、种族的信息"包含基因信息。

（二）禁止对个人敏感信息处理的例外

《指令》第 8 条明确禁止雇主获取和占有雇员敏感医疗信息，毫无疑问，敏感医疗信息包括基因信息。当然，这一条款存在两种例外情况，即雇员同意和为雇员健康和安全目的。这一条款所说的例外也就是 2004 年基因工作组文件中这所说的"例外情况"。

当获得雇员明确同意时，雇主有权处分雇员个人信息。各成员国国内法对这一条款进行了解释，限制雇主处分雇员个人信息的权利。它们规定，雇主不仅要获得雇员同意，而且还要获得雇员代表机构（如工会）的同意。该《指令》工作篇认为，工作场所对雇员个人信息的处分是必要的，也是不可避免的，但必须明确"雇员同意"的涵义。他们认为，雇员同意的定义是"雇员有真正的自主决定选择权，并且能随时撤回承诺而不受损害"。换言之，雇员有同意的自由，也有拒绝同意的权利。雇员不同意将带来解聘的后果，雇员被迫做出同意的意思表示的情形不叫"雇员的同意"。[①]

比利时《信息保护法》规定，如经书面同意，并且该同意可随时撤回，雇主可以处分雇员敏感信息。该法还规定，对这一问题的处理还要适用比利时皇室法令的相关规定。2001 年 2 月 13 日颁布的皇室法令规定，如果信息掌控者是当事人现任或未来的雇主，那么雇员的同意不构成雇主处分雇员敏感信息合法化的理由。

《葡萄牙信息保护法》贯彻了《指令》第 8 条第 3 款的精神，它规定，在获得欧盟有关隐私权方面的指令事先授权的前提下，雇主基于公司管理目的或获得雇员同意时可以处分雇员敏感信息。当然，敏感信息包括基因信息。这两种情形都应保护雇员免受歧视的权利，但该法没有明确雇员免受歧视权利的范围，也未规定违反这一条款的法

---

① The United States considers control of employee privacy a "managerial prerogative in a non-union workplace" and equates "knowledge of an employer's [privacy] policy with consent to be bound to it." See Matthew Finkin, Book Review, 21 COMB LAB. L. & POL'Y J. 813, 814 (2000) (reviewing JOHN D. R. CRAIG, PRIVACY & EMPLOYMENT LAW (1999)).

律后果。《指令》第八条第三款还允许雇主处分雇员基因信息。当然,必须符合"医疗预防、医疗诊断、护理和治疗服务或对卫生保健服务管理目的的需要,并且经法律认可的、由国家主管机构建立的、负有保密义务的医疗专业人员或其他负有相同保密义务的专业人员进行"这两个要求,才能处分雇员基因信息。

欧盟某些成员国的劳动法认为,职业医疗是预防医疗的一种形式。在这些地区,雇主要处分雇员基因信息,不仅要获得雇员的同意,还要符合职工健康法的相关规定。

《葡萄牙劳动法》和《葡萄牙信息保护法》都采专章规定健康服务这一内容,二者存在一定的联系。《葡萄牙劳动法》要求雇主为全体雇员提供健康服务,以保护雇员免受疾病、伤痛的折磨。健康服务不仅包括雇员常规体检,还包括求职者入职体检、岗位分配及调整和休假时的健康评估。当然,这些内容都受《葡萄牙信息保护法》的规制。《葡萄牙信息保护法》规定,雇主获得雇员明确同意后,可对雇员进行体检。这一条是对《葡萄牙劳动法》的补充,当然,这种情形同样要符合欧盟有关隐私方面的指令的相关规定。

与葡萄牙的规定不同,《法国信息保护法》原则上禁止雇主获取雇员医疗健康信息,禁止雇主就业歧视行为。除非雇主处分雇员基因信息的行为是预防性医疗、医疗诊断、护理和治疗服务或对健康服务管理所必需的,并获得《法国信息保护法》的授权,由负有保密义务的医疗专业人士执行。雇主作出拒绝录用、岗位调动或解聘决定前,必须听取专业人士的意见。如果雇主一意孤行,将追究其刑事责任。法国法同样强调对求职者和雇员基因信息的保护。

各成员国主要从隐私权角度保护雇员的基因信息,也有些成员国开始考虑从基因测试和基因信息处分角度规制这一问题。《奥地利基因技术法》设专章讨论基因测试问题,该法还禁止雇主获取、要求雇员提供、谈论或使用雇员和求职者基因信息的行为。[①] 其他成员国没有对基因歧视做具体规定,但都采取了法国法的做法,将基因信息作为敏感信息予以保护。芬兰还专门制定了《工作场所信息保护

---

① See EU Survey of Genetic Testing Regulation, supra note 286 (citing The Gene Technology Act, Gentechnikgesetz, BGB 1. Nr. 510/1994).

法》,该法禁止雇主对雇员做基因测试。即便雇员明确同意,雇主也不得获取求职者或雇员的基因信息。雇主违反上述规定,将被处以罚金,其他成员国信息保护法没有类似规定。因此,芬兰的雇主只能依赖2004年欧盟基因工作组文件第29条以及其他信息保护的解释,寻求基因测试的合法性理由。

尽管欧盟缺乏对工作场所基因信息处分这一问题的统一规定,但也能为雇主提供一些有益参照。雇主处分雇员基因信息前,首先要考虑欧盟有关隐私方面的指令第八条的例外规定,例外情况包括雇员同意雇主的法定需求和职工医疗。只有成员国事先批准欧盟有关隐私方面的指令,才可适用前两项例外规定。当然,批准欧盟有关隐私方面的指令不意味着承认这两项例外规定。有些成员国,如比利时,即使批准欧盟有关隐私方面的指令,也不承认雇员同意这一例外情况。雇主引用第三项例外时,只要这种处分行为是预防性医疗、医疗诊断、护理和治疗服务或对健康服务管理所必须的,就不需要考虑相关成员国是否已批准欧盟有关隐私方面的指令,但这种处分行为必须由独立的、负有保密义务的医疗专业人士作出。

六、欧盟法关于工作场所基因隐私权和免受歧视权的具体规定对美国法的借鉴意义

本部分比较美国法和欧盟法对基因隐私和基因歧视的不同规定,进而分析《反基因歧视法》的优点和不足。

理论上,欧盟雇员比美国雇员享有更为广泛的个人信息隐私权。因为欧盟有关隐私方面的指令对大多数处分雇员个人信息的情况都进行了规制。然而,欧盟有关隐私方面的指令禁止雇主处分雇员信息的例外规定,为雇主处分雇员个人信息的合法性留下空间。进一步来说,欧盟有关隐私方面的指令没有明文规定禁止工作场所基因歧视,也未提供任何救济措施。当然,如果欧盟基因工作组文件第29条获得通过,上述问题将得到很好的解决。

美国法认为,工作场所基因信息属于公民权利的一种,滥用基因信息是就业歧视行为,雇主获取和使用雇员基因信息是就业歧视的具体表现形式。与之相反,欧盟法认为,基因信息是公民个人信息,个人对自身信息享有控制、处分的权利。雇主基于合法商业目的,可以

处分雇员基因信息。这是欧盟法和美国法最主要的不同。当然，二者都没有从隐私权理论的角度分析基因信息。欧盟法将基因信息视为个人隐私的一种具体形式，强调优先保护雇员隐私权。而在美国，雇员工作场所基因信息主要引用《美国残疾人法案》及其他立法提案（如《反基因歧视法》）公民免受就业歧视权利这一条款予以保护。虽然《美国残疾人法案》和《反基因歧视法》医疗秘密条款又将基因信息当做公民隐私，但是隐私权也属于广义免受歧视权的一种。

我们可能认为，欧盟法的保护方式能更好地保护雇员隐私权。因为雇主不能获取雇员个人信息（包括基因信息），也就谈不上对这些信息的不合理使用。然而，欧盟有关隐私方面的指令的例外条款为雇主滥用雇员个人信息提供了可能。雇主只要证明自己的处分行为符合隐私指令例外条款的规定，就不用承担法律责任，这是欧盟法的主要缺陷。

《美国残疾人法案》的主要缺陷是，该法只保护残疾雇员，其他雇员的权利长期被漠视。当然，《反基因歧视法》将弥补这一法律漏洞。不论雇员是否残疾，都受《反基因歧视法》的保护。《美国残疾人法案》的另外一个缺点是，它仅保护公民免受就业歧视的权利。当雇主违反保密义务公开雇员基因信息时，雇员的权利不一定得到救济。虽然公布行为本身已经给雇员带来伤害，可是《美国残疾人法案》规定，如果雇主仅仅公布雇员基因信息而没有进一步加害行为，就不构成就业歧视，也就得不到《美国残疾人法案》的救济。如果《反基因歧视法》获得通过，这一状况能否得到改善？答案是否定的。《反基因歧视法》跟《美国残疾人法案》做了同样的规定。最终，《反基因歧视法》只是一部反歧视法，雇主仅有侵犯隐私权的行为而没有后续就业歧视行为时，不受《反基因歧视法》的约束。然而，《反基因歧视法》的医疗信息保密条款，又似乎暗示我们可以从隐私权角度解决这个问题。因为雇员很容易证明他们对自身基因信息享有一种合理的、可期望的隐私权，雇主不保守雇员基因信息是说不通的。这样说来，《反基因歧视法》的医疗信息保密条款也能为雇员基因隐私权提供法律救济，可是雇员要引用这一条款还需繁杂的证明过程。因此，我们建议，《反基因歧视法》应该规定雇主违反医疗信息保密条款的行为是就业歧视的具体表现形式，或明确规定雇主违反基因信息保密义务时，应赔偿雇员损失。这两种方法都简而有效，国会可任选其一。当然，这两种方法仅在上述情形适用，它并不是就业歧视的标准救济方式。

比较欧盟有关隐私方面的指令和《反基因歧视法》的不同，我们将会发现《反基因歧视法》还有其他需要改进的地方。第一，欧盟有关隐私方面的指令中敏感信息的范围包括与健康、性别、年龄和种族有关的可辨认个人信息。《反基因歧视法》中敏感信息不包括与性别、年龄有关的基因信息。虽然联邦民权法禁止民族、国籍、性别和年龄歧视，但是联邦民权法并没有为雇员与民族、国籍、性别和年龄有关的隐私权提供保护，也不保护雇员的基因隐私权。第二，美国法在隐私保护原则方面存在不足之处。表面上，《反基因歧视法》完全禁止雇主收集，要求雇员提供或买卖基因信息，《反基因歧视法》规定的必要性标准比欧盟有关隐私方面的指令更为严格。但是，《反基因歧视法》的例外条款有时会架空这一禁止条款，并削减雇主的论证义务。按照该条款的规定，只要雇员同意，雇主就无需论证获取雇员基因信息的必要性。因此，我们建议，当雇主引用《反基因歧视法》的例外条款时，还应同时适用确定性原则，雇主需论证处分雇员基因信息的目的，以限制雇主处分雇员基因信息的行为。《反基因歧视法》也规定了透明性原则，但跟欧盟相比还有很大差距。依据《反基因歧视法》的规定，当雇主获得雇员事先同意或联邦和州法授权时，雇员不享有获得提前通知的权利。此外，雇员也不享有查阅自身医疗文件的权利。上述权利都是欧盟雇员享有的。合法性原则意味着处分雇员个人信息行为本身也是合法的，尤其在雇员同意这一环节。欧盟法保证雇员在完全自愿的情况下处分自己的权利，而《反基因歧视法》没有对雇员不是真正自愿的情形作出规定。有时候，为了保住工作，雇员不得不同意雇主对其做基因测试。比例原则要求雇主收集雇员基因信息的类型和范围必须与雇主所承担风险的类型和程度相适应。根据该原则，雇主需论证基因测试侵犯隐私权的程度，但《反基因歧视法》未作任何规定。因此，《反基因歧视法》应该限制雇主收集基因信息的权利，以实现权责的平衡。信息准确性原则要求所有记录必须准确，及时更新，且其保留时间不长于雇主被授权使用的时间。《反基因歧视法》没有明确规定信息准确原则，也未赋予雇员查阅自身医疗记录的权利。毫无疑问,雇员的查阅行为将提高信息的准确性。《反基因歧视法》应该允许平等就业委员会出台相关行政法规,要求雇主不断更新雇员个人信息并采用适当的信息储存方式。安全原则要求雇主采用适当的技术手段保护雇员个人信息的安全。除医疗信息保密条款外,《反基因歧视法》并没有专门条款规制工作场所基因信息。因此,《反基因歧视法》修改时,应该增加相关条款,授权平等就业委员会采用行政法规来保护信息安全。

不过,话说回来,《反基因歧视法》的某些规定似乎比欧盟法更为高明,能更好地平衡雇员隐私权和雇主管理权的矛盾。欧盟基因工作组文件第29条原则上禁止工作场所所有的基因信息处分行为。而《反基因歧视法》并不禁止工作场所所有的基因信息处分行为和基因测试行为,因为某些基因信息使用行为和基因测试行为是对人有益的。当然,为保护雇员的隐私权和免受歧视的权利,《反基因歧视法》对基因测试及基因信息的使用设定了严格条件。

即便有诸多不足之处,但总体来看,《反基因歧视法》将为雇员的基因隐私权和免受基因歧视的权利设立基本保护,并保护雇员不遭受不公正基因测试的权利。

七、结语

该采取什么方式规制雇主获取、使用和披露雇员基因信息的行为?一部分学者提倡采用隐私权的保护方式,其他学者则建议规制雇主使用雇员基因信息和对雇员做基因测试的行为,采用反歧视权利的保护方式。本质上,两种方法都是正确的,因为隐私权和免受歧视权既是重要的立法目标,又是重要的政策目标,有效的立法必须同时兼顾这两个目标。

《反基因歧视法》是一部民权法案,这部法案的颁布不仅有利于保护工作场所基因隐私权和免受歧视权利,还能填补现行法律漏洞,扩大保护对象。原则上,《反基因歧视法》禁止雇主利用雇员基因信息作出有损雇员利益的行为,并限制雇主对雇员做基因测试。

现行法常引用"任何人不得因为其性别、民族、种族、宗教、健康和年龄而受歧视"这一条款来保护基因隐私。《反基因歧视法》则为雇员创设免受基因歧视权,这一新型权利将从根本上填补现行法的不足，使得更多的求职者和雇员受本法保护。其次，《反基因歧视法》还为雇员提供实质的法律救济措施，它要求雇主承担包括雇员损失和律师费在内的法律责任。

《反基因歧视法》明确规定雇员享有基因隐私权，并通过医疗信息保密条款获和基因信息披露条款予以保护。这两个条款规定，除事先获得雇员书面授权或有法律上的理由，任何获取、买卖雇员基因信息的行为都是非法的。它将基因信息视为医疗健康秘密，要求雇主保护雇员的医疗隐私并禁止雇主向监管者披露雇员基因信息。这些都是《美国残疾人法案》没有的内容。

即便如此，《反基因歧视法》对隐私权的保护还不够完善。我们建议，《反基因歧视法》还应规定违反保密条款的救济措施。只有这样，在雇员的基因信息被雇主不合理的披露时，雇员的损失才可能得到赔偿。其次，《反基因歧视法》还应吸收欧盟隐私保护七原则的相关条款。

基因科学的进步带来人类生活的巨大改变，但滥用雇员基因信息也可能导致严重后果。《反基因歧视法》既为这一问题提供实用解决方式，又不会过度干预雇主管理权。《反基因歧视法》将为工作场所基因隐私权和免受歧视权提供最低保护标准，不论如何，美国国会应该通过该法案，以更好地保护雇员权益。

基因隐私权新论

特雷弗·伍兹[①] 著 黄淑芳[②] 译

目 次

一、导论
二、基因信息、隐私权和基因隐私权
三、保护基因隐私权的法律
四、基因隐私权受到限制的情形
五、披露与亲属共享的基因信息
六、立法建议
七、结语

一、导论

2009年4月，Alan和Keri Bearder联合另外八个家庭，就美国明尼苏达州和明尼苏达州卫生部侵犯他们子女基因隐私权的行为提起了诉讼。[③] 最近，明尼苏达州卫生部通过了一项新生儿基因筛查计划（newborn genetic screening program）。通过这项计划，明尼苏达州卫生部可以获取新生儿的DNA样本。原告诉称，由于明尼苏达州卫生部获取、储存、使用以及散播他们子女血液和基因信息的行为未获得他们的书面同意，因此，明尼苏达州卫生部的上述行为违反了明尼苏达州基因隐私法，明尼苏达州卫生部应该赔偿他们子女基因信息可能被政府或其他私人机构滥用所遭受的损失。

我们总是担心其他人可能通过各种途径获取我们的基因信息，担

[①] 特雷弗·伍兹（Trevor Woodage），美国明尼苏达大学法学院2011级博士生。
[②] 黄淑芳，中山大学法学院助教。
[③] See Bearder v. Minnesota, No. A10 – 101, 2010 WL 3307066 (Minn. Ct. App. Aug. 24, 2010); Complaint, Bearder v. Minnesota, No. 27 – CV – 09 – 5615 (Hennepin County, Minn., Dist. Ct. Mar. 11, 2009).

心自己的基因信息被泄露,担心他人滥用自己的基因信息。我们不希望外人知道我们的基因信息内容,于是,我们极力鼓吹基因隐私权和对基因信息的保护。① 但笔者认为,个人基因信息不可能不被外人所知。大多数读者可能不认同我的观点,但我们必须清楚,每个人的基因信息内容都和他亲属的基因信息内容有部分相同。② DNA 排序(DNA sequence)决定个人基因信息内容,而亲属间 DNA 排序又有部分相同。因此,亲属间基因信息的内容也会部分相同。例如,同卵双胞胎的 DNA 排序相同,他们的基因也相同,其他亲属间基因代码的相似度随着亲疏远近的不同而不同。因此,知道你亲属的基因信息就等于部分知道了你的基因信息,每个人都有数不清的亲属,想要个人基因信息不为人知又怎么可能?遗憾的是,美国联邦以及各个州在制定有关基因隐私权保护的法律时都还没有注意到这一点。

本文认为,想要自己的基因信息完全不被外人所知不太现实,规制对个人基因信息的使用行为才是更切合实际的做法。文章总共分为五部分:本文第一部分介绍基因信息,隐私权和基因隐私权的相关内容;第二部分介绍保护基因隐私权的法律;第三部分讨论基因隐私权受限制的情形;第四部分具体论述公开与亲属共享基因信息这种具体情况;第五部分提出我们的立法建议。

二、基因信息、隐私权和基因隐私权

基因技术的进步以及基因技术在实践中的运用带来了重大的社会变革,现行法律还不能很好地应对这一新情况。这一节内容将介绍基因信息、隐私权以及基因隐私权的内容。

(一) 基因信息

基因信息包括的内容有很多,但当我们谈到基因信息这个话题时,很多人最初想到的就是 DNA 序列信息 (DNA sequence information)。③ 根据沃森-克里克 DNA 结构模型理论,④ DNA 由两条反向

---

① See, e. g., Editorial, Genetic Privacy, Bos. Globe, June 6, 1999, at G6.
② See James J. Nora et al., Medical Genetics: Principles and Practice 216 (4th ed. 1994).
③ See DNA Sequencing Fact Sheet, Nat'l Human Genome Res. Inst.
④ James D. Watson et al., Molecular Biology of the Gene 68 (4th ed. 1987).

平行的多核苷酸链以右手螺旋方式围绕同一轴心缠绕成互补的双螺旋结构。其中，脱氧核糖和磷酸组成的骨架位于双螺旋的外侧，嘌呤和嘧啶则位于双螺旋的内侧，碱基之间以氢键维系，形成特定的 A－T 和 G－C 配对关系。DNA 的排列顺序决定基因信息的内容，人体内所有 DNA 排序的总和叫做基因组。

基因科技的进步给人类生活带来了巨大影响。通过基因测试手段，我们可以查出自身基因信息的具体内容。此外，基因信息的获取和使用费用也在不断下降。更重要的是，基因信息还可以广泛应用于基因疾病诊断领域。① 由于基因信息在疾病诊断、疾病预防以及疾病治疗领域发挥的作用越来越大，民众对基因信息的需求量也逐步上升。分析家指出，民众基因信息需求的增多是导致基因信息使用费用降低的重要原因。② 2003 年完成的人类基因工程计划耗费了 30 亿美元，③ 而到了 2009 年，我们只需花费不到 15000 美元就能查出自己的基因信息。④ 据预测，到了 2015 年，我们花费的费用就能降低到 1000 美元以下，甚至可能只需 100 美元。

基因信息影响我们的外貌和性格，基因突变还可能导致某种疾病的发生。基因信息对人类的影响很大，但我们也不能过分夸大基因信息的作用。有些人认为，自己注定要得某种病，因为自己的基因中就含有疾病基因。这种思维过分夸大了基因信息的作用，要知道，即便是基因决定论的坚定支持者也承认后天环境因素以及其他原因对疾病发生所起的作用。

（二）隐私权的相关规定

1.《美国侵权法复述（第二版）》

在 1890 年《哈佛法律评论》的《论隐私权》一文中，Warren 和

---

① See DNA Sequencing Fact Sheet, Nat'l Human Genome Res. Inst.
② See Advanced Sequencing Technology Awards 2008, Nat'l Human Genome Res. Inst.
③ The Human Genome Project Completion: Frequently Asked Questions, Nat'l Human Genome Res. Inst.
④ John Markoff, I. B. M. Joins Pursuit of $1,000 Genome, N. Y. Times, Oct. 6, 2009, at D2, available at 2009 WLNR 19662265.

Brandeis 最先提出隐私权这一概念。① Warren 和 Brandeis 认为，社会的发展使得个人隐私受侵犯的可能性大大增加，美国普通法应该承认和保护隐私权。尽管在 Warren 和 Brandeis 提出隐私权这一概念后，法院依据他们的理论判决了超过 300 个隐私权案件，但直到 1960 年，美国也没有形成系统的隐私权理论。1960 年，Prosser 教授提出了系统的隐私权理论，他将隐私侵权划分为四类。Prosser 教授按照侵权形态对隐私权做出的经典四分法被《美国侵权法复述（第二版）》652 条以及绝大多数州的侵权法所采纳，② 基因隐私权主要体现在《美国侵权法复述（第二版）》公开披露他人私事一章。③ 该章规定，符合下列条件时，公开披露他人的私事要承担侵权责任：①披露行为足以使较多人了解被害人情况；②披露的事实是原告私人生活私密或至少是个人私人生活细节；③ 被披露的事实对一个理性人来说是极具冒犯性的；④ 被披露的事实不属于公众正当关注的问题。

2. 美国联邦宪法

在 Griswold v. Connecticut 一案，④ 联邦最高法院第一次将隐私权视为宪法上上的权利。宪法上的隐私权仅仅保护公民免受政府公权力的入侵，隐私权的范围过窄。本案中，联邦最高法院认为，《美国民权法》的相关规定似乎暗示着法律应该保护公民的隐私权。尽管 Griswold 案只涉及公民在婚姻上的隐私权，但联邦最高法院接着将公民宪法上的隐私权扩展到公民在个人信息上的隐私权。⑤ 在这个案件中，联邦最高法院承认公开披露他人的私事隐私制度是公民宪法上的权利。不过，不同的巡回法院对公开披露他人私事这一隐私制度的态度不同，有些巡回法院不承认公开披露他人的私事隐私制度是公民宪法上的权利。⑥ 例如，第九巡回法院承认公开披露他人的私事隐私制

---

① Samuel D. Warren & Louis D. Brandeis, The Right to Privacy, 4 Harv. L. Rev. 193 (1890).
② Restatement (Second) of Torts § § 652B – 652E (1977).
③ Restatement (Second) of Torts § 652D.
④ 381 U. S. 479 (1965).
⑤ See Whalen v. Roe, 429 U. S. 589, 599 (1977).
⑥ Diane M. DeGroat, Comment, When Students Test Positive, Their Privacy Fails: The Unconstitutionality of South Carolina's HIV/AIDS Reporting Requirement, 17 Am. U. J. Gender Soc. Pol'y & L. 751, 761 – 762 (2009).

度是公民宪法上的权利,① 但第六巡回法院就不承认公开披露他人的私事隐私制度是公民宪法上的权利,② 而第八巡回法院只有在披露行为极其恶劣时才承认披露他人的私事隐私制度是公民宪法上的权利。③

3. 美国各州州法

除了美国联邦宪法,许多州的宪法也保护公民隐私权。④有意思的是,加利福尼亚州最高法院指出,加利福尼亚州宪法不仅保护公民隐私权免受政府公权力的入侵,私人团体对公民隐私权的侵犯也受加利福尼亚州宪法的规制。⑤这意味着,在加利福尼亚州,隐私权不仅是普通法上的权利,也是宪法上的权利。

(三) 基因隐私权

立法者和其他利益团体总是想着如何保护公民的基因隐私权,却很少考虑下面这几个问题:我们为什么要保护公民的基因隐私权?在任何时候,我们每个人都希望自己的基因信息不被外人所知吗?过分强调对个人基因隐私权的保护,会不会带来不利后果?我们只有弄懂上面几个问题,全面分析基因隐私权,才能采取正确的立法措施,才能更好地保护公民的基因隐私。

1. 我们为什么需要基因隐私权

(1) 财产权观点和公民意思自治观点。基因信息通常被视为个人信息的一种,因此,我们希望自己的基因信息能像其他个人信息一样,得到隐私权的保护。⑥ 有一种观点认为,公民个人的基因信息是公民的私有财产,公民对自己的基因信息享有所有权。基于公民对自身基因信息的所有权,公民有权决定哪些人能获取自身基因信息。⑦

---

① e. g. , Walls v. City of Petersburg, 895 F. 2d 188, 192 (4th Cir. 1990).
② Doe v. Wigginton, 21 F. 3d 733, 740 (6th Cir. 1994).
③ Alexander v. Peffer, 993 F. 2d 1348, 1350 (8th Cir. 1993).
④ see a Mark Silverstein, Note, Privacy Rights in State Constitutions: Models for Illinois, 1989 U. Ill. L. Rev. 215, 226 – 258.
⑤ Hill v. Nat'l Collegiate Athletic Ass'n, 865 P. 2d 633, 644 (Cal. 1994).
⑥ Graeme Laurie, Genetic Privacy: A Challenge to Medico – Legal Norms 203 – 205 (2002).
⑦ See Margaret Everett, The Social Life of Genes: Privacy, Property and the New Genetics, 56 Soc. Sci. & Med. 53, 56 – 58 (2003).

还有一种观点认为，划分私人领域和公共领域对于建立公民自治意识极为重要。① 隐私权不仅意味着保护个人信息不为公众所知，还意味着个人可以掌控自己的个人信息，个人有权决定哪些人可以获取自身信息。② 空间隐私权和信息隐私权很容易区分。空间隐私权限制他人对公民身体和心理的侵犯，而信息隐私权则限制他人对公民个人信息的获取。我们一谈到隐私权这个话题，民众通常想到信息隐私权。信息隐私权也是我们在这片文章中所要讨论的话题。

（2）遗传例外论——反对基因歧视。我们希望自己的基因信息能够得到保密，部分原因可能是，我们认为，人体 DNA 中储存的信息记录着我们目前以及将来的情况。③ 那些有独特个性的人的基因信息被称作"遗传例外论"。④ 根据这个理论，有些人认为，基因信息尤其应该得到隐私法的保护。他们认为，基因决定人的外貌、性格特征，而我们无法掌控自身基因信息的内容。因此，当别人能够获取我们基因信息的内容时，我们自然感到害怕。为了缓解我们的担忧，有必要制定法律规制他人对我们基因信息的获取。基因信息的用处非常大，犯罪分子可能利用我们的基因信息进行非法活动。有时候，仅仅因为我们基因信息的内容，我们就遭受基因歧视。公民个人以及其他利益相关者常常引用这个理由，要求立法者制定相关法律，规制他人对自身基因信息的获取。保护公民免受基因歧视的权利也是立法者制定基因隐私保护法的初衷。基因隐私保护法的倡导者尤其关注就业领域以及人寿保险领域的基因歧视问题。⑤ 有关人寿保险的最新立法规定，到2014年后，禁止人寿保险公司以某人具有对某种疾病的易感基因为由，取消、拒绝对他进行保险或提高保险费用。⑥ 当然，对该

---

① . See Hannah Arendt, The Human Condition 71 (1958)
② See Charles Fried, Privacy, 77 Yale L. J. 475, 482 (1968).
③ See George J. Annas, Genetic Prophecy and Genetic Privacy, 32 Trial 19, 20 (1996).
④ Margaret Everett, Can You Keep a (Genetic) Secret? The Genetic Privacy Movement, 13 J. Genetic Counseling 273, 274 (2004).
⑤ See, e. g., William J. McDevitt, I Dream of GINA: Understanding the Employment Provisions of the Genetic Information Nondiscrimination Act of 2008, 54 Vill. L. Rev. 91, 93 - 96 (2009).
⑥ Patient Protection and Affordable Care Act of 2010, Pub. L. No. 111 - 148, § 2704, 124 Stat. 119, 154.

法的出台，不同人有不同看法。有人质疑基因歧视是否真的严重到这个程度，以至于要出台这么严厉的措施。① 遗传例外论带来的另外一个结果是，公民还害怕自身的基因信息被政府以及政府的代理机构滥用，新生儿基因筛查计划的反对者就有这样的担忧。

有些人根据个人对自身基因信息享有所有权这个理论，强调对个人基因隐私保护的重要性。当然，更具说服力的理由是，通过基因隐私立法来保护公民在就业以及人寿保险领域免受基因歧视的权利以及个人意思自治的权利。

2. 我们真的需要基因隐私权吗

我们谈到基因隐私权，谈到基因隐私权受保护的原因，可是我们有没有想过这样的一个问题：大多数人真的希望自己的基因信息得到保密吗？理论上，我们要保护公民的基因隐私权。但在实践中，越来越多的情况下都需要使用公民的基因信息，有些使用行为与保护公民基因隐私权是相悖的。有一点我们必须清楚，公众也只是对某些基因信息使用行为感到担忧，如就业领域以及人寿保险领域的基因歧视。我们不是害怕他人获取我们基因信息的这个行为过程，我们真正的担心的是他人在获取我们的基因信息后，又利用我们的基因信息对我们实行基因歧视。反对基因歧视才是我们要求隐私法保护我们基因信息的真正理由。②

（1）冰岛的例子。公众对调查的参与热情以及调查参与人数显示，越来越多的人同意将基因信息用于科研领域。③ 举冰岛的例子来说明我们上述论断，在冰岛，尽管是由 deCODE Genetics 这样的私人公司做基因科研项目，冰岛民众大都同意该公司获取他们的基因信息。④ 由于这个项目有 280000 名基因同质（genetically homogeneous）

---

① See Pauline T. Kim, Regulating the Use of Genetic Information: Perspectives from the U. S. Experience, 31 Comp. Lab. L. & Pol'y J. 693, 695-696 (2010).
② See Kira A. Apse et al., Perceptions of Genetic Discrimination Among At - Risk Relatives of Colorectal Cancer Patients, 6 Genetics Med. 510, 513 tbl. 2 (2004).
③ See Jeantine E. Lunshof et al., From Genetic Privacy to Open Consent, 9 Nature Reviews Genetics 406, 408 (2008).
④ See Gisli Palsson & Kristin E. Har < eth > ardottir, For Whom the Cell Tolls: Debates About Biomedicine, 43 Current Anthropology 271, 283 (2002).

冰岛民众参与，获取的基因信息较多。同时，冰岛又有着完善的医疗信息保存系统，这些都为基因疾病鉴定提供了绝佳的条件。数据库信息分为受检查主体的基因信息和受检查主体家庭成员的基因信息。这个数据库的信息量很大，在冰岛居住过的一半以上公民的基因信息都包含在这个数据库中。冰岛民众对这个项目的参与程度较高，大概与他们的民族认同感有关。美国虽然是多民族国家，民族认同感可能没有冰岛高。但冰岛的例子至少说明了，民众对他人获取自身基因信息并不像我们想象中的那么反感，美国民众可能也会同意他人获取自身基因信息。

（2）个人基因组计划基因信息公开计划。个人基因组计划最初的目的是描绘个人基因谱图，禁止他人获取受检测者基因信息，保护个人基因隐私。但在实践中，他们对基因隐私的保护方式渐渐地从单纯地禁止他人获取基因信息转变为开放式同意模式。为了让个人基因信息能用于医学研究，更好地造福人类，个人基因组计划决定开放基因信息以及医疗信息。已经有 10 名个人基因组计划的参与者自愿公布了自己的姓名、个人病史以及个人全部基因信息，公众可自由查阅。尽管这次公布个人基因信息的参与人数较少，但科学家很乐观。他们预计，公布个人基因信息的参与者最终将达到 100000 人。目前，有超过 11000 名民众参与个人基因组计划，在这些参与者中，有相当一部分人都表达了同意他人获取自身基因信息的意愿。

有极大一部分参与医学科研的人同意他人获取自身的基因信息，个人基因组计划也主动公布参与者的基因信息。这两个例子充分说明，并不是所有人都禁止他人获取自身基因信息，并不是所有人都希望保护自己的基因隐私。

3. 过分严格地保护基因隐私权是有害的吗

在某些情形下，我们不需要过分严格的保护公民的基因隐私权，这虽然只是我们的建议。不过，我们不得不承认，在某些情况下，过分严格限制他人对公民基因信息的获取将导致有害后果。

（1）问题的起源——不知晓自身基因信息的权利。基因隐私权和其他隐私权有许多相同之处，但基因隐私权也有其独特之处。其中一个重要的不同点就是，基因隐私权不仅包括知晓自身基因信息的权利，还包括不知晓自身基因信息的权利。众所周知，我们很容易了解自身其他个人信息，如自身外貌、性别等，只要我们仔细观察就可知晓。可是我们要了解自身的基因信息的具体内容，我们只能通过基因测试等技术手段去了解。因此，有时候我们情愿不了解基因检查结果。尤其当检查出我们患有某种基因疾病，而这种疾病又没有有效的治疗手段时，我们情愿不知道这个基因测试结果，以免打击自己战胜疾病的勇气。① 有调查显示，知道自己患上致命基因疾病的患病者比不知道自己患上致命基因疾病的患病者的自杀几率更大。②

当检查出自己存在基因突变，而这种基因突变可能导致某种不可治愈的疾病时，我们可能更不愿意被告知这个检查结果。还有一种情况是，当我们查出自己可能会得某种可治愈的疾病时，而我们又知道这种疾病是可治愈的，我们不会太担心。因此，我们也可能选择不被告知这个检查结果。如果公民个人的疾病信息只与其个人相关，基于意思自治的权利，公民个人可以选择不去了解自己的病情。③ 但如果公民个人的疾病信息与其他人也有关系时，情况就变得复杂了。

（2）个人基因信息涉及亲属利益的情形。公民个人行使不知晓自己病情的权利可能影响到他人的健康。例如，某男性的基因测试结果显示，他存在基因突变，而这种基因突变如果发生在女性身上，就极有可能引发乳腺癌。这项检查结果与他自己没有什么关系，他可能选择不被告知这个检查结果。但这项检查结果对他妹妹来说却极为重要，要知道，如果他自己被查出有这种基因突变，那他妹妹也很有可能存在这种基因突变。如果他妹妹知道哥哥的检查结果，就可以早确诊、早治疗，能极大地提高战胜疾病的几率。因此，当个人的基因信息涉及他人利益的情况，我们有必要限制公民不知晓自身基因信息的权利。而在父母同意对他们未成年的子女做基因测试的情况，事情变得更加复杂。在这种情况下，一方面，未成年子女的基因信息对其他

---

① Tuija Takala & Heta Aleksandra Gylling, Who Should Know About Our Genetic Makeup and Why?, 26 J. Med. Ethics 171, 172 (2000).

② Elisabeth W. Almqvist et al., A Worldwide Assessment of the Frequency of Suicide, Suicide Attempts, or Psychiatric Hospitalization After Predictive Testing for Huntington Disease, 64 Am. J. Hum. Genetics 1293, 1300 – 1301 (1999).

③ See R. Andorno, The Right Not to Know: An Autonomy Based Approach, 30 J. Med. Ethics 435, 436 – 437 (2004).

家庭成员来说极其重要,我们有必要获取他们的基因信息;而另一方面,未成年子女的个人意思也要予以尊重。未成年子女的意思表示是由其父母作出的,这也是让事情变得复杂的一个原因。[1]

上述例子表明,在有些情况下,完全禁止披露公民个人的基因信息会带来有害结果。我们很难平衡不同主体间的利益,但至少,这些例子说明,在考虑要不要公开公民个人的基因信息时,我们应该权衡利弊,而不能一概禁止公开公民个人基因信息。当然,即便不考虑公民个人基因信息对他人利益的影响,从技术上来说,公民个人想要保证自己的基因信息不被泄露也是很难的。

三、保护基因隐私权的法律

(一)财产权观点

有一种观点认为,公民个人的 DNA 是公民的私有财产,公民有权支配自己的 DNA 信息。因此,像公民其他的财产权利那样,DNA 也应受到隐私权法的保护,[2] 但加利福尼州亚最高法院在 Moore v. Regents of the University of California 一案却否定了这种观点。[3] 法院认为,公民对已被医生移出体外的脾细胞不享有隐私利益。法院的判决意见让一些学者认为,财产权无法给基因隐私提供实际的法律保护。[4]

(二)《隐私权法》

很明显,财产权理论无法保护公民的基因隐私。除了财产权和联邦宪法中对基因隐私的规定外,联邦以及各个州的制定法也采取了相关措施保护公民的基因隐私权。《隐私权法》规定,除在特殊情况下,联邦政府机构不得披露公民个人信息。该法规定,公民能对联邦

---

[1] See Lainie Friedman Ross & Margaret R. Moon, Ethical Issues in Genetic Testing of Children, 154 Archives Pediatric & Adolescent Med. 873, 873-74 (2000)
[2] See Anita L. Allen, Genetic Privacy: Emerging Concepts and Values, in Genetic Secrets: Protecting Privacy and Confidentiality in the Genetic Era 31, 49 (Mark A. Rothstein ed., 1997).
[3] 793 P. 2d 479 (Cal. 1990).
[4] See Radhika Rao, Property, Privacy, and the Human Body, 80 B. U. L. Rev. 359, 434-436 (2000).

政府机构披露个人信息的行为提起隐私侵权之诉，政府披露公民个人信息的行为将受到刑事处罚。即便如此，该法也没能为公民的基因隐私权提供充分的保护。因为该法仅保护公民隐私权免受政府的侵扰，至于公民隐私权受到其他私人主体侵犯的情形，该法未作规定。此外，该法还要求原告提供证据证明政府披露公民个人信息的行为是故意的，如果政府的披露行为不是故意的，政府免责。

（三）《医疗电子交换法》[①]

1996年，美国国会通过了《医疗电子交换法》。《医疗电子交换法》允许参加健康保险前发病的员工参加健康保险计划，以实现雇员的自由流动。国会还关注公民医疗信息的隐私和安全，因为在保险理赔过程中，保险商可能泄露公民个人医疗信息。《医疗电子交换法》并没有设立隐私权保护的具体措施，国会授权医疗和公共服务部制定具体规章保护公民隐私权。2002年，医疗和公共服务部制定的隐私权保护规章正式生效。[②] 该规章中"信息"的定义涵盖"可识别的个人医疗健康信息"（individually identifiable health information）。任何可识别的，或有合理的理由相信可以识别的，个人过去、现在以及未来的身体和生理状况都是可识别的个人医疗健康信息。按照这个定义，公民的基因信息和个人家族病史信息也属于可识别的个人的医疗健康信。《医疗电子交换法》对隐私权保护的不足主要体现在，它的适用范围有限。它只适用于健康计划、保健服务清算所以及保健服务的提供者获取公民医疗健康信息的情形，至于个人以及其他私人主体获取公民医疗健康信息的行为，不适用《医疗电子交换法》。

（四）《反基因歧视法》[③]

国会最新出台的保护公民基因信息的法律是《反基因歧视法》。

[①] Health Insurance Portability and Accountability Act of 1996, Pub. L. No. 104-191, 110 Stat. 1936 (codified in scattered sections of 26, 29, and 42 U.S.C.).

[②] Standards for Privacy of Individually Identifiable Health Information, 67 Fed. Reg. 53, 182 (Aug. 14, 2002) (codified at 45 C.F.R. pts. 160, 164).

[③] Genetic Information Nondiscrimination Act of 2008, Pub. L. No. 110-233, 122 Stat. 881 (codified in scattered sections of 26, 29, and 42 U.S.C.).

2008年5月底，美国总统布什签署了《反基因歧视法》。该法禁止人寿保险公司以某人具有对某种疾病的易感基因为由，取消、拒绝对他进行保险或提高保险费用。同时，此项由美国白宫和参议院通过的法令禁止雇主以遗传信息为依据进行雇佣、解聘、升职、加薪，或做出任何与雇佣行为有关的决定。[1] 尽管该法采用广义基因信息的定义，但该法仅在基因信息为《医疗电子交换法》中的医疗健康信息时才适用。[2] 该法由于对基因信息的保护不够全面而广受批评，可以预测，国会还会出台新的法律以便为基因信息提供更为充分的保护。[3]

（五）美国各州州法

出于对联邦立法权的限制，许多州都自己制定了与基因信息的使用相关的法律。这些州的立法目的和《反基因歧视法》一样，都是为了减少就业以及人寿保险领域的歧视现象。最近的一项有关各州立法发展状况的调查显示：美国有27个州的立法要求雇主或保险商在披露公民个人基因信息时，应该获得公民的同意；有18个州规定了基因隐私侵权的具体处罚措施。

普通法、宪法以及制定法通过规制基因信息的获取途径保护公民的基因隐私权，但公民的基因隐私权得到了保护就意味着公民意思自治的权利得到了保护吗？对这一问题，理论界尚存在争议。反对者的意见主要有以下方面：①不是任何时候都需要对公民的基因信息进行保密；②由于基因信息相对公开的性质使得对基因信息的完全保密也变得不可能。

四、基因隐私权受到限制的情形

本文不讨论基因信息数据库受到技术攻击，导致个人基因信息泄露这种情况，这种行为肯定侵犯了公民的基因隐私权。本文的主要论题是，从本质上来说，公民不可能完全掌控自己的基因信息。因此，

---

[1] 29 U. S. C. § 1191b (d) (Supp. II 2008).
[2] 42 U. S. C. §§1320d-9 (a) (1), 1320d (4) (B) (Supp. II 2008).
[3] See, e. g., Timothy J. Aspinwall, Imperfect Remedies: Legislative Efforts to Prevent Genetic Discrimination, 19 Annals Health L. 121, 122-123 (2010).

我们必须重新考虑公民基因隐私权这个问题。公民的基因隐私权必定会受到限制，这是由一系列原因造成的：①公民的基因信息都和自己亲属的基因信息有部分相同，个人的基因信息也涉及其亲属的利益。当查出某个公民患有某种遗传病，而其亲属也有可能患这种遗传病时，我们不能因为要保护公民个人的基因隐私权而拒绝披露公民个人的基因信息，这对其亲属来说很不公平。②科学技术的发展也使得公民个人基因信息不被泄露变得越来越难。公民的信息一旦被录入基因数据库中，即便你不说自己基因信息的编号，技术人员也可以根据其他信息快速地查找到你的基因信息。③刑事司法活动对公民基因信息的需求。刑侦人员通常会调取与案件相关人员的基因信息以查出作案人员，这是查明案情的重要手段。

（一）亲属基因信息对公民基因隐私权的限制

除了同卵双胞胎以及将来可能出现的克隆人外，任何两个人的基因组 DNA 排序都不相同。[1] 这看起来像支持加强对个人基因隐私权保护的理由，其实不然。要知道，我们的 DNA 都是从父母那里继承过来的，谁也无法为自己造出 DNA。同样的道理，我们的父母又都从他们的父母那里继承 DNA。因此，我们每个人的 DNA 都和其家庭成员的 DNA 有部分相同性。DNA 的相似程度与他们的亲疏远近有关，越亲近的亲属，他们的 DNA 相似度就越高。虽然我们 DNA 和亲属的 DNA 有部分相似性，但这并不意味着，一旦科学家知道了他的母亲、妹妹或者其女儿 DNA 的全部信息，就能破解出他自身 DNA 信息的 50%。科学家只能根据概率统计得出，公民的 DNA 信息和其直系血亲的 DNA 信息有 50% 的相似度。但他们 DNA 信息到底哪些地方是相同的，科学家也无法得出准确结论。[2] 当然，科学家通过分析其多个亲属的 DNA 信息，还是有可能推算出这个人的基因信息。由于公民个人和其亲属间基因信息的部分相似性，公民的基因信息有时

---

[1] See A. J. Jeffreys et al., Individual–Specific "Fingerprints" of Human DNA, 316 Nature 76, 76–77 (1985).

[2] Henry T. Greely et al., Family Ties: The Use of DNA Offender Databases to Catch Offenders' Kin, 34 J. L. Med. & Ethics 248, 251–252 (2006).

候涉及其亲属的利益,因此,有必要限制公民的基因隐私权。亨廷顿舞蹈症是一种遗传神经退化疾病,主要病因是患者第四号染色体上的 huntington 基因发生变异,产生了变异的蛋白质,该蛋白质在细胞内逐渐聚集,形成大的分子团,这种病的遗传几率为50%。如果某人的父亲死于亨廷顿舞蹈症,那他有50%的几率患这种病。[1]可能他自己不想知道自己是否携带这种疾病基因,也不愿意去做基因检测。但如果这个人的女儿去做基因测试,发现自己携带亨廷顿舞蹈症的疾病基因,那么不管这个人愿不愿意去做基因检测,想不想知道自己的病情,都意味着他也携带亨廷顿舞蹈症疾病基因。所以说,他自己抵抗去做基因检查无效的,最终他还是知道了自己的病情。

当人寿保险商不能确定申请参保人是否是疾病基因的携带者时,尽管人寿保险商知道申请参保人的亲属是某种疾病基因的携带者,人寿保险的保险商也不得因为公民的亲属是疾病基因的携带者而拒绝公民的参保请求,这是《反基因歧视法》禁止的行为。由于《反基因歧视法》明令禁止此类行为,人寿保险的保险商因为公民的亲属是疾病基因的携带者而拒绝公民的参保请求的现象变得越来越少。此外,公民因为其亲属是疾病基因的携带者而遭受歧视的现象也得到极大改善。

而在科研领域,如果科学家想要公布科研项目参与者的基因信息,他们应该获得项目参与者的同意,而不是他们亲属的同意。这个原则同意适用于基因调查和基因信息的公布。[2]事实上,即便在像 PGP 这样大型的科研项目中,项目组也只是告知项目参与者基因信息公布的后果,而不需要获得项目参与者近亲属的同意。

(二)从大型基因数据库中可以查出个人基因信息

大多数同意参与基因科研项目的人都对项目组提出了一个要求,那就是,项目组在公布他们的基因信息时,不得公布他们的姓名。他

---

[1] Michael R. Hayden & Berry Kremer, Basal Ganglia Disorders, in 2 Principles and Practice of Medical Genetics 2197, 2203–07 (David L. Rimoin et al. eds., 3d ed. 1997).

[2] See David A. Wheeler et al., The Complete Genome of an Individual by Massively Parallel DNA Sequencing, 452 Nature 872, 875 (2008).

们以为，只要不公布自己的姓名，别人也就不会将基因信息内容和他自己对号入座，别人也就不会知道那是他的基因信息。但事情往往事与愿违，要知道，基因信息是唯一一种可以识别具体个人的有效方式，只要公布了公民的基因信息，别人就可以查出这是谁的基因信息。公民的基因信息一旦被公布，别说他的名字，他的其他更为具体的信息也意味着被一同公布了。

通过已公布的匿名公民的基因信息而最终查出这个公民的姓名这种情况发生过一个著名的案例，在这个案例中，一名未成年男孩通过基因分析这种技术手段查到了他匿名精子捐赠者父亲。① 还有一个基因服务公司推出了亲子鉴定以及亲属查找服务，顾客只需提供他自己的基因信息就能找到自己的失散多年的远房亲戚。②事实上，综合运用基因科学以及统计学的知识，从一大堆匿名者的基因信息中倒推出某个人的基因信息内容已成为可能。当然，如果基因信息数据库的信息量没有足够大，那么，想要从一大堆匿名者的基因信息中倒推出某个具体公民的基因信息还是很有难度。但只要基因信息数据库连上互联网，各个基因信息数据库信息共享，要想倒推出某个公民的基因信息就变得容易许多。要知道，公民的基因信息一旦被传到互联网，无论它是否被操作者删除了，都会在互联网留下记录，别人通过技术手段同样能看到这些基因信息。③ 因此，一旦公民的基因信息被传到互联网，不仅他要求匿名的愿望不能得到满足，从此以后，基因信息的传播再也不在他的控制范围。

（三）刑法和法医学配对测试

在美国每一个州，都有一个罪犯 DNA 信息数据库。这个数据库包含了这个州所有罪犯的基因信息，他们将罪犯的基因信息用于法医学研究。大部分人都认为，州法院获取罪犯 DNA 的行为是合法的，不是对罪犯隐私权的侵犯。因为在大部分人看来，维护社会秩序，保

---

① Alison Motluck, Tracing Dad Online, New Scientist, Nov. 5, 2005, at 6, 6.
② See Lawrence Hon, Introducing Relative Finder: The Newest Feature from 23andMe, Spittoon (Nov. 19, 2009, 5: 13 PM).
③ . See Daniel J. Solove, Privacy and Power: Computer Databases and Metaphors for Information Privacy, 53 Stan. L. Rev. 1393, 1412 (2001).

护公众安全比嫌疑犯的隐私权更重要。① 当然，现在的做法有所改变，一个人只有被宣判为有罪或因涉嫌重罪而被逮捕时，法院才能从他们身上提取 DNA 样本。而还有一些社会评论家甚至呼吁建立全民 DNA 数据库以预防犯罪，快速查明案情。②

在刑事审判中，还有另外一种利用 DNA 基因数据库的方式。刑事侦查人员将犯罪现场中留下的嫌疑犯 DNA 数据输入家庭 DNA 数据库，在家庭 DNA 数据库中搜寻与嫌疑犯 DNA 数据相吻合的数据信息。如果侦查人员能在家庭 DNA 数据库中搜寻到嫌疑犯的 DNA 信息，那么数据库中的这个人就是此次犯罪的作案人。在英国，警方通过这种方法已成功破获多起案件。而在美国，警方也利用这种方法成功破获一起案件。考虑到家庭 DNA 搜寻这种方式的合宪性，美国并没有承认这种破案方法的法律地位。③一旦家庭 DNA 搜寻这种方式得到刑事审判实践的承认，嫌疑人亲属的基因信息将不可避免地被用于犯罪嫌疑人的查找上，而其亲属可能并不愿意他人获取、使用自己的基因信息。因此，在这种情况下，警方对犯罪嫌疑人亲属基因信息的使用行为就侵犯了犯罪嫌疑人亲属的隐私权。对警方的这种行为，法律应予以规制，以保护公民的基因隐私权。

五、披露与亲属共享的基因信息

由于判例法、联邦法以及各州基因隐私权立法都还没有涉及公民的基因信息和其亲属有部分相似性这个问题，我们只能从其他法律中找到对相关问题的规定。法律对其他与他人共享的、非基因信息披露的相关规定，能为这个问题的解决提供有益借鉴。

---

① Aaron B. Chapin, Note, Arresting DNA: Privacy Expectations of Free Citizens Versus Post - Convicted Persons and the Unconstitutionality of DNA Dragnets, 89 Minn. L. Rev. 1842, 1847 - 1855 (2005).

② See, e. g., D. H. Kaye & Michael E. Smith, DNA Identification Databases: Legality, Legitimacy, and the Case for Population - Wide Coverage, 2003 Wis. L. Rev. 413, 415; Michael Seringhaus, Op - Ed., To Stop Crime, Share Your Genes, N. Y. Times, Mar. 15, 2010, at A23, available at 2010 WLNR 5373377.

③ See, e. g., Jessica D. Gabel, Probable Cause from Probable Bonds: A Genetic Tattle Tale Based on Familial DNA, 21 Hastings Women's L. J. 3, 26 - 57 (2010).

(一)《美国联邦宪法第一修正案》中的表达权

2001, Susana Kaysen 的回忆录正式发行。在她的回忆录中, Susana Kaysen 详细记叙了她和 Joseph Bonome 的恋情。[①] 尽管回忆录对 Bonome 的个人经历做了适当改变, 如更改了他的职业, 而且也仅仅将 Bonome 称为她的男朋友。不过, 那些只要看过 Susana Kaysen 书的 Bonome 的朋友和生意伙伴都知道, Susana Kaysen 书中所写的 Bonome 就是现实中他们认识的那个 Bonome。Susana Kaysen 并没有告诉 Bonome 书中所写的内容, 这本书的出版也没有经得 Bonome 的同意。Bonome 向法院起诉, 要求 Susana Kaysen 承担隐私侵权的责任。马萨诸塞州最高法院判决认为, 只要 Kaysen 书中描绘的情节与公众关注的事情有关, Kaysen 在《美国联邦宪法第一修正案》中的表达权就比 Bonome 的隐私权更值得保护。这意味着, 在马萨诸塞州, 如果个人私人事务关乎公众利益, 个人隐私权将受到限制。法院还认为, Kaysen 有权公布自己的私人事务。Kaysen 胜诉至关重要的原因是, Kaysen 只是在讲述自己的故事。只不过, Kaysen 在讲述自己经历的同时, 不可避免地写到了有关 Bonome 的事情。Bonome 的私事是被与 Bonome 曾有过亲密关系的 Kaysen 披露的, 它不是被其他不相干人披露。因此, Kaysen 的行为不构成隐私侵权。Sonja West 教授不同意法院的判决理由, 他认为, 本案不涉及个人利益与公共利益平衡的问题, 只要自传中写的事情是真实的, 不管自传中公布的他人私事是否涉及公共利益, 公民的表达权都应该受到保护。[②]

上述案例与本文要讨论的情况具有一定相似性。这段隐私都是两人共享的, 一方公布另一方隐私未获得另一方的同意。而上述案例的判决理由也让我们开始思考, 如果公布亲属的基因信息涉及公共利益, 那么,《美国联邦宪法第一修正案》中公布他人基因信息的权利比亲属的基因隐私权更重要吗? 如果这个论断是正确的, 那么, 关乎

[①] Bonome v. Kaysen, No. 032767, 2004 WL 1194731, at 1 (Mass. Super. Ct. Mar. 3, 2004).

[②] Sonja R. West, The Story of Me: The Underprotection of Autobiographical Speech, 84 Wash. U. L. Rev. 905, 966 (2006).

多少人的公共利益才能公布亲属的基因信息。在 Florida Star v. B. J. F. 一案，法院认为，即便报纸发表的是通过合法手段获取的真人真事，也要被处以罚款。如果信息获取手段是不合法的，那么，只有在涉及州公共秩序这个最高利益时才可免责。① 在这个案件中，法院设定了一个比较严格的标准。而美国联邦最高法院设定的标准则较低。Eugene Volokh 教授认为，公开他人私人事务要承担《美国联邦宪法第一修正案》下的违宪责任。而 Andrew McClurg 教授认为，公开他人私人事务隐私侵权只需承担合同法中违反保密义务的责任。② 即便面临上述三个人的质疑，McClurg 教授依然坚持他的观点：不论两个人的关系多么亲密，他们之间都存在一个默示合同。那就是，任何一个人都不得泄露另一方的隐私。③

即便如此，我们还是很难想象法院会干涉公民个人公布自身 DNA 信息的行为。这是因为，公民个人公布其自身基因信息，但他的基因信息与其近亲属有部分相同，一旦他的基因信息被公布了，也就意味着其近亲属的部分基因信息也被公布了。公民公布其个人基因信息的行为涉及其近亲属的利益，因此，法院才会干涉其公布行为。英国法院对近亲属的定义很广泛，在英国，近亲属包括配偶、前配偶以及其他亲属。而美国对近亲属的定义比较窄，只有有血缘的近亲属之间才负有保密义务。④

（二）配偶权

配偶权也可以作为禁止披露与亲属共享的基因信息的理由，但这个理由有些牵强。⑤ 第一，配偶的基因信息只在刑事犯罪中才发挥作用，因此，如果公民在其他情形中拿配偶权对抗他人披露与其亲属共

---

① Fla. Star v. B. J. F., 491 U. S. 524, 541 (1989).
② Andrew J. McClurg, Kiss and Tell: Protecting Intimate Relationship Privacy Through Implied Contracts of Confidentiality, 74 U. Cin. L. Rev. 887, 888 (2006).
③ Eugene Volokh, Freedom of Speech and Information Privacy: The Troubling Implications of a Right to Stop People from Speaking About You, 52 Stan. L. Rev. 1049, 1057 (2000).
④ See Neil M. Richards & Daniel J. Solove, Privacy's Other Path: Recovering the Law of Confidentiality, 96 Geo. L. J. 123, 126 (2007).
⑤ See Milton C. Reagan, Jr., Spousal Privilege and the Meanings of Marriage, 81 Va. L. Rev. 2045, 2055 (1995).

享的基因信息的权利将得不到法庭的支持。第二，传统观点认为，配偶间的特权无需证明，但这个观点早已过时，只有极少数人支持。现在的观点是，即便是配偶，也需要各自证明双方互享特权。随着社会的发展，我们越来越尊重个人独立自主的权利，配偶权也逐渐受到限制。配偶权在披露亲属间互享的基因信息这一领域并不适用。

即便公民公开个人与其亲属共享基因信息的行为违背了其亲属的利益，但该公民的亲属在《美国联邦宪法第一修正案》中的权利以及其他权利都不能构成阻止公民行使公开个人与其亲属共享基因信息的理由。因此，该公民亲属的权益只能寻求其他法律的救济。基因歧视行为应予禁止，这一点，社会已经达成共识。[1]因此，本文建议，要想限制公民公开其与亲属共享基因信息的权利，必须通过比较法的方式，从细微差别中找到救济措施。只是一味强调要保护公民亲属对共享基因信息的权利，却无法提供具有说服力的理由，根本不能得到法庭的支持。

六、立法建议

由于公民的基因信息和其亲属的基因信息部分相同，知道其亲属的基因信息也就意味着部分知道该公民的基因信息。因此，公民禁止他人获取自身基因信息的愿望不太可能实现。相反，通过规制他人对自身基因信息的使用，禁止他人滥用自身基因信息这种方式来保护公民的基因隐私权更为实际。本文建议：①立法者应该加大对基因歧视的惩罚力度。尤其在公民无法自主决定谁可以获取自身基因信息的情形，更应该加大对公民基因隐私权的保护。②国会还应通过相关法律，保证公民享有被告知谁获取了他的基因信息以及他人获取其基因信息目的的权利。③公众监督能有效阻止基因信息滥用行为以及基因歧视行为。

（一）区分基因隐私权和免受基因歧视权

我们反复强调公民享有基因隐私权，其实我们真正的目的是希望

---

[1] See, e. g., Editorial, A Ban on Genetic Discrimination, N. Y. Times, Nov. 22, 2009, at WK9, available at 2009 WLNR 23542177.

用基因隐私权减少基因歧视现象。立法者、相关利益团体以及公众应该明白这一点,公民免受基因歧视的权利与公民的基因隐私权不同。强化对公民基因隐私权的保护并不是禁止基因歧视行为最有效的解决办法。第一步,我们要告知利益相关者基因隐私权和免受基因歧视权二者的不同。美国能源部网站一篇文章中对这两个术语的使用就不规范,这会误导大众。在这篇名为"基因隐私权立法"的文章中,通篇都是在谈论《反基因歧视法》颁布后的影响,根本没有基因隐私权的相关内容。因此,这一领域的专家尤其要注意二者的区分,要正确使用这两个措辞。此外,还要加强对广大群众的宣传教育,这个任务很艰巨,但会很有成效。

(二) 加强反基因歧视立法

除上述措施外,还应加大对基因歧视行为的打击力度,加强对公民免受基因歧视权利的保护。《反基因歧视法》真的起到保护公民免受基因歧视权、禁止基因歧视行为的作用了吗?这很难说,因为现实中还大量发生基因歧视的案件。这说明,现有法律对公民免受基因歧视权的保护还不够完善,国会还需制定新的法律以更好地保护公民免受基因歧视权。值得注意的一点是,《反基因歧视法》禁止人寿保险商和雇主因为公民亲属的基因信息而对他们实行歧视行为。[①] 我们在制定其他法律时,也要注意这一点,将这个内容吸纳到新的立法中。

(三) 半透明社会——公开他人基因信息现象的增多

1998年,David Brin 出版了一本较具影响力的书。在该书中,David Brin 首次提出了"透明社会"这个概念。[②] 他认为,未来的社会是透明的。在一个"监视无处不在"的世界里,你知道我的一切,我也知道你的一切。你不能用我的秘密来对付我,因为我也有你的秘密,强行获取公民个人信息的行为将要承担法律责任。此外,他还认为,公民要主动放弃个人空间和数据保护,以便能维护我们自由的社

---

① See 29 U. S. C. § 1191b (d) (6) (A) (ii) (Supp. II 2008).
② David Brin, The Transparent Society: Will Technology Force Us to Choose Between Privacy and Freedom (1998).

会制度。Brin 指出，透明社会并不意味着要限制公民的隐私权。相反，透明社会要求社会追究那些侵犯公民隐私权的人的责任。个人享有独居生活的隐私利益，而每个人都有窥探他人隐私的念头，我们无权左右别人的思想，但一旦他们有侵犯我们隐私的行为，我们就可以采取法律措施，维护自身权益。

按照 Brin 的观点，公民应该主动放弃个人基因信息保护。但这种观点既不切合实际，也不能实现其既定目标。人寿保险公司可能因为某个参保者是疾病基因的携带者而拒绝承保，但即使这名参保者了解这家保险公司 CEO 的全部基因信息，也可能于事无补，保险公司还是不会给他承保，这没给他带来任何好处。因此，"半透明社会"似乎更符合实际，能更好地维护公民的基因隐私权。在"半透明社会"中，公民既能知道有哪些人获取了自己的基因信息，又能知道他人获取自身基因信息的目的。

(四)《公平信用报告法》的借鉴意义

1970 年，美国制定了《公平信用报告法》。该法由美国联邦贸易委员会监督实施，主要目的是规范信用报告服务机构使用与信用管理有关信息和数据时的行为。该法规定了信用报告代理机构使用消费者信息时的法律程序，讨论了对信用报告对象个人信息经授权和未经授权的使用行为，制定了消费者个人信息披露的相关条款。《公平信用报告法》不仅保证了信用局可以合法地取得信用信息，也保证了消费者的信用报告只有在合法前提下，才能被他人取得，最大限度地保护消费者的隐私权。该法最后一条的内容与基因信息的披露有关。《公平信用报告法》规定，一旦消费者提出申请，信息报告代理机构必须告知消费者他们所披露的有关消费者的个人信息，信息报告的来源，信息报告的使用者以及对消费者做出差评的理由。

如何规制他人获取以及使用公民基因信息这一行为？在这一方面，《反基因歧视法》以及其他反基因歧视法律都没有制定具体的措施。如果《反基因歧视法》以及其他反基因歧视法律制定了与《公平信用报告法》相类似的条款，《反基因歧视法》就能更好地发挥保护公民基因隐私权的作用。《反基因歧视法》可以采纳《公平信用报告法》中控制对基因信息使用行为的相关条款，以弥补《反基因歧视法》在有关DNA信息保存方面的不足。由于美国存在多种多样的医疗保健方式，DNA信息的保存方式也是多种多样。有些信托经纪人也带为保管DNA信息，这也是公民DNA信息的一种保存方式。公民DNA信息保管信托经纪人独立于基因信息的最终使用者。如果旨在规制基因信息保存机构信息保存行为的法律也规制DNA信息保管信托经纪人的行为，该法将发挥更大的作用，也能更为有效地禁止滥用基因信息的行为。

不过，我们不得不承认，即便是《公平信用报告法》也不能完全禁止滥用消费者个人金融信息的行为。如在消费者个人身份被盗用的情况下，就会发生消费者个人金融信息被滥用的现象。即便由他们自己决定是否公开个人基因信息，也不能完全禁止基因歧视行为。即便雇员知道他的雇主已经获取了他的基因信息，他也不知道他的雇主会因为他的基因信息内容采取什么措施。当然，如果雇员发现，他的雇主在获取他的基因信息后，又根据他的基因信息内容做出了解聘决定，他就可以起诉该雇主，要求雇主承担基因歧视的责任。按理来说，规制滥用基因信息的行为应该是反基因歧视法的内容。

（五）强化民众自身的作用

如果公民只享有决定哪些人可以获取他的基因信息的权利，那么公民并不能真正监管对其基因信息的使用行为。我们应该鼓励公民监管对其基因信息的使用行为，因此，有必要提出一种容易理解的解决办法。解决办法主要有三个：①基因信息太复杂了，在民众中普及基因信息知识只会降低民众对这个话题的关注度。因此，提醒民众注意那些时刻关注他们基因信息的人这种方式会更有效。②如果雇主、保险商以及其他可能滥用公民基因信息的人知道，基因信息的所有者正时刻监察他们的行为，他们在行事时才会更小心，才会注意对公民基因隐私权的保护。③即便基因信息的所有者没有太在意他人对自身基因信息的获取和使用行为，其他社会共同利益团体也能帮助他们查出他人滥用他们基因信息的行为，并禁止对他们实行基因歧视。

如果立法者以及公众能正确区分基因隐私权和免受基因歧视权的不同，如果法律授权公民个人有权监管他人对自身基因信息的获取和使用行为，那么，就能有效地禁止滥用公民个人基因信息的行为。制定这样的条款能有效地减少雇主、保险商滥用公民个人基因信息的行为，能有效地减少基因歧视现象。

七、结语

医生、科学家利用公民的基因信息是为了防治疾病，探索新的治疗办法。对基因信息的这种使用行为有利于人类福祉，应该得到允许。而雇主和保险商利用公民基因信息的行为则有损公民的利益，对基因信息的这种使用行为应该予以禁止。由于 DNA 的本质属性，公民对自身基因信息享有完全的所有权这种观点值得质疑。我们必须明白，每个人的基因信息都和其亲属有部分相同。只有明白了这个道理，我们才能真正明白该怎样使用自己的基因信息。Alan 和 Keri Bearder 由于错误地理解了基因隐私权而拒绝为新生儿基因筛查计划提供 DNA 样本，这是不明智的做法。

我们既要告知公众基因信息可能被滥用的方式，又要加强对基因歧视行为的惩罚力度。立法应该规定，民众有权了解哪些人获取了他们的基因信息。一旦基因信息的获取和使用变得更加透明，滥用基因信息的行为和基因歧视行为将大大减少。

保护公民的基因隐私权似乎是一个没有争议的话题。但限制他人对自身基因信息的获取并不能有效地保护公民的基因信息隐私权，相反，这种行为还会阻碍社会福利的增加。一味地强调保护公民的基因隐私权不仅不能真正地保护公民的隐私权，还可能带来有害后果。因此，与其关注公民的基因隐私权，不如关注公民免受基因歧视权，采取措施规制基因歧视行为才能更好地造福社会。

公民基因信息隐私权的扩大保护
——从基因测试的角度说起

艾米·福斯特[①] 著 黄淑芳[②] 译

目　次

一、导论
二、基因测试
三、美国联邦和各州基因信息保护法
四、基因测试的技术和法律考量
五、扩大保护基因信息隐私权的观点
六、结语

一、导论

1953 年，Watson 和 Crick 首次提出了 DNA 结构模型。[③] 从那时起，50 多年过去了，基因科技已经有了飞速的发展。到现在，人类已经可以进行1000 多种基因测试。毋庸置疑，基因科学的飞速发展给人类带来了巨大的福利。但与此同时，基因科技的发展也带来一系列问题，基因信息保密问题就是其中的一个。基因信息保密问题不仅仅是一个技术问题，更是一个伦理问题，[④] 法学和生物伦理学也正是

[①] 艾米·福斯特（Amy Foster），美国贝勒大学法学院博士。
[②] 黄淑芳，中山大学法学院助教。
[③] See J. D. Watson & F. H. Crick, Molecular Structure of Nucleic Acids: A Structure for Deoxyribose Nucleic Acid, 4356 Nature 737, 737 – 38, reprinted in 160 Am. J. Psychiatry 623, 623 (2003).
[④] See Dale Halsey Lea et al., Ethical Issues in Genetic Testing, 50 J. Midwifery & Women's Health 234, 234 – 237 (2005).

因为基因信息保密问题才紧密联系起来。①

科学家们通过基因测试手段检测出的第一种遗传病就是亨廷顿舞蹈症（Huntington Disease）。亨廷顿舞蹈症是一种遗传神经退化疾病，主要病因是患者第四号染色体上的 Huntington 基因发生变异，产生了变异的蛋白质，该蛋白质在细胞内逐渐聚集在一起，形成大的分子团。一般科学家将这些不溶于水的分子团称为"包涵体"。患者一般在中年发病，然后逐渐丧失说话、行动、思考和吞咽的能力，病情会持续发展 15 年到 20 年，并最终导致患者死亡，这种病的遗传几率为 50%。现在，假设你的家族有 HD 遗传病史，你结婚后生育了一个小孩，孩子已经长大成人。不久前，你去做了 HD 基因测试，检查结果发现，你的第四号染色体上的 Huntington 基因发生了变异，你已经患上了亨廷顿舞蹈症，并且处在亨廷顿舞蹈症的早期症状。于是，你将你的检查结果告诉你女儿，因为她可能从你身上遗传了亨廷顿舞蹈症。你女儿在申请参加人寿保险时向保险公司申明了这一家族病史，可就是因为这个原因，保险公司要求你女儿去做基因测试，并声明只有你女儿基因测试结果为阴性时，保险公司才给她承保。这个例子看起来很荒唐，但却是发生在 Phil Hardt 女儿身上的真实事例。

此前，美国已经通过了大量禁止基因歧视和保护公民基因信息隐私权的法律。如 1996 年《医疗电子交换法》（the Health Insurance Portability and Accountability Act）和 2008 年《反基因歧视法》（the Genetic Information Nondiscrimination Act）都对这个问题做了相关规定。但上述法律的适用范围有限，对公民基因信息的保护还不够完善。因为 Phil Hardt 的女儿参加的是人寿保险，所以如果这个案例发生在今天，那么人寿保险公司的做法就违反了《反基因歧视法》的相关规定。但如果 Phil Hardt 的女儿参加的是其他险别，那么保险公司的做法即便在今天也是合法的。举例来说，如果 Phil Hardt 的女儿参加的是长期护理保险或者伤残保险，那么保险公司因为其家族有亨廷顿舞蹈症遗传病史而拒绝为她承保的这种做法并没有违反法律的规定。Terry McCarty 的妻子是亨廷顿舞蹈症基因突变的携带者，保险公

---

① Susan M. Wolf, Law & Bioethics: From Values to Violence, 32 J. L. Med. & Ethics 293, 295 (2004).

司因为这个原因拒绝了她的长期护理保险和伤残保险申请。由于亨廷顿舞蹈症需要长期的护理,因此,对亨廷顿舞蹈症患者来说,长期护理保险比人寿保险更为重要。①

笔者认为,现行法律对公民基因信息的保护还不够完善,法律对许多情况都未做规定。因此,有必要制定更为详尽的法律来保护公民的基因隐私权。本文第一部分介绍基因测试的相关内容,第二部分介绍美国联邦以及各个州的基因信息保护法,第三部分从技术角度和法律角度讨论基因测试;第四部分介绍了实务界对扩大保护公民基因信息的理论争议。

二、基因测试

人体由细胞构成,而 DNA 排序(DNA sequences)指挥着细胞的运作。因此,DNA 排序对我们人类来说至关重要。人体中的 DNA 由 23 对染色体组成,每对染色体都包含着许多基因。基因是人体遗传信息的载体,RNA 是具有细胞结构的生物的遗传信息中间载体,并参与蛋白质合成,还参与基因表达调控。一个生物体中所有 DNA 的总和叫做基因组。②

通过基因测试手段,我们可以发现自身未知的遗传特征。人类的有些遗传特征,如眼睛的颜色,只需通过肉眼观察就可知晓。而人类的另一些遗传特征,如遗传病信息则只能通过基因测试手段才能得知。③

基因测试有很大的利用价值,它广泛应用于基因疾病检测领域。每个人的基因中都清楚地记录着我们的疾病信息④,据估计,平均每

---

① Secretary's Advisory Comm. on Genetics, Health, and Soc'y, Dep't of Health & Human Servs., Public Perspectives on Genetic Discrimination: September 2004 – November 2004 23 – 25 (2004).

② Human Genome Project, U. S. Dep't of Energy, Genomics & Its Impact on Science & Society (2008).

③ See Janet L. Dolgin, The Evolution of the " Patient:" Shifts in Attitudes About Consent, Genetic Information, and Commercialization in Health Care, 34 Hofstra L. Rev. 137, 164 – 165 (2005).

④ Congresswoman Louise M. Slaughter, Address at the Harvard Graduate School of Arts & Sciences Science Policy Group (Apr. 17, 2009), in U. S. Fed. News, Apr. 18, 2009.

个人的基因中都存在 5 到 15 种疾病易感基因。基因测试可用于疾病确诊,通过基因测试甚至还可以预测我们将来患某种病的可能性。

基因测试不仅运用于疾病确诊领域,还广泛应用于疾病预防以及疾病治疗领域。举例来说,假设某人的基因测试结果显示,他的基因中非息肉病性大肠癌(nonpolyposis colorectal cancer)① 发生病变,那意味着他有 90% 的可能会得这种病。如果这种疾病能及早检查出来,就能及早治疗,病人也就不用忍受疾病带来的痛苦。此外,基因科学中有关基因突变方面的知识还能为人类找到治疗疾病的方法。②

基因测试给公民带来好处的同时也危及公民个人基因信息隐私安全,在基因测试过程中保护公民个人的基因信息异常重要。《医疗电子交换法案》原则上禁止披露公民个人的基因信息,但某些州的法院却认为,医生在某些情况下有向病人家属披露病人基因信息的义务。③ 美国公民害怕别人在未经自己授权的情形下向第三人披露自己的基因信息,他们也害怕别人在获取自己的基因信息后又根据他们的基因信息对他们实行基因歧视行为。因此,越来越多的美国公民都不愿去做基因测试。④ 本文讨论的范围仅限于公民自愿做基因测试的情况,我们要研究的问题是,是否应该保护公民的基因信息以及应该在多大范围内保护公民基因信息。

三、美国联邦和各州基因信息保护法

医生和病人间的保密关系极其重要,这种关系也令整个社会受益⑤,联邦政府也在积极立法,努力维持医生和病人之间的这种神圣关系。然而,联邦政府规章在保护公民基因信息隐私方面做得远远不够,公民的基因信息在很多情况下都得不到保护。国会通过的立法仅

---

① 编者注:非息肉病性大肠癌又叫林奇综合征(Lynch syndrome)。
② Alissa Brownrigg, Mother Still Knows Best: Cancer – Related Gene Mutations, Familial Privacy, and a Physician's Duty to Warn, 26 Fordham Urb. L. J. 247, 254 – 260 (1999).
③ Pate v. Threlkel, 661 So. 2d 278, 282 (Fla. 1995).
④ Joanne L. Hustead & Janlori Goldman, Genetics and Privacy, 28 Am. J. L. & Med. 285, 285 (2002).
⑤ Ralph Ruebner & Leslie Ann Reis, Hippocrates to HIPAA: A Foundation for a Federal Physician – Patient Privilege, 77 Temp. L. Rev. 505, 508 – 509 (2004).

在特定情形下适用,公民基因信息隐私在很多场合都得不到法律的救济。联邦政府和国会立法的漏洞只能由各州通过单独立法去填补。

(一) 美国联邦基因信息保护法

《医疗电子交换法》在其"隐私规则"一款设立了病人医疗信息保密规则。美国卫生和公众服务部中的人权办公室负责隐私规则的实施。[①] "隐私规则"一款也保护公民的基因信息隐私,该款规定,健康计划部门、保健服务商、相关票据交换所对任何形式的个人健康保健信息的存储、维护和传输都必须遵循《医疗电子交换法》的安全条例规定。"健康计划"包括团体健康计划和个人健康计划,保险包括社会医疗保险和私人医疗保险。由雇主负责执行的少于15人的团体健康计划不受本法规制。此外,工伤保险和汽车保险也不受本法规制。医疗票据交换所将从其他主体中接收到的非标准格式的医疗信息转化成标准格式,使得医疗信息的储存和交换变得更加方便。医疗保健服务提供者包括医疗或保健服务提供商或者其他需要公民支付价款才可获得医疗保健服务的机构。

《医疗电子交换法》保护公民的医疗信息,通过一项医疗信息能判断出他属于某个人,或者有合理的理由认为通过这些信息能够判断它属于某个人,这样的信息就是《医疗电子交换法》中所称的"受保护的医疗信息"。受保护的医疗信息包括:雇主、健康计划部门、保健服务商、相关票据交换所收集的信息;公民个人过去、现在以及未来身体和心理状况信息;给个人提供的保健服务,个人支付保健服务的相关情况。

基因信息的内容有些与个人医疗健康有关,有些与个人医疗健康完全无关。按照《医疗电子交换法》中的定义,只有当公民的基因信息作为"医疗信息"使用时才受《医疗电子交换法》的保护。由于公民的基因信息具有独一无二性,知道了基因信息的内容就能判断出它属于哪个公民。因此,公民的基因信息也属于"受保护的医疗信息"。

---

① Mark A. Rothstein, Research Privacy Under HIPAA and the Common Rule, 33 J. L. Med. & Ethics 154, 158 (2005).

总结来说，只有当《医疗电子交换法》中"受保护的医疗信息"被《医疗电子交换法》规定的特定主体不正当的使用或披露时，《医疗电子交换法》的隐私条款才适用。当《医疗电子交换法》规制的主体使用或披露的医疗信息不是《医疗电子交换法》所称的"受保护的医疗信息"，或者使用或披露《医疗电子交换法》所称的"受保护的医疗信息"的主体不是《医疗电子交换法》所规制的主体，则《医疗电子交换法》无强制适用的效力。《医疗电子交换法》没有对上述行为作出规定不意味着上述行为是合法的，行为人的上述行为可能构成犯罪，有可能面临罚金或监禁的惩罚。

《医疗电子交换法》存在不少法律漏洞。它规定了很多允许披露个人基因信息的例外情况，只要相关主体的做法符合《医疗电子交换法》中的例外规定，他们即使向外披露公民个人的基因信息也不会受到法律的制裁。《医疗电子交换法》规定，科研人员和基因测试运营商未经个人同意使用和披露公民个人信息不违反《医疗电子交换法》。[①] 举例来说，当受《医疗电子交换法》规制的主体向公民个人书面承诺他们的检查结果将不会记录在他们的个人病史中，此时，受《医疗电子交换法》规制的主体披露公民个人的基因信息就不违反《医疗电子交换法》的相关规定。此外，如果受《医疗电子交换法》规制的相关主体的做法满足《医疗电子交换法》允许披露公民医疗信息例外条款的规定，他们就可以在不告知公民本人的情况下基于科研目的向第三方披露公民的基因信息。此时，公民个人就成了毫不知情的科研信息捐赠者。不受《医疗电子交换法》规制的主体在承诺保护公民的医疗信息安全后，通过和受《医疗电子交换法》规制的主体签订协议就可以获取公民的医疗信息。这样看来，基因测试的运营商无需获得科研自愿者的同意就可以向第三方披露公民的基因信息。从上述例子可以看出，《医疗电子交换法》医疗信息隐私条款无论在理论上还是在实际运用中都存在不足。

---

① Joanne L. Hustead & Janlori Goldman, Genetics and Privacy, 28 Am. J. L. & Med. 285, 285 (2002).

(二)《反基因歧视法》

《医疗电子交换法》对公民基因信息的保护不够完善,为了更好地保护公民的基因隐私,联邦政府最终出台了《反基因歧视法》。《反基因歧视法》禁止就业领域和人寿保险领域的基因歧视行为,就业领域的基因歧视现象是联邦过往规章所没有规定过的问题。1990年《美国残疾人法》保护患有遗传病的残疾人,但由于遗传病基因突变携带者要么无发病症状,要么未受基因突变感染[①],因此,该法并不保护遗传病基因突变携带者的权益。所以,本文将不讨论《美国残疾人法》的相关规定。

《反基因歧视法》禁止人寿保险公司以某人具有对某种疾病的易感基因为由,取消、拒绝对他进行保险或提高保险费用。同时,此项由美国白宫和参议院通过的法令禁止雇主以遗传信息为依据进行雇佣、解聘、升职、加薪,或做出任何与雇佣行为有关的决定。《反基因歧视法》不仅适用于公务人员聘任场合,也适用于私人雇佣场合。《反基因歧视法》有关保险的条款于2009年5月正式生效,而该法有关就业的条款于2009年11月生效。

许多人不愿意做基因测试,原因有两点:一是对基因科学缺乏认识;二是担心基因信息被泄露。由于对基因科学缺乏了解,社会上出现了很多反对基因科学人士,这些人反基因科学的人士认为,一个人一旦被检查出有某种病的基因突变,那就意味着这个人不可避免地会患上这种恶疾,提早知道自己得了不治之症影响病者的心情,不利于疾病的治疗。这种看法是错误的,事实上,一个人被检查出基因突变并不意味着他一定会患上这种疾病。一个人的基因测试结果显示他的基因存在突变,这只意味着受测试者有患某种疾病的可能。其次,公众担心自己的基因信息会被泄露。他们担心雇主和保险公司一旦获得他们的基因测试结果就会依据他们的基因测试结果对他们实行歧视行为。美国人对美国保护基因隐私的法律很没信心,因此,即便基因测

---

① William J. McDevitt, I Dream of GINA: Understanding the Employment Provisions of the Genetic Information Nondiscrimination Act of 2008, 54 Vill. L. Rev. 91, 92 (2009).

试可以预防疾病，他们也拒绝做基因测试。

《反基因歧视法》出台的初衷就是为了禁止基因歧视行为，而就业领域的基因歧视现象尤为严重。我们试举一例来说明这个问题。在一次常规体检中，雇主发现公司某个女职员有某种遗传性肺病的易感基因。虽然这名女职员事实上还没患这种肺病，但雇主还是决定将这名女职员解雇。这名女职员向雇主承诺去做这种肺病的预防治疗，但雇主还是觉得这名女职员很有可能会患这种肺病，并最终将这名女职员解聘。还有一些人在做了基因测试后就被雇主解聘了，可能基因测试结果都还没得到，这个时候，基因测试成为雇主解聘雇员的一个新借口。还有一些雇员并没有某种疾病的变异基因，仅仅因为他们的家庭成员患过某种遗传病被雇主解聘了。有一名工作很出色的社会工作者最近被解聘了，雇主解聘他的理由就是该雇员家庭成员中有人患过亨廷顿舞蹈病。这一次，雇主甚至没有要求雇员去做基因测试就直接解聘了这名雇员。在就业领域还有许多类似的案例发生，其他美国人担心自己有朝一日也会受到这样的基因歧视。因此，大多数美国人对基因测试都有抗拒心理。

为了缓解美国人对基因歧视现象的担忧，国会出台了《反基因歧视法》。《反基因歧视法》禁止基因歧视行为，《反基因歧视法》中的"基因信息"包括：公民基因测试结果中所包含的基因信息；公民家庭成员基因测试结果所包含的基因信息；公民家庭成员家族病史。《反基因歧视法》中"基因信息"的定义很广泛，但它只在就业和保险领域适用。因此，在那些《医疗电子交换法》没有规定的使用和披露公民基因信息的情形，公民的基因隐私还是得不到保护。

而与《反基因歧视法》一同颁布的行政规章也没有对《医疗电子交换法》没有规定的情况做进一步说明。健康和社会服务部修改了《医疗电子交换法》中的隐私条款，将基因信息纳入"受保护的医疗信息"之中。即便《医疗电子交换法》将基因信息纳入"受保护的基因信息"，基因信息受到的保护仍然不充分。《医疗电子交换法》的不足之处不是"受保护的医疗信息"的定义不完善，而是《医疗电子交换法》中允许披露个人"受保护医疗信息"例外条款的规定。这些例外条款使得公民"受保护医疗信息"没有得到完好的保护。

1974年美国《民权法》第七章以及其他联邦法律禁止并惩罚就业歧视行为，《反基因歧视法》的实施以及《反基因歧视法》损害赔偿条款的适用是对上述法律原则的具体贯彻。但《反基因歧视法》不完善的地方有很多：其一，《反基因歧视法》第七章的适用范围有限，如果雇主没有将雇员的基因信息用于商业目的，或者雇主拥有的雇员数目不超过15人，那么《反基因歧视法》对他们不适用，因此，如果公民的雇主或者其未来可能的雇主没有将雇员的基因信息用于商业目的，或者该雇主拥有的雇员数目不超过15人，那么即便该雇员的基因信息被雇主不正当的使用，该雇员的权益也得不到《反基因歧视法》的救济其二，《反基因歧视法》适用程序很复杂，如果公民个人想要向法院起诉其雇主或其未来可能的雇主，要求他们承担基因歧视的侵权责任，那么，他们在起诉前必须先向平等就业委员会提出控告。

基因歧视分为直接歧视和间接歧视。由于立法者对间接歧视这个概念的理解不同，《反基因歧视法》在阻止就业歧视上发挥的作用大大受限。2014年5月有可能成立一个反基因歧视研究委员会，该委员会的主要任务是"审查基因科学的发展，并建议国会将间接歧视作为一项单独的诉由"。间接歧视是指，有些政策表面上看起来很公正，不论政策制定者的主观目的如何，该政策在事实上和结果上都侵犯了受保护主体的权益。[1] 雇员很难证明雇主制定具体的政策是故意的基因歧视行为。[2] 因此，如果间接歧视不是一项独立的诉由，雇员在保护自身基因权益的时候将面临很多麻烦。在很多情况下，即便《反基因歧视法》所规制的雇主制定了带有就业歧视内容的政策，由于雇员无法证明雇主故意实施上述行为，雇员的权益也得不到《反基因歧视法》的保护。

总体来说，《反基因歧视法》对禁止就业领域以及保险领域的基因歧视行为起到很大的作用。不过，《反基因歧视法》也还有不少立

---

[1] Griggs v. Duke Power Co. , 401 U. S. 424, 430 (1971).

[2] Jennifer Girod & Katherine Drabiak, A Proposal for Comprehensive Biobank Research Laws to Promote Translational Medicine in Indiana, 5 Ind. Health L. Rev. 217, 225 (2008).

法漏洞,雇主和其他主体获取和使用公民个人基因信息的行为没有受到很好的规制。1993年联邦《家庭和医疗假期法》规定,雇主在批准雇员休病假时,可以要求雇员提供病历证明,这病历证明中就可能包括基因信息。因此,雇主在批准雇员休病假的时候极有可能获取雇员的基因信息。此外,《反基因歧视法》规定,雇主在测试有害的工作环境对雇员身体健康有无影响时可以要求该雇员或其家庭成员去做基因测试,这叫工作场所基因检测。基因检测是对雇员做的定期身体检查,以评估后天环境改变对他们基因的影响。有害的工作环境可能伤害雇员的染色体,也有可能使他们的某个基因发生病变情况。基因检测的目的就是为了鉴定、评估以及控制工作场所有害物质对雇员造成的影响。工作场所有害物质基因检测有利于雇员的身体健康,但允许雇主对雇员做这样的基因检测的另外一个后果是,雇主可以通过这种方式获取雇员的基因信息,然后根据他们获取的基因信息做出解聘雇员的决定。虽然《反基因歧视法》明确规定,雇主不能将基因检测作为获取雇员基因信息的幌子,进而根据基因检测结果做出解聘雇员的决定。但在实践中,这种现象很难禁止,很多雇主恰恰就是利用"工作场所有害物质基因检测"这个理由对雇员做基因测试,然后又根据获得的基因信息做出解聘雇员的决定。雇员很难证明雇主要求雇员做基因检测只是雇主解聘雇员的表面原因,因为雇主的这种行为属于《反基因歧视法》中的"间接就业歧视"行为,雇员很难证明雇主实行前一行为的故意性。

2009年11月,《反基因歧视法》有关禁止就业领域基因歧视的条款正式生效,而平等就业委员会出台《反基因歧视法》具体实施措施要2010年1月才正式生效。2009年5月,平等就业委员会公布了《反基因歧视法》具体实施措施草案,草案公布后收到两条立法意见。其中,一位评论家的建议因为涉及《反基因歧视法》的实体问题而被平等就业委员会否决。平等就业委员会解释了他们否决该建议的理由:平等就业委员会只采纳那些能将"基因信息"、《反基因歧视法》、1964年联邦《民权法》和1990年《美国残疾人法》整合在一起的立法建议,以便代理机构能更好地遵守《反基因歧视法》。此外,立法建议不能另外创造出新的实体规则。这位评论家的立法建议显然不符合平等就业委员会的要求，因此，他的提案被否决了。平等就业委员会也没有明确说明它们将在何时制定实施《反基因歧视法》的实体规则，不过代理机构已经更换了他们粘贴在工作场所的规章条例，将《反基因歧视法》的最新规定也纳入到他们的规章条例中。这些条例中清楚地写明，《反基因歧视法》禁止工作场所基因歧视，求职者和雇员的基因信息受《反基因歧视法》的保护。

《反基因歧视法》保护的人群较少，给雇主和保险商提供的可以使用公民基因信息的例外太多以及缺乏规制代理机构行为的实体规则，这三点原因使得《反基因歧视法》禁止就业和保险领域基因歧视的作用大大受限。此外，由于《反基因歧视法》仅适用于就业领域和保险领域，科研领域、制药公司以及医生病人关系等《医疗电子交换法》没有规定的其他情形，《反基因歧视法》也都未作相关规定。这些领域的法律缺位只能靠各个州自己制定法律来补充，至于是否制定相关法律，由各个州自己决定。

（三） 美国各个州基因信息保护法

由于联邦规制基因信息隐私法律的缺失，各个州不得不单独制定有关基因信息的法律来弥补这一不足，各个州的单独立法都会讨论基因测试伦理问题。在美国，有 9 个州除了执行《医疗电子交换法》的相关规定外没有再制定任何规制基因信息披露方面的法律。而其他 41 个州都制定了相关保护公民基因信息的法律。在这 41 个州中，有 19 个州有关保护公民基因信息的法律只涉及就业领域中的一些情形或保险计划领域，有的州的法律同时涉及上述两方面。总之，这 19 个州并没有完全采纳《反基因歧视法》在就业以及保险领域禁止基因歧视的全部内容。可喜的是，《反基因歧视法》在另外 22 个州贯彻得很好，这些州积极执行《反基因歧视法》有关禁止就业以及保险领域基因歧视的相关规定。当然，这些州在制定有关基因信息方面的法律时都会根据该州的法律对"基因信息"做出或广义或狭义的解释。

那些考虑去做基因测试的公民很担心自己的基因信息隐私安全，因为他们不知道法院对保护公民个人基因信息隐私安全持什么态度。

在《医疗电子交换法》生效前,佛罗里达州和新泽西州的法院就认为,如果病人被检查出患有遗传性疾病,虽然该医生对病人的亲属并不承担默示合同的义务,但医生还是有义务将该测试结果告知病人的亲属。① 当然,这两个州后来的基因信息立法否定了上述做法的合法性。《医疗电子交换法》原则上规定,医生只有在获得病人的书面同意后才可以向病人的亲属披露基因测试结果。

现行法律除了规定医生有向病人亲属披露基因测试结果的义务外,其他主体,包括保健服务提供者都没有向病人家庭成员披露病人基因测试结果的义务。即便该病人可能患有遗传疾病,其他家庭成员也可能患这种疾病的情形,其他主体都不能在未获得病人同意的前提下向病人家属披露基因测试结果。其他主体在未获得病人同意的情况下能不能向第三方披露病人的基因信息?法院和评论家没有注意到这个问题,他们关注的是个人基因信息是否属于家族私有财产这一问题。有些观点认为,基因信息具有家族性,因此,个人的基因测试结果不仅仅属于个人私有财产,同时也属于家族私有财产。因此,家庭成员有权利要求医生将家庭某成员的基因测试结果告知其他家庭成员。

如果州法对基因信息保护有具体规定,那法院当然按照州法律的规定判决案件。但在那些没有制定基因信息保护法律的州当中,法院在判决这一类型的案件时没有形成统一的做法。因此,我们无法确定医疗保健服务者是否负有向病人家庭成员披露基因测试结果的义务。而专业的医学协会不认为医疗保健服务者有向除病人外的第三方披露病人基因信息的义务,病人的家庭成员也不例外。即便《医疗电子交换法》以及随后各个州的立法对这个问题已经做了明确规定,但保护公民基因信息隐私安全这个问题还是有很大争议。佛罗里达州和新泽西州法院对基因信息隐私安全的态度让医疗服务者面临两难的境地,因为他们不确定医生是否负有向病人家庭成员披露基因测试结果的义务,他们披露或不披露病人的基因信息都可能违反法律的规定。

---

① Castillo v. Emergency Med. Assocs., 372 F. 3d 643, 648 (4th Cir. 2004).

1. Pate v. Threlkel 案①

在 Pate v. Threlkel 案，Pate 的母亲在三年前查出患有甲状腺髓样癌。甲状腺髓样癌是一种可遗传的疾病，但 Pate 母亲的医生并没有将 Pate 母亲的基因测试结果告诉 Pate。三年后，Pate 在一次检查中也查出患有甲状腺髓样癌。Pate 认为，她母亲的医生在检查出她母亲患有这种疾病后，有义务将病人的基因测试结果告知病人的成年子女，这样的话，他们可以早一点去做检查，更好地防治这种疾病。于是，Pate 向法院提起了诉讼。佛罗里达州最高法院认为，即便医生对病人的家庭成员不承担默示合同的义务，医生在检查出病人患有遗传性疾病的时候，有义务将病人的基因测试结果告知病人的成年子女。因此，做出了原告胜诉的判决。

2. Safer v. Estate of Pack 案②

在 Safer v. Estate of Pack 案，Safer 的父亲被诊断出患有结肠癌。Safer 认为他父亲患有这种疾病意味着她将来也有可能得癌阻塞和多发性息肉病结肠病，但她父亲的医生没有将她父亲的基因测试结果告诉她。Safer 认为他父亲的医生的行为违反了医生的专业义务，于是，向法院起诉，要求医生承担责任。新泽西最高法院认为，只有当病人的病情关乎家庭成员利益，并且医生的告知行为能使病人的家庭成员避免患这种病时，医生才负有向病人家庭成员告知该病人病情的义务。在本案中，法院的判决没有采纳 Pate 一案的判决理由。

由于联邦没有相关立法规定，而各个州的立法又各不相同，因此，有必要另外制定保护公民基因信息隐私安全的法律。联邦政府和各州政府应该制定要求公民做基因测试的最低同意标准。这一最低同意标准包括，在什么情况下医生可以向第三方披露公民的基因信息。许多制定了基因信息法的州都只规定了就业以及保险领域对基因信息的获取和使用行为，至于其他领域对基因信息的获取和使用行为则没有相关规定。除了允许科研领域和道德上对基因信息的正当使用这两个例外之外，联邦政府和各州政府应该制定公民个人同意披露基因信息的严格标准。如果公民个人在同意披露他们基因信息的时候还提出

---

① See Pate v. Threlkel, 661 So. 2d 278, 278 (Fla. 1995).
② Safer v. Estate of Pack, 677 A. 2d 1188, 1188 (N. J. Super. Ct. App. Div. 1996).

了其他的要求，披露方应该按照他们的要求行事。

（四）有关医疗专业人员披露病人基因信息的调查研究报告

1. 针对联邦基因咨询协会成员的调查报告

医生在未经病人授权的情况下向病人的家庭成员披露病人基因信息的比例有多少？在这一方面还很少有专门的调查研究。有关这一内容的最新调查结果是2003年公布的两项调查。这两项试点研究调查中，联邦基因咨询协会的成员接受了问卷调查结果。这份问卷调查的问题很多，包括"当你的病人基因测试结果显示患有遗传病时，你们自己认为是否负有向该病人家庭成员披露病人基因测试结果的义务""你接诊过的病人中有些人是不是不愿意将自己的基因测试结果告知他的亲人呢""当病人不愿意将自己的基因测试结果告知他的亲属时，你们在决定是否要将该基因测试结果披露给病人家属时会考虑哪些因素或原则呢"等问题。调查人员通过电脑程序将调查参与者的个人信息移除出去，因此，这项调查从本质上说是匿名的。调查结果显示，63%的参与者都认为基因咨询专家有向病人亲属披露病人基因信息的义务。有21%的参与者即便在病人不同意的情况下也会考虑将该信息披露给病人的亲属。还有一位基因咨询专家在问卷中承认自己曾经在未获得病人同意的情况下向病人家属披露了这名病人的基因信息。这份调查研究显示，随着越来越多人去做基因测试，基因咨询专家面临是否向病人家属披露病人基因信息的情况也越来越多。

2. 针对医学遗传学家的调查报告

这个调查组随后又对医学遗传学家做了一次调查，这些医学遗传学家既不是美国人类遗传学协会的成员，也不是美国各个大学医学遗传专业的专家教授。调查者希望通过这次调查找到医学遗传学家在向病人亲属披露病人基因信息时所考虑的因素。调查结果显示，三分之二的调查参与者认为，即便他们的披露行为并未获得病人的授权，他们也有义务向病人的亲属披露病人的基因测试结果。当遗传学家未获得病人的授权而又面临是否向病人家属披露病人基因信息的时候，有25%的参与者承认他们曾考虑过向病人的亲属披露病人的基因测试结果。而在这25%的参与者中，有4名医学遗传学家在病人明确反对将他们的基因测试结果披露给他亲属时,他们还是将病人的基因测试结果披露给了病人的亲属。这意味着有一些基因学家在未获得病人授权的情况下也会向第三方披露病人的基因信息。当然,这份调查不尽准确,肯定还有人也有过类似行为,只不过他们不肯在问卷调查中承认他们曾做过类似行为。

总结上述调查研究可以发现,在获得的病人同意的情况下,其他人决定向他人披露病人基因信息时考虑的因素有:病人亲属患这种病可能性的大小;这种病是否可以治疗;病人和其亲属的亲疏关系如何;及早检查是否能提高治疗疾病的几率;生活方式的转变能否提高治疗疾病的几率。有些人还会考虑其他的因素,比如:病人和其亲属的年龄;病人的情绪反应大不大;病人和其亲属的关系好不好;病人的亲属能否通过其他途径了解到他们可能患这种疾病。

3. 针对新泽西正骨疗法医生协会成员的调查报告

第三份调查研究报告的对象是新泽西正骨疗法医生协会的成员。在临床调查中通常限制假设性研究方法的运用,因为假设性研究方法通常不能正确地反映一个人在面临真实情境时会如何反应。即便这样,假设性调查研究得出的结果还是具有一定的价值。毕竟,很多医生都没有真正面临过那些情况。因此,假设性调查研究是获取他们内心想法的最好方式。

在这次调查中,调查组假设了这样一个案例。一个43岁的离婚男人,自己带着三个女儿生活。他的三个女儿分别是12岁、17岁和22岁。在某次基因测试中,这个男人被查出患有某种致命的可遗传疾病。尽管这个男人的父亲和姑姑都因为患这种病而英年早逝,但这个男人却要求他的医生不要将他的病情告知他的前妻以及他的三个女儿,因为他害怕她们会因为他患这种疾病而疏远他。问卷的问题是,在这种情况下,医生是否应该向病人的家属披露病人的病情。在前文我们已经谈到,疾病的严重性和是否可治愈性是医生在未获得病人授权的情况而向病人家属披露病人基因测试结果时的首要考虑因素。参与此次问卷调查的医生都认为,在这种情况下,医生应该向病人已成年的22岁的女儿披露病人的病情,但医生不得向病人12岁的女儿披露他父亲的病情,因为12岁尚未成年。至于病人17岁的女儿是否有权知道父亲的病情，调查参与者的意见就发生了分歧。尽管在做这次调查的时候，《医疗电子交换法》隐私规则已经生效，不过问卷调查人认为仅有《医疗电子交换法》隐私规则还远远不够。他们认为，医生是否应该向病人家属披露病人的基因信息这个问题很复杂，医生在这种情况下往往面临道德和法律的两难境地。因此，政府应该出台更详尽的法律以便医生在面临这种情况的时候有章可循。

《医疗电子交换法》隐私规则生效后，公众还在呼吁制定更加详尽的规定披露公民个人基因信息的法律。这其中的原因主要有两个：一是《医疗电子交换法》立法调查结果显示，《医疗电子交换法》的规定还不够完善，有进一步立法的必要；二是各个医学协会都对认为目前的立法很混乱，不易理解。制定医生披露病人基因信息的更详尽的法律好处多多。新的立法再怎么不尽如人意，也会承认医生在未获得病人授权的情况下不可以向其亲属披露他的基因信息。如果立法这样规定，那至少可以统一医生的行为，当他们未获得病人的同意时一律不得向病人的家属披露他们的基因信息。当然，最好的立法结果是，新的立法明确规定医生在获得病人授权的情况下不得向病人的家属披露病人的基因信息，并制定医生违反保密义务的具体惩罚措施和实施规则，这些都是现行立法中没有规定的内容。

四、基因测试的技术和法律考量

基因测试已经出现很多年了，但毕竟是一个新生科技领域。因此，基因测试结果的正确性（包括在读取基因测试结果时的人为错误因素）就是我们必须考虑的一个因素。即便人类已经可以通过基因测试测出上千种疾病，但这些能测出的遗传疾病绝大多数还没有医学治疗手段。如果医生被要求或者在获得病人的同意后向病人亲属或其他第三方披露病人的基因信息，当他们披露的基因信息是错误的，而其他人根据他们披露的错误信息做了毫无必要的治疗时，他们可能要为披露错误的基因信息承担法律责任。因此，基因测试所带来的问题值得我们仔细研究。

（一）基因测试的准确性

基因测试运营商和实验室是否可以使用公民个人的基因信息？现

行规章对这个问题规定得不够清晰,目前也没有任何政府部门或任何政府规章监督基因测试。而1988年美国临床实验室修正法规也只是规定,实验室测试,包括对人体标本做测试由医疗保险和医疗补助服务中心负责监管。

许多基因测试项目进入市场后没有受到任何法律的监管。基因测试具有高度敏感性和专业性,但1988年的美国临床实验室修正法规没有设立专章规定基因测试这一内容。在实验室做基因测试由于没有任何标准,所以无法核实基因测试结果的准确性。这意味着,在美国临床实验室修正法规的语境下,基因测试是被允许的。即便公民想要查的基因信息与公民的身体健康状况没有任何关系,这种基因测试也是法律允许的。

基因测试结果的准确性尚不确定,是否需要保护公民基因信息隐私安全这个问题的讨论就显得有些疑问。从基因测试中获得的基因信息有可能不准确,由于缺乏行业规章,行业监管也不起作用。因此,人寿保险公司以某人具有对某种疾病的易感基因为由,取消、拒绝对他进行保险或提高保险费用的现象很严重,雇主也常常以遗传信息为依据进行雇佣、解聘、升职、加薪,而病人的家属也可能根据其家庭成员对某种疾病的易感基因测试结果而做出影响一生的重大决定。基因测试如果利用得好,那将会造福广大人群。但由于保护公民基因信息领域缺乏政府规章的监管,总会有人不正当地利用基因测试为就业或保险领域的基因歧视找借口。这个现象进一步说明制定更详尽法规保护公民基因信息隐私的必要性。

(二) 疾病预防的复杂性

当一个人通过基因测试查出他携带有某种疾病的易感基因,那么,接下来该怎么做?很多人自然想到了去做疾病预防治疗,其实不然。查出某人携带有某种疾病的易感基因并不意味着我们必须要去做疾病预防治疗,因为基因测试结果可能不正确,我们读取基因测试结果数据时也可能出错,根据错误的基因测试结果去做基因疾病预防治疗就等于做无用功。因此,当我们仅仅依据基因测试结果就决定去做基因疾病预防治疗时必须慎重。基于以上原因,保护公民的基因信息隐私安全就显得异常重要。在就业、保险和涉及家族利益的情形下更应该保护公民的基因隐私。

即便我们检查出我们患有某种遗传病或是携带某种疾病的易感基因，也不意味着我们可以找到治疗或是预防手段，很多疾病到目前为止都未发现预防或治疗手段。基因在老年痴呆症中起到重要作用，通过基因测试我们可以查出某个公民有没有患老年痴呆症，或者他是否携带老年痴呆症的易感基因。但这又有什么用呢？因为目前还没有发现老年痴呆症的有效治疗手段。当一个自己自愿去做基因测试，检查结果发现他患有某种疾病的易感基因，但目前又还没有找到这种疾病的有效治理手段，这时候，不告知受测试者本人基因测试结果比告知他本人基因测试结果要好。因为当受测试者得知自己可能得某种不治之症时肯定会心烦意乱，这会严重影响他的工作和生活。还有很多问题都尚存争议。比如，亲属是否享有获取公民个人基因测试结果的权利？雇主和人寿保险公司是否可以获取公民个人的基因信息，并依据公民的基因信息做出具有歧视性的决定？要知道，即便公民个人真的患有某种疾病，保险公司或雇主因为他们患有这种病而做出有歧视性的决定都是法律禁止的行为。按照这个道理来说，法律更应该禁止仅仅因为公民携带有某种疾病的易感基因而对他们做出歧视性决定的行为。

1. 以 BRCA-1 和 BRCA-2 突变为例

针对某些疾病，我们可以采取一些预防措施。不过预防措施不一定有效，最终我们还是可能会得这种病。乳腺癌和卵巢癌就是这样，即便你查出自身基因 BRCA-1 和 BRCA-2 突变，你有可能得乳腺癌和卵巢癌。于是，你采取了很多预防措施，但这些预防措施最终都不能阻止你得这两种癌症事实的发生。Myriad Genetics, Inc 推出了直接面向消费者的基因测试服务，这项服务能帮助公民检查出自己是否存在基因突变。不过，该公司推出的这项服务引起了很大争议。其中一个最大的争议就是，即便公民查出自身携带某种疾病的易感基因，该公司也无法为公民提供有效的预防治疗，该公司直接面向消费者提供基因测试的这项服务显得有些多余，只是徒增公民的烦恼。

2. 继续检查、防癌药疗和手术化疗

当某人被查出 BRCA 突变时，他可能采取以下三种手段：继续检查；防癌药疗；手术化疗。继续检查的手段包括临床乳腺检查、自我

乳房检查、年度乳腺 X 线造像术和年度核磁共振成像扫描。检查手段只是为了确认某人是否患有某种疾病，它并不能阻止疾病的发生。而疾病预防措施指的是那些能抑制疾病发生的措施，因此，检查手段从本质上来说不属于疾病预防措施。但由于这些检查手段能查出病人病情的演变情况，因此，医生常常将这些方法推荐给那些 BRCA 基因突变或有家族遗传病史的妇女，以时刻观察病人病情变化。

防癌药疗是指，对那些被查出是 BRCA 携带者并且有可能会得乳腺癌和卵巢癌的妇女通过药物手段进行治疗，以阻止疾病发生的一种治疗手段。防癌药疗通常通过给患者服用像 Tamoxifen 那样的选择性雌激素受体调节剂药物来达到预防癌症的目的。但调查结果显示，莫西芬预防癌症的效果并不像想象中的那么有效，而且服用莫西芬还会产生一系列副作用。服用者可能得心血管疾病、中风或者子宫癌。因此，当公民在检查出自己只是 BRCA 基因突变而事实上还没有得癌症时，在考虑要不要采用防癌药疗手段时要慎重。

当某个妇女被查出 BRCA 基因突变时，最常用的手术治疗手段就是双边预防性乳房切除手术和双边预防性卵巢切除手术。预防性乳房切除手术可以有效地阻止疾病的发生或至少有 85% 的几率防止疾病的发生。但妇女在做了预防性乳房切除手术后不仅在个人外形上有很大的变化，她生活的质量也会发生重大的改变。当某个妇女被查出 BRCA 基因突变后，她去做双边的预防性卵巢切除手术，这个手术有 90% 几率能阻止卵巢癌的发生，有 50% 的几率能阻止乳腺癌的发生，但手术后她可能会产生一些精神问题。这两种手术都有风险，手术过程中可能出现失误，手术后也可能发生感染情况。此外，手术还有失败率，切除手术可能根本无效，她最终还是会得这种病，或者癌症转移到其他器官。基于以上的原因，我们在决定是否要做这样的预防性切除手术时要权衡利弊。尤其当我们只是检查出 BRCA 基因突变而没有患癌症时更要慎重，因为仅仅查出 BRCA 基因突变不意味着我们一定会得这种病，有可能我们这一辈子都不会得这种癌症，仅仅根据一个基因测试结果就做出这样一个影响一生的决定太冒失，也没有必要。

（三）法律的不完善性

《反基因歧视法》以及其他相关立法都没有规定预防性治疗这方面内容，因此，就业以及保险领域使用预防性治疗的情况变得极其复杂。而由于没有法律的规制，人寿保险公司就可以在这一方面钻法律的漏洞。当人寿保险公司知道某人具有对某种疾病的易感基因，那他们就可能以某人具有对某种疾病的易感基因为由，取消、拒绝对他进行保险或提高保险费用。联邦立法禁止团体健康计划部门和人寿保险公司以某人具有对某种疾病的易感基因为由，取消、拒绝对他进行保险或提高保险费用，法律还禁止保险商因为某人患某种疾病而提高报销费用。但当具有对某种疾病的易感基因的公民真的得了那种病时，保险商按照相关条例可以提高参保人的保险费用。但保险商可以提高多少保险费用，法律对这个问题没有规定。根据相关保险规章制度，当投保人被查出携带有对某种疾病的易感基因时，保险商可以要求参保人员去进行预防性治疗。而当参保人拒绝去做这样的预防性治疗时，保险商可以对参保人采取惩罚措施。

被查出携带某种疾病的易感基因也不意味着这名雇员最终会得这种病，而且预防性治疗也可能有很大风险，但还是有一些雇主在雇员被查出携带某种疾病的易感基因时要求雇员去做预防性治疗，并且声称雇员不那么做就将该雇员解聘。雇主要求雇员做预防性治疗的理由可能会引用《反基因歧视法》中允许雇主获取雇员基因信息例外条款的规定，也有可能引用善意执业资格测试中允许雇主获取雇员基因信息的例外规定。哥伦比亚特区的立法还规定，禁止基因歧视行为，但善意执业资格测试中对公民基因信息的使用为法律允许的例外。哥伦比亚特区的立法规定，他人在获得公民个人的同意后可以获取公民的基因信息。当雇主基于正当的公司管理目的实行善意执业资格测试，公民个人拒绝雇主获取他们的基因信息，而后雇主对该公民做出不予雇佣或予以解聘的决定这种情况，哥伦比亚特区的法律没有明确说明这种行为是不是非法行为。

允许医生在未获得病人同意的情况下向病人的家属披露病人的基因测试结果使得保护公民基因信息隐私这个问题变得更加复杂。如果家庭成员中的某个人被检查出患有某种遗传病，并且基因测试结果完全正确。这意味着其他家庭成员也可能携带这种病的遗传标记。但我们必须清楚,有某种遗传病的遗传标记不意味着他们也已经从其家庭成员中遗传了这种疾病,也不意味着他们也有基因突变。但如果基因测试的操作过程有误或者操作程序被污染,导致被测试者的基因测试结果有误。在这种情况下,其他家庭成员又没有去做相关基因测试,如果其他家庭成员仅仅根据某个家庭成员错误的基因测试结果就决定去做预防性治疗,那将出现一系列新的问题。如果是医生的原因导致基因测试结果出现错误,而该医生又将错误的基因信息披露给病人的家属,家属进而根据错误的基因信息去做了不必要的预防性治疗的情况,医生要承担双重责任。此时,医生不仅要对病人承担责任,还要赔偿病人家属的治疗费用,因为错误诊断而遭受基因歧视带来的损失以及被告因错误诊断信息带来的精神损失。当然,到目前为止还没发生过这样的案例。因此,考虑到基因测试技术的科技原因和法律原因,还应该制定规制基因测试结果出错这种情况的法律。

五、扩大保护基因信息隐私权的观点

尽管公民的基因信息隐私权不是绝对的,但大家还是希望能保护公民的基因信息隐私。隐私权、公民个人意思自治以及希波克拉底誓言(the Hippocratic Oath)都强调保护公民的基因信息隐私权。上面的理由很有说服力,但还是有很多人提议医生应该向病人的亲属披露病人的基因信息。[①]

(一)隐私权和个人意思自治观点

隐私权和意思自治权利与每个人都密切相关,因此,涉及公民隐私权和意思自治权的事情一定要获得公民的明确同意后方可进行。法律是设立行为道德标准的重要手段,社会在制定保护公民基因隐私的法律时要符合隐私权和意思自治权的法律原则,这样做有利于保护公民的基因信息隐私。

[①] Mary L. Kovalesky, To Disclose or Not to Disclose: Determining the Scope and Exercise of a Physician's Duty to Warn Third Parties of Genetically Transmissible Conditions, 76 U. Cin. L. Rev. 1019, 1032 (2008).

隐私权意味着公民个人可以掌控自己的个人信息，隐私也可以指其他人不得接触公民的身体和精神世界。隐私权的概念很广，它包含着公民个人意思自治精神，也包含公民要求保护个人信息私密的理想。公民希望自己包括基因信息在内的个人信息在未获得自身同意的情况下不被他人披露，这是机密性的要求。

意思自治是一个哲学概念，它是指私法主体有权依自己的意志实施私法行为，他人不得干预，尊重私法主体意思自治的权利是我们要遵循的最高行为准则。基因信息中也体现私法主体意思自治的权利，其他人要获取或使用公民个人的基因信息必须要获得公民的同意，这就是公民意思自治权在基因信息中的体现。毋庸置疑，个人意思自治权很重要。但即便如此，在他人获取公民基因信息时是否需要获得公民本人的同意这一问题上，大家却有不同意见。

公民的基因信息具有独特性和不可改变性，如果公民的个人基因信息不被披露，其他人根本就无法了解到公民个人的基因信息。因此，披露公民个人基因信息就面临复杂的伦理困境。基因测试通常在遗传病预测诊断中使用，因此，一旦该公民的基因信息被披露了，他就有很大可能被别人歧视或受到不公正的对待。

当然，在某些场合下，披露公民个人的基因信息就符合道德和法律的要求。阿拉斯加州颁布了禁止披露公民个人基因信息的法律，但该州法律，也规定了允许披露公民个人基因信息的例外情况。这些例外情况包括：符合阿拉斯加州法律的犯罪基因识别系统中对基因信息的披露行为；执法活动的需要。其中包括作案人的识别，刑事案件的调查，失踪公民、不明身份人以及无名死者身份的确认；亲子关系确认；符合州法和联邦法的新生儿基因筛查计划；医学治疗中出现的紧急情况。

大部分人认为允许披露公民基因信息的前面两项例外合乎伦理。因为罪犯的隐私利益低于公众在解决犯罪问题上享有的利益。[①]亲子关系涉及一个人抚养义务的有无，也涉及一个人是否该对某个未成年

---

① See generally Laura A. Matejik, DNA Sampling: Privacy & Police Investigation in a Suspect Society, 61 Ark. L. Rev. 53 (2008).

人的过错承担替代经济责任。[1] 当新生儿在医院接受治疗时,由于新生儿无法照料自己,也无法做出意思表示,因此,披露公民基因信息的例外对新生儿也适用。最后一种例外情况适用于出现突发公共卫生事件的情况。

除了上述情形外,他人在未获得公民个人同意的情况下披露公民个人基因信息的行为就是不合伦理的。他人在征求公民的知情同意时,必须告知该公民他的基因信息何时会被披露,披露他基因信息的目的是什么。很多州在制定有关基因信息保护的法律时候,都没有意识到公民的知情同意在披露公民基因信息过程中起着关键作用。

病人知道自身的基因信息对自身疾病治疗起到很重要的作用,因此,他们在跟医生交流的时候会毫不保留地将自身基因信息告知医生,以便医生能根据他们的基因信息找到有效的治疗手段。病人这么做,是因为他们相信医生会为他们保守自身基因信息秘密。信任是维持医患良好关系的重要因素,如果医生未经病人的授权就向外界披露病人的基因信息,那病人将不再信任医生,病人也将不再同意在医生那做基因测试。如果基因测试运营商向外界披露某个人是某种疾病的易感基因携带者,那么被披露基因信息的这个公民就可能受到感情和心理伤害,他们不仅可能受到歧视,还可能因此被亲人有意疏远。

当披露公民基因信息违背公民意愿时,公民意思自治的权利和隐私权都受到侵害。保护公民个人基因信息隐私不仅要有道德标准,还需要政府立法设立法律标准。政府应该通过立法规定,无论当事人之间是否是医生和病人的关系,一方向第三方披露公民基因信息的权利都应该受到法律限制。在公民做基因测试前,应该告知被测试者本人他们的基因信息可能被第三方使用。如果公民正在做基因测试,那么在披露公民基因信息前,也应该获得公民的同意。

(二) 希波克拉底誓言

医生和病人关系中的保密义务最先起源于希波克拉底誓言。希波克拉底誓言中有这样的内容:"我愿尽余之能力与判断力所及,遵守为病家谋利益之信条,并检束一切堕落和害人行为","无论至于何

---

[1] Mary Beck, A National Putative Father Registry, 36 Cap. U. L. Rev. 295, 326 (2007).

处，遇男或女，贵人及奴婢，我之唯一目的，为病家谋幸福，并检点吾身"。"凡我所见所闻，无论有无业务关系，我认为应守秘密者，我愿保守秘密。尚使我严守上述誓言时，请求神袛让我生命与医术能得无上光荣，我苟违誓，天地鬼神实共殛之"。医学院的学生在毕业典礼中会进行一个现代版本的希波克拉底誓言宣誓仪式，承诺保护病人的医疗隐私。

未经病人同意披露病人的基因信息不仅违反了希波克拉底誓言，也给病人带来伤害。如果医生违反希波克拉底誓言，在未经病人同意的情况下向第三方披露公民的基因信息，那病人将不再信任医生，他们也不再去做基因测试。病人不去做基因测试也就意味着放弃了预防和治疗遗传病的机会。

(三) 对反对禁止医生向病人家属披露病人基因信息的回应

有评论家认为，应该制定法律赋予医生向病人家属披露病人基因信息的权利。他们的理由是这样的：在 Tarasoff v. regents of the university of california 一案中确立了医生有向病人家属披露病人基因信息的责任；允许医生向病人家属披露病人基因信息属于法律允许披露公民基因信息情况中的例外规定。但上面的这两个理由都站不住脚。

1. Tarasoff 一案中确立的原则在披露公民基因信息的情况中不适用

在 Tarasoff 一案中，加利福尼亚最高法院认为，精神病医生负有向以下第三方披露病人病情的义务：该第三人与病人有特殊的关系，病人有可能伤害该第三方；病人已确定的目标伤害者；病人对受害者的伤害很严重并且有紧迫性。在以后的案例中，Tarasoff 一案确立的原则被多次引用，其具体内容也有所改变。

Tarasoff 一案确立的原则在披露病人基因信息的情况下不适用。Tarasoff 一案中，病人在有确定攻击目标的情况下，医生才负有向第三方披露病人病情的义务。但病人的疾病基因对其亲属并不会造成伤害，病人的亲属是否是某种遗传病的携带者早已确定。如果病人的亲属不是遗传病的携带者，病人也没法将他们变成遗传病携带者，病人无法改变他们的基因的组成结构。因此，医生向病人家属披露病人基因信息的情况和Tarasoff一案的情况不同，Tarasoff一案确立的原则在披露病人基因信息的情况下不适用。

2. 医疗信息披露法的例外规定与医生向病人亲属披露病人基因信息两者不同

医疗信息披露法规定，当病人患有传染病、身上有枪伤或者儿童有被虐待的嫌疑时，法律许可医生披露病人病情。但这个例外规定不适用于医生向病人亲属披露病人基因信息的情况。披露病人的传染病信息或者涉嫌虐待儿童的情况涉及公共利益，能帮助那些孤苦无依、遭受苦难的人。遗传病不是传染病，遗传病与枪伤和虐待儿童的情况无法相比。因为枪伤和儿童受虐待都是由第三方造成的，而遗传病与病人本人的意志无关。所以，医疗信息披露法许可医生披露病人病情的例外规定不适用于医生向病人亲属披露病人基因信息的情况。

六、结语

现行基因测试技术能测出上千种基因疾病，但这些基因测试技术带来一系列道德和法律问题。现行法律对公民基因信息的保护还不够完善，未经授权披露公民基因信息的现象时有发生，公民受到基因歧视的情况也很多，而联邦立法和各州的州法律对公民基因信息隐私权的保护还远远不够。新一轮的立法应该提高公民基因信息保护水准，因此，新的立法应该增加侵犯公民基因隐私权的具体惩罚措施规定。此外，由于基因测试并没有100%的准确率，许多可以查出来的遗传病也缺乏有效的预防治疗措施。尽管有些时候披露公民的基因信息有利于疾病预防和治疗，但每一次未经公民授权而披露公民基因信息的行为都侵犯了公民的隐私权、意思自治权，也违背了医生自己的誓言。现行法律没有规定上述具体情况的解决办法，因此有必要另外制定保护公民基因信息隐私权的法律，对这些问题作出明确规定。

第五编　公开雇员和航空乘客私人信息的隐私侵权

从默示合同理论谈雇员隐私期待的保护

林赛·诺伊斯[①] 著　王梓棋[②] 译

目　　次

一、导论
二、任意雇佣关系中的隐私权
三、事实上的默示合同
四、公务人员的隐私权保护
五、默示合同权利的价值分析
六、结语

一、导论

无论在工作内还是在工作外，科技一直都在美国人的生活中扮演着举足轻重的角色。电子邮件通常是同事间交流的首选形式。在日常交往中，短信也在便捷通讯中占得首席地位。任何熟悉现代通讯技术的人或许都会主张和这些行为相关的内在隐私权益。甚至是在一些可供公众登陆的论坛上交流，比如社交网站，雇员一般也认为他们的雇主或者同事不能轻易得到这些信息。如果一名雇员对他的社交网页预先设置了查看限制，那么，期望他的私人信息不被他的老板或者同事

[①] 林赛·诺伊斯（Lindsay Noyce），美国丹佛大学法学院法学博士。
[②] 王梓棋，中山大学法学院助教。

知悉是合理的么？当然，雇员不应该对其已经授权公开的私人信息有隐私期待。一名雇员公开展示信息的意图和对这些信息私人性的感觉之间的紧张关系是与生俱来的。然而，随着社交网络的不断普及，工作领域内科技的普遍使用，家和工作之间的界限日益模糊，雇员电子隐私成为一项紧迫的法律议题。联邦最高法院最近判决的案件 City of Ontario v. Quon①更是将雇员的隐私问题推至当前法律研讨的前台。

雇员是否享有合理的隐私期待是所有保护雇员隐私的诉由中的共同主题。当雇员访问带密邮件或使用手机发短信息，即使是公司提供的手机，雇员还是本能地会认为其交流内容是隐私的。但是，雇员对其发送的电子邮件的内容能有合理的隐私期待么？这种隐私期待发生在雇员上班时间但非工作场所内时合理么？用公司提供的手机发短信时呢？下班后，比如雇员的约会时间，雇员是否可对其在短信息、资料、交流中内容有合理的隐私期待？工作场所中的具体情况和雇主的行为将决定雇员的隐私期待是否合理。当雇员合理的享有隐私期待但雇主却破坏了这种期待时，那么雇员可能主张雇主违反默示合同侵犯了他的隐私权利。宪法性、侵权和成文法诉由均未能给雇主侵犯雇员合理隐私期待提供有效救济，事实上的默示合同或许填补了这项空缺。不管雇主对雇员采取什么不利行为，雇员都是可对其主张违约之诉的。

当雇员向雇主主张隐私利益保护时，雇员是否享有合理隐私期待在其提起的各种诉由中是极其重要的。这些依据，尤其是默示合同以及雇员合理隐私期待的重要性将在下文中反复出现。本文分为四个部分，第一部分将探讨工作场所隐私问题的发展和雇员隐私权与任意雇佣②间的关系；第二部分将研究事实上的默示雇佣合同、诚实信用和公平交易隐含条款以及它们是如何保护雇员隐私的；第三部分将研究《美国联邦宪法第四修正案》下公务人员的隐私权，包括联邦最高法院最近新判的案件 City of Ontario v. Quon，可以指导在 Quon 的情况下如何在州际成功以违反默示合同约定侵犯隐私权利为由胜诉；第四部分将讨论雇佣关系领域内隐私权利的各种法律依据并讨论意思自治

---

① 130 S. Ct. 2619 (2010).
② But cf. id. at 2629–2630.

的重要性。

二、任意雇佣关系中的隐私权

(一) 雇佣法领域内隐私权的发展

随着工作场所内科技的普及，雇员的隐私权无论对雇主还是雇员来说都是一项重要的法律问题。在具体探讨雇员能主张所有的特定事由之前，我们有必要了解一下隐私是如何在整个法律框架内发展的，尤其在雇佣法领域内的发展。如今，隐私已经成为包括雇佣法在内的各个法律领域里的一个共同法律问题。隐私权的这种发展始于1890年 Samuel Warren 和 Louis Brandeis 的一篇文章，在这篇文章中两位作者要求法院承认和保护公民的隐私权免受媒体的侵扰。Warren 和 Brandeis 将这种隐私权利称为"独处权"，它源自《美国联邦宪法第五修正案》所规定的正当程序条款。从那时起，隐私权在美国不断发展和扩大，并在普通法、宪法性条文和成文法中建立起了隐私权利的法律概念。而无论在哪一种隐私保护的法律依据下，主张保护者必须存在合理隐私期待。所以，主张隐私权应当受到保护的雇员，无论援引什么作为法律依据，都必须证明其存在合理的隐私期待。

与雇员的合理隐私期待相抗衡的是雇主的正当商业利益。法院在两种利益之间权衡，以便决定在某种具体情况下雇主是否不正当地侵犯了雇员的合理隐私期待。由于任意雇佣这一默示性合同关系的存在，学术界已经认识到工作场所里的隐私利益是"难以协调的"。于是要理解雇佣法领域内的隐私问题，重点是研究任意雇佣原则及其例外。

(二) 任意雇佣的原则及其例外

法院越来越倾向于承认任意雇佣合同例外情况的存在，包括有关就业保障方面的例外，这表明法院逐渐认可默示合同理论作为雇员隐私保护的一种手段。如果雇主通过侵犯雇员合理隐私期待利益的方式取得了一些不利于雇员的证据，并且以此为理由与雇员解除了雇佣关系，雇员即可通过默示合同的方式来保护其隐私。长期以来，美国大多数州的法院建立了这样的规则：如果雇主和雇员间没有签订明确正式的劳动合同,即可推定这种雇佣关系为任意雇佣关系。① 根据任意雇佣规则,"任何一方当事人可因任何原因随时终止雇佣关系,被终止一方不得因此提出诉讼请求"。② 这就是所谓的任意解除权规则。即使是经常引用任意解除权规则处理案件的 Payne 一案法院,也认为这种解除权由于不用承担法律责任容易导致终止雇佣关系的理由不正当。③ 虽然大部分美国雇员建立的都是任意雇佣关系,但普通法和成文法中都存在大量排除适用任意解除权的例外情况。事实上,雇员的隐私权就可理解为是对任意解除权的一项例外。

即使雇主和雇员之间建立的雇佣关系是任意雇佣关系,普通经验表明雇主实际上并不享有以任何理由随时解除雇佣关系的权限。比如,一个雇主不能因雇员的种族而终止雇佣关系。但是,雇员通常对这种法律保护期望过高且误以为雇主对其以个人印象终止雇佣关系的行为也要承担法律责任。在实际生活中,雇主往往基于对雇员的个人反感而随时解除与雇员的雇佣关系。于是人们就容易因此认定:雇主因其不赞成雇员的个人选择或是行为而解除雇佣关系是合法的,但是事实当然不是这么简单。雇佣法领域内的现行趋势是,如果雇主没有正当理由就解除和雇员的雇佣关系,那么,这种解除行为将被认为是无效的。纯粹任意解除权规则的例外有很多,包括联邦和州制定法的规定,以及因违反公共政策和默示合同而无效等。一旦雇主侵犯雇员的隐私利益,雇员以雇主违反默示合同为由向法院起诉的话,雇主不能解除与雇员的雇佣关系。在这种情况下,将默示合同隐私权等同于任意解除权的例外是不准确的,因为这种权利和雇佣关系中雇员的地位变化无关。然而,当雇主因侵犯雇员的隐私权益而解雇雇员时,这

---

① See Matthew W. Finkin, Shoring up the Citadel (At - Will Employment), 24 HOFSTRA LAB. & EMP. L. J. 1, 3 (2006); Rachel Arnow - Richman, Response to Working Group on Chapter 2 of the Proposed Restatement of Employment Law: Putting the Restatement in its Place, 13 EMPL. RTS. & EMP. POL'Y J. 143, 154 (2009). But see Montana Wrongful Discharge From Employment Act, MONT. CODE ANN. ? 39 - 2 - 904 (1) (b) (2009).

② See Payne v. W. & Atl. R. R. Co., 81 Tenn. 507, 517 - 519 (1884), overruled in part, Hutton v. Watters, 179 S. W. 134 (1915); see also Deborah A. Ballam, Employment - at - Will: The Impending Death of a Doctrine, 37 AM. BUS. L. J. 653, 653 - 654 (2000).

③ See Payne, 81 Tenn. at 519 - 520.

种诉因就可算是任意解除权的例外情况了。

(三) 作为任意解除权例外的雇员隐私权保护

对雇员隐私权日渐增长的关注也促成了任意解除权适用的衰弱。如果雇主可以任何理由解雇雇员,很难说雇员能怎样享有隐私权。例如,如果雇员拒绝进行药品测试或者向雇主提交某些个人信息文件,那么,雇主就可以轻易解雇她,并且她得不到任何法律救济。

关于雇员隐私权的保护方式有:联邦和州际法律保护;制定法保护,诸如非职务行为法规规定,禁止雇主因雇员在工作场所外的行为而解雇雇员;普通法和公共政策的隐私侵权保护以及合同法保护。完全可以把这些作为雇员隐私保护或是任意解除权的例外情况的依据。当然前者的概念或许更精确一些,因为即使没有解雇雇员,雇主也有可能侵犯雇员的隐私权。一般来说,在雇佣关系中,导致雇员提起隐私诉讼的侵权类型有以下三种:第一种是监视,例如,监控雇员的电子邮件和电话通信;第二种是测试,例如,药物测试或医疗检测;第三种则是跟踪调查雇员工作外的行为,因为——即使这不关雇主的事——工作外的行为更真实地体现了雇员的个人情况。

对这些侵权行为雇员都可提起隐私诉讼来得到保护。在雇佣关系中,一项可行的隐私救济依据即是默示合同理论。如果雇主的行为使得雇员形成了合理的隐私期待,那么,雇员在主张隐私权利被侵犯时即可依据默示合同提起诉讼。默示性隐私权利可以对抗这几种侵权,无论是监视、测试还是调查雇员工作外行为,只要雇员基于工作场所的具体情况形成了合理的隐私期待。雇员能否成功以默示合同来主张隐私权保护主要依据具体情况而定,但是一般只要雇主的行为让雇员形成合理隐私期待而随后雇主破坏了这种合理期待,那么雇员此时就可提起诉讼请求。

三、事实上的默示合同

虽然雇佣关系的双方当事人不能对这种任意雇佣合同形式讨价还

价,但是默示规则对此留有了余地。① 雇佣合同的条款一般为双方约定的事项,但和其他类型的合同形式一样,雇佣合同也包含了暗含条款。根据2007年的一项调查,美国有45个州认可默示合同可作为对任意雇佣规则一项普通法上的例外。② 法律之所以存在这种区别是因为普通法诉由是在州法下产生的,而各州的法律都是不同的。在某些州,事实上的默示合同甚至可包含了雇员就业保障的权利。1981年加利福尼亚州的案件,即Pugh v. See's Candies, Inc. 一案,③ 因承认默示雇佣合同对隐私权进行保护被视作是雇佣法领域的开山之作。

(一) 承认就业保障的默示合同

在Pugh一案中,原告是被告See's Candies公司一名长期员工,一直勤勤恳恳为公司工作。当被告解除与原告的雇佣关系时,原告向法院提起了诉讼。该案的争议焦点是,原告是否因此享有默示合同权利以对抗被告的解除权。法院列出了一长串理由来论证原被告之间是否存在事实上的默示雇佣合同,这些理由包括:解除关系的赔偿金;公司的人事政策和惯例;雇员的工龄;雇主的行为和他们之间的沟通情况以及行业惯例等。换句话说,原被告之间是否存在默示雇佣合同是一个事实问题,需要由法官根据案件的具体情况予以确定。在综合考虑了"双方当事人关系的各个方面"之后,Pugh一案法院依据原告被长期雇用、受到的赞誉和升职、无不良行为、口头保证以及公司政策等方面初步认定双方之间默示雇佣合同成立,被告的行为违反了默示雇佣合同。也就是说,根据双方之间的默示合同,只有存在正当理由时被告公司才能终止与原告的雇佣关系。

法官和学者们认为Pugh一案的判决——不考虑对员工的后续雇佣的影响——正确地适用了雇佣合同的基本原则。因为,一方面,在雇佣合同中承认事实上的默示合同条款并没有全盘否定任意解除规

---

① See Matthew W. Finkin et al., Proceeding, Working Group on Chapter 2 of the Proposed Restatement of Employment Law: Employment Contracts: Termination, 13 EMPL. RTS. & EMP. POL'Y J. 93, 110 (2009).
② See Sonne, supra note 11, at 160.
③ 171 Cal. Rptr. 917 (Ct. App. 1981), disapproved of by Guz v. Bechtel Nat'l, Inc., 8 P. 3d 1089 (Cal. 2000).

则；另一方面，只有案件情况表明合同双方当事人有接受默示合同条款约束的意愿时才产生默示合同权利。在实践中，法院不同程度地认可了事实上的默示雇佣合同的存在。有些法院有要约、承诺和对价等合同构成要素上的形式要求；也有法院更注重依据具体情况来分析雇员的隐私期待。美国联邦第十巡回上诉法院，则适用科罗拉多州法拒绝承认雇主签发的一些文件为有法律约束力的合同，认为这些文件并不符合合同成立的构成要素。① 与此相反，另一些法院则判决可基于雇员对合同关系的期待而成立默示合同。② 因此，法院将判定雇员的合理隐私期待是否足够充分以认定存在事实上的默示合同，或者当事人双方的交易是否能够满足合同的所有构成要素。

（二）默示合同对雇员隐私的潜在保护

如果雇主的行为和表现对雇员形成了合理隐私期待，法院因此认定雇主和雇员间成立了一个默示雇佣合同，这种判决即意味承认雇员享有的隐私权是一种默示性合同权利，因为这种权利是协商约定并随合同改变的。当雇员认为他的隐私被侵犯并且被解除雇佣关系时，他可提起此种默示合同违约之诉，因为他基于雇主的行为和政策形成了合理隐私期待。雇员的违约请求权可能会被狭窄地理解为，承认默示合同隐私权即否认了任意雇佣的解除权。然而，雇员并非仅在被解雇的情况下才能提起侵犯隐私的违约之诉。例如，在使用公司提供的手机发短信时，雇员对短信内容是享有合同隐私权利的。如果雇主查看这些短信内容，那么，雇员即可对雇主提起违约之诉，即使雇主未因这些短信内容而解雇他们。当事人之间的合同约定是决定什么行为构

---

① See Vasey v. Martin Marietta Corp., 29 F. 3d 1460, 1464 – 1465 (10th Cir. 1994) (elaborating that, under Colorado law, the employee must be aware of the employer's policy and such policy must influence the employee's continued employment to constitute an acceptance). But see Woolley v. Hoffmann – La Roche, Inc., 491 A. 2d 1257, 1268 n. 10 (N. J. 1985) (holding that an employee need not rely on——or even be aware of——an employer policy in order to benefit from it and for it to create an implied contract right).

② See Fineman, supra note 43, at 364 (" [T]he [Foley and Pugh] decisions also incorporate the idea that implied contracts are enforceable because of employees' reasonable expectations. This is potentially a different inquiry than whether the employer's actions and policies express an intent to offer job protections. ").

成违约的关键,雇员的合理隐私期待则是确定这些合同约定的辅助力量。

雇主的某些表现使雇员在她工作或生活的某些方面形成了合理的隐私期待,当雇主侵犯这些隐私期待时,雇员即可依事实上的默示合同保护其隐私权。雇员可能会起诉雇主违反事实上的默示合同来保护他的隐私权。雇主对雇员的保证承诺越明确具体,法院越倾向认定这种承诺产生了雇员的默示合同权利。

在1992年的Dupree v. United Parcel Service一案①中,联邦第十巡回法院依据俄克拉荷马州法律来认定雇员能否依默示合同获得隐私保护。在该案中,被告公司因其两名雇员有不正当办公室关系的流言飞语而解雇了他们。原告主张默示合同对抗任意雇佣关系的解除权,认为他们依据"雇主口头形式和公司政策规定的行为表现"而享有隐私权。依照俄克拉荷马州法律,第十巡回法院具体列举了以下五个因素作为判断原被告之间默示合同是否存在的依据:"①除了雇员服务之外是否还有其他的对价来支持默示条款的存在;②雇佣期限;③雇主指南与手册;④雇员基于公司的政策习惯和口头声明而产生的信赖利益;⑤晋升和奖金。"虽然法院承认事实方面应由陪审团来判定,但据法律规定:"如果做出的承诺仅仅是模糊的保证,那么这个事项可被视为是一项法律问题"。雇员主张的依据是公司的政策说明:"我们将对所有员工一视同仁、不偏不倚"——被法院认定是含糊不清的,于是作为一个法律问题,法院判决该政策不能产生默示合同隐私权利。

两年后,在Vasey v. Martin Marietta Corp. 一案②中,联邦第十巡回法院适用俄克拉荷马州法律做出了相同的判决。在该案中,原告在被告公司裁员中被解除雇佣关系,此前原告为被告公司工作了33年,在各种岗位上都有过任职。法院分析了构成默示雇佣合同的程序要件,认为如果要构成默示合同,雇员必须证明雇主有向雇员要约且雇员后续的行为可视作是对要约的接受或承诺。法院进一步论述,依据俄克拉荷马州法律,手册或指南要构成一项要约,那么需要有传递给

---

① Dupree, 956 F. 2d at 219.
② 29 F. 3d 1460, 1460 (10th Cir. 1994).

雇员的行为。Vasey 案中的雇员依据公司的备忘录主张，雇主的行为应该尊重"所有人的隐私和尊严"，以便提供"一个安全健康的工作环境"，并且雇主"应遵从最高职业道德标准"。和 Dupree 案一样，法院判决这些一般性声明是"模糊保证"，因其含义的不确定导致不能对雇主形成默示合同的约束力。

法院认定雇员手册用词太含糊而否定隐私诉讼的案件是俄克拉荷马州最高法院判决的 Gilmore v. Enogex, Inc. 一案。① 该案中，原告因拒绝提交药检报告而被解雇，这项药物检验是所有雇员都要实行的随机测验。原告依据雇员手册认为，被告违反了与原告之间的默示合同，侵犯了原告享有的默示隐私合同权利，因为被告的雇员手册规定："公司将尊重每个员工的隐私，只在工作范围内、牵涉公司利益以及员工自愿参与的公司项目时做适当介入。"法院判决该案中的员工手册或指南是可以构成默示合同的，但是认为原告所援引的条款不足以产生默示合同下的隐私权利。较之 Dupree 和 Vasey 案中法院更多对员工手册明确性的分析论证，俄克拉荷马州最高法院则直接判决原告的默示合同主张是不充分的，因为雇员手册规定没有任何具体权利的说明，仅是一项"模糊保证"。

尽管在这些案件中法院都认定，雇主和雇员之间未能形成含有隐私权利的默示合同，但都认为倘若存在更明确地保证条款则存在可保护的隐私权利。虽然对于什么样的声明是充分具体明确的可以构成默示合同来保护隐私权，联邦第十巡回法院和俄克拉荷马州最高法院并没有给出具体规则，但这些案件指导一些法院在判决承认有隐私的默示合同权利时，需要存在雇主对隐私明确具体的承诺。雇员隐私的默示合同权利是否存在可被概化为综合案件的所有具体情况是否足以认定产生了雇员合理隐私期待。对 Dupree、Vasey 和 Gilmore 案的雇员而言，员工手册缺乏明确性使得这些条款不足以产生合理期待，或者说仅仅依据这些含糊的手册声明就承认员工的隐私期待是不合理的。与俄克拉荷马州和科罗拉多州法对认可默示合同权利设立更严格的标准形成对照，有一些法院则更倾向于承认雇员的隐私默示合同权利。

---

① 878 P. 2d 360 (Okla. 1994).

(1) 默示合同原则。Rulon-Miller v. IBM Corp. 一案①不同于上述这些案件，法院偶尔也会在某些案件中认定雇员与雇主之间存在保护雇员隐私权的默示合同。其中 Rulon-Miller v. IBM Corp. 一案就是这样一个保护雇员隐私的案件。该案判决认为雇主行为影响了雇员的隐私期待。在该案中，Rulon-Miller 是 IBM 公司市场经理的一名前台接待员。在得到最终晋升前，Rulon-Miller 正和 IBM 公司有竞争关系的公司里的员工谈恋爱。起初，Rulon-Miller 的上司向她保证她的恋爱关系不是问题，但是随后却告诉她因为"利益冲突"她必须终止恋爱关系否则将饭碗不保。一名经理虽然告诉她可以给她时间考虑，但公司却在第二天解雇了她。

于是，Rulon-Miller 依据默示合同向法院提起诉讼主张隐私保护，该主张被法院采纳，法院依据 IBM 公司派给各个经理的备忘录做出判决，该备忘录强调了雇员工作外隐私的重要性。法院把 IBM 公司的政策总结为"雇员工作外的行为只要没有妨碍到雇员的工作就不涉及公司利益"。虽然 IBM 公司主张"利益冲突"而终止和 Rulon-Miller 的雇佣关系，但法院认定所有的证据充分显示 Rulon-Miller 的恋爱关系不会对公司利益产生影响。法院支持陪审团的裁决，认定 Rulon-Miller 享有恋爱的个人隐私权，因为这种合同性质的权利源于 IBM 公司的公司政策。在判决承认 Rulon-Miller 有默示合同下的隐私权利时，法院同时也依据了 Rulon-Miller 的上司对她做出的"不是问题的"保证。最后，法院认为证据足够充分而判定 Rulon-Miller 基于雇主的行为形成了合理的隐私期待。

法院明确认可公司制定的政策，判定 IBM 公司对雇员的工作外行为没有利益，除非这种行为切实干扰到了雇员的工作。本案法院在认定了 Rulon-Miller 的默示合同权利时，主要适用了分派给 IBM 各经理的书面政策。可以想见，法院所以得出这种结论是基于在晋升前 Rulon-Miller 的上司知悉且允许了她恋爱关系的事实。一份书面政策一般是获得默示合同权利的有力证据，因为在决定是否存在这种合同

---

① See Rulon-Miller v. IBM Corp., 208 Cal. Rptr. 524, 533 (Ct. App. 1984) (upholding a jury verdict finding the employer breached an employee's implied contract right to privacy), disapproved of by Guz v. Bechtel Nat'l, Inc., 8 P. 3d 1089 (Cal. 2000).

权利时,这个书面政策几乎涵盖了需考虑的所有的事实和情况。

法院没有明确分析 Rulon – Miller 一案具体事实是如何能够满足普通法上合同的构成要件的,当事人之间的交易协议——甚至在没有 IBM 公司政策的情况下——是如何能够符合合同定义,即一项交易的达成所需的要约、承诺以及对价等构成要件。在获得晋升之前,Rulon – Miller 的上司向她保证她的恋爱关系不是个问题。从中可得知,雇主在考虑让 Rulon – Miller 晋升过程中,她将继续她的恋爱关系这一状况本身也在雇主的考虑范围内。同时,在 Rulon – Miller 考虑接受晋升时,在新职位上她可继续保持她的恋爱关系也是她接受新的雇佣合同的条件。她继续在公司新职位上工作构成合同的对价。

我们可以这样来分析事实构成合同要素,但是支撑默示隐私合同权利关键点是雇员的合理期待。在本案中,Rulon – Miller 上司的保证可以使她产生合理期待,让她信赖她的恋爱关系可以继续。基于上司的行为表现,Rulon – Miller 确实产生了合理期待,认为她的恋爱关系不是她雇主关心的问题,这种由雇主行为导致的合理期待产生了默示合同权利。结合本案具体情况,似乎 Rulon – Miller 的老雇主这次不公正地对待了她。法院指出,依据诚实信用和公平交易隐含条款 Rulon – Miller 可获得救济,因为 IBM 公司未能按其公司政策给予 Rulon – Miller 保护。同样,还有一些案件法院都依据诚实信用和公平交易暗含条款判决保护雇员的隐私权利。

(2) 诚实信用和公平交易暗含条款。Rulon – Miller 案的判决也涉及了任意雇佣合同中的诚信和公平暗含条款。诚信和公平暗含条款是雇员向雇主提起隐私侵权的另一项诉由。默示合同权利和诚信公平暗含条款相似,但二者在理论上是有区别的。截至 2007 年,美国有 45 个州承认了默示合同理论,但只有 9 个州认可诚实信用和公平正义暗含条款理论。暗含条款提供雇员以雇主政策规定的隐私保护,且雇员无需向法院证明这些政策构成默示合同。因此,一名雇员依据雇主政策提起隐私诉讼时可能会同时主张这两种诉由。正如这种暗含条款的字面意思,法院往往依据公平原则决定雇主是否违反了诚信和公平条款,而无论雇主有没有违反其公司政策。

Luedtke v. Nabors Alaska Drilling, Inc. 案就是一例法院判决雇主违反了诚实信用和公平交易暗含条款的案件。在该案中,原告 Luedtke因在药品检验中的结果呈阳性而被他所在的公司解雇。阿拉斯加州最高法院判决认为,所有任意雇佣合同中都含有诚信和公平暗含条款,而雇主的恶意和不诚实行为是导致其构成违约的原因。虽然法院的判决承认药物检验是Luedtke雇佣合同的一部分,但法院没有认定默示合同隐私权利能够阻碍雇主要求雇员进行药物检验。恰恰相反,法院判定雇主没有公平对待Luedtke,因为雇主没有预先通知Luedtke就让他进行了药检,而其他雇员并没有进行相似的药检。这种分析建立在雇员的合理隐私期待上,强调了公平——而不是具体事实符合合同形式要件。Luedtke对他不用进行药检形成了合理期待,依据是雇主没有预先通知他需要药检且其他雇员都没有药检。

当案件中工作场所的具体情况未达到一项交易协议要构成合同所需要件时,有些州会认可这种诚信和公平暗含条款来给予雇员保护:雇主的行为合理导致雇员的隐私期待,并且雇主对雇员的后续行为明显不公平。然而,大多数州的法院驳回了这种诉讼[1],因为它们认为依据诚信和公平暗含条款作为任意雇佣原则的例外有些牵强。诚信公平原则和默示合同两种理论的实质其实是一致的——雇员到底是否享有合理隐私期待?而雇员的隐私期待同样也是别的诉讼依据的核心内容。例如,当公务人员基于雇佣关系的具体状况而形成合理隐私期待时,其一般享有宪法性保护。

四、公务人员的隐私权保护

对公务人员而言,适用情况可能有所不同,因为政府机构要遵照《美国联邦宪法第四修正案》的规定,该条赋予"任何人的人身、住宅、文件和财产不受政府机构无理搜查和查封"[2]的权利。按照默示合同理论的分析,雇员是否构成合理隐私期待是不确定的,因为法院

---

[1] See, e.g., Murphy v. Bancroft Constr. Co., 135 F. App'x 515, 518 (3d Cir. 2005) Pittman v. Larson Distribution Co., 724 P. 2d 1379, 1385 (Colo. Ct. App. 1986); White v. State, 929 P. 2d 396, 407 (Wash. 1997) (en banc). But see Thomas C. Kohler & Matthew W. Finkin, Bonding and Flexibility: Employment Ordering in a Relationless Age, 46 AM. J. COMP. L. 379, 382 (1998).

[2] U.S. CONST. amend. IV.

没有明确指明具体标准。而在对公务人员适用的《美国联邦宪法第四修正案》下，法院需明确论证雇员是否形成了合理隐私期待。① 美国联邦最高法院判决"《美国联邦宪法第四修正案》仅保护为政府工作而不是私营公司的雇员，而且与政府机构工作场所相比，私人工作场所的现实状况更不能让雇员形成合理的隐私期待"。在 Ortega 案②的框架内，如公务人员要依据《美国联邦宪法第四修正案》主张隐私保护，则他们必须存在合理的隐私期待且作为雇主的政府机构实施的侵犯隐私行为必须是不合理的。在个案中，决定公务雇员是否享有合理隐私期待是一项先决性问题，需要考虑雇佣关系中所有的情形和"现实状况"。这项重要的决定看起来和判断雇员和雇主之间是否存在默示合同相似，二者都需要法院考虑所有的具体情况，包括雇主制定的政策、惯例以及表现等。

（一）City of Ontario v. Quon 案

Quon 案的诉由依据恰好既涉及《美国联邦宪法第四修正案》下公务人员的隐私权保护又兼具默示合同权利的性质。Quon 是安大略市警察局的一名警官，警察局给其配备了一台两用寻呼机。Quon 签署过一份承认政策，该政策是关于电脑、网络和电子邮件等技术的使用，它规定在某种程度上"当雇员使用这些警局配备的机器时，雇员是不享有隐私或机密权益的"。Quon 清楚知道这一点，所以即使没有任何关于公配寻呼机的官方正式政策，他也应该知道寻呼机也应同样适用电脑、网络和电子邮件的使用规则。而当雇员超支使用合同规定的 25000 流量配额时，Quon 的上司 Duke 中尉就超支部分让 Quon 追缴。Quon 多次超过呼机配额流量，Duke 警告他只要 Quon 补交超过部分的款额，警察局就不会审查其寻呼机的性质到底是私用还是公用。于是，Quon 补交了几个月的超额，他的传呼信息也没有被审查。然而，警察局在随后的寻呼机使用评估中对 Quon 的寻呼机内容进行了审查，Quon 的长官审查后发现其寻呼机信息中多半是色情和淫秽信息。Quon 遭受的最大损害是警局内大部分人都查看了 Quon 的寻呼

---

① See, e. g., Quon v. Arch Wireless Operating Co., 529 F. 3d 892, 906 (9th Cir. 2008).
② O'Connor v. Ortega, 480 U. S. 709, 717 (1987).

机信息。

Quon 依据《美国联邦宪法第四修正案》提起诉讼,主张他的寻呼机信息受到宪法保护,初审法院依据 Duke 告知 Quon 补交超额就可免受寻呼机审查的非正式政策,认定 Quon 对他的寻呼机信息享有合理隐私期待。美国联邦第九巡回上诉法院维持了初审判决,认为即使警察局有政策规定雇员没有隐私期待,但 Duke 非正式政策的"现实状况"推翻了这种政策的规定。法院指出 Duke 非正式政策的"现实状况"是明确针对 Quon 做出的——如果雇员补交了超额的费用则其寻呼机不用被审查。除了非正式政策外,法院也考虑了警察局之后的实际做法:警察局在 Quon 补交超过月流量配额的费用后没有对其寻呼机信息进行审查。因此,法院综合了雇主的口头承诺以及警察局的政策和通常做法,认定 Quon 对他的寻呼机信息形成了合理的隐私期待。

美国联邦最高法院对该案调卷复审,并于 2010 年 6 月 17 日做出裁决。法院要解决的第一个问题即是:当雇主的口头承诺和实际行为与雇主官方政策不一致时,雇员是否享有合理 隐私期待。在其各自的陈述中,双方当事人都赞同合理隐私期待的判定是一项对事实情况的探究,分歧在于法院应采纳哪种事实。Quon 极力主张雇员的隐私期待必须依据雇佣关系中所有具体情况而确定,试图让法院注意 Duke 的口头政策和警察局未审查警员寻呼机信息的实际做法。警察局同样主张要依"现实状况的所有因素"作为判定标准,极力使法院集中于否认 Quon 隐私期待的因素上,包括寻传呼机是警局配备的以及警局正式的无隐私政策等事实。

美国联邦最高法院大法官肯尼迪撰写了判决意见,认定本案"可按决定什么时候审查寻呼机信息是合理的思路来处理",而不用陷入雇员隐私期待的合理与否的纠结之中。法院假定 Quon 确有合理隐私期待而回避了"现实状况"这一问题。然而,在法官意见中,法院分析了双方当事人关于 Quon 是否构成合理隐私期待的争论,并指出 Duke 的口头声明是否构成警局政策的变化直接影响到 Quon 期待的合理与否。法院警惕科技领域内雇员"合理隐私期待"的过度扩张。但是,法院也同时表明,明确雇员政策内容将会直接影响到雇员的合理期待。

由于美国联邦最高法院避免给予雇主提供的通讯设备中雇员隐私

期待较宽的标准,美国联邦最高法院假定 Quon 有隐私期待,但却判决警局审查寻呼机信息的行为是合理的,并没有侵犯 Quon 享有的《美国联邦宪法第四修正案》的权利。在分析这种审查是否侵权时,美国联邦最高法院又一次考虑了 Quon 的隐私期待并指出 Quon 结合所有情况认定其寻呼机信息是完全私人的主张是不合理的。美国联邦最高法院最终判决推翻美国第九巡回法院所作判决。

即使美国联邦最高法院没有直接对 Quon 是否对其寻呼机信息享有合理隐私期待做出清楚说明,但这确实是法院在判决这类案件时通常应当考虑的因素。法院或许会在将来的判决中对雇员合理隐私期待的认定做出更有说服力的演绎。Quon 案的判决或许可能会导致一些私人公司雇员依据默示合同提出主张,因为他们依据宪法不能得到救济。

联邦第九巡回法院基于口头声明、政策以及警局上司的实际做法,判决 Quon 对其寻呼机信息有合理隐私期待与认定 Quon 对其寻呼机信息有默示合同的隐私权利是一样的。法院借用 Ortega 案法院判决用词,将 Duke 的口头说明和对补交人员不进行审查的实际做法作为"现实状况"。这种参照"现实状况"的标准,加强了而不是缩小了雇员的隐私期待,是极其特殊的这种推理认为必须考虑工作场所的现实和具体情况来决定雇员是否以其合理隐私期待为基础而享有隐私权。无论是《美国联邦宪法第四修正案》还是默示合同框架下,最根本的问题仍是雇员是否有合理隐私期待。

(二) Quon 案衍生的默示合同理论

由于 Quon 是一个政府部门雇员,他能够依《美国联邦宪法第四修正案》提起对雇主的隐私主张。美国联邦最高法院对这个案件的处理或许标志着,政府的大部分行为在第四修正案下可被视为是合理的。法院回避了探求雇员隐私期待是否合理这一先决问题的框架分析。对政府雇员宪法救济途径的限制使得默示合同理论成为公务人员一种重要的替代救济方式。依照可适用的州际法律,和 Quon 地位相同的公务人员可以成功依默示合同而提起诉讼主张隐私权利。正如前文分析的,各州法院在认可和接受默示雇佣合同的情况程度各不相同。如同联邦宪法第四修正案的合理隐私期待分析被第九巡回法院采纳而被最高法院斟酌一样，在默示合同理论下将会采取事实分析的方法来确定雇员是否享有合理的隐私期待。

在默示合同分析中，法院将考虑现实所有情况，包括口头保证、政策以及雇主实际行为。Quon 案中警局的官方正式政策就是一项无隐私期待的默示合同，但是 Duke 的口头保证和警局的后续行为却限制了对寻呼机的审查，只要这些官员补交了超额的寻呼信息费用。Duke 对 Quon 口头保证如果 Quon 为其超额信息费用付款，那么他的寻呼机信息不会被查看。法院可能据此认定 Quon 对寻呼信息有合理隐私期待——美国联邦第九巡回法院通过分析《美国联邦宪法第四修正案》就得出了这种结论。如果法院接受默示合同为一个不正式、开放式问题，那么，法院或许会发现这种合理的隐私期待足够使雇员对这些信息产生有效的隐私权利。

有些法院在分析默示合同时则更死板，要求事实必须吻合合同形式要件。Quon 一案的事实有可能被视为交易合同，他的寻呼机信息从而可以享有这种默示合同的隐私保护。我们将 Quon 一案事实和合同构成要件一项项对照，首先，Duke 的口头声明就相当于雇主的要约。这项要约的规定如下：如果雇员支付了超额费用，那么，他的寻呼机信息就不会被审查。其次，Quon 支付超额费用就代表雇员接受了这个要约。最后，支付的价款构成雇员的对价。合同成立时雇主需给付的对价是不审查雇员的寻呼机信息。在有些法院，雇员的后续雇佣关系也是达成合同的对价，因为这对当事人间的雇佣合同增加了额外的条件。在这个案件中不必考虑后续雇佣为对价，因为雇员为超额信息对雇主的给付构成一项独立的对价。雇员对寻呼机信息的隐私合同权利，而不是雇主对雇员的不利行为，阻止雇主对这些信息内容进行审查。换句话说，雇主在雇员给付超额费用后仍查看其寻呼机信息的行为构成违约，这不是因其解雇雇员或使雇员降职而是由于这些信息的内容。

虽然事实被等化为要约、承诺和对价，法院仍需考虑具体情况的所有细枝末节来确定一项默示合同隐私权利是否存在，雇员的合理隐私期待就是这种判断的内容。正如 Ortega 案的多数意见和 Quon 案判决对《美国联邦宪法第四修正案》的演绎分析，联邦第九巡回法院采用事实分析方法来确定雇员是否存在合理隐私期待。Quon 案中，法院着眼于警局提供的寻呼机是否适用其针对网络和电子邮件制定的"无隐私或私密期待"的官方政策。这些因素的平衡将决定综合具体状况是否可以产生对寻呼机信息的默示隐私合同权利。

在支持公务人员主张默示合同理论的法院，一个和 Quon 同样地位的政府雇员是可能成功对其雇主提起违约之诉的。尽管美国联邦最高法院在其对《美国联邦宪法第四修正案》的分析中回避了合理隐私期待这一问题，但在默示合同理论下，这个案件转化为法院是否承认现实状况使雇员产生了合理隐私期待。① 这取决于法院将雇主的口头政策和雇员补交费用就不审查寻呼机信息的实践做法摆在什么位置上。事实上，大部分雇员可能会依据雇主的实际做法而不是正式政策而形成隐私期待——那些官方政策大多数雇员只在签订雇佣合同时见过一次而已。与此类似的是，大部分雇员认为他们可获得的法律保护要比任意雇佣合同提供的要多。当和 Quon 相同状况下的雇员难以得到宪法保护或是这种保护不充分时，他们一般会主张雇主违反默示合同构成侵犯隐私权。

五、默示合同权利的价值分析

默示合同的功能似乎是填补当宪法理论未能得到适用时公务人员隐私保护的漏洞。而当私人雇员不能享有公务人员的这种宪法隐私保护时，有些州适用任意雇佣规则的公共政策例外来保护私人雇员工作场合的隐私权。② 但是在通常情况下，法院是很少会承认雇员的隐私权为一种公共政策的。③ 当不能适用公共政策保护雇员的隐私时，雇

---

① See, e. g., Foley v. Interactive Data Corp., 765 P. 2d 373, 388 (Cal. 1988).
② See, e. g., Borse v. Piece Goods Shop, Inc., 963 F. 2d 611, 621 – 623 (3d Cir. 1992); see also Twigg v. Hercules Corp., 406 S. E. 2d 52, 57 (W. Va. 1990). But see Hennessey v. Coastal Eagle Point Oil Co., 589 A. 2d 170, 176 (N. J. Super. Ct. App. Div. 1991).
③ See Clyde W. Summers, Employment At Will in the United States: The Divine Right of Employers, 3 U. PA. J. LAB. & EMP. L. 65, 74 (2000) Finding that violating an employee's privacy affects the public sufficiently enough to give rise to a public policy cause of action is a broad understanding of the public policy exception, and many state courts have not accepted such a broad interpretation. See, e. g., Mercer v. City of Cedar Rapids, 308 F. 3d 840, 846 (8th Cir. 2002); Hennessey, 589 A. 2d at 176.

员可能会寻求默示合同理论救济来保护自己的隐私权。默示合同、诚实信用和公平交易暗含条款以及公共政策其实是不同的诉由，但有些法院在处理雇员隐私保护案件时将这些理论都融合在一起。典型例子就是 Rulon – Miller 案中的判决，重叠适用了默示合同和诚信公平暗含条款。另一个例子就是 Luedtke 案，阿拉斯加州最高法院依据一项公共政策支持了雇员的隐私权，并指出雇主违反这项公共政策同时可以构成违反诚信和公平暗含条款。或许在法院发现雇员被不公正对待的情况下，法院会将诚信公平暗含条款运用于默示合同或者公共政策的理论分析之中。

除了这些普通法上的诉讼依据外，任意雇佣规则还存在一些成文法上的例外来保护雇员某些方面的隐私。类似公共政策例外，这些法规的适用受到保护范围的限制，在这个范围内雇员只有某些行为可以得到保护，而雇主只有某些行为会被禁止。因为这个原因，默示合同仍然是保护雇员隐私的重要手段，尤其是当这些成文法规不能适用时。

（一）立法空白：规制雇员工作外行为的法规及其对雇员隐私权的影响

有些州试图通过扩大立法保护雇员工作外合法行为来明确雇员隐私保护的范围。① 最大胆的一项立法就是科罗拉多州制定的规制工作外行为的法规，规定雇主因雇员下班后或工作场所外的合法行为而解雇雇员是违法的，除非这种行为导致了工作上严重的利益冲突或者影响到公司正当的商业目的。科罗拉多州的法规列举了大量的工作外行为是受到保护的，背离了科罗拉多州法院支持任意雇佣原则的传统。这些宽泛的法规可被视为保护雇员私人生活方面的行为，在这方面雇员普遍享有不受雇主侵扰和干预的合理隐私期待。例如，雇员对他们合法消费行为或是闲暇时正常的文娱活动当然享有不受雇主干预的权利，只要这些行为活动不影响雇员的工作。或许将规制雇员工作外行为的法规列入雇员隐私保护的类别是错误的。因为这种法规规定保护

---

① See, e. g., COLO. REV. STAT. 24 – 34 – 402. 5 (1) (2010); N. Y. LAB. LAW 201 – d (2) (McKinney 2009). See also Sonne, supra note 11, at 170.

的行为事项未必见得是私人的。既然被保护的行为可能和雇员的工作能力无关,那么,雇员从事的特定休闲活动是否确实不属于雇员的私人生活方面呢。

无论这种工作外行为的法规能否就这样准确地被视为保护雇员的隐私,在一些情况下,这种法规可以使得遭受侵害的雇员直接提起诉讼,而不必等待法院认可默示合同对隐私权的保护。例如,在Rulon-Miller案的情况下,Miller就能依据这种法规得到保护,因为他正是因为从事合法工作外的行为而被解雇——即和对手公司的雇员谈恋爱。Rulon-Miller的行为并没有造成利益冲突或是影响到公司正常的商业目的。因此,和Miller同样情况的雇员在科罗拉多州即可依据这种法规主张隐私保护,而不用主张默示合同权利。然而,科罗拉多州的这种法规并不能适用于Quon案的情况,因为Quon的行为不是工作外的行为。相反,Quon使用公司财物的行为是在发生在工作时。即使是最宽泛的工作外行为法规也不能保护雇员的工作行为而产生的合理隐私期待。

这种法规的适用限制还表现在,其仅在雇员工作外的行为导致雇佣关系终止时提供救济。如果雇员仅仅是受到处分,他并不能依据这些法规而提起诉讼。但是,如果存在保护雇员隐私的合同——无论是普通合同还是默示合同,雇员可就当事人之间的合同对雇主提起违约之诉,而不必以雇佣关系终止为前提。在州际立法给雇员们提供大量成文法保护的同时这些法律也存在一些适用限制,而这可以被诸如默示合同等普通法依据所填补。

由于各州对于不同公司的雇员工作外行为的立法都有不同,于是有人主张制定一部联邦法律来就雇员工作外行为产生的隐私权利做出规定。[①] 这种联邦立法或许可以达到保护雇员工作外行为隐私的目的,但对于雇员的工作行为产生的合理隐私期待仍无良方。未来这一领域的立法或许会将这些行为分类保护——如同大多数隐私立法那样。这种联邦立法或许可以达到保护雇员工作外行为隐私的目的,但

---

① See Marisa Anne Pagnattaro, What Do You Do When You Are Not at Work?: Limiting the Use of Off-Duty Conduct as the Basis for Adverse Employment Decisions, 6 U. PA. J. LAB. & EMP. L. 625, 680-683 (2004); see also Rives, supra note 28 at 554, 563-564.

对于雇员的工作行为产生填补一些试图保护雇员合理隐私期待但未成功的立法空白。

(二) 默示合同权利的限制

正如本文之前反复提到的,无论是公务人员还是私人雇员,当他们主张隐私保护而提起雇佣关系诉讼时,他们诉讼的中心是他们存在合理的隐私期待。正是由于这个通性,当其他诉由不能保护雇员隐私时,默示合同理论可以填补这项漏洞。在判断是否存在默示隐私合同权利时,法院考虑了现实状况的所有具体情况。雇员是否有合理隐私期待,或者说是否可以"合理信赖"雇主的保证、政策和实际做法,是判断是否存在默示隐私合同权利的重要环节。问题是当事人是否达成了保护雇员隐私的有效协议,要解决这个问题,法院参考了案件的具体情况和雇员的合理隐私期待。如果雇员不能证明雇主的行为导致其合理隐私期待的存在,那么,雇员要承担败诉的风险。[1] 一个在主观上没有隐私期待的雇员较少可能会因为雇主实施的隐私侵权行为而抱屈或起诉。

为了避免承担责任,雇主应该认识到他们雇员的隐私期待并且适当处理这些期待。如果雇主成功做到这两项,就可以不必承担侵犯雇员隐私权利的责任,因为雇员已经没有合理隐私期待的诉讼依据了。倘若雇主,无论是政府机构还是私人公司,能成功规制其雇员的隐私期待,法院一般不会判定雇主承担责任,当然,雇员也不容易提起对雇主的诉讼。从雇主的角度出发,规制雇员的隐私期待是对抗侵犯雇员隐私责任的首要抗辩。这同样也是雇员的最大利益点,如果当事人双方就雇员的隐私有同等期待。制定明确具体的公司政策来确保所有雇员了解这些政策,从而表明了当事人双方的期待,避免雇员的隐私期待超过雇主的意图而膨胀。此外,雇主还可要求主管们不要背离公司的这些正式政策。

雇主双赢选择应该是就道德和生产力两方面而言——有意提供给

---

[1] See Nancy J. King et al., Workplace Privacy and Discrimination Issues Related to Genetic Data: A Comparative Law Study of the European Union and the United States, 43 AM. BUS. L. J. 79, 122 (2006).

雇员一定的隐私期待。当然，工作场所中的现实和具体情况可能会导致经理或者主管不可避免地背离公司官方政策。就像Quon案一样，总会有现实状况和官方政策不一致的时候。一些法院认为，当雇员基于雇主的行为和政策而享有合理隐私期待时，足以产生默示合同的隐私权。当然还有一种选择：雇员隐私的合同权利不需从现实状况推导出来，雇主和雇员可以通过一个明示合同就某些隐私权达成一致。

在一个雇佣关系中，意思自治或许是使当事人对他们关系的期待达成一致的最佳解决方案。雇主可以规制其雇员隐私期待的办法之一就是意思自治。即使雇佣法对当事人关系的规定已经向政府指令和规则迈进了一大步，但当事人自己之间制定的合同仍然是界定他们各自权利的核心。意思自治可通过当事人之间的明示合同而确立，从而给予雇员隐私保护。即便雇员的这种明示合同隐私权可能存在，雇主也不见得会订立这种保护雇员隐私的明示合同。

当雇主和雇员之间没有达成明示合同，同时没有可适用的制定法、宪法性或侵权法规定时，雇员或许还是会依据默示合同主张权利。因为当事人关系的实际情况决定了雇员的合理隐私期待，当事人之间的相互影响及其制定的条款界定了雇员的隐私权利。当然，雇员基于在工作场所日复一日工作而获得期待，合理认为雇主的行为会和之前平时的做法是一致的。如果雇主的一贯行为在某种程度上和官方政策相反，就像Quon案的情况，那么，雇员的期待是否合理可能会随工作中的具体状况而定，而非公司的官方政策。

当雇主的行为和之前的行为或表现不一致时，雇主为他自己要承担侵犯默示合同权利责任带来了风险，因为雇主的行为可能侵犯了雇员合理的隐私期待。基于双方当事人达成的合同条款而言，默示合同诉由对雇员来说是可行的，法院会考虑工作场所的具体状况来查明这些条款，决定雇员是否形成合理隐私期待。

六、结语

无论是制定法、宪法还是可适用的侵权法保护，当雇员基于工作场所的具体情况而合理享有隐私期待时，默示合同依据都是雇员可实现救济的有效途径。由于这是一项基于事实的主张，默示合同理论较之其他诉讼理由给予雇员一种弹性更大的保护。鉴于政府加大对雇佣关系的管制趋势，或许将来的联邦立法和州法会尽力给予雇员更强的隐私保护。当然，这些制定法提供的保护势必会存在某些漏洞。就像工作外行为的法规，这种新的立法或许仅能防止雇员被解雇。而当一项制定法不足以保护雇员合理隐私期待时，雇员可依据默示合同提出主张。

有些法院可能会严格要求雇主与雇员之间的事实完全符合合同形式的构成要素，包括要约、承诺以及对价。即使是在这些法院中，雇员的合理隐私期待也被认作是判定当事人是否达成雇员有效隐私合同的关键。雇员隐私期待的合理性取决于工作场所的具体情景和现实状况。在 Quon 案中，美国联邦最高法院认定现实状况产生了合理隐私期待。法院的这种裁决或许对将来的默示合同诉更具说服力。现在的法律大背景是加大雇员隐私保护和较大范围认可公民的隐私权，在这种趋势下，一些法院更倾向于接受这种默示合同理论来保护雇员隐私。当雇主未能成功管制雇员的隐私期待时，默示合同或许是保护雇员合理隐私期待唯一可行的诉求了。

因泄露航空乘客信息所承担的隐私侵权责任

德鲁·谢尔曼① 著 王梓棋② 译

目　次

一、导论
二、有关航空乘客信息泄露的案件
三、航空乘客信息泄露的法律救济及其面临的困难
四、航空乘客信息保护的立法趋势
五、结语

一、导论

2001年9月11日，恐怖分子劫持客机撞击世界贸易中心和五角大楼（以下简称"9·11"）。这一举动急速冲击了美国航空工业，由此也推动了其自我管制和安保意识的觉醒。作为对恐怖袭击的回应，现有的政府机构，如联邦航空管理局、国土安全部以及交通安全管理局，通过寻求更好的实地航空安全保障和对乘客进行反复预筛选③的方式，来防止恐怖组织的下一次袭击。与此同时，一个新兴的产业正迅速崛起，这就是私人数据采集营销公司，它们购买、汇编、出售成千上万美国人的大量个人识别资料。这些公司几乎跟踪并记录了这些人的每一次购买、交易、个人交往联系，并和更多的个人数据信息相结合，来帮助企业寻找到他们理想中的客户。因此，这些数据采集营销公司早已收集了事无巨细、方方面面的海量信息，来知道这些人是

---

① 德鲁·谢尔曼（Drew Shenkman），美国佛罗里达法学院法学博士、新闻与大众传媒学院大众传媒法艺术硕士。
② 王梓棋，中山大学法学院助教。
③ See Yousri Omar, Note, Plane Harassment: The Transportation Security Administration's Indifference to the Constitution in Administering the Government's Watch Lists, 12 Wash. & Lee J. C. R. & Soc. Just. 259, 260-261, 269-270 (2006).

什么样的,他们喜欢什么不喜欢什么,从他们租的光碟到他们买的书,应有尽有。

自"9·11"之后,一些数据采集营销公司开始和政府机构接触,给它们提供大量的数据以提高乘客概况资料程序。其结果是,这些私人资料采集营销公司致力于当时现有的客运系统(CAPPS),使其转化升级成了客运系统二代。[1]原客运系统于1998年由航空公司和美国联邦航空局建立,它只能通过把乘客名字与已知的恐怖分子名单对照来筛选乘客。然而,到了2002年,第二代客运系统不但集结了第一代客运系统的信息确认的功能,而且增强了这些功能使其成为一个电脑运算程序,通过其分析个人相关数据的功能来进行乘客的风险评估。

为了测试这个新的客运系统,政府机构需要大量个人数据,于是许多美国航空公司向政府机构及私人信息营造商提供了大量乘客信息——无论是出自政府机构要求或是出于航空公司的自身意志。然而,由于大量数据和私人公司的其他信息相结合,加剧数据集中,从而极易导致其丧失私密的本质属性。此外,不能保证这些私人信息营造商不再继续购买、出售他们新获得的乘客信息。公众首次知悉乘客信息被航空公司披露是在2003年9月,当时捷蓝航空公司第一次承认其将乘客信息泄露给一个政府承建商,正是由于这一承认行为,使得大量的集团诉讼申请纷至沓来。

捷蓝航空公司[2]、美国航空公司[3]以及西北航空公司[4]都卷入了各

---

[1] See Anita Ramasastry, Lost in Translation? Data Mining, National Security and the "Adverse Inference" Problem, 22 Santa Clara Computer & High Tech. L. J. 757, 784 – 86 (2005); DHS Report on TSA, supra note 5, at 11.

[2] In re JetBlue Airways Corp. Privacy Litig. , 379 F. Supp. 2d 299 (E. D. N. Y. 2005); Privacy Rights Clearinghouse v. JetBlue Airways Corp. , No. D045568, 2005 WL 3118798 at 1 (Cal. App. 4th Dist. 2005).

[3] In re Am. Airlines, Inc. Privacy Litig. , 370 F. Supp. 2d 552 (N. D. Tex. 2005) (American I) (dismissing for failure to state a valid breach of contract claim), reh'g granted after amended complaint, In re Am. Airlines, Inc. Privacy Litig. , No. 3: 04 – MD – 1627 – D, 2005 WL 3323028 (N. D. Tex. 2005) (American II) (dismissing with prejudice, and without leave to replead, plaintiff's ECPA and state – law claims).

[4] In re Nw. Airlines Privacy Litig. , No. Civ. 04 – 126, 2004 WL 1278459 (D. Minn. June 6, 2004); Dyer v. Nw. Airlines Corps. , 334 F. Supp. 2d 1196 (D. N. D. 2004).

种各样的集团诉讼之中,在这些诉讼中,乘客们声称航空公司侵犯了他们的隐私利益,因为航空公司向政府机构或第三方公司泄露了乘客订座记录。乘客订座记录信息一般由诸如乘客姓名和班机号码、信用卡数据、酒店和租车预定记录以及旅伴等信息构成。不难想到,从乘客订座记录中甚至能够知晓乘客的个人健康信息,因为航空公司可从对乘客提供安全服务中了解到这些信息。当然,每个乘客订座记录上的确切数据会因具体航线不同而不同。

航空公司在乘客通过网上或手机购票时收集乘客订座记录信息。美国交通运输安全局能够颁发命令,要求所有乘客在乘坐航空器时必须使用全名,并且美国制定法还授权,让它有权直接从航空公司处得到乘客名单。此外,有些航空公司可能会要求乘客在买票时出示出生日期或者信用卡号码等信息,以及其他额外不必要的但消费者常面临的信息。这些信息都会进入航空公司乘客订座记录的数据库,并因此使航空公司建立起乘客个人数据档案。在某些情况下,这些乘客订座记录数据会与第三方公司提供的信息结合起来,以创建更完整的个人数据档案,以便用于营销目的。此外,每个涉案航空公司网站都有隐私政策,而这些政策都表明乘客的个人信息是受安全服务器保护的,要求航空公司不得向任何第三方泄露这些财务和个人信息。

本文将研究最近五起涉及捷蓝航空公司、西北航空公司和美国航空公司的已决集团诉讼案件,其中一个案件还在复审中。不幸的是,对乘客和消费者来说,法律救济前景并不乐观,因为到目前为止还未最终形成有利于原告的判决。依照《美国联邦民事诉讼法》第12(b)(6)条的规定[1],若遭受损害的原告未能提出一个可以获得救济的诉讼请求的话,那么,他们的请求就会在庭前被驳回,至今为止只有一个案件通过了这项庭前审查而没有被驳回。下文将会论述,迄今为止在处理类似案件时,法院拒绝了大部分乘客提出的诉讼请求,换句话说,当事人的隐私权被侵犯时是没有得到任何法律救济的。因此,就产生了这样一个问题,当航空公司和别人共享乘客的这些敏感的个人信息时,乘客们是否能够获得一个正当保护的理由。

本文将涵盖可能涉及的诉讼的绝大部分法律,并研究了所有当前

---

[1] Fed. R. Civ. P. 12 (b) (6).

和今后的当事人能够使用的法律救济途径。本文正文部分分为三部分，其中第一部分介绍自 2001 年 9 月 11 日以来的有关乘客隐私信息泄露的案件以及这些案件的争议焦点和适用法律。第二部分将研究与这些案件相关的三个主要法律领域；①《电子通讯隐私保护法》;①②《1978 年航空解除管制法》② 及其对州法和普通法救济方式的优先适用权；③有关违反航空公司隐私政策下的合同救济措施。第三部分将讨论美国国会正在磋商的关于保护未来乘客隐私信息的有关法案。

二、有关航空乘客信息泄露的案件

本部分主要阐析西北航空公司案、捷蓝航空公司案和美国航空公司案。

（一）事由

自 2001 年 9 月 11 日之后，美国政府加大力度来确保国家航空的安全。包括政府投资赞助建设电子分析和筛选程序，旨在保证在下一个恐怖袭击者登机之前就将其抓住。最近，在公众知悉大量个人信息被航空公司披露之后，到目前为止，至少有 5 个集体诉讼已合并提起。由于越来越多的航空公司承认向第三方披露乘客信息，更多的诉讼可能会随之涌至。③ 而且，航空公司向政府机构做的任何信息披露行为都是出自其自我意志，未受到任何传唤或行政约束要求。

1. 西北航空公司

在西北航空公司的案件中，国家航空航天局在"9·11"后马上联系西北航空公司，并要求其提供乘客个人数据以配合一个为期三周的"航空安全调查"。事后发现，当时国家航空航天局这项不寻常的要求正是为了试验 CAPP-Ⅱ 的程序运行。西北航空公司向其提供了

---

① Electronic Communications Privacy Act (ECPA), 18 U. S. C. §§2701–2711 (2000).
② Airline Deregulation Act (ADA) of 1978, 49 U. S. C. § 41713 (2000).
③ For example, according to a report by the U. S. Department of Homeland Security, Delta Airlines was instructed to provide passenger data to the U. S. Secret Service in preparation for security surrounding the 2002 Winter Olympics in Salt Lake City, Utah. DHS Report on TSA, supra note 5, at 17–18.

2001年7月至12月间的所有有飞行记录乘客的乘客订座记录信息。由于西北航空向国家航空航天局泄露乘客信息被曝光,在2003年底,更多的集团诉讼案件被上诉至联邦法院。2004年,北达科他州的一群乘客起诉了西北航空公司。此外,明尼苏达州的几个案件和田纳西州的一个案件也合并起来,提起了对西北航空公司的隐私权诉讼。①

2. 捷蓝航空公司

不同于西北航空公司案中将信息披露给美国航空航天局这一政府机关,在捷蓝航空公司案中,捷蓝航空公司将这些乘客订座记录信息披露给了政府私人承建商。应国防部下的数据采集承建商Torch Concepts的要求,捷蓝航空公司的数据管理承建商Acxiom,在2002年9月间向其提供了近500000的乘客订座记录信息。然后,前者把这些数据和更多其他数据相结合,利用承建商的SRS技术,创建了一个乘客筛选的程序。然而,事实上当国防部利用数据模型分析使用这些数据时,其目的是预测人们可能给军事基地带来的安全隐患,而非为了航空安全甚至不是为了CAPPS-II的测试。根据国土安全部门的一项报告,捷蓝航空公司声称它向承建商Torch提供所要求的乘客订座记录是用于交通安全管理局完善一项类似CAPPS-II的政府计划,因为据承建商Torch所说这个计划本用来为保护军事基地附近航班乘客的安全——而非切实保证军事基地安全。到了2003年末,由于捷蓝航空公司向Torch的公开披露乘客订座记录信息的行为,乘客们在美国纽约东部地区的联邦地区法院,提起了关于捷蓝公司侵犯隐私权的跨地区的集团联合诉讼。2004年,一个类似的隐私权诉讼在加利福尼亚州被提起——Clearinghouse v. JetBlue Airways Corp 一案②。

3. 美国航空公司

美国航空公司在向政府机构(如TSA)披露信息的同时还向四家私人信息收集公司披露了个人信息。乘客们对美国航空公司和四家信息收集公司提起诉讼,诉讼涉及其提供的超过120万个的数据。显

---

① See In re Nw. Airlines Privacy Litig., No. Civ. 04-126, 2004 WL 1278459, at 1 (D. Minn. June 6, 2004).
② See Privacy Rights Clearinghouse v. JetBlue Airways Corp., No. D045568, 2005 WL 3118798, at 1 (Cal. Ct. App. Nov. 22, 2005).

然，TSA要求美国航空公司将数据交给它及四个意图承建TSA业务的私人公司。这个案件的特别之处在于，美国航空公司所有的数据持有人是航空自动化有限公司（AAI）。AAI声称美国航空公司对所有的披露行为是知情且授权的，而美国航空公司则宣称只授权AAI将数据交予TSA，并未授权其向四家私人公司披露信息。乘客们在美国得克萨斯州北部地区的联邦地区法院，提起了关于美国航空公司侵犯隐私权的全国性的集团诉讼（以下简称American I案）。在驳回所有依《电子通讯隐私保护法》和州际法律提出的诉讼请求之后，法院留给原告修正诉讼请求为合同损害赔偿请求的机会，并由此产生的复审决定，则被称为American II案件。

（二）案件的现状和法律争议

这些集团诉讼的乘客们依照大量不同的法律根据向航空公司或者第三方提出了诉讼请求。总体来说，这些法律依据大致可分为三类：①《电子通讯隐私保护法》；②各州公平贸易习惯法或一般制定法以及联邦性质的航空解除管制法（以及涉及两者冲突谁者优先适用的问题）；③各州合同法。

乘客们针对航空公司披露个人信息行为提起的这些诉讼法律根据虽然在性质上是隐私诉讼，但这不是传统的隐私侵权，甚至不是电子通讯隐私保护法。普通法和各州法律也是乘客们主张的依据。乘客们提起的这些诉讼如果获胜，航空公司将承担损害赔偿的责任，这种责任可以起到阻却和惩戒航空公司披露个人信息的行为，而这才是原告的最终目的。本文提到的五个集团诉讼只有一个未被驳回申请，仍在等待基于合同提出的诉讼进行的重新审理（American III）。而剩下的案件，包括那些对捷蓝航空公司和西北航空公司提起的诉讼都被驳回了。

三、航空乘客信息泄露的法律救济及其面临的困难

（一）《电子通讯隐私保护法》

随着通讯技术日益发展，社会公众迫切关注他们的隐私是否受到影响，为了满足公众对隐私保护的要求，国会于1986年通过了《电

子通讯隐私保护法》。简言之,《电子通讯隐私保护法》的目的是对国内的监视问题进行规范。其中与目前的集团诉讼案件相关的是《电子通讯隐私保护法》中的信息储存条款,意为管制在"电子储存器"中的通讯信息。三分之二的乘客都主张航空公司违反了这一条款,他们之所以认为适用这一条款,是因为这些电子储存的乘客订座记录信息未在他们的同意下就被披露给了别人。尽管《电子通讯隐私保护法》是一项刑事法令,但它仍提供原告其项下任一权利被侵犯时以私权救济方式,包括至少 1000 美元的损害赔偿、合理的律师费和适当的惩罚性赔偿金。《电子通讯隐私保护法》中最核心的两款是:第 2701 条即关于未经授权访问条款和第 2702 条也即关于未经授权披露条款。

1.《电子通讯隐私保护法》第 2701 条关于未经授权访问

《电子通讯隐私保护法》第 2701(1)条规定:"任何人未经他人授权不得擅自访问他人存储的电子资讯"第 2701(2)条规定:"一旦行为人实施下列两种行为,他们应就其行为引起的损害对他人承担侵权责任:①未经授权故意访问他人的电子通讯服务器;②故意超过他人的授权范围访问服务器。"2005 年,美国得克萨斯州北部地区法院在 American I 案中指出,某些法院已经将《电子通讯隐私保护法》第 2701 条作为一种反黑客规约。

与《电子通讯隐私保护法》第 2701 条相关的一个经常被引用的案例,是在美国纽约州南部地区法院提起的一个对 Doubleclick 有限公司的隐私权诉讼①,该案认定行为人未经他人授权而访问他人信息是构成隐私侵权必不可少的要素。在此案中,作为原告的互联网用户起诉了作为被告的互联网广告商,原告声称被告擅自储存其个人信息的行为侵犯了其作为网民所享有的隐私权。被告则辩称说,他所有附属的这些网站都相当于"用户",所有原告和这些用户之间建立的通讯联系已构成了原告的授权。法院认为原告并未按照法律的规定,提交任何证据表明被告的行为是未经授权的访问。由此,法院建立了一种理论,认为访问者访问网站的行为构成默示授权,American I 案和

---

① See In re Doubleclick Inc. Privacy Litig., 154 F. Supp. 2d 497, 508 – 510 (S. D. N. Y. 2001).

西北航空公司案中都有类推适用这套理论。

在当前的案件中，仅有American I案和西北航空公司案中的乘客援引《电子通讯隐私保护法》第2701条提出诉讼。法院一致驳回了原告的诉讼请求，认定航空公司向第三方披露乘客订座记录信息的行为未构成"未经授权访问"的行为。尽管原告质疑航空公司对乘客订座记录信息的滥用，但《电子通讯隐私保护法》第2701条只涉及行为人未经他人授权访问的行为。审理American I案的法院进一步说到，"只要行为人访问数据库的行为是经他人授权的，则无论其主观是否恶意或涉嫌滥用这一访问权限，都不构成对《电子通讯隐私保护法》第2701条规定的违反。"因此，乘客以《电子通讯隐私保护法》第2701条第一款对航空公司提出的诉讼请求都被驳回了。在American I案件中，包括乘客依据2701条第一款对AAI公司提的诉讼请求也被驳回了，尽管美国航空公司确认了AAI公司为了向第三方公司以及非政府机构披露信息，而超过他们的授权访问个人数据库的事实。

2.《电子通讯隐私保护法》第2702条关于未经授权披露

《电子通讯隐私保护法》第2702条则更直接地针对了原告们的诉讼请求，即未经他人授权将他们的个人乘客订座记录信息披露给第三方的行为。《电子通讯隐私保护法》第2702条规定，除非存在某些例外情况，否则提供电子通讯服务或"远程计算机服务"的"个人或组织"不得："①利用这项服务故意向任何他人或组织泄露在电子存储器里的通讯内容；②……故意向任何个人或组织泄露由于提供这项服务而传送或持有的通讯内容。"其中包括故意泄露"享有这种服务的顾客"的个人记录或其他信息。法律把"电子通讯服务"界定为"任何提供用户发送和接收电报或电子通信的服务"；把"远程计算机服务"定义为"通过电子通讯系统向公众提供计算机存储或加工的服务"。由于这一界定的模糊性，所以被告的行为是否构成电子通讯服务，是所有原告诉求中论述的重点。此外，所有的航空公司都承认自己将信息披露给第三方，因此这至少符合《电子通讯隐私保护法》第2702条"明知"这一要件。

在这些诉讼中，几乎所有当事人都以《电子通讯隐私保护法》第2702条作为他们的法律依据。例如，在诉捷蓝公司案中，原告就主张捷蓝公司是一个电子通讯服务运营商,因为它运作一个网站,且在其自身和用户之间传送和接受数据。据此,原告们主张捷蓝公司向第三方披露信息的行为违反了《电子通讯隐私保护法》第2702条的规定,构成对他们隐私权利的侵犯。

然而,法院遵循了联邦法院的一系列并无约束力的判例,这些判例确认电子通讯服务通常是指互联网服务提供商(ISP),而不是一个只经营在线服务的公司。在1998年的Andersen Consulting v. UOP, the U. S. 一案[①]中,美国伊利诺伊州北区法院明确判决,因一方可以在互联网上与另一方交流并不意味着它就是一个服务提供商。在该案中,"美国环球油品公司(UOP)和安达信公司签订合同,约定双方合作进行系统项目集成",在此过程中,UOP向安达信公司提供电子通讯服务。在未经授权的情况下,UOP将其从安达信公司获取的邮件披露给了《华尔街日报》,于是双方合同关系破裂。安达信公司向法院起诉UOP违反《电子通讯隐私保护法》并侵犯了其享有的隐私权。安达信公司的理由在于:环球油品公司为他们提供电子通讯服务,正是互联网服务提供商的行为。法院认为,第三方可在互联网上与环球油品公司通信并不意味着环球油品公司向公众提供电子通信服务。因为,环球油品公司也仍需从ISP处再付费而得到访问许可。法院判决驳回了安达信公司的诉讼请求。因此,按照安达信案确立的标准,航空公司也不构成网络服务提供商,因为航空公司并未让乘客得以访问这些数据。

在2001年的In re Doubleclick Inc. Privacy Litig. 一案[②]中,法院认为网络服务提供商和网站及其用户是不同的。DoubleClick案法院列举了一系列电子通信服务供应商例子,比如美国在线(America Online)和朱诺(Juno),就是典型的网络服务提供商,他们一般是给用户提供访问互联网的途径。此外,在Crowley v. CyberSource Corp. 一案[③]中,美国加州北部地区的地方法院判定亚马逊不是一个

---

① Andersen Consulting v. UOP, 991 F. Supp. 1041 (N. D. Ill. 1998).
② In re Doubleclick Inc. Privacy Litig., 154 F. Supp. 2d 497, 508 – 509 (S. D. N. Y. 2001).
③ Crowley v. CyberSource Corp., 166 F. Supp. 2d 1263 (N. D. Cal. 2001).

电子通讯服务提供者，尽管用户都是通过公司网站直接与其沟通来购买有关商品。法院仍采用安达信案确立的规则，认为《电子通讯隐私保护法》对用户和提供商是不同的，裁定不能仅仅因为用户能够通过其网站与亚马逊网站沟通就认定亚马逊是一个 ISP。综上所述，在捷蓝航空公司以及西北航空公司中，法院都采用了 Andersen、Doubleclick 和 Crowley 案件确立的规则，而把这些案件放在一起不难得出这样的结论：航空公司将免于《电子通讯隐私保护法》第 2702 条规定的责任。因为按照法院在 Andersen、Doubleclick 和 Crowley 案中所确立的《电子通讯隐私保护法》的适用范围，不能简单认定航空公司网站就是网络服务提供商。

只有捷蓝案法院提到了相反的联邦判决，这些判决并没有采用上述案件确立的规则，在某种程度上这些判决可被解读为承认航空公司为电子通讯服务供应商。在 1993 年的 United States v. Mullins 一案[1]中，美国第九巡回上诉法院审理后认定，美国航空公司的电脑预订系统构成了一个电子通讯服务。但正如捷蓝案法院所指出的，Mullins 是个刑事电报诈骗案，因为旅行社可能因监控航空公司通信而获得一个刑事指控。所以法院驳回了 Mullins 案的诉讼请求，因为该案的问题限于宪法第四修正案下的刑事内容。[2]

在 2003 年对 Pharmatrak 公司提起的隐私侵权诉讼中[3]，美国第一巡回上诉法院判决在线形式的信息传递也是电子通讯。在该案中，Pharmatrak 公司与制药公司合作，为他们提供一个跟踪网络活动的程序。然而在此过程中，Pharmatrak 公司同时也访问了制药公司顾客的个人识别信息，而这是与制药公司顾客的明确要求相违背的。在 Pharmatrak 案中，法院表达了其对如何解释《电子通讯隐私保护法》的关注，因为《电子通讯隐私保护法》是一个在互联网广泛应用以前所制定的法律。但捷蓝案法院也未采用 Pharmatrak 案的判决，因为该判决是依据《电子通讯隐私保护法》的其他条款做出的，而非

---

[1] Mullins, 992 F. 2d at 1472.
[2] Joanna L. Geraghty, Christopher G. Kelly & Judith R. Nemsick, District Court Dismissal of In re JetBlue Airways Corp. Privacy Litigation Moves to the Forefront of Courts Dismissing Privacy Claims Against Air Carriers, 20 Air & Space Lawyer 4, 5 (2005).
[3] In re Pharmatrak, Inc., 329 F. 3d at 9.

《电子通讯隐私保护法》第 2702 条。

  从另一个角度看，在 Doubleclick 和 Crowley 这一系列案件中，法院都回避了航空公司网站是否构成电子通信服务这一问题，而仅仅认定航空公司的行为属于《美国法典》第 18 条和《电子通讯隐私保护法》第 2702（b）（3）条规定的免责的例外情形。这项例外允许通信信息的披露行为，认为当接受者同意进行通信时他们就做好了被披露的准备。原告认为这个例外规则并不能保护航空公司，因为自航空公司违反它自己制定的隐私规定时，已不能视为原告再有同意的意思表示。但是法院指出，这将允许原告基于航空公司违反合同而指控其有罪。因为《电子通讯隐私保护法》第 2702 条实际上是一个刑事法规条款，而航空公司仅仅违反合同的行为在正常情况下并不能产生刑事责任。于是法院驳回了原告请求，判决美国航空公司属于《电子通讯隐私保护法》第 2702（b）（3）条规定例外的情况。

  总之，将来乘客试图以《电子通讯隐私保护法》为法律根据追究航空公司责任的前景可谓喜忧参半。从法院判决对《电子通讯隐私保护法》第 2701 条的处理来看，乘客成功的可能概率是渺小的。法院着力区分，一个航空公司故意向第三方提供乘客订座记录和第三方未经授权访问这些数据是两回事。举例来说，尽管美国航空公司宣称，其合约数据处理商 AAI 未经授权就将乘客订座记录信息披露给了第三方公司，在复审中，法庭允许原告重新提出对 AAI 的诉讼请求。但随后，复审法院维持了一审法院关于此项的判决，认为 AAI 也不承担《电子通讯隐私保护法》所规定的法律责任。虽然这只是一个案件的判决，但它表明使用这种策略对抗除本案当事人外的其他航空公司可能也是徒劳无功的。

  乘客依照《电子通讯隐私保护法》第 2702 条成功向航空公司提出诉讼请求仍是有希望的。事实上，航空公司是否承担责任取决于该航空公司的网站是否被法院认定为是法律所定义的"电子通讯服务商"。尽管 JetBlue、Dyer 及 Northwest 案法院都适用 Andersen、Doubleclick 和 Crowley 案件判决的推理逻辑——航空公司并非电子通讯服务提供商——但这些判决只在各州层级有约束力。尽管别的州法院可能也会认为这些案件有说服力，但法院也很有可能会站在 Mullins 和 Pharmatrak 案的立场上，持有更全面广阔的观点，认为"电子通讯服务提供者"不仅仅意味着互联网服务提供商。由于《电子通讯隐私保护法》是先于因特网发展而制定的法律,所以在此法律领域内仍有再提起诉讼的可能性。法律可能会改变,法院可能会扩大它的含义,国会甚至可能会更新或通过一个全新的《电子通讯隐私保护法》规约。正如隐私权学者 Daniel J. Solove 所说的那样:"法律是注定要落后于技术的发展,尤其是考虑到技术深刻的特异性和当前法律制度的细枝末节性。"[1]

(二)《1978 年航空解除管制法》及其优先适用性

当前这些案件的乘客们对航空公司提出了赔偿请求,这些请求所依据的州际和普通法上的法律依据多种多样,包括违反不公平贸易习惯法、侵入侵权、隐私侵权、不当得利等方面。和《电子通讯隐私保护法》的状况一样,这些依州际或普通法提出的请求都没有通过《联邦民事诉讼法》第 12(b)(6)条规定的庭前审查,全部被驳回了。然而,大部分申请未成功的原因是,依照《1978 年航空解除管制法》此时应当优先适用联邦法律。根据美国宪法规定[2],美国宪法在美国领土上是效力等级最高的法律,据此联邦最高法院认定,州际法律和普通法与宪法条款或联邦法律相冲突时应优先适用后者。除非联邦法律自己规定,州法和联邦法律冲突时优先适用州法,方得优先适用州际法律。

"为大力鼓励美国航空工业间自由市场竞争",[3] 美国国会于 1978 年颁布了《航空解除管制法》。为了防止各州对这项放松管制政策进行阻挠,国会在该法中规定了明确优先适用条款。这项条款明确规定《1978 年航空解除管制法》优先州法适用:"航空公司提供航空交通时,在与提供的价格、航线或者服务相关问题上,《1978 年航空

---

[1] See Daniel J. Solove, Reconstructing Electronic Surveillance Law, 72 Geo. Wash. L. Rev. 1264 (2004). The ECPA is separated into three areas, the Wiretap Act, the Pen Register Act, and the Stored Communications Act. See id. at 1279.

[2] U. S. Const. art. VI, § 1, cl. 2.

[3] Ryan L. Bangert, Comment, When Airlines Profile Based on Race: Are Claims Brought Against Airlines Under State Anti-Discrimination Laws Preempted by the Airline Deregulation Act?, 68 J. Air L. & Com. 791, 795 (2003).

解除管制法》具有优先的法律作用和执行力"。所以当航空公司卷入诉讼时,它们一般都援引《1978年航空解除管制法》明确优先适用条款做抗辩。在当前的这些诉讼案件中,法院都依据这一优先适用条款驳回了大量依州法和普通法对航空公司提起的诉讼。尽管这些诉讼在具体哪些请求适用优先条款上不一样,但其在优先适用条款的解释问题上却达成了一致。由于界定优先条款的语言是宽泛的,于是产生了这样一个问题:什么和"价格、航线和服务"相关。

美国联邦最高法院已经两次解释了《1978年航空解除管制法》优先适用条款的范围幅度。第一次是在1992年的 Morales v. Trans World Airlines, Inc. 一案①中,联邦最高法院认为,《1978年航空解除管制法》所规定的"价格、航线或服务相关"条款中的"相关"一词实际上表明了立法者想广泛适用优先权的意图。Morales 案中争议的焦点是几个州检察长发布的关于航空公司广告的指南,他们认为这个准则并不和航空公司提供的价钱、航线或者服务"相关"。大法官斯卡利亚代表多数方撰写了判决意见,他在判词中指出,如果对用于航空广告的词语进行限缩解释会极大地影响航空公司在消费者间的市场推广力,因此这种指南完全违反了《1978年航空解除管制法》放松管制的内涵要求。

因此,法院判决认为涉及航空公司"价钱、航线、服务"方面的任何问题,都优先适用《1978年航空解除管制法》。尽管 Morales 案给基层法院留有一个不优先适用《1978年航空解除管制法》可能性的空间,即找到对航空公司"价钱、航线和服务"产生极小影响的法律,但这些判决并未对此确立一个明确的标准和限制。在异议意见中,大法官斯蒂文斯认为,立法历史和意图并不能表明《1978年航空解除管制法》的意图是宽泛解释"相关"词义以优先适用《1978年航空解除管制法》。斯蒂文斯进一步阐述了他的担忧:哪怕只要是间接影响到航空公司的"价格、航线和服务"方面,《1978年航空解除管制法》都可优先每个州法或者普通法而适用。

1995年,在 American Airlines v. Wolens 一案②中,美国联邦最高

---

① Morales v. Trans World Airlines, Inc., 504 U.S. 374, 383 (1992).
② American Airlines, Inc. v. Wolens, 513 U.S. 219 (1995).

法院第二次解释了《1978年航空解除管制法》的优先适用条款，认为管理航空公司"价格、航线、服务"的"实质性（国家）标准"可以优先《1978年航空解除管制法》适用，而航空公司自己做出的承诺保证并不能优先于《1978年航空解除管制法》适用。在该案中，原告因被告美国航空公司违反其里程积累优惠计划的承诺而起诉，主张美国航空公司构成州际习惯法上的虚假交易行为以及违约。法院适用 Morales 案确立的规则驳回了原告依习惯法和违约提出的诉讼请求，因为法院认为本案应该优先适用《1978年航空解除管制法》。

审理 Wolens 一案的法院重申了 Morales 案所确立的一般规则，适用《1978年航空解除管制法》优先权而减轻了航空公司所承担的大部分违约责任。法院推论到，"合同之诉的基础是双方当事人之间的协议"，执行这项协议和航空公司的"价格、航线、服务"间没有什么关系。法院由此得出结论，当原告提出合同之诉时，他们"寻求救济（的基础）仅建立在航空公司违反其自定的、自愿承担的承诺保证上"，而这并未构成对《1978年航空解除管制法》优先适用的阻碍。和 Morales 案一样，大法官斯蒂文斯反对《1978年航空解除管制法》对不公平交易行为之诉的优先适用，认为《1978年航空解除管制法》优先适用条款不应该做如此宽泛的解读，以致完全优先于普通侵权法或其他诉讼适用。恰恰相反，美国联邦最高法院大法官桑德拉·戴·奥康纳提出不同意见，她认为和其他诉讼请求一样，《1978年航空解除管制法》也应当优先于乘客的违约诉讼请求。

美国联邦最高法院给出的这个不明确的指引，导致大多数联邦下级法院只能在具体案件中逐个对照来适用这些判例。美国联邦第二巡回上诉法院把这种逐案适用的方式，叫做联邦最高法院判决的一项"虚幻标准"而且发现它不可能建立一个明确规则标准。[1] 同时，美国联邦第七巡回上诉法院的判决认为，一项诉讼请求只有在法律或者管制会对"航空业的价格、航线或者服务产生重要经济影响"时，才能优先适用《1978年航空解除管制法》。[2] 此外，美国联邦第五巡

---

[1] Abdu-Brisson v. Delta Air Lines, Inc., 128 F. 3d 77, 85–86 (2d Cir. 1997).
[2] United Airlines, Inc. v. Mesa Airlines, Inc., 219 F. 3d 605, 609 (7th Cir. 2000) (quoting Travel All Over the World, Inc. v. Saudi Arabia, 73 F. 3d 1423, 1432 (7th Cir. 1996)).

回上诉法院采用一种减少对经济影响的考量而更看重影响价格、航线、服务可能性大小的方式。换句话说，就是确定乘客提起的诉讼究竟在多大程度上受航空公司"价格、航线、服务"的影响。[①] 例如，联邦第五巡回法院判决，当一名乘客因机械故障而受伤，由此产生的侵权责任就不优先适用《1978年航空解除管制法》条款；同样，因航空公司过失导致飞机被劫持引起乘客精神损害赔偿之诉也属之列。

  Morales 和 Wolens 案的判决不仅没有确立一个明确的普遍规则，而且它们同样没有界定到底什么构成"服务"。这个由当前的这些诉讼产生的问题，并没有得到联邦最高法院的明确解答。Wolens 案中联邦最高法院只是参照案件事实认定其为服务，把他们称为"获得航行和不同层级的服务"。下级法院已经形成了关于"服务"的三种基本解释类型。

  第一种解释，也是最广泛的解释，界定"服务"为任何和"有关交易的协议（bargained for exchanges）"相关的事情，被当前大部分集团诉讼案件所采用。第五巡回法院也是采用这种推理，认为只有在真正和价格、航线、服务没有关系的情况下，州法和普通法才可被适用。可想而知，依照此种解释，当前这些诉讼案件中《1978年航空解除管制法》条款都将优先于州际隐私侵权、侵入侵权、不当得利和欺诈交易等法律而适用。

  事实上，American I 案仅判决《1978年航空解除管制法》之所以优先于隐私侵权、侵入侵权、不当得利以及虚假交易这些诉由而适用，是因为法院认为这些诉讼至少和美国航空公司的"服务"相关。法院进一步界定"服务"为乘客和航空公司合同关系之间的一个要素，除此之外所有其他要素和提供航空运输并无实际关联。不仅如此，西北航空公司案中法院也判定明尼苏达州虚假行为习惯法不得优先适用，因为这个案件和联邦最高法院在 Wolens 案中判决州法不优先适用的先例"惊人的相似"。

  第二种解释，大体上与第一种解释类似，但承认一些例外：主要是由疏忽导致个人损害方面的诉讼。

[①] See Witty v. Delta Air Lines, Inc., 366 F. 3d 380, 382 (5th Cir. 2004); Smith v. Am. W. Airlines, Inc., 44 F. 3d 344, 346–347 (5th Cir. 1995).

第三种解释，认为"服务"只是和行程安排和实际运输上直接相关的航空服务。但是即便是这种狭义解释，要解释航空公司未经乘客授权从航空公司网站将乘客订座记录信息泄露给第三方的行为的话也是要做引申的。

总的来说，关于对"服务"的界定，在当前这些案件中法院大多都采用了广义解释方式。然而也有一些案件，法院认为乘客的诉讼请求可以不优先适用《1978年航空解除管制法》而获得州际和普通法救济。例如，西北航空和捷蓝公司案的法院认为侵入侵权的诉讼请求可以不适用优先条款（虽然两个诉讼都因未提出《联邦民事诉讼法》12（b）（6）下的认可的诉讼请求而被驳回了）。捷蓝案法院否认了捷蓝公司关于其披露信息是和航空公司航线和服务"密切关联"的主张，而认为这种联系"太薄弱"。法院之所以认为《1978年航空解除管制法》可以不优先侵入侵权的诉讼请求适用是由于指导对军事基地安全的研究，正如捷蓝案中第三方的行为，并没有直接关系到捷蓝航空公司的价格和路线。法院同理判定《1978年航空解除管制法》也不优先不当得利诉讼请求，但鉴于被披露的乘客订座记录没有恢复原状的可能和必要，法院驳回了乘客的这些诉讼请求。同样，在西北航空案件中，法院认为《1978年航空解除管制法》不能优先侵扰个人生活安宁的诉讼请求适用，但仍然由于对隐私的普遍低期望值[1]驳回了这些请求，因为在该案中航空公司的披露行为并非是面向大部分公众，而是面向一个政府机构来预防另一次恐怖袭击。

总的来说，《1978年航空解除管制法》的明确优先适用条款仍然是航空公司披露个人信息，而免受乘客依州法和普通法提出诉讼的一道屏障。尽管当前一些诉讼的判决认为某些请求和价格、航行和服务联系微弱而不适用优先条款，法院照常驳回了那些通过了庭前审查、有获得救济现实性的诉讼请求。或许通过更巧妙的措辞，诸如侵入侵权、隐私侵权甚至是不当得利的诉讼请求，可以通过《联邦民事诉

---

[1] Intrusion upon seclusion is when someone " intentionally intrudes, physically or otherwise, upon the solitude or seclusion of another or his private affairs or concerns … if the intrusion would be highly offensive to a reasonable person." Restatement (Second) of Torts § 652B (1977).

讼法》第12(b)(6)条的规定而不被驳回。但是，考虑到当前的诉讼中没有一个法院允许进行此类主张诉讼，所以就到底能否优先适用州法等这一点而言，前景不容乐观。

(三) 合同救济方式

由于《电子通讯隐私保护法》未能成功救济，且州际和普通法在诉讼中也让位于《1978年航空解除管制法》优先适用条款，对因信息披露而认为自己隐私被侵犯的乘客而言，似乎普通合同法是唯一救济方式。好消息是，目前这些集团诉讼中有一个合同诉讼案件仍悬而未决。坏消息是，其他的合同诉讼案件都以各种理由被驳回了。

乘客主张违约之诉的主要原因在于，当航空公司向第三方披露个人乘客订座记录时，航空公司违反了自己制定的隐私政策。乘客们声称，原本他们之所以和这些航空公司签订合同，是基于信任航空公司在其隐私政策中做出的明确承诺。乘客们解释说，隐私政策是航空公司做出的不向第三方披露乘客个人信息的承诺保证。例如，西北航空公司的隐私政策就做了如下规定："当你预定或购买西北航空的旅行服务时，我们保证只提供因汽车租赁、酒店或其他有关确保行程安排顺利的第三方所需的相关信息。"

因此，乘客们认为，航空公司的隐私政策构成了它们对乘客的单务合同。单务合同是指一方当事人做出的一项承诺诱使另一方当事人为某种行为。而另方当事人表现为接受该种诱导作用而为该种行为。① 依照此种理论，航空公司有意在其网站上同时提供机票信息和隐私政策，来诱使乘客选择他们的飞行服务。因此，乘客的购票行为同时表明其接受航空公司提供的个人信息保护服务。此外，合同可以基于承诺形成一种"信赖"，在此种信赖中，提供方应推知另一方当事人会合理被诱导信赖其承诺利益。在当前的一些案件中，乘客们声称尽管当他们购票时，隐私政策并不是实质交易或运输合同具体的一部分，但他们信赖航空公司的隐私政策并认为其会被遵守。

捷蓝公司中的乘客，不仅认为隐私政策是一个航空公司和乘客间

---

① See Restatement (Second) of Contracts § 45 (1981).

"自愿承担的合同义务",更主张这是航空公司和乘客间最终运输合同的一个部分。换句话说,捷蓝公司的乘客主张合同的形式不应仅拘泥于传统的双边协议形式。传统的合同形式一般为要约人出于价值考虑做出交易承诺,这种承诺的内容既可以是积极的履行行为也可是某种不作为行为。

无论哪种合同形式理论,乘客提起违约之诉的依据,都是航空公司违反其制定的隐私政策,而目前受理这些案件的法院几乎毫无例外地拒绝了这种针对航空公司的诉讼请求。在这些案件中,一个常见的观点(首先由西北航空案法院提出)就是,航空公司的隐私政策并不构成一个单边合同,即使它构成单边合同,乘客也没有主张他们遭受了任何违约性损害。首先,法院表明"原告没有主张他们确实读过这个隐私声明",因此不能以此为依据。法院指出,要约的接受是合同成立的关键要件,乘客不能接受一个他们不知晓是否存在的要约,因为他们没有事先读过或看过这些隐私条款。其次,法院认为这些隐私政策可以解释为对公司政策的概括性声明,而不是一个要约。传统上,"对政策的概括性声明不是合同"。[1] 最后,法院还进一步提到合同法的一项既定原则:若一方当事人并没有因对方的违约行为而遭受任何实质损害,则他不能提起金钱损害赔偿之诉。法院认为目前这些集团诉讼案件中的乘客虽然提出了违约之诉,但他们均未提供证据证明他们因为航空公司违约而遭受损害。

捷蓝案的乘客尝试采取另一种诉讼方式,即修正他们的合同请求为要求航空公司赔偿"他们(私人)信息经济价值的损失"。换言之,乘客向法院主张由于捷蓝公司免费向第三方披露他们的个人信息造成了他们信息的贬值。然而,法院指出这种论点建立在他们的个人信息开始就是有价值的基础上。正如法院所指出的,很难说倘若捷蓝公司没有把这些信息披露给第三方,第三方真的会为了这些信息去找到每一个相关乘客并给他们个人信息补偿。合同损害赔偿的一项既定

---

[1] quoting Martens v. Minn. Mining & Mfg. Co., 616 N. W. 2d 732, 741 (Minn. 2000). The Martens court also cites to Cederstrand v. Lutheran Brotherhood, 117 N. W. 2d 213, 215–216 (Minn. 1962).

规则是：对损害的赔偿应该达到一方当事人未订立合同之前的状态，而不是本案这样，没有合同订立前后之分。① 法院推论到，如果乘客的个人信息在合同订立之前就缺少个人价值，那么，在合同订立之后判决给予赔偿就是不公平的。而且，法院认为乘客的个人信息在"大部分经济领域内"是没有市场价值的，因此无法产生违约损害赔偿责任。

不过，针对航空公司向第三方披露个人信息的行为，提起违约之诉的前景并不完全是暗淡的。一方面，将来在航空公司被起诉承担违约责任时，航空公司能否以它的隐私政策授权信息共享为由抗辩。将来法院可能遵循这种既定的合同附属性理论承认航空公司的隐私政策对乘客的保护，不会因一般格式合同条款没有拘束力而认定航空公司隐私政策无效，因为合同双方实力悬殊。另一方面，即使American I 案法院基本上驳回了所有依违约提起的诉讼，但法院允许乘客们修改他们的诉讼请求以弥补他们有关损害赔偿请求的缺陷。在修正后的请求中，乘客们做出了和捷蓝公司案中原告类似的论点，即航空公司"侵犯了他们个人信息的经济价值，损害了他们倘若与其他人或组织共享信息的额外经济价值"。

法院没有像在之前案件中做的那样，依据《联邦民事诉讼法》第12（b）（6）条庭前审查条款驳回乘客的请求。然而，这个案件仅仅是过了第一关而已，对乘客而言，成功之路还很漫长。或许是对未来诉讼进程的一种暗示，法院在一个脚注中提到，虽然案件通过了第12（b）（6）条下的庭前审查条款，并不意味着现在已经形成了乘客们可通过即决判决动议的规则。

四、航空乘客信息保护的立法趋势

之前的章节主要涉及一些具体的法律和普通法，而在正式颁布专门的法律前，国会倾向于消费者的立法态度，或许可以提供美国公民更多的隐私权利。鉴于当前集团诉讼案件的普遍失败，对将来信息被泄露的乘客而言，新的立法可能是剩下的救济方式中硕果仅存的一种

---

① Katz v. Dime Savings Bank, FSB, 992 F. Supp. 250, 255 (W. D. N. Y. 1997); Restatement (Second) of Contracts § 344 cmt. a (1981).

了（即便可能性极低）。即便国会关于隐私权的立法议程集中在爱国者法案、个人隐私权以及访问上网记录等方面，却很少对消费者和航空公司间的隐私关系做出清楚说明。最有前景的莫过于国会试图抑制盗窃身份行为，因为这对美国公众来说是一个凸显的问题。然而，美国公众关注的大多数立法进程，在大公司发现会带来额外的支出增加后便会停滞不前。

随着有关隐私权方面的立法在加快，美国国会也正在磋商与乘客隐私权相关的法案。

（1）《数据信任保护和责任法案》(Data Accountability and Trust Act)[①]。它由国会议员 Cliff Stearns（R-FL）代表发起，并由美国众议院能源委员会于2006年3月29日通过。该项议案要求公司和数据经纪人指定一个人来负责保证信息安全。它主要是针对日益增长的行业数据经纪人，并要求他们把安全漏洞告知政府。尽管与用户的隐私权利没有直接相关，但该议案至少可以提起公司注意，用户的个人信息对他们是重要的，应该谨慎处理。

（2）《2005个人数据隐私安全法案》(Personal Data Privacy and Security Act of 2005[②])。它由参议员 Arlen Specter's（R-PA）代表提出的，并于2005年11月通过参议院报告提上立法议程。和DATA法案相似，这项法案致力于预防违反隐私安全行为且对违反行为实行较高数额的处罚，并且告知所有公司要求它们为所持有个人信息数据安全泄露负责。然而，和DATA一样，这项法案也没有解决私人公司是否有权继续和他人共享个人识别信息的问题。

（3）《身份信息保护法案》(Identity Theft Protection Act)。[③] 它由参议员 Gordon Smith（R-OR）代表提出，顺利地通过了参议院商业、科技和运输委员会的报告，并于2005年12月8日提上立法议程。这项法案也和DATA法案相似，不同的是它包含了一个特有条款，即要求联邦贸易委员会开发认证程序，来认证可向其出售或转让个人识别

---

① Data Accountability and Trust Act, H. R. 4127, 109th Cong. (2006).
② Personal Data Privacy and Security Act of 2005, S. 1789, 109th Cong. (2005).
③ Identity Theft Protection Act, S. 1408, 109th Cong. (2005).

或敏感信息的第三方。这一条款可以形成一个限制，即公司必须通过这种许可认证，才能参与出售交易个人识别信息。然而，一旦有公司符合了联邦贸易委员会的标准——该法案并没有给出具体指向，这些标准应该是什么样的——则这些公司可以再一次购买，出售，交易信息，正如同航空公司在当前这些案件中的做法一样。

虽然国会正在起草的这些议案都关乎个人信息隐私，但没有一个议案直接涉及当前集团诉讼的争议点。我们注意到，虽然第108届国会提出了很多类似的法案，但最终都未予以表决通过。[1]

由于美国国会拖沓繁冗的本性以及这些提案的特殊性，立法看来似乎机会渺茫；但这届国会已下决心随时完善针对航空公司向第三方披露乘客订座记录信息问题的解决方案。

五、结语

如同本文以上论述的，当大部分航空乘客的信息被披露给第三方时，他们只保有极少的救济方式。尽管捷蓝航空公司案和西北航空案中的乘客都被驳回了诉讼请求，美国航空公司的乘客仍然对合同请求抱有一丝希望。虽然目前美国航空案件的结果还未最终确定，并且其关于合同的论述也是不易站住脚的，但这是留给当前集团诉讼的乘客唯一的机会。即使所有符合《电子通讯隐私保护法》的请求都被驳回了，但在新的立法趋势下，这些请求可能更容易成功，或者说《电子通讯隐私保护法》应该尝试更新，以跟上不断进步的技术的步伐。

目前，法院没有一致判定《1978年航空解除管制法》优先所有的州际法律和普通法适用。然而，将来的乘客在觉察自己隐私利益被航空公司侵犯时感到更多的是失望，因为只要是影响到航空公司价格、航行和服务的普通法和州际法律救济都应当让位于《1978年航空解除管制法》，因为《1978年航空解除管制法》优先于它们得到适用。基于合同请求仍在复审的美国航空公司案件表明，普通合同法救

---

[1] See Paige Norian, The Struggle to Keep Personal Data Personal: Attempts to Reform Online Privacy and How Congress Should Respond, 52 Cath. U. L. Rev. 803, 825 (2003).

济可能是未来乘客寻求救济时最大的希望了。起码，通过改进后的诉讼请求，为将来的救济提供了一种可能性，而在上诉阶段几乎没留下什么可以救济的方式。

显然，什么是构成"个人"和"私人"信息，对于普通美国民众、政府以及数据采集公司而言是有很大不同的。毫无疑问，缩短这种差距最直接的解决办法，就是美国国会有效的隐私立法以适应今天不断进步的科学技术。然而，国会繁琐缓慢的程序、党派斗争和特殊利益要求都给立法带来很大阻力。改变行政机关管理层的文化理念，尤其是国土安全部的理念或许更有效。政府机构负责保护公众的安全，可以不必让位于个人隐私利益，因为公众的安全是一项重要的社会目标。但如果要在发展科技的过程中使用个人识别信息，那政府至少应该制定稳定可靠的政策来保证，这些信息能按计划项目的属性分门别类从而达到信息的合理正当使用。在此过程中，政府机构还需要形成更好的透明度，以及当公众怀疑自己的个人信息被侵犯时对公众要求的回应。

当行政部门雇用私人数据采集公司来测试乘客预筛选系统时，应该再次检查这些乘客信息。要知道这些公司的本性是极尽收集个人识别信息之能事——这是他们的起家之源和来利之本。当这些公司被授予可获得极其私人的类似乘客订座记录这种个人识别信息时，对这些私人公司而言，使用这些数据的诱惑就不仅仅只是为指导保证航空安全研究这一目的。这些公司不能在一个没有其常规数据库的空房里进行研究，因为这些强大的数据集就是政府一开始选择这些公司的理由。通过整个排除这些私人数据收集公司进入程序，可以避免大部分的私人信息泄露。

不能回避的事实是，航空公司有权决定是否真正依照自己的隐私政策来保护顾客的个人信息。虽然目前的诉讼中乘客并未成为"赢家"，但或许未来立法趋势能让航空公司在处理披露敏感的乘客订座记录信息问题时更谨慎。这不需被看做一种在为取悦顾客而保护隐私利益，以及为保证美国航空安全而同政府及其承建商合作之间的权衡和选择。如果政府或其承建商没有这些敏感数据就不能完善其的筛选技术，那么，政府就应当依法取得行政传票来获得这些信息。这将确保公众的私人信息在没有正当理由的情况下不会被披露，即使被披露，也是通过向公众公开的传票程序来实现的。如无遗漏，将使航空公司依其隐私政策保护客户信息的同时尽最大可能保证"9·11"之后的世界航空飞行安全。

第六编　网络隐私侵权

网络隐私权和国家

保罗·M. 施瓦茨[①] 著　廖嘉娴[②] 译

目　次

一、导论
二、隐私控制说的缺陷
三、宪政法上的隐私权
四、国家的角色
五、结语

一、导论

"关于隐私权和公众意见，你的看法无疑是正确的。如果缺乏公众意见，所有法律都将变成一纸空文。不过，法律和公众意见是相互影响的，而且它们都可以被改变。"[③]

当下，很多人都在互联网上开展日常活动；而在目前的技术结构中，这些活动将会生成许多个人数据。由于缺乏有效的法律规制以及其他形式的限制，互联网上收集和利用个人信息的行为正在逐渐形成一股全新的控制个人的力量。这种现象对美国的民主社会具有十分重要的含义，同时也促进了信息隐私权利益的更新。

[①]　保罗·M. 施瓦茨（Paul M. Schwartz），美国布鲁克林法学院教授。
[②]　廖嘉娴，中山大学法学院助教。
[③]　Louis D. Brandeis, Letter of December 28, 1890, in 1 Letters of Louis D. Brandeis 97 (Melvin I. Urofsky & David W. Levy eds., 1971).

然而，随着这种现象而掀起的关于网络隐私权的大辩论却陷入了具有严重错误的观点当中。有关网络隐私权的政策讨论都围绕着以下的选择而展开。首先，网络政策应当以市场手段为基础还是以国家手段为基础？其次，关于网络隐私权的政策应当采用"自下而上"还是"自上而下"的手段？在某些情况下，我们只面临其中一个问题；但很多时候，我们必须同时解决这两个问题。而这场大辩论中偶尔还会出现第三个政策问题——行业自律是否比正式的国家法律更令人满意？

对第一个问题的讨论是在市场"看不见的手"和国家"强有力的手"之间进行对比。考虑第二个问题则是比较网络公民（cyber-citizens）为构建新的民主领域而进行的自我约束以及冷漠的官僚政治。而第三个问题，就行业自律而言，它可能会反对国家制定的或者"自上而下"的规定；但最突出的优势则在于行业自律比正式的法律指令更加灵活。不过，令人略感疑惑的是，这场大辩论几乎没有涉及行业自律与市场手段或者"自下而上"的手段之间的关系。

关于互联网的管理控制的辩论情况也十分相似。[1] 在这些选项之下，传统观点认为我们应当对虚拟空间适用市场的、自下而上的、行业自律的规范，而似乎只有那些怀念苏维埃式中央计划的人才会不同意这种观点。在传统观点看来，国家如果参与管理，将会对人们造成严重的强迫和拘束。

本文认为，关于网络隐私权的大辩论提出了错误的选择，并得出了错误的结论。具体地说，大辩论提出的观点轻视了国家在调节信息市场和塑造网络隐私权规范方面的重要作用。笔者将从三个方面展开论证。首先，目前信息隐私权的通说（leading paradigm）认为隐私权是一项对个人信息的利用进行控制的个人权利，笔者将指出其中存在的缺陷。笔者将该通说的观点称为"隐私控制"说，本文第二部分将对这种学说进行批判。其次，笔者将建立信息隐私权的实质性概念。这个任务是不可避免的；而我们必须比照不同管理制度的实施结果，才能确实理解它们各自的优点。在本文第三部分，笔者试图将信

---

[1] see Jason L. Riley, Bookmarks, WALL ST. J., Oct. 1, 1999, at W6 (reviewing Tim Berners-Lee, Weaving The Web (1999)).

息隐私权界定为一种宪政法上的价值,它有利于塑造文明社会以及凸显对个人的尊重。最后,在建立宪政法上的隐私权理论之后,笔者将在本文第四部分讨论构建必要的隐私权规则可能利用的手段。笔者认为,国家在两个方面将发挥特殊的作用:一是促进信息市场的建立并维持其正常运作,二是对那些能够避免偏好伪装现象过于严重的隐私权规范予以支持。后者旨在纠正某些规范理论家的错误观点,他们往往认为隐私权会妨碍规范的构建。不过,笔者认为,为了保护个人认知和个人偏好,避免规范创制者的过度干涉,即积极扩大规范的管辖范围或者劝导人们过度服从规范,我们有必要对分享个人信息的行为进行限制。

1890年,Brandeis等人在《论隐私权》一文发表过后,在写给其未来妻子的一封信中讨论了隐私权、法律和公众意见之间的联系。① 尽管承认法律是建立在公众支持的基础上,但Brandeis等人仍指出,法律和公众意见"都是可以被改变的"。Brandeis等人著写《论隐私权》一文的目的就在于对法律进行改革并改变公众的观点。而本文的目的则更为谦逊,仅仅为了发扬这样的一种观点:法律和社会规范并不是死对头,而是互相联系的一对概念,它们都可以被修改。事实上,作为建立网络隐私权标准的一个部分,国家并不会强制性地、毫无变通地对抗市场或者社会规范,相反地,国家在构建市场或社会规范方面都可以扮演重要而积极的角色。

二、隐私控制说的缺陷

通过全面记录人们在互联网上的各种行为,信息技术可以通过特定渠道将他人的秘密广泛地散播出去,这些渠道是他人根本无法预料到的,更不用说控制了。而且,网络信息技术对隐私权的影响是以往任何手段都不可能做到的。

第一,他人在网络空间中的活动不仅会在他们自己的电脑中生成记录,而且会在网络计算机中生成记录。例如,美国独立检察官办公室就曾经获得许多Monica Lewinsky已经删除的电子邮件并将这些文

---

① See Samuel D. Warren & Louis D. Brandeis, The Right to Privacy, 4 HARV. L. REV. 193 (1890).

件在《斯塔尔报告》中进行公开。①这些文件都是调查人员通过恢复个人电脑数据而取得的,其中一部分是来自 Lewinsky 的电脑,而另外的则是来自邮件接受者(Lewinsky 在日本的一位朋友)的电脑。

第二,目前有许多私主体都在记录和收集互联网上的个人信息,并将这些个人信息用于商业用途。② 各类网站和直销经营者越来越多地将网络数据收集与现实世界中的个人信息收集联系在一起。③ 这些组织不仅销售个人资料,而且根据不同方面的个人信息,如政治党派、健康状况、体重、种族群体或宗教信仰等,建立了分类明确的营销列表。然而,针对网站或者网络数据营销者收集和销售个人信息的行为,法律上的限制几乎是一片空白。④ 作为网络个人信息商品化的一个新发展,著名的在线广告公司 DoubleClick 扭转了先前声明的立场,暂时取消了将它的个人信息数据库与 Abacus(DoubleClick 于 1999 年收购的一家非在线的直销企业)的个人信息数据库连接起来的计划。⑤ 目前,DoubleClick 正陷于大量的民事诉讼官司当中,同时还面临美国联邦贸易委员会以及密歇根和纽约的总检察长的调查;然而,应当适用何种法律,应当对其行为施加何种程度的法律限制,这些问题的答案却仍未明朗。⑥

第三,网络窥探技术的引进利用往往不为人知,也未能受到独立监视。虽然关于这方面的论战也时有发生,但通常的结果只是对特定技术进行部分修改——并不能彻底防止这些网络窥探技术在未来对个人隐私权产生危害。现实的例子并不少见,例如,英特尔奔腾三代向

---

① See Office of The Independent Counsel, The Starr Report: The Findings of Independent Counsel Kenneth W. Starr on President Clinton and The Lesinsky Affair 40 n. 45 (1998).
② See Department of Commerce, Federal Trade Commission, Public Workshop on Online Profiling (visited Nov. 8, 1999) < http://www.ftc.gov/os/1999/9909/FRN990915.htm >.
③ See, e. g., Ted Kemp, Behind the DoubleClick Merger: Buying behavior is Abacus'key asset, DMNEWS, June 21, 1999, at 1, available in LEXIS, News Library, DM News File.
④ Joel R. Reidenberg & Francoise Gamet – Pol, The Fundamental Role of Privacy and Confidence in the Network, 30 WAKE FOREST L. REV. 105, 115 (1995).
⑤ See Chris Oakes, DoubleClick Plan Falls Short, WIRED. COM (Feb. 14, 2000) < http://www.wired.com/news/business/0, 1367, 34337, 00.html >.
⑥ See Richard B. Schmitt, Online Privacy: Alleged Abuses Shape New Law, WALL ST. J., Feb. 29, 2000, at B1.

个人计算机分配固定 ID（用户序列号，the "Processor Serial Number"）；① Microsoft Word 对个人文件生成全球唯一 ID（Globally Unique ID's，简称 GUIDS），其中包括保存该文件的用户的以太网地址信息。② 这些问题并没有得到根本的解决。隐私权专家还曾经对所谓的"网页漏洞"（Web bugs）提出抗议；因为通过这些网页漏洞，互联网广告服务商得以在计算机用户不知情的情况下从各种网站上收集数据。③

此处，笔者仅列举出网络空间信息利用和处理的一部分严重问题：①个人信息的储存，这种行为针对所有联网的计算机，包括个人计算机；②网站和直销经营者对个人信息的收集和销售；③新型窥探软件和技术的引进和利用。此外，互联网本身的技术结构使人们在虚拟世界中得以同时进行信息的收集和传输活动，这也促进了个人信息的收集。然而，即使撇开数据的使用而讨论信息隐私权的根本目的，我们也依旧面临着相同的问题：在规范个人信息的使用方面，我们寻求的是怎样的结果？

传统观点注重的是手段，即侧重市场导向的、自下而上的以及行业自律的解决方式。学者对于信息隐私权寻求的结果也有一致的看法。无论是针对互联网还是现实世界，通说都认为隐私权是控制个人信息利用的个人权利。笔者将这种观点称为"隐私控制"说。这种自由主义的自治原则将个人置于个人信息利用决策的中心。首先，隐私控制说旨在通过个人对其信息数据的管理以及个人信息与外界的隔离状态，实现信息的自主决策。其次，隐私控制说鼓励对个人信息适用财产权的保护方法，也就是将数据转化为一种商品。最后，隐私控制说还支持对个人隐私权适用知识产权制度；这种制度将个人信息视为一种资源，要么分配给该信息内容指向的个人，要么分配给营销企

---

① See Big Brother Inside, Protect Your PC's Privacy (visited Mar. 1, 2000) < http：//www.bigbrotherinside.com >.
② See Richard M. Smith, Fingerprinting of Office 97 Files (visited Mar. 1, 2000) < http：//www.tiac.net/users/smiths/privacy/office97.htm >.
③ See Richard M. Smith, The Web Bug FAQ 1 (Nov. 11, 1999) < http：//www.tiac.net/users/smiths/privacy/wbfaq.htm >.

业或者其他商业实体。①

　　支持隐私控制说的一致力量是十分强大的。在此处，笔者只想指出其中的一些例子。第一个例子是来自现实世界的：美国联邦最高法院在一个关于信息自由的重要判例中指出："普通法和隐私权的自由主义观点都包含了个人对其信息的控制。"② 第二个例子是，克林顿政府通过将个人隐私权定义为"个人控制其信息的获取、公开和使用条件的权利"，③ 从而提请人们重视隐私控制说。类似的例子还可以在 Charles Fried、Richard Posner、Frederick Schauer、Alan Westin 以及其他学者的论著中找到。尽管许多人都一致同意隐私控制说，但是该学说已经被证明存在严重的漏洞。其中，最重要的问题有以下三个：一是自治的困境；二是信息隔绝的谎言；三是商品化的错觉。

（一）自治的困境

　　信息个人控制的概念是从判例法、政策建议和学者论著中发展起来的，其理论基础是将自我决策视为一项自然权利。正如 Fred Cate 所指出的，信息隐私权的构建必须"将个人责任和非官方行为置于首要位置"。④ 然而，作为政策基石，隐私控制说很可能落入"自治的困境"。"自治的困境"是指依赖隐私控制说所产生的一连串相关的后果：①当下的信息自我决策理论中存在的严重局限性；②加工处理个人信息的行为对个人自治本身的影响趋势；③在双方谈判领域，国家和私主体使个人信息的特定用途和特定类型免受隐私权约束的程度。

1. 信息自我决策的局限性

　　尽管很多人相信互联网是一种"零摩擦力"的媒介，但是在信息隐私权的自由选择方面，互联网上仍然存在普遍的限制。如果要利

---

① See generally William W. Fisher III, Property and Contract on the Internet, 73 CHI. - KENT L. REV. 1203, 1213 (1998).
② United States Dep't of Justice v. Reporter's Comm., 489 U. S. 749, 763 (1988).
③ U. S. Department Of Commerce, National Telecommunications And The Information Administration, Privacy And The NII: Safeguarding Telecommunications - Related Personal Information 2 - 3 (1995).
④ See Fred H. Cate, Privacy in The Information Age 30 (1997).

用个人的自主同意来保护隐私权,就必须为人们提供不同的选项——然而这一点是存在疑问的,主要有三个重要的原因。

首先,个人信息的加工处理方面存在普遍的信息不对称,导致大部分网站访问者缺乏必要的认识。这种信息的不对称是由于晦涩模糊的隐私声明以及网络隐私权问题的高科技本质所造成的。Neil Netanel 尖刻地批判道:"绝大多数用户甚至没有意识到他们访问过的网站正在收集用户的信息,而即便认识到这种可能性,他们对于个人信息将被作何处理这个问题也没什么概念。"[1]

其次,网络隐私权存在一个集体行动的问题。[2] 就个人隐私权的保护而言,目前尚未形成数量巨大且成熟的消费者群体。而即使存在个别这样的消费者团体,在目前的情况下,其他人也很难确定他们所在的位置或者利用他们卓越的认知水平。虽然有一部分人确实能够更好地理解互联网上的信息隐私权,但是我们也不能靠搭便车来享受他们的努力成果。正如本文第四部分第二点将会讨论到的,解决这一缺陷的市场手段正在形成。随着可信任第三方的出现,也就是所谓的"信息中介",以及新的过滤技术的发展,允许人们表达其隐私偏好,即使他们采用那些带有隐私权建议的预先设置好的过滤器也是如此;关于保护网络隐私权的集体行动的可能性正在形成。然而问题依然存在,那些将个人隐私权置于首位的用户是否会充分利用上述机制从而解决集体行动问题呢?就当下而言,坏的隐私权均衡仍未被打破。

再次,除了信息不对称和集体行动问题之外,互联网上的个人选择还存在另一个局限性,即有限理性决策。具体而言,在隐私控制说下,人们必须独立做出有关隐私权的决定并为之负责;但当人们面对标准化的条款时,他们通常会接受企业向他们提供的任何产品。行为经济学的研究证明,消费者对违约条款的普遍迟钝性对他们的自由选择造成了强烈而普遍的限制。[3]

此外,消费者的同意也意味着拒绝的可能性。如果消费者的

---

[1] Neil Weinstock Netanel, Cyberspace Self - Governance: A Skeptical View from Liberal Democratic Theory, 88 CAL. L. REV. (forthcoming 2000) (manuscript on file with author).
[2] See Cass R. Sunstein, Free Markets And Social Justice 59 - 61 (1997).
[3] See Russell Korobkin, The Efficiency of Managed Care "Patient Protection" Laws, 85 CORNELL L. REV. 148, 148 - 159 (1999).

"声音",如抗议以及其他形式的投诉,并未带来情况的变化,那么消费者应当有权选择"退出"。然而,目前行业标准的制定在很大程度上并不热衷于保护个人隐私权。维持当前最大信息公开状态的行业标准,包括新的软件,使网络公司普遍得以从中获利。一旦网络行业能够将低下的网站隐私权保护水平"锁定"成为主导性的做法,人们就很难找到行之有效的办法要求网站提高隐私权保护水平了。人们可以提出抗议,但正如上文所提到的,互联网上的集体行动问题仍然普遍存在。而且,人们也没有其他地方可去,除非他们彻底离开网络空间。

笔者希望通过一个实际例子来总结以上对"自治的困境"——即信息自我决策的局限性的分析。由美国联邦贸易委员会赞助的乔治敦网络隐私权政策调研最近公布了调研结果,指出了忽略网络隐私权选择受到的约束所可能造成的后果。[1] 作为讨论这项调研的背景,笔者想指出的是,网络行业在保护隐私权的行业自律方面开展的活动已经强调了发布"隐私声明"的意义。发布隐私声明是指网站必须在其首页上突出显示一个超文本链接,指向一份文件,并在该文件中对其收集和利用个人信息的行为进行说明。网络行业认为,获取这些隐私声明条文,将为网站访问者做出自我选择提供依据。

鉴于网络行业正在积极地发扬隐私声明这种做法,乔治敦网络隐私权政策调研发现,访问流量最大的网站越来越多地采用点击形式(click-on)的"隐私声明"。而且,美国联邦贸易委员会与大部分新闻媒体都将这一发展视为行业自律模式成功的证明。联邦贸易委员会主席 Robert Pitofsky 指出,这种发展体现了"真正的进步",并且表明"行业自律模式正在发挥作用"。[2]

然而,有很多原因使笔者难以赞同这种乐观的态度。即便就隐私声明的条款本身而言,这些文件也存在许多缺陷。首先,隐私政策通

---

[1] See FTC, Self-Regulation and Privacy Online: A Report to Congress (July 1999) <http://www.ftc.gov/os/1999/9907/privacy99.pdf>; Georgetown Internet Privacy Policy Survey: Report to The Federal Trade Commission (June 1999) <http://www.msb.edu/faculty/culnan/gippshome.html>.

[2] FTC, Self-Regulation and Privacy Online, FTC Report to Congress P3 (July 13, 1999) <http://www.ftc.gov/opa/1999/9907/report1999.htm>.

常都无法反映这些网站真实的信息收集利用活动的本质；而且，绝大多数网站访问者根本就不会阅读这些条款，更不用说理解这些条款了。其次，各类网站往往会保留更改其隐私政策的权利。最后，隐私声明已经不仅仅是互联网上用户同意的一个因素了，人们越来越多地将隐私声明作为判断用户是否同意的唯一依据。

由于存在上述缺陷，网站隐私政策背后代表的真实协议事实上是这样的：如果某个网站就其数据处理活动做出某种说明，即便这种说明十分含糊或反映了该网站恶劣的做法，只要访问者曾在隐私声明的页面逗留，就视为访问者同意网站的这些做法。这个总结虽然带有讽刺意味，但却丝毫没有夸大其词。例如，乔治敦网络隐私权政策调研就能够表明这个总结的正确性——这项调研将有关网站信息活动的所有类型的公开都视为隐私声明。所以，即使某个网站声称："对于我们收集到的信息，我们保留为所欲为的权利。"也可以视为该网站已经针对其信息活动提供了隐私声明。

在这种趋势下，隐私权的同意就忽略了用户关于个人信息处理的真实选择权，并使隐私声明成为网站进行数据处理活动而不容许用户讨价还价的借口。隐私声明正在成为互联网上默示同意的法律拟制的基础——将给定的行为视作用户默许的信号，并因此而推定用户的默示同意。认定这种默许存在的原因，仅仅是因为用户曾经浏览过某个网站的首页，而该首页可以链接到网站的隐私政策。自治的困境就是这样利用网站的隐私声明创制了一项法律拟制的同意。

2. 数据处理对信息自我决策的抑制

"自治的困境"的第二个方面是它减少了消费者的选择可能性。在我们看来，个人自治受到现有的个人信息利用手段的强烈影响。在这种情况下，个人信息在互联网上受到利用似乎已经不容我们做出选择，而越来越多地成为我们的一项义务。正如 Jerry L. Mashaw 在针对朴素的公众选择理论的批判文章中所提到的："反复接触的陈述或者观点将逐渐形成某些微妙而深入人心的习惯或积累。"①

在互联网上，我们反复地接触这样的概念：在行业自律模式下产生了网站的隐私声明，所以网络空间中当然维持着良好的隐私权保护

---

① Jerry Mashaw, Greed, Chaos, And Governance 3 (1997).

水平。因此，上网浏览网页的决定也会被视为人们同意接受其个人信息受到利用的决定。

在现实世界，医疗保健在利用个人信息时采用的是知情同意书（informed consent forms）的形式；这是典型的"通过一个现象来界定隐私权、随之将某种现行做法变为可接受标准"的实际例子。我们可以在医疗保健领域的这种做法与互联网上的相似趋势之间做一个对比。目前，知情同意书已经成为人们到诊所或者医院看病的标准流程之一，签署知情同意书是人们接受治疗的必要条件。① 然而，认为医疗保健过程中签署知情同意书的程序代表患者正当有效的同意，这种观点是存在问题的，原因有以下两个方面。

首先，知情同意书是在人们求医的情境下向他们提供的，在这种情境下，人们不太可能冒险不接受治疗。在最极端的情境中，医院和医生甚至是在人们需要急救或者遭受剧痛的时候向他们出示这种知情同意书的。在这种情况下，知情同意书的强制性是十分明显的；而在其他情况下，知情同意书的强制性虽然不太明显，但仍然存在。

其次，知情同意书的条款通常都十分含糊，而且几乎将未来所有公开患者个人医疗信息的用途都规定为正当合法的。根据一项有关医疗知情同意书的实证研究得到的结论："患者通常并不清楚游戏规则，而精通这些规则的医疗保健提供方也没有为患者的知情权做出努力。"②

医疗保健中的知情同意书并不是通过使患者知情来获取患者的同意；相反，这种知情同意书有助于在医患双方之间形成不知情的、强迫性的协议，使患者同意其个人信息受到任何形式的利用。很明显，这与互联网上的"隐私声明"有强烈的相似之处。虽然人们在上网冲浪的时候通常都不会感到身体不适，但是在个人信息处理方面，网络空间和医疗保健机构都同样存在不容讨价还价的问题——如果不同意，就只能放弃。由于我们很难鉴别各种网站隐私政策的好坏，所以

---

① See Sheri Alpert, Smart Cards, Smarter Policy: Medical Records, Privacy and Health Care Reform, HASTINGS CENTER REP., Nov. – Dec. 1993, at 13, 15.
② See Robert Gellman, Personal, Legislative, and Technical Privacy Choices: The Case of Health Privacy Reform in the United States 129, 132 – 36, in Visions Of Privacy: Policy Choices For The Digital Age (Colin J. Bennett & Rebecca Grant eds., 1999).

对网民而言，最明白无误的隐私权选项只有两个，要么远离互联网从而更好地保护自己的隐私权，要么继续上网并放弃隐私权。但事实上，无论是医疗保健机构还是网络空间都不享有普遍的获取他人个人信息的权利。

克林顿政府公布了一系列医疗保健规范，试图改变医疗信息受到利用的现状。① 而正如本文第四部分第二点将会讨论到的，国会已经授予父母查看数据的权利，父母有权查看儿童商业网站所收集的儿童个人信息。② 然而，目前还不存在任何将类似权利普遍适用于网络空间的立法计划。不过，关于隐私权的个人选择受到限制并非不可避免，国家应当鼓励信息市场提供更多关于隐私权的个人选择，笔者在下文也将论证这一点。

3. 个人信息利用的强制性要求

最后一个自治的困境是指：在双方谈判领域，国家和私主体应在何种程度上免除个人信息的特定利用行为所应当承担的责任。目前，隐私控制说的这些固定不变的限制在互联网和现实世界中都有相似的体现。例如，不论患者同意与否，大量的制定法和合同已经形成了一张细密复杂的网，规定在公共健康、第三方支付、欺诈案件调查和其他特定的目的下，个人医疗信息必须共享。③ 在互联网上也是同样，诸如电子通讯隐私法（Electronic Communications Privacy Act，简称 ECPA）等法律在私人谈判领域免除了一些公开行为应负的责任。④ 例如，ECPA 规定，电子通讯服务提供商，包括 ISP，必须按照法院命令（court order）的要求公开用户的个人信息。

如果管理得当，隐私声明和用户的同意将会在公平信息实践（fair information practices）的框架中发挥重要的作用。然而，仅仅依

---

① See Department of Health and Human Services, Standards for Privacy of Individually Identifiable Health Information, 64 Fed. Reg. 59, 918 (1999).
② See Children's Online Privacy Protection Act of 1998, Pub. L. No. 105 – 277, 112 Stat. 2681 (codified as amended at 15 U. S. C. §§ 6501 – 6506 (Supp. IV 1998)).
③ See National Research Counsel, For The Record: Protecting Electronic Health Information 65 – 78 (1997).
④ See Electronic Communications Privacy Act of 1986, Pub. L. No. 99 – 508, 100 Stat. 1848 (codified as amended at 18 U. S. C. §§ 2510 – 2522, 2701 – 2709, 3121 – 3126 (1994 & Supp. IV 1998)).

靠这两者还不足以规范医疗保健和网络中的个人信息流通。在医疗保健和网络世界中，自治的困境如同一面朦胧的屏障，掩盖了信息处理实践中存在的问题，并导致了不利于个人和社会的隐私权选项的产生。

（二）信息隔绝的谎言

与个人自治的困境同样，信息隔绝的谎言也同时存在于网络空间和现实世界。在这个问题上，隐私控制说将信息隐私视为一种保持信息隔绝状态的利益。信息隔绝的谎言认为个人隐私权是保持信息秘密状态的一张王牌。然而，在两种集体性要求之下，以信息隔绝为基础的隐私控制说将被扫地出门：①公众问责制度往往要求将对外开放个人信息作为民主管理的一个重要部分；②政治理性通常也要求对外开放个人信息，从而更好地发挥行政管理制度的功能。

如果要为公众问责制度和政治理性举出实际例子，我们只需关注美国联邦最高法院对 Whalen v. Roe 一案①的判决以及下级法院遵循该判例而做出的判决。② 在 Whalen v. Roe 一案中，美国联邦最高法院审查了纽约的一部制定法；这部法律创造了中央集权国家计算机的概念，而这台计算机将列举出所有依照处方获得特定药品的公民的姓名和住址。作为回应，美国联邦最高法院在实质性程序正义的基础上将信息隐私权确定为一项宪法性权利。该院将宪政法上的信息隐私权分为两个部分：一是个人信息不受公开，二是"决策上的独立"。③如今，距离美国联邦最高法院在 Whalen 案中首次系统阐述信息隐私权已经超过 20 年，这个判例的意义已经被极大地混淆了。

1. 公众问责制度

Whalen 案确定的个人信息不受公开的利益在隐私控制说中看似十分合理，但在公众问责制度下，通过集体决策免除某些个人信息的隐私权保护的程度并不严重。以美国联邦第六巡回法院审理的 Kall-

---

① 429 U. S. 589 (1977).

② See Paul M. Schwartz & Joel R. Reidenberg, Data Privacy Law 76 - 88 (1996); Paul M. Schwartz & Joel R. Reidenberg, 1998 Supplement 7 - 14 (1998).

③ Whalen, 429 U. S. at 599 - 600.

strom v. City of Columbus 一案①为例，该案是遵循 Whalen 案判例的一个主要案件。在该案中，法院认定被告侵犯了个人信息不受公开的利益，为了维护少数个人信息隔绝于外界的状态，法院对信息公开设定了十分严苛的条件。Kallstrom 一案的具体案情是，哥伦布市依据俄亥俄州的信息自由法，决定常规性地对外公开秘密警员个人档案中的信息。美国联邦第六巡回法院根据 Whalen 一案的判决，对政府这种公开行为施加了一定限制，原因是这种公开行为"将对原告以及档案中提到的原告亲属的个人安全造成严重威胁"。该案之所以体现出这种危险性，是因为某个具有"暴力和恐吓倾向"的犯罪组织曾经搜寻市政府公开的这些秘密警员信息。

Kallstrom 一案体现了公众问责制度的价值重要性。只有在秘密警员及其家人的生命健康受到威胁、而且哥伦布市计划自动公开秘密警员个人信息这种重大情形下，才允许有限的个人信息不受公开的利益超越公众问责制度而获得胜利。此外，美国联邦第六巡回法院也仅仅授予秘密警员一项有限的禁止性权利——即在有人请求获得秘密警员个人信息的情况下，秘密警员可以提出反对意见。换句话说，Kallstrom 一案并未禁止在其他情形中公开秘密警员的个人信息。这种有限的个人信息不受公开的利益，导致政府控制下的大部分个人信息都无法受到信息隐私权的宪法保护。

2. 政治理性

Whalen v. Roe 一案以及其后的案件还证明了政治理性也会限制信息隔绝说。这里主要关注的是 Whalen 案提出的第二种信息隐私利益，即独立做出决策的利益。Whalen 案提出独立决策权的理想目的是通过宪法来保障个人信息，从而避免人们的自由选择受到不利影响。② 正如美国联邦最高法院对纽约州的信息收集计划所作的评论，一些患者不愿意使用特定药物，一些医生也不愿意开出特定药物的处方，因为他们害怕这些信息会"被社会公众知晓"，从而对他们的名誉"造成不利影响"。

在 Whalen 一案中，美国联邦最高法院在指出这种威胁的同时，

---

① 136 F. 3d 1055 (6th Cir. 1988).
② See Paul M. Schwartz, Privacy and Participation, 80 IOWA L. REV. 553, 581 – 582 (1995).

也封存了独立决策隐私利益的命运。尽管有证据证明个人信息的收集过程存在某种强制性,美国联邦最高法院仍然认定纽约州的个人信息处理计划没有违反 Whalen 案确立的第二项隐私利益。这一认定结果在很大程度上依赖政治理性的逻辑。正如美国联邦最高法院指出的:"向医生、医院工作人员、保险公司以及公共卫生机构公开个人医疗信息的行为往往是现代医疗实践的必要程序,即便这种公开行为可能会反映出患者的人格特性中不利的一面。"[1] Whalen 案的这一表述被下级法院反复引用,作为当庭驳回独立决策隐私利益的依据。[2] 现代行政系统的正常运作离不开公民的个人信息。

Whalen 案提出的独立决策隐私利益并没有被发展成为审查政府数据处理活动的有效手段。[3] 事实上,政治理性的力量十分强大,以至于法院根本找不到机会对独立决策利益进行探讨和论证。相反地,Whalen 案提出的第一项隐私利益——个人信息不受公开的利益,则往往能够与信息隔绝的概念相互兼容,并至少得到了一部分下级法院判决的支持。[4]

(三) 商品化的错觉

隐私控制说的第三个缺陷是它造成的商品化错觉。这种认为人们有权控制其信息的观点将无情地指向个人信息的买卖。在这种观点下我们并不是通过隐私侵权法来保护个人隐私权,而是通过财产权制度以及信息市场来保障个人隐私权。事实上,隐私侵权法本身在信息时代之所以能受到广泛重视,主要原因就在于其中的"侵扰侵权"分支,而这一分支正是隐私侵权法中与财产权最为相似的部分。[5]

这种将隐私权视为一种财产权的观点得到了很多学者的支持,例

---

[1] Whalen v. Roe, 429 U. S. 589, 602 (1977).
[2] See In re Grand Jury Proceedings, 867 F. 2d 562, 565 (9th Cir. 1989); Borucki v. Ryan, 827 F. 2d 836, 840 – 841 (1st Cir. 1987).
[3] See, e. g., Fadjo v. Coon, 633 F. 2d 1172, 1174 – 1176 (5th Cir. 1981); Faison v. Parker, 823 F. Supp. 1198, 1201 – 1202 (E. D. Pa. 1993).
[4] See, e. g., Russell v. Gregoire, 124 F. 3d 1079, 1093 – 94 (9th Cir. 1997); Doe v. Southeastern Pa. Transp. Auth. (SEPTA), 72 F. 3d 1133, 1141 – 1143 (3d Cir. 1995); Doe v. Attorney General, 941 F. 2d 780, 795 – 797 (9th Cir. 1991).
[5] See DAN B. DOBBS, THE LAW OF TORTS 1198 – 1200 (2000).

如,网络领域最精明的法学学者之一 Lawrence Lessig 就支持这种观点。① Lessig 呼吁政府改变现有的涉及个人信息的法律权利。在他看来,关于个人信息利用的自下而上的选择权在当前受到了技术监管力量的阻碍,他将这种技术监管力量称为"守则"。目前,默认的网络守则普遍都支持行为人在未取得消费者同意的情况下收集个人信息。Lessig 提出的解决方案是:"通过某种方式改变这种法律权利,从而改变那些技术设计者在消费者同意方面的动机。"这一解决方案分为两个步骤:"①国家赋予公民个人信息财产权;②促使技术设计者在利用个人信息之前获取他人的同意。"

Lessig 确实洞悉了真正的问题——国家在利用法律手段来调整技术手段方面扮演了重要角色。Joel Reidenberg 同样指出,技术配置以及系统设计的选项是构成信息政策的强有力的基础结构。② Reidenberg 将这些技术基准成为新的"信息法",并呼吁政府和不同的政策团体更多地参与到制定技术标准的过程中。各种软件以及互联网基础设施的其他技术因素也都为网络个人信息的利用创造了条件,但这些条件都是可以改变的。

技术手段并不是天注定的,所以我们可以用许多种不同方式来构建网络空间。具体而言,法律能够影响人们在构建网络守则时的动机,从而使人们倾向于减少个人信息的收集,而非增加。然而,当前的信息市场存在普遍性的失败,即便只是将个人信息宣布成为一项财产权,也很可能会使情况往更坏的方向发展。正如笔者在上文所提到的,隐私控制说忽略了个人信息处理活动中不容讨价还价的强制性选择。由于信息不对称、集体行动问题、有限理性以及"离开"的局限性,个人隐私权在互联网上的定义已经被有效地确定下来了。因此,在法律上将隐私权确认为一项财产权这种做法也不可能建立起一个正常运作的信息市场。

如果我们希望将未加修饰的财产权制度适用于个人隐私权的保

---

① Lawrence Lessig, The Law of the Horse: What Cyberlaw Might Teach, 113 HARV. L. REV. 501 (1999).

② See Joel R. Reidenberg, Lex Informatica: The Formulation of Information Policy Rules Through Technology, 76 TEX. L. REV. 553, 556 (1998).

护，那么，还必须注意另外的一些必要条件。完全正常运作的"信息市场"要求企业具有"隐私价格歧视"的动机。①

经济学家对价格歧视的标准定义是："根据消费者对产品的需求弹性，而非产品成本，来决定不同交易中的不同价格。"② 而隐私价格歧视是指消费者对个人信息的利用具有不同的偏好，信息处理企业根据这些不同偏好对消费者进行区别对待。

为了说明这一点，我们可以假设 Marc 和 Katie 是两位消费者。Marc 十分关心其个人信息受到利用的情况，Katie 则不然。只有当 Marc 和其他具有类似偏好的消费者在个人信息公开中获得的好处超过他们的"威胁值"（threat value）时，财产权制度下的合作才能创造出剩余价值。③ "威胁值"是指 Marc 为了保持其个人信息的秘密状态所愿意付出的代价。但在现行制度下，企业为了获取个人信息而向 Marc 和 Katie 支付的代价是相同的，也就是说企业无需向 Marc 提供更优质的服务或者更多钱。而 Marc 也几乎没有能力提出抗议或者"退出"。在很多情况下，Marc 甚至可能不知道他的个人信息被企业所收集。事实上，Marc 也没有足够的能力去减少其个人信息的供给或者提高其个人信息的价格。④ 在这种情况下，结局远远不是 Marc 和 Katie 所能够控制的。

由于美国的信息市场存在普遍性的失败，所以政府对那些利用个人信息的信息处理企业发放补贴。而这些商业组织则以相同的低成本价获取 Marc 和 Katie 的个人信息。所以，个人信息的真实成本并没有落到这些商业组织头上。潜在的隐私保障技术的发展（隐私过滤器），并未能改变这一等式，也似乎不太可能打破信息市场现有的均衡。所以，政府在个人信息利用方面给予商业组织的补贴，也很可能像其他政府补贴一样成为一种对企业浪费行为的鼓励。对个人信息进

---

① See, e. g., ProCD Inc. v. Zeidenberg, 86 F. 3d 1447, 1448-1449 (7th Cir. 1996); William M. Landes & Richard A. Posner, An Economic Analysis of Copyright Law, 18 J. LEGAL STUD. 325, 328 (1989).
② See Richard A. Posner, Economic Analysis Of Law 46 (5th ed. 1998), at 305.
③ See Robert Cooter & Thomas Ulen, Law Ana Economics 73-74 (2d ed. 1997).
④ See Wendy J. Gordon, Intellectual Property as Price Discrimination: Implications for Contract, 73 CHI. -KENT L. REV. 1367, 1384 (1998).

行补贴的结果是——企业将会为了那些不愿意与之联系的消费者而付出过多的投资。而个人信息的成本低于市场成本也会导致企业不愿意充分投资那些能够使消费者更好地表达其隐私偏好的技术。引用 Lessig 的论证,互联网的守则在政府补贴的情况下是不会发生改变的,除非数据处理者不得不自己承担 Marc 的隐私偏好所导致的高成本。

在针对隐私商品化的最后一段评论中,笔者指出,现行的个人信息消费方式也会引起非经济的溢出效应,最重要的是,现行的网络个人信息利用制度导致过程的不透明,包括:①网络计算机对个人信息的广泛储存;②追踪人们对网站的访问;③根据网络空间中精选出来的个人信息而制作的详细营销清单;④普遍引进网页窥探技术。笔者认为,现行的隐私权制度不利于互联网推进美国的民主社会。

三、宪政法上的隐私权

无论是不是在互联网上,信息隐私权都不应当被视为一种控制权,而应当被定义为一种宪政法价值。简单地说,个人信息的开放及其限制都有助于塑造民主社会并凸显对个人的尊重。例如,开放个人信息的结构将对与身份相关的特定行为或陈述受到鼓励或抑制的程度产生决定性的影响。信息隐私权无论是对个人还是对整个社会都十分重要,所以我们必须重视个人信息的范围。因此,宪政法上的隐私权是一个有关划定界限从而确定合法的监视程度的问题。信息隐私权的标准应当被视为"信息范围"的标准定义。[1] 信息的范围可以用于确定某类个人信息是公众知情的还是不知情的,从而鼓励或者抑制不同类型的社会言论和行为。

关于宪政法上的隐私权还有另外一点需要说明。界定信息隐私的范围并不是在绝对意义上将个人信息与外界隔绝。个人信息通常都涉及某些外在的社会事实。所以,个人信息最理想的利用状态既不是绝对隐私,也不是完全公开。针对信息隐私权问题,合理的社会态度并不是最大化地保持个人及其事业的秘密状态。信息隐私权规范应当建立灵活而多面化的信息保障,避免个人信息受到不同主体所为的不同

---

[1] Paul M. Schwartz, Privacy and Democracy in Cyberspace, 52 VAND. L. REV. 1609 (1999), at 1664-1667.

类型的监视。针对不同的信息受众,我们应当避免不同类型的"公开"——也就是将他人生活中完全隐蔽或者部分隐蔽的方面揭露出来的行为。

美国联邦最高法院在 Planned Parenthood v. Casey 一案①中的多数意见便是宪政法上的隐私权的具体例子。在 Casey 一案中,有五位大法官确认了 Roe v. Wade 一案对妇女在胎儿出生前选择堕胎的宪法性权利的认可。除了这一点之外,美国联邦最高法院还在该案中宣布了宾夕法尼亚州一部法律的部分无效,因为这部法律对堕胎信息公开和堕胎记录的保留做了相关规定。宾夕法尼亚州的这部制定法要求医生向州政府提供带有签字的声明,其中必须指明要求堕胎的妇女的婚姻证明或者不提供婚姻证明的重要原因。宾夕法尼亚州旨在通过这部法律使医生成为政府的代理人,从而确保丈夫了解其妻子的生育选择。通过宣布这部制定法的部分无效,美国联邦最高法院为那些寻求独立生育决定权的妻子们创造了一个信息保护范围。正如 O'Connor 大法官在该案的多数意见中所指出的,鉴于美国的家庭暴力现象十分严重,而且"家庭暴力往往具有隐秘性",所以我们必须提供这样一个信息保护范围。提供婚姻证明的要求,甚至是提供婚姻证明的例外条款,都将侵害妇女独立自治地做出生育选择的权利。不过,美国联邦最高法院同时也支持宾夕法尼亚州制定法中的一部分条款,这些条款要求有限制地向州政府公开堕胎妇女的个人信息。这种公开是为了公共健康报告的目的,而且只能被用于生成统计数据。②

Casey 一案的判决结果结合了针对同一类信息的公开和不公开的规则。该案为那些寻求或者接受过堕胎的妇女的个人信息创造了一种多面化的信息保障。在这个部分,本文将讨论共产主义理论以及社会规范理论家对共产主义理论的回应,从而进一步论证宪政法上的隐私权的本质和重要性。

(一)宪政法上的隐私权和共产主义理论

笔者认为,本部分的内容将会涉及美国某些共产主义者,无论在广

---

① 505 U. S. 833 (1992).
② See Casey, 505 U. S. at 900.

义上还是狭义上,美国的共产主义者都是一个与其他美国人有所不同的群体,他们拥有特定的共同信仰。在他们看来,良好的社会是建立在协商性民主之上的自我统治社会。① 不同于自由主义者对个体的强调,共产主义者寻求的是一种由人民来确定国家政治价值的不断进步的社会制度。为了寻找构建这种强有力民主社会的途径,共产主义者强调共同参与的活动、相互尊重的政治平等以及政治问题上的一致性。

从共产主义理论的角度出发,互联网的目的不在于电子贸易,而是作为协商性民主的一个论坛。网络空间恰好符合共产主义者对新的合适地点的寻求——它就是"公民论坛"的理想地点,引用 Frank Michelman 提出的构想,"对真实民主观点的批判和纠正"都可以在公民论坛中进行。②

正如 Benjamin Barber 提出的类似观点,我们的社会需要一些可以共享的区域,"使我们能够在实现共同自我管理的同时保留我们的自然本性"。③

目前,互联网上已经存在、而且还会继续产生自我管理的区域。④ 例如,罗格斯大学的沃尔特·惠特曼民主文化和政治中心,在 Barber 的带领下与耶鲁大学法学院的信息社会研究项目合作,正在建立一个模范网站——"公民交流"。⑤ 公民交流网站的目的是通过精心塑造一个"最佳实践"模范网站,从而促进互联网上自我管理的政治公开。这个网站"希望其他的用户和机构也会在文化、政治和教育方面建立其同类网站,使互联网不仅仅作为一个进行电子贸易的场所,而且成为公民自己的地盘"。公民交流网站的具体目的之一是

---

① See Michael J. Sandel, Democracy's Discontent: America In Search Of A Public Philosophy 117 (1996).
② Frank Michelman, How Can the People Ever Make the Laws? A Critique of Deliberative Democracy, in Deleberative: Essays On Reason And Politics 145 (James Bohman & William Rehg eds., 1997), at 165.
③ Benjamin R. Barber, A Place For Us: How To Make Society Civil And Democracy Strong 3 (1998).
④ See Stephen Doheny-Farina, The Wired Neighborhood 45 (1996); Paul K. Ohm, On Regulating the Internet: Usenet, A Case Study, 46 UCLA L. REV. 1941 (1999).
⑤ See Civic Exchange——Strong Democracy in Cyberspace (visited Nov. 14, 1999) < http://www.law.yale.edu/infosociety/projects.html#civic >.

提高网站的互动性，这也必然意味着网站访问者会生成更多的个人信息。

公民交流网站及其效仿者会如何收集和传播个人信息，这一点还有待观察。但是，如果缺乏强有力的隐私权规则，这种关于协商性民主的美好愿景将大打折扣。协商性民主的要求比消费者更高，它要求让说话者和听众处于一个"能够形成集体协商态度并且采取集体协商行为的地方"。① 然而，一旦普遍存在的监控（有时候是秘密形式的）成为一种常态和基准，我们进行协商的目的就很难达到了。

正如本文第二部分所提到的，当前互联网的技术结构允许人们在收集信息的同时也传播这些信息。虽然我们可以调整这种技术结构以便增强信息隐私权的保护，但是，像公民交流这样的网站所带来的威胁在于它们会产生更多数据化的个人信息。如果人们在互联网上的行为将会以一种难以理解和预见的方式留下他们个人信息的踪迹，那么公民就必须具有很大的勇气才敢发表言论或者倾听各种言论，而这种勇气在日常生活中并不是必要的。

（二）从群体、基准规范和偏好伪装的角度出发回应共产主义理论

共产主义者面临的挑战是将信息隐私权的概念纳入到他们关于公民对话的观点当中。在这个问题上，我们并不能立刻预见到共产主义者的成功。例如，在现代公民共和主义（civic republicanism）的经典论著《民主的不满》当中，Michael Sandel 就认为信息隐私权比参与免受政府限制的特定活动的自由权利更为重要。不过除此之外，Sandel 并没有对信息时代的个人信息隐私权作更多的说明。② 另一位著名社会学家和主要共产主义者 Amitai Etzioni 则更明确地指出，在公民对话中兼顾信息隐私权是十分困难的。笔者想在这里检验 Etzioni 这个带有煽动性的观点。

---

① Benjamin R. Barber, A Place For Us: How To Make Society Civil And Democracy Strong 6 (1998).
② See Michael J. Sandel, Democracy's Discontent: Ameraca In Search OF A Public Philosophy 97 (1996).

在《隐私权的限制》一书中，Etzioni 试图对"隐私权等式的另一边"进行描述。① 他研究了一系列判例，考察了未成年人的艾滋病检验、存有性犯罪者名单的数据库、加密型产品受到的限制、身份证的使用以及个人医疗信息的处理等。Etzioni 的结论几乎无一例外地指出："由于过分强调个人隐私权，社会共同利益受到了严重的不利影响。"在 Etzioni 的定论中，共同利益必须依靠更大程度地向公众开放个人信息而得到巩固。他呼吁我们采用"一种新型的共产主义隐私权概念"。

Etzioni 并没有寻求国家手段，而是转向了社会共同体；他希望通过加强对个人的公共监督来重新寻找隐私权的平衡。Etzioni 认为，当下的困境在于"在一定时期内，非正式社会控制赋予个人的隐私权越多，国家在接下来的时期内为了维持同等的社会秩序所需要施加的控制也就越多"。对于社会共同体而言，个人信息应当在更大程度上开放；而且，社会共同体应当"通过公共认可、赞许和谴责等微妙的社会方式培养有利于社会的行为"。总而言之，Etzioni 希望通过削弱信息隐私权来加强社会共同体的力量，这反过来也有利于减少未来的国家控制。他断定："减少政府控制和侵犯的最佳方式就是在某种程度上削弱个人隐私权。"

针对 Etzioni 提出的隐私权改革计划，笔者将首先对共同体决策做出一般性的评论，随后进一步具体地分析 Etzioni 的建议中涉及个人信息的部分。

首先，Etzioni 关于共同体的想法只涉及"采用微妙的社会方式来培养个人行为"这个方面，这虽然是一个有价值的良好愿望，但并不符合历史实际。那些中立于个人与国家之间的团体经常被他们的成员证实具有压迫性质，这种压迫性连同其他有问题的行为击碎了 Etzioni 的愿望——加强社会共同体及其机构将促进社会民主。鉴于共同体具有的这种压迫性，以及在某些情况下共同体成员退出的高成本，由不同的社会共同体进行自我管理的可允许范围大小在美国仍然是一个带有很大争议的问题。

其次，正如规范理论家们所指出的，社会共同体通常都会制定一

---

① Amitai Etzioni, The Limits Of Privacy (1999), at 2.

些低效率的规则。① 这些学者指出,自我管理团体通常的失败之处在于让团体成员利用集体行动带来好处。Eric Posner 曾经发出警告,对有效规范的需求"并不能轻而易举地影响这些规范的供给"②。事实上,低效率的团体规范在某些情况下很可能会维持数十年不变。在关于规范的法律文献中,最常出现的次优策略是竞争,而这正是南北战争之前美国南方长期以来用于解决争议的一种手段。③ 另外一个低效率规范的例子是新英格兰捕鲸者的过渡捕捞行为,正是这种行为最终毁灭了捕鲸业。④

最后,社会团体不仅对其成员具有潜在的压迫性以及低效率性,而且还会产生外在化的影响,作用于非团体成员。⑤ 这种外溢成本也十分普遍。

以上分析有助于证明社会团体对自我效益的定义之不完善。更抽象地说,这种分析也表明:我们无法确定支持特定共同体建立和实施其规范的行为将会带来积极的结果,不管是对共同体成员而言还是对整个社会而言。这是针对增强社会团体这种观点的一般性批判。而就信息隐私权而言,Etzioni 提出的"进一步对共同体开放个人信息"的方针似乎也没有比"增强共同体权力"的观点更具有说服力。⑥

确切地说,民主社会要求个人信息的开放。正如上文对公众问责制度的讨论中所提到的,民主社会必须建立在对个人和各种事件不断进行批判性检视的基础上;而在很多情况下,这种批判依赖于个人信息的开放。然而,并不是仅靠强调个人信息对社会团体的开放就可以促进民主社会的发展。加强个人信息的开放程度可能会加重社会团体成员受到的压迫,延长低效率团体规范的寿命,并对非团体成员产生

---

① See Richard H. McAdams, The Origin, Development, and Regulation of Norms, 96 MICH. L. REV. 338, 419 – 24 (1997), at 418 – 420.
② Eric A. Posner, Law, Economics, and Inefficient Norms, 144 U. PA. L. REV. 1697, 1708 (1996).
③ See Lawrence Lessig, The Regulation of Social Meaning, 62 CHI. L. REV. 943, 968 – 972 (1995).
④ Robert C. Ellickson, Order Without Law (1991), at 195 – 206.
⑤ Neil Weinstock Netanel, Cyberspace Self – Governance: A Skeptical View from Liberal Democratic Theory, 88 CAL. L. REV. (forthcoming 2000).
⑥ Amitai Etzioni, The Limits Of Privacy (1999).

外在化影响。而且使社会团体得到更多的个人信息也并不必然意味着国家的管理措施会被取代,社会和政府的干涉行为不会进一步增加。

笔者希望利用社会规范理论来解释加大个人信息的社会开放程度的消极意味,具体地说是利用"偏好伪装"的概念。社会规范学者曾经分别对大环境和小环境中由于社会压力而引起个人信念改变的现象进行过研究探索。社会压力对个人信念的这种调节通常会使人们在短期或长期内选择加入他们所认为的大多数人的立场。"偏好伪装"就是这其中的一个方面,它特别能体现个人信息开放的重要性。

"偏好伪装"这个概念是 Timur Kuran 建立起来的,指的是"在感知社会压力的情况下错误地表示某人真实需要的行为"。① 人们做出这种行为的原因在于他们的公开偏好将会影响他们的社会评价与待遇。这种行为十分普遍,其中包含的社会含义有时是积极的,有时并不重要,有时则是消极的。为了使论证更加细致,笔者只想提出:"偏好伪装"行为在达到一定强度时将会导致公众话语的失真,从而改变个人认知(存在于人们自己头脑中的理解认知)和个人偏好(在没有社会压力的情况下人们表达出来的偏好)。② 更极端地说,"偏好伪装"可能导致"人们的信念从可以想象的形式向不可想象形式"的退化。③

笔者试图在 Kuran 的论证基础上进一步提出开放个人信息的极度重要性,因为它将影响"偏好伪装"的程度。具体而言,尽管人们公开表达出来的偏好可能是在社会压力下伪装过的,但规范创制者可以利用个人信息的开放从而获知真实的个人偏好。规范创制者通过指明并施作用于现存的社会规范,从而寻求社会改革。获知真实个人偏好将使他们得以揭示人们倾向于隐藏起来的信念和需要,对个人认知施加压力,并变换公众话语的讨论内容。

规范设计者在追求这些目标的过程中可能会对外公开或者压制某

---

① Timur Kuran, Private Truth, Public Lies: The Social Consequences of Preference Falsification 3 (1995).
② Timur Kuran, Private Truth, Public Lies: The Social Consequences of Preference Falsification 157 (1995).
③ Timur Kuran, Private Truth, Public Lies: The Social Consequences of Preference Falsification 177 (1995).

些个人信息。一旦某位规范创制者对一位社会团体成员的个人认知或者个人偏好有了全面的了解,他(她)就可以选择公开这些个人信息,从而使该成员感到尴尬、失去信誉,或者广泛地引发其他人对该成员的针对意见。事实上,公民自己也可能会有目的地对外公开其个人信息,从而在某种程度上影响公众话语。正如 Bill Clinton 在其首次竞选美国总统的演说中说道:"我并没有吸毒。"① 规范创制者和公民个人公开个人信息的目的都是相同的:他们试图操纵人们获知公共信息的过程。正如笔者提到过的,这个过程十分复杂。"偏好伪装"可能有助于形成好的社会规范,但也有可能支持不好的社会规范。笔者只想提出——公开或者压制个人信息在形成社会信念方面具有很强的作用力,但这种作用力并不必然是有益的。

在 Clinton 被选为美国总统之后,他的事迹仍然是我们学习个人隐私权和社会规范的有用的例子。让我们回忆斯塔尔报告对 Clinton 私生活细节的公开以及众议院司法委员会公开的有关证据。Richard Posner 在《国家轶事》一书中生动地描述了这些个人信息的收集和公开过程。② 在他看来,Posner 法官对众议院司法委员会公布的"大量证据"显得特别严厉——Posner 法官将这些证据材料描述为"一堆令人惊讶的混杂物,集结了丑闻、流言、讽刺、诽谤、琐事、无关事务、愚蠢的重复、对个人长相的阴险描述以及私人生活中令人尴尬的细节等"。

Posner 法官的描述是对的:众议院司法委员会的报告甚至比他的描述有过之而无不及。这份公开报告同时也是体现规范创制者所作所为的绝佳例子。这份报告的公开是美国国会中共和党员的努力成果,他们试图通过改变社会公众的讨论内容来影响公众话语。他们的短期目标是使 Clinton 总统的私生活连同他欺诈和搪塞美国人民的行为都成为社会公众讨论的焦点。反对 Clinton 的规范创制者的目的在于使美国民众对总统的所作所为和谎言产生怨恨之情。他们的计划是利用公众对总统的厌恶之情,呈现出支持弹劾总统的民意,并利用这波反

---

① David Maraniss, First in His Class: A Biography of Bill Clinton 154 (1995).
② See generally Richard A. Posner, An Affair of State: The Investigation, Impeachment, and Trial of President Clintion (1999).

对 Clinton 的浪潮将总统赶下台。不过正如我们所知，结果并非如此。另一派的规范创制者出于特定利益的考虑，公开了共和党领导成员的某些羞辱性的私生活信息，从而制造了另一个公众讨论焦点，中和了共和党的战略。

规范创制者也并非总是希望向社会公众公开个人信息。收集个人认知和个人偏好等信息并压制其传播同样可以实现个人意见和公共意见的相互转化。在某些情况下，社会团体压制个人信息传播的原因在于这种传播可能会体现出团体规范中普遍存在的异常状况。这种压制信息传播的行为很可能与其他手段相结合——以那些未来有可能泄露其个人信息的个人为目标，一旦他们不服从团体规范，就对其施以一种或多种方式的惩罚。"冷战"期间，民主德国的秘密警察 Stasi 就将收集、压制以及选择性公开个人信息的手段发挥到极致。① Stasi 试图压制一切没有遵循其方式而进行的社会或者政治改革。而美国则恰好与之相反，法律有时会禁止人们通过威胁透露某种信息而获取利益；美国将这种威胁称为"敲诈勒索"。②

让我们重新回到信息隐私权这个宪政法价值上。以上关于共产主义者和社会规范理论的分析表明，隐私权为管理社会共同体和国家提供了必要的方式。宪政法上的隐私权能够限制偏好伪装的程度，而且能够对行为人公开那些不利于民主社会的认知和偏好的行为加以规范。所以，适当地构建信息隐私权制度并不会阻碍社会规范的形成；相反，它能够避免过度热心的规范创制者歪曲其原本的使命。宪政法上的隐私权并非毫无限制地默认提高个人信息对社会共同体的开放程度；与之相反，这种隐私权应当是将限制个人信息对国家和共同体的开放作为控制国家和共同体权力的必要手段。这些限制有助于界定受保护的信息范围，从而允许社会言论和行为享有必要的独立性。因为只有在当权者比受迫害者知道得更多的情况下，才更有可能发生政治迫害。

---

① See Timothy Garton Ash, The File: A Personal History (1997); Tina Rosenberg, The Haunted Land: Facing Europe's Ghosts After Communism 261 – 394 (1995).
② See Ronald H. Coase, The 1987 McCorkle Lecture: Blackmail, 74 VA. L. REV. 655, 657 – 58 (1988).

四、国家的角色

本文已经提出了一套关于信息隐私权的实质性理论。在这个部分,笔者将把关注点从结果转移到手段上来。首先,笔者将对网络隐私权大辩论中关于手段的主流观点提出批判;然后,探究国家在创设和维护宪政法上的隐私权方面的适当角色,并得出结论。

(一) 主流观点

在引言部分,笔者简要地阐述了目前关于互联网管理控制的主流观点。正如笔者提到的,这种主流观点围绕着三个单项选择的问题而展开。表1展示了该观点的结构。

表1 网络隐私权大辩论的主流观点

认为可接受的选项	认为不可接受的选项
市场手段	国家手段
自下而上的手段	自上而下的手段
自律手段	正式的法律手段

第一个选项是:市场和国家这两种手段中哪一个在互联网决策问题上应当居于上位。Microsoft公司曾经表达出它对于市场手段而非国家手段的公开偏好:"(信息技术)的发展和成功,以及整个信息产业的欣欣向荣,几乎完全得益于私主体的行为。"① 为了支持市场手段,Microsoft已经开始了一个重大的公关攻势,致力于"自由创新"与市场竞争。Microsoft认为,国家手段正在阻碍其自身的自由发展以及市场手段的作用发挥。然而,根据司法部和正在审理Microsoft垄断案件的联邦地区法院法官Thomas Penfield Jackson的意见,Microsoft本身实施的掠夺性行为就对市场运作造成了干预。②

支持市场手段而非国家手段的观点在个人隐私权方面也得到了具

---

① Microsoft, Technology and Our Economy, N. Y. TIMES, Sept. 21, 1999, at A18 (advertisement).
② See United States v. Microsoft Corp. , 65 F. Supp. 2d 1 (D. D. C. 1999) (providing findings of fact).

体化。Solveig Singleton 是学术界支持绝对依赖市场手段的主要学者之一。她认为:"企业家应当从参与市场竞争的结果中获得行为指引,而非自上而下的命令。"① 她相信,市场能够毫无错误地提供人们所需要的隐私权。

第二个选项是:在自下而上和自上而下的手段之间进行选择。自下而上的手段与自发性秩序(spontaneous order)和自治(self-rule)有关。自发性秩序同自下而上的管理手段紧密联系在一起,这是互联网的网络构造中一个必不可少的部分。互联网的冗余设计正是自发性安排的典型。自下而上的手段还与互联网自治的信念相关。James Madison 在《联邦党人文集》第 14 卷(Federalist 14)中指出,代议制政府对美国而言是必要的,因为"联邦信奉强大的国家";② 然而,互联网似乎改写了这种观点。在 Madison 看来,直接民主令人遗憾的局限性在于它只能适用于"生活在小范围内的少数人"。但在互联网上,距离在很多情况下不再重要;自治似乎更有可能在网上实现。

笔者在隐私控制说的具体语境下对网络盛行主义的观点进行审视,发现个人决策存在相当大的限制。而在互联网自我管理这个更大的语境下,Mark Lemley、Neil Netanel 和其他一些学者都曾经在很大程度上批判网络盛行主义的观点。③ 另外的学者,包括 David Post——曾经强烈地相信互联网自我管理的一位学者,也都表示了他们对互联网名称与数字地址分配机构实施的域名管理的不满。④

第三个选项是:在行业自律与正式的法律手段之间进行选择;无论是隐私权政策讨论过程中这两种意见的分歧,还是当前对自律手段的普遍偏好,所产生的影响都很难被夸大。具体而言,网络行业为了

---

① Electronic Commerce, Testimony Before the House Subcomm. on Telecomms., Trade and Consumer Protection Electronic Commerce: The Current Status of Privacy Protections for Online Consumers, July 13, 1999 (statement of Soveig Singleton), available in 1999 WL 20009951.
② James Madison, "Publius", The Federalist XIV, in Debate on The Constitution 431 (Bernard Bailyn ed., 1993).
③ See Mark A. Lemley, The Law and Economics of Internet Norms, 73 CHI. - KENT L. REV. 1257, 1266 - 1292 (1999).
④ See David Post, ICANN and the Consensus of the Internet Community (Aug. 20, 1999) < http://www.icannwatch.org/archives/essays/935183341.shtml >.

这项政策选择一直在不停地游说各方。例如，网络隐私权联盟就提出，网络行业正通过参与建立和利用自我管理来创造"一个值得信赖的环境，并逐渐发展网上和电子商贸中个人隐私权的保护"[1] 根据《纽约时报》的报道，网络隐私权联盟在争取自我管理方面的行动"已经增强了支持者的信心，使他们相信放手不管的方式将是最好的网络管理政策"[2]。此外，本文第二部分第一点也已经指出，这种自我管理的观点已经得到美国联邦贸易委员会的大多数支持意见。

然而，针对这种侧重于保护网络行业利益的隐私权标准设置，上文已经提出批判。完整的自我管理理论必须更长远地考虑问题，而不能止步于网络行业自我管理华而不实的现状。公共选择理论使我们看到，政府作为中间人参与不同利益团体之间的谈判，这个过程中诞生了许许多多的立法。[3] 不过，信息隐私权这个领域仍然需要学界建立一个具有可行性的自我管理标准模型。

在自我管理模式下，行业、政府和监督团体都可以参与到行业行为标准（如行为守则）的谈判过程当中。这方面既有好消息也有坏消息。

首先，好消息在于——可能参与这种谈判过程的监督团体确实存在，包括民主和技术中心、电子隐私信息中心以及电子前沿基金会，这是一个积极的信号。此外，隐私权认证组织也可以发挥重要的作用，因为它们能够通过简单的"印章"形式使呈现在公众面前的信息得到简化。

其次，坏消息在于——到目前为止，隐私权的自我管理往往导致网络行业制定较弱的隐私权保护标准，使隐私权的网络保护止步于现状或者甚至比现状更差。[4] 而且，隐私权的监督团体还未能对网络行

---

[1] Online Privacy Alliance, Mission (visited Feb. 2, 2000) < http://www.privacyalliance.org/mission >.

[2] Steve Lohr, Seizing the Initiative on Privacy, N. Y. TIMES, Oct. 11, 1999, at C1.

[3] See Daniel A. Farber & Philip P. Frickey, Law and Public Choice: A Critical Introduction 17 -21 (1991).

[4] Paul M. Schwartz, Privacy and Democracy in Cyberspace, 52 VAND. L. REV. 1609 (1999), at 1687 - 1696.

业的行为产生重要影响。另外,隐私权认证组织仍然处于起步阶段,且只在为消费者提供简明易懂的标准化条款方面有缓慢的发展。①

当时的克林顿政府强烈地倾向于使用市场的、自下而上的以及自我管理手段。在《全球电子商业框架》中,白宫就提出:"应当让私主体作为主导。"② 正如华尔街的格言:"让赢家引领市场。"随后,《全球电子商业框架》又指出:"互联网神话般的巨大成功当中至少有一部分……应当归功于互联网本身的非集权特质及其自下而上的管理传统。"具体到网络隐私权这个方面,白宫支持当前的主流观点,因而也支持私主体的自我管理模式。例如,美国联邦政府电子商业工作小组的第一份年度报告就指出:"私主体制定的行为守则应当成为网络隐私权保护的主要手段……"③

虽然得到了普遍的支持,但是这种主流观点却存在两个重大缺陷。笔者将首先概述这两个缺陷,随后以《数字时代版权法》的隐私权保护条款作为具体例子对这两个缺陷进行具体阐述。④

第一个缺陷是:该主流观点所支持的隐私权保护模式忽略了2000年互联网复杂的实际情况。如果有局外人观察互联网的发展,就会发现美国人民的言行不一。互联网上除了那些支持主流观点的人们,还有许多人支持政府监管模式。而且在某些情况下,不采用主流观点的做法显得更为理想。

第二个缺陷是:目前隐私权大辩论的结构并不利于人们研究隐私权的保护规范。我们越过"实然"的现状,就实现互联网的"应然"状态应该采取何种手段这个问题展开讨论;然而大辩论中提出的那些明显而刻板的对比性选项使我们无法得出足够细致的解决之道。市场导向、自下而上和行业自律的手段是所有解决方式都应当具备的要素。所以,主流观点提出的这个结论虽然很有条理,但针对性不够

---

① See Center for Democracy and Technology, Behind the Numbers: Privacy Practices on the Web 12 – 13 (July 27, 1999) <http://www.cdt.org/previousheads/dataprivacy.shtml>.
② The White House, The Framework For Global Electronic Commerce, at Principles § 1 (1997) <http://www.whitehouse.gov/WH/New/Commerce/read.html>.
③ U. S. Government Working Group On Electronic Commerce, First Annual Report 8 (1998).
④ See Digital Millennium Copyright Act, Pub. L. No. 105 – 304, § 1201, 112 Stat. 2863 (1998) (codified at 17 U. S. C. § 1201 (Supp. IV 1998)).

强。我们都知道正确结论不可能是国家的、自上而下的或者法律手段。事实上,小到网络隐私权、大到互联网的管理,当中许多问题的解决之道都是建立在主流观点之上的。①

笔者对1998年《数字时代版权法》的某个方面进行分析,以此作为当前主流观点中存在的上述缺陷的具体例子。这部制定法的目的之一在于利用法律来规范版权管理系统。版权管理系统通过为作品提供数字化的安全保护外壳,从而使版权所有者得以切实可靠地控制他们作品的开放,并针对不同类型的使用进行自动收费。②《数字时代版权法》中关于版权管理系统的规定旨在通过改造技术、市场力量和规范来达到目的,而不是直接控制人们的行为。

正如Julie Cohen 所指出的,这些可信赖的版权管理系统提供了一种私人版权管理形式。③ 利用这种系统,版权所有者就可以精确地控制人们对其智力成果的利用。但是,版权管理系统对个人隐私权的影响却是消极的;这些系统使受到版权保护的作品本身得以对个人活动进行普遍的监控。Pamela Samuelson 就写道,版权管理系统下的作品将会"出卖"读者。④

为了弥补版权管理系统中存在的可能引起数字化设备竞赛的漏洞,《数字时代版权法》一般性地禁止了规避版权管理系统的行为。换句话说,个人黑客和某些激进的企业可能会设计出某种可以绕开或规避版权管理系统的软件。为了限制这种可能性,《数字时代版权法》一般性地禁止了规避版权管理系统的行为,甚至还针对特定的违禁行为设定了刑事处罚。不过,这部法律也对这个一般性的禁止条款规定了一些例外情况,本文最关心的当然是其中关于保护个人隐私权的例外规定。

---

① See Margaret Jane Radin & R. Polk Wagner, The Myth of Private Ordering: Rediscovering Legal Realism in Cyberspace, 73 CHI. - KENT L. REV. 1295, 1297 - 1298 (1998).
② See Julie E. Cohen, A Right to Read Anonymously: A Closer Look at "Copyright Management" in Cyberspace, 28 CONN. L. REV. 981, 983 - 984 (1996).
③ Julie E. Cohen, Some Reflections on Copyright Management Systems and Laws Designed to Protect Them, 12 BERKELEY TECH. L. J. § IV. A, P1 (1997) < http://www.law.berkeley.edu/journals/btlj/articles/12 - 1/cohen.html >.
④ See Pamela Samuelson, Will the Copyright Office Be Obsolete in the Twenty - First Century?, 13 CARDOZO ARTS & ENT. L. J. 58 n. 18 (1994).

《数字时代版权法》制定这些规定的目的在于调节技术和市场、并最终调整隐私权规范。引用这部法律的规定，基于隐私权而规避版权管理系统的前提必须是"版权管理系统的技术手段收集或传播了他人的可识别个人信息，而没有就这种收集或传播信息的行为对他人做出显著的通知，也没有赋予他人防止或限制这种收集或传播信息行为的权利"[①]。可以看出，《数字时代版权法》旨在促进这样的隐私权规范：①通知他人；②给予他人选择退出的机会，即他人可以选择其个人信息不被版权管理系统收集。这部法律通过为版权所有者提供一定的好处来促进这些隐私权规范：如果版权所有者对版权管理系统进行技术上的设定，对作品使用者做出"显著的通知"，并使作品使用者"得以防止或限制这种收集或传播信息的行为"，那么该法中反规避条款的这个例外情况就不再适用，作品使用者就必须遵守禁止规避版权管理系统的一般性条款。

而如果这种隐私权规范未能形成，《数字时代版权法》就会采取另外的方式——实施作用于市场：通过明确地允许隐私权保障设备弱化版权管理系统，从而促进隐私权保障设备市场的发展。图1展示了通过技术手段对版权管理系统进行调节。

图1 《数字时代版权法》的隐私权条款

从图1中可以看到，《数字时代版权法》首先作用于技术。它通过禁止干预版权管理系统或绕开版权管理系统的反规避条款，从而对技术手段进行调节。不过，如果版权管理系统的安装者允许该系统进行过度的窥探，这部法律就允许那些受到窥探的人采取措施弱化该系统。这种许可性规定将会促进隐私权保障设备市场的发展，从而调整隐私权规范。因此，"胡萝卜或者大棒"的选择权就在版权所有者手中，结果完全取决于版权所有者如何利用版权管理系统。可见，《数字时代版权法》以版权所有者通过版权管理系统进行隐私窥探的程

---

① See Digital Millennium Copyright Act, Pub. L. No. 105 - 304, § 1201, 112 Stat. 2863 (1998) (codified at 17 U. S. C. § 1201 (i) (B) (Supp. IV 1998)).

度作为基础,采用了不同于传统的方式来调整隐私权规范。

这种做法同样具有正反两个方面的影响。不好的一面在于这种做法证明了网络隐私权主流观点的失败;而好的一面则是,采用这种做法使网络世界变得更加生动有趣,不像主流观点设想的那么单调。不同于主流观点中成对出现的相反的选项,在互联网上创设公共空间、准公共空间和私人空间将使更多元化的选项成为可能。图1通过直线式的模型展现了一部分可能性,但整个规范体系并非只有一面,而是多面化的。

哥白尼模型将能够更加准确地描绘直接规范和间接规范所可能产生的作用,正如图2所示。[1] 图2的中心部分,也就是整个规范体系的作用对象,是指网络空间。这个图又叫"Lessig图",呈现的是整个网络规范体系。

图2修正了网络隐私权主流观点的缺陷,而且建立在二维网络规范的基础之上。图2展现了网络隐私权管理规范的几种可能性。不过,这里所展现的仅仅是用于本文举例说明的可能性。图2当中任意两个方框之间都可以画上箭头,笔者之所以省略了这些箭头,只是为了避免这个图表看起来太过密集混乱。

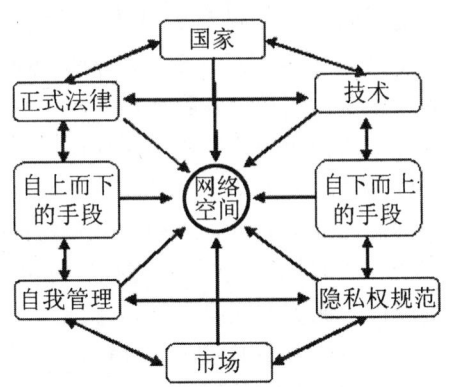

图2 网络隐私权管理规范体系

举一个实际运用图2的例子,就能够说明自我管理(图2的左下

---

[1] See Lawrence Lessig, Code And Other Laws Of Cyberspace 164–82 (1999).

方)可以从行业自我管理开始。如果自我管理在行业内是有效的,那么,它就可以对隐私权规范(图2的右下方)产生影响,继而作用于图表的中心部分,也就是整个网络空间;或者更具体地说,可以作用于网络空间中给定的适用范围,如互联网上的某些网站。①

事实上,这个例子正是网络行业为了使我们相信其隐私权政策而提出来的。行为守则还可以越过隐私权规范而对技术产生影响(图2的右上方),如促进人们使用隐私权保障技术的行为法则。

最后,笔者将图2命名为"Lessig图"。这个名称来源于Lawrence Lessig在《网络空间的守则和其他法律》一书中对网络规范多样化的开创性论证。② 在互联网的不同领域内,应当对"Lessig图"进行自定义,使其能够反映不同的规范性策略的风险和承诺。不同的个人或组织甚至可以得出不同的结果,并用不同的图表来展示某个网络规范性策略的实现途径。不过,利用"Lessig图"的好处是不变的。这种新的模型将代替当前网络隐私权大辩论中较为狭隘的主流观点,并进一步开拓我们在网络规范方面的视野。

(二)纠正市场的失效

国家似乎不可能对网络隐私权带来积极的影响。在很多人眼中,无论是联邦政府还是其他任何政府,都像Orwell笔下的老大哥一样。这些批判观点认为国家永远都是个人隐私权的头号敌人。③

而且,国家本身的所作所为似乎也不断地证实并延续着国家在这方面的坏名声。具体而言,为了调整网络技术、使其面对法定强制性监控的时候能够达到与无线电通讯系统相同的开放程度,美国联邦政府可谓是付出了努力——联邦调查局不断推行Clipper芯片;克林顿政府试图限制加密软件;而美国国会则制定了《通讯协助法》,要求无线电通讯公司采取措施,使政府得以"窃听"依赖于数字设备的下一代人的通讯内容,就像政府对依赖传统设备的上一代人进行窃听

---

① See generally Timothy Wu, Application – Centered Internet Analysis, 85 VA. L. REV. 1163, 1164 (1999).
② See Lawrence Lessig, Code And Other Laws Of Cyberspace 85 – 108 (1999).
③ See Peter Huber, Law And Disorder In Cyberspace 189 (1997).

一样。①

然而，私主体也和国家一样，是个人隐私权潜在的敌人；所以，我们必须警惕政府在这方面的不作为，正如我们警惕其侵犯隐私权的行为一样。笔者将以 Jamie Boyle 所写的一篇关于国家在互联网上的作用的批判文章为例来分析这个观点。② Boyle 在 1997 年的一篇文章中写道，我们面临的威胁在于国家会使"全景式监狱私有化"。Boyle 的这篇文章利用了 Michel Foucault 关于全景式监狱的研究成果。全景式监狱是 Jeremy Bentham 在 1787 年提出的一个关于监狱改革的建议。③ Bentham 的计划是建造一个环状的监狱，使监狱长可以站在中心点对整个监狱进行观察。在这种监狱中，犯人们不确定自己什么时候会受到当局的监视，所以他们的行为必须严格遵守当局认可的方式。然而，在 Foucault 看来，现代社会的权力不仅仅由国家行使，还可能由"各种不同的非官方主体"行使。④ 在 Foucault 的描述中，私主体会在其内部强制推行某种权威，并规定个人必须遵守的一些纪律。

Boyle 将 Foucault 的分析套用于网络空间，从而提出国家正在创造一个互联网上的全景式监狱。在 Boyle 看来，国家在将实际执行责任转移给互联网服务提供商以及其他大规模商业实体的同时，也将它对人民的监视融入了交易过程当中。⑤ 在向私主体转移责任的过程中，国家使那些"机智的、占技术优势的市场主体成为了（国家的）私人监督者"。因此，正如 Boyle 所写的："侵入私人领域、对电子邮件进行自动监视以及削弱公平使用权……这些行为将会在私领域内发

---

① See Communications Assistance for Law Enforcement Act, Pub. L. No. 103 – 414, 108 Stat. 4279 (1994) (codified as amended at 18 U. S. C. § § 2518, 2522, 3124; 47 U. S. C. § § 229, 1001 – 1010) (1994 & Supp. IV 1998)).
② See James Boyle, Foucault in Cyberspace: Surveillance, Sovereignty, and Hardwired Censors, 66 U. CIN. L. REV. 177, 177 – 178 (1997).
③ See Jeremy Bentham, The Panopticon Writings (Miran Bozovic ed., 1995) (original published in 1787).
④ Michel Foucault, Discipline And Punish (Alan Sheridan trans., Vintage Books 2d ed. 1995), at 104 – 105.
⑤ See James Boyle, Foucault in Cyberspace: Surveillance, Sovereignty, and Hardwired Censors, 66 U. CIN. L. REV. 177, 197 – 198 (1997).

生，远离公法的管辖范围。"

综观国家过去和现在的行为，确实有一部分符合Boyle的预知性分析。国家在使互联网技术变得足够开放从而有利于政府窥探这方面付出的巨大努力恰恰类似于引入全景式监狱的企图。此外，我们一直以来都致力于发展网络通讯内容侦查设备，很多人担心这种巨大的努力将有利于政府对网络活动进行审查。① 正如全球网络自由化运动所提出的："网络通讯内容侦查行为的标准化——伴随着加密技术的发展——将允许政府强制人们采用这样一种管理体制。"② 然而，政府使全景式监狱私有化只是现有威胁的其中之一。在这之外，私主体也在忙着建立他们自己的全景式监狱。

私主体渴望通过了解消费者而建立他们的营销清单和档案，但与此同时，他们又希望这个过程不对外公开，并且拒绝达到最基本的公平信息实践的要求。解决私人全景式监狱这个问题需要我们在某种程度上求助于国家手段。根据我们已知的威胁情况，问题的关键在于确定国家在保护网络隐私权方面的适当角色。笔者认为，国家活动应当集中于两个方面：一是促进信息市场的建立并维持其正常运作；二是对那些能够避免偏好伪装现象过于严重的隐私权规范，应当给予支持。这两个方面都必须获得成功，才能确定并维持宪政法上的隐私权所保护的信息范围。换句话说，笔者提出的建议并不是要退回自治至上主义（autonomy – perfecting）。在笔者看来，正常运作的信息市场和特定种类的隐私权规范都是必不可少的。下面，笔者对国家在保护网络隐私权方面发挥重要作用的两个方面进行论证。

1. 建立正常运作的信息市场

我们应当回到上文提到过的隐私价格歧视以及假设的消费者Marc和Katie。市场在确定网络信息保护范围方面可以发挥很重要的作用。例如，信息市场中已经出现了可信的任第三方，有时又称为

---

① See Electronic Privacy Information Center, Filters And Freedom: Free Speech Perspectives On Internet Content Controls (1999).

② Electronic Frontier Foundation, Global Internet Liberty Campaign Member Statement P4 (last modified Sept. 7, 1999) < http: //www.eff.org/pub/Censorship/Rating... 9990907 - gilc - intl - rating - statement.html >.

"信息中介"。① 这些企业的目的在于从个人的利益出发,建立起新的信息供应链。可信任的第三方将会帮助与 Marc 具有相似隐私偏好的消费者,使他们可以找到愿意尊重他们的隐私偏好的公司,并与之达成交易。可信任的第三方也同样会向 Katie 这样的消费者伸出援手;可信任的第三方将为 Katie 提供替代性的公司,代替那些由于 Katie 没有进行讨价还价而从其个人信息中获利的公司。在可信任的第三方的影响下,Katie 的隐私偏好很可能发生转变。其他的市场手段还包括过滤技术,如 P3P 技术等,这种技术相当于一个信息传递协议,使个人得以查看某个网站的隐私实践是否符合他们的期待。②

然而,国家在个人信息方面发放的补贴扼杀了上述这些隐私保障措施的市场。此外,当前的自我管理模式导致了网络行业在保护隐私权标准设定过程中的互相勾结,从而将网络行业的隐私权保护标准锁定在一个相当差的水平上。在这种全行业一致力量的影响下,很容易形成只利于网络行业而不利于整个社会的隐私权规范。

为了建立正常运作的信息市场,国家首先应当采取以下两个措施:①反对最大化信息公开的默认标准;②鼓励隐私保障技术市场的形成。

为了改变信息市场普遍存在的低效率,国家接下来应该采取的措施是:①减少信息的不对称;②想办法克服集体行动问题。目前美国已经在互联网有限的范围内采取了上述这些措施,即商业网站收集儿童个人信息这个方面。

1998 年的《儿童网络隐私保护法》③ 试图废止互联网上对儿童个人信息进行最大化收集和利用的事前默认规则。为了击垮这种默认规则,这部法律采取了一系列措施。首先,它明确规定了具有法律效力的网站隐私声明必须包含的内容,其目的在于避免出现上文所批判的那种不容讨价还价的隐私声明和用户同意。其次,《儿童网络隐私

---

① See Paul M. Schwartz, Privacy and Democracy in Cyberspace, 52 VAND. L. REV. 1609 (1999), at 1685; John Hagel III & Jeffrey F. Rayport, The Coming Battle for Customer Information, HARV. BUS. REV. 53, 54 (1997).
② See Philip DesAutels, W3C Platform for Privacy Preferences (P3) Project (visited Mar. 29, 1999) <http://www.w3.org/P3P/Update.html>.
③ 15 U. S. C. § 6502 (Supp. IV 1998).

保护法》还在隐私声明之上规定了公平信息实践的要求，其中包括赋予父母一项权利，使他们有权获得网站向其子女收集的一切信息。再次，在这部制定法的规则制定部分，联邦贸易委员会做出的解释可以避免行业自律过程中形成最大化信息公开的默认规则。① 最后，《儿童网络隐私保护法》明确地批判了最过分的一类最大化信息公开行为，它严厉地限制商业网站"将公开更多个人信息（超过参与活动的合理必要程度）作为儿童参与游戏、获得奖励或在该网站上进行其他活动的前提条件"②。

《儿童网络隐私保护法》还采取了另外一项措施来减少信息不对称和克服集体行动问题。目前，学术界对信息隐私权规范的研究发展十分迅速，学者们已经分析过面向消费者的信息有效传递问题，特别是关于健康和人身安全方面的信息。Wesley A. Magat 和 W. Kipp Viscusi 在他们富有开创性的经验主义研究中指出："信息程序必须采用受众容易获取的形式传递准确而有意义的信息，使人们能够在充分知情的情况下做出决定，并才能称得上是高效的。"③ 正如上文所提到的，《儿童网络隐私保护法》明确规定了面向家长的隐私声明中必须具备的要素。通过指出可接受的隐私声明的主要框架，《儿童网络隐私保护法》踏出了解决信息不对称问题的第一步。这也是《儿童网络隐私保护法》在鼓励信息处理实践中的信息传递标准化方面所做的努力。

在集体行动问题上，《儿童网络隐私保护法》赋予国家检察官一项权力，使他们得以依据这部法律而提起民事诉讼，从而使国家检察官承担了一个至关重要的角色。④ 美国的信息隐私权法律往往依赖于民事诉讼以及个人采取的其他行动来调整信息保护实践和原则。加拿大政治学家 Colin Bennett 将个人行动称为"主体控制模式"。⑤

---

① See Children's Online Privacy Protection Rule; Proposed Rule, 64 Fed. Reg. 22, 750 (1999) (proposed Apr. 27, 1999) (to be codified at 16 C. F. R. pt. 312).
② 15 U. S. C. § 6502 (b) (1) (C).
③ Wesley A. Magat & W. Kip Viscusi, Informational Approaches To Regulation 17 (1992).
④ See 15 U. S. C. § 6504 (Supp. IV 1998).
⑤ Colin J. Bennett, Regulating Privacy: Data protection And Public Policy In Europe And The United States 156 (1992).

然而，Bennett 和其他学者发现，由于成文法的障碍、不充分的救济手段以及有限的损害赔偿等原因，这种依赖个人行动的模式在美国不甚有效。通过引入国家检察官的作用，《儿童网络隐私保护法》很可能解决美国在这方面的失败。具体而言，国家检察官可能会由于这种诉讼而获得良好的名声，这个激励很可能会鼓励他们投入更多的资源去追究违反《儿童网络隐私保护法》的违法行为。

2. 促进那些能够避免过度偏好伪装的隐私权规范

这种隐私权规范将保护个人认知和个人偏好，从而维护社会言论和行为的独立性。如果不这样做，国家、社会团体和规范创制者可能会实施过度干预；也就是说，他们可能会扩大隐私权规范的管辖范围，或者过度地要求人们服从隐私权规范。

要促进那些能够避免过度偏好伪装的隐私权规范，国家必须做到：①鼓励人们就有争议的隐私权规范进行讨价还价，并鼓励人们规避这类隐私权规范；②激励社会团体修正他们自己的行为；③引领积极的社会风潮，从而对社会产生积极影响。① 上文对《儿童网络隐私保护法》的论证已经表明，国家正在努力增强消费者对行业隐私权规范的讨价还价能力，并激励网络行业对其行为进行自我修正。接下来，笔者将主要论证国家对社会风潮产生作用的影响。

个人行为总是具有模仿他人的倾向，这种倾向将会在公共认知和公共讨论带来的信息开放的基础上促进行为的一致性。国家要介入这个过程的其中一种方法便是通过自己的信息处理实践来树立一个积极的榜样。美国国会在这方面已经采取了果断的举措——针对机动车部门管理的信息记录中包含的个人信息的出售和传播行为。

美国国会于 1994 年和 1999 年分别通过了两部法律来规范这种数据库的使用。第一部制定法是《驾驶员隐私保护法》。② 这部法律试图在驾驶员个人信息的利用方面实现高效的公平信息实践，从而对政府机构和私主体的行为进行调整。《儿童网络隐私保护法》成功地引发了一个积极的风潮——无数驾驶员都行使了《儿童网络隐私保护

---

① Timur Kuran, Pravate Truth, Public Lies: The Social Consequences of Preference Falsification 71–73 (1995).
② 18 U. S. C. § 2721 (1994).

法》规定的这项权力,拒绝使他们的个人信息基于非强制性使用而对营销公司公开。①

1999年末,美国联邦最高法院审理了一位联邦主义者质疑《儿童网络隐私保护法》合宪性的案件;② 不过在该案仍未审结的时候,美国国会就对这种质疑做出了回应——颁布了第二部法律,也就是《Shelby修正案》。③ 这项修正案从两个方面增强了驾驶员的隐私权保护浪潮。首先,这项修正案将《儿童网络隐私保护法》的保障措施与各州接受交通基金拨款的行为联系在一起,从而回应了那位联邦主义者对《儿童网络隐私保护法》提出的合宪性质疑。其次,《Shelby修正案》要求各州的机动车部门在使个人信息受到大范围公开之前必须获得驾驶员确切的同意,或者"选择加入"。④ 与之相反,《儿童网络隐私保护法》则规定各州的机动车部门原则上可以对外公开个人信息,除非驾驶员做出某种确切的行为或者"选择退出"。⑤ 因此,在机动车个人信息这个方面,联邦政府已经采取了有效的措施,建立并保护对隐私权规范的积极反馈。从"选择退出"机制到"选择加入"机制,美国国会通过这两项立法向人们宣传了他们在保护隐私权方面享有的选择权。终有一日,这些国家行为将会带动消费者在其他领域做出选择时也变得更加精明老练。

五、结语

信息隐私权不仅仅是对信息的控制权,而是在不同领域之间划定界限,从而对监视个人的行为进行调整。通过鼓励或者阻止不同种类的社会言论和行为,信息隐私权在我们的社会中发挥着宪政法价值。所以,保护信息隐私权不应该设立信息壁垒,而应当采用灵活可变的

---

① Paul M. Schwartz & Joel R. Reidenberg, 1998 Supplement 28 – 29 (1998).
② See Condon v. Reno, 155 F. 3d 453 (4th Cir. 1998), rev'd, 120 S. Ct 666 (2000); Travis v. Reno, 12 F. Supp. 2d 921, 925 – 930 (W. D. Wis. 1998), rev'd, 163 F. 3d 1000 (7th Cir. 1998); Pryor v. Reno, 998 F. Supp. 1317, 1324 – 1331 (M. D. Ala. 1998), vacated, 120 S. Ct. 929 (2000); Oklahoma v. United States, 994 F. Supp. 1358, 1359 – 1364 (W. D. Okla. 1997), rev'd, 161 F. 3d 1266 (10th Cir. 1998).
③ See H. R. 2084 – 3040, 106th Cong. § 350 (1999).
④ See H. R. 2084 – 3040, § 350 (d) (amending 18 U. S. C. § 2721 (b) (12)).
⑤ See 18 U. S. C. § 2721 (b) (12).

多维的信息保障措施，使个人信息隔绝于不同主体进行不同类型的监视。

这种对结果的讨论会自然而然引致对手段的讨论。在当前关于互联网政策的大辩论中，人们就如何进行规范达成了一致意见。主流观点支持采用市场的、自下而上的规范以及行业自律手段。

笔者认为，国家应当在两个方面发挥作用：①促进信息市场的建立并维持其正常运作；②对那些能够避免偏好伪装现象过于严重的隐私权规范，应当给予支持。政府对信息市场的关注是十分重要的，因为使个人信息商品化的提议正在变得越来越盛行。隐私权法正渐渐地从侵权法向财产法转变，但是当前仍然存在相当多的问题，对信息市场的正常运作提出挑战。信息隐私权在对这种行为进行限制的方面提供了必要的途径。如果某种认知或者偏好的公开有害于民主社会，那么，这种公开行为就应当受到信息隐私权的限制。从这个角度来讲，信息隐私权能够限制过分积极的规范创制者在无形中扭曲他们的使命。

在以上提到的两个方面，国家都扮演着至关重要的角色。

首先，在信息市场方面，国家应当采取两项措施：①反对最大化信息公开的默认规则；②鼓励隐私保障技术市场的形成。

为了改变信息市场普遍存在的低效率，国家还应该采取另外两项措施：①减少信息的不对称；②想办法克服集体行动问题。

其次，在隐私权规范方面，为了促进那些能够避免过度偏好伪装的隐私权规范，国家必须做到：①鼓励人们就有争议的隐私权规范进行讨价还价，并鼓励人们规避这类隐私权规范；②激励社会团体对其行为进行自我修正；③引领积极的社会风潮，从而对社会产生积极影响。

笔者希望通过一个与主流观点有关的实例来进行总结。在美国司法部的抨击下，Bill Gates 决定通过个人授权来重新获取美国人对他的支持。① 他提出，正如计算机发展成为个人计算机一样，网站也会逐渐地往"个人网站"的方向发展。在所谓的个人网站上，消费者

---

① See David Bank & John R. Wilke, Gates Pushes People's Power as Rally Point, WALL ST. J., Nov. 15, 1999, at A3.

将可以从不同的"互动服务中心"处获得信息、商品以及服务。在 Gates 看来，Microsoft 公司是"个人"的拥护者，而诋毁 Microsoft 公司的那些人都是支持中央集权的。于是，我们又一次被告知——自下而上的手段才是最佳的。但是，从本文的角度出发，所有这些存在于互联网上的个人设备都可能导致个人信息以新的方式受到公开传播。因此，授权在某些情况下必须依赖国家，因为国家在调节塑造信息市场和隐私权规范方面能够发挥积极的作用。

网络隐私权的原则

弗雷德·H. 凯特[①] 著 廖嘉娴[②] 译

目　　次

一、导论
二、政府制定政策应当遵循的基本原则
三、基本原则在实践中的适用
四、结语

一、导论

Paul Schwartz 在《网络隐私权与国家》一文中提出，我们应当重新构建隐私权法，采用更加实际可用的新的观点来理解何为"隐私权"、为什么要保护隐私权以及如何保护隐私权等问题。[③] 这篇文章进一步促进了当下激烈进行的关于隐私权的大辩论。传统隐私权法的概念是由 Brandeis、Warren[④] 和 Prosser[⑤] 提出来的，但真正严谨地表述该概念的是 Alan Westin，他于 1967 年指出："所谓隐私权，是指个人、团体或者机构自主决定何时、以何方式、在何种程度上将他们的有关信息传播给其他人的一项权利。"[⑥] 在传统时代，隐私侵权往往涉及侵犯物理空间的行为（通常是政府行为）或者向社会公众公开披露某些信息的行为（通常是新闻媒体行为），这些侵权行为很少发生，也很容易被察觉，所以，传统的隐私权概念能够很好地解决这

[①] 弗雷德·H. 凯特（Fred H. Cate），美国印第安纳州大学布卢明顿法学院教授，信息法和商业研究会主任。
[②] 廖嘉娴，中山大学法学院助教。
[③] See Paul M. Schwartz, Internet Privacy and the State, 32 CONN. L. REV. 815 (2000).
[④] See Samuel D. Warren & Louis D. Brandeis, The Right to Privacy, 4 HARV. L. REV. 193 (1890).
[⑤] See William L. Prosser, Privacy, 48 CAL. L. REV. 383 (1960).
[⑥] Alan F. Westin, Privacy And Freedom 7 (1967).

些隐私侵权问题。

但在当下的社会中，我们生活在一个计算机化、网络化程度越来越高的环境中，不可避免地会产生不计其数的数据，而几乎所有人都能在我们毫不知情的情况下收集和利用这些数据；传统的隐私权概念只强调公民对有关信息的个人控制，这已经不足以解决当前的隐私侵权问题了。在信息经济中，各种数据的价值都不容小觑，尤其是不同的数据资料相结合，将形成更可观的价值；而收集和利用数据却十分廉价和方便。我们生活在这样一个世界里，只有少数人能够意识到并且有能力去尝试控制自己产生的所有数据，大多数人都没有时间也不愿意这么做。事实上，由于各种数据的数量十分巨大，对这些数据的收集和使用通常都发生在不同地方，而且收集和利用数据的行为背后有着强大的经济动机，所以，我们要控制自己的所有数据几乎是不可能的。

因此，Schwartz 教授的文章可以说是十分及时而且具有很大价值的，因为他让我们认识到现有的隐私权法学说的局限性以及建立更宽泛的隐私权概念的必要性。确切地说，笔者虽不认同 Schwartz 教授文中的所有分析论证，但是，即便是基于不同的理由，笔者仍然十分认同 Schwartz 教授得出的"应该重新定义隐私权"这个结论。这种观点并不意味着要将信息的个人控制排除在隐私权的概念之外，只是表明信息的个人控制不再是隐私权的唯一组成部分。当代的"隐私权"概念应当更加宽泛。正如 Schwarz 教授所指出的，政府对保护隐私权的参与以及公民对其信息的个人控制都十分重要，会对公民参与民主和社会建设产生重大影响。Schwarz 教授将这种对隐私权的宽泛理解称为"宪政法上的隐私权"。他指出，宪政法上的隐私权体现了对"利用个人信息的行为"以及"限制这种行为有利于塑造文明社会并凸显对个人的尊重"的理解。[1] 因此，Schwarz 教授写道："针对信息隐私权题，合理的社会态度并不是最大化地保持个人及其事业的秘密状态。"我们对隐私权的新理解应该反映这样的事实，即国家"在促进和维持信息市场正常运作以及发扬特定隐私权规范方面应当扮演积

---

[1] See Paul M. Schwartz, Internet Privacy and the State, 32 CONN. L. REV. 815 (2000), at 834.

极的角色";而且,有关隐私权的规定不应该是僵硬死板的,而应当"灵活、多方面地保护数据资料,避免个人数据受到不同主体以不同方式进行的监视"①。对此,我表示十分赞同。

　　但是在这个以互联网为大背景的新千年里,上述观点在实践中意味着什么呢？政府参与隐私权规范的形成过程应当遵循哪些原则？Schwarz 教授的文章并没有回答这些问题,很大程度上是因为这些问题超出了他的综合理论分析的范围。Schwarz 教授在他的文章中指出,"宪政法上的隐私权"概念要求国家"在两个方面发挥作用:①促进信息市场的建立并维持其正常运作;②对那些能够避免偏好伪装现象过于严重的隐私权规范予以支持"②。笔者并不知道这种观点在实践中意味着什么,也不理解 Schwarz 教授为什么根据这个观点得出了支持国会的结论——国会最近废除了 1994 年的一项规定,该规定赋予驾驶员"选择退出"的权利,使驾驶员得以拒绝他们在各州机动车管理部门控制下的执照信息以及机动车记录被用于市场营销或调查目的;同时,国会转而支持另外一项规定,即各州必须禁止机动车管理部门利用其管理控制下的这些信息,除非驾驶员明确同意他们的信息受到利用;Schwarz 教授相信这项规定"能够有效促进行为人对隐私权规范的积极反馈"③。

　　笔者希望利用 Schwarz 教授已经取得的成就,在重新定义网络时代的隐私权概念这方面做进一步的研究,简要分析政府在保护隐私权、促进隐私权规范形成的方面应当遵循的基本原则。本文第二部分将提出五个基本原则,这些原则将指导政府保护隐私权的立法和管理活动。尽管本文对这些原则的列举分析较为简略,因而可能不太全面;但这些基本原则至少能在一定程度上指引政府的管理活动,使其更加符合 Schwarz 教授提出的宽泛而细致的隐私权概念。在本文的第三部分,笔者将把这些基本原则适用于 Schwarz 教授所提出实际运用

---

① See Paul M. Schwartz, Internet Privacy and the State, 32 CONN. L. REV. 815 (2000), at 834.
② See Paul M. Schwartz, Internet Privacy and the State, 32 CONN. L. REV. 815 (2000), at 854.
③ See Paul M. Schwartz, Internet Privacy and the State, 32 CONN. L. REV. 815 (2000), at 858.

"宪政法上的隐私权"的具体例子。正如上文所提到的，国会最近做出的废除1994年法规的决定无法"有效地促进行为人对隐私权规范的积极反馈"，相反，该项决定是不利于形成完善的隐私权规范的。①

二、政府制定政策应当遵循的基本原则

在本部分，笔者将概述五个基于司法判例、历史经验以及生活常识而提出的基本原则，这些原则在过去、现在和未来都将作为政府制定政策时的指导。

(一) 利益平衡原则

第一个基本原则的主要内容是利益平衡。这个原则似乎过于明显而不值一提，但在互相冲突的几种利益中寻求平衡点确实是美国法律史上的重要问题。特别是在涉及信息的问题上，美国政府往往需要决定其干涉私人信息流通或对私人信息进行收集和传播的目的和方式。在20世纪下半叶，指明利益平衡活动中应当遵循的宪政标准已经成了美国联邦最高法院的主要任务之一。至今，美国联邦最高法院已经公布了数量繁多的宪政标准；这些宪政标准适用于各方各面的政府行为，例如，制定法规歧视少数发言者的政府行为，② 限制观点陈述或者言论发表的政府行为，③ 对那些与陈述紧密结合在一起并只影响该陈述的时间、地点或方式的公民行为进行约束的政府行为，④

管理关于公共财产的言论的政府行为，⑤ 限制商业言论的政府行为，⑥ 或者强制发表某种言论的政府行为。⑦

美国联邦最高法院提出的所有关于信息的宪政标准都有一个共同点，即保护言论自由和信息的传播；该院几乎在每一个相关的案件中

---

① See Paul M. Schwartz, Internet Privacy and the State, 32 CONN. L. REV. 815 (2000), at 857.
② Arkansas Writers' Project, Inc. v. Ragland, 481 U. S. 221, 231 (1987).
③ See, e. g., New York Times Co. v. United States, 403 U. S. 713 (1971).
④ See United States v. O'Brien, 391 U. S. 367 (1968).
⑤ Cornelius v. NAACP Legal Defense & Educ. Fund, Inc., 473 U. S. 788, 802 (1985).
⑥ Central Hudson Gas & Elec. Corp. v. Public Serv. Comm'n, 447 U. S. 557, 566 (1980).
⑦ West Virginia State Board of Education v. Barnette, 319 U. S. 624, 639 (1943).

都要求政府必须出于"强有力的"或者"实质性的"国家利益，才能对公民的言论和信息流通进行管理，而且政府的管理行为必须受到限制，不能超过实现该国家利益的必要程度。在下文中，笔者会进一步讨论这个问题。

此外，对于政府行为中是否包含上述国家利益这个问题，法院必须进行独立的判断。在涉及宪政利益的情况下，仅根据全国性的立法或法规来评价政府行为是不充分的。马萨诸塞州曾经颁布一部制定法，规定在比较轻微的性侵犯案件中，初审法院的法官必须保证受害人在保密而不对外开放的刑事法庭内作证。① 美国联邦最高法院于1982年宣布这项制定法中的某些部分由于违宪而无效。② 我们确实很难想象受害人的隐私利益会比她们在法庭上作证证明性侵犯刑事犯罪的国家利益更加重要。美国联邦最高法院认为，国家或许不能制定一项全国性的规则要求庭审过程保持秘密状态。该院同时也指出："在个别案件中，如果情况合适，法庭也可以在轻微性侵犯的受害人作证时禁止新闻媒体和普通社会公众在场，这种做法并不必然违反《美国联邦宪法第一修正案》。但是，如果法律不要求法官根据具体案件的情况做出决定，而是将秘密庭审规定为一项强制性的规则，这种做法便是违反宪法的。"③ 因此，法律如果不要求法官针对具体情况进行利益平衡以避免造成特定的损害，而是做出普遍限制信息自由流通的规定，那么这样的法律就是有悖宪法精神的。

所以，利益平衡原则强调的不仅仅是平衡不同利益的重要性，更重要的是在涉及言论自由的情况下，政府将受到更多约束，法院在审查政府行为的时候也必须结合具体情况、仔细衡量相关利益的重要性。而接下来的几个原则也都是美国联邦最高法院指出来的与信息利益最紧密相关的基本原则。

（二）信息自由流通原则

信息自由流通在美国历史上一直具有很重要的地位，这一原则也

---

① See MASS. GEN. LAWS ch. 278, 16A (1998).
② See Globe Newspaper Co. v. Superior Court, 457 U. S. 596 (1982).
③ See Globe Newspaper Co. v. Superior Court, 457 U. S. 596 (1982), at 611 n. 27.

是我们对信息流通限制措施进行衡量的时候应当考虑的最重要的因素。信息自由流通不仅是《美国联邦宪法第一修正案》所主要体现的原则，而且是所有的民主政体或市场经济中的重要原则。美国赋予了信息自由流通极大的重要性。正如美国联邦储备局在对美国国会的报告中针对金融机构数据保护问题所写到的："信息的可获取性以及数据的自由流通为言论自由提供了必要的支持，而言论自由正是民主社会和市场经济的基石。"①

除了言论自由权的规定之外，美国联邦宪法中还有许多个条款都体现了信息数据自由流通的重要性，如著作权有利于鼓励创作和各种言论的传播，而邮局则可以投递信件和各种新闻报刊。很多联邦法规也都体现了对信息公开的支持，如《信息自由法》、《阳光政务法》，以及其他许多对政府适用的法律。还有更多的法律要求私人行业进行信息披露，例如，证券和期货法、银行和保险法以及其他许多法律都规定了定期公开制度。信息自由流通是社会的一项基本原则，限制自由流通的法律往往都会与这项基本原则相冲突。这并不意味着这些法律都无法获得通过，只是它们在获得通过之前必须越过信息自由流通这个"宪法上的障碍"。

这样做确实是有充分理由的。信息的自由流通不仅是实现自我管理的必要前提，而且将产生重要的、实质性的利益。企业竞争研究所的创办人兼主席 Fred Smith 曾经写道，个人信息的可获取性使商人得以"在正确的时间向正确的顾客提供正确的产品和服务，并且可以提高商业效率、降低成本"②。联邦储备委员会委员 Edward Gramlich 也曾于 1999 年 6 月在美国国会指出："在一个经济体内，关于个人需求和偏好的信息是所有系统提供商品和服务的基础。"③ 他认为，这

---

① Board of Governors of the Federal Reserve System, Report to the Congress Concerning the Availability of Consumer Identifying Information and Financial Fraud, 2 (1997) < http://www.bog.frb.fed.us/boarddocs/RptCongress/privacy.pdf >.

② Fred L. Smith, Jr., Better to Share Information, DESERET NEWS (Salt Lake City, Utah), Oct. 14, 1999, at A22, available in LEXIS, News Library, Deseret News File.

③ Financial Privacy, Hearings Before the Subcomm. on Financial Institutions and Consumer Credit of the Comm. on Banking and Financial Services, House of Representatives, 106th Cong. (1999) available at < http://www.house.gov/banking/72199gra.htm >.

些信息的可获取程度越高，该经济体在实现个人需求和偏好时就越准确和高效。

关于个人信息可获取性的重要价值这个问题，联邦储备局局长 Alan Greenspan 的论证应该是最清晰有力的。1998 年，他在给国会议员 Ed Markey 的一封信中写道："关于顾客在业务和个人方面的特征的大量信息，是我们的市场竞争体系中很重要的组成部分。这些信息使生产商和销售者得以根据消费者的日益增长需求来调整他们的产品计划，并为消费者提供多样化的、个性化的产品和服务。例如，金融机构新设计的产品就允许他们对风险进行分摊，使那些愿意承担风险并享受潜在收益的客户承担一定风险，而那些更注重安全性的客户则可以规避风险。这种新型的设计使金融机构得以为客户提供更多的量身订制型的保险以及其他金融产品。在顾客申请贷款或者选择产品的时候收集他们的详细数据资料，这些数据能够产生一系列敏感的价格信号，而这些价格信号对于像我们这样建立在信息优势基础上的经济体而言是十分必要的。"①

根据 Walter Kitchenman 的计算，由于标准化及可信赖的客户信用信息的可获取程度得到了极大的提高，美国抵押贷款利率已经整整下降了两个百分点；② 这正是信息自由带来实质性利益的一个例子。尽管全美尚未偿付的抵押借款金额已经接近 4 万亿美元，但由于信息自由带来的高效性和流动性，美国消费者每年可以节省的钱多达 800 亿美元。而且，由于客户信息有利于预防和尽早发现欺诈行为，有利于债务追讨，有利于全国范围内的竞争和消费者流动，所以能够进一步降低金融服务费用，进而提高贷款的可获取程度并扩大有资格申请贷款的人群范围。

爱荷华州的信息部长 Richard Varn 与笔者在近日一份关于公共记录信息的报告中，针对公共记录信息在经济和社会中扮演的重要角色进行研究。我们得出结论：公共记录信息是美国"必要的公共建设"

---

① Letter from Alan Greenspan, Chairman, Federal Reserve Board, to Edward J. Markey, Representative, U. S. House of Representatives, July 28, 1998, available at < http://www.house.gov/markey/980728letter.htm >.
② See Walter F. Kitchenman, U. S. Credit Reporting: Perceived Benefits Outweigh Privacy Concerns (1999), available at < http://www.towergroup.com/Search/wkitchen.asp >.

中的一个组成部分，这些信息能够带来"许许多多不同方面的好处，几乎对公民生活的每一个方面都将产生影响……"① 这些能够轻易获得的公共记录数据"有利于促进经济的蓬勃发展，提高效率，降低成本，创造工作机会，并有助于提供人们想要的有价值的产品和服务"。

或许最重要的是，广泛可得的个人信息能够为美国的民主化进程带来大量的机会。基于信息的自由流通，几乎每个人都能去到任何一个地方，向素未谋面的销售者买东西，在从不到访的银行开设账户，或者获得异地贷款。美国人可以从信息记录中获得很多机会，这些机会是建立在他们行为的基础上，而不是他们认识什么样的人；因为客户信息的可获取性使异地的公司和放贷者得以在业务往来中做出理性的决策。同时，信息的自由流通也让消费者拥有了实际的选择权。所以，这才是信息自由流通原则的本质——不仅仅在于信息流通的宪法意义，而且包括信息流通可以带来的经济和社会上的重大利益。

(三)"隐私权"原则

第三个原则体现了对"隐私权"的复杂而精致的理解。美国法律十分注重避免个人隐私遭到政府的侵犯。事实上，如果说美国联邦宪法体现了美国政府是公民个人自由的最大威胁，这种说法一点也不为过。所以，美国联邦宪法中规定的权利基本上都是为了避免公民受到政府行为的侵犯。只有禁止奴隶制的《美国联邦宪法第十三修正案》才是直接针对私人这个主体的。② 其他所有的宪法性权利，无论是言论自由权、与指控者对质的权利，还是在法庭上由同行担任陪审员的权利，针对的都是公共主体而非私主体。

避免公民的个人隐私权受到政府侵犯是宪法权力的一个重要方面。例如，《美国联邦宪法第一修正案》就是保护隐私权的一项强有力的规定，它规定公民对其思想、信仰和结社享有隐私权。《美国联

---

① Fred H. Cate & Richard J. Varn, The Public Record: Information Privacy And Access—A New Framework For Finding The Balance 10 (1999), available at < http://www.cspra.org/The%20Public%20Record.pdf >.

② See Clyatt v. United States, 197 U. S. 207, 216 – 220 (1905).

邦宪法第三修正案》禁止军队驻扎于私人住宅。《美国联邦宪法第四修正案》禁止不正当的搜查和扣押行为。《美国联邦宪法第五修正案》则严格限制政府征用私人财产的行为，对政府征用规定了正当程序和公平补偿；并规定政府不得强迫公民自证其罪。所有这些宪法条款都对政府权力施加了严格的限制，限制政府侵犯私人财产、强迫作证或者对那些与个人信仰紧密相联的活动（如抗议、婚姻、家庭计划或者宗教信仰等）进行干涉。

以下三个方面值得我们关注。

（1）隐私权的保护范围取决于利益平衡的类型。针对《美国联邦宪法第四修正案》对政府搜查和扣押行为的限制，美国联邦最高法院一直在问这样一个问题：行为人接近信息的行为侵犯了他人对隐私的何种期待？在评估窃听和其他获取私人信息的政府行为时，美国联邦最高法院通常会探究这样的问题：他人事实上是否期待该信息具有私密性？根据以往的经验以及普遍承认的共同体价值，他人的这种期待是否合理？[①] 法律只会保护真实且合理的隐私期待。

美国联邦第四巡回上诉法院在废止 1994 年的《驾驶员隐私保护法》[②] 时，就在其判决中强调了这个观点。首先，该院写道："无论是美国联邦最高法院还是本院，都从未认为宪政法上的隐私权保护机动车记录中的信息。事实上，这些信息正是公民不享有合理隐私期待的信息。"[③] 其次，该院指出，避免这些信息的公开是不合理的，因为"与之相同类型的其他信息都可从许多渠道中获得，所以，他人并不能合理地期待这些信息处于保密状态"。最后，该院得出结论："机动车记录中的信息通常都会被提供给各种各样的私主体……我们严重质疑'他人对这些经常与陌生人分享的信息享有隐私权'这个观点。"

在政府控制个人信息的情况下，传统法律一般都推定政府会公开

[①] See Smith v. Maryland, 442 U. S. 735, 740 (1979); Terry v. Ohio, 392 U. S. 1, 9 (1968); Katz v. United States, 389 U. S. 347, 361 (1967) (Harlan, J., concurring).

[②] See Pub. L. No. 103 - 322, 108 Stat. 2099 - 2102 (1994) (codified at 18 U. S. C. E 2721 - 2725 (1994 & Supp. IV 1998)).

[③] Condon v. Reno, 155 F. 3d 453, 464 - 65 (4th Cir. 1998), rev'd on other grounds, Reno v. Condon, 120 S. Ct. 666 (2000).

其管理控制下的所有个人信息,除非政府的公开行为将侵犯特定的、法律明文规定的隐私利益。例如,《联邦信息自由法》就规定政府必须公开所有的信息记录,只有两类信息例外:"一是人事和医疗档案以及其他类似的档案,对这些档案的公开将构成对个人隐私权的明显不当的侵犯;"① 二是为了实施法律而收集的信息记录,"如果他人可以合理地认为这些信息的生成会构成不当侵犯个人隐私权",那么这些信息记录就不得公开。根据《联邦信息自由法》的规定,如果政府机构相信公民的隐私利益更为重要,那么这些信息就不会被公开披露。美国各州的法律以及哥伦比亚地区法院也都认同与此类似的观点:原则上坚持信息公开,例外情况下才保护个人隐私。

(2) 正如美国联邦第四巡回上诉法院的判决所暗示的,由于法律只保护具有"私密性"的信息,而"私密性"要求他人必须真实且合理地相信该信息是秘密的,所以法律一直以来都推定"私密性"就意味着"非公开性"。如果某些信息属于常规性公开的信息或者能够被社会公众所获取,那么他人就不可能对这些信息享有合理的隐私期待。

(3) 法律对隐私权的高度保护针对的是政府侵权行为而非私主体的侵权行为。这并不意味着法律完全不保护或不应当保护那些受到私主体侵犯的个人隐私权;只是表明相较于私主体侵犯个人隐私的行为,美国联邦宪法对政府行为更加不信任。关于这个问题有很多种可能的解释。其中,一种解释观点认为主要的原因是政府拥有强制公开信息的权力,而公民却没有选择权、只得服从;反映消费者隐私需求的市场规律并不适用于政府管理控制下的个人信息。所以,法律有必要控制政府侵犯隐私权的行为,而不一定需要控制私主体侵犯隐私权的行为。另一种解释观点则主要关注信息自由流通的宪政意义。针对私主体的行为规定隐私权保护规范必然意味着干涉信息的自由流通,而这一点正是美国联邦最高法院一直以来都深恶痛绝的。还有一种解释观点则认为,限制公民参与那些可能对其他公民的隐私权构成侵犯的活动,无论对公民个人还是整体而言都可能是过重的负担。同样,这种观点也并不意味着隐私权是毫无价值的权利或者法律在私领域完

---

① 5 U. S. C. ? 552 (b) (6).

全不保护个人隐私权。对私人财产的尊重是美国法律体系的基石之一，那些保护私人财产的法律便赋予公民在其土地、房屋、文件和财物上驱逐其他人的权利，并且允许公民请求国家采取措施避免其财产权受到实体性的侵犯和干涉。

笔者认为，上述这些论证中确实体现了一个观点，即保护隐私权并非有百利而无一弊。对信息隐私权的保护将会增加个人和公共团体的实际负担。Richard Posner 法官曾经写道："人们对隐私权的需求往往都是针对有损信誉的信息，这些信息通常都是反映过去或者现在正在进行的犯罪活动或者不符合他人职业道德标准的某些不道德行为。而且，他人隐瞒这些信息的目的往往在于误导他们的交易伙伴。而人们希望隐瞒的其他私人信息，如果不是有损信誉的，那么往往是因为人们希望利用这些信息的隐瞒状态使其他人产生某种对他们有利的误解。"①

保护隐私权可能会促进虚假信息的传播，保护人们隐瞒相关真实信息的行为，或干涉行为人对信息的收集、组织和储存，而这些信息正是商人和其他人迅速做出正确决定的基础。对个人隐私权进行保护至少必须付出两个方面的代价：一是交易成本的提高，因为信息利用者不得不付出努力去确认其收到的信息的正确性和完整性；二是不正确和不完整的信息带来的未来损失风险。所以，保护隐私权可能会降低生产力，导致产品和服务的价格升高，并导致某些服务不再具有可行性。保护隐私权还可能会对其他的宪法价值造成影响，例如《美国联邦宪法第一修正案》规定的言论自由权以及《美国联邦宪法第五修正案》规定的对私有财产的保护。

一个很实际的问题是，事实上没有人希望其他人和自己享有同样多的隐私权。例如，当我们请别人照顾我们的小孩时，很少有人会关心保姆的隐私权。当我们乘坐飞机时，我们也并不希望飞行员享有广泛的隐私权。长期以来，美国联邦最高法院都对那些针对其他公民收集和利用信息的行为而寻求政府救济的个人不抱同情之心。在美国联邦最高法院审理的案件中，如果个人隐私权与言论自由权发生冲突，该院几乎是无一例外地支持后者的。美国联邦最高法院多次指出，在

---

① Richard A. Posner, The Right of Privacy, 12 GA. L. REV. 393, 399 (1978).

信息内容真实且获取方式合法的情况下，国家公开这些信息的行为可以不受限制，而且无须证明存在特定的强有力的国家利益。根据这一观点，美国联邦最高法院已经废止了多部限制信息公开的法律，涉及的信息包括保密的政府报告的法律、[1] 受调查的法官姓名、[2] 青少年嫌疑犯[3]以及强奸案受害人。[4] 此外，除非被公开的信息对理性人而言具有高度冒犯性，而且是虚假的[5]或者不具有新闻价值[6]，否则他人都将无法获得隐私侵权损害赔偿。在言论自由利益和隐私利益的较量中，美国联邦最高法院的天平严重地倾向前者，以至于 Peter Edelman 曾经这样写道："在被告发表真实言论、侵犯原告对其信息的不公开利益，并造成损害的情况下，隐私侵权案件的原告几乎没有任何机会能从美国联邦最高法院获得损害赔偿判决……当公开他人私人信息的权利与他人保护自己的信息不被公开的权利发生冲突时，美国联邦最高法院总是要求隐私利益让位于言论自由权。"[7]

这种对隐私权狭义理解既适用于个人，也适用于各种组织机构。《美国联邦宪法第一修正案》的保护甚至可以适用于纯粹的商业言论。美国联邦最高法院认为，如果纯粹商业言论的内容是关于合法活动的且不具有误导性，那么，政府就不得侵犯这些言论；除非政府能够证明存在"实质性"的公共利益，且该政府侵犯该言论的行为能够"直接促进"[8] 该公共利益，而且"不会超过实现政府预期目的的必要限度"。[9] 美国联邦最高法院并没有仅仅因为某个言论发生在商业环境中就将其界定为"商业言论"，进而对政府限制该言论的行为实施"中等监督"。法人所发表的言论通常都会受到《美国联邦宪法

---

[1] See New York Times Co. v. United States, 403 U. S. 713 (1971).
[2] See Landmark Communications, Inc. v. Virginia, 435 U. S. 829 (1978).
[3] See Smith v. Daily Mail Publ'g Co., 443 U. S. 97 (1979).
[4] See Florida Star v. B. J. F., 491 U. S. 524 (1989); Cox Broad. Corp. v. Cohn, 420 U. S. 469 (1975).
[5] See Cantrell v. Forest City Publ'g Co., 419 U. S. 245 (1974).
[6] See Florida Star, 491 U. S. at 536.
[7] Peter B. Edelman, Free Press v. Privacy: Haunted by the Ghost of Justice Black, 68 TEX. L. REV. 1195, 1198 (1990).
[8] Central Hudson Gas & Elec. Corp. v. Public Serv. Comm'n, 447 U. S. 557, 566 (1980).
[9] Board of Trustees v. Fox, 492 U. S. 469, 480 (1989).

《第一修正案》最高级别的保护——"严格监督"审查,除非美国联邦最高法院认定该言论旨在提议某个商业交易,① 或者认定该言论发生在受规范的行业或市场中(如证券交易市场)且涉及那些实际上受到政府管理的活动(如证券的出售)。② 即便某个言论被认定为商业言论,该言论也仍然可以受到"中等监督"的保护,即要求政府利益必须是"重要且实质性的",而且政府规范该言论的行为"不能超过促进该政府利益的必要限度"。③ 可见,隐私权的概念十分复杂,而且其范围在不涉及政府行为的情况下十分狭窄。

(四)损害原则

在平衡隐私利益与其他利益的过程中,损害的概念是一个关键因素。美国联邦最高法院一直认为,只有在确实有可能发生特殊损害的情况下,法律才应当为了保护隐私权而限制信息的自由流通。当某个信息可能引起某种可证实的损害时,我们必须比较衡量信息流通的价值与该损害的严重性,并在特定情况下允许法律体系限制该信息的流通,从而避免损害的发生,但这仅限于该信息可能引起特殊损害的情况。美国联邦第十巡回上诉法院最近废止了联邦通讯委员会制定的一项规则,该规则要求电话公司在利用客户数据信息向客户推销产品和服务之前必须获得客户肯定的许可。该院写道:"政府必须证明对某些信息(公民希望保持私密性的信息)的传播将会给公民造成特定的重大损害,例如,使他人感到过度尴尬,使他人遭受嘲笑、恐吓或骚扰,或者为了认定其他人的身份而滥用敏感的个人信息,才能为保护隐私权而实施言论限制措施、使这些信息保持保密状态。尽管知道我们的个人信息到处流传这样一个事实会让我们感到不舒服,但是我们本来就生活在一个公开透明的社会中,信息的传递通常都是不受约束的。由于知道别人能够轻易地获取我们的个人信息而使我们感到一般程度的不舒服,这并不会必然地上升为 Central Hudson 一案(适用

---

① See Central Hudson, 447 U. S. at 562 – 563.
② See Lowe v. SEC, 472 U. S. 181 (1985).
③ United States v. O'Brien, 391 U. S. 367, 376 – 377 (1968).

于商业言论的判断标准)① 中的实质性国家利益,因为这种一般程度的不舒服并不属于可识别的损害。"②

损害原则十分重要,其原因有以下三个:一是我们一直以来都认为,只有当存在损害的实际可能性时,对言论进行管理才是正当的。如果不存在损害的可能性,那么,管理言论的正当性何在,特别是当管理行为干涉到信息自由流通的时候。二是法律在避免或补偿特殊损害方面的有效性是衡量法律是否成功的标准,也是决定是否需要颁布新法律的基础。三是如果不坚持特定损害原则,那么,人们可能会怀疑政府对言论的管理行为存在其他未公开的目的,一些与他人遭受损害无关的目的。因此,损害原则是评价隐私利益的核心原则。

(五) 自力救济偏好原则

最后一个原则反映了法律长期以来,特别是在涉及信息的问题上,对自力救济解决方式的偏好。形成这种偏好的原因有很多,其中之一便是对政府普遍的不信任。自由新闻媒体记者委员会的前任行政主席 Jane Kirtley 就曾经写道,对政府保护个人隐私权的期望"忽略或者否认了美国民主社会一个很重要的传统——对中央集权政府的不信任……在隐私权这个方面,美国人通常都不认为政府会为公民的最佳利益考虑"③。

笔者认为,正是由于对政府的不信任,才进一步加强了美国联邦最高法院在涉及信息损害问题时对自力救济的偏好。众所周知,美国联邦最高法院曾多次在案件中对《美国联邦宪法第一修正案》进行解释,拒绝给予原告任何法律救济,即便被告做出的是虚假的且有损害性的陈述;相反地,正如 Brandeis 大法官所强调的,该院认为"应当适用的救济措施是更多地鼓励言论自由,而非强迫人们保持沉默"④。

笔者认为,自力救济偏好原则也反映了人们对非官方解决方式的

---

① See Central Hudson Gas & Elec. Corp. v. Public Serv. Comm'n, 447 U. S. 557 (1980).
② U. S. West, Inc. v. FCC, 182 F. 3d 1224, 1235 (10th Cir. 1999) (emphasis added).
③ Jane E. Kirtley, The EU Data Protection and the First Amendment: Why a "Press Exemption" Won't Work, 80 IOWA L. REV. 639, 648 - 649 (1995).
④ Whitney v. California, 274 U. S. 357, 377 (1927) (Brandeis, J., concurring).

信赖：非官方手段在保护个人隐私权方面往往更加高效、敏感。这一点在保护隐私权的具体例子中确已得到证实——通过科技手段、市场、行业自律、企业竞争以及个人判断，人们可以获得相当周全的隐私权保护。事实上，技术上的创新，诸如 Netscape 和 Microsoft 浏览器中可调节的隐私保护设置、加密软件和匿名邮件回复等，以及互联网本身，都在促进对隐私权的保护以及个人对其公开信息的控制。而技术手段广泛的可利用程度、不断提高的能力以及不断下降的价格也都有利于促进隐私权保护市场的蓬勃发展。无论是 BBBOn – line 和 TrustE 提供的网上隐私认证，还是最近刚刚出现的 iPrivacy 提供的全面隐私权保护服务，都使人们得以在网上浏览、购物、甚至邮寄物品，而无须向任何人透露自己的真实身份、地址、电子邮箱或者信用卡号。这些技术手段能够为个人隐私权提供法律所不能提供的实际而完善的保护。

此外，很多公司都通过升级它们的隐私权保护政策和实践，从而积极地争取消费者。如果有足够多的消费者产生了获得更好的隐私权保护的需求，而且在必要的时候通过取消对某些企业的光顾来坚持这个需求，那么，所有的行业竞争者都必然会对这种市场需求有所回应。事实上，关于企业隐私权保护政策的消费者调查正是衡量隐私权的真实社会价值的极佳方式。

许多行业协会都采用了隐私权保护标准和原则。在当下的市场竞争中，符合隐私权保护标准已经成为企业越来越重要的一项荣誉。而且，行业协会能够劝服其成员采用并遵守行业的隐私权保护规范。个人服务团体行业中的绝大多数成员都已经同意遵守 IRSG 原则；该原则不仅建立了数据保护标准，而且要求第三方对成员遵守 IRSG 原则的情况进行年度审核，还要求其成员承诺不将信息提供给那些行为不符合 IRSG 原则的机构。

自力救济比普适性的法律更加灵活、更符合具体情况、更加明确具体，因此它们往往能提供更好的隐私权保护，而消费者、商人和整个社会获取这种隐私权保护所必须付出的成本也更加低廉。在保护消费者的个人隐私权不受私主体侵犯这个方面，我们对市场的期待也不外如是了。

三、基本原则在实践中的适用

上面提到的基本原则：一是要求政府对信息的限制必须以个案为基础进行利益平衡；二是考虑信息自由流通的重要价值；三是在私领域对隐私权采用限制性的理解（至少要求隐私利益必须是真实且合理的）；四是关注他人遭受的特殊损害；五是对个人行为和自力救助的广泛偏好。这五个基本原则反映了司法界半个多世纪以来对隐私权的思考，而且由于科技手段极大地促进了人们对信息的传播、靠近和利用，这些基本原则显得比以往更有意义。

美国国会最近的一项立法要求各州对机动车驾驶员信息记录适用"选择加入"的管理机制。笔者认为国会的这一举动恰恰证明了上述五项基本原则具有持续的生命力。该法案确立的"隐私权保护规范"违背了上述基本原则，不仅谈不上"积极有效"，[①]甚至可以说这项规定软弱无力、带有欺骗性、成本高昂，而且是出于某种政治目的才制定的。

为了回应1989年女明星 Rebecca Schaeffer 被谋杀一案，美国国会颁布了一系列反犯罪法律，[②] 1994年的《驾驶员隐私保护法》便是其中之一。在1989年，一名狂热的粉丝杀害了女明星 Schaeffer；据报道，这名粉丝正是通过私家侦探而在机动车驾驶员信息记录中得到了 Schaeffer 的住址。《驾驶员隐私保护法》禁止各州的机动车驾驶员管理机构及其雇员对外泄露驾驶员记录中包含的"个人信息"（personal information）；不过，这部法律也规定了14种可以利用这些信息的豁免情况，例如政府机构、保险公司或者有执照的私家侦探对个人信息的利用；任何与机动车安全、排放量或者研究有关的利用；如果有关的机动车驾驶员管理机构规定驾驶员可以放弃他们的个人信息不受公开的权利，如果"选择退出"权，那么，对该驾驶员的个人信息进行利用也不会违反《驾驶员隐私保护法》的规定。《驾驶员

[①] See Paul M. Schwartz, Internet Privacy and the State, 32 CONN. L. REV. 815 (2000), at 857.

[②] See Violent Crime Control and Law Enforcement Act of 1994, Pub. L. No. 103-322, 108 Stat. 1796 (codified as amended in scattered sections of 18, 28, and 42 U. S. C.).

隐私保护法》于1994年生效，在此之前，绝大多数州都已经根据这部法律制定了他们自己的法律，包括"选择退出"的条款。与此同时，也有一部分州曾经质疑《驾驶员隐私保护法》的合宪性。他们指出，美国国会无权强制各州对其管理控制下的信息记录进行规范。不过，美国联邦最高法院已经于2000年1月12日通过判决确定美国国会确实享有该项必要的权力。①

然而，仅仅在《驾驶员隐私保护法》生效的两年之后，参议院交通委员会主席 Richard Shelby 就提出要对1999年的《交通拨款法》②进行修改。该修改提案规定，各州在允许行为人为了"调研、市场营销或者争取消费者"等目的而利用公民的驾驶员和机动车信息记录之前，必须获得有关公民肯定的"选择加入"的同意意见，否则联邦将取消各州的高速公路基金。这一修改提案完全颠覆了美国国会1994年在《驾驶员隐私保护法》中的立场。事关数十亿美元的高速公路基金，国会成员们当然不敢挑战强势的交通拨款委员会主席；于是接下来的一周，在没有听取社会公众意见、甚至不给社会公众评论机会的情况下，《交通拨款法》的这一修改提案就获得了通过。

没有人会认为这符合良好的立法程序，不过这种做法在美国国会并不罕见，以往也有许多优秀的法律是通过有缺陷的程序而制定、颁布的。然而我们该问的是，该修改提案属于优秀的法律吗？根据美国联邦最高法院之前指出来的五项基本原则，该修改提案中建立的隐私权保护规范是否符合"积极有效"的特征？

第一，这部法律确实体现了某种利益平衡。美国国会并没有禁止各州因为市场营销和争取消费者等目的而公开披露机动车驾驶员的信息记录，只是要求各州在允许行为人利用这些信息记录之前必须获得有关公民肯定性的"选择加入"的同意意见。然而，这并不意味着众议院或参议院的拨款委员会曾经试图平衡这个限制措施的实施必要性及其代价。事实上，有小道消息指出，负责协调众议院和参议院的

---

① See Reno v. Condon, 120 S. Ct. 666, 671 – 672 (2000).
② See Department of Transportation and Related Agencies Appropriations Act of 2000 ? 350, Pub. L. No. 106 – 169; 113 Stat. 986 (1999).

《交通拨款法》版本的大会委员会在首次接触 Shelby 提出的修改议案时,几乎是全票否决了该议案;但是 Shelby 威胁道,如果修改议案不获通过,那么,整部《交通拨款法》也不可能获得通过;于是结果才有所改变。然而无论如何,都不存在任何记录显示国会曾经就这部法律进行过特定、具体的利益平衡。

第二,该修改议案是否促进了信息的自由流通呢?答案是否定的。当然,几乎所有以保护隐私权为目的的法律都不会促进信息的自由流通。让我们重新审视 Shelby 的修改提案中规定的"选择加入"机制与已经存在的"选择退出"机制。在这两种机制下,公民对自己的机动车驾驶员数据是否受到利用都享有最终的绝对话语权。其主要区别在于,"选择加入"机制对信息的利用施加了更大的限制,却并未提供更强的隐私权保护。这是因为绝大多数公民都具有一定的消极性;而且潜在的信息使用者(通常是商人、慈善团体和校友组织等为了市场营销或者调查研究目的而使用驾驶员的执照信息)要与特定公民取得联系并获得他们"选择加入"的同意意见在实践中是十分困难的,而反之让特定公民联系这些信息使用者(通常他们都是人数众多的组织机构,有固定的地址和营业时间)并表达他们"选择退出"的意思就显得较为容易。因此,这项修改提案对信息流通施加了更大的限制,却未能取得更好的隐私权保护效果。"选择加入"机制还以另外一种重要方式影响了信息的流通:提高了信息传播的成本。对于那些为了进入新市场、确定市场营销目标、提高客户服务水平的公司而言,他们必须重新建立沟通渠道,在利用客户信息之前逐一联系各个客户以获得客户的许可。所以,在让消费者控制其个人信息的利用这个方面,"选择加入"机制比"选择退出"机制的成本更高。"选择加入"机制要求信息使用者联系每个消费者以获得他们的明确同意意见。而在"选择退出"机制下,只有那些希望撤回信息使用许可的消费者才需要与信息使用者联系。准确地说,正因为"选择加入"机制未能让消费者主动表达他们各自的偏好,而是毫无效率地逐一询问每个消费者,所以这种机制相对而言代价更高。

U. S. West 是少数在实践中尝试"选择加入"机制的美国公司之一。在获取客户许可、以便对客户打电话模式(如打电话的次数、时段以及通话时间等)的信息进行利用的过程中,该公司发现"选择加入"机制的实施成本要高昂得多,公司每联系一位客户就要多花近30美元。① U. S. West 发现,为了得到客户的许可以便将这些客户信息用于市场营销,公司平均要给每位客户家里打4.8通电话,才能联系上一位有资格出具同意意见的成年人。在 U. S. West 打给客户的电话中,有三分之一的电话根本无法联系到客户本人,这还不算该公司重复拨打的电话次数。由此可见,在"选择加入"机制中,客户将收到更多的电话,而且很多客户将无法收到有价值的新产品和新服务的相关信息。

第三,Shelby 提出的修改提案未能体现美国联邦最高法院在其判决中对隐私权的理解。笔者严重质疑该修改提案所保护的隐私期待的真实性,并且肯定该隐私期待不具有合理性。机动车驾驶员的信息记录一旦形成,社会公众就可以获取这些信息而几乎不受任何限制。即便是根据《驾驶员隐私保护法》的规定,这些信息的很多种使用方式也是法律准许的。而且,自从《驾驶员隐私保护法》生效之后,绝大多数州的机动车驾驶员管理机构都已经贴出告示提醒公民:只要他们没有"选择退出",就意味着他们的信息记录可以被用于任何目的。因此,人们不太可能认为这些信息记录是保密的;而即便仍有一部分人对这些信息存有隐私期待,这种隐私期待很明显也不具有合理性。

而且,Shelby 提出的修改提案仅仅适用于政府利用信息的其中一类行为——政府向私主体提供这些信息,用于市场营销或者争取消费者等目的。在《驾驶员隐私保护法》和该修改提案未涉及的领域,政府仍然可以自由而不受限制地收集、利用各种数据信息。然而私主体对数据信息的利用,如校友组织为了确定其成员所在地区而利用个人信息、慈善团体为了募集资金而利用个人信息、直销行业为了争取消费者而利用个人信息等行为,却由于 Shelby 提出的修改提案而受到很大的限制。与此同时,该修改提案却并未提供更优的隐私权保护,"选择加入"机制下的个人隐私权并不比"选择退出"机制更加充分。

---

① See Brief for Petitioner and Intervenors at 15 – 16, U. S. West, Inc. v. FCC, 182 F. 3d 1224 (10th Cir. 1999) (No. 98 – 9518).

第四，Shelby 提出的修改提案明显地不符合上文提到的损害原则。该修改提案的目的究竟在于避免何种损害？直销的损害？虽然少有美国人声明他们喜欢直销，但可以肯定的是，在 1998 年，三分之二以上的美国消费者（也就是 1.32 亿人）选择了直销行业，① 一共消费了超过 13 亿美元的产品和服务。②

一直以来，直销协会都为消费者提供很方便的渠道，使消费者可以方便地"选择退出"，避免其个人信息被直销企业所利用；但是，只有不到3%的美国消费者行使了这项权利。结论不言自明：绝大多数社会公众并不认为直销会给他们造成可证明的损失。

第五，Shelby 提出的修改提案也明显地不符合我们长期以来在隐私权保护方面对自力救助和个人判断的偏好。该修改提案关于直销给消费者造成损害的推论明显地不符合已经得到证实的消费者行为。而且，在机动车驾驶员信息记录的利用方面，用"选择加入"机制来替换"选择退出"机制也不能体现自力救助原则。

综上所述，虽然 Schwartz 教授只是将《驾驶员隐私保护法》作为适用"宪政法上的隐私权"这一概念的一个实践例子，但笔者认为，《驾驶员隐私保护法》的规定恰恰体现了 Schwartz 教授提出的更加细致、敏感、灵活、多面的隐私权概念的优越性。而这也表明，无论我们如何定义隐私权，那些规定"选择加入"机制的法律都缺乏正当性。

四、结语

我们必须重视个人隐私权。笔者认为当下的政治进程仍未给予隐私权足够的重视。行为人对非公开个人信息的收集和使用很可能造成严重的损害，美国国会应当在这方面颁布一些经过认真起草而且目标明确的法律。相较于担心公共信息被用于有价值的产品和服务的市场营销，笔者更希望看到美国国会关注商业数据库中大量信息的利用问

---

① See Direct Marketing Association, Economics Impact: U. S. Direct Marketing Today (4th ed. 1998).
② See Financial Privacy Hearings, supra note 28, ? I P2 (July 20, 1999) (statement of Richard A. Barton) < http: //www. house. gov/banking/72099rba. htm >.

题，因为这些信息的利用很可能是针对个人的。例如，一个敬业的私家侦探可能会在 Robert Bork 被美国联邦最高法院任命为大法官之后收集他的录像租借记录。不同于市场营销对个人信息的广泛利用，这种针对具体个人的信息利用行为很可能引起严重的问题，而美国国会目前尚未在这方面有所规定。

并非所有的隐私权保护问题都需要公权力的参与。正如上文的分析，公权力的不作为促进了非官方解决方式的发展，而这种非官方的解决方式恰恰是效率最高、最合适的隐私权保护方式。不过，不管国家是否为了保护隐私权而制定法律或者法规，隐私权领域依然毫无疑问地存在许多值得我们严肃思考的问题。

我们越来越多地目睹美国国会和各州的立法机关在保护隐私权这个政治热点问题上适用不完善的政策和程序。令人痛心的是，在这方面已经出现了非常多的实例。效力优先的隐私权保护标准的缺位或许是最严重的一个问题；如果美国国会确实看重个人隐私权，就不应该让每个州都制定自己的一系列隐私权保护标准。而《驾驶员隐私保护法》又是另外一个可悲的例子；制定这部法律是为了回应 1989 年女明星 Rebecca Schaeffer 被杀一案（在该案中，一名狂热的粉丝通过私家侦探从加利福尼亚州的机动车驾驶员信息记录中得到了女明星的个人信息，并利用这些个人信息跟踪、杀害了女明星），然而这部法律却只限制公共主体对机动车信息记录的获取和利用，而不限制私家侦探的这种行为。

加利福尼亚州也提供了另外一个普遍的例子。为了保护个人隐私权，加利福尼亚州颁布了一部制定法，禁止因为产品或服务的市场营销目的而从执法机构获取并利用被逮捕者的地址，但却明确地允许行为人基于"新闻"目的而使用这类信息。① 我们很难相信，向一名被逮捕者邮寄信件并提供律师服务或私家侦探服务会构成对隐私权的侵犯，而在报纸上公开她的姓名和地址反而不构成隐私侵权行为。美国联邦最高法院通过判决确定了这部法律的合宪性，但 Stevens 大法官在其否定意见中写道："这种完全不合理的规定并非建立在理性基础之上，理性基础的缺失将使我们难以相信美国联邦宪法修正案会切实

---

① See CAL. GOV'T CODE ? 6254（f）（3）（West Supp. 2000）.

保护个人隐私权。"①

保护隐私权触及民主社会和经济的核心价值。然而,法律和法规的泛滥却表明,这个重要的问题并未获得政府制定政策与法律时的周全考虑。公民的个人隐私权受到损害,因为这些未获周全考虑的法律无法为隐私权提供有效的保护。经济社会也受到损害,因为限制信息流通无异于课以重税,将阻碍经济的发展并削弱信息自由流通带来的利益;而最重要的是,每一个个人以及整个社会也都会因此而受到损害。

---

① Los Angeles Police Dep't v. United Reporting, 120 S. Ct. 483, 492 – 493 (1999) (Stevens, J., dissenting).